中国博物馆协会博物馆学专业委员会
2021年“博物馆与多元学科的关系”
学术研讨会论文集

中国博物馆协会博物馆学专业委员会　编

文物出版社

图书在版编目(CIP)数据

中国博物馆协会博物馆学专业委员会2021年“博物馆与多元学科的关系”学术研讨会论文集 / 中国博物馆协会博物馆学专业委员会编. -- 北京：文物出版社, 2022.5
ISBN 978-7-5010-7485-3

Ⅰ. ①中… Ⅱ. ①中… Ⅲ. ①博物馆学－中国－学术会议－文集 Ⅳ. ①G269.2-53

中国版本图书馆CIP数据核字(2022)第051466号

中国博物馆协会博物馆学专业委员会
2021年“博物馆与多元学科的关系”学术研讨会论文集

主　　编：蔡　琴
编　　者：中国博物馆协会博物馆学专业委员会

装帧设计：杭州淘艺数据技术有限公司
责任编辑：刘永海
责任印制：苏　林

出版发行：文物出版社
社　　址：北京市东城区东直门内北小街2号楼
邮　　编：100007
网　　址：http://www.wenwu.com
印　　刷：四川福润印务有限责任公司
经　　销：新华书店
开　　本：889mm x 1194mm 1/16
印　　张：32
印　　次：2022年5月第1版
版　　次：2022年5月第1次印刷
书　　号：ISBN 978-7-5010-7485-3
定　　价：480.00元

中国博物馆协会博物馆学专业委员会
2021年“博物馆与多元学科的关系”
学术研讨会论文集

主　　编：蔡　琴
执行主编：陈　平
编　　委：陈　平　陈　浩　侯春燕　蔡　琴（以姓氏笔画为序）

序

博物馆学是研究博物馆的性质、特征、社会功能、实现方法、组织管理和博物馆事业发展规律的科学。在科学发展综合化、学科间交叉渗透趋势加强的当下，博物馆学不但要服务当代博物馆建设，还应将目光投向更广阔的学科领域，在与其他学科的交流碰撞中寻求共同进步，为建立和健全现代公共文化服务体系做出积极的努力。

中国博物馆协会博物馆学专业委员会 2021 年学术研讨会主题为“博物馆学与多元学科的关系”。鉴于“新冠肺炎”疫情影响，为了保障各参会人员身体健康，根据国家主管部门关于疫情防控措施的相关要求，经会议主办、承办单位多方商议决定本次年会予以取消。

本次学术研讨会成果丰硕，共收到论文 161 篇，最终甄选出 60 篇编入本论文集。入选的论文思路清晰，有理有据，论文作者们围绕主题，结合考古学、历史学、人类学、自然科学各专门学科、社会学、艺术学、教育学、心理学、管理学、传播学等多元学科理论，从多元文化的视角切入，深入探讨博物馆与多元学科在理论认识和实务操作中的关系，在经济全球化和文化多元化的今天具有不同寻常的意义，能很好地推动并丰富博物馆学的理论和实践，并进一步促进其他学科和博物馆学在理论和实务操作技术层面的深度融合。

在《中国博物馆协会博物馆学专业委员会 2021 年“博物馆与多元学科的关系”学术研讨会论文集》付梓之际，希望这本论文集能引发多元学科人才对于博物馆学的思考，共同为中国博物馆事业的发展添砖加瓦，让中国博物馆事业更上一层楼！

中国博物馆协会博物馆学专业委员会主任委员

浙江省博物馆副馆长

目录

博物馆学与考古学

论考古学与博物馆学的关系及在博物馆工作中的应用……张思桐 04

论高等教育体制下博物馆学与考古学的专业关系……李慧竹 吴玥涵 09

略论博物馆学与考古学的关系……陈冬冬 14

考古工作如何丰富遗址博物馆的展示……杨培艺 22

博物馆学与历史学

从公共事件的展览叙事看博物馆参与公共史学实践……张 昱 26

机遇与挑战：公共史学的发展与历史类博物馆的应对……武思成 32

口述史学映射下的博物馆学……龚 哲 41

洞见光影：博物馆与影像史学实践……危文瀚 46

博物馆的跨学科、多元化展示

——以口述史在博物馆中的应用为例……王 静 54

跨学科"温床"和"后盾"

——博物馆学与历史学关系探析……李海滨 59

通今博古

——博物馆学与历史学的关系探讨……叶尔米拉 65

博物馆学与人类学

博物馆与公众界限的消失

——人类学的努力……李斐然 70

新时代视野下民族博物馆学与民族学并驾齐驱共推民族博物馆持续发展…………王克松 74

博物馆的多主体在场：《摩梭 Moso：家庭·婚姻·对话》展的个案研究…………彭 野 81

博物馆学与自然科学各专门学科

博物馆学与生物学的融合发展

——以重庆自然博物馆植物学研究为例……………………………………………陈 锋 96

浅谈博物馆学与化学科学的关系……………………………………………………王旭艳 103

浅谈分子生物学在当代博物馆的应用实践及其意义……………………………佘诗琦 111

博物馆学与社会学

试论符号学视角下博物馆物与博物馆建筑之关系…………………………………冯 博 120

女性展览与社会凝视：厌女文化的博物馆思考……………………………………季一秀 130

博物馆学与社会学的关系

——以"口述历史"为中心……………………………………………………………于奇赫 151

博物馆女性主题展览的叙事转向与跨学科突破……………………………………赵甜甜 158

从性别对立到和谐共处

——女性主义社会学视野下博物馆女性主题展览研究……………………………刘 榴 165

女性学视野下的中国博物馆学和博物馆发展史……………………………………徐珊珊 173

浅析社会学研究对象与方法对博物馆学的启示作用………………………………李 君 179

博物馆学与艺术学

探索电影学理论与概念化的电影制作技法在展览策划中的应用……………………徐佳艺 186

展柜的意义

——博物馆学与艺术史学的互动与互鉴……………………………………………李思思 201

时空交错：博物馆学与艺术史的多维度观察……刘昕悦 208
讲个故事给你听
——浅谈博物馆陈列展示与艺术学科的关系……曾 莹 219

博物馆学与教育学

文物学与博物馆学
——文博本科专业的文物学课程……刘守柔 232
博物馆与教育技术学……王 京 242
博物馆与美育关系的探讨……徐 莺 256
用多学科思维赋能博物馆教育
——以博物馆 STEAM 课程开展为案例的思考……程 龑 263
探究式教学法在博物馆教育中的运用与实践……白黎璠 275
博物馆教育活动中的理论探索……秦晓禾 279
基于博物馆学和艺术学视角下的博物馆艺术课程教学研究
——为青少年量身打造博物馆艺术核心素养博物馆课程……潘 婵 周紫薇 283

博物馆学与心理学

博物馆如何改善观众参观行为中的“视而不见”现象
——从心理学“无意视盲四因素模型”出发……刘 沙 296
后疫情时代积极心理学在博物馆儿童教育工作中的应用……孟 玲 汪 旭 303
博物馆学与心理学的融合发展现状及未来发展路径探索……廖仁武 309
老年心理学视域下博物馆服务的探索与延展……王 健 318
沉浸理论在考古成果展中的早期实践
——以《西汉齐王墓陪葬坑陈列》为例……赵昕宇 325

博物馆学与管理学

论博物馆学学科归属……张雨辰 336

资源拼凑视角下博物馆档案开发创新路径研究……陈　晖 347

以编目工作为中心初探图书馆与博物馆之异同……彭洁薇 354

博物馆学与传播学

论国际博物馆学与传播学的交叉脉络……罗　丹 366

“博物馆＋哔哩哔哩”传播策略研究……赵桂玲 373

跨文化交际视角下博物馆展览文本翻译研究

——以《衣冠大成——明代服饰文化展》为例……李小涛　董倩倩 389

基于用户视角的博物馆网站效用指数测评研究

——以六家国家一级博物馆为例……马鑫涛　胡宇娜　张睿童 393

基于博物馆藏品的传播学研究……阳文斌 401

试论文献展览叙事策略：目的、要素与结构……周婧景 406

回归原始空间

——论博物馆古代石刻陈列中多学科的应用……谭淑琴 419

博物馆展览平台搭建：去中心化的多元学科并构……徐佩佩 430

从展览叙事的嬗变看多元学科的融合……王　放 434

博物馆学与其他学科

从宁静技术谈博物馆人机交互展项的发展策略……张枫林 440

试论博物馆学与法学的关系

——从博物馆实践角度出发……冯　荣 446

关于博物馆建筑学科研究的一些思考：蓬皮杜艺术中心案例浅析……凌静源 453

缪斯与意境：论文学在博物馆发展升华中的作用……………………………………段燕飞 461
大数据时代下统计学在博物馆建设中的应用……………………………………何 倩 470
同频于时代，互鉴谋未来
——试论历史行进中的博物馆学和世博学……………………………………郭亦露 477
博物馆学与工学
——以武汉革命博物馆藏品综合管理系统为例……………………………………余 青 486
博物馆学是引领社会其他学科
——保存、传播、展示研究成果的核心学科……………………………………王春慧 490

中国博物馆协会博物馆学专业委员会
2021 年“博物馆与多元学科的关系”
学术研讨会论文集

博物馆学与考古学

论考古学与博物馆学的关系及在博物馆工作中的应用

张思桐（宁波博物院）

摘要： 考古学是通过实物资料研究人类古代历史的科学，其研究对象是人类活动遗留下来的文化遗存。博物馆学是研究博物馆的性质特征、组织管理方法及博物馆发生发展规律的科学，其研究对象包括博物馆的发生发展史、机制运营和相互作用的规律等。考古学和博物馆学都属于复合学科，与自然科学、人文社会科学都有密切联系。就考古学与博物馆学的关系而言，考古学是博物馆学发展的基石，博物馆为考古学传播提供窗口。博物馆各项工作的开展离不开对考古学相关知识的 应用，在文物征集保管、陈列展览、社教活动和文创产品研发等工作中合理利用考古学知识能够为博物馆的科学性、系统性、特色性保驾护航，也能从侧面架设起公众与考古学之间的桥梁。

关键词： 考古学；博物馆学；关系；应用

考古学和博物馆学是历史科学的重要组成部分，同时，它们也都属于复合学科，与艺术学、人类学、历史学等人文社会科学及部分自然科学有密切联系。考古学是通过实物资料研究人类历史的学科，博物馆学的研究对象则是保存、研究和利用人类文化遗存以进行社会教育。博物馆学和考古学在学科研究内容和目标上有部分重合，在博物馆和考古工作的开展过程中，博物馆学和考古学的知识又常常协同应用。因此，探讨考古学与博物馆学的关系，对指导博物馆工作的开展有重要意义。

一 考古学与博物馆学的定义及发展历程

考古学是通过古代人类活动遗留下的文化遗存即遗迹、遗物研究人类古代历史的科学，该学科主要通过田野调查和考古发掘等手段获得研究材料。遗迹是古代人类活动遗留下的不可移动的文化遗存，如房屋、墓葬、作坊、村落等人工建筑和设施，遗物按用途可分为生产工具、生活工具、武器、礼器等。考古学以地层学和类型学作为方法论基础，研究的最终目标是通过遗迹遗物研究人类古代社会的各个方面，如包含宗教、审美的精神文化，包含生产生活方式、技术水平的物质文化，从而阐明人类社会发展的规律。对史前社会的研究由于文字还未出现，必须完全依赖于考古资料。而对于文字出现后的历史时期的研究，考古资料的意义也十分明显。它可以作为文献资料的补充，也可以用来纠正文献资料中的错误，王国维先生提出的“二重证据法”被广泛应用于中国历史时期的考古工作。近代考古学于 20 世纪 20 年代在中国出现，它是中国传统金石学与西方近代考古学相结合的产物。仰韶遗址、殷墟遗址等一批在中国考古学史上占有重要地位的考古发掘在这一时期开始，并取得了重要成果。以此为开端，经过考古人几十年的努力，中国的考古学学术体系得以逐渐建立 [1]。

王宏钧在《中国博物馆学基础》一书中提出，博物馆学是根据社会发展的需要和博物馆工作的实践，研究博物馆的性质、特征、社会功能、实现方法、组织管理以及博物馆事业发展规律的科学。博物馆学的研究内容主要包括博物馆保藏、展陈、教育等各项工作的实现方法及相互关系，博物馆与公众及社会政治、经济、文化等领域的关系等。博物馆学的突出特点是复合性，它不是一个孤立的科学领域，与人文科学、社会科学、自然科学的许多学科都有关系，具有很强的交叉性。博物馆在人类社会生活中扮演着重要的角色，既是保存和研究人类文化遗产的重要机构，也是进行文化教育的重要载体。中国在商周时期就已出现收藏珍品的场所，到两宋时期，伴随着收藏之风的兴盛文物研究也开始兴起，推动了目录学和金石学的发展。但这与现代意义上的博物馆有着根本性的区别，是以私人占有为主要标志。1905 年，南通博物院苑建立，标志着中国有了第一座现代意义上的博物馆，它是兼具收藏、科研与教育功能的社会性机构。伴随着博物馆的建立，博物馆学的理论思想也在逐步形成发展。1949 年中华人民共和国成立后，中国的博物馆事业迎来了新的发展契机，博物馆学理论受苏联影响，提出了著名的“三性二务”论，并在博物馆实务领域形成了一些研究成果。改革开放后，博物馆学开始逐步与高等教育接轨，并且有计划的开展博物馆学研究活动，建立了全国性群众学术团体。随着社会经济的发展，文化需求的提升，我国的博物馆事业已经进入了历史上最好的发展时期，博物馆学的国际化程度日益提高。

二 考古学与博物馆学的关系

（一）考古学是博物馆学发展的基石

博物馆学的研究内容之一是研究博物馆藏品、陈列、教育等各项工作及其相互关系，博物馆在展陈、藏品保管研究等工作中需要借助考古学的相关知识作为理论基础，从而保证博物馆建设的科学性、系统性及特色化。

第一，考古学为博物馆的收藏和展陈提供了科学性的保证。考古学的野外调查发掘以地层学和类型学作为理论基础，在遗存的发掘过程中必须依照科学的方法和流程对获取的遗物和信息进行记录，以便为下一步整理研究工作的开展打下基础。考古发掘是博物馆藏品的重要来源之一，由于考古发掘文物背景材料较为齐全，且有考古发掘报告作为支撑，因而博物馆在研究利用这类藏品时有据可查，能够在考古学的支撑下建立起科学的藏品体系。而在历史文化类展览的设计过程中，展品是历史文化发展的见证者和阐述者，不能脱离时空关系和地域历史背景存在。为完整揭示文明的发生发展过程，需要依靠考古学的研究方法和出土文物展示其从无到有，从产生到消亡的变化过程，保证展览体系的科学性。

第二，考古学为博物馆的收藏和展陈提供

了系统性的保证。博物馆的展览需要通过展品展现其背后的功能、特征、时代等信息，展品之间的关联性是保证展览内在逻辑的重要因素。在博物馆文物征集的过程中，收集有内在信息联系的器物是工作的重点之一，这种强调“系统性”和“文化性”的方法论来源是柴尔德提出的“考古学文化”。“考古学文化”是指同一历史时期分布于共同地区且具有共同特征的文化遗存。由于其存在共同特征，通过对考古学文化的发生发展以及不同地区的文化相互关系的研究，能够为探索特定地区和历史发展时期的人类社会发展进程提供重要的基础资料。

第三，考古学为博物馆建设的地域性和特色化提供保证。地域性博物馆的根本价值在于其特色化，这类博物馆保存和展示着特定地域的历史文化传统，是展示宣传地域历史文化的重要窗口。博物馆以实物藏品为基础，获取具有鲜明地方特色藏品的重要手段之一就是考古发掘。通过考古学能够为博物馆提供大量体现地方特色的实物遗存，也为研究地方历史提供了能与文献材料相互佐证的实物资料。借助考古学的力量不但能够为博物馆展陈等工作的开展打下基础，也有助于不同地区、不同历史文化背景的博物馆形成鲜明独特的个性[2]。

（二）博物馆为考古学传播提供窗口

近年来中国的考古事业蓬勃发展，每年都有大量文物发掘出土。但一方面由于考古所一般不承担出土文物的展示工作，考古所也没有专门的场地进行文物展陈，另一方面考古工作者的工作内容主要为考古发掘及出土文物的后续整理研究, 因而在考古发掘报告完成出版后，发掘出土的文物大多被放置在考古所的库房里，没有机会与广大民众见面。近几年由于各类媒体对考古工作的宣传力度加大，民众对考古学的兴趣日益高涨。博物馆作为面向公众展示传播历史文化的社会机构, 是推动考古知识传播，架设起公众与考古学联系的稳固桥梁。考古实物只有保存、陈列在博物馆里，才有用武之地，能够发挥其正经补史的作用。博物馆可以通过陈列展览、宣传教育、文创产品设计开发等多种途径让考古出土文物“活”起来，提升公众对考古的参与感和认知度，因而博物馆是考古学传播的重要载体和窗口[3]。

三 考古学在博物馆工作中的应用

考古学和博物馆学关系紧密，博物馆在文物征集保管、陈列展览、社教活动、文创研发等各项工作的开展过程中都可见考古学理论知识的应用。

（一）文物征集保管

博物馆藏品征集的重要来源之一是考古发掘, 由于考古发掘程序科学, 文物出土地点明确，时代和历史背景较为准确，且具有共性，因而能够较为全面地反映文物背后的历史文化面貌。通过购买或其他途径征集的流散文物虽然也有其价值，但缺乏背景资料支持，还需进行大量研究工作。而单一的器物也缺乏系统性和完整性，不利于完整的藏品体系构建。博物馆在藏品征集的过程中，一方面可以积极与当地考古机构联系对接，争取将本馆所需的考古发掘文物通过拨交等手段收入囊中。另一方面应该积极运用考古学的研究方法，根据博物馆的性质特点，征集符合本馆定位的藏品，并且优先征集具有内在联系的藏品组群，为藏品体系的建立打下基础。如地方性博物馆在藏品征集的过程中应重视征集反映地方特色的藏品，专题类博物馆如陶瓷博物馆除征集各类陶瓷器外，还应重视征集生产工具、作坊窑址发掘出的遗物等，这样能够为后期借助实物资料展开研究展陈等工作提供条件。而在藏品保管工作中，应该合理利用地层学、类型学的考古知识对藏品按照时代、器型、类别等进行分类整理，这既有利于博物馆工作人员掌握馆藏的整体面貌，便于藏品征集的查漏补缺，也能让后续藏品利用工作的开展事半功倍[4]。

（二）陈列展览

博物馆的陈列展览大体可分为器物型和叙事型展览两种类型，其中叙事型展览不以展示精美的孤立文物为目的，而是通过精品文物和成组文物的有机结合，辅以图版说明等辅助手段进行展陈，从而阐述文物背后的故事，解读当时社会的文化传统、生产生活方式、宗教信仰等信息。这类展览是目前诸多博物馆在尝试和推崇的展陈形式，而做好这类展览必须首先对文物有深入了解，在此基础上才能系统地解读和再现历史。考古学文化的研究方法着重于研究遗物遗迹的类型和相互关系，而非孤立地研究单个器物，叙事型展览的内在逻辑也是通过一个个文物组群揭示其相互关系和背景意义，借助考古学的研究方法对叙事型展览内容设计工作的开展有一定的指导意义[5]。

在形式设计方面，目前博物馆展览为增强展览的可看性，丰富展览内容，会使用模型、场景复原、视听技术等手段作为展览内容的补充和延伸。在利用辅助手段的过程中，背景资料必须有据可查，展览呈现的辅助展品必须符合历史实际，要实现这一目标必须大量查阅考古领域的相关资料，以科学研究成果作为佐证。

（三）社教活动

教育是博物馆的重要功能之一，社教活动是架起博物馆与公众之间沟通桥梁的重要途径。博物馆最常见的社教手段是讲解，由于展览内容复杂，文物属性类别各异，且包含了政治、经济、文化等多领域的知识，内容庞杂。作为博物馆的讲解人员，虽然无法精通文物的所有门类，但应该有一个基本的知识结构，其中考古学是这个知识体系十分重要的组成部分。掌握了考古学的知识，讲解人员能够进一步理解展览的内在逻辑性，而通过研读考古发掘报告和相关研究文章也能够让讲解人员对讲解内容进行更为深入的阐述[6]。同时，由于公众参观时间、展览内容篇幅长度等因素的限制，许多文物展品的发掘过程等背后信息无法展示。目前二维码等技术手段已开始作为博物馆讲解的辅助手段之一大量应用，将介绍文物的发掘经过、价值意义等内容放入其中，能够加深公众对文物考古知识的了解和兴趣。除此之外，博物馆也会定期举办各类讲座、考察等活动，在这类活动中可以融入考古学领域的相关知识，如举办考古专题讲座、组织实地考察考古遗址、模拟考古现场等活动，丰富博物馆社教活动的内容。

（四）文创产品研发

文创产品是博物馆将馆藏文物的文化内涵因素提取并与其它物品结合设计出的产品，这些产品往往兼具观赏性和实用性，能够将文物藏品背后的历史、文化、价值等信息通过物化的形式向博物馆观众传递。近年来公众对考古文物的关注度日益提高，但受限于宣传力度和渠道，公众对考古仍有许多误解，如何将考古文物知识融入博物馆的文创产品并激发公众的购买欲望是博物馆亟待解决的问题。在这种情况下，河南博物院结合当下热点，借用目前热度很高的盲盒作为载体，推出了一套考古盲盒文创产品，一经推出便成为爆款，获得了大众的喜爱。这款考古盲盒将河南博物院的文物藏品按比例缩小仿制并放入土块中，在一定程度上还原了考古发掘现场。大众可以借助盲盒中附带的洛阳铲、刷子等工具体验考古发掘过程。

盲盒中放置的藏品复制品包含各种器物类别，并且在持续性的更新产品，并推出各种活动，不断激发公众的购买热情。通过此类文创产品的研发不但能推动博物馆文创产业的发展，也能从侧面帮助公众正确认识考古学，提高公众对文物考古的兴趣。

四 总结

博物馆学与考古学本身有着密不可分的联系，两者相辅相成，相互促进。将考古学融入博物馆的工作中，在文物征集保管、展陈设计、社教活动、文创产品研发等多领域积极运用考古学的知识，能够帮助博物馆更好地开展工作。而以博物馆作为窗口宣传考古，不仅可以加深博物馆与公众之间的联系，又可以提升公众对考古学的兴趣，促进考古学的传播，两者相得益彰。

【注释】

[1] 高荣斌：《试论历史学、考古学、博物馆学之间的关系》，《辽海文物学刊》，1997 年第 2 期。

[2] 贺云翱：《考古学是现代博物馆事业发展的基石》，《大众考古》，2017 年第 2 期。

[3] 龙天一：《博物馆与公众考古学》，《中国博物馆协会博物馆学专业委员会 2014 年“未来的博物馆”学术研讨会论文集》，中国书店，2014 年，第 201 页。

[4] 苏文：《博物馆与考古学》，《中国博物馆》，1987 年第 3 期。

[5] 巩文：《博物馆视角下的考古学—中国考古博物馆的建立与实践》，《中国博物馆》，2020 年第 3 期。

[6] 苏文：《博物馆与考古学》，《中国博物馆》，1987 年第 3 期。

论高等教育体制下博物馆学与考古学的专业关系

李慧竹 吴玥涵（山东大学博物馆）

摘要： 博物馆是保藏并展出有关历史、文化、科技等方面文物资料或标本的一种文化机构，以“物”为本，很多博物馆都和考古有着共同的工作对象，在许多方面具有密不可分的关系。正因如此，在我国的高等教育体制中，博物馆学一般都和考古学专业或历史学专业设置在一起，博物馆学专业是研究涉及博物馆基础理论及收藏与陈列等诸多问题的专业，考古学专业是通过调查发掘古代人类遗留下来的遗迹遗物来研究古代社会历史的专业，二者同属教育部规定的14门学科体系中广义的历史学，在课程设置、教学师资、实习就业等多方面密切关联。针对于此，本文将从这两个专业的学科起源、专业设置、人才培养等方面进行梳理比较，论述二者的内在关联，特别阐明其差异性，为我国高等教育中博物馆学与考古学的专业课程设置，提供一定的科学依据和参考。

关键词： 博物馆学；考古学；高等教育体制；专业关系

高等教育体制是高等教育机构与教育规范的结合体、统一体，我国实施高等教育的机构为大学、学院和高等专科学校，高等学校具有教学、科研和社会服务三大功能。本文对博物馆学和考古学两个专业之间的关系，将在本科及以上教育阶段进行探讨，因而在此暂不涉及专科院校。据统计，当前我国有近一百三十所高校在本科或研究生培养阶段设立了考古、博物馆相关专业或培养方向，其中超过60%是在2000年后设立的[1]。在我国的高等教育体制中，博物馆学一般都和考古学专业或历史学专业设置在一起，博物馆学专业是研究涉及博物馆基础理论及收藏与陈列等诸多问题的专业，考古学专业是通过调查发掘古代人类遗留下来的遗迹遗物来研究古代社会历史的专业，二者同属教育部规定的14门学科体系中广义的历史学，在课程设置、教学师资、实习就业等多方面关联密切。针对于此，本文将从这两个专业的学科起源、专业设置、人才培养等方面进行梳理比较，论述二者的内在关联，特别阐明其差异性，为我国高等教育中博物馆学与考古学的专业课程设置，提供一定的科学依据和参考。

一 学科起源

博物馆是保藏并展出有关历史、文化、科技等方面文物资料或标本的一种文化机构，以“物”为中心，很多博物馆都和考古有着共同的工作对象, 在许多方面具有密不可分的关系。博物馆学与考古学通常被认为是具有紧密关系的两门学科，在中国尤甚。但博物馆学与考古学都不起源于中国，它们同样都是作为西方舶来品，在 19 世纪末的西学东渐过程中传入的。

学科之间是因为研究对象之间的关系才形成特定的学科组织关系。博物馆学的研究对象包括微观的博物馆系统和宏观的博物馆事业；微观的博物馆系统就是保存、研究和利用自然标本与人类文化遗存，以进行社会教育的理论和实践；宏观的博物馆事业就是博物馆事业发生、发展的历史及其与社会的关系，也包括博物馆社会功能的演进、内部机制的运 营和相互作用的规律[2]。考古学的研究对象归纳包括：人类活动产生的（或与人类生存有关的）文化遗物和自然遗物、遗迹以及它们在空间上集合而成的遗址和区域[3]。

中国博物馆学的萌芽是从先秦时期以来对遗产保护和利用的记录、描述和研究开始的，这些实践活动下产生了大批收藏品目录、说明等的研究成果, 包含了对收藏品的分类、搜集、保护、鉴定、分级和研究等相关工作方法的记述，反映了古人对收藏及相关设施“彰德”“耀势”“休闲”“研究”等功能的初步认识。19 世纪末 20 世纪初，博物馆和博物馆学作为西方舶来品真正传入中国，开启了中国博物馆学的诞生期。在最初的 20 年里，博物馆研究以介绍性为主、整体水平不高；从 20 世纪 30 年代中期开始，国内出现了多部博物馆学著作，研究中引入了“博物馆学”“博物院学”等学科概念。在这个过程中逐步形成了以藏品和工作为核心的博物馆学著作体系和传统，影响了此后相当长一段时间内中国博物馆学研究的基本取向。中华人民共和国成立以后，博物馆学进入了大发展时期，经历了方法论上的重大转变：马克思列宁主义成为博物馆学研究的基本指导思想，以苏联为代表的社会主义博物馆学成果当时中国博物馆研究理论范式的不二选择。改革开放以后，博物馆学研究在理论、历史、实务等领域都取得了不同程度的进展，其中最重要的成果是理论研究的深入——博物馆学界提出了博物馆学学科建设的课题，对博物馆学的概念、历史发展、学科属性等问题进行了一系列探讨，取得了初步共识。20 世纪 80 年代以后，大专院校纷纷设立文博或博物馆学专业，培养和造就了一批博物馆学研究的新生力量，提升了研究队伍的专业化程度，博物馆学研究体制化道路逐步走上正轨。

中国考古学的萌芽也起源于不同时代的文人学者对中国本土古代遗存，特别是古代文物进行了收集和初步研究。这些研究古代器物的学问（即金石学）虽然一定程度上丰富了中国古代历史的研究，但最终并没有直接演变成现代考古学。1921 年安特生发掘仰韶村遗址并确立仰韶文化，标志着中国现代考古学的诞生，国内学术界各种考古活动日益活跃，与现代考古学相关联的考古研究机构结和学术团体也相继建立起来；1931 年梁思永主持安阳后冈遗址第二次发掘，开启了按照文化堆积划分文化层的新方法，标志中国考古学度过了诞生期，进入初步发展阶段。新中国成立后至 20 世纪 80 年代前期，是中国考古学的发展和壮大时期。在这一时期，考古工作逐渐进入了一个波浪式的发展阶段：考古研究机构完善和考古队伍壮大，考古管理工作逐步规范，田野考古规模和范围扩大、发掘水平提高，田野考古资料和研究成果的出版, 中国考古学体系基本建立等等。20 世纪 80 年代是中国考古学的黄金时期，随着考古材料的增加，特别是能够反映社会分化和社会结构变迁的墓葬资料大量被发现，以文明起源和形成研究为代表的古代社会研究逐步成为考古学研究的主流；尤其是20世纪90年代中期以后，考古学研究的中心从以年代学为主的文化史研究逐步转向全面研究古代社会。

由上可见，博物馆学与考古学，其本身的理论体系关联性较弱。但在中国多年的实践应用中，由于特定的时代背景和国情影响下，两门学科呈现出相辅相成、紧密相联的关系，在理论研究中，博物馆学与考古学最初都是以收藏品和古器物为研究对象，之后各自分化并拓展扩充起来；在实际应用中，中国的博物馆尤其是历史类博物馆，需要以田野考古发掘所得的历史材料与实物作为藏品基础，并且运用博物馆学理论对文物藏品进行使用、保护和管理，这也是博物馆业务活动中的重要内容。

二 专业设置

学科和专业是密切相关的，学科与专业并存是高校的一种特有现象，两者相互依存、相互促进。专业是学科人才培养的基地，学科是专业持续发展的基础。不同专业具有各自不同的培养目标和规格，各自不同的教学计划和课程体系。由于教育部的学科划分，博物馆学与考古学的专业设置相联非常密切。

1952年北京大学设置历史系考古专业，是我国高等院校中成立的第一个考古学专业，根据2020年教育部全国第四轮学科评估可见，共有36所高校参与了“考古学”学科评估。而博物馆学专业的设置要晚于考古学，但发展速度远大于后者。1979年南开大学历史系设立博物馆专业；1980年复旦大学文学院（后改成上海大学文学院）、杭州大学历史系分别开设博物馆专业和考古博物馆专业；1988年四川大学历史系增设博物馆学专业，陕西省文物局于西北大学共同筹办的西北大学文博学院正式建立；1989年国家文物局和上海复旦大学共同筹建的复旦大学文物博物馆学院正式成立，学院设历史学系、文物博物馆系、文物保护科学系；1989年北京大学考古学系设立博物馆专业，1998年国家文物局与北京大学联合创建中国文物博物馆学院；2001年南开大学在历史系文物博物馆专业的基础上成立文物与博物馆系。据当时不完全统计，各大学博物馆学专业20多年来培养本科毕业生约有600人，为各博物馆输送了一大批人才，成为博物馆业务工作的骨干力量[4]。而且每年的招生量都有所上升，培养层次也提高到研究生教育。

目前我国共有九十余所高校在本科或研究生培养阶段开设了考古文博专业，具体培养方向包括考古学、博物馆学、文化遗产学、文物保护与修复、文物鉴定等。另有三十余所高校在美术史、科学技术史、建筑学等专业中设立美术考古、科技考古和古建筑保护等相关培养方向，以及若干音乐考古文化研究、戏剧文物研究、纺织文物保护与修复等特色方向。2000年后，随着我国文博事业的快速发展，社会文博人才的需求日益强烈，每年都会有新的高校增设相关专业。尤其是2010年后，在目前的一百三十余所高校中有近40%是在这一时期设立考古文博相关专业。院校在全国范围内的分布基本均衡，除青海、宁夏尚未有高校开设相关专业外，其他各省、自治区、直辖市均有涉及，中东部地区院校相对更集中。同时，办学高校中“985”“211”工程院校占30%左右，近几年新设考古文博相关专业的院校更多地向地方院校和职业院校倾斜[5]。

考古学专业名称一直以来基本没大变化，但博物馆学专业名称随着教育部学科目录有多次变化，而且各校也不一致，2012年之后各校开始向"文物与博物馆学"专业名称统一。在我国，教育部于 20 世纪 70 年代末颁布的本科招生目录中，在"历史学" 一级学科之下，开始出现与"考古学专业"并列的"博物馆学"专业。 先后有复旦大学分校（后改为上海大学文学院）、南开大学、杭州大学 （后并入浙江大学）及复旦大学等一批院校的历史学系开办了教研室规模的 "文物与博物馆学专业"（简称文博专业），开展学士学位层次的专业人才培养。值得注意的是，这几家培养单位的文博专业教研室名称与当时招生目录中的学科化名称并不一致。到今天，许多高校设置的院系或专业教研室名称，几乎都采用"文物与博物馆学"这种二合一的形式，有的采用"考古文博"三合一的形式，唯独吉林大学设置"博物馆学系"。这种现象表明，招生目录中的学科（专业）名称由教育部确定，在全国各地保持一致；而院系或专业教研室的名称属于行政单位概念，分别由各校自定，因而在各校间略有差异。 自 2011 年起，国务院学位委员会和教育部联合颁布的《学位授予和人才培养学科目录》。"历史学"由原来的一级学科改称"学科门类"，其下属三个新的一级学科包括考古学、 中国史和世界史。原先与考古学并列的"博物馆学"这个二级学科名称从研究生招生目录中划去，出现了"文物与博物馆"专业硕士学位名称。直到 2012 年 9 月，教育部印发《普通高等学校本科专业目录新旧专业对照表》，其中将原先的"博物馆学"改为"文物与博物馆学"。2013 年以后，本科招生目录和研究生招生目录统一采用"文物与博物馆学"的称谓[6]。

三 人才培养

专业是按照社会对不同领域和岗位的专门人才的需要来设置的，处于学科体系与社会职业需求的交叉点。专业的构成主要是由专业培养目标、课程体系和专业中的人。专业设置和建设发展的目标是满足社会对不同层次人才的需求。学科和专业的概念经常被混淆，有些人把专业等同于二级学科或子学科。其实学科与专业的区别在于学科是就知识体系而言，而专业是指就社会分工而言。一个专业可能要求多种学科的综合，例如博物馆学专业可涉及考古学、历史学、教育学、艺术学等学科；而一个学科可在不同专业领域中应用，例如考古学学科可用于历史、博物馆、文化遗产等专业。

截止到 2019 年底，全国博物馆主要以综合性博物馆和历史类博物馆为主，占比分别为 36.28% 和 35.27%，达到全国博物馆总数量的六成之多[7]。综合类博物馆中的历史类陈列展览及历史类博物馆，多以田野考古发掘所获文物为主要展品构成，这种博物馆基于自身定位进行收藏、研究及展示的需求，加上各级文物部门对考古工作和博物馆实践工作的统一调度，使得博物馆学与考古学研究在中国本土实践应用中密不可分，专业人才需求常常混通，特别是博物馆工作中大量需求考古专业人才。与考古学专业相比，近些年数量增长明显的博物馆学专业，其创立也往往大多依附于历史或考古学科，有的就是为扩大这些学科的就业面而增设，师资力量也与这些学科密不可分，考古学、文物学、历史学成为主干课程，这样必然导致博物馆学教育课程结构不合理现象的出现，会削弱博物馆学的专业特征。

从各院校博物馆学教学科目设置情况来看，培养目标要求是具备文物学、博物馆学的基本理论和基础知识，具有文物、鉴赏、研究和文博事业管理的基本能力。主要课程设有博物馆学概论、博物馆陈列设计、博物馆藏品管理、博物馆经营管理、物质文化史、文化人类学、文物学概论、文物管理与法规、中国历史地理、古代工艺美术、民俗学、艺术史、考古学通论、文物与考古技术、文物保护基础、文化遗产管理与法规等。博物馆学是一门应用性较强的社会科学，不仅与考古学、历史学等有关，与其他学科，如教育学、传播学、社会学、管理学、美学等也具有一定关系，尽管博物馆学与考古学的专业更显密切，也要关注博物馆人才需求，要有更多学科背景来充实，真正体现博、物、馆的广、全、特，更不能用培养考古学专业人才的课程体系来替代博物馆学专业。专业实习是大学教学计划的一个有机部分，是大学学习阶段最重要的实践性教学环节之一，博物馆学与考古学的专业实习差异是最大的，也决定了人才培养的最大不同，前者要选择博物馆，后者要选择到考古遗址。这些有针对性的实习能够帮助学生更好地理论结合实践，强化专业知识，深入理解教育、教学的目标和策略。

通过上述对博物馆学专业的发展定位分析，可以看到博物馆学与考古学的专业关系既内在关联密切，但又具有很大的差异性。随着博物馆事业的快速发展，博物馆界整体类型和个体业务都呈现出多样化、复杂化发展，博物馆学专业在人才培养上也应该更具自身特点，才能满足现实需要，最终促进博物馆学科与考古学科之间建立完善的协进关系，最终为博物馆事业培养更多的专业人才。

【注释】

[1] 张昱：《我国高校文博教育现状及发展对策分析》，《东南文化》2020 年第 3 期。

[2] 《博物馆学概论》编写组编：《博物馆学概论》，高等教育出版社， 2019 年，第 6 页。

[3] 《考古学概论》编写组编：《考古学概论（第二版）》，高等教育出版社，2018 年，第 7 页。

[4] 梁吉生：《21 世纪博物馆学和博物馆学教育》，载于李文儒主编《全球化下的中国博物馆》，文物出版社，2002 年，第 96-106 页。

[5] 张昱：《我国高校文博教育现状及发展对策分析》，《东南文化》2020 年第 3 期。

[6] 陈红京、秦婷：《论博物馆学教育的名实关系与培养目标》，《中国博物馆》2019 年第 3 期。

[7] https://bg.qianzhan.com/reportdetail/300/200817-248d3a10.html，2020 年中国博物馆行业市场分析：进入“超高速”时期 国有博物馆占比将近 70%。

略论博物馆学与考古学的关系

陈冬冬（荆州博物馆）

摘要：本文对博物馆学与考古学的发展沿革进行了研究，通过考察博物馆学与考古学二者在诞生和发展的历史中存在的联系，对考古学影响和促进博物馆事业发展、博物馆学对考古学理念的应用与实践以及博物馆学对考古学范畴的超脱进行了论述，并对新时期二者的发展关系进行了展望。

关键词：考古学；博物馆学；应用与实践；超脱

我国素有收藏文化遗产的传统，早期对于这些文化遗产的研究和记录可视为我国博物馆学的早期萌芽阶段[1]，随着西方现代博物馆学在我国的传播和影响，我国博物馆学迅速发展并随着博物馆事业的实践与时俱进。我国考古学已走过一百年的历程，众所周知，我国考古发掘出土文物数量之多、种类之丰富，是我国历史类博物馆的良好基础。可以说，在中国博物馆学与考古学有着千丝万缕的联系，又有着学科间的差异性。

一 简述博物馆学与考古学的发展沿革

（一）博物馆学

1. 博物馆学的定义

国际博物馆协会对博物馆学的定义是：博物馆学是关于博物馆的历史及背景，社会责任，有关研究、保护、教育、组织、与环境关系的特定系统，以及博物馆分类的研究[2]。

《中国大百科全书 · 文物博物馆》卷：“博物馆学是研究博物馆的性质、特征、社会功能、实现方法、组织管理和博物馆事业发展规律的科学”[3]。

博物馆是征集、典藏、陈列和研究代表自然和人类文化遗产的实物的场所，并对那些有科学性、历史性或者艺术价值的物品进行分类，为公众提供知识、教育和欣赏的文化教育的机构、建筑物、地点或者社会公共机构[4]。根据文化和旅游部副部长、国家文物局局长李群先生的报告，截至目前，我国登记备案的博物馆达 5788 家。追溯博物馆的发展历史，亚历山大城缪斯神庙、山东曲阜孔子庙堂（中国）被称作世界上最早的博物馆。而在近现代，1753 年，大英博物馆建立，成为全世界第一个对公众开放的大型博物馆。1905 年，中国著名民族实业家张謇创办了中国第一所近代博物馆——南通博物苑。

2. 博物馆的类型划分

按照不同的分类方式，我国博物馆可以进

行如下几种划分。一是通常分为三类：综合性、纪念性、专门性；二是按照主管部门和领导系统划分：文化系统、科技系统、军事系统、园林系统、民政系统以及其他行业；三是按照博物馆性质和陈列教育内容划分：历史类、艺术类、科学与技术类、综合类。

（二）考古学

1. 考古学的发源诞生

考古学的产生很早，但直到近代才发展成为一门以田野调查和发掘为基础的人文科学。20 世纪 20 年代，近代考古学在中国出现，1926 年由李济主持，在山西夏县西阴村遗址进行的发掘，是中国学者第一次主持的田野考古。

2. 考古学的研究对象

考古学的研究对象的实物资料包括遗迹和遗物两大部分[5]，可表述为：通过考古调查和发掘获得的古代人类文化遗存。以此分析出三方面的特征：

一是考古学研究的是实物资料（遗迹与遗物），与单纯研究文献资料的狭义历史学在研究对象上不同；二是考古学研究的实物资料是通过考古调查和发掘获得，并经过报告编写和综合研究才能成为用于研究的资料。不是通过此种途径获得的资料不是真正的考古学，以此区别于“金石学”“古器物学”；三是在研究对象的年代上有所限定：考古学研究的年代上限一般为人类出现。而年代下限各国不同，例如：英国为诺曼人的入侵（1066 年）、法国为加洛林王朝的覆灭（987 年）、美洲各国为哥伦布发现新大陆（1492 年），而中国为明朝的灭亡（1644 年）。因此一般而言考古学与远古的恐龙时代、近代史、现代史是无关的。

3. 考古学的学科分类

按照研究的年代范围、具体对象、所用手段和方法等的不同，考古学一般划分为史前考古学、历史考古学、田野考古学及各种特殊考古学（美术考古学、宗教考古学、古钱学、古文字学、航空考古学、水底考古学等）等分支。

二 考古学及其发展对博物馆事业发展的促进

从考古学与博物馆学二者诞生和发展的历史来看，考古学与博物馆学一直有很深的渊源。

一是以考古学为理论基础的考古调查、发掘工作为绝大多数博物馆事业发展提供了收藏、陈列、和保护的文物基础。自诞生以来直至今日，以文物为主要收藏品的综合性博物馆和历史性博物馆稳居博物馆界的主流类别。截至 2020 年，我国共有博物馆 5788 个[6]，其中综合性博物馆和历史性博物馆的占比约为 80%。近代考古学的诞生和发展对于博物馆更加科学、合理的收藏、展示和保护各类文物起到了很强的指导作用，围绕考古学理论和研究来策划、实施博物馆展览，符合社会公众的认知规律，并已成为综合性博物馆和历史性博物馆开设展览的常态。此外，在超出考古学范畴的博物馆和不以文物为主要藏品的博物馆中，也普遍存在考古学研究范围内的文物收藏，对这些藏品的研究、保护等工作，仍然需要遵守考古学的指导和规范。

二是考古遗址的发掘和研究为遗址类博物馆的建设、发展提供了物质基础。遗址博物馆是指在保护已发掘遗址或为展示发掘成果而在遗址上修建的博物馆。遗址博物馆的规划和建设始终贯穿着考古学活动，并以考古学等学科的理念作为指导。因主题集中，遗址博物馆普遍具有单一性，其研究、陈列和社会教育自始至终是围绕相应的遗址展开，它的藏品就是遗址，研究对象是遗址，展示的内容也是遗址。目前，合理规划和科学建设遗址博物馆已成为考古工作和博物馆发展共同关注的热点，集中反映了博物馆建设对考古学理念的吸收与融合。

三是考古学为历史类博物馆提供专业知识基础。现代博物馆以面向社会公众的教育推广为重要功能和目标，通过举办常设性和临时性的主题展览，组织各类文博社会活动，博物馆引导观众从各角度了解藏品以及藏品背后的历史信息。针对历史文物类藏品，无论是进行识别、分类、标注，还是通过讲解等方式向社会公众提供文物的年代、材质、工艺、价值等信息，其专业知识依据都以考古学研究为来源和基准。

三 博物馆事业对考古学理念的应用与实践

（一）博物馆直接承担考古调查和发掘工作

以博物馆为单位开展考古调查和考古发掘工作，是考古学研究中比较常见的做法。在我国，开展考古发掘工作的单位，应当依法取得考古发掘资质证书。按照国家文物局的公布信息，截至 2020 年 1 月，我国共有 83 家单位获得考古发掘资质，其中有 14 家为博物馆。新中国成立以来，各地博物馆承担了相当多的考古调查和发掘工作，为我国考古和文博事业的发展做出了重要贡献。

（二）博物馆研究工作以考古学知识理论为基础

以藏品为基础进行科学研究是博物馆的基本功能也是重要任务。一方面，对于已有藏品的分类、鉴别和整理等工作要以考古学的方法和理论为基础；另一方面，通过考古工作新增的文物藏品和揭露的文化遗迹要以考古学的专业方法进行研究。

（三）博物馆开展社会教育活动包含考古学元素

将考古工作元素融入博物馆社教活动，近年来在各地博物馆屡见不鲜，并成为社会公众喜闻乐见的活动方式。无论模拟考古现场勘探、发掘等活动，还是组织现场文物鉴定、模拟文物修复和保护等与考古学联系紧密的活动，都通过博物馆的宣教平台，让一直“高冷”的考古学更加生动的展现到社会公众面前。

（四）博物馆的数据库建设离不开考古学理论和实践支撑

为了更好地利用和保护博物馆藏品，加快实施以藏品档案、古建筑档案、古遗址档案、古文献档案等为基础内容的数据库建设成为当前博物馆重要的重要工作。博物馆数据库的建设与考古学专业研究结合十分紧密，例如在选题方面，常见的有陶瓷典型纹饰数据库、历代陶瓷器底款数据库、考古标准器序列数据库等，此外考古发掘类数据库一般还包括考古现场发掘中的声像记录。

四 博物馆事业发展及其对考古学范畴的超脱

博物馆在适应社会发展的漫长历程中，逐渐成为多职能的文化复合体，并随着时代的发展，产生了各种新职能、新形态、新方法和新的收藏对象。目前，不论是在世界范围还是在我国，不少博物馆的主题在不同方面超脱出狭义考古学的研究范畴。

（一）展品与时限

藏品时限超出考古学研究范畴的上限：例如自然博物馆、古生物博物馆、恐龙博物馆、地质博物馆等；博物馆主题超过考古学研究范畴下限：如各类革命历史博物馆、中国近代史遗址博物馆（南京总统府）、中国工业博物馆、铁路博物馆、重庆抗战遗址博物馆等；藏品范围不属于考古学研究对象：北京老爷车博物馆、金鱼博物馆、自来水博物馆、酒瓶博物馆、上海公安博物馆、家庭收音机主题收藏博物馆、自行车博物馆、钢琴博物馆、动漫博物馆等；以兼有考古学范畴内外藏品为专题筹建的博物馆：上海笔墨博物馆、洛阳匾额博物馆、钱币博物馆、临淄中国古车博物馆、昆曲博物馆、筷子博物馆等。

（二）对象与理念

考古学作为一门社会科学，自诞生以来一直按照专门的规范发展，并建立起较为完善的标准体系、学术体系、研究体系，其研究主体以专业人士为主，研究机构主要是考古专业研究所、高等院校以及博物馆内设的专业机构，考古学研究的过程和结论一般不直接面对普通的社会公众。

而博物馆自 1974 年国际博物馆协会对博物馆进行明确的定义以来，一直将公益性、开放性等作为博物馆的主要职责予以贯彻，而在筹建和发展主题方面不做限定。目前各国博物馆都聚焦于如何更好地提升观众的参观体验和参与度，因此将创新服务社会公众的手段和方式作为重点。

（三）理论与学科

从理论的角度来看，考古学是根据古代人类通过各种活动遗留下来的实物以研究人类古代社会历史的一门科学，其目标主要包括：发现、发掘记录和保护过去人类物质遗存，揭示它们在时间和空间上的定位和相互关系，包括他们存在的物质性背景；重建特定时间、特定地点、特定的古代遗存所代表的人类的行为和生活方式；建立古代遗存 的编年序列，进而建立一个特定地区的文化史；解释由古代遗存所体现的人类行为和文化过程所具备的规律性等等。

而随着近代博物馆的诞生和发展，在各国学者对博物馆的性质、特征、社会功能、实现方法、组织管理和博物馆事业发展的规律等进行归纳研究和科学总结，以及博物馆发展实践的基础上，产生了博物馆学。博物馆学是研究博物馆的性质、特征、社会功能、实现方法、组织管理和博物馆事业发展规律的科学[7]。研究内容主要包括：博物馆基本理论与发展史、博物馆专业工作（藏品征集与管理、藏品鉴定与保护、陈列研究与设计、观众教育与服务等）、博物馆管理工作（人事、财务、安全等制度，资金筹集与决策管理制度、博物馆建筑设计与管理等）以及博物馆信息化等内容。

从学科建设来看，早先博物馆学原本与考古学并列。国家学科改革后将考古学升级为一级学科，并将博物馆学置于考古学之下，使得博物馆学的发展受到一定限制。不论这种设置是否合理，从理论和实践两方面来看，至少狭义考古学外延无法包容博物馆学的内涵是众所周知的事实。

（四）博物馆信息化

随着计算机技术的快速发展，利用现代技术实现信息化成为博物馆发展的重要课题。博物馆信息化是指现行的博物馆工作的各个部门和一切职能都能够利用电脑成为日常工具，并且构成一个以藏品信息数据库为核心的一个网络平台。

博物馆信息化使得人们从信息的特殊载体这一特殊的角度去认识、研究文物，突破了狭义考古学以实物为研究对象的基本范畴。从这一角度出发，对文物的保管、研究和陈列，从原先的仅立足于实物，转换为尽可能的保存和发掘文物已知和未知的信息。因此，在博物馆数字化发展趋势下，文物的利用从文物本身的物质实体使用，转换为对文物信息的提取、分析、加工和使用，并在一定程度上解决文物保存与利用之间的矛盾。

随着博物馆理念的更新发展和信息化水平的不断提高，在“人工智能”“互联网 +”“移动互联”“虚拟现实”等新技术的支持下，出现了以提升沉浸式互动体验为特征的“智慧博物馆”。在“智慧博物馆”中，观众不仅可以以虚拟主人公的视角参观博物馆，也可以“进入”数字化虚拟出来的古代世界，橱窗里的文物摆放在它千百年前所在的位置，甚至可以看到古人在观众身边徜徉，观众可以在这样的场景中拍照，从古人口中听到曾经发生的故事……博物馆智慧化后，人们期望了解古代文明的方式，或许都可在熟悉的博物馆中变为现实。

信息化、智慧化程度的提高，能够让博物馆里的文物动起来、让历史活起来，极大地拓展博物馆的承载量，也使得博物馆的展出和服务方式不再局限于传统、单一的考古学叙述模式。

五 新时代考古学与博物馆发展关系展望

新时期的中国考古学，更加自信和开放——2016 年 5 月 21 日至 23 日，以“走向世界、走向未来的中国考古学”为主题的首届中国考古学大会在河南省郑州市举办。来自中国社会科学院考古研究所等 49 家研究院所和高等院校、全国 75 家考古文博机构的 380 多位专家学者，以及来自 12 个国家的 20 多位外国专家学者参加了大会。会议对中国考古学最新考古发现和研究成果进行了全面展示，并发布了“郑州共识”，提出强化考古工作者的责任感和使命感；正确把握考古学的发展方向，加强中国考古学科体系建设；加强国际合作与交流，大力实施“走出去”考古战略等。

新时代的博物馆，更加智慧化与多元化——“博物馆 +”。随着博物馆技术和理念的不断更新，博物馆未来发展呈现出智慧化与多元化趋势，并表现为各类不同主题和内涵的“博物馆 +”。

（一）“博物馆 +”生活场景

“博物馆 +”生活场景是在人们用餐、时尚、健身等生活场景内加入博物馆元素，或者将博物馆元素加入各种生活场景，以增强博物馆的公众参与度和认知度，例如：

1.“博物馆 +”特色餐厅

伊斯兰艺术博物馆艾伦 · 杜卡斯餐厅，是一家位于博物馆内的餐厅，看着多哈辽阔的地平线，享受这里的美味——最时髦的法国地中海料理与阿拉伯风味的结合；故宫博物院在慈宁宫旁将别具风味的冰窖修缮为观众服务中心，建了书吧、咖啡、快餐，同时可供 300 名观众在此用餐，一个中午能循环三四次，1000 多人一边就餐一边看冰窖，感觉良好；湖北省博物馆与肯德基携手将位于“楚河汉街”的这家店定为“楚文化”主题餐厅，并授予“楚文化青少年科普基地”称号，旨在向肯德基的主要消费群体传播中华优秀传统文化，坚定文化自信，培养爱国情怀。餐厅内不仅有各种极具楚文化特色的装饰元素，“虎座鸟架鼓”等文物复制件烘托氛围，更有现场演奏编钟古典乐曲演奏，配以湖北省博物馆“礼乐学堂”之《楚人的饮食文化》精品课程，真是文化与美食的双重盛宴；陕西历史博物馆与必胜客共同打造了全国首家与博物馆合作的餐厅——必胜客西安曲江博物馆主题餐厅。除了在餐厅的装修风格和装饰细节处体验大唐风韵外，餐厅还将“葡萄花鸟纹银香囊”“镶金兽首玛瑙杯”“鸳鸯莲瓣纹金碗”等十件国宝级复制件“请”进餐厅，在开放式水吧上进行陈列，必胜客的大厨们就在国宝下做菜，消费者来到这里用餐，就如同走进盛唐梦境，可以享受到边看国宝边用餐的沉浸式体验。

2.“博物馆 +”时尚服饰

每年的5月初，纽约大都会艺术博物馆会举办一场慈善舞会（简称 Met Gala/Met Ball），被誉为“时尚界奥斯卡”；中国丝绸博物馆举办“巴黎世家：型风塑尚”展览，展览由中国丝绸博物馆与英国国立维多利亚与艾尔伯特博物馆（简称 V&A 博物馆）联合主办。“巴黎世家：型风塑尚”展，自2017年在英国 V&A 博物馆首展，在美国、澳大利亚巡展后，最后一站来到中国丝绸博物馆；苏州博物馆一直以其独具江南风韵的建筑闻名中外，一场别开生面的时装秀以当地建筑与文化为元素完美上演，吸引300多万人在网上互动。博物馆里的时尚成为人们追求的复古与新潮相融合的新时尚，这是博物馆从象牙塔走进百姓生活的生动展示。

3.“博物馆 +”健身

博物馆和健身，很难让人将它们联系在一起，然而在纽约大都会艺术博物馆，有着一节45分钟的“博物馆健身课”，允许参与者穿着运动服，按照既定路线，穿梭在35个展室的艺术空间，油画、雕塑、盔甲，以及各种艺术珍宝近在咫尺；南加州大学费舍尔艺术博物馆每周四早上都有免费瑜伽课，在博物馆的画廊中举行，由学校内的健身教练授课，也因此吸引了很多瑜伽爱好者来参加。

（二）“博物馆 +”文艺影视

“博物馆 +”文艺影视是指以博物馆元素为主题，拍摄制作电影电视、综艺戏剧等文艺作品，或者在博物馆场景内表演相应的文艺作品，例如：

1.“博物馆 +”电影

与博物馆主题有关的电影不少，其中影响较大的如2001年上映的法国奇幻悬疑惊悚片《卢浮魅影》，讲述卢浮宫中的鬼魂进入了女孩丽莎的身体后，在博物馆偷盗古埃及宝物的故事。2006年二十世纪福克斯电影公司出品的奇幻喜剧片《博物馆奇妙夜》（Night at the Museum），该片讲述一个倒霉的博物馆保安不知不觉触动了一件文物，导致一个被禁锢几千年的生物被释放了出来，带来全城的混乱的故事。《上海青年报》评价该影片说：“影片最华彩的乐章是博物馆的展品在夜晚的复活，其时，观众恍若穿越了时光的隧道，进入了一个融合了历史、传说、童话、自然的奇妙世界。这时，博物馆成了一个微观的世界，成了一部浓缩的人类文明史”。因特效和主题较有吸引力，该片还拍摄了第二部、第三部两部续集。

2.“博物馆 +”综艺

《国家宝藏》《上新了·故宫》《如果国宝会说话》等一系列文博类综艺节目的播出成功开启了新一轮的博物馆热，这是电视媒体与博物馆的完美结合，更是博物馆宣教活动的创新成果。

3.“博物馆 +”话剧

故宫原创剧《海棠依旧》以1933年至1948年间故宫博物院文物的南迁、西迁、迁台历程为主线，选择一个家庭视角作为切入点进行演绎，话剧在宝蕴楼前演出，让观众在宫里体验了不一样的故宫故事；广州起义纪念馆采用话剧艺术手法和博物馆讲解相结合的方式，倾心打造了一场兼具历史教育和艺术普及的沉浸式话剧；中国妇女儿童博物馆联合北京人民艺术剧院推出《家风故事汇》展演活动，邀请中国妇女儿童博物馆职工、志愿者、学生及社区居民组成非职业演员队伍，以话剧等形艺术表现形式，为观众讲述蕴含中华文化特有的家国、民族和人民情怀的故事，用话剧演活家风家教故事。

4.“博物馆+”动漫

中国首部考古主题动画片《曾侯乙》，片长50分钟，以1978年在湖北省随州市发掘的“曾侯乙墓”考古发现为素材，使用3D技术对墓葬进行了全景复原，通过历史文献和考古研究成果，为观众再现了2400多年前曾国的世界。动画片以一位充满好奇心的小朋友的视角，在“馆长爷爷”和神鸟立鹤的带领下，穿越时空回到战国时代，开始了一次神奇的探秘之旅。除了游览，小朋友一路奇遇都蕴含着相应的知识点，通过对情节的精心设计，将疑问、解答与历史背景相连接，在馆长爷爷的解释和启发下，这位小朋友知道了许多文物的用途与内涵，也对春秋战国时期的历史、文化和社会生活有了全面了解。这是一部名副其实的少儿版“古墓探秘”，旨在引导观众以循序渐进的方式走入古人的世界。

5.“博物馆+”音乐会

从上海博物馆“百物之声——上海博物馆亲子音乐会”到西安交响乐团联袂陕西历史博物馆、秦始皇帝陵博物院、西安碑林博物馆、西安博物院和西安城墙举办的“云上国宝音乐会”，再到民族乐器与现代音乐碰撞交融，广西民族博物馆的“共庆华诞 · 唱响八桂”国庆中秋音乐会、国家博物馆与国家大剧院共同举办的“声如夏花”线上音乐会。

（三）“博物馆+”科技教育

1.博物馆+新科技

国家文物局副局长关强说：“近年来，我们运用科学技术在地上和水下考古发掘，在文物保护及修复方面取得了丰硕成果、有了重大的突破，科技的快速发展为博物馆事业的发展提供了助推的工具。对数字化、智能化、信息化成果的应用是博物馆发展的未来之路。当下比较热门的AR、VR技术在博物馆展陈和宣传方面的应用提高了展览的吸引力，同时也提升了观众的互动性和参与性，激发了观众对文物、历史学习的兴趣”。纽约大都会博物馆用高科技为埃及古壁画涂色，让观众感受更加真实的壁画艺术；陕西历史博物馆携手华为共同举办了“花舞大唐春 盛世科技年”主题文化沙龙，与幸运观众一起穿越时空，共同探索鲜为人知的唐代“硬科技”。

2.博物馆+教育

近年来，在博物馆的研学热潮席卷之下，各地博物馆的教育项目、品牌活动百花齐放。内蒙古博物院的《欢乐大课堂》、国家博物馆的《说文解字》、陕西历史博物馆的《藏在博物馆里的古代发明》、湖北省博物馆的《礼乐学堂》、荆州博物馆的《荆楚瑰宝趣味讲堂》等等。除此之外，各类付费学习的线上课程层出不穷，“耳朵里的博物馆”“十万少年漫游世界十大博物馆”等，得到数万家庭的追捧。

《首届中国考古学大会郑州共识》提出：“考古学的研究成果，对于传承中华文明和优秀传统文化，振奋民族精神，增强民族凝聚力，推动社会发展，具有十分重要的作用。”“认真坚持考古为人民的理念，大力开展公共考古，努力做好考古成果的宣传和考古知识的普及，传承和弘扬中华优秀传统文化”[8]。

考古学实现传承中华优秀传统文化、开展公共考古活动等目标离不开博物馆这一重要平台，博物馆的事业发展要迈向世界先进、体现中国特色也离不开考古学的创新发展，新时期的博物馆学与考古学将围绕创新、开放、智慧、多元的共同理念，在合作中实现更好的发展。

【注释】

[1] 陈红京:《博物馆学概论》,高等教育出版社,2019年,第24页。

[2] 陈红京:《博物馆学概论》,高等教育出版社,2019年,“绪论”第1页。

[3] 陈红京:《博物馆学概论》,高等教育出版社,2019年,“绪论”第2页。

[4] 王宏均:《中国博物馆学基础》,上海古籍出版社,2001年。

[5] 张之恒:《中国考古学通论》,南京大学出版社,1991年,第1页。

[6] 李群:《国务院关于文物工作和文物保护法实施情况的报告》,2021年8月18日。

[7] 陈红京:《博物馆学概论》,高等教育出版社,2019年,“绪论”第1页。

[8] 《首届中国考古学大会郑州共识》。

考古工作如何丰富遗址博物馆的展示

杨培艺（南昌汉代海昏侯国遗址博物馆）

摘要： 考古工作为遗址博物馆提供展品、藏品及展示所需的信息，而考古遗址博物馆则利用这些为公众提供知识、教育、欣赏和娱乐等社会服务。考古工作通过全面细致的发掘、多方位深入的研究、加强与展示工作的合作、利用考古学各分支学科研究方法为展示工作提供新的形式，进一步丰富遗址博物馆的展示，使遗址博物馆成为考古宣传与教育的重要阵地。

关键词： 考古工作；遗址博物馆；展示工作

一 考古工作与遗址博物馆

考古学是主要根据古代人类活动所遗留下来的实物遗存研究当时人们的生活及其社会的状况，并进而解析人类文化与社会发展的历史过程，探索其发展变化的背景、原因和规律的一门科学[1]。

因此考古学的研究对象是古代人类活动时遗留的各种遗物和遗迹现象，通过研究这些来了解古代人类的经济、政治、文化生活等历史。考古学是一门人文学科，研究学者希望能够“透物见人”，进而探究人类历史发展的规律，做到以史为鉴，知古通今。

对于遗址博物馆，尽管各个专家学者在定义时有着不同的侧重。但总的来说，遗址博物馆是在重要考古遗址的原址或附近，出于更好地发掘、保护、研究、展示等目的，而建立起的专题性博物馆。这类博物馆与考古工作联系紧密，考古工作是基础，为遗址博物馆提供藏品和展陈信息；遗址博物馆则为遗址服务，是整个遗址文化内涵精髓的代表和载体，承担着该遗址的展示和阐释任务。

总的来说，考古工作与遗址博物馆间的联系要比其他历史类博物馆的联系更为紧密。遗址博物馆的建设和展示以考古工作的成果为基础和依托，考古工作所揭示的遗址历史文化内涵等信息，基本通过遗址博物馆向外界展示和传播。

二 遗址博物馆展示存在的问题

根据《国际博物馆协会章程》的定义：博物馆是一个为社会及其发展服务的、非营利的永久性机构，并向大众开放。它为研究、教育、欣赏之目的征集、保护、研究、传播并展出人类及人类环境的物证。遗址博物馆作为专题博物馆的一种，自然也具有一般博物馆应有的职能。同样需要对公众开放，为社会发展提供服务，为公众提供知识、教育、欣赏和娱乐等。而党中央也反复强调：我们要加强考古工作和历史研究，让收藏在博物馆里的文物、陈列在广阔大地上的遗产、书写在古籍里的文字都活起来，丰富全社会历史文化滋养。

可以说，考古工作和博物馆都承担“让文物活起来”这个重任，那么如何能讲好中国的历史故事，展示博大精深的中华文明就成了每一个文博工作者工作的重心。而以此为目标来对照现今的遗址博物馆，目前多数遗址博物馆还是存在着一些问题而无法实现。

（一）存在问题

遗址博物馆的展示简单概括，其实就是内容和形式的结合。而展示目前存在的问题基本上便是这两方面有所欠缺。

从内容上来讲：一是目前有的遗址博物馆展示内容不丰富，过于浅尝辄止。比如有些遗址中出土的车马器构件，仅仅在介绍中写上名称、出土地点就简单带过。殊不知大多数的参观者可能因这件器物的名称用字过于生僻，而无法正确辨识，更不用说进一步了解古代车马的结构、用车礼仪等等其他一系列的历史信息了。文物只是单纯展示，而缺乏内在文化的阐释。二是有的遗址博物馆展示内容缺乏特色，千篇一律。这导致参观者对于展品的内容产生不了足够的兴趣，参观走马观花，既不能体验到文物的独特历史意义和文化意义，也失去对博物馆再次参观的意向。三是展示内容有时过于专业，不够通俗，因此让参观者与文物产生了距离感。这也会使参观者对文物信息的接收程度不够完整，难以代入自身的生活认知和体验，使得参观者对文物的制作方式及古代实际应用等理解不透彻。

从形式上来讲：展示形式单一，缺乏新意与创新。形式的单调会使参观者在游览遗址博物馆时感觉平淡无奇，无法提起兴趣。这与“让文物活起来”的要求相去甚远。

（二）原因

产生遗址博物馆展示内容上和形式缺陷的原因，可能有以下几个方面：

一、考古工作未能提供充足的基础支持。陆建松认为“在展示传播的学术支撑建设方面普遍存在三个‘不到位’：对遗址本体的学术研究不到位，对遗址及其遗物反映出来的环境、经济、文化、社会等的还原研究不到位，对考古发掘资料的信息采集及其研究不到位”[2]。一方面，大部分的遗址博物馆都是先进行考古发掘后，因为具有重要的文化价值，才考虑进行遗址博物馆的建设。这样就导致前期的考古工作未能全面细致的制定发掘计划，还可能因为时间或资金的限制致使考古发掘工作不够细致周全，对一些遗迹遗物的信息未能有效揭示，甚至对一些土样标本、炭屑等未能充分采集。另一方面，缺乏对考古工作成果的深入研究。例如为保护古代城址而建立的遗址博物馆，普遍的展示信息是城址位置、建造年代、结构布局等。但缺乏进一步深入的阐释说明，例如城墙是用什么材料采用了哪种工艺建造的，城址中的人是怎样生活的，交通、饮食、住房、出行是如何，何时何原因城逐渐被废弃，原来城中的人去了哪里，这座城及城中生活的人与现今生活在附近的人有什么联系等等。

二、考古工作和展示工作的脱节。现实来讲，在建设遗址博物馆的过程中，考古工作人员和展示工作人员并非同一批人，二者所要求的专业领域是有差异的。因此，考古工作人员不了解展示工作所需要的内容和素材，无法全面提供相关资料，同时不参与展示工作也难以提出意见和建议。而展示人员也可能缺乏相关的知识结构，对过于专业的考古发掘报告等资料无法透彻理解，在展示给参观者时出现内容不详实、生涩难懂、枯燥乏味乃至错误等情况。

三、展示形式单调不受欢迎。传统的图片、文字介绍对遗址及文物来说仍是不可或缺的，但展示形式只有这一种的话，展陈模式难免单一僵化，难以消除参观者对遗迹遗物的距离感和陌生感，难以使人产生“投入感”和“代入感”，阻碍参观者对历史文化进行主动学习和探究的动力。

三 考古工作如何丰富遗址博物馆的展示

针对这些问题，我们应该积极研究解决之法，探索新的解决道路。具体做法有：

第一、增强考古工作的规范性并加深对遗址的科学研究。在考古工作中严格按照《田野考古工作规程》进行清理发掘、采集文物标本、绘图测量、拍照摄像等工作。这样不仅能保证最大程度上收集到遗址的历史文化信息，将画线句子改为：还能为其他展示活动如遗址的发掘过程等提供充足的资料。同时，还要增强多学科的合作交流，如历史地理和人类学、生态环境和环境考古、民族学和社会学、地质学和植物学等学科，对遗址内涵进行多方面、多角度的挖掘，全面深入研究。

第二、加强考古工作和展示工作和合作与衔接。考古工作者和展示工作者间应该加强合作、交流与沟通。尤其考古工作者应当对展示内容提出专业的意见和建议，这个工作最好在设计展示内容之初便参与进来，这样不仅能提高效率还可以避免不必要的反复校对工作。二者的充分合作还利于遗迹遗物的文化阐释工作。正所谓曲高和寡，过于专业的介绍既无法吸引普通参观者的兴趣，也阻碍了博物馆文化教育职能发挥。

第三、考古学的各分支学科研究方式方法为展示工作提供新的形式。考古学根据研究领域和方法的不同，可划分为环境考古学、动物考古学、农业考古学等。可以向参观者展示并体验学习不同的考古研究方法。比如，史前遗址博物馆可以定期开展打制石器的体验活动，增加参观者对石器的制作及功能方面的理解，这采用的是实验考古的方式。再比如，江西省博物馆举办了“水稻起源”的少儿活动，在活动中了解最早的人工栽培水稻，还使用显微镜观察水稻标本。通过类似的实践活动，不仅能大大提升参观者的兴趣，还能寓教于乐，对文物背后所蕴含的文化、工艺、精神等内涵有更深切的体会。同时展示形式应该尽量多样，利用VR、全息投影、视频影音等现代科学技术，打造“动态”的展示形式，将传统的“静态”展示与高科技“动态”展示结合，使二者相辅相成。

总之，我们应加强对考古工作的重视，进一步挖掘遗址的内涵，考古工作者与博物馆工作者要进一步的深入合作，充分实现考古与展出的关联，共同丰富遗址博物馆的展示工作。真正实现让收藏在博物馆里的文物、陈列在广阔大地上的遗产、书写在古籍里的文字都活起来，丰富全社会历史文化滋养。

【注释】

[1] 巍总主编：《中国考古学大辞典》，上海辞书出版社，2014年，第1页。

[2] 陆建松、朱峤：《浅议遗址博物馆的功能及其展示传播学术支撑体系建设》，《园林》2012年04期，第44页。

博物馆学

与

历史学

从公共事件的展览叙事看博物馆参与公共史学实践

张 昱（上海社会科学院文学研究所）

摘要： 20世纪70年代，公共史学在美国被正式提出。公共史学的本质在于促进历史学的学术价值和社会价值的统一，相关研究成果可以作为历史资源与现实问题转化的载体。博物馆始终被视为是公共史学重要的实践阵地之一。公共史学所具备的学术性、公共性、民主性、实用性等特点，与博物馆对历史的阐述和传播取向非常相近。随着博物馆越来越积极地参与到公共事件的记录、展示和利用的过程，公共史学与博物馆学的互动关系就更为显著了。本文将以三个博物馆公共事件展览的实际案例为切入点，探讨博物馆环境中公共史学的阐述主体、利益相关者关系的处理、历史形式的多元转向、数字技术对公共史学所产生的影响等，尝试梳理博物馆学与公共史学的互动关系。

关键词： 博物馆学；公共史学；公共事件

公共史学在20世纪70年代在美国被正式提出，尽管属于公共史学范畴的实践和研究在此之前早已出现。这一时期，罗伯特·凯利（Robert Kelley）和韦斯利·约翰逊（Wesley Johnson）在加州大学圣塔巴巴拉分校开设了公共史学硕士项目。此后，《公共历史学家》(The Public Historian）杂志创办，“全美公共史学学会”（National Council on Public History）成立。一般认为，公共史学的出现是为了解决传统历史学科毕业生就业困难，让历史学以更适应社会实际需求的形态拓展毕业生的择业范围。但也有学者认为20世纪60年代的民权运动和新社会史学才是推动公共史学兴起的深层动力[1]。民权运动所反对的种族歧视，以及弱势群体所呼吁的对国家历史的重新审视，反映了一种自下而上的、强调公众参与的新的历史书写方式。上述几个原因都体现了公共史学的本质在于促进历史学的学术价值和社会价值的统一，相关研究成果可以作为历史资源与现实问题转化的载体。自公共史学诞生伊始，博物馆就被视为公共史学实践的重要阵地之一。博物馆与公共史学共同处理的是一种高度复杂的历史形式，最终的呈现是学术和公共因素共同作用的结果，将有助于定义和塑造历史的公共用途，让历史更大程度地为公众服务。

本文将以三个公共史学在博物馆实践的典型案例为出发点，探讨随着博物馆越来越积极地参与到公共事件的记录、展示和利用的过程，公共史学与博物馆学的互动关系，关涉到博物馆语境中公共史学的阐述主体、利益相关者的关系、历史形式的多元转化等。

一 展览、学术、利益相关者关系的矛盾——艾诺拉 · 盖伊展览的纠结

1994 年，为纪念二战胜利五十周年，隶属于史密森尼博物学会的美国航空航天博物馆计划举办一场有关 1945 年美国在日本广岛和长崎投下原子弹的展览。展览的重要内容包括展出投下原子弹的艾诺拉 · 盖伊（Enola Gay）轰炸机。但在策划阶段，一场公开且高度政治化的激烈辩论就已经围绕着展览内容而展开。

1980 年起至 1993 年，艾诺拉 · 盖伊轰炸机得到了修复，并被公开宣传和展示。1993 年年中，在航空航天博物馆筹备展览的过程中，包括空军协会的美国空军各公共关系部门以及共和党议员，开始批评该项目并要求做出改变，核心观点是认为展览会在公众中塑造美军凶残征服者和报复者的形象，展览又过于关注将原子弹作为世界事务中“核时代”的开始，但这在另一面被视为是“核时代”不正义、不道德的起点。反对者们认为展览也应该关注这样一个事实，即通过在广岛和长崎投下这些炸弹，美国结束了第二次世界大战，并最大限度地减少了美国在此过程中的伤亡。1994 年 3 月，在一次重要的宣传活动中，空军协会使用了航空航天博物馆向其保密展示的展览文本初稿，公开诋毁该项目。在 1994 年的选举中，原本占多数席位的民主党被共和党打败，共和党很快明确反对该项目。1995 年 1 月 30 日，史密森尼博物学会新任秘书迈克尔 · 海曼（Michael Heyman）迫于国会压力取消了该项目。5 月 2 日，马丁 · 哈维特（Martin Harwit）辞去了航空航天博物馆馆长的职务。6 月，该博物馆推出了一个“删减版”的艾诺拉 · 盖伊展览。展览选择在有限的、不起眼的空间中展示轰炸机的机首部分，并保持主题概念不变，完全放弃对历史背景、机组人员的介绍。在展览开幕后，展览争议进一步扩大到观众之中。观众对展览信息和飞机视觉呈现的不完整表示不满，并且认为展览缺乏对幸存退役军人的适当尊重，也缺乏纪念性展览中所应有的“纪念”氛围。

这一场辩论的核心问题在于航空航天博物馆究竟是一座以客观和中立的方式专注于民用和军用的航空和太空活动的博物馆，还是一座以纪念武装部队的贡献为中心使命的博物馆，即对航空航天博物馆宗旨和基本价值导向的判断。而更深层次的、可以扩展到所有博物馆的矛盾点则在于公共史学在博物馆的实践中所要处理的展览、学术、利益相关者之间的关系，相较于展览的内容应该是什么或不应该是什么，更重要的是要明确谁能够决定展览内容应该是什么。一方面，公共史学于博物馆语境中的定位是区别于传统学术型历史学的公共教育型历史学。艾诺拉 · 盖伊展览的策展方误解了公众和退役老兵对展览内容的合理期望。原本在对更全面的历史理解的无止境追求中，博物馆能够做到对诸如投下原子弹的决定等敏感话题的不断重新审视，展览提供了对历史研究的任务和方法进行有益辩论的材料和机会，最终未能实现。但观众通常对似乎只提供一个观点的展览会持批评和不信任态度，更愿意从一系列可能的解释中做出自己的判断。现在博物馆展览的社会教育倾向要高于其学术倾向。对展览内容形式的反思可能会提供评估公共史学实践成果的新方法，改进公共史学家们工作的新见解，从而在关于技术和历史变化的公共辩论中重新

产生影响。另一方面，公共史学于博物馆语境中的运用是受到博物馆基本公共服务义务、对财政支持者的依赖等因素限制的。博物馆的行为需要满足其经费供给方的需求，就史密森尼博物学会而言就包括政府、非营利组织或商业企业、捐赠个人等。当然在限制的同时，博物馆赋予了公共史学发展的支撑要素——庞大的受众群体、可观的经费资源、丰富的馆藏和专业职员。此外，公共史学于博物馆语境中的转化是需要专业知识作为支撑的，无法脱离传统学术型历史学。为了捍卫展览所含知识信息的独立性，博物馆需要在专业层面上拥有一个能够抵御各种外部因素攻击的“阵地”，从中可以得出新的信息和根本性解释。这一阵地的来源包括博物馆藏品，以及长期的历史研究和大众化传播探索积累。这能够帮助博物馆保持对自身行为的主动权，实现展览成本收益的平衡。但是，在艾诺拉 · 盖伊展览的管理体系中，航空航天博物馆的馆长哈维特是一位天体物理学家，任馆长之前没有任何的博物馆专业经验。因此，有学者认为此次展览的失败也是一场博物馆领导力的灾难。

二 历史的娱乐化、消费化转向——对泰坦尼克号事件的不同展示视角

2012 年在泰坦尼克号沉没 100 周年之际，英国多地举办了纪念展，但展览视角截然不同。其中，泰坦尼克号贝尔法斯特纪念馆选址于泰坦尼克号和她的姊妹船奥林匹亚号建造船台的原址。由于展览缺乏实物展品，更偏重观众体验，甚至拥有游乐设施，因此更类似于一座主题公园[2]。纪念馆内再现了造船厂旧景，重现了船体建造时艰苦的工作条件。作为欧洲最大的多功能城市再生项目的核心，贝尔法斯特旨在通过唤起对工业和生产时代的怀旧和自豪感，提供了整个地区复兴的支撑点，这一地区也被更名为泰坦尼克区。工业生产变成了一种现代景观，成为了新型消费和大众娱乐的内容，不仅带动了旅游业发展，也提供了更多就业机会和新住房，将公共生活和社会融合相结合。纪念馆的呈现方式明显弱化了公众对工业至上主义的质疑，回避了建造时可能存在的缺陷，也绕开了沉默悲剧所造成的公共记忆创伤。但这一项目自 2012 年 3 月 31 日对外开放后的前四个月就已经吸引了来自全球的 380000 名观众。它将历史叙事以一种更具象征意义的具象体验方式展示，注入了如远洋客轮的大胆创新、与冰山和航运标志相呼应的水晶结构、泰坦尼克号内部复原场景、用长凳拼出的摩斯密码求救信号等元素，试图将自然与文化、艺术与商业融为一体，用多种方式不断增强观众的沉浸式体验。例如，身着古装的演员和投影呈现的“幻影”人物，分布在客舱复原场景中，与观众进行着无声的互动。贝尔法斯特街景的照片被投射到巨大的屏幕上，当观众站在屏幕前，他们会留下自己的影子，带他们走进 20 世纪初的贝尔法斯特世界。此外，在离开纪念馆后，观众依然能够通过手机应用程序和 GPS 在整个泰坦尼克区进行地理定位，在各个关键点获得船只更多的故事。与贝尔法斯特纪念馆相反，同一时间在海城国家海事博物馆举办的泰坦尼克号展览则更强调了事件的悲剧性。展览序厅布满了遇难者的名字和肖像，这种强烈的悲剧感可能并不是事件本身对英国公众所产生的，而更多的是好莱坞大片的附加影响[3]。

两个博物馆的展览体现了当下博物馆对公共事件的复杂而矛盾的情绪，展览叙事必然渗透着各方记忆、价值观和利益偏好的共同影响。从中可以看到，公共史学在博物馆环境中的运

用需要站在更广阔的社会环境视角，能够包容更多元的呈现方式。观众来到博物馆参观往往受到其前置知识经验的驱使，对展览内容具备一定兴趣，例如观众对梵·高及其作品感兴趣才会蜂拥而至梵·高博物馆；由于《泰坦尼克号》电影中获得的感动才会对沉没事件及这段历史时期产生更浓厚的兴趣。博物馆中的公共史学阐述应当促进观众先前和后续经验之间的联系，并鼓励与社区中的其他教育资源相融合。公共史学与博物馆的互动不仅仅是为了对过去的纪念，也反映了对日益复杂和不确定未来的焦虑，从而思考如何为塑造未来社会生活提供可行的路径。公共史学在博物馆中的实践延长了话语和行为的实践框架，历史意识的生动形式不仅承诺了身份的安全，有时也承诺了希望的前景。当受当代关注的过去的图像和叙事成为现在和未来公民生活的愿景和实践不可或缺的一部分时，这种关系就会产生一种教育力量。公共史学在博物馆环境中的运用也需要包容更多元的呈现方式。传统的极为严谨的史学研究方法在博物馆环境中是较难达到非常有效的公共教育成效的，必须经过一定的大众化和社会化“话语”的转变。其中，随着休闲市场的快速发展，生态旅游、文化旅游为博物馆带来了增值效应。这也在一定程度上挑战了公共史学的边界，但却被市场证明能够提升博物馆吸引和留住未来观众的能力。这种“话语”转变帮助博物馆观众从个人回忆发展到抽象问题，再回到个人或全球意义，这与精心构建的学术话语论点截然不同。

三 “个体”还是“整体”——宽容博物馆多媒体学习中心的探索

位于美国洛杉矶的西蒙 · 维森塔尔中心（Simon Wiesenthal Center）的宽容博物馆（Museum of Tolerance）以犹太大屠杀为展览主题，旨在利用新技术为观众尤其是年轻人提供新的接触大屠杀的学习方法。博物馆几乎将整个楼层都投入到了多媒体学习中心，这也是博物馆自 1993 年对外开放以来始终将数字互动作为其工作重点之一的表现，而这方面的实践也为公共史学如何利用现代技术实现公众叙事提供了重要的参考。对于许多小型博物馆而言，互动是来自大屠杀幸存者的，他们在展览空间内充当着传播者和教育者。然而，随着大屠杀幸存者的先后离世，此类博物馆便试图通过位于展览空间中的交互式多媒体平台来有意识地保留其故事。多媒体平台的作用既在于帮助博物馆在叙述公共事件时能够运用不同的视角和背景，而突破展览结构中位置的限制，也在于及时地向观众提供参观引导和个性化体验。多媒体平台所打造出的“没有围墙的博物馆”既能够使得观众的博物馆参观经历成为数字内容的一部分，也能够让身处世界各地的人们在任何时间地点都能够自由使用博物馆的数字内容。这一过程增加了公共史学对于事件信息阐述的公开度和透明度，也让观众能够参与问题的提出、分析与解决环节之中。宽容博物馆的馆长利伯 · 盖夫特（Liebe Geft）认为理想的博物馆参观体验是观众能够带着疑问离开，学习历史固然重要，但是观众更需要理清他们为什么要学习历史[4]。宽容博物馆有一个“互动研究室”，该研究室具有八个独立的计算机房。具体内容涉及一个关于大屠杀各个方面的分层结构的多媒体信息系统，其初始选题包括犹太人、纳粹、第二次世界大战、反犹太主义、犹太反抗、战后修复等。在互动研究室外，还有其他控制台，可提供来自研究室的精选材料摘录。数字化材料包括影像资料、音频、文献档案和地图等。材料多取材于麦克米伦（Macmillan）在 1990 年出版的《大屠杀百科全书》和《犹太百科全书》等传统媒体资源。但是，从多媒体数字平台的内容结构看，难以避免对这些百科全书知识的简单复制，博物馆尝试运用如安妮 · 弗兰克等公众熟悉的大屠杀人物点击图标来增强公共史学叙事的重点，并使观众能够发展出必要的视觉线索趋势和公共记忆趋势。

宽容博物馆的探索对于公共史学在博物馆的实践也具有重要的意义。其一，数字技术在博物馆的普及在很大程度上提升了公众的个性化博物馆体验，他们既能够获得个体所偏好的信息，也能够反向输出个人的历史解读和补充内容。博物馆通过分层的多媒体系统进行导航，围绕与人相关历史的交互以及围绕事件的社会继承中所建立的事件故事进行配置，在公共史学、博物馆、观众之间建立了复杂的联系。数字技术代表了对事件叙述的一种转移，观众如何使用数字技术是受多种因素影响的，与数字技术所承载的内容相关、与数字技术的社会用途相关、与公共事件的社会意义建构和传承也相关。通过数字技术的使用进一步凸显公共史学的作用，即鼓励人们问自己，不是为了成为什么样的人必须记住什么，而是根据过去的经验，成为现在的样子意味着什么。这种开放式的提问在博物馆实践中得到丰富，观众的思考不仅仅是在同自己对话，也是一种倾诉和聆听。在这里，历史“不仅是回忆，也会激发对新事物的意识”[5]。其二，个性化的体验和表达在一定程度上挑战了博物馆对于知识的权威地位，这也体现了公共史学的一个重要特征，即“人人都是他自己的历史学家”。这种民主性和公共性实质上宣告了公共史学在博物馆实践时对于构建的历史特征和未来完善性的雄心，并理解对其永无止境的不足之处进行批判的合法性。同时，也反映出公众会以怎样的兴趣、认识论框架和反思性结构来面对公共史学的阐述。

四 博物馆学与公共史学关系之小论

公共史学需要博物馆作为重要的实践平台，而博物馆也需要公共史学的叙事和传播方式强化公众记忆，推动构建当代公民身份。博物馆中描绘特定历史的展览有助于公众更清晰地定义国家的领土、文化、种族和语言。这些通常是通过展览中所呈现和传播的各种故事来创造、维护和推进相同历史和身份的。但两者相互融合的过程中会受到诸多内外因素的干扰，做到既符合学术准确要求，又符合公众需求，还能平衡各方利益的最终呈现并不容易。公共史学与博物馆的互动有时不可避免会成为一个有争议的文化领域，因此，需要反思性地探索出国家和民族认同的普遍性，以及不同的叙事方式所传达的反映历史事件隐含价值观的方式。虽然博物馆在一定程度上可以获得文化自决的集体权利，但从总体方向看依然需要遵循社会的主流价值观。

公共史学与博物馆学的融合形式是向着不断丰富的方向发展的，尤其在新技术得到更广泛的运用之后，公共史学变得更包容更开放。新技术能够在展览所呈现的公共文化和公共记忆之间不断寻找新的外延，可以实现公共事件和人物的高密度集中小型化展示，与此同时又将文化意义进一步扩大，这也是一些创意展览、主题公园受到热捧的原因。不过，博物馆提倡公共服务精神，因此在推动公共史学实践的过程中，要考量生活记忆的伦理学以及已建立的制度范式。这也是历史向娱乐化、消费化转变，构成了对传统史学的挑战后，所要处理和把握的边界。传统历史学家越来越强调培训、历史方法和解释内容的专业化，那么公共历史学家和博物馆从业人员同样需要接受必要的职业训练。

公共史学在博物馆语境中倾向于将个人记忆与集体记忆相融合，公共史学与博物馆学都倾向使用“共享性权威”概念作为出发点。博物馆的传统角色是将过去视为线性和整体化的历史，这依赖于创造和利用使过去具有连贯性和目的性的叙事。但如今，博物馆越来越将“历史作为一种赋权力量”，不仅可以重新排列公众对社会的理解，甚至可以促进公共政策的形成。纳入个体叙事是对原有的整体叙事进行重要的补充，以向观众给出更多的解释和相关信息,并鼓励观众提出新问题,进行更深层的思考。

【注释】

[1] 王希：《把史学还给人民——关于创建“公共史学”学科的若干想法》，《史学理论研究》2014 年第 4 期。

[2] Silke Arnold-de Simine, Mediating Memory in the Museum. London: Palgrave Macmillan, 2013, p.65.

[3] Silke Arnold-de Simine, Mediating Memory in the Museum. London: Palgrave Macmillan, 2013, p.65.

[4] Anna Reading, “Digital interactivity in public memory institutions: the uses of new technologies in Holocaust museums”. Media, Culture & Society, 2003, Vol. 25.

[5] Emmanuel Lévinas, Entre Nous: On Thinking-of-the-other. New York: Columbia University Press, 1990, p.16.

机遇与挑战：公共史学的发展与历史类博物馆的应对

武思成（平津战役纪念馆）

摘要： 作为一门新兴学科，公共史学在我国尚处于起步阶段。虽然在某些问题上仍存在分歧，学界大体认同公共史学具有重实践、跨学科与重视受众的特点，将博物馆视为开展公共史学研究与实践的重要平台。历史类博物馆的时空特性，叙事特征与人文底蕴使其开展公共史学研究具有比较优势；公共史学提供的应用型研究手段与多元化叙事视角是历史类博物馆的有益补充。但是，如何平衡公共史学与博物馆之间的关系，解决理论滞后于实践的问题，建立更完善的学科体系，仍需公共史学者与博物馆学者的共同努力。

关键词： 公共史学；历史类博物馆；跨学科；多元叙事

公共史学（Public History）是当代我国史学领域新兴的一种史学理论与研究方法。20世纪70年代末，为解决历史学科人才就业问题，美国加州大学圣塔芭芭拉分校历史系教授罗伯特 · 凯利 (Robert Kelley) 等学者提出以“公共”与“应用”为核心概念的公共史学理论 [1]。大众文化的流行、民权运动的兴起、后现代主义思潮的影响及新社会史学的出现都不同程度推动了公共史学的发展 [2]。

在我国，公共史学有深厚的文化背景与学科土壤 [3]，但一般认为 20 世纪 80 年代公共史学的概念才被正式提出。近十余年来，相关学者围绕公共史学的建设与发展进行了更广泛地研究讨论，公共史学学科建设也取得实质性进展 [4]，如浙江大学公众史学研究中心的建立，中国公众史学高校师资培训班的创办，《公众史学》《中国公共史学集刊》等学术刊物的刊行，为公共史学搭建了学术交流平台，使其得到越来越多的关注，推动了公共史学的发展。

公共史学发展所取得的一系列成绩得到国内外学者的认可，曾任美国历史学会主席的乔伊斯 · 阿普尔比（Joyce Appleby）甚至建议所有历史学家应都成为公共史学家 [5]。但由于尚处初创阶段，在我国，不同学者对公共史学的学科内涵认识不同，在学科建设、人才培养等问题上未达成共识，公共史学也招致了否定与争议 [6]。

一 公共史学的争论及其特征

（一）关于公共史学的两个争论

对于何为公共史学，不同学者提出了不同

定义[7]。一方面，“公共”（Public）与“史学”(History) 两词本身覆盖面广、含义多重；另一方面，公共史学原本就是对传统史学研究方法的拓展与丰富，“公共史学可理解成为公众而写的历史、公众的历史、由公众书写的历史以及与公众同在的历史，介词的更换改变了历史与公众的关系，影响了历史实践的本质特征”[8]。基于对公共史学不同侧重点的强调，研究者对于何为公共史学产生分歧，主要体现为以下两个问题。

首先，公共史学是大众史学还是应用史学？这一问题聚焦于公共史学的实践主体和服务对象。钱茂伟教授将中国公众史学与美国的公共史学做了区分，认为美国的公共史学更强调其在公共领域的实用性[9]，而中国的公众史学则“更关注史学主体的大众化”，是一种“大家共同拥有、共同使用、共同解释、共同书写的史学形态”[10]。具体来说，钱茂伟教授认为中国公众史学通过书写大众可以消化的历史产品，最终达到提升大众的历史认识、反思与写作能力的目的，实现史学主体的“大众化”。

与之相对，部分学者更强调公共史学的服务性与应用性。李娜教授认为“公众史学是突出受众的问题、关注点和需求的史学实践”[11]。徐善伟教授也指出，“公共史学的一个主要特征是其应用性，即它更注重培养学生的实际能力，更注重满足社会的实际需要”[12]。美国公众史学委员会于 2008 年 10 月采纳的公众史学硕士项目强调“公众史学既具服务导向型又具学术性”[13]。可以说，公共史学服务大众，但不仅仅服务于大众。通过跨学科、多门类的学术交流以满足不同公共机构、社会团体的需求，更积极地回应社会关切，是推动公众史学发展，实现学科价值的一个重要途径[14]。

其次，公共史学是公众史学还是专业史学？此问题主要讨论的是公共史学的研究方法。安托万 · 普罗斯特指出，如其他社会科学一样，历史学具备学术与大众两个市场，为争取不同市场的认可，历史学家需要提供不同的“产品”[15]。互联网等新媒体的广泛使用加速了职业历史学家话语权的分散[16]，为公众介入、影响甚至改变官方历史叙事提供了可能。同时，公共史学“是可用、可触、可视的历史，时常激发个人强烈的情感反应”[17]。借助公共史学这一平台，社会中的个人，特别是弱势群体的声音得以记录传播，历史研究的史料来源与研究视角得以丰富拓展，公众关切得到历史学家更广泛地关注思考，这对历史学的发展大有裨益。

然而，历史不等同于记忆，考证是历史学者从事研究最基本的能力与素养，“对自发的思维模式来说，考证就是反其道而行之，是一种与天性相反的精神取向。”[18]未经专业训练，或历史意识欠佳的公众对其所关心的议题，往往被情绪主导而难以进行理性思考。因此，虽然公共史学强调史料来源与研究方法的多元化，但它归根结底还是专业史学中的一个门类，研究者需要具备基本的技能训练、学识积累与必要的职业道德、学术操守[19]，历史编纂流程模板化等方法[20]似乎不可取代历史学家的作用。

（二）公众史学具有的多元化特征

区别于传统史学，公共史学具有鲜明的多元化特征，“公共史学的训练更强调史料的开放性和多样性，更强调史学与公众的密切联系，更强调跨学科的借鉴与合作，更强调史学知识在传播方面的感染力，而这一切都是传统专业史学极为缺乏的”[21]。不同学者关于公共史学的争论部分便是其多元化特征造成的，主要体现在以下三个方面：

首先，公共史学十分重视实践活动，是解决具体问题的、行动的史学[22]。安托万指出，

“历史学首先是一种社会实践，然后才如它自以为的那样（在某种程度上也的确）是一门具有科学性的学科”[23]。较之传统史学，公共史学的实践性更为突出，“所有公共史学的实践，无一例外都重视现场，无论是访谈，还是在博物馆、遗址遗迹等的操作中，它所提供给受众的更多是一种融合视觉、听觉甚至嗅觉的复合感受与认识，是对政治化与学术化史学的一种有益补充”[24]。

其次，公共史学的跨学科特点。从学科构建来看，不同学者提出的公共史学学科框架都具有鲜明的跨学科色彩，如通俗史学、应用史学、口述史学、影像史学、公众写史等。在人才培养方面，美国的公众史学职业发展方向主要包括博物馆和历史遗迹、历史保护机构、档案馆、咨询服务、公司历史部门、公共政策研究、纪录片拍摄制作、口述与社区历史项目等八个领域[25]。公共史学的跨学科实践也不乏成功案例，如英国国家图书馆、英国广播公司联合开展的“世纪的对话：与公众史学的合作”项目以普通人的视角记录了 20 世纪英国的社会变迁[26]；林信成教授等利用数位、航拍等技术，借助影音媒体及互联网平台搭建的可供专家学者与大众网友共同参与的淡水数位人文协作系统，有效推动淡水地方史的建构[27]。

再次，强烈的现实关怀。使公众受惠是公共史学的最基本特征[28]，它常常表现为对社会中弱势群体利益的关注。公共史学的发展使得“那些长期被压抑的声音得到倾听，那些边缘化的人被纳入到历史研究叙事之中。新声音、新对话与新体验使我们固有的思考、论说与写作方式发生了极大的改变”[29]。这也就说明了为何美国的公共史学硕士培养项目中特别强调“必须为学生提供直接接触公众史学专业实践者的途径”[30]。

二 公共史学在历史类博物馆的实践

（一）博物馆是开展公共史学的重要平台

如前所述，公众史学以使公众受益为根本宗旨，广泛的吸收不同学科的科研方法，是实践的史学、行动的史学。这意味着它需要依托某个实体平台来开展研究与实践，而博物馆恰恰可以与公共史学有机结合。同时，传统史学的专业化、细分化与碎片化趋势造成了史学受众的减少；与之相对，鼓励公众参与的博物馆则得到了越来越多的关注，“展览与研究项目构成了对话的一部分，在博物馆历史学者与公众之间循环往复，衍生出一个包罗万象的博物馆共同体”[31]。正如意大利学者波尔恰尼所言，“如果历史不是历史学家的特权，那么博物馆就是实践它的合适场所”[32]。

具体来说，任何类型的博物馆都具备历史时间、历史空间、历史个体、历史诠释与历史书写等五个基本要素[33]。上海博物馆编撰的《公共历史教育手册》指出，“公共历史教育的一个重要载体是博物馆。无论是历史博物馆、艺术博物馆还是自然博物馆，其展品都保留着丰富的历史信息。以人类历史发展作为陈列主题的博物馆更具有直接的历史教育功能。”[34] 在展品数量、专业素养、研究能力、直观性与趣味性导向等方面，博物馆较之其他公共历史教育场所更有优势[35]。

公共史学与博物馆的关系是相互促进的。一方面，公共史学对博物馆的发展提供了理论、史料与方法上的补充。公众史学将公众放在首位，它时刻都在提醒博物馆的策展人，必须对自己的工作持开放态度，意识到自己有责任与义务将公众吸引到纷繁复杂的历史长河之中，与公众建立平等的交流机制，而不单单视观众为信息的接收者[36]。例如，加拿大科技博物馆的研究人员利用公共史学的方法对馆藏捐赠物与展览陈列进行研究后指出，尽管女性在加拿大科技发展史中做出了不逊于男性的杰出贡献，但在科技馆的陈列中，女性应有的角色与地位却长期被忽视[37]。此外，公共史学对博物馆藏品等相关概念的扩展、历史遗址保护以及展陈策划等也起到了积极作用[38]。

另一方面，博物馆也为公共史学的发展提供了有力的保障和支持。例如，在美国公众史学项目专业分布中，博物馆学占比为22%[39]，面对本科学生的公众史学项目也将博物馆学列为入门课程[40]。在德国柏林自由大学弗里德里希-梅尼克研究所的公共史学硕士培养项目中，也设有展览策划、纪念地研讨等课程[41]。博物馆不但为培养公共史学人才提供学科支撑，成功的博物馆实践还使公共史学实现“让公众受益”这一目标成为可能，如美国国立民权博物馆的建立，使孟菲斯摆脱了马丁·路德金被刺杀之地这一负面形象，转而成为公众了解民权运动，向马丁·路德金致敬之地，增进了本地人的荣誉感与社区意识[42]。杜莎伯非洲裔美国人历史博物馆通过博物馆建构的文化平台，使美籍非洲裔群体“能够精准地掌握自身文化的诠释权力，积极推动自我族群的认同……增加了不同族群间彼此欣赏文化差异的机会”[43]。

（二）历史类博物馆开展公共史学的研究与实践

根据藏品种类、管理方式、展出方式、价值功能不同，博物馆存在多种分类方式[44]。如果以藏品类别与基本陈列作为主要依据，博物馆主要分为历史博物馆、艺术博物馆、科学博物馆、综合博物馆及其他类博物馆[45]。孟钟捷教授指出，“所有类型的博物馆都拥有自己有意呈现的‘历史个体’，它们或许是某一类历史群体，或许是某一段历史时期，或许是某一种文明成果”[46]。具体到历史类博物馆，宋光义教授做出以下定义，“历史类博物馆以历史学及相关社会人文学科为知识框架，以历时的维度对人类发展历程进行研究和呈现，探讨人之所以为人的原因和条件，其目的是让公众了解历史发展演进的进程，在历史语境中明确自身位置，承担个人的历史责任”[47]。

如果按史学方法来分析，历史类博物馆的展示方法有三种，即叙事（narrative）、描述（descriptive）与分析（analytical）[48]。首先，就叙事展示来看，较之其他类型的博物馆，历史类博物馆往往依托于某个重大历史事件、重要历史人物或关键历史时期，自身便具有“故事性”。这种故事性往往在展品的“去脉络化”到“再脉络化”过程中实现，展品经过再次“赋意”，成为陈列叙事中的有机组成，构建出新的诠释脉络，便于观众对展览形成整体把握与深度理解。耿凤英对《咱乀房間：臺灣百年生活思想起》特展进行研究后指出，“当观众与故事产生某种记忆的连结，展示诠释才能够真正发生其影响力”[49]。原美国国立民权运动博物馆馆长胡安妮塔·摩尔（Juanita Moore）也曾指出，“在博物馆开展公共项目时，将观众的故事、生活与个人体验融入其中是十分重要的”[50]。

其次，公共史学从时、空两方面为历史博物馆进行描述展示提供了便利。就空间维度来看，“对于公共历史学家而言，提供‘在场感’是一种复杂的技术工作，空间的有效利用、实物的布置、历史材料的呈现方式等都是传递信息的有效途径与手段”[51]。参观历史博物馆、探访遗址遗迹、身临历史场景之中，便是获得这种“在场感”的最佳途径。同时，了解文物的征集、流传和辨伪过程还可以弥补传统史学文献的不足与缺陷[52]。从时间维度来说，公共史学所提倡的影像史学无疑将观众从展品直接拉回到历史镜头前。影像史学的研究对象主要为图片及影像，前者包括展览中的历史照片、复原图以及摄影展等，后者则包括历史录像、口述史采访、纪录片、历史电影等 [53]。如今，包括口述史录像、场景还原影片在内的影像资料已越来越普遍的出现于博物馆展线之中。

再次，公共史学为历史博物馆进行分析展示打开了思路。分析展示是历史类博物馆对展览叙事主线的延伸与扩展，是对展示重点的补充与完善，目的是引导观众进行深度思考。一般而言，分析展示往往通过文字说明或语音讲解的形式围绕展品或展线进行，常常缺少对博物馆成立的政治、社会与历史背景的介绍与描述，以及对策展人在策展过程中如何进行思考、权衡与妥协的解释和说明。如果想要摆脱单向知识输出，增进与观众的互动，策展人必须共享权威，向观众讲述如何运用史料，如何编排叙事，以及如何得出结论。除此之外，分析展示往往还包含着对既有收藏、展出模式的突破，对此，将公众参与融入博物馆展出中是创新的方向之一，比如伊丽莎白 · 格林斯潘（Elizabeth L. Greenspan）在对9 · 11事件自发纪念仪式及纪念用品是否可以纳入博物馆展出中加以讨论后指出，展品的重要意义越来越依靠公共史学家进行阐释 [54]。

三 历史学博物馆开展公共史学的挑战

虽然公共史学与博物馆有诸多共性，二者的结合在理论与实践中也取得了一定成绩，但它们关系却是不平衡的，表现为公共史学家常给予博物馆关注，但博物馆学者却忽视了公共史学 [55]。这种不平衡一方面是因为博物馆长期有意地与专业史学保持一定距离；另一方面，博物馆是实践的场域，它随时代变动，反映时代思潮，却鲜有领风气之先的革新。公共史学的蓬勃发展，公共史学家对历史类博物馆的广泛关注，使得历史类博物馆如果想要更好地发挥其功能属性，实现其社会价值，就必须对公共史学的挑战加以回应：

第一，广泛吸收有益经验的同时，加强博物馆学学科建设。如今，利用跨学科方法丰富历史类博物馆的研究与展示越来越普遍，数字化、多媒体与互联网等技术手段广泛运用于博物馆研究、策展与宣传展示中；田野调查、影像证史、口述史采访等历史学、社会学、宗教学、民俗学的研究方法也被广泛移植到博物馆学研究与实践中，这其中不乏成功案例。但宜注意的是，虽然近年来我国博物馆事业蓬勃发展，但博物馆学学科建设仍处于薄弱地位，博物馆学仍划归于“考古与博物馆学”这一二级学科门类下，博物馆学理论研究、学科建设与工作实践相脱节，博物馆从业者、研究人员与高校博物馆博物馆学教育者之间的联系不密切，博物馆学研究水平与国外学界不同步 [56]。这要求博物馆教育者、研究者与从业者在利用跨学科方法的同时，积极探索归纳博物馆学自身的理论与方法，努力解决应用实践与理论建设不同步的问题。

第二，直面展览可能引发的争议性话题。历史从不是陈词滥调，一直以来历史学家在不断地修订与改写历史，更有甚者会借此迎合个人与时代需求。然而，“当博物馆着意通过展品来讲述一个特定故事时，它的真真假假、有限无限、美丑善恶便成为极具争议性的话题”[57]。特别是公共史学主张史学主体的扩展与话语权的下移，历史类博物馆在共享权威的过程中，对于那些存有争议或难言的历史事件的展示，难免会造成不同观众的不同认识，引起舆论交锋甚至公共事件，如美国国家航空航天博物馆关于二战飞机 Enola Gay 的展出[58]，德国“国防军与纳粹罪行”巡回图片展览[59]等。面对可能出现的争议，一方面，博物馆必须持更加开放的态度，在承认分歧存在的基础上，鼓励不同观点的交流对话，努力使观众认识到历史的可协商性[60]。另一方面，历史类博物馆应多倾听弱势群体的声音，为他们积极发声，在策划展览与场馆设施上“量体裁衣”，组织社会志愿者提供更具针对性的服务，努力推动博物馆文化平权。

第三，致力于对观众固有历史观念的更新。历史展览的目的就是鼓励、引导观众在参观展览过程中突破固有的历史认知与思维定式，注意到历史阐述的细微差别，了解历史事件的纷繁复杂，进而认识到历史发展的曲折多变。然而，大多数博物馆观众更倾向于接受一个没有争议与互责的严密无缝的历史[61]。要想改变这种局面，一方面，博物馆在策展时要有意识地拉开观众与其所知历史的距离，将展品置于新的文本之中，扩展观众的视野[62]；另一方面，策展者要放下专业学者的包袱，重视“与我们休戚与共的文化记忆”，与观众分享知识生产的过程，否则“不论我们在哪实践我们的技艺，我们仍然是关在象牙塔内的囚徒”[63]。此外，博物馆还应重视讲解员等一线工作者的知识储备与理论素养，使其意识到自己在展示博物馆形象、影响公众认知等方面有重要影响力。

四 结语

历史类博物馆旨在提高公众认知水平，提升公众文化品位，引导观众以发展、包容的态度对待历史，使观众形成积极合理的历史思维。公共史学“博物馆化”的研究与实践为实现上述目标提供了良好契机。但是，历史不但解释着过去，影响着现在，也塑造着未来，其重要性要求我们不能单单把它归属于历史学者、博物馆从业者或普罗大众任何一方。历史的“公共转向”标志着新形态历史研究的开启，历史类博物馆回应这场新史学思潮的态度与方式决定着它未来的发展方向与角色定位。

【注释】

[1] 王希：《谁拥有历史——美国公共史学的起源、发展与挑战》，《历史研究》2010 年第 3 期，第 34 页。

[2] 详见蒋竹山：《长时段的回归与公众历史：近年来台湾出版市场的‘全球史热’》，《思与言》第 56 卷 2018 年 9 月第 3 期，第 294 页；王希：《把史学还给人民——关于创建“公共史学”学科的若干想法》，《史学理论研究》2014 年第 4 期，第 6 页；黄红霞、陈新：《后现代主义与公众史学的兴起》，《学术交流》2007 年第 10 期；王立桩：《“应用史学”还是“史学应用学”——浅论公共史学的学科属性》，《西华师范大学学报（

哲学社会科学版)》2011年第5期，第72页。

[3] 钱茂伟：《公众史学或公共史学辨》，《史学理论研究》2014年第4期，第12页；王记录，张嘉欣：《公众史学在中国：发展路径与理论建构》，《河南师范大学学报(哲学社会科学版)》2017年第4期，第124页。

[4] 相关学术史梳理，见王希：《公众史学并非一种崭新的发明—李娜〈公众史学研究入门〉序》，《世界历史评论》2019年第1期，第224页；王开丽：《从理论到实践——中国公众史学的发展》，山东大学2019年硕士论文，第6-11页。

[5] Diane F. Britton. Public History and Public Memory, The Public Historian, 1997, No. 3, p.23.

[6] 姜新：《20世纪美国公共史学与中国应用史学的不同命运》，《历史教学问题》2012年第1期，第88-90页。

[7] 关于公共史学的定义，陈新教授概括为“指由职业史学认识介入的、面向公众的历史文化产品创制与传播”；王希教授认为公共史学“应该鼓励交流与互动……允许独立的思考……又能产生集体的共鸣……始终保持一种批判精神”；钱茂伟教授认为“公众史学是研究公众历史的写作及传播的学问体系”；姜萌教授认为公共史学“关注知识普及、鼓励史学走向大众，倡导以知识为人民的生产、生活服务”。详见陈新：《“公众史学”的理论基础与学科框架》，《学术月刊》2012年3月，第118页；王希：《西方学术与政治语境下的公共史学———兼论公共史学在中国发展的可行性》，《天津社会科学》2013年第3期，第136页；钱茂伟：《公众史学的定义及学科框架》，《浙江学刊》2014年第1期，第83页；姜萌：《“公共史学”与“公众史学”平议》，《中国公共史学集刊》第一辑，中国社会科学出版社，2018年，第73页。

[8] Barbara Franco. Public History and Memory: A Museum Perspective, The Public Historian, 1997, No.2, p.65.

[9] 钱茂伟认为美国公共史学“只是学术史学在公共领域中的实践”，见其《公众史学的定义及学科框架》一文。

[10]钱茂伟：《公众史学或公共史学辨》，《史学理论研究》2014年第4期，第11、14页。

[11]李娜主编：《公众史学》第一辑，浙江大学出版社，2018年，第2页。

[12]徐善伟：《公共史学在中国高校发展的可行性及目前存在的问题》，《史学理论研究》2014年第4期，第19页。

[13]《公众史学》第一辑，第255-256页。

[14]例如，李娜教授尝试将公众史学置于城市空间，利用公众史学视角研究城市史，将城市权利重新赋予城市建造贡献者，借以实现社会公正的终极目标，见李娜：《城市公众史学》，《复旦学报》(社会科学版)2015年第6期，第46页。

[15][法]安托万·普罗斯特:《历史学十二讲》,王春华译，北京大学出版社，2012年，第39页。

[16]陈新：《从后现代主义史学到公众史学》，《史学理论研究》2010年第1期，第13页。

[17]Public History and Memory: A Museum Perspective, p.66.

[18]《历史学十二讲》，第54页。

[19]王希：《把史学还给人民—关于创建“公共史学”学科的若干想法》，《史学理论研究》2014年第4期，第7页。

[20]钱茂伟：《让公众历史记录成为普遍现象》，《社会科学报》2020年10月8日，第5版。

[21]同19。

[22]相关论述见上海博物馆编：《公共历史教育手册》，华东师范大学出版社，2018年，第11页；Public History and Memory: A Museum Perspective, p.66.

[23]《历史学十二讲》，第6页。

[24]张文涛：《在场感与西方公共史学》，《甘肃社会科学》2014年第1期，第96页。

[25]李娜：《连结学生与历史实践——公众史学在中国的教育体系建构》，《学术研究》2014年第8期，第100页。

[26]李娜：《公众史学与口述历史：跨学科的对话》，《史林》2015年第2期，第201页。

[27]林信成、陈美圣：《应用大众史学共建淡水记忆之数位人文协作系统》，《教育资料与图书馆学》2016年第1期，第103-126页。

[28]《谁拥有历史——美国公共史学的起源、发展与挑战》，第36页。

[29]Public History and Public Memory, p.21.

[30]《公众史学》第一辑，第256页。

[31]Thomas A. Woods. Museums and the Public: Doing History Together, The Journal of American History, No. 3, 1995, p.1113.

[32]Ilaria Porciani, What Can Public History Do for Museums, What Can Museums Do for Public History? Memoria e Ricerca, 2017, No.1, p.33.

[33]《公共历史教育手册》，第191、193页。

[34]《公共历史教育手册》，第3页。

[35]《公共历史教育手册》，第196-199页。

[36]James B. Gardner, Contested Terrain: History, Museums, and the Public, The Public Historian, No. 4, pp.14-16.

[37]Anna Adamek, Emily Gann, Whose Artifacts? Whose Stories? Public History and Representation of Women at the Canada Science and Technology Museum, Historia Crítica, No. 68, 2018, pp.47-66.

[38]钱峰：《藏品概念的扩展与遗址博物馆的兴起——基于公众史学的视角》，《青海民族研究》2016年第2期，第13-17页；钱锋：《公众史学视野中的遗址、旧址辨伪与诠释：以国民政府军事委员会重庆行营旧址的考证与保护为例》，载于《公众史学》第一辑，第124页。

[39]李娜：《档案为人人：美国公众史学与档案学》，《史学理论研究》2016年第3期，第61页。

[40]《公众史学》第一辑，第259页。

[41]孟钟捷：《中国大学公众史学培养方案刍议——以德国柏林自由大学为参照》，《辽宁大学学报》（哲学与社会科学版）2015年第4期，第42页。

[42]Michael K. Honey, Doing Public History at the National Civil Rights Museum: A Conversation With Juanita Moore, The Public Historian, 1995, No.1, p.79.

[43]徐美珠：《第二次世界大战后美国黑人博物馆运动——以杜莎伯非洲裔美国人历史博物馆的创建为例》，《史研究》2015年第23期，第210页。

[44]在国家图书馆颁布的第五版《中国图书馆分类法》中，展览馆、博物馆的分类号为G268，具体细分为：革命博物馆、纪念馆，历史博物馆、地志博物馆、民族史志博物馆、私人博物馆及其他，见国家图书馆《中国图 书馆分类法》编辑委员会编：《中国图书馆分类法（第五版）》，国家图书馆出版社，2010年，第129页。

[45]王宏钧主编：《中国博物馆学基础》，上海古籍出版社，1990年，第46-47页。

[46]《公共历史教育手册》，第193页。

[47]宋向光：《博物馆类型研究的意义与启迪》，《中国博物馆》2019年第2期，第30页。

[48]“叙事手法最接近说故事的方法，很适合用来解释事件发展及特性。描述法多限于单一时间点之人物、事件之视觉性描写。分析法则不只解释事件发生之因果关系，也呈现人们思考方式、感受及动机等。”详见陈佳利：《生命中不可再现之痛：论战争纪念博物馆之展示与叙事策略》，《博物馆学季刊》2007年第1期，第46页。

[49]耿凤英：《谁的故事？——论博物馆展示诠释》，《博物馆学季刊》2011年第3期，第100页。

[50]Doing Public History at the National Civil Rights Museum: A Conversation With Juanita Moore, p.75.

[51]张文涛：《在场感与西方公共史学》，《甘肃社会科学》

2014年第1期，第96页。

[52]钱峰：《公众史学视野中的遗址博物馆：以重庆抗战遗址博物馆为例》，《青海民族研究》2016年第4期，第7-8页。

[53]周樑措教授认为，除以上二者外，立体雕塑、建筑、远古岩画等一切能够呈现历史论述的物体都是影像史学的研究对象，见蒋竹山：《影像、历史教育与公共史学——透过电影建构当代世界公民的历史意识》，载于《中国公共史学集刊 · 第二辑》，中国社会科学出版社，2019年，第157页。

[54]Elizabeth L. Greenspan, Spontaneous Memorials, Museums, and Public History: Memorialization of September 11, 2001 at the Pentagon, The Public Historian, 2003, No. 2, p.132.

[55]What Can Public History Do for Museums, What Can Museums Do for Public History? p.24.

[56]黄明玉：《中国博物馆的行政体制与发展现》，《博物馆学季刊》2008年第2期，第37页。

[57]《公共历史教育手册》，第199页。

[58]《谁拥有历史——美国公共史学的起源、发展与挑战》，第44页。

[59]孟钟捷：《从德国范式看公众史学争议的起因、进程与影响》，《江海学刊》2014年第2期，第159页。

[60]Contested Terrain: History, Museums, and the Public, p.14.

[61]Thomas A. Woods. Museums and the Public: Doing History Together, p. 1114.

[62]What Can Public History Do for Museums, What Can Museums Do for Public History? p. 33.

[63]Public History and Public Memory, p.23.

口述史学映射下的博物馆学

龚 哲（南京城墙保护管理中心、南京城墙研究会）

摘要： 口述史学是指运用口述历史的方法收集、整理、保存、传播史料，并结合具体历史问题进行分析的学科，近年来在我国博物馆中得到广泛运用。但是，目前博物馆对口述史资料的运用，主要是将其作为展陈展品或宣教素材，很少将口述史学的研究成果再次作为博物馆学的研究对象进行深度挖掘。本文对口述史在博物馆的应用进行回顾和综述，结合博物馆学、新博物馆学以及口述史学的核心要义和前沿发展，尝试提出口述史学可对博物馆学发展的启发与运用。

关键词： 博物馆学；口述史学

一 当下实践：口述史在博物馆中的应用

将工作实践转化为研究和理论，是学科发展的一种常见方式。中国知网上以“口述史＋博物馆”为主题检索到的学术论文，可进行两个维度的划分和阐述，其一是客体维度，即口述史的运用形式，其二是主体维度，即运用口述史的博物馆类型。

（一）口述史在博物馆中运用的形式

作为实物藏品补充信息的口述史。口述史往往是亲历者个人对于过去发生事件的经历描述，其中蕴含的信息已超越个体层面，可以帮助现人更好地了解时代背景、社会环境等，可以和无法直接开口说话的实物藏品打好配合，通过还原历史场景或补充背景信息等方式，在实物藏品展示中发挥作用。另外，在当下开展藏品征集工作时，与捐赠者、持有人或者其他相关人员进行访谈并加以记录，可以获取关于藏品的来源、流转、收藏等方面的更多信息，较之于传统意义上进行的文物物理属性信息的登记，赋予实物藏品更多的社会属性。

作为非实物展陈藏品的口述史。千百年来，口述史都是记录历史、传承文明的重要方式之一。在信息化程度日益增长的今天，数字资源更是成为社会的核心资源。借助于存取载体，口述史能超越藏品的附属品地位，直接成为博物馆的藏品。数字资源具有存储介质多样、传播范围广泛、提供者众多等优势，这些特性赋予了口述史这类非实物藏品在博物馆陈列展览中更加多元的使用呈现方式。2015 年，巴塞罗那海事博物馆就以《七艘船，七段口述史》为主题举办展览，表现当事者在 15 世纪至当代的海事发展的事件和经历，成为口述史作为展品运用于展览的经典案例之一[1]。

作为宣传教育数字素材的口述史。宣传教

育是博物馆展览的延伸，也是博物馆的核心职责。技术的革新给口述史的利用提供了更多有效的方法，如通过虚拟现实技术，可以实现与历史人物的隔空对话，通过声光电等形式，可以身临其境地了解历史事件，等等。观众的体验感、参与感越发提高，宣传教育的效果也会越发提升。而且，计算机、智能手机、网络早已普及，口述史可以存储在云端平台，无论身处何时何地都可以查看和分享，这使历史文化资源实现了最大程度的共享利用和广泛传播。

（二）运用口述史的博物馆类型

运用于村落社区的口述史。随着时代的发展，传统村落和老城区或多或少受到了城市化和现代化的影响。如果说，按照“修旧如旧，建新如故”的原则，保护历史遗迹，保留空间肌理是“物”层面的保护，那么留下原住民的记忆，则提供了保存根脉、记住乡愁的新路径。北京的史家胡同博物馆在 2017 年后，举办了多场以社区口述历史为主题的活动，包括收集社区口述历史，编排印刷《史家人讲史家故事——老照片里的口述史》口袋书，结合历史照片档案以及老照片背后的历史，举办“回家旧影”“毕业生六十周年回顾”等主题展览，与居民、社区共同留存和追忆昔日生活[2]。孔晓红认为，以座谈、访谈等语言形式为主的口述史，是挖掘村落数据的重要方式之一，对传统村落的聚落、建筑和非物质文化遗产进行数据采集，适度准确运用新技术，便可实现村落在虚拟空间中的永久化保存[3]。

运用于革命纪念馆的口述史。革命历史类博物馆因所反映历史事件的近时性，更有必要开展口述史研究，口述史的叙事性特征能与文献资料相互印证，解读革命文物，补充历史事件细节。但随着时间的流逝，亲历者的数量越来越少，记忆也会逐渐模糊，革命纪念馆愈发重视口述历史的记录和保护。连云港市革命纪念馆实施了“连云港市革命前辈口述史”工程，利用 5 年的时间抢救性地采访连云港籍和在连云港地区参加过革命工作的 376 名老同志、老战士，采集视频资料 19560 分钟[4]。广东革命历史博物馆通过访谈、拍摄、出版、成立研究中心等方式，留存了广州解放、抗美援朝、黄埔军校等主题的丰富口述史史料，并在此基础上策划口述历史特展[5]。

运用于体育类博物馆的口述史。桑培虎认为，我国体育类博物馆的藏品以与体育竞赛相关的现代体育用品居多，口述史开辟了藏品资源的新领域，填补重大体育历史事件在文字记载上的空白，生动还原体育历史事件的场景细节，从而彰显体育类博物馆的特色[6]。2013 年，北京奥运博物馆启动了“奥运口述史”项目，进行北京奥运会“奥运口述史”的博物馆化的创新尝试[7]。在中国奥委会的支持下，中国体育博物馆（中国奥林匹克博物馆）实施了《中国奥运人语录》文化教育项目，对优秀奥运人进行采访并制成短片，成果作为口述史文物永久保存在博物馆中[8]。

（三）综述

博物馆收集与运用口述历史始于 20 世纪 70 年代，首先在英美等国的博物馆流行起来。21 世纪初，国内博物馆开始关注口述史，并在近年来逐步普遍起来，成为博物馆工作的组成部分。

近十年来“口述史 + 博物馆”主题的学术论文数量有限，原因可能在于实践向理论转化的时间落差、转化效率不高等，但同时也在一定程度上反映了目前博物馆对于口述史运用的不足，主要表现在：一方面，口述史的运用方式主要以数字展品资源和实物展品补充为主，虽然已有不少成功的案例，口述史也对文物征集以及陈列的展示和复原起到了直接的推动作用，但是作为历史学、社会学分支的口述史，还没有被博物馆看作是一种独立的资源和可再次挖掘的资料；另一方面，运用口述史的博物馆类型较为局限，多与晚近的过去有关，多与非物质形态的文化遗产保护有关，虽然口述史对近现代历史的研究具有更重要的意义，但仍可以在社会长期转型、物质文化遗产保护传承等更深远、更广泛的维度上进行拓展。

二 学科理念：新博物馆学和口述史学的发展

（一）呼唤关注人与现实关系的新博物馆学

在博物馆学界，根据研究对象的不同，“博物馆学”概念有着不同的定义。其中，以功能为研究对象的斯洛伐克学者格雷戈罗娃对博物馆学的定义，就强调要有意识且系统性收藏与保存对象，并通过科学性、文化性与教育性地运用无生命的、物质的与可移动的（尤其是三度空间的）对象，记录自然与社会发展。

第二次世界大战后，新博物馆学成为博物馆学学科发展的新趋势。1980年，法国人安德烈 · 德斯沃里斯引入的“新博物馆学”概念，认为博物馆是为了使人们“了解和控制生态、社会和文化变化”的工具。这种新博物馆学把关注点聚焦在社会和现实关注上，而不只是实物。

这种新博物馆学的理念也普遍地被国内博物馆学文献所引用。甄朔南认为，新博物馆学的主要内容包括了“关注人类的可持续发展，提倡环境教育”，主张博物馆学的内涵要跟随社会发展而不断拓展等等[9]。

由此可见，博物馆学和新博物馆学的发展，呼唤着博物馆关注人与现实的特殊关系，记录和反映社会整体发展进程。在从近年来的国际博物馆日主题中也可见一斑——2008年“博物馆：促进社会变化的力量（Museums: Agents of Social Change and Development）”，2011年“博物馆与记忆（Museums and Memory）”，2013年“博物馆（记忆+创造力）=社会变革（Museums(Memory+Creativity)=Social Change）”，2015年“博物馆致力于社会的可持续发展（Museums for a Sustainable Society）”，2021年“国际博物馆日”的主题“博物馆的未来：恢复与重塑（The Future of Museums: Recover and Reimagine）”，更是聚焦后疫情时代，对博物馆面对未来的各方面挑战进行思考和探索。正如马丁 · R · 谢勒所说，每个博物馆都是对其遗产负责，而遗产并非处于废弃的真空环境中，而是始终与人类有着密切联系，人与物的关系是博物馆学的精髓[10]。

（二）自下而上理解社会和历史的口述史学

学界普遍认为，口述史学兴起于20世纪40年代，1948年亚伦 · 芮文斯在美国哥伦比亚大学创设口述历史研究室，标志着口述史的开端。口述历史研究的发展受到英国新左派社会史学的影响和推动，口述史是一种“自下而上”书写历史的激进笔法，抗衡着只有胜利者书写历史的传统[11]。

近年来，中国学者对口述史的研究也日渐深入。部分学者从社会学的角度理解口述史。中国社会学走进口述史领域是在20世纪90年代初，针对土改、知青等主题，社会学学者运用口述史方法，挖掘个人生命史及集体记忆，理解特定环境中的个体记忆和社会认同以及更为广泛的社会背景、社会结构、社会变迁与社会记忆间的互动关系，从而揭开事实背后的真实[12]。换言之，口述史方法就是研究者通过与亲历者的口述访谈，获得亲历者对过去发生的真实经历的描述和解释，从而深刻地认识与理解过去[13]。

也有部分学者从历史学的角度理解口述史。朱义明认为，从字面上看，口述史首先是“史”，即是一种对历史的关注，他将口述史定义为“出于某种学术目的，于现在的特定时刻，对所关注的历史时期发生的历史事件、生命状态或组织生态，选择亲历或亲见的受访者，以口述访谈的形式，收录并记载的语音、影像和文字资料”。站在当下的时刻回望过去，如他所说，“生命状态的信息，给予了历史事实及组织结构更多的视角与意义，能从更多维度去审视与研究”[14]。

三 未来展望：口述史映射下的博物馆学

博物馆学、新博物馆学以及口述史学的核心理念，一部分是相通相成的，尤以新博物馆学主张博物馆是群体关于共同记忆的对话交流平台为最。将口述史学的理念、方法和精神运用于博物馆，可以超越目前博物馆运用口述史的局限，使口述史在博物馆中发挥更大作用，更好地推动博物馆学、新博物馆学的发展。

首先，口述史是博物馆学发展的工具。日本学者中村贵指出，与作为历史研究的口述史追求“历史真相”不同，作为“方法”的口述史主要关注普通人对历史及历史事件的经历与记忆，从而揭示历史及其事件背后的社会意义[15]。因此，作为“工具”的口述史，阐明“客观事实”并不是终极目的，个人的“主观性事实”更是关注的重点。虽然口述史因其真实性等问题受到质疑，但是在大数据和学科交叉发展的大背景下，通过积累样本数量、对照文献资料等方式，可以去伪存真，更全面地认识到世界的整体情况。口述史可谓是一种全新的认识论工具，在推动博物馆学领域发展方面也是如此。

其次，口述史是博物馆学发展的资源。仅把口述史看作是展览和教育的素材和手段过于局限，实际上口述史本身就是极佳的一手研究资料，“一旦芸芸众生的生活经验能够作为原材料来使用，历史就会被赋予新的维度”[16]。当前，博物馆对口述史的运用，主要是个体独立视角，即以个体为原点，以其人生经历为半径，形成的一个圆面。然而，口述史与生俱来带有的历史向度特征，给予了将口述史作为研究资源、表现时代变迁的可能和优势。把视角从个体抽离、站在宏观层面，将多人的记忆排列、叠加、组合起来，以历史纵向的维度或以主题事件为索引，便可看到不同人物、不同时期的不同表述，结合时代背景进行研究分析，即可洞见社会发展进程。

第三，口述史是博物馆学发展的启迪。博物馆是社会生活的写照，不仅应记录过去，还要关照现在、影响未来。口述史恰恰可以增强博物馆的这种动态性特征。生活在社会框架中的个人会受到了社会结构的制约，同时个体生命历程也反映和影响着社会结构。记忆研究（尤其是社会记忆研究）的“意义”，其核心就是人们对历史变迁过程的理解和阐释[17]。博物馆收集记忆的目的不止是留下过往的痕迹，更重要、更有价值的是，在引导观众了解过往、在社会文化大背景下理解社会建构之上，促使观众行动、引发社会思潮、推动实际变革，博物馆口述史可以成为改变世界、改变未来的启迪。

四 结语

口述史学与博物馆学的融合还有待深入，共同推进人类的进步。口述史的开展和研究，不仅是个人记忆、集体记忆在博物馆学具体领域和主题上的叠加、抽象和归纳，更应像手电筒的开关一样[18]，照亮一条博物馆学观察世界、认识社会的崭新道路。

【注释】

[1] 马之恒：《小人物、小故事折射大背景、大主题——巴塞罗那海事博物馆"7艘船，7段口述史"展览浅析》，《自然科学博物馆研究》2017年第2期。

[2] 王思渝、王虹光：《社会性下博物馆职能的渗透与后退——以史家胡同博物馆为例》，《博物院》2019年第5期。

[3] 孔晓红：《传统村落文化遗产的数字化挖掘和采集技术方法——以中国传统村落数字博物馆为例》，《城乡建设》2020年第13期。

[4] 鲍林：《口述历史在地方党史类纪念馆工作中的实践探析——以连云港市革命纪念馆"革命前辈口述史工程"为例》，《博物馆研究》2019年第1期。

[5] 张红艳：《"守正创新：新时代的中国博物馆"研讨会综述》，《文博学刊》2020年第1期。

[6] 桑培虎：《口述历史推进体育类博物馆创新发展研究》，《体育文化导刊》2021年第1期。

[7] 侯明：《历史与文化传承中北京奥运博物馆的创新与发展——以北京奥运博物馆"奥运口述史"项目为例》，《北京体育大学学报》2014年第7期。

[8] 王军，崔瓔楠，滕卫华等：《中国奥运人语录项目实施研究》，《体育文化导刊》2016年第7期。

[9] 甄朔南：《什么是新博物馆学》，《中国博物馆》2001年第1期。

[10] 马丁·R·谢勒：《博物馆新定义——社会转变及全新博物馆学语境下的博物馆道德规范与角色》，《博物院》2017年第6期。

[11] 周晓虹：《口述史与生命历程：记忆与建构》，《南京社会科学》2019年第12期。

[12] 刘亚秋：《口述记忆的主题特征及其社会学意义》，《南京社会科学》2020年第6期。

[13] 胡洁：《口述史与田野访谈：梳理与比较》，《南京社会科学》2020年第6期。

[14] 朱义明：《口述史的概念厘定与研究向度》，《南京社会科学》2019年第12期。

[15] 中村贵：《追寻主观性事实：口述史在现代民俗学应用的方法与思考》，《文化遗产》2016年第6期。

[16] Paul Thompson, The Voice of the Past: Oral History, Oxford University Press, 2000.

[17] 钱力成：《记忆研究的未来：文化和历史社会学的联结》，《南京社会科学》2020年第3期。

[18] 钱力成：《记忆研究的未来：文化和历史社会学的联结》，《南京社会科学》2020年第3期。

洞见光影：博物馆与影像史学实践

危文瀚（故宫博物院）

摘要： 当下，大众对信息的接受已进入一个“图像时代”，越来越多的历史与文博知识开始通过视觉影像的方式进行传播。博物馆与影像正在形成一种双向关系：博物馆收藏和生产的大量文物及文化遗产影像需要系统整理、展示和研究；另一方面，大众对文化的需求也正在促使博物馆学习如何利用影像的方式进行文化传播。而在后现代史学影响下出现的影像史学（Historiophoty），提倡通过视觉影像的方式，来传达历史以及我们对历史的见解，与当下博物馆影像方面的实践工作在史学方法、视觉表达、人才建设方面具有极高的契合度。首先，博物馆对文物和文化遗产的影像记录与生产具有唯一性，形成的影像具有独特的史料和档案价值。其次，影像史学所研究的历史视觉化表达为博物馆的纪录片和短视频等视频节目在内容选择、影像的展示与传播方面提供了一种系统化的执行与研究方式。此外，博物馆也为影像史学的实践提供了空间，提供了一种人才培养与合作的可能，为博物馆影像工作的系统性开展和研究提供了一种基于历史学的理论和实践途径。

关键词： 影像史学；文物影像；文化传播；人才培养

一 “图像时代”对博物馆的挑战

影像，自其诞生之日起，便与历史的记录和信息的传播产生了密不可分的联系。究其对象而言，影像“既包括书画、碑文、石刻、文物、古建筑等物质文化遗产的影像化过程和成果，涵盖民族民俗、传统节庆和传承技艺等非物质文化遗产的影像记录对象，也包括公共媒介音像作品等以视听为主要传播方式的历史文化产品”[1]。当下，大众对信息的接受已经进入一个“视觉时代”。从以静态影像为主的“读图时代”，到通过移动终端可以随时观看网络媒体、广播电视等视频影像的“视听时代”，信息传播形式的变化也改变着公众对知识的筛选和认知。艺术史家约翰 · 伯格（John Berger）曾感慨：“历史上没有任何一种形态的社会，曾经出现过这么集中的影像、这么密集的视觉信息。”[2]

知识传播和公共教育是博物馆所具备的重要责任。“图像时代”的到来，在改变公众知识认知方式的同时，也为博物馆的知识传播带来机遇与挑战。传统的博物馆知识传播多采用线性传播模式，即在博物馆业务研究的基础上，通过博物馆的藏品、展览、馆史等诸要素，结合本馆特点来进行的知识传播。在当下的“图像时代”，博物馆在业务工作中更加注重利用影像这种通过视觉形式进行知识传播的载体，也同样更加注重影像的生产、筛选、加工、传播，从最初的以文字为主的知识传播、逐步向新媒体时代的图文并茂、图像为主及当下的“视频时代”发展过渡。

同样缘于技术成本的降低，使得文物采集、文物修复、讲座活动、展览开放等大量影像伴随着博物馆的业务工作而产生。可以说，博物馆与影像正在形成一种双向关系：博物馆收藏和产出的大量与文物和文化遗产相关的影像需要系统整理、展示和研究，与此同时，大众对文化的需求也正在促使博物馆学习如何利用影像的方式进行知识传播。这也为博物馆的工作带来了新的挑战。

首先，是博物馆中影像资料的亟待开发。目前很多博物馆中都收藏有与院史、展览、文物工作相关的照片、视频及其他类型的影像资料，同时，更多的影像资料的生产也在以越来越快的速度增长。以故宫博物院为例，在2019年，与古建遗产保护、文物修复相关的、符合4K超高清标准的文化遗产纪录影像素材采集共计6396分钟，数据量12334.65GB，数据量比2018年增加了30%，机械地将这些文化遗产纪录影像置于简单的归档保存已经无法满足这些资源用于研究和开放展示的需求。相比于图书馆和档案馆收藏的影像资料，博物馆中的影像往往与自身的联系更密切、内容更为系统和专一，在系统性的整理后，除纪实的档案价值和学术研究价值外，往往还具备多维度开发与文化传播的属性，是一笔亟待开发的馆藏资源。

其次，影像这种新的知识传播方式带来新的公众诉求。技术的进步不仅带来了“图像时代”“新媒体时代”，同样也造就了“公众为王”的新时代。公众文化繁荣、现代传媒手段多样，催生出当下公众对文博知识的庞大需求。这也决定了博物馆的知识传播必须遵循目前大众传媒的主流形式。从大众传媒自身的特点来看，其所具有的广泛的覆盖面、较快的传播速度、较大的影响力，归根结底还是源于大众传媒庞大的受众基础。而影像在生产上比文字更能贴合公众，公众能够使用影像的形式来记录身边的历史，使博物馆的知识传播可以进一步达到“书写公众、公众参与”的良性互动。

第三，是博物馆对影像专业人才的需求。目前博物馆业务中，对影像专业人才的需求主要集中于三个方面：文物的影像数据采集与加工、影像的展览出版以及以影像为内容的知识传播。而这些的共同基础，则是以影像为对象的学术研究。尤其在当下，对文博美图、vlog、短视频等以视听为主要手段的新媒体传播成为博物馆的新需求。而公立博物馆具有知识传播准确性和严肃性的天然属性，也使得博物馆对掌握如何将文博专业知识与影像结合、进行大众传播的专业人才有着急迫的需求。

二 影像史学的内涵与启示

在20世纪，影像得到飞速的发展，对人们的生活产生了重要的影响。越来越多的学科领域意识到了影像作为方法的独特价值，并将这一方法运用到学科的教学和研究之中。尤其是随着数码影像产品和互联网的普及和发展，影像越发成为一种重要工具，用来表现研究者、创作者对某一学科领域的观察和理解。影像不仅作为研究的资料、研究的对象成为一种思考、批判的工具，其自身作为方法具也备了跨学科的作用与价值。

影像与历史研究的结合，促生了“影像史学（Historiophoty）”的形成。影像史学脱胎于后现代史学之下，是由美国历史学家海登 · 怀特在《美国历史评论》上发表的《书写史学和影视史学》一文中所提出的。他将这个概念解释为“通过视觉影像和影片的方式，来传达（representation）历史以及我们对历史的见解”[3]。影像可以表现历史，可以明确传递我们对历史的理解和观点。怀特对影像史学的定义很明显不再将影像当作史料，而是和文字一样，是一种书写历史的工具或者介质，强调使用影视、照片等影像传达历史的“词汇”“文法”“句法”，与传统的书写语言截然不同。影像包含了一套不同于话语组织的代码，一套特定的蒙太奇式衔接方法，一套光、影、颜色、线条、造型构成的表意符号。如果影像只是作为“资料”出现，那么它和看图说话就没有什么区别，影像的叙事和建构力量就会大打折扣。仅仅停留在记录的层次上，类似于历史年谱和历史文献，就谈不到影像史学，充其量只是影像资料。呈现和描述是完全不同的两种状态，前者只是影像材料，后者才是书写。因为有了后者，影像史学作为历史学的一门分支学科才得以成立。

自“影像史学”概念提出以来，该文就备受国内外学界关注。而在该期《美国历史评论》中，还有四篇探讨影像与历史关系的专栏文章。就笔者来看，其他 4 篇文章中所提及的概念与方法都深具启发性，与怀特的文章共同完善了对于“影像史学”这个概念应用于研究的理论体系。这四篇文章分别为罗伯特 · 罗森斯通（Robert A. Rosenstone）的《影像历史 / 文字历史：电影展现真正历史的可能性》[4]、大卫 · 赫尔利（David Herlihy）所写的《我是个相机吗？对电影与历史的思考》[5]、约翰 · 奥康纳（John E. O'Connor）的《历史中的影像／影像中的历史：电影和电视对于研究历史重要性的思考》[6]以及罗伯特 · 布伦特 · 托普林（Robert Brent Toplin）所写的《作为历史学家的电影导演》[7]。这五篇文章中，除了对用影像研究历史一些反思的理论性内容外，也探讨了影像史学研究应该采用的方法，例如关注影像语言的变化、符号的选取、叙事、影像记录历史的真实性问题等等。

除了这五篇文章外，在影像史学理论上值得关注的还有娜塔莉 · 泽蒙 · 戴维斯(Natalie Zenon Davis)，这位以妇女史和新文化史著称的历史学家，在影像史学领域也有重要贡献。1982 年，她在电影《马丁 · 盖尔归来》的拍摄过程中担任历史顾问，是第一位实际参与电影编导的历史学家。这次经历也使得她对影像和历史研究的关系产生了深刻思考，她感觉“矛盾的是，我越是沉浸于电影的创作，就越是想要去发现一些超越电影之外的东西”[8]，认为寻求到足够的证据，便能够处理好影视史学中真实与虚构这对矛盾。

随着影像史学概念的提出和专业研究的兴起，正吸引着越来越多各领域学者的注意，研究的学术成果与日俱增。同时，在影像史学研究的广度和深度上，也取得了相当程度的拓展。影像作为一种具有跨学科价值的材料，影像史学的理论与实践研究范畴除在历史学外，还包括诸如影视研究、教育研究（中等教育与高等教育）、档案学及图书馆研究以及新闻史研究与新闻报道等方面。与之相关的，还有研究群体的队伍和扩大。除历史学背景的学者外，许多研究成果来自影视传媒系、中文系、外语系等，以及将影像史学理论与艺术学、教育学、档案与博物馆学、公共管理学等相结合，带来了新的视野。这说明影像史学的手段及视野吸引了许多其他学科和不同领域学者的同时，也吸引了社会的关注与认可，而更多研究者的加入扩大了影像史学的传播及研究深度，对影像史学的研究路向产生了影响，也带来了影像史学的新一轮的研究视阈与热点。

而相比于以文字文献为对象的史学研究方式，影像史学具有的实践性特征更为明显。而博物馆业务的突出特点，就是面对以实物遗存为主要对象的保护、展览与研究。在实践性方面，与影像史学的许多理念与方法不谋而合。影像史学发展的方兴未艾，尤其是其对影像史料的史学认知与系统整理、对以纪录片为代表的影像材料叙事技巧和内容筛选以及高校对影像史学专业学生的培养，与博物馆影像方面的实践工作在史学方法、视觉表达、人才建设方面具有极高的契合度。

三 史学方法与博物馆影像认知

博物馆与影像史学之间的关联，是博物馆业务与影像史学作为一种史学方法的内在联系。首先，是从史学角度，对博物馆馆藏影像的认知。目前，许多博物馆都收藏有种类繁多的影像材料，但对其认知却不一而同。以故宫博物院为例，馆藏的照片就有纸质照片、明信片照片、刊物照片、胶片底片、玻璃底片等类型，其中仅玻璃底片的数量就有 27535 张 [9]。这固然是一笔珍贵的馆藏资源，但长期被作为一般资料进行保存，在业务工作中多被用于院史的展览出版之中。相比于古建、文物的研究来说，对进行系统性的研究成果也较为稀少。

除了收藏的各种老照片外，如何处理当下博物馆业务工作中所生产的影像则是目前亟待解决的另一个重要问题。在当下博物馆的业务工作中，诸如文物影像采集、展览、出版、开放、宣传等方面，都会产生数量和内容繁多的照片和视频影像。很多的影像资料在出版或新闻报道等第一时间使用后，往往被长期闲置，缺乏对其系统性筛选、编目整理保存等过程。以至于在博物馆的工作实践中，影像资料都是以部处或科组为单位进行保管，保管整理工作也往往会具体到个人负责。但影像材料具有纪实性与唯一性，会出现在间隔较长时间后重复使用的需求，此时也会面临着原保管人员调离岗位或未及时归档备份而难以找到影像原始文件的情况。

作为博物馆从业者，在面对影像材料时，首先应该在认知上意识到其所具备的史料价值。影像比书面语言能够更直观地再现某些历史现象，例如风景、场景、氛围等，对于历史学、人类学、社会学等学科来说，影像资料提供了对当时社会的真实记录，提供了学科研究的历史资料。这种稀缺性与唯一性与对文物工作重要性的认知是相通的。

而作为一种史学方法，影像史学也使影像与博物馆业务本身之间关联性得到加强。博物馆对文物和文化遗产的影像记录与生产具有唯一性，形成的影像具有独特的史料和档案价值，目前已有很多学者注意到这一点。如中国国家博物馆的林硕认为影像史学的兴起带来了史料学领域的革新运动，“这种变革主要体现在史料载体、史料采编、史料保存等方面，遂使史料的涵盖范围、采编手段、采编主体和客体都产生了质的变化，标志着史料学进一步扩大到影像领域，进入全新发展阶段” [10]。南京政治学院的学者卫奕在其文《影像档案与历史研究》中肯定了影像档案在历史研究中的价值，同时指出应充分重视影像档案的收集、整理以及予以开发利用 [11]。此外，在博物馆所具备的公众开放职能上，中国国家图书馆的学者全根先在《口述史、影像史与图书馆文献体系建设》中则提出了对影像资料开发利用的一些举措，如制成影像制品出品、举办公益性展览或学术讲座、还可设立单独的影像史资料室供读者阅览 [12]。

影像史学为博物馆解决的另一重要问题，

是对于如何进行影像材料的整理及应用研究工作。随着史学研究层次的不断深入和史学研究领域的拓展，对于历史的纪录与研究已经不再仅仅满足于“书写历史”的层面。影像史学为大众和学界研究历史提供了新的思路和途径，已有国内学者从老照片、电影纪录片等影像材料入手，开始了“影视修史”之路。

在影像史料的整理实践方面，很多专题性影像研究著作的业已面世。如南京大学韩丛耀主编的十卷本《中国影像史》的出版，梳理了中国古代一直到 1949 年前的不同时期的影像记录[13]。再如已出版 22 辑的《西洋镜》系列，以专题形式收录了自 18 世纪到中华人民共和国成立前西方的一些画家、摄影师、传教士等绘制或拍摄的关于中国的绘画和照片。此外，影像数据库的设立也适应了影像史学和影像史料的发展，如中国近代影像资料库所包含的老照片、档案、书信、舆图、照片等海内外资料，其中涵盖了 39585 幅图片，451 组图片，不仅系统保存了历史上的影像史料，也为大众以图读史以及学术研究提供了便利。可以说，影像史料的价值已被充分认识，而影像档案的整理也顺应了这种趋势。目前影像史料与影像档案的发掘和整理工作仍在继续，对于它们系统地保存、整理、鉴定、归类和使用原则的实践成果，无疑对博物馆的影像工作是有重要借鉴意义的。

综上，博物馆的影像实践分为影像生产与影像应用两大层面。要将影像史学与博物馆业务实践相结合，除了要关注已有的学者影像研究方法与成果外，更要将眼光放得长远，看到博物馆在文物与文化遗产影像生产上的重要性。博物馆作为影像的保存与生产方，在利用影像史学方法加强博物馆影像管理工作的基础上，也一定会反过来对影像史学研究的进一步深入起到重要的促进作用。

四 视觉传达与博物馆展示传播

除影像的收藏与生产外，影像史学与博物馆在展示传播的业务工作上，也具有广泛的共通性。具体而言，影像史学所研究的历史的视觉化表达，为博物馆的纪录片和短视频等视频节目在内容选择、影像的展示与传播方面提供了一种系统化的执行与研究方式。

在当下，知识以视听形式通过新媒体平台传播的“图像时代”，博物馆的展示传播工作也更多地选择贴近线上、贴近公众。无疑，依托于大众的新媒体传播能帮助一个博物馆迅速地扩大其影响力和社会知名度，但也有随之而来的问题。一是如何将以文字为主要载体的文博知识通过视听语言的形式进行转化，二是内容如何在保持知识严肃性的同时，在形式和内容上更加贴近公众。

在怀特的文章中，他所强调使用的影视、照片等影像传达历史“词汇”“文法”“句法”，对文博从业者而言，提供了一种历史和文物研究与影像媒介之间转化的桥梁。影像史学是现代影像技术与史学结合的产物，天然亲近公众，也是公众参与、反映公众眼光的影像历史生产应用之学。

大众化传播使得文物不再高冷，人们也习惯于通过纪录片等视频形式来了解历史。纪录片学者何苏六曾断言，目前“中国纪录片的大众文化产品属性进一步增强，中国纪录片的公众时代已然来临”[14]。相较于传统严肃说教类的传播方式，带有趣味性的传播更容易得到大众的青睐，大众更愿意接受有趣的传播。由于文物知识的内涵深厚，有些内容也不易被大众所理解，轻松通俗化的传统文化传播，对受众来说更能拉近其与文物的距离，也更符合普通大众的审美要求。

用影像呈现历史，改变了历史原本枯燥乏味的形象，同书写史学相比，影像史学有自身的“个性”。在表述方式上，影像可以更加生动和立体地展现历史。影视等媒介出现之前，在很长的历史时期内，人们感知现实世界是通过文字等符号化的方式来实现的。无论文字如何“形象”“逼真”，也都只能在人的大脑中经过加工之后，才能体验到不在“现场”的现实。而影视等媒介出现之后，能够以接近现实的外在形象的影像来延伸人的视听觉器官，直接“看到”“听到”“体验到”自身所未经历的现实。从传播者，到传播内容，到传播的技术手段，影像都具有更为强烈的传播效果。可以说，影像从根本上改变了人们以往感知世界的方式，较之传统史学的表达方式，更易于被大众接受。这一点与当下的大众传播需求不谋而合。

希望了解过去是人类的一种本能。近年来，随着国力的增强、民族自豪感的提升，大众对我国历史文化的兴趣与日俱增。而博物馆中文物承载的，是中华五千年的历史文化底蕴，这为选择影像的方式进行大众传播提供了丰富的资源素材。目前与文博有关的视听影像形式主要有三类：一是纪录片，例如《故宫》《敦煌》《我在故宫修文物》等。内容上，近年的趋势在从历史科普向人物纪实进行转变；二是综艺节目，例如央视出品的《国家宝藏》等，通过演绎的方式来讲述文物的前世今生；三是短视频，例如《故宫 100》《如果国宝会说话》等，通过 5 分钟左右讲述一件文物或一个主题，更适合当下碎片化阅读和新媒体传播的需求。

而在进行大众传播时，博物馆所需保持知识的严肃性，也与影像史学对于影像历史“真实性”的追求不谋而合。求真是历史研究的基础。而影像是一种对客观世界的“机械复现”，其“纪实”不等于“真实”。历史原貌其实并无可能再被原封不动地“再现”出来，只能是根据史料记载以及考证愈来愈趋近历史原貌，从而实现一种约等于历史真实的“再现”；当然“历史再现”也包括有另一重的意思，即符合试图还原者的主观构造式的“历史再现”。但是正如荷兰著名历史学家安克斯密特（Frank Ankersmit）所说的那样，“历史再现”最首要的问题还是再现过去，这一点犹不能忘[15]。

但在影像史学视阈下，对影像材料真实性的辨析和选择则是研究的基础。影像的“真实”与历史学所讲的“求真”是相对应的，这种真实是现象真实与本质真实、细节真实与关系真实的统一。通过史学方法，可以从影像本身的产生背景、内容、传播等方面来考辨影像的真实性。也就是说，一方面，影像史学可以让影像材料成为一种叙事工具；另一方面，它甚至还可以成为一种批判工具，来对照、反思其与文献、实物所记录历史的相同与相异。这无疑也会影响到博物馆在利用影像方式对文物知识进行传播时，材料的筛选及对文物表达方式本身的再思考。

五 博物馆影像人才培养

最后，博物馆也为影像史学的实践提供了空间，而影像史学实践也为博物馆提供了一种人才培养与合作的模式。博物馆与纪录片、文化专题片的结合早已有之，但在很长一段时间，这种影像生产都是通过博物馆与专业的影视从业者合作的模式来进行的。此种合作方式往往是博物馆提供知识及内容资源，例如文物拍摄条件、专家讲解等学术资源，再配合电视台或传媒机构的导演编导、摄制团队来共同完成。而随着大众对文化需求和博物馆内对影像需求的增加，很多媒体从业者虽然了解影像技术，却很难在短时间内掌握适合文博影像宣传的知识与技能。这也就决定了，博物馆应该培养自己的影像专业人才，来满足目前影像业务工作的需求。

影像史学作为一个历史学领域的研究方向，目前国内很多设置该专业的高校都建立起了专门的课程体系和人才培养机制。其中，北京师范大学历史学院的历史影像研究中心颇值得关注。它是国内设置最早的专门从事影像史学研究和培养影像史学专业学科人才的学术机构，表现在专业实验室的设立、招生的开始、课程的设置、网站的建立等诸多方面。

第一，2010 年北京师范大学历史学院成立历史影像实验室，后升格为历史影像研究中心，开始了影像史学的理论探索与实践应用结合的“实验”，并提出了明确的目标：“通过引进数据化影像技术影视文化创作理念，把传统历史学研究过程和成果进行影像化转化，保存学者们的原始影像资料；开展历史影像科学教研；培养学生的历史文化创意思维，优化学生的知识结构；进一步丰富高校历史课堂教学。”[16]中心除保存影像史料和学者们的教学资料外，还在提供专业影像设备的基础上，带领学生动手进行历史影像的创作。将历史学理论课程与文物模型的影像采集、口述史采集、考古遗存影像采集的实践工作相结合。

第二，招生的开始与课程的设置。2013 年 9 月中心招收了第一批“影像史学”的硕士研究生，在课程设置上，开设有影像史学、历史文化纪录片与影像历史、历史影像与文化创意等多门课程，通过课堂讲授、数据采集、加工制作等环节将理论与实践相结合。

第三，2013 年建设了北京师范大学在线历史学院网站，将影像实验室的成果以网络的形式共享。其中影像资料数据库，包含数量众多的历史影视、历史图片及文献资源：“历史影像实验室创意、策划、录制、合成的历史文化课程涉及世界古代史、中国古代史、中国近现代史、宗教学、中国古文字学等 8 个方向 20 多位著名学者的高清影像 3000 多分钟。整理、发掘、保存数字影像 5000 多 GB，8000 多分钟。”[17]这些影像数据的整理工作也为历史学专业的学生提供了接触影像档案的实践机会。

目前，国内除北师大外，也有很多高校开设了相关课程，培养模式与北师大影像研究中心相似。这些影像史学的学生培养提供了一种依托于高校历史学专业的影像史学专业人才培养模式，其中的课程设置、实践环节、数据库建设方式都是可以借鉴在博物馆的影像工作之中。但是，由于影像工作在实践中分工的复杂性，即使博物馆有了专业的影像研究人才，也很难在短时间内搭建起一个完整的、具备前期策划拍摄、后期剪辑制作的专业影像摄制团队。因此，和外部合作依然是解决博物馆日益影像业务需求的一个重要途径。

影像史学是一种具有很强实践性的研究方法，而博物馆可以提供实践的空间与资源。从高校影像史学人才培养的结构中，不难看出，史学依旧是学科培养的核心。这与“内容为王”的新媒体时代传播理念不谋而合。因此在合作中，博物馆一方需要把握和区分的，是影像工作中可替代性和非替代性的环节。影像技术虽然在发展速度上日新月异，但都未脱离“机械复现”这一根本性原则，技术的代际之间也存在很强的操作惯性。相较之下，对历史和文物知识的学习成本明显高于掌握影像技术所需的学习成本，这也提醒文博从业者在拥抱影像之时，仍需分清“外功”与“内功”，避免掉进唯影像技术为追求目标的陷阱。

六结语

理论研究与业务实践相辅相成。作为史学领域一个新兴的研究方法，影像史学的正在史料、方法、认知、公众参与等方面拓展着史学研究的边界。而这个方兴未艾的领域，正与当下影像工作在博物馆中越来越高重要性的现状不期而遇，为博物馆影像工作的系统性开展和研究提供了一种基于历史学的理论和实践途径。相信随着理论研究的深入和影像实践的开展，影像材料会在博物馆文物研究、档案管理、馆史补遗、公众传播等方面发挥出更大的作用。

【注释】

[1] 吴琼：《影像史学研究基本问题探析》，载杨共乐主编《史学理论与史学史学刊》，社会科学文献出版社，2014 年，第 18-19 页。

[2] [英]约翰·伯格著，戴行钺译：《观看之道》，广西师范大学出版社，2015 年，第 184 页。

[3] Hayden White. Historiography and Historiophoty. American Historical Review. Vol.93. No.5.1988.p.1193.

[4] Robert A. Rosenstone. History in Images/Historyin Words: Reflections on the Possibility of Really Putting History onto Film. American Historical Review. Vol.93. No.5.1988.pp.1173-1185.

[5] David Herlihy. Am I a Camera? Other Reflections on Films and History. American Historical Review. Vol.93. No.5.1988. pp.1186-1192.

[6] John E. O'Connor. History in Images/Images in History: Reflections on the Importance of Film and Television Study for an Understanding of the Past. American Historical Review. Vol.93. No.5.1988. pp.1200-1209.

[7] Robert Brent Toplin. The Filmmaker as Historian. American Historical Review. Vol.93. No.5.1988. pp.1210-1227.

[8] Natalie Zenon Davis. The Return of Mrtin Guerre. Cambridge, Mass: Harvard University Press. 1983.p.viii.

[9] 关剑波：《玻璃底片上的清宫和博物院＿故宫博物院藏玻璃底片研究》，《白城师范学院学报》，2019 年第 3 期。

[10]林硕：《论影像史学引发的史料学革新》，《学术探索》，2016 年 12 期。

[11]卫奕：《影像档案与历史研究》，《军事历史研究》，2010 年 S1 期，

[12]全根先：《口述史、影像史与图书馆文献体系建设》，《图书馆界》，2015 年第 2 期。

[13]韩丛耀主编：《中国影像史》（十卷），中国摄影出版社，2015 年。

[14]何苏六：《中国纪录片发展报告》，社会科学文献出版社，2018 年，第 1 页。

[15]Frank Ankersmit. Sublime Historical Experience. Palo Alto: Stanford University Press. 2005. p.14.

[16]吴琼：《从影像史料到影像史学》，载杨共乐主编《史学理论与史学史学刊》，社会科学文献出版社，2013 年，第 16 页。

[17]吴琼：《从历史影像实验到影像史学研究——影像史学的学术内涵与研究路径》，载杨共乐主编《史学理论与史学史学刊》，社会科学文献出版社，2017 年，第 37 页。

博物馆的跨学科、多元化展示
——以口述史在博物馆中的应用为例

王 静（南京市博物总馆）

摘要： 博物馆学不是一个孤立的学科，与自然科学，社会科学，人文科学，技术科学等领域交叉渗透。随着公众对社会文化需求的日益增长，传统博物馆学框架下的狭隘研究方法，已不能满足公众对一个专门领域的探索。近年来，博物馆在展览展示的过程中运用博物馆学、社会学、人类学、民俗学等多学科综合的研究路径，吸收和借鉴众多学科的有益成果。在博物馆走向多元、包容的大背景下，口述历史逐渐进入了博物馆展览、社会教育的视野，不仅成为观众与博物馆之间的链接，更成为博物馆进行科学研究及研学活动的重点。

关键词： 博物馆；口述史；多元化展示；跨学科

一 博物馆跨学科、多元化发展趋势

博物馆学的跨学科发展是适应当代学科发展和转型的必然要求。自博物馆的围墙从观念层面上被推倒以来，博物馆研究始终保持着一种全方位的、开放的、整体的姿态。作为理论与应用并存的一门学科，博物馆学的方法论不再拘泥于认知、检验、论证、实验、经验等，更多地延伸到逻辑、范式、文本、阐释等人本学方法论，拓展了规范研究对象的理论依据，为自己提供充足的科学说明[1]。

随着博物馆内涵的丰富化、观众参观需求的多样化、展览阐释手段的多元化，博物馆跨学科研究的趋势越来越明显。博物馆与人类学、艺术史、历史学、考古学、新媒体、文化理论、民族主义、文学理论、文本研究、语言学、符号学、经济学、政治学等学科联系密切，同时与图书馆、档案馆、文化馆、社区、高校、部队等机构和单位也有所关联。特别是随着近年来各地“市民文化广场”的建设，图书馆、艺术馆、档案馆与博物馆等公共文化设施在地理空间上紧邻，客观上刺激着不同机构间交流。而机构使命与工作范式的差异，不可避免的导致工作理念与思考方式的不同，对于跨机构交流会产生不同程度的影响[2]。博物馆学之所以在西方的很多大学中被称之为“博物馆研究”，原因就在于博物馆学的跨学科特质[3]。博物馆收藏内涵的丰富化、跨学科化使得博物馆展览要素的构成与组织方式也发生了相应的变化。以博物馆为主体的跨文化传播，本质上是以文物和艺术品为媒介，以展览为平台，以新媒体为手段，汇聚公众服务、观众体验、文旅融合

的一种文化传播。在博物馆中，一个展览体系的架构涉及文物研究、展示传播、社会教育、公众互动等众多领域，特别是在新媒体传播的影响下，在疫情常态化的今天，线上服务与虚拟现实技术更是增强了博物馆的功能实现，彰显了博物馆的多样化与特色。

博物馆的跨学科、多元化展示不仅极大助力了博物馆作为公共文化服务机构的实践，也促进了博物馆学的创新发展、博物馆学科体系的完善和社会影响力的提升。口述历史作为社会学和非物质文化遗产研究的范畴，是博物馆跨学科理论研究的代表性之一。口述史最早起源于美国，1948 年哥伦比亚大学成立了口述历史研究中心，标志着口述史的诞生。20 世纪 70 年代，国外口述史的发展进入了从单纯的史料搜集到对文化和记忆研究的新阶段，也是在这一时期，口述史与博物馆实现了接壤。欧美国家的博物馆最先将收集、整理的口述历史资料，运用于博物馆收藏、展览和研究的各个环节。到了 21 世纪初，口述史开始走进国内博物馆的视野，成为博物馆、纪念馆工作中的重要组成部分，为博物馆的多元展示开创了新的模式。

二 口述历史的性质及特点

口述史，简单来说，就是用口头叙述的方式表达个人对过去事件有意识的回忆，并被记录下来形成的口述史料。以各类形式的口述史料为基础编写成的历史，一般被称为口述史[4]。不同于文字史料，口述史是通过录音、影像等手段，以口述、传记、回忆录、日记等形式记录历史信息的一种口述史料。以往的博物馆中，口述历史常作为辅助展品出现于展厅，并在博物馆的研究、展示等环节中扮演了一定的角色。随着博物馆功能的不断强化，口述历史在博物馆中的运用也随之深化，逐渐从收藏、展示中的配角走向功能更新和角色强化，并试图在博物馆展示中发挥更加宏观的作用，展示出其鲜明的自身特征。

（一）具有广泛性、活态化的特征

口述历史自身的鲜明特点，为其进入博物馆提供了必要条件。博物馆一直试图强调其在历史展示方面的中立态度和客观叙述。值得反思的是，长期以来博物馆的话语权被少数社会精英所把控，那么其向社会大众传递出的态度是否中立和客观仍是一个值得探讨的问题。为了减少质疑，博物馆积极鼓励公众参与，倾听社会大众的声音，并让这些声音用自己的话语及方式呈现出来。口述史在博物馆的使用，为博物馆提供了一个契机，让“大众”声音得以进入博物馆并向观众展示。口述史的覆盖面之广泛，能够让社会大众聆听到历史的亲历者、相关群体以及更广泛大众的声音，不仅为博物馆减少公众质疑提供了有利条件，也为观众呈现多元的展示视角。

口述史对事物的记录体现出活态化的特征，其在博物馆中的运用更是“从物到人”理念的具体实践。1987 年苏东海与日本学者鹤田总一郎的对话中提到“博物馆必须把对人的研究提到与物同等的水平才能成为真正的博物馆学研究”[5]。自此，“从物到人”的学术话语体系逐渐形成。最早将口述史带入到博物馆内的便是“非遗”。2007 年，国际博物馆协会将非物质文化遗产纳入到博物馆的藏品范围，“非遗”传承人作为活态的文化载体，通常通过采访、记录的手段来保留和传承“非遗”文化技艺，这种活态化的传播记录方式，无形中促进了口述史的发展。随着“非遗”与博物馆的紧密结合，口述史自然而然被运用到博物馆中并发挥了一定作用。特别在一些纪念馆中，口述史试图通过让历史的亲历者、见证者来还原历史真实，以活态化、静距离的展示方式吸引观众与历史交流，不仅为实现“从物到人”的关注转变提供了载体，更为面向未来的博物馆蓝图增砖添瓦。

（二）生动化、细节化的记事风格

口述历史被称为是“被提取和保存的记忆”，是社会各阶层人士都能参与进来的一门学术[6]。口述史记事生动，利用与受访者面对面的访谈形式，通过受访者的视角来展示历史信息更具有说服力。其次，口述史受众广泛，细节充实，语言质朴，内容便于观众接受和理解，是一种不可多得的历史材料。口述史的研究对象面向社会大众，尤其在纪念馆开展口述历史工作，由于历史人物、历史事件的受众很多，凡是相关的参与者和见证者，都可以成为口述史的研究对象。同时，口述者不局限于英雄人物、伟人，更多的是见证历史的普通民众，他们质朴的语言、真实的回忆，不仅能详细的反映历史细节，还尽可能保证内容的真实性，拉近观众与博物馆的距离；而口述者有意识的讲述，打破了传统的静态展示，使博物馆展览更生动鲜活，更贴近生活。

（三）具有集体性记忆的特征

博物馆作为公共历史和社会知识的权威空间，拥有绝对的话语权，决定了观众走进博物馆内看待什么内容，却在无形中忽略了它作为一个为社会及其发展服务的服务者的“人性”关怀[7]。口述史邀请公众参与共同建构博物馆的展示，表达出“知识拥有者”对个体经历、个体故事的认可和尊重。以往博物馆说教式的阐述，往往造成观众的思路被局限在博物馆所设定的思考范围内，只能被动地接受博物馆既定的历史内容。口述史的运用，启发了观众主观能动性，鼓励观众通过不同个体人物的叙述、不同角度去思考、解读历史。此外，口述史对历史人物或历史事件的回忆，能够激起某个时期乃至当代社会大众对这段历史的群体记忆。虽然叙述和回忆的内容，会因为时间的久远和现实社会框架而受到制约，但总的来说，其内容符合客观事实，且能够引起社会大众的信服和共鸣。口述史将群体记忆转为文化记忆，收藏于纪念馆内，从而实现史料的长期延续。

三 口述史进入博物馆、纪念馆的必然性

口述历史进入博物馆是博物馆跨学科研究的一项具体实践。博物馆语境下的口述历史研究对博物馆展览策划、功能更新、博物馆参与社会问题、思考未来的发展路径提供了新动力，本文以渡江胜利纪念馆为例，结合口述历史在纪念馆工作中的具体实践，探讨口述史进入博物馆、纪念馆的历史必然性。

从时间维度来看，渡江战役是一段离我们越来越远的历史，如何将“当代”的青年与“过去”的历史之间建立联系，口述史就成了一种联结历史的文化工具。在展览准备期间，该馆以“见证胜利”为主题，对参加渡江战役和解放南京的老战士进行采访，对整个过程进行录像，所有的影像资料都被保存到渡江胜利纪念馆的数据库中，一些珍贵的历史细节经过整理被陈列在展厅中。

（一）发掘文物藏品信息，弥补文献缺失

文物是博物馆进行一切展览和社教活动的前提与基础，但并非每件文物背后的相关信息都能够被了解或熟知。一些文献记载并不完整，是否符合历史事实也有待检验。口述史料不仅拓宽了史料的来源，填补文字记载的空白，同时还能与文字史料形成互轿，印证其可靠性，

与文字史料具有同等重要的地位。渡江胜利纪念馆中藏有一件皮质公文包，是渡江战役人民解放军第 35 军 104 师 312 团 2 营副营长张兴儒的遗物。2009 年张兴儒的战友巩继先将这件公文包捐赠给杜江胜利纪念馆。在接受捐赠时，馆方对捐赠人进行了口述采访，巩继先讲述了这件公文包背后的时间、背景以及张兴儒在战场上的故事等内容，这些信息单凭公文包本身是难以获取到的。这些口述采访以视频、音频的方式记录下来，经馆方整理后用于展览中，不仅表达了对文物捐赠者的尊重，促进捐赠者与博物馆之间的良好关系，更体现了博物馆对捐赠文物这项工作的重视。口述历史能够引导藏品提供者进行有意识的回忆，以“接地气”的方式为观众提供更多有价值的信息。口述史挖掘藏品背后的信息，对博物馆展览的阐释和观众对文物的解读发挥了巨大作用。

（二）拓宽研究视域，“从物到人”理念的实践

口述史作为一种特殊的史料，因其记录方式多以影像记录为主，因此当其进入博物馆后，也为博物馆提供了新的展示表达：以更广博、更多元的视角诠释展览的理念和主题。渡江胜利纪念馆在对口述史料进行展示的过程中，将“支前船工”的名单、宣誓词、船工采访的口述视频运用在展览中，船工本人作为这段历史的参与者，经他讲述渡江战役的背景、人民解放军的准备工作以及群众对人民解放军渡江的支持，让这段历史更加的鲜活，这为同时展出的船工誓词和支前民工的图片提供了补充说明。口述史与实物展品相结合的展出方式，通过口述者的个体记忆，激起观众对这段历史的集体记忆，拉近了展览和观众的距离。

近些年，“从物到人”逐渐成为当代中国博物馆界的主导性话语。博物馆、纪念馆积极开展口述历史工作，不仅是资料收集的一种手段，更是对“从物到人”理念的实践。而“从物到人”除了对博物馆观众及社会公众的重视外，还要注意到博物馆内部及与历史事件本身相关的人。首先，口述者作为历史的参与者，是被关注的对象，需要被尊重和理解。其次，作为研究口述史的博物馆工作人员，通过参与口述史征集、整理、研究的过程深挖历史，将更多真实且有价值的信息传递给观众，在如何对被采访者进行引导、有意识的提问和回忆问题上，更是值得思考的话题。在这一点上，口述史研究实现了“从物到人”观念中“人”的双重导向。

（三）拓展展品阐释视角，丰富展陈内容

口述史在博物馆与观众的连接上发挥了桥梁的作用。不同于传统文献资料，口述史对于历史的陈述更加真实、生动、鲜活、立体，便于公众理解、思考并产生共鸣。特别是在纪念馆的展陈工作中，由于纪念馆主题的特殊性，大部分纪念馆主要围绕近现代史上的重大历史事件或重要人物展开，而有相当一部分历史人物事迹、重要历史事件没有留下文字记载，缺乏历史细节，制约了纪念馆工作的开展。口述史在纪念馆中的运用，通过参与者、见证者的史实陈述，将历史事件与相关文物紧密融合，在拓宽展览阐释视角的同时，彰显出文物的价值，带给观众精神上的共鸣。博物馆展览是基于真实性原则上对历史现场进行的一种重构，一个展览往往需要借助多种形式进行内容阐释。随着博物馆事业的不断发展，博物馆已经不再是单纯的文化传播机构和中枢机构，它们致力于参与社会发展，并在一些社会问题上占据一定的话语权[8]。口述史恰恰成了展示中的一种重要辅助形式，特别是在一些社会重大问题上，口述史通过不同个体的视角，阐释文物及其承载史实的价值，彰显观众对社会生活的个性化理解，增强公众与展览之间的互动联系。

四 为面向未来的博物馆增砖添瓦

多学科融合的发展趋势为博物馆带来更开放的研究视野和广阔的发展前景。2020 年国际博物馆协会的主题是“致力于平等的博物馆：多元与包容”，倡导博物馆推动文化均等，探索多元化的发展路径。鉴于此，口述史进入博物馆、纪念馆并成为其展示、研究的重要手段，不仅是博物馆文化符号多元化的象征，更是“从物到人”理念的具体实践。2021 年国际博物馆日的主题是“博物馆的未来：恢复与重塑”。口述史为未来的博物馆发展提供了新动力，作为博物馆展览策划的新源泉，除了促进博物馆积极参与社会话题，承担社会责任外，更在面对重大突发性集体事件上，为“未来”记录“当下”，给当代和后人留下真实记忆。

近年来，博物馆引导观众积极参与社会问题，承担社会责任。当代见证物是博物馆藏品体系中的重要组成部分，新冠疫情暴发后，国内各大博物馆面向社会公开征集抗“疫”过程中形成的具有收藏、研究、展示、纪念价值的代表性实物和资料，而在抗击疫情中绝大多数的影音、影像，都记录了经历过疫情或与之相关的口述者的视频。博物馆和纪念馆收集“正在进行的工作”意味着我们从关注“过去”转向了关注“未来”，通过规划未来的展览，收集口述史，为未来的研究提供有关危机中日常生活的重要信息。

口述史在博物馆中的运用，不仅为当下博物馆的展示、研究提供了新源泉，更为面向未来的博物馆搭建了一座桥梁：通过记录眼下的重要事件，为博物馆保存和收藏当今“历史”，给当代和后人留下真实记忆。这充分说明了口述史作为跨学科路径，拓展了博物馆研究的地域与边界，并提供了未来发展的无限可能。值得注意的是，虽然口述历史进入博物馆领域已经有一定的实践和积累，但从社会科学的视角来看，如何将口述访谈资料作为社会公共历史的一部分，在实践中仍面临很多难题，这也是今后博物馆在进行口述史工作的过程中需要注意的部分。

【注释】

[1] 杨秋：《博物馆学跨学科发展的价值取向》，《中国文物报》，2019 年 1 月 29 日第 8 版。

[2] 毛若寒：《整合视野下的博物馆：反思、挑战与方向》，《中国博物馆协会博物馆学专业委员会 2018 年“理念 · 实践——博物馆变迁”学术研讨会论文集》，第 325 页。

[3] 尹凯：《博物馆研究：跨学科的多重路径》，《科学教育与博物馆》，2017 年第 3 期，第 69 页。

[4] 李向、魏扬波：《口述史研究方法》，上海人民出版社，2010 年，第 17 页。

[5] 苏东海：《与国际博协博物馆学委员会主席鹤田总一郎对话录》，《中国博物馆通讯》，1987 年第 4 期。

[6] 侯春燕：《口述历史博物馆化：博物馆学发展新趋势》，《中国博物馆》，2008 年第 3 期，第 388 页。

[7] 胡凯云：《对话在博物馆展览中的意义及运用研究》，浙江大学博士学位论文，2017 年 6 月。

[8] 金家玮：《博物馆语境下的口述历史探索》，《科学教育与博物馆》，2019 年第 5 期，第 188 页。

“温床”和“后盾”
——博物馆学与历史学关系探析

李海滨（中国铁道博物馆）

摘要：回溯西方及中国博物馆学的发展历程可知，博物馆学自始即与考古学、历史学、人类学及自然科学等诸多学科之间存在着千丝万缕的联系。其后随着博物馆事业的不断发展和进步，博物馆学积极吸收和借鉴传播学、心理学、管理学等相关学科的理论、方法和成果，使博物馆学与其他学科之间的关系更加广泛、深入或紧密。毋庸置疑，博物馆学始终具有多学科交叉的特性。当前，我国博物馆事业蓬勃发展的势头不减，而且博物馆与教育、科技、旅游、艺术、传媒等跨界融合日渐加速。因此，中国博物馆学理应秉持开放理念和多元视角，更加积极主动地吸收和融汇其他相关学科的理论方法及研究成果，达到以他山之“石”而琢己之“玉”的目标。这是中国博物馆学研究面临并解答的一项时代课题，也是推进中国博物馆学与时俱进、开拓创新的重要途径，进而为未来中国博物馆事业的高质量发展和建设博物馆强国提供学理支撑。因此，审视并解析博物馆学与其他学科之间的关系无疑具有重要的理论意义和现实功用。本文将聚焦博物馆学与历史学——两个颇具渊源且至为“亲密”的学科，简略梳理和探讨它们之间的紧密关联，希冀对中国博物馆学的跨学科研究有所裨益。

关键词：博物馆学；历史学；派生；融合

作为一门较为年轻的专业学科，博物馆学是关于“博物馆的历史及背景，社会责任，有关研究、保护、教育、与环境关系的特定系统，以及博物馆分类的研究”，或者说是“研究博物馆的性质、特征、社会功能、实现方法、组织管理和博物馆事业发展规律的科学”[1]。尽管博物馆学的定义表述存在差别，但都明确将博物馆本身作为博物馆学的研究对象或客体，并且将博物馆的历史纳入博物馆学的研究范畴。换言之，博物馆的历史必然是博物馆学的“题中应有之义”。博物馆学由此派生出一个分支——历史博物馆学。另外，客观展现和科学研究博物馆诞生和发展的历程，以及深刻总结和凝练其发展特征及规律，都离不开历史学的支撑，即运用历史唯物主义的理论、视角及方法去分析、总结和归纳。博物馆学自身的发展历史及其规律研究亦是如此。概而言之，博物馆学的定义及其将博物馆发展历史和规律作为研究内容，已经注定和彰显了博物馆学与历史学之间密不可分的关系。

如果将观察镜头从抽象的定义转向具象的史实，就可以窥见博物馆学与历史学之间更为紧密和复杂的关联。因篇幅所限，下文主要将镜头“聚焦”中国博物馆学的历史流变。博物馆由来甚久，并随时代的发展而演进。从前欧美的博物馆几乎是蒐集和保存奇珍异物的储藏室或“仓库”，除供少数专家研究学艺或贵族富豪赏鉴美术之外，对于普罗大众而言则无缘目睹。18世纪以后，博物馆才向公众敞开大门，即“从少数的贵族和学者手中，移至大众面前”[2]，并且逐渐成为宣扬知识的殿堂和社会教育的工具，几乎与图书馆相提并论。时至20世纪前叶，欧美各国都市的博物馆林立，蔚为壮观。伴随着西方博物馆从私人化向大众化的角色和功能的转变，博物馆学应运而生并向前拓展。探讨和论述博物馆藏品收集、分类、展示及博物馆社会功能的著作、文论和学术期刊、专业协会等陆续出版或创办，对博物馆学研究起到了推波助澜的作用。

中国博物馆事业起步较晚。在博物馆尚付阙如之时，文物多为官府或私家收藏，秘不公开。鸦片战争以后，由外人创办和经营的震旦博物馆、亚洲文会博物院、华北博物院等零星出现。这些博物院在创办初期有人主持，略有收集，但后来因创办者中途回国或年老去世，后继乏人，物品陈列残缺不堪，与作为民众教育或专门研究用的博物馆相去尚远，可谓有名无实。1905年，南通博物苑的创办成为中国博物馆事业的发轫和先河。它是中国第一座真正意义上的公共博物馆，但处在当时的社会环境中，它像湖面的涟漪一样，并未引起过多关注。1912年中华民国成立以后，各地博物馆渐多设立，处于“萌芽”状态的中国博物馆事业开始逐步成长。据中国博物馆协会调查统计显示，1936年初全国普通博物馆（包括艺术历史和天然历史）、专门博物馆、植物园、动物园及水族馆共计62座[3]。其中，普通和专门博物馆约占四分之三强。20世纪前叶中国博物馆事业初显生机，为中国博物馆学的孕育和诞生提供了“土壤”。除《博物馆学概论》《博物馆学通论》等专题著作外，博物馆学研究的重要载体和象征即是中国博物馆协会的创建。1935年5月18日，中国博物馆协会成立大会在北平景山绮望楼举行，包括故宫博物院、历史博物馆等近40家博物馆参加。协会的宗旨是本着互助的精神，积极谋划博物馆的建设和经营，唤起国人对民族文化的认知和激发研究的兴趣，同时与世界博物馆协会互通消息、相互借镜[4]。协会通过出版刊物、举办通俗演讲、组织召开年会等诸多活动，为中国博物馆学研究搭建了平台和开辟了阵地。从这种意义上而言，中国博物馆协会是近代中国博物馆学研究的里程碑。不过，此时博物馆学尚显“稚嫩”，力量薄弱且缺乏系统。

中华人民共和国成立以后，中国博物馆学迈入一个崭新的发展阶段，同时不可避免地被赋予鲜明的时代印记和色彩。这一时期中国博物馆学几乎完全照搬或仿效苏联博物馆学，“大多数研究著作都以典型意识形态的苏联译作为主，无论是理论方面，还是在方式方面，都凸显出了其实践性强的特点”[5]。1953年5月，南开大学历史系郑天挺、魏宏运等到北京拜访中国历史博物馆的沈从文、故宫的单士元、中国人民大学的尚钺等著名的历史文物研究专家。1954年6月，郑天挺一行又到北京北海团城文物局访郑振铎。在这两次走访交谈中，沈从文及郑振铎均建议南开大学历史系设立博物馆专业。两人建议的不谋而合恰恰凸显了当时创设博物馆专业以开展博物馆学研究和实践的迫切性和必要性。1959年9月，经南开大学历史系研究，决定采纳沈从文和郑振铎的意见，在历史系建立博物馆专业，并委派娄曾泉、左志远去北京文化学院学习有关知识[6]。1960年，经过两个多月的紧张筹备后，南开大学历史系在原有历史学专业基础上开设了博物馆学专门化班，并于同年4月7日正式开课。其学生主要从历史学专业四年级同学中选拔，按照专门化课的要求进行博物馆学专业知识的学习。开设的课程包括基础课（博物馆学概论）、辅助课（历史档案学）及文物考古等专题讲座。除课堂讲授外，博物馆学专门化班还结合课程特点，组织学生到中国革命博物馆、中国历史博物馆、故宫博物院等进行参观实习和现场教学[7]。无独有偶，当时河北省文化艺术专科学校发扬“敢想敢干”的精神，白手起家，开班了文物、博物馆专科。在博物馆专科创办过程中，学校克服了师资不足、教材缺乏等困难，并且得到了上海博物馆、上海市文物管理委员会等单位的大力支持和协助。在教学中贯彻马克思历史唯物论观点，彻底批判资产阶级唯心主义、厚古薄今的思想和观点。除完成课堂讲授外，学生还到邯郸、安阳等地参观，进行田野实习[8]。由上可知，博物馆学专门化班的出现是首创性的尝试。尽管处于起步或雏形阶段，但它开辟了新中国建设时期博物馆学研究的阵地，为后续博物馆学专业学科的设置积累了经验并奠定了基础。同时它的出现清晰而有力地表明并佐证——中国博物馆学完全是历史学的“派生物”，或者说历史学是孕育博物馆学的“土壤”和“温床”。

党的十一届三中全会以来，沐浴着改革春风的中国博物馆事业逐渐蓬勃兴盛，博物馆学研究也逐步拓展和深化。1980年9月经高教部批准，南开大学博物馆学专业正式设立，并成立教研室。从当年秋季学期历史系入学的学生中遴选20余人修习博物馆专业。参加筹备的教师还到全国各地征集文物，并建成陈列室。这是新中国第一个正规的博物馆学专业（学科）。此后，不少高等院校也相继设立博物馆学本科专业，推进博物馆学趋向专业、系统和成熟。不过，鉴于当时全国博物馆中以历史类博物馆为多，故博物馆学本科专业设立之初，即与历史学、考古学等专业同列于“历史学”学科门类[9]。从这种意义上而言，博物馆学的定位依然没有脱离历史学的“窠臼”。

近些年来，我国博物馆事业驶入高速发展的轨道，博物馆数量保持快速增长，类型更多丰富和多样，智慧博物馆建设开始启动并加快推进，公共文化服务水平不断提升，管理体制和激励机制不断创新，全社会“博物馆热”持续升温。这些有目共睹、前所未有的博物馆建设和发展成就，为博物馆学带来了新的机遇、挑战和使命，同时浮现和暴露出一些新的问题或瓶颈，亟需在学科建设和人才培养方面予以高度关注和必要加强。与此同时，为顺应和满足博物馆事业的快速发展以及对博物馆专业人才的紧迫需求，高等院校文博专业的规模和实力不断壮大，课程设置除了历史学通识之外，还引入艺术学、哲学、心理学等跨专业课程，逐步打破了以往历史学和考古学课程“两家独占”的固有格局。有些高校甚至尝试对博物馆学课程中的历史学素材进行“瘦身”或不作“硬性”要求。这些似乎预示了博物馆学正在走出历史学的“天空”，个别学者甚至提议要将博物馆学从历史学中“剥离”，转而归入管理学的“门下”更为适宜。然而，这种略带一厢情愿的学术观点忽略了一个基本事实——无论博物馆如何强化学科意识和课程设置，历史学课程都是博物馆学的必修课。如若将历史学课程从博物馆学中抽离，博物馆学将会失去基础和动力。因此，历史学课程重新回归博物馆学也就不足为奇。

总之，通过简要回顾中国博物馆学发展历程可知，博物馆学的诞生并逐步走向专业化和学科化，均与历史学存在着紧密关联。博物馆学长久作为历史学的附属或分支，已然与历史学形成了紧密的“血缘”关系。这是中国博物馆历史发展的必然结果，也反映出中国博物馆学学科建设依然任重道远。

博物馆学的研究对象及范畴不仅涵括博物馆事业发生、发展的历史及其规律，而且覆盖博物馆的设计理念、社会功能和组织管理等。特别是随着国内外博物馆界发生了巨大发展和转变，博物馆由收藏、保存文物的“储藏室”逐步转变为社会教育和公众娱乐的文化中心。换言之，博物馆由以文物为中心转变为以观众为中心，博物馆更加强调和突显教育和娱乐的功能，以及更加注重为观众服务，从而为观众带来更好的体验和高质量的参观。因此，从博物馆的社会功能及服务的角度而言，博物馆学是一门具有较强实践性和应用性的学科，集中体现在博物馆的收藏、展示、教育、研究等各种活动及项目。然而，这些活动或项目的策划并实施都需要历史学知识作为依托、参考和支撑，换言之，历史学为博物馆发挥社会功能提供了科学而坚强的后盾。

首先，无论从国外还是国内博物馆而言，历史类博物馆都占有较大的比例。顾名思义，历史类博物馆以历史文物保存、展示和研究为己任，而这些均与历史学存在直接关联。例如，文物藏品是历史的记录者和见证者，承载着独特的历史文化讯息。如何挖掘和阐释隐藏在文物背后的讯息，以及文物的登记、分类、编目、保管及合理除藏，乃至文物鉴别真伪、鉴定等级等基本业务，在在离不开历史知识的“准绳”或“辅佐”。只有具备相关的丰厚的历史学知识，才能对文物的讯息和价值形成准确、充分、全面的认知和判断，才能够将文物信息及价值准确地传递给观众，才能够确保实现让文物自己“说话”或者让文物活起来。如果没有准确、扎实的历史知识“打底”，博物馆的文物工作肯定会“寸步难行”，甚至成为无源之水、无本之木。这样很可能造成文物信息的失真或舛误，从而使观众产生误解，进而给博物馆的声誉带来负面影响并削弱博物馆的公信力。

其次，历史学同样在陈列展览中不可或缺和十分重要。陈列展览是博物馆向社会公众提供的最基本、最核心的文化产品。对于一个成功或高质量的展览而言，不仅需要用博物馆学理论进行指导，同时需要采用先进的技术手段和设备，而且必须有相关历史学来提供理论和实践指导。博物馆通过文物、图片、模型等展品来真实地再现或还原历史。这些展品首先要务必真实、准确，而且它们之间要有严谨、科学的历史逻辑。它们不是简单的摆放和排列，而是体现了真实的历史及其脉络。从这种意义上而言，博物馆的陈列展览需要历史学来“保驾护航”。然而，目前很多博物馆缺乏相应的历史专业人员，对陈列展览缺乏深入地研究，从而影响和制约了博物馆功能的发挥。当前，策展人制度正大行其道，这要求策展人必须具备相应的历史知识，否则很难策划举办引人入胜的高质量的展览。

再次，博物馆的教育功能也需要历史学的支撑。当前，博物馆的社会教育功能日益得到重视，丰富多样、精彩纷呈的社教活动产生了良好的社会效益。其实在社教活动的策划过程中同样需要历史知识的“介入”，从而保证活动的科学性。譬如，许多博物馆开展的关于文物知识的讲座及各种互动体验项目，乃至最近成为热点的“剧本杀”等活动项目，都离不开历史知识的支持。此外，博物馆学术研究工作如出版书籍、期刊或小册子等，同样需要确保历史事实的准确性。总而言之，随着展览主题愈加丰富，展示方式更加多样，在充分考虑公众认知需求的基础上，博物馆各项功能活动务必保持学术性、严肃性、准确性。这既需要博物馆学理论的指导，更需要历史学的支撑及历史知识和方法的运用。唯有如此才能向观众科学、严谨、生动地传递历史文化信息，才能引起观众的兴趣并赢得观众的信任。另一方面，博物馆业务活动和项目需要历史知识作为基础和后盾，需要运用历史学的研究方法和成果，但这些活动和项目不是对历史知识的简单、枯燥的“复述”或“摹写”，而是经过博物馆业务人员的研究解读并重新“编码”，或曰需要博物馆业务人员进行各种形式的“加工”并呈现给观众。这样不仅向观众传递历史知识，而且还会引起观众的求知欲或好奇心，甚至通过互动体验让观众获得更加深刻和独特的感知。在这个过程中，历史知识、历史学的研究方法和成果在博物馆业务实践中得到了运用和检验，从而更好地体现和发挥历史学研究的价值。换言之，历史学的价值和意义借助博物馆得到了更广范围的扩散和更大程度的彰显。由此可见，只有博物馆学与历史学相得益彰、相互促进，才能实现博物馆功能的高效发挥。这也再次证明博物馆学与历史学之间不可分割的紧密关系。

由上可知，博物馆学与历史学的关系已昭然若揭、不言而喻。但在当前中国博物馆发展现状中日益浮现或暴露出博物馆学与历史学的“隔阂”或“疏远”的问题。例如，有些博物馆面临着相关历史人员或专家学者的匮乏，或者在业务实践中有意无意地轻视历史知识的支撑等。这种现象随着当前中国博物馆事业的飞速发展而愈显突出，日益成为制约或掣肘博物馆实现高质量发展的一个重要因素。另一方面，博物馆的历史专业人员毕竟不能等同于高等院校或科研院所的历史学家。“专业的历史学家和历史博物馆专业人员拥有各自不同的职业道路，前者主要聚焦在课堂和书籍中，后者主要通过馆藏实物证据来向博物馆观众阐释历史。”[10]不过，他们在历史知识上具有共通和共享之处，完全可以相得益彰、互促共赢。因此，加强博物馆专业人员与专业的历史学家之间的交流合作，不失为破解博物馆缺乏专业历史支撑的“捷径”或“钥匙”。因为博物馆为向观众展示真实的历史，必然需要寻求和依据科学的历史知识及研究成果，而这恰恰是专业的历史学家的长项和优势。另一方面，专业的历史学家的研究成果借由博物馆专业人员的吸收和加工转化，使枯燥乏味的历史以通俗易懂、生动活泼的展示或活动方式向观众进行传递。因此，加强双方之间的共享合作具有重要意义。

综上所述，无论从中国博物馆学的发展历程而言，抑或从博物馆的社会功能来说，中国博物馆学的诞生和发展自始至终都依托于历史学，博物馆学在较长时期内都是隶属于历史学的一个分支。换言之，历史学甚至可以说是博物馆学的“温床”。同时，历史学始终是博物馆的坚强后盾和“幕后英雄”，为博物馆学发展提供了基本的和有力的支撑。尽管近年来博物馆学不断强化学科意识——这是当前博物馆学发展的紧迫任务和必然要求，但无论博物馆学发展到何种程度，历史学都是其无法脱离的“基石”。博物馆学不能刻意强调“边界”意识和“独立”倾向，而忽略其与历史学之间由来已久的传统和无法割裂的关联，否则博物馆学很可能会成为“海市蜃楼”。另一方面，博物馆不应是封闭和孤立的，它应该加强与历史学在内的其他学科之间的交流和融合，不断丰富和更新理论知识体系及观察视角、研究方法，为博物馆学持续注入新内涵、新动力，从而构建与目前我国博物馆事业发展相互适应和促进，并且具有时代性、指导性、前瞻性的新博物馆学，为推进我国博物馆事业高质量发展和建设博物馆强国提供指导和支撑。

【注释】

[1] 陈红京主编《博物馆学概论》，高等教育出版社，2019年，第1-2页。

[2] 陈端志《博物馆学通论》，上海市博物馆，1936年，第3页。

[3] 中国博物馆协会编：《中国博物馆一览》，1936年，第1页。

[4] 重熙：《中国博物馆协会成立记》，《科学》第19卷第5期，1935年5月，第743页。

[5] 康凤齐：《中国博物馆学学科发展的回顾与反思》，《学术研究》2016年第12期，第114页。

[6] 南开大学历史学院编《魏宏运年谱》，天津人民出版社，2017年，第50、52、65页。

[7] 南开大学历史系博物馆学教学小组：《南开大学历史系开设博物馆学专门化班》，《文物》1960年第5期，第77页。

[8] 陈惠：《河北省文化艺术专科学校开办文物、博物馆专科》，《文物》1960年第5期，第77页。

[9] 刘守柔：《1980年代以来中国博物馆学本科专业课程的发展》，《南方文物》2021年第3期，第243页。

[10] [美]爱德华·P·亚历山大、玛丽·亚历山大：《博物馆变迁：博物馆历史与功能读本》，译林出版社，2014年，第144页。

通今博古
——博物馆学与历史学的关系探讨

叶尔米拉（新疆维吾尔自治区博物馆）

摘要： 历史学是记载和解释一系列人类活动进程的历史事件的一门学科。博物馆学是研究博物馆的性质、特征、社会功能、实现方法、组织管理和博物馆事业发展规律的科学。博物馆的通史陈列以王朝更替为脉络，以表现中华文明和中华民族共同体形成与发展的过程为重点，以文字和文物的展示为主要方式在博物馆中全面呈现。博物馆的历史和考古类陈列的准确性和广博性离不开对历史的深刻研究，而历史的完整展示和准确传播，则离不开对博物馆学的研究，两者相辅相成。通今博古，以博物馆为平台，讲好中国历史故事，全面宣传和展示博大精深的中华文化，让博物馆的展览与研究有历史的深度，文化的广度，需要我们加强历史学和博物馆学的研究力度，通过讲述文物背后的故事提升博物馆的各项职能，更好地为广大公众服务。

关键词： 博物馆学；历史学；历史故事；陈列；社会教育

历史学是记载和解释一系列人类活动进程的历史事件的一门学科，主要有史和论的高度统一性、一度性、具体性、综合性等特征，博大精深。博物馆学是研究博物馆的性质、特征、社会功能、实现方法、组织管理和博物馆事业发展规律的科学。博物馆学作为实践性很强的学科，应用性非常强并与很多学科有着很密切的关系。博物馆的通史陈列以王朝更替为脉络，以表现中华文明和中华民族共同体形成与发展的过程为重点，以文字和文物的展示为主要方式在博物馆中全面呈现。博物馆的历史和考古类陈列的准确性和广博性离不开对历史的深刻研究，而历史的完整展示和准确传播，则离不开对博物馆学的研究，两者相辅相成。

“博物馆学的研究对象是保存、研究和利用自然标本与人类文化遗存，以进行社会教育的理论和实践，包括博物馆事业发生、发展的历史及其与社会的关系，也包括博物馆社会功能的演进、内部机制的运营和相互作用的规律。”[1] 国际博物馆协会对博物馆学的定义是：“博物馆学是一种对博物馆的历史和背景、博物馆在社会中的作用，博物馆的研究、保护、教育和组织，博物馆与自然环境的关系以及对不同博物馆进行分类的研究。”[2] 无论是历史类研究，还是与教育领域的交叉研究，无论是心理学方面探讨，还是自然科学的研究，都能探讨博物馆学与这些学科密切的关系。在诸多学科中，历史学作为与博物馆学有着最密切联系的学科，对博物馆与博物馆学的发展有着重要的作用，历史学也需要博物馆馆中文物和文献来印证。博物馆的发展与博物馆三大职能的提升是离不开的，我们在博物馆中做研究，不只是对博物馆学理论的研究，还有对大量馆藏文物的研究与保护，并通过讲述文物背后的故事达到社会教育目的。通今博古，以博物馆为平台，讲好中国历史故事，全面宣传和展示博大精深的中华文化，让博物馆的展览与研究有历史的深度，文化的广度，需要我们加强历史学和博物馆学的研究力度，通过讲述文物背后的故事提升博物馆的各项职能，更好地为广大公众服务，同时也为我国的历史学的研究与发展以及博物馆学研究与发展做贡献，这是博物馆人的职责。

讲述一段历史，在博物馆可以有很多方法。如文物展示、历史事件的数字重现、科普读物、讲解讲座、不同深度的知识链接展示、文创产品展示，甚至以演出的形式为观众进行演绎等等。以陈列展览、文物等结合历史事件的方法，将一段历史以最直观的形式讲述给观众听，展示给观众看，从而达到社会教育的目的。反过来讲，讲透一件文物，最直接的方法就是研究其历史，并将其做完整的表述出来。我们所说的讲述文物背后的故事，其实就是讲述其历史。我们知道，无论是通史类博物馆，遗址类博物馆，都离不开历史学、考古学理论与实践的指导。在历史博物馆里收藏和陈列着历史文献和考古实物，同时也贯穿着历史唯物主义观点，这是历史类博物馆存在的最基本条件。正是这些基本条件，共同实现着历史类博物馆的功能，去说明历史，表现历史的进程和规律。因而，想把历史类博物馆办的高水准，把通史类陈列做的高水平，除了发挥基础作用外，还要深入研究历史学、考古学和博物馆学之间的内在联系，研究三门学科的理论和实践，以便在理论和实践的结合上对博物馆的工作进行全面指导。博物馆的通史类展览需要吸取学术界最新研究成果，以及借鉴国际大馆的相关经验，通过这些来更好地呈现中国历史发展的基本脉络，利用文物来诠释中华五千年的辉煌文明。无论是内容上，还是形式上，都要把再现文物魅力放在重要的位置，力求构建简洁、准确的信息表达体系，突出文物的个性特点，反映文物组合所蕴含的陈列理念。在展览设计中，尽量避免各种考古学资料的堆砌，合理地筛选出适宜展陈、能为观众接受的信息；减少不必要的历史内容的铺陈，正视展览在展示学术研究成果方面的局限性，不把展览的展示完全等同于学术研究成果的展示。通过一件件丰富多样、异彩纷呈的文物展品，再加上中国汉字的魅力，创造出一个个喜闻乐见的展览。这些杰作的诞生将中国历史的长河得以充分实现以物证史、以物说史的宗旨，让观众通过文物本身与古人对话，与中华文明对话，切身感受中华优秀传统文化的博大精深和强大震撼力。

博物馆的陈列展览是博物馆面向社会传播的主要媒介，是文博行业中向世人传播历史文化知识内涵的独特语言。展览一词中的“展”是指博物馆应将文物藏品提供出来展示，“览”是指博物馆应将社会公众引过来参观，而博物馆应该优先考虑公众对“览”的需求，再以此为根据来做“展”，两者相辅相成[3]。现在全世界的博物馆都在推出各种各样的展览，其中不乏主题鲜明、形式设计高大上、高科技的展示手段运用恰当的展览，也有不少展览内容与展示效果都很一般的，展览内容很好，展示效果不出众的展览也有，当然也有内容很一般，形式设计很华丽的。无论展览的成效如何，很大程度上与策展人、展览文本撰写人员以及形式设计人员对展出文物背后的故事挖掘力度和深度有直接关系，对展出文物背后的故事挖掘力度和深度有直接关系，这是对策展人、展览文本撰写人员历史学基础的重大考验。一个成功的展览一定讲述的是一个完整的、系统的、有深度的、有广度的文物故事。然后我们才能将博物馆的社会教育职能，提升到一个很高的层次。无论是与展览有关的讲解，还是各类社会活动才会有很宽的面去进一步拓展。观众能最大程度的吸收相关的知识能量，博物馆也能最大限度的优化自身职能。

现在随着人们知识水平以及认知需求的快速提升，越来越多的人走进博物馆，博物馆也越来越自然地走进了人们的生活，参观博物馆已成为人们出行的重要目的之一。参观人数的逐日递增、观众知识层面的提高以及社会对博物馆重视度的不断提升，使博物馆意识到提升自我、优化职能的重要性。这便促使各地博物馆的展览也呈现出办展频率快、数量多等态势。在这样的背景下，博物馆人如何避免展览日渐同质化；如何策划富有创意的展览；如何让观众记住一个展览、一段历史甚至一件文物；展览策划还存在哪些问题；如何做到展览创新；展览工作未来如何发展等一系列问题，都是每一位博物馆人所面临的重要问题。这些问题环环相扣，且都离不开文物。没有文物就没有展览，没有文物背后的历史故事就没有一个好的展览。挖掘每件文物背后的历史故事，能成就一个或者很多精品的展览，也能完成一系列好的社教活动，更能使博物馆的社教活动有很广阔的创新领域，最终达到博物馆的职能得以优化和提升目的。文物作为一种资源，具有不可再生性，是人类社会在发展的过程中，遗留下来的宝贵文化遗产和遗物。我国珍贵的文物凝结着中华民族的智慧，承载着优秀的传统文化，蕴含着自强不息的民族精神，是弥足珍贵的文化资源，也是中华民族发展壮大，绵延不绝的文化沃土[4]。这也是博物馆整体工作的基础和中心，更是博物馆存在的物质前提。不管论其研究层面还是社会教育层面，文物及其历史文化内涵的重要地位与价值都是不言而喻的。

讲好文物背后的故事，就要充分发挥其“见证历史、以史鉴今、启迪后人”的作用。我国文物研究要立足中华视野，深入发掘文物蕴含的历史文化价值，将器物学、考古学研究与社会教育有机结合，达到透物见史、见人、见精神的效果[5]。当代博物馆的展览工作涵盖的内容不仅仅是陈列展览的本身，还有社会教育、藏品研究、科研交流与合作、展览延伸品的开发等一系列工作的总和。通过做好展览工作，讲好中国故事，讲清楚中华文化的历史渊源、发展脉络、基本走向是当今博物馆重要职责所在。随着博物馆事业的发展，讲好文物故事的途径越来越多，其中最直接的就是展览，观众通过各种各样的展览，以及展览中展出的精美文物，可以直观地认识一段历史，增长一些知识。如果一个展览有详细的讲解、有深度和广度的知识链接、以人为本的展示理念、丰富多彩的陈展方式，观众肯定会终生受益于这个展览，并自然而然地成为中华灿烂文化的传承者和宣扬者。

历史学和博物馆学的内容都属历史科学范畴，同属社会科学。其学科研究的目标和内容具有一定的一致性、互补性、证实性。深入研究历史学和博物馆学及其之间的关系，对提升博物馆的策展力度、研究力度、宣传力度、职能提升、创新举措、人员专业素养等诸多方面均有很重要的作用。博物馆是人类遗产的最终归宿，也往往是历史与文化的结穴要地。大多数人是在博物馆里和我们的工作成果、和人类文化与文明的物证——文物发生最直接的接触，这对形成其个人的历史认知、价值评判、文化遗产观念乃至世界观都是至关重要的[6]。此外，通今博古，以博物馆为平台，讲好中国历史故事，以中国历史为根基，做好博物馆展览，全面宣传和展示博大精深的中华文化，大力发展博物馆行业发展，让博物馆的展览与研究以历史学和博物馆学的研究为基础，更好的更有深度和广度的得以展示，大力加强文博工作者历史学和博物馆学的研究力度，通过讲述文物背后的历史文化故事提升博物馆的研究及教育职能，更好地为广大公众服务。

【注释】

[1] 王宏钧、冯承伯：《博物馆学》，《中国大百科全书•文物博物馆》，1993 年，第 50-51 页。

[2] 王宏钧：《中国博物馆学基础》，上海古籍出版社，2001 年，第 2 页。

[3] 单霁翔：《试论博物馆陈列展览的丰富性与实效性》，《南方文物》，2013 年第 4 期，第 1-8 页。

[4] 陆建松：《如何讲好中国文物的故事——论中国文物故事传播体系建设》，《东南文化》，2018 年第 6 期，第 117 页。

[5] 陆建松：《如何讲好中国文物的故事——论中国文物故事传播体系建设》，《东南文化》2018 年第 6 期，第 118 页。

[6] 曹兵武：《博物馆是什么：对博物馆与博物馆学的文化思考——《博物馆与文化》导读》，《中国文物报》，2021 年 6 月 1 日第六版。

博物馆学
与
人类学

博物馆与公众界限的消失
——人类学的努力

李斐然（浙江大学艺术与考古学院）

摘要： 博物馆的时空特点使博物馆成为有别于公众日常生活的“异域”，传播公众经验外的“异文化”。这是造成博物馆与公众有隔膜的原因。人类学视角下对“物”意义的挖掘和精神赋值，使“物”成为“博物馆物”，再通过展览话语合法化，形成与公众沟通的良好机制。公众进入博物馆场域成为博物馆观众，凝视作为“他者”的“博物馆物”，得到对“我者”的认知，成为一个“立体的人”。人类学的努力也试图打破博物馆的空间限制，表现为生态博物馆与社区博物馆的建立。这二者都拓展了博物馆的物理空间，也超越了博物馆的哲学空间，平衡人和自然生态、地方生态之间的关系。公众不再仅仅是博物馆的观众，也成为“博物馆物”和博物馆语境的创造者。

关键词： 博物馆；公众；人类学；异域；异文化

一 博物馆时空——异域与异文化的形成

（一）作为“异域”的博物馆

纵观博物馆的发展史，我们可知博物馆诞生之初即是与大众割裂的，表现为统治者、贵族、商人们为追求名誉、彰显地位、满足观赏需求而设置的收藏之所；其后诞生的为精英阶层、科学家等提供普及、教育功能的博物馆，展品的隐性主题往往是理解殖民背景，此时的博物馆像一个殖民世界标本、文物的网罗，也是和彼时欧洲世界格格不入的；接着，为大众开放的博物馆蓬勃，通过教化作用为民众打开科学和民主的世界，科技的高深和文明的标榜映射了大众生活的普通，博物馆像一个神圣的场所，展品或复杂到超越普通人的智慧，或高雅到世俗难见，或精致到现世不存……纵观博物馆的过去发展，博物馆与大众生活之间存在着隐约的间隙。

博物馆作为“异域”的存在，“主要有两个层面的原因，其一是空间上，博物馆的建筑风格和展览布局使得博物馆区分于现代性社会中的其他建筑与空间；其二是时间上，博物馆延长了‘物’存在于人类社会中的生命长度，且这种延长又是个体生命历程所无法比拟的，观众的参观过程中形成的‘人’与‘物’的时间差加深了博物馆的‘异域’印象”[1]。博物馆的建筑首先由于其功能和性质的需要，体量就区别于日常生活中的一些建筑；其次，当下博物馆的建筑设计追求与场馆精神结合，通过外部空间的叙事化“与众不同”来凸显其在城市文化中的独特作用和地位，也企图使公众在未进入博物馆场所就能到达博物馆场域，吸引公众转化为博物馆观众。我们不能否认这一趋势在博物馆社会化进程中发挥的重要作用，但同时，通过与众不同叙事化的外部空间，博物馆在某种程度上，与公众的日常割裂得更加厉害，成为生活中“异域”的存在。科学博物馆学派的斯坦斯基把人类对“物”从现实生活中抽离出来，使“物”成为“博物馆物”的这种行为和认知称为“博物馆化”，并且“博物馆化”并不会因为机构是否存在而消失[2]。人类把凝结了社会记忆的“物”去功能化、去语境化之后进行收藏，脱离了原有功能和语境的“物”就可能与公众之间存在着陌生的联系。随着博物馆化的拓展，“博物馆物”所跨越的时间和空间超越了个体一生的经验，这种时空的差距让“博物馆物”即使有展览文本的标注，也可能带领公众走向想象的“异域”。

（二）传播“异文化”的博物馆

在现今反思西方主义为中心的社会中，“异文化”三字是十分刺眼的。本文中的“异文化”仅指在时间上与当下、在空间上与此域、在社会中与一定群体所不同的文化和精神。根据演化论在社会文化领域的延伸，人们习惯性地把人类社会发展分成四个阶段。人们可以在博物馆中轻而易举地看到四个阶段物品对比之下的大相径庭，并且往往以野蛮、原始的眼光来看待人类社会发展第一阶段的产物，这是与文明社会不同的“异文化”。同样的，大到世界版图范围，小到谈吐不同方言的群体，其历史物什在文化的隔阂下，人们很难产生互相理解的思维。此时，包罗万象的博物馆就是一所无时无刻不在传播“异文化”的场所。

二 物和人的意义挖掘、重建

（一）“物”的意义挖掘

博物馆通过“博物馆化”使“物”转化为“博物馆物”的过程中，除了去功能化、去语境化之外，还需要进行精神赋值。精神赋值并不是毫无依据的，在考古学家、历史学家等深入研究“物”之所以存在的一切要素后，才能推理“物”所包含的信息和精神。博物馆的社会功能并不止步于此，展览是博物馆强有力的工具。博物馆通过展览等一类的叙事空间，可以将精神赋值后的“物”用逻辑化的展览语言进行一场知识的重组、拼贴和再创造以及权力话语的构建。“用福柯的社会空间论来看，博物馆的叙事空间是一个拥有特殊话语权力的社会公共空间……在此社会空间，展览成为博物馆的一种特权，它通过展览策划，使博物馆话语合法化”[3]。这个过程离不开人类学的理论指导。对“物”的意义发掘需要考量显性和隐性的象征符号。显性包含纹饰、色彩等，隐性包含材料、形制等。象征人类学认为人们通过符号等象征手段来表达群体通过言语和行为理解社会和周遭环境而形成和共享的一套文化意义系统。不同的象征符号可能来源于一个文化意义系统，辨识不同的文化也要求我们析解不同的象征符号。展览策划使话语合法化的过程也需要利用析解过的象征符号，并进行后续的基于传播主题和目的的重新组合和表征。

（二）“人”的意义重建

“要想了解他人，就不能尝试将他们的经验安置在我们这种观念的框架中去审视，而必须将我们的观念摆到一边，从他们自己关于‘何谓自我’的观念框架中去看待。”[4] 当博物馆摆脱了单纯的物品陈列，挖掘“物”背后的意义并进行展览的策划之后，博物馆与观众之间的联系上升到了“物”与“人”的联系。“博物馆物”中有基于人类学层面对文化的挖掘，对人在社会交往行为活动中产生的共同精神的彰显和博物馆化的表征，此时，“人”与“物”虽是“我者”与“他者”的逻辑，“我者”通过对“他者”的凝视，完善了对“我者”的认知，同时，“我者”在“他者”的文化视角和经验框架下看待事物，理解“他者”之所以成为“他者”的原因，接受个体或群体差异和文化多样。“我者”与“他者”在某种程度上，摆脱了绝对对立的关系，人完成了从公众成为博物馆观众，再从博物馆观众成为更立体的人的转变。公众进入博物馆完成“公众 - 观众 - 更立体的人”的转变程度是不一的。博物馆自我的叙事空间、休闲空间等给观众带来的体验片段及片段的积累因人而异。即使有将话语合法化为优势和前提的博物馆叙事空间，“物”与“人”的沟通交流并一定能完成这个合法化的过程，其中有许多的变量，取决于观众的知识背景、年龄性别等，也取决于“物”作用于“人”身上之多少及想象延伸了多少。因而，“人”在有先天优势的展览场域内，经过“物”与“人”的交流，完成从“公众 - 观众 - 更立体的人”的转变，“人”的意义也得到了重新建构。

三 超越空间的尝试

物理意义上的空间，由长度、宽度、高度以物质形式进行了框定。大多数博物馆都有属于博物馆的物理空间，出于安全、界定的需要，博物馆建立围墙、围栏等与周遭环境分隔开来。即使部分博物馆有得天独厚的地理条件，摆脱了围墙的限制，融入周遭环境之中，但其哲学意义上的空间亦存在，博物馆场域与自然环境、日常生活场域是分割的。博物馆学界曾在重新思考博物馆的性质和意义时做了革新性的尝试，即生态博物馆和社区博物馆的建立。

生态博物馆和社区博物馆都重新思考和平衡了博物馆场域与自然环境、日常生活场域之间的关系。二者都打破了博物馆的物理空间限制，也一定程度上延伸了博物馆的哲学空间。工业革命带来的文明发展，使人与自然环境产生了隔膜，也带来了自然环境的破坏。生态博物馆意图利用“整体性”原则解决人和自然的异化。同样，社区博物馆也思量了“博物馆物”与“人”，“博物馆物”与原生语境割裂，以及未入藏的社区事物和文化慢慢流失等问题。地方，自古是人类学的研究文本。“地方知识的特殊性在于具体的‘情境’（或者说腔调），人类学家对地方文化的解读就是在这一‘情境’中进行析解的过程。”[5] 利用博物馆的性质和功能更好地保存人与自然生态、地方生态之间的整体性，也能更好地为人类学的研究提供原真的文本。公众也不仅仅是博物馆的观众，更成为“博物馆物”和博物馆语境的创造者。

四 结语

博物馆在空间上有别于公众的日常活动建筑，在时间上超越了公众的行为经验，造成了博物馆之于公众作为“异域”的存在，传播了公众认知外的“异文化”，这些都是造成博物馆与公众之间有隔膜的原因。人类学视角下对“物”的意义发掘和精神赋值，使“物”成为“博物馆物”，再通过展览语言使话语合法化，形成“公众”与“博物馆物”之间的交流。公众进入博物馆场域，成为博物馆观众，再通过对“博物馆物”这个“他者”的凝视，完成对“我者”的认知，最后成为一个“立体的人”。人类学的努力参与也试图打破博物馆的空间限制，表现为生态博物馆和社区博物馆的建立。这二者都拓展了博物馆的物理空间，也超越了博物馆的哲学空间，平衡人和自然生态、地方生态之间的关系。公众不再仅仅是博物馆的观众，也成为“博物馆物”和博物馆语境的创造者。

【注释】

[1] 潘宝：《建构异域与重构个体：人类学视域中的博物馆与观众》，《东南文化》2020 年第 6 期。

[2] 严建强、毛若寒：《博物馆化的拓展：原因、进程与后果》，《东南文化》2020 年第 2 期。

[3] 徐玲：《博物馆学的思考》，郑州大学出版社，2018 年，第 6 页。

[4] 侯鸿忠：《阐释人类学视野下的客家博物馆展陈研究》，《客家文博》2021 年第 2 期。

[5] 同 [4]

新时代视野下民族博物馆学与民族学并驾齐驱共推民族博物馆持续发展

王克松（黔南州博物馆）

摘要：长期以来，民族博物馆将收藏、展示和研究民族历史和文化作为己任，充分利用民族学研究成果开展民族博物馆学研究。民族博物馆学与民族学互相补充、共同携手促进。新时代，各民族交往日益密切，各民族文化互融互通“他者”文化与“自我”文化结合互取，文化链断裂、交织、重组已经显现，民族本文化淡化或消失或界线模糊。作为民族文化的关注者、保护者的民族博物馆，在留存、传播、传承文化方面有着得天独厚的优势，肩负着连接过去、现在与未来使命的理论研究的民族博物馆学、民族学，需要链接紧扣，双学科齐头，不断探索、阐释民族理论，对原生民族文化与多元连接的文化做出有益研究与判断，实现优势互补，双轨并驾齐驱，共同扛起铸牢中华民族共同体意识的职责，共推民族博物馆持续发展。

关键词：民族博物馆学；民族学；民族博物馆；持续发展

各民族从历史长河中一路走来，沉淀了多姿多彩的文化，留下了丰富的历史与当代文化遗存。作为民族博物馆，收藏、展示宣传民族历史与现代，让民族文物活动起来，让民族文化活动起来，说清楚民族就让我背后深层故事与文化内涵，使观众既欣赏享受民族文物与民族艺术品的无穷魅力，又了解各民族沉淀丰厚的优秀文化知识和制作民族文化代表物的精湛技艺责无旁贷。要做好这些工作，离不开民族博物馆学与民族学。

一 认知民族博物馆学与民族学及其关系，筑牢学科发展基础

民族博物馆是收藏、保护和传播民族历史、文化，进行民族文物、史学、社会发展、文化研究的机构，是博物馆大体系中的一个支系，其功能有与博物馆主要相同的部分，又有其一枝独秀的一面。民族博物馆的工作与活动重点以围绕少数民族为中心开展的，其藏品以代表少数民族历史、社会制度、文化生活等代表性文物为重点、辅以革命和地方历史文物。收藏的时间跨度大，既有历史久远的历史文物，也

有近现代、甚至当代文物和资料及参考品；其举办的展览主要是宣传党的民族政策，传播少数民族历史、政治，弘扬优秀传统文化等，让观众感悟党的民族政策、了解博大精深的民族知识和民族文化、欣赏民族精湛技艺与精品；开展有与民族博物馆相关的学术研究，形成民族博物馆学。“中国民族博物馆的功能应体现为：民族物质和非物质文化遗产的收藏中心：民族政治、经济、文化和社会生活的展示中心；民族历史、文化的研究中心；民族信息资料咨询服务中心；民族知识、民族政策教育与传播的基地；对外文化交流的窗口；公众休闲、娱乐、旅游、消费的空间。”[1]这无疑对国内各级各类民族博物馆的发展功能与方向的阐述，也表明了民族博物馆学研究的内容为对民族物质文化与非物质文化遗产收藏研究，民族政治、经济、文化和社会生活展示研究，民族、民族知识宣传、教育、传播方式的研究以及对民族博物馆受众的研究等。

民族学是对少数民族历史、政治、经济、社会及文化等方面进行研究的学科。“一般来说，民族学的研究对象是民族及其文化，属于群体研究而非个人。即研究的是具备民族共同特征的某一群体的社会、文化和产生发展的规律。民族学的研究旨在得出这个民族的普遍性规律。”[2]因此，民族学既研究古代民族，也研究近代、现代民族，既研究古代民族政策、也研究近代、现代民族政策，研究民族间交往、交流和交融与维护民族团结，实现共同进步的构建与各民族文化大繁荣和发展。

从上可以看出，民族博物馆学是研究民族文物和民族文物收藏与保护、举办民族类展览宣教和展示展陈、开展党的民族政策和民族知识宣传手法的学术体系，它以文物学、民族学、展陈设计学等为基础，其中民族博物馆学与民族学联系紧密，民族博物馆学专家学者应该进行民族学方面的研究，既是民族博物馆学专家学者，又是民族学专家学者。民族博物馆专业技术人员除了对民族博物馆的发展、民族文物、民族文物分类管理与保护科学、民族展陈设计、民族展示宣传等进行研究外，还应对民族的历史及演变、社会发展、文化事象等进行深入了解和研究，具有将民族博物馆学与民族学结合研究和运用的能力；民族学是民族博物馆学的基础之一，不是完全的基础，民族博物馆学还与民族文物学、民族博物馆学、民族文物保护学、民族陈列设计学等有平行的关系。

同时，也得提一下民族学博物馆，这一方面的论述较多，它是建立在民族学基础之上的博物馆。“……民族学博物馆就是民族学的一种间接的田野调查的基地，两方相互依存，形成了一种共生状态。每种科学负有两种使命：一是使本学科的知识理论不断深化更新；二是把已有的知识广为传播。在民族学科总的范围内，民族学主要承担了第一种使命，第二种使命，则由民族学博物馆来肩负。”[3]显而易见，民族学博物馆学的产生与民族学有更加密切的因果关系，民族博物馆学与民族学博物馆学也是具有区别的。因此，民族博物馆学与民族学，甚至于民族学博物馆的关系是，民族学博物馆学与民族学、民族学博物馆学是并列相存、相互交叉互为影响的融会贯通并列关系。

二 明晰民族博物馆学与民族学在民族博物馆现实发展中的互促关联，理清学科发展方向

从民族博物馆建立到发展，民族博物馆专业技术人员以民族博物馆学和民族学研究为依据开展民族文物的搜集、收藏、管理、展陈、

宣传以及研究工作，民族文化遗存得到有效保护、宣传和弘扬。

（一）民族文物挖掘、搜集整理和收藏与民族博物馆学及民族学的互吸互用

民族博物馆收藏了大量珍贵的民族文化遗存，这些遗存是开展民族博物馆学文物及资料、民族学研究的一手田野资料，对这两学科的研究提供了实物基础。日本国立民族学博物馆馆长梅棹忠夫在与日本著名人类学家、东京大学教授中根千枝的一次交谈中说道“所谓民族学，是一门与具体情况关联很紧的学科。研究这门学科的人，如果没有充分地研究实物，没有这种基础，我认为他是不会有所成就的……在博物馆里，能够看到第一手的实物资料。所以对人类文化的灵感也就变得非常敏锐。”[4] 这段对话说明了民族博物馆实物资料对民族学研究的重要作用。而在我国，民族博物馆同样收藏了丰富的民族文物及资料。如中国民族博物馆“藏品以少数民族的珍品、精品以及与少数民族历史、政治、经济、文化有关的其他藏品为主。藏品并不仅仅局限于民族文物，同时也涵盖语言、文学、音乐、舞蹈、游戏、 神话、礼仪、习俗、手工艺、建筑 术及其他艺术等非物质和口传民族文化遗产”[5]。2006 年“民族文化宫博物馆已累积举办国际、国内民族文化、经济技术展览 600 余个，年均接待观众 20 万人次。同时，广泛开展了田野调查和文物征集工作，馆藏民族文物、文献已达到 50000 余件，搜集、拍摄历史、民俗图片资料 60000 余幅，图书文献、音像资料若干”[6]。“中央民族大学民族博物馆位于北京市海淀区中关村南大街 27 号中央民族大学校园内，是以全国 56 个民族的文物为主要收藏、展示和研究对象的民族学专业博物馆。馆藏有各民族的服装服饰、生产工具、生活用品、宗教器物、文献、乐器等 14 类文物 4 万多件（套）文物。其中，以各民族民间传统服装、装饰品居多，充分反映了中国各族人民在纺织、印染、刺绣、皮革鞣制等方面的卓越才能和精湛技艺。此外，各族工艺品中也不乏史前的彩陶罐、东汉的铜鼓和明清时期的佛像、唐卡、祖图、天路图、贝叶经、东巴经等具有很高历史与艺术价值的珍品；中华人民共和国初期各族人民赠给党和国家领导人的礼品，具有极高的政治意义和历史价值。尤其值得一提的是，本馆收藏的台湾少数民族文物，无论数量还是质量，在国内同类博物馆中都居于领先地位。这些藏品都是我国各族人民勤劳智慧的结晶，不仅具有较高的艺术鉴赏价值，而且具有很高的学术价值，是民族学研究不可多得的珍贵资料”[7]。云南民族博物馆“馆内现珍藏 4 万余套 (件) 珍贵民族文物基本陈列展示了民族服饰与制作工艺、民族文字古籍、民族乐器、民族生产生活技术等 8 个专题的内容，向观众展示了云南各民族的多元历史和文化”[8]。可以看出，民族博物馆是民族文物资料的汇集地，在这块不大的场所里，典藏了已经消失、即将消失的民族物证和非物质文化遗产遗留，为开展民族博物馆学和民族学研究提供了富集营养与佐证，这是在历史文献中无法看到和查寻的。又因为民族博物馆学的研究者多为民族博物馆专业技术人员，他们以专业的知识、身处馆内、与物长期接触亲密，对这些藏品的保护、界定、分类等的物的角度科学研究，为民族学研究者提供较好的另类思绪、研究方向参考。

民族学则通过田野调查、对古文献的检索、研究印证，形成研究成果，为民族博物馆的文物挖掘、收藏打开了思路和目标。二十世纪八十、九十年代，贵州省黔南州民族博物馆建立创业初期，在寻找文物线索方面，参考资料之一就是黔南州民族志和有关县市编印的民族志。通过对这些民族研究成果的深入研读，从中归纳黔南民族历史发展线路、政治发展状况和文化习俗等的代表性文物以及其大致分布区域，然后再到田野具体调查搜集，收到的文物资料具有历史性、民族性、典型性、可观赏性和研究性，为民族博物馆学研究夯实了基础。

（二）民族博物馆陈列展示、传播宣传民族政策、文化等，实现民族博物馆学、民族学的互搭互融

民族博物馆通过举办形式多样的展览等手段开展对民族历史、文化知识的传播，宣传党的民族政策，是宣传民族学知识的重要平台之一。选择什么样的展览主题、展示什么样的内容与文物、用什么样的表现方式解读民族文物、民族政策，给观众留下深刻印象，用什么样的方法将民族学研究的成果转换到展览中，传递给观众？这就需要民族博物馆学对民族展览策划、内容设计、形式设计、文物选用、陈置与保护、辅助手段的使用等的研究，科学合理地办好展览，通过展览这一平台更好地体现民族博物馆学和民族学的科研成果，实现民族博物馆学与民族学互相搭建科研平台，成果的互用和融会贯通。如广西壮族自治区民族博物馆的“‘穿越时空的鼓声——铜鼓文化’展是广西最具特色的民族文物——铜鼓的专题陈列于2008年12月11日开展，该展分为‘山寨铜鼓声’‘铜鼓之路’‘当代铜鼓艺术’三个部分，内容包括广西少数民族铜鼓文化习俗、铜鼓的起源与发展演变、铜鼓的用途、铜鼓铸造工艺、铜鼓装饰艺术以及铜鼓文化在当代的开发利用，凸显了‘广西铜鼓之乡’‘铜鼓大本营’的文化艺术风采”[9]。从内容上看，策展及内容设计人员对铜鼓文化进行了大量研究。而在即将对该馆进行提质的工作中，该馆专业技术人员大力开展铜鼓的征集与研究，在编辑了《广西铜鼓精华》《古代铜鼓装饰艺术》《中国古代铜鼓实测、记录资料汇编》等专著和图录的丰硕成果的基础上，聚焦“铜鼓”本身，突出“地域性”和“民族性”，紧紧凸显广西作为出土、收藏古代铜鼓类型最全、数量最多的省区，展现广西各民族的智慧和独特审美，增强民族文化自信。同时，在进行展陈大纲的论证会中，他们邀请了广西博物馆馆长蒋廷瑜研究员，知名铜鼓研究专家、原广西民族大学副校长万辅彬教授，商务部中国会展经济研究会展览展示研究中心副主任李黎研究员、贵州师范学院蒋英副教授、广西博物馆党委书记吴伟峰研究员、中国古代铜鼓研究会理事长农学坚研究员等6位专家组成评审专家组，对陈列大纲文本内容设计方案进行了评审[10]。有了民族博物馆学专家的参与，确保了展览的专业性、权威性，研究成果的完美展示性和铜鼓知识的全面性。二十世纪九十年代、二十一世纪初叶，贵州省黔南州民族博物馆先后两次陈列“黔南州民族风情展”，在长期从事考古学、民族学、民俗学研究的民族考古学家宋兆麟先生、贵州省博物馆李黔滨和张桂林先生的指导下，先后参考了《黔南布依族苗族自治州志 · 民族志》《布依族简史》《苗族简史》《水族简史》等民族学研究成果，使展览具有地域特色突出、民族特点突出、展出文化内容重点突出，准确、全面反映了黔南布依族苗族自治州的民族风土人情，同时又具有一定学术研究价值与成果，受到博物馆专家、民族学专家和国外、省外和省内观众的赞誉与欢迎。可见，民族博物馆的展陈与民族博物馆学和民族学息息相关，离开了这两学科，民族博物馆的陈列就平淡、肤浅，找不出展览的方向、反映不出民族文化内涵、达不到举办展览的效果。

（三）民族博物馆学研究与民族学研究的互渗互透，既你中有我，我中有你，相互交差、互为补充、互相促进

民族博物馆学借鉴民族学研究成果，夯实其理论基础，提升其理论成果，同时，也是民族学研究成果在民族博物馆实践与总结，从民族学研究的理论与挖掘的资料的运用中，不断探索和研究适合和推进民族博物馆发展道路。而民族博物馆学的研究又为民族学做了铺垫，通过其对物及物的展现研究，更好地让物说话，说出物的背后的故事与深层内涵，使民族学的研究增添了物语，进一步提高了其理论支撑。关于这点，我们从日本国立民族学博物馆馆长梅棹忠夫在与日本著名人类学家、东京大学教授中根千枝的一次交谈中感受到。中根千枝教授说：“研究人类学的人也好，其他的人也好，总是有对实物非常敏感的人，只是这样的人才尚未挖掘出来。而这样的人，如果能到博物馆里来，进行各种观察，他的才能将会被挖掘出来。只是还没有给他们提供场所等条件。”梅棹忠夫馆长说：“我认为通过本博物馆的展览，对日本民族学、文化人类学的研究工作者，已产生了很大的影响。”[11] 可见民族博物馆对民族学研究的影响不是一般。

三 新时代民族博物馆学与民族学进一步发展的瓶颈与解决路径

（一）存在的瓶颈

新时代，民族交往日益频繁，交流愈加密切，相互间文化交织、交融，互为吸收与运用，出现他文化与本文化重叠、界线不明显的状况，原相对单纯的民族文化生态改变成为多元的或者是复杂的互为影响与汲取后的新民族文化生态。新时代，大数据、大平台的使用，大媒介、大信息的蜂拥，各民族对美好生活的新期盼、观众对民族知识新需求。新时代，民族博物馆的专业技术人才学科单一的状况满足不了需要多学科共融共建的需要。分布不均、学科不齐，部分、特别是市（州）以下的民族博物馆长期处于专业技术人才队伍缺乏的状况依然存在，文物保护、展陈和宣传手段跟不上大数据时代发展节奏，民族博物馆学理论研究跟不上发展的步伐。民族博物馆学与民族学多数情况下各自为政，整合性、互补性差等，阻碍了两学科的蓬勃持续发展。

面对新时代，如何将两学科、甚至于多学科融会贯通，发挥有关学科为民族博物馆所用，采用新渠道、新方式解决民族博物馆新问题？如何留住民族的根与魂？如何满足人民的需要？成为要求与时俱进加强对民族博物馆学和民族学的研究和解决的新课题。

（二）解决路径

1. 强化人才培养与培训多渠道性，完善人才队伍。一是打破固有的专业观念，除原有的专业外，适当吸收如非物质文化遗产、美术、影像、信息、网络传播、旅游等等相关专业研究人才加入，形成综合、系统、较为全面的多学科组成的人才队伍，适应新时代学科发展需要；二是民族研究、专业技术强的博物馆、民族博物馆部门互结对子，互通有无，互为促进。专业技术人员可以交流互相学习，取其所长，提高人才素质与研究水平；三是依托高校开展民族博物馆学、民族学双教育。高校特别是民族院校可以设置民族博物馆学及相关专业，培养相关人才，也可与相关部门或民族博物馆举办短期业务培训班，定期或不定期提升专业技术人员业务能力。如贵州省民族大学设置了本科和硕士研究生的文物与博物馆学专业，是贵州省本专业的第一家，填补了贵州文博教育事

业的重要空白，此专业“主要学习文物学和博物馆学方面的基本理论和知识，接受历史、考古、艺术与文化知识的基本训练。学生应掌握古代历史、民族文化、科技的基本知识；具备对人类文化遗产的评价、分析和鉴赏的综合基础知识；具备对文化遗产保护、开发利用的基础知识；熟悉我国主要文物种类和重要文物实例；熟悉我国文物工作的方针、政策和法规；了解文物和博物馆管理的国际规章；了解文物修缮、保管和陈列的传统方法和现代科技知识”[12]。为民族博物馆学的人才培养提供了不竭源泉。2020年贵州省黔南布依族苗族自治州博物馆（民族博物馆）1名专业技术人员脱产到贵州民族大学就读这个专业的硕士研究生，毕业后，将对推进该馆的民族博物馆学研究起到积极的作用，也将填补该馆无此类专业人才的空白；四是建立实践教学基地，如贵州民族大学在贵州民族博物馆、黔南州博物馆建立的文物与博物馆硕士实践教学基地等，通过基地建立，院校师生深入了解民族博物馆，开展民族博物馆学研究打开了方便亲临其境的实操之门，也为民族博物馆学的研究注入了新活力、新思维。

2. **强化特点，强强联手，增强民族固有文化与他有文化的鉴选，为未来存留原生文化和阶段性的融文化。**少数民族文物是中华文化的重要物证，刻印着不同时期各民族的社会制度和生产生活的历史轨迹，具有不可再生性和不可替代性。抢救、保护、阐释、开发、利用好少数民族文物，对铸牢中华民族共同体意识、坚定文化自信、实现中华民族伟大复兴，具有重大而深远的意义。各民族在文化上兼收并蓄、经济上相互依存、情感上相互亲近的历史，形成形态各异、内涵丰富的少数民族文物从不同侧面呈现了各民族文化交流融合的历史状况，共同汇入灿烂的中华文化，为坚定文化自信、铸牢中华民族共同体意识提供了深厚的滋养。在民族文化大整合的今天，各民族文化交流频繁、彼此互相汲取他方优秀的文化，如国家非物质文化遗产贵州省惠水县布依族枫香染，在其聚居附近的苗族也有使用，长顺县广顺镇屯堡人（汉族）地戏，其附近广顺镇原马路乡布依族也表演此戏等，原来界线分明的一枝独秀的某民族文化变得模糊，为他民族所用，这就需要民族博物馆学者与民族学者共同下沉到各民族中去、到各民族聚居村寨中去，根据学科特点，进行物与非物的田野调研，寻找、挖掘、梳理、记录原文化源流，进行比较研究，使优秀传统民族文化在两学科的共同努力下民族固有的优秀传统文化得以全貌、原生地有效收藏，得以保护、永续繁荣发展和充分利用。

3. **强化与时代节奏并轨，开展传播宣传方式研究，弘扬优秀民族传统文化，彰显民族时代新篇章。**一方面民族博物馆传统宣传方式主要有在实体固定场所举办展览、纸质的书籍、报刊、海报、门票和广播电视等媒介，传统民族学成果的宣传方式主要是纸质书籍、报刊和广播电视等媒体。其载体为展厅、纸张、广播、收音机、电视等，作为传播宣传方式的研究也主要是最大限度发挥这些媒体的作用，通过这些载体宣传党的民族政策、传播民族知识。在网络日益发达强大的今天与明天，受众除了以上媒体外，还通过网络空间获取民族政策、民族知识，载体有电脑、平板、手机等，宣传空间拓展得更加宽泛，速度更加迅速，方式更加便捷。民族博物馆学与民族学研究的共同对象除原来的媒体外，更重要的是要适应当前甚至将来不同阶段与衍生出的宣传媒体变化接轨的宣传方式与手段，如现在民族博物馆网页的建立、手机APP、H5、二维码、微信及视频、抖音视频的制作发布等。但是，是不是原来宣传方式就要抛弃呢？回答是否定的，物是民族博物馆宣传文化的载体，举办实体展览仍然是主要手段，通过近距离与物接触，欣赏厚重历史、感叹巧夺天工、享受精美绝伦、品味成色流光溢彩、感悟内涵故事，眼见为实仍然是大部分观众所爱。另一方面，随着经济的发展，受众物质生活不断提高，思想观念的关注点从重视物质生活向物质生活与文化生活双关注发展，更多的受众走进民族博物馆，越来越关注他文化、奇文化。这就要求民族博物馆学学者和民族学学者共同研究出他们接受和了解民族政策、民族优秀传统文化的方式和方法，了解他们的心态、状态、动态，形成共振共鸣、共同关注点，使优秀的民族历史、文化得以宣扬，不断焕发魅力，激发民族自豪感，树立民族文化自信，弘扬社会主义核心价值观。

4. 强化多角度、多视觉、立体思维，协作互借、互相促进，携手共促共发展。民族博物馆学与民族学的交汇点在民族，都在于挖掘、整理、贮存民族文化，探索民族社会发展规律，随着社会不断繁荣发展，各民族的经济、社会、文化也将进步和发展，必将带来民族现状变化、文化信息变化，如过往的历史文化，今天就已经成为碎片状，力求全面完整的保存民族文化，研究保护和传承方式方法，是两学科肩上和重任。因此，新时代民族博物馆学要更加注重借鉴民族学的研究方式、吸纳其研究成果，使民族博物馆学的研究成果转换成为既具有较高的学术水平，又为时代发展受众所接受；民族学则也应更注重对民族博物馆学的物及其理论研究，补充、充实自身的研究，从物的事象中归纳出民族新时代发展的新理论、新路径；更有甚者，在进行课题研究时，共同组合、配合，形成不同的理论支点、角度、思维、眼光对某一事象进行综合研究，形成更加科学的系统的研究成果。

总结：民族学博物馆学与民族学、民族学博物馆学是并列相存、相互交叉互为影响的融会贯通并列关系，既各有学科特点，又息息相关、紧密相连。新时代，两学科应互为补充、互相促进，不断注入新活力，开创新思维，与时代节奏并轨，多角度、多视觉、立体思维，协作互借、互相促进，携手共同发展弘扬优秀民族传统文化，彰显民族时代新篇章。

【注释】

[1] 人民论坛“特别筹划组”：《中国特色话语体系构建之二 主流话语权旁落之忧——党报传播力解剖》，《人民论坛》2012 年第 13 期。

[2] 周颖：《文化自信语境下博物馆展示展陈话语的建构》，《传播力研究》2019 年第 12 期。

[3] 张宏：《中国出版走出去的话语权和传播力构建》，苏州大学出版社，2015 年，第 22 页。

[4] 索文清、张吉伟：《日本民族学博物馆的展示与研究对谈》，《中国博物馆》1987 年第 3 期。

[5] 闫文：《中国民族博物馆的功能定位》，《中国民族》2006 年第 3 期。

[6] 雍继荣：《中国大陆民族博物馆事业的历史发展》，《中国博物馆》2006 年第 2 期。

[7] 原媛：《民族文物宝库——中央民族大学民族博物馆记述》，《中国民族美术》2018 年第 2 期。

[8] 邹鹏：《云南民族博物馆 特色文化名片 民族团结窗口》，《云岭先锋》2020 年第 1 期。

[9] 《2008“穿越时空的鼓声：铜鼓文化”》，《中国博物馆》2009 年第 3 期。

[10] 廖捷频、陆秋燕：《广西民族博物馆召开〈穿越时空的鼓声 ——铜鼓文化陈列〉内容设计方案评审论证会》，载广西民族博物馆-资讯-民博快讯，http://www.amgx.org/news-8598.html

[11] 索文清、张吉伟：《日本民族学博物馆的展示与研究对谈》，《中国博物馆》1987 年第 3 期。

[12] 《文物与博物馆学专业介绍》，载贵州民族大学-民族学与历史学学院，http://mzshxy.gzmu.edu.cn/info/1043/1898.htm

博物馆的多主体在场：《摩梭 Moso：家庭·婚姻·对话》展的个案研究

彭 野（云南省博物馆）

摘要： 博物馆是非营利性的、为社会发展服务的公共宣传和教育机构，在我国也是社会主义科学文化事业的重要组成部分。由于其机构性质和发展历史，国有博物馆往往被视为呈现历史真相的客观主体。客观的权威性在一定历史阶段发挥过作用，但是难以解决当下博物馆走下神坛后的发展问题。2020—2021 年云南省博物馆举办的《摩梭 Moso：家庭 · 婚姻 · 对话》展览是一个典型的多主体在场展览。通过对在场的主体的考察，策展人[1] 和观众完整的社会性及相互间的关系在展厅中交织，以此来理解展览展示和理解之间一直存在的张力。通过案例分析、跟踪观察、深入访谈、问卷调查等方法，从民族学的角度出发，将文化展览的主体置于社会大场景中，关注博物馆主体的在场，透过展厅、参观和展示等象征符号和行为，可以发现博物馆只有关注和理解不同主体间的文化供需关系以及其他诉求，才能更好地为社会文化建设服务，为建设和谐社会服务。

关键词： 博物馆；主体；在场；纳西族摩梭文化

导论：我们所讨论的博物馆

中西方的博物馆都兴起于少数精英中，且作为一种证明、象征和教学工具参与到知识体系的形成中，它被赋予阶级属性的同时又强化了阶级分层，博物馆自其诞生起，就是大众难以企及的存在。随着中西方民主思想的兴起和传播，受教育的权力意识和文化遗产的公民共有意识不断普及和加强，博物馆开始对外开放成为共公众接受文化教育的场所。19 世纪 70 年代的新博物馆运动对西方博物馆的发展提供了新的思路和方法，博物馆不再是客观的呈现“真相”的组织，而是作为一个有立场的社会主体对社会现象进行阐释。阐释的视角也改变了对博物馆的研究取向，博物馆的空间被看作“接触地带”（contact zone），是跨越不同时间和空间范围的聚合点，也是原本在地理、历史、文化等方面相分离的群体相遇和互动的空间。不同的主体将自身的社会性和主体性带入博物馆空间，使它成为反映特定社会结构和不平等关系的镜子；不同主体在博物馆空间中发挥能动性，反过来又参与到社会结构和关系的变动中。

中国的博物馆也大概经历了从少数精英到面向大众的发展历程，但是，作为社会组成部分的博物馆一定是以国情为发展基础的，中国的国有博物馆始终是社会主义的博物馆，这恰好体现了博物馆主观能动性的发挥。回顾历史，博物馆一直是带有神秘色彩的知识和价值观的权威，在国家共同体意识的形成中发挥了重要作用。但是，国家的发展需要更高思辨能力的国民，组织的发展需要新的认知视角。民族学对博物馆的关注不同于博物馆学、历史学和考古学，它考察组织、空间和物背后的人的社会完整性和复杂的社会结构，它将博物馆的空间看作不同主体同时在场的互动空间。了解博物馆的建构性和不同主体的能动性，有利于揭开博物馆神秘性的面纱；如果同时加强对博物馆工作专业性的普及，能在揭下神秘权威性面纱之后，完成理性权威性的塑造过程，真正实现博物馆提高公众文化素养的宗旨。

一 策展人的在场

十九世纪是西方民族学作为一门学科崛起的时代，也是民族志博物馆在欧洲打下基础的时代。20 世纪博物馆民族学研究成就突出，Huyssen 在 1995 年提出博物馆有“合法化的功能”，博物馆成为理解过去和展示身份的重要机构和反映“真相”和“历史”的权威机构，也是对过去进行教育和保留的最重要的机构，是历史和过去的守护者（gatekeeper），因此成为国家和社会身份得以保存（preserve）、展示（display）和成型（shape）的场所。福柯将博物馆视为知识、权力的空间，德里达（Jacques Derrida）也在他的《档案热》（Archive Fever）一书中呼吁：谁控制了档案，谁就控制了记忆。Lidchi 提出博物馆的“诗学”（poetics），即博物馆对展览路线进行了定义的能力（capacity to define a route）。观众沿着策展人安排的路线参观，同时也是按照被建构的象征逻辑和自洽的合理性、合法性来理解。博物馆所呈现的社会面向是它希望被呈现的样子，这一观点挑战了博物馆的客观性，博物馆叙事的主体：策展人也自然由隐形走向在场。

福柯认为，“当社会变成科学研究的对象，人类行为变成供人分析和解决的问题时”，这一切都和权力有关。福柯对权力的考察和知识密不可分，“权力制造知识；权力和知识是相互连带的”。并非认识主体的活动产生了权力和知识，而是后者贯穿于主体活动的始终。博物馆是权力的主体，策展人是权力的执行者，展览是策展人建构的叙事。《摩梭 Moso：家庭 · 婚姻 · 对话》展览空间中，策展人并不在场，但是他们设计展览路线，并运用展品、场景、灯光和宣传等微观权力策略实现在场，致力于传达知识，引导观众接受展览的价值观。对策展主体在场的考察有助于打破展览中看似客观的展示现象，了解策展人的立场和选择，解释展览背后的权力关系和动机。

（一）文化帮扶

2011 年 2 月，国家文物局向各省、自治区、直辖市文物局（文化厅），以及国家文物局各直属单位印发《博物馆事业中长期发展规划纲要（2011—2020 年）》（以下简称《发展规划纲要》），其中“鼓励国有博物馆对口帮扶民办博物馆”。2013 年，国家文物局再次单独印发《关于推进国有博物馆对口支援民办博物馆的意见》，要求国有博物馆践行其社会责任，“发挥资源优势，以自愿、无偿的方式，‘一对一’地持续（一般不应短于三年）帮扶民办博物馆的藏品保护、陈列展览、科学研究、人才培养等业务活动和规范化管理”。2013 年 11 月，云南省文物局发文拟派云南省博物馆对口支援泸沽湖民俗博物馆。2016 年，双方正式签订《云南省博物馆与宁蒗县泸沽湖摩梭民俗博物馆结对共建帮扶协议》。2019 年 11 月，泸沽湖摩梭民俗博物馆正式挂牌“云南省博物馆分馆泸沽湖摩梭民俗博物馆”。2020 年，作为帮扶项目的另一重要内容，云南省博物馆利用自己的平台和资源，和泸沽湖摩梭民俗博物馆一起策划了大型原创展览《摩梭 Moso：家庭 · 婚姻 · 对话》（之前定为《“走婚”——和摩梭人对话》），并于当年 7 月 1 日正式开展。

2015 年国家文物局发了一个国有博物馆帮扶非国有博物馆的指导意见，要以大帮小，公立博物馆就开始帮扶下面的博物馆，这（泸沽湖摩梭民俗博物馆）是云南省博物馆唯一一家帮扶的对象，签了帮扶协议总要有实质性的内容吧，其中第一条实质性的内容就是以省博物馆为平台，帮他们策划一个以摩梭文化为主题的展览。我们能做的，能直接看到成果的东西就是帮他们策划一个展览，用他们的文化资源，用省博物馆的平台推出去，就是最早确认的博物馆帮扶项目最重要的事件之一，2016 年就确认了要做这个展览的[2]。

吕济民曾经对博物馆的性质做过一语中的的揭示：中国的博物馆是社会主义的博物馆，即它自有其使命和任务，或者说，博物馆的诞生和发展从来都基于一定的立场。立场及其在实践中对他人（或物）产生的影响就是福柯所说的权力。博物馆及其展览从来都不是独立存在的，它是社会大网中的一个点，它牵涉着其他点，同时也被其他点牵涉，对博物馆这个点的分析能让整个网的结构和纹理更清晰一些。《摩梭》展诞生在国家提倡建立命运共同体和尊重文化多样性的大背景下，形成于文化帮扶的实践中，本身就预示着其话语的基调，也成为策展人在场的基础。

（二）文物会说话？

博物馆的民族学研究也催生了对博物馆“物”（主要是展品）的关注。研究者对展品的理解主要从象征符号、历史证据、文化解释等角度切入。20 世纪 80 年代，欧美民族学发生转变，不再漠视物质文化，开始关注物本身的能动性与自主性，以及其形塑与确立文化认同的作用。这一领域的领军人物迈克尔 · 罗兰基于其在西非的田野经验和研究，自创“宇宙秩序”（cosmocracies）这一概念，即在一种“可见之道”与“不可见之道”的区分基础上，以物质化的方式呈现“不可见之道”，以强调文明的本质是一种关于宇宙秩序的不同处理与表达方式。

强调文物“会说话”，恰恰是因为它们并不能开口说话，而且文物也不具有艺术品对人感官的感染力；加之文物（放置于展览中就是展品）本身客观性的存在状态，隐藏了它们被挑选和被建构的事实，是策展人的在场赋予了文物发声的动机和可能性。《摩梭 Moso》展展品的选择和呈现同样是策展人作为主体的选择和策划的结果，因此可以通过展品选择和配套设计对策展人作为主体的在场进行观察和分析，展览中展品的展出情况如下表所示。

通过常见的“物”和现代感很强的色彩及配图，《摩梭 Moso》展建构了一个经过设计的“普通”空间，一个观众熟悉的空间。在这个熟悉的空间里，策展人将摩梭文化诠释为“我们”的一部分，而非作为异文化来呈现和打造。具体来说，就像人画的鬼还是人的样子，我们对从来不存在的鬼却从不感觉陌生，因为对于鬼的想象是基于我们已有的认知。策展人通过

表 1.《摩梭 Moso》展的基本展品清单及对应的呈现手段

展览内容	对应展品	辅助展示手段	展柜内背景画
“从纳到摩梭”（摩梭人的历史和宗教信仰）	挂在棺材一头的彩画（画上的三座雪山象征祖居地斯布阿纳瓦、跳韩摆舞时穿戴的铠甲、供桌、洗马仪式上使用的皮带、法棍、面偶）	图片：藏彝走廊的地理图示	以永宁八七村寨为例手绘的送魂路线图，终点是“斯布阿纳瓦”
生存于文化的选择（旨在回答母系传统产生和延续的原因）	牛鼻环、木制生活用品、犁、镰、木锄、鱼篓、鱼叉、麻、纺轮等纺线用品、大幅麻布腰带、猎枪、弓弩即永宁土知府的相关实物等	1. 格姆女神画像 2. 通占整幅墙面的摩梭人全家福	1. 手绘二牛抬杠、捕撒网鱼、编织竹制品等画面； 2. 永宁土司的历史照片
世界上的婚姻家庭形态		1. 投影播放动画 2. 触摸屏（知识延伸）	
摩梭传统家庭于婚姻			
祖母屋	1. 复原祖母屋（重点展示火塘、锅庄、冉巴拉、男柱和女柱、睡柜、猪膘肉等） 2. 等比例缩小复原摩梭四合院	1. 介绍摩梭可选择的三种婚姻形态和家庭组成方式的动画 2. 祖母屋内使用电视屏播放摩梭人的成年礼	
生死流转（场景）	孕妇人偶、卦牌和取名经文、银锁和钥匙、绣花鞋垫、老人布偶、打碎的碗、轿厢、跳韩摆舞时佩戴的竹帽、鞋底有孔的黑色布鞋、拐杖	1. 带说明文字的条幅 2. 投影播放出生和丧葬仪式	
我们的摩梭大家庭	1. 祖母和祖父（祖母的兄弟）：祖母罐、酥油茶筒、糌粑盒、转经筒、念珠等； 2. 妈妈：管家钥匙、炊具多件等； 3. 舅舅和父亲：马鞍等马帮	祖母、祖父、兄弟姐妹、阿妈、舅舅、爸爸的代表性照片	1. 祖母和祖父坐于火塘两旁的手绘肖像； 2. 妈妈站在厨房手绘图； 3. 男人走马帮的手绘半景画。

表 1.《摩梭 Moso》展的基本展品清单及对应的呈现手段 **续表**

	用具、狩猎工具、宗教用具等		
tisese: 走婚	1. 手镯、耳环、戒指等男方送给女方的礼物； 2. 麻布腰带等女方送给男方的礼物	主展项：六面按顺序播放的灯箱，介绍男女走婚的过程；	1. 一群摩梭男女青年围成一圈跳“磋自”舞的手绘图； 2. 母女坐在火塘前、男人抱着孩子站在斜对角的手绘图
存古开新：摩梭的今与昔		今昔对比照片	

展品、色彩和背景设计为观众构建了一个想象的熟悉的时空画面，并通过文字解释确保观众理解的准确性和统一性。想象的画面是“真实”的，因为展品、画面和文字位于观众熟悉的、可接受的认知和三观范围内，策展人把摩梭文化一点一点放入观众熟悉的、主流的文化场景中，把摩梭人拉入主流话语边界圈出的范围内，从而建立起理解、包容、和谐的文化环境和社会生态。事实上，文化多元的宗旨“各美其美，美美与共”早已表明，最终的落脚点在“共”。在展览中，权力的手隐形不可见，展览的策略在“发声”。

（三）空间布局

空间是一种表达和权力策略，建筑体和空间的规模通过视觉和观众对比形成刺激，影响人的心理反应，博物馆宏伟的建筑既是权力的表达，也成为构成博物馆权威性的因素之一。不同的博物馆无论选择何种建筑风格，在规模上都是宏大的，不少博物馆已经成为当地的地标性建筑。对于博物馆内部的空间，尤其是观众首先会进入的大厅，策展人并不追求空间的高效利用，空间的高度留白和空旷形成的宏伟感才是他们想要的效果。宏大和空旷的空间在视觉上和置身于其中的观众形成的对比让人震撼，进而产生对人心理上的震慑作用，促成博物馆权威性的建立。

博物馆的整体建筑规模和风格是观众进入展览参观的背景。观众在进入《摩梭 Moso》展厅前，必然穿过博物馆的外围空间和大厅，形成对博物馆的初步印象，也影响观众对《摩梭 Moso》展的认识。

我很喜欢博物馆，它对人有塑造作用，可以让我成为自己想成为的人。比如我，我一直想成为一个理性、知识渊博的人，但是在家里，面对两个小孩，很急躁，经常对着孩子吼，这样的自己我不满意。可是来到博物馆我就能静下来。

你觉得博物馆是怎么做到的呢？

我觉得首先是硬件吧，博物馆的建筑很高，很宽阔，不像香港，我没有别的意思，我就是觉得局促的地方会让人心胸狭隘，但是像博物馆这样的地方会让人心胸开阔。第二是博物馆的人，从工作人员到观众都是，工作人员很有素养，包括保安都比较有礼貌，这里有秩序，有礼貌，所以不同环境里的人可以是不同的感觉[3]。

策展人在《摩梭Moso》展中采用非民族风的展厅风格，建构观众熟悉的空间氛围，形成纳西族摩梭人和“我们”一样的身份印象。民族文化展常常采用民族风的展示风格，民族风被单独列为一种风格，和日常的审美和观念相区别，彰显其和“我们”不一样，无形中在审美和观念上和观众形成对立，适合凸显民族特色的展览主题和宗旨。与此不同，策展人在《摩梭Moso》展中采用现代的展览方式，通过打造非民族风的展厅展示民族文化的内容，消弭了民族文化和大众之间的距离，是创造包容多元文化环境的有效手段。

《摩梭Moso》展的风格可以从专家对它的一致评价得到印证。2020年9月11日—13日，“民族展策划研讨会——以《摩梭Moso：家庭·婚姻·对话》为例”在云南省博物馆举行。这既是《摩梭Moso》展的项目验收会，也是摩梭民俗博物馆提升改造方案评审会。研讨会邀请了来自北京、福建、甘肃、贵州、湖南、辽宁、山东、陕西、四川、浙江、重庆、云南等12省(市)的博物馆馆长或原馆长、高校教授等20多位业界专家。研讨会成员首先参观了《摩梭Moso》展，听了馆长和策展人的汇报和介绍后召开座谈会对该展览进行讨论，并邀请各位馆长、专家录制了《专家看摩梭Moso》视频节目，每位出境的馆长都同时谈到这个展览在风格上不同于传统民族文化展。

如果先后进入到这两种不同风格的展厅，观众首先会感受到色彩和光线的不同风格。“民族风”的色彩搭配有一个心照不宣的印象，色彩繁多，饱和度高，不讲究现代美学提倡的科学的色彩搭配，其效果往往被简单概括为“土气”。《摩梭Moso》展从泸沽湖自然景色中提取出湖水、青山和蓝天的颜色作为墙面整体的颜色，整体颜色统一于一个色系，展览的不同部分通过色调进行区分。装饰风格上，“民族风”多有由各种元素组成的装饰图案，风格繁复。《摩梭Moso》展从策划之初就决心“区别于以往写实的展示风格”，“尽量营造一种轻松、自由的展示氛围”[4]。展览中的墙面粉以大面积的浅色调漆，除了展板外并无其它装饰元素；展柜内墙面以简洁的手绘图为背景，以表现内容为主，少有不必要的装饰元素。在内容上，正如视频中几位馆长和专家所说，传统的“民族风”展览往往从民族历史起源说起，介绍该民族的经济生产、政治制度、宗教信仰、民族艺术、重要节日等方方面面。与此相对，《摩梭Moso》展的重点是呈现摩梭母系家族体系和走婚制度。在对待知识的态度上，“民族风”的展览一般采用较确定的语气，强调事实，注重知识的传播。《摩梭Moso》展意欲传达一种观念、一种态度，具体的理解和接受程度是光谱过渡式的。另外，这样的展览往往采取开放式的结尾，引发观众思考，留下讨论的空间。两者相对比，《摩梭Moso》展更倾向于策展人和观众的互动。紧跟展览主体之后还有三个部分：对话、世界上的婚姻家庭形态和留言、留影区。“对话”部分邀请八位云南的女艺术家针对展览主题进行创作，最终呈现在展厅的主要是绘画和装置作品，多以祖母屋、摩梭少女的成年礼等为切入点。在通往出口的廊道两侧，右边是呈现世界五大洲不同国家和地区的婚姻和家庭形态的摄影作品，左边是向观众征集的家庭照片，旁边附有照片解说文字。走出展厅前，观众可以扫描二维码，免费打印自己储存的照片；或者在留言区用小卡片（博物馆提供）写下自己想说的话，有的观众表达了自己的参观感受，有的许下了自己的愿望，有的为亲朋好友送上了祝福。让自己成为展览的一部分，展览的互动是另外一种引导观众认可和融入被展示文化的策略。

策展人的在场不仅在于他们有目的地运用策略和技巧进行空间叙事，更在于他们意识到了展览空间中其他主体的存在，以及不同主体对叙事理解可能存在的偏差，并进行反思、调查和完善，对其他主体的尊重和重视，更能体现策展人本身的“在场”。

“现代”“清新”“网红”“打卡”“特别”……在观众调查中，我多次听到观众对展览风格的积极评价，这是博物馆作为主体对空间建构的成功之处。其中大部分是策展人有意创造的艺术效果的结果，也有一部分是在预期和计划之外的，比如在某种程度上成为网红打卡点[5]。总体说来，在装饰、知识和态度上，《摩梭 Moso》展采取了一种大众更熟悉和认可的风格，而不是显得“土气”的传统的民族文化展览风格，从心理上避免了观众无意识的排斥情绪。《摩梭 Moso》展并非将观众拉入一个新的认知和体验的话语环境，而是在观众已经建立并认可的环境中加入新的内容，即纳西族摩梭文化，提高了它被接受、理解和认可的可能性，促使这项空间建构行为的有效实现。

二 观众的在场

观众对展览的理解是本章考察的重点。对观众理解度的考察不能孤立地看他们在展厅的参观行为，将观众作为一个具有完整性的社会个体是观众分析的必要条件。展厅中的观众看似是实体的在场，但是对观众在社会网络的关系、权力以及自我建构的必要考察材料来自并不在场的社会背景。所以，对观众的考察依然是对不在场的观众在场的考察。

走进博物馆的观众，其行为会受到博物馆环境的约束。从博物馆的主体性来说，这是博物馆在发挥规训作用；从观众的视角看，是他们意识到自己身处公共环境中，处于被观察和被评价的环境中，自觉接受被规训的事实，这是公众现代性的体现。观众被“规训”的不仅是行为，其价值观也将达成一致。走进《摩梭 Moso》展览的观众希望了解纳西族摩梭人的走婚和母系大家庭的习俗，看到原始、真实的摩梭文化，但是他们真正被有效传达的是包容多元文化的态度和价值观，这一点和观众对摩梭文化了解的程度并没有太大关系。另一方面，表面上看，走进《摩梭 Moso》展厅的观众看似在了解他者的文化，事实上，他们在表达自己的社会需求，建构自己的精神世界。了解观众“在场”的诉求，对观众的“在场”进行分析，有利于策展人深入了解展览对象，消弭展览表达和理解之间的张力。

（一）“那是他们的文化，我可以包容”

作为博物馆的工作人员，我一直对一个朴素的问题感到困惑不解：观众到底在多大程度上看懂了展览？在田野中，我在《摩梭 Moso》展的展厅向不同的观众问了同样一个问题：你怎么看待纳西族摩梭人的走婚习俗？[6] 以下是部分代表性的访谈内容。

F[7]：现在还是无法接受吧，还是比较推崇专一的感情，但是那是少数民族的文化，我们可以欣赏，但是真的发生在自己身上还是没法接受。

A2[8]：过去就是好奇，知道他们跟汉人不一样，想去看看。今天大概了解了一下，他们的家庭结构，责任，也没太看明白。他们是不是女的更多？男的比较少？还是比较均衡？

我：之前有人说摩梭人会爬窗户去找女孩

子，你觉得是这样吗？

M[9]：啊？我没看到这个部分。

我：那这个展览哪个部分您印象比较深刻呢？

M：他们的生活习惯啊，风俗啊，还有他们怎样产生经济效益。

我：那你们觉得他们走婚可以同时和几个人走婚吗？

ZL[10]：这个是他们的习俗，是自然历史条件决定的，我们不能用我们的眼光去评判，人家这么做肯定是有原因的。

我：你对于他们一个男人可以同时和几个女性走婚怎么看呢？

WC[11]：我觉得我也不好评价吧，他们有他们的想法，但是男性和女性都可以和别人走婚，我比较关注男性和女性的公平，大家都一样。

让观众了解摩梭文化，消除偏见，是《摩梭 Moso》展的目的之一。展览的前言部分一改传统展览文字＋图片的形式，在独立空间内完全用大幅彩色亚克力板呈现在纳西族摩梭人中搜集的常见的被游客问到的十个问题，这些问题是带有偏见的暗示的：“你是不是没有父亲？你知道自己的父亲是谁吗？你家是不是祖母说了算？你们是不是一个男人可以找很多个老婆？你家是不是男人没地位？摩梭人走婚可以同时走几个吗？摩梭男人是不是可以不用负责，不用管自己的小孩？你们一辈子可以走婚几次？你们是不是跟母亲姓？”展览以此为开端，其目的就是引导观众去了解纳西族摩梭文化，对偏见进行重新思考，提倡对多元文化的尊重和包容。从上面的材料看，观众并没有达到策展人的预期，然而，即便观众没有完全了解纳西族摩梭人的习俗，也不妨碍他们承认并主张尊重和包容的态度。

Y1[12]：我比较中立吧，我们是汉族嘛，他们和我们不一样，这是肯定的，但是我们要尊重他们的文化。

我：那走婚那部分你感觉怎么样呢？

Y1：我没有太触动，可能因为我本身对走婚就是包容的态度，那是人家的生活方式，他们有自己的选择，他们有自己的思路。

ZL[13]：这个是他们的习俗，是自然历史条件决定的，我们不能用我们的眼光去评判，人家这么做肯定是有原因的。

WC[14]：我觉得他们的文化很先进。因为我之前关注了一个帖子，说女权的东西，但是其实我们少数民族的文化已经有这样的模式了。

我：那你对于他们一个男人可以同时和几个女性走婚怎么看呢？

WC：我觉得我也不好评价吧，他们有他们的想法，但是男性和女性都可以和别人走婚，我比较关注男性和女性的公平，大家都一样。

上面两组材料的对比会发现，在没有掌握具体文化知识的情况下，观众依然可以了解并接受展览传达的价值观。一方面，这是博物馆主体使用权力策略进行建构的结果；另一方面，按照经济学的原理，越是和切身利益相关的，表达越能表里如一；越是不涉及切身利益的，评价的标准开始远离最根本和最核心的内涵，呈现多元化发展。这一相关性并非只有二元制两种极端的可能，而是在相关与不相关构成的区间呈光谱式过渡。在承认展览有效传达价值观的同时，我们也应该借用这一经济学对人的认识，以便对相关行为有更理性和科学的期待。

（二）观众想看到原始、真实的纳西族摩梭文化

和传统历史展览中文化不同，纳西族摩梭文化是活形态文化。大部分进入《摩梭Moso》展的观众表示，希望看到原始、真实的纳西族摩梭文化和纳西族摩梭人的生活。表面上对原始和真实的追求，实际是观众在现代社会中自我情绪和自我需求的表达。这些情绪和需求具有一定的普遍性和社会性，足够引发对现代性的反思。和常见的历史展不同，《摩梭 Moso》的展示对象虽然有可追溯的历史，但主体是一个现当下存在的，并且和主体外的群体接触越来越频繁、越来越被外界了解的活形态文化群体。无论是否到过泸沽湖，是否接触过纳西族摩梭人，经常有观众对展览内容的真实性表示怀疑，或者对摩梭文化未来是否能保留表示担心，又或者对纳西族摩梭人生活中出现的现代化元素表示不满，以下几段有代表性的访谈反映了观众的感受。

SH[15]：这是传统的展览，展示了他们传统的文化，但是没有展示他们现在的生活和诉求，和他们现实的生活有出入。我们只看到了传统的，但是缺少他们当代的他们想要的。你说他们就是土的，但是就是靠他们土的东西我们才能赚钱，没有交代他们未来的生活。

Y1[16]：建议的话，我觉得事情都有利弊，我们当然希望大家都有包容的态度，但是之前也听说走婚不是会导致艾滋病更厉害，这个可能不好在展览中呈现。任何事情都有利弊，就是展览整体呈现出来的是宁静、祥和的感觉，但是也有另一面，就是不好在展览中呈现。

我：如果要改善的话，你有什么建议呢？

A1[17]：我觉得是一些语言不用那么刻意。在讲他们的关系的时候，说他们没有婆媳矛盾，没有妯娌矛盾，这是拿别人的不好和自己好的比，就太主观了，我觉得就是客观的介绍。他们肯定也有不和谐的一面，我就不相信他们从来不吵架。就是平和的介绍，存在即合理，不用抨击其他的文化，现在年轻人很能接受不同的婚姻形式，年轻人也比较认同。他们关系结束，也能和谐分开，没有经济纠纷，年轻人都能理解，可能我们的上一代不太能理解。

在对《摩梭 Moso》展的观众访谈中能感受到，观众以自然科学追求真相的态度来寻找人文领域的真相的趋势，这反映了和博物馆阐释的不同视角。对于现代人的理解必须关注到19世纪末20世纪初的“古今之变”：“上帝死了”，后现代作为对于现代性的再思考，也是它的延续。从此，宗教信仰的普世性被科学所代替，后者往往被当作理解和探索世界的默认选项。科学最早发生在自然科学领域，强调对真理探求的可能性和努力；科学的概念运用到人文学科，强调对事实真相的追求。无论成功与否，这样的意识和努力是深入人心的。问题在于，博物馆的展览，尤其是20世纪70年代新博物馆运动以后，阐释的视角和理念逐渐增强，从此，展览成为以策展人为出发点的对展览客体的理解，而并非客体的真实情况，即大家所说的真相。事实上，在展览中，观众怀抱科学的态度和精神所探索到的是个人版本的“真相”，它源自个人的精神需求的动机，也成为个人精神世界的一部分，诚如受众研究者所总结的：一千个人心中有一千个哈姆雷特，而每一个哈鲁雷特对于它的想象者来说都是真实的。这样的自我建构也体现在对看见原始生活状态的希望上。在田野调查中，我也频频听到“原始”这两个字，观众也常常表达对摩梭文化是否能以原来的样子保留下来的担心？可是，“原来”是要追溯到多久以前呢？以下是几段典型的访谈内容。

F：希望看到原生态的东西吧，我也不知道该怎么说。还是希望看到原始的，不要有那么多人工的渲染。

我：你希望他们的什么风俗习惯不要失传呢？

M：现在不是很多民族都被汉化了嘛，西藏那边也是啊，有些传统的东西开发了旅游，来吸引人，比如女儿国，有些就失传了。

FT1：我就是觉得你们有些视频上的内容啊我觉得不是很舒服。比如这个（成年礼的视频，里面出现了习近平总书记的图像，喇嘛身后贴有一张张的百元纸币），我看到这个就觉得这个民族的文化已经不是很原始，很纯粹了。这个我就觉得这个文化不纯粹了，不是它原始的状态。

FT2：我觉得即使要呈现，你们有几个视频嘛，可以在不同的部分呈现，出现在仪式上我就觉得不太好。

S：你说四五十年以后，他们还能发展下去吗？这个就难说了。他们的消亡是看得见的。

H：科技现在是发展很快的，以前信息闭塞文化还可以延续，现在文化交流，信息传达快，不可能把原始的东西带到现在，只能是记忆。我们的前辈可能也没料到今天是这个样子。他们会嫁人，出去打工，上大学，都出来了，本来就已经和传统有了区别，再回去就会有冲突。比如原来的土葬改为火葬，很多老人接受不了，我们那儿还有老人在土葬改成火葬之前就自己死掉的，所以你看他们的文化很难改，但是现在的人改变很快的。

“真实”“原始”，表面上，观众似乎在表达对展览中摩梭文化的希望，对观众参观行为的民族学考察却告诉我们，在宗教不再是默认选项的现代社会，受现代性影响的观众用自然科学追求真理的态度来探索文化的真相，最终寻求的是自己建构的真相；对原始状态的偏好表达了他们对现代社会中经济、文化和社会发展不融洽一面的不适应。无论如何，作为主体的博物馆和观众都将博物馆当作学习的场所，但除此以外，作为综合社会个体的观众，也在这个空间里不自觉地表达和建构自己对世界的理解。

“原始”与“现代”相对，现代化包括工业化、城市化、世俗化、市民化等多个指标，工具性和理性占据主流思维。为了方便理解，可将现代化的具体转变划归为政治的、经济的、社会的、文化的四个方面。由于生活在社会中的人同时具有政治、经济、社会和文化的属性及需求，使得当这四个方面作为主体被分析时，它们既独立发展又相互影响。事实上，没有人反对工业经济发展带来的物质丰富和满足，而是经济发展与社会、文化和政治发展不同步引起了矛盾和不满。现代化的工具性和理性思维以规则、等级、计算、压力等为内容，而被向往的原始社会是和谐、温情、满足的文化象征，前者因预示着持续消极的情感体验而饱受反感和批评。当人们谈到对“原始”生活方式的渴望时，并不是决定要回到自给自足，日出而作日落而息的生活状态。事实上，也没有人这样做。他们只是在表达对现代社会思维方式在文化、社会上的不适应和矛盾。“现代性并非一个单一的过程和结果，毋宁说，它自身充满了矛盾和对抗”，这些矛盾和对抗如此普遍以致我们每天都在经历着。观众希望在《摩梭 Moso》展中看到原始、真实的生活状态，他们希望《摩梭 Moso》展是一个世外桃源，希望在这里暂时逃离现代社会的计算和规则，保留一片情感体验和想象的空间，满足精神追求。

三 不同在场主体之间的关系

策展人和观众之间既形成供需关系，同时，作为完整的社会个体，他们也各自有供需外的其他需求。因此，一方面，观众持续用“脚”对博物馆投票，推高博物馆的热度；另一方面，展览在展示和理解之间也持续存在张力。

（一） 不同在场主体间的供需关系

博物馆工作的正常开展既需要推出有质量的展览，也需要一定的人流量，博物馆空间中的不同主体构成实际的供需关系。以《摩梭 Moso》展为例，博物馆在精神、社会和文化等方面满足了观众的需求，其中有观众的显性需求，也有隐性需求。[18] 首先，和博物馆整体空间一样，《摩梭 Moso》展的展厅空间环境明确了公民的公共行为标准，同时强化了观众的公民身份。走进《摩梭 Moso》展的展厅，观众会自觉降低交谈的音量，停止追赶打闹等影响他人参观的行为，带着孩子的父母也会教导孩子像大人们一样遵守公共秩序要求。公共行为准则并非人的本能，是个人通过约束自己，出让部分自由建立起来的，是现代社会文明发展的内容和结果。明确的公共行为要求是公民的行动指南，避免了公共领域的模糊和混乱，个体公民身份意识也有助于群体身份的建构和组织的运行，观众的参观过程是践行和巩固其公民身份的过程。

同样重要的是，《摩梭 Moso》展有助于建立和巩固观众的共同体意识。共同体意识是群体中的个人确认其身份，形成归属感的条件。在展厅入口，博物馆工作人员要求观众不得携带易燃易爆物品和管制刀具等物品进入展厅，并对观众本人及其携带物品进行安检，以确保公共安全。安检行为将观众作为一个整体和想象中的危及公众的危险分子形成对立，强化观众一方的共同体意识。另一方面，《摩梭 Moso》展的主观叙事明确了主流文化提倡的价值观：家族和谐、尊敬长辈、勤劳朴实，以及理解和尊重多元文化等。实际上，展览划定了多元文化的范围，接纳纳西族摩梭人文化的过程也是“他者”的建构过程，“他者”的存在巩固了多元文化圈内成员的共同体意识。并且，《摩梭 Moso》及博物馆其他展览所传播的具体知识是观众对世界认知的基础和工具，共同的知识形成和巩固了接受知识的共同体。

不仅如此，博物馆和观众相对意识不足的是，《摩梭 Moso》展促使观众完成了脱离自我—提升自我—回归自我的自我建构过程。《摩梭 Moso》展的空间布置、灯光设计和安静舒适的参观环境，让观众暂时离开日常生活环境和状态，进入一个“诗和远方”的氛围，完成和日常自我的脱离。在整个参观过程中，观众进入到策展人精心建构的阐释空间，沿着策展人设计的路线，体验“他者”世界中的人、文化和情感，丰富了观众的情感体验和对世界的认知，是一个提升自我的过程。扩展的世界经验促使观众更新自己的相对定位以及对世界的认知和体验，这是一个回归自我的过程。通过“脱离自我—提升自我—回归自我”的循环，个体不断更新和巩固自我世界，国家及其机构，比如博物馆，在这一过程中的在场，实现了将个体连接成共同体的任务。

（二）不同在场主体的其他需求

由于主体有多重需求，单个主体不可能在单一的供需关系中满足自身所有的需求。又由于不同主体间必然存在的信息不对称，所以某一具体的供需关系中不仅存在供需双方契合的一面，也有双方认知以外的意外情况，产生策展人阐释展览，观众理解展览和被展示文化的民族精英在展览中表达文化之间的张力。

在主题和大纲确定、设计风格、展品选择和展览施工过程中，策展人往往处于困境中。在《摩梭 Moso》展中，策展人的在场是由国家和博物馆组织决定的，不论国家及其执行组织想要在展览中传达的知识和价值取向是否与纳西族摩梭人的实际情况是否一致，策展人都应该遵循前者，这是展览的基本立场。并且，展览的评价体系影响着策展人的决策。目前，国内并没有强制性的、完善的展览评价机制。中国博物馆协会举办的年度“全国博物馆十大陈列展览精品推介”活动是文博界的主要展览评价项目，但是，该项目并非强制性的，即并非所有展览都需要经过评审，策展人并没有绝对的考核压力；并且，该项目的评委由文博专家组成，现有的展览评价机制是由上而下的，观众并非展览的直接评价人，在策展过程中对观众的考量并不占主要地位，因此必然影响观众对展览的理解。

相对于具体的知识，观众更多的是从自身出发，寻求个体对更抽象的纳西族摩梭文化价值观的理解，反映观众对工具理性的反思和对价值理性的追求。在田野调查中，观众普遍显示出对纳西族摩梭人具体风俗习惯的不了解，同时一致表达了对他们文化的接纳的包容；相对于走婚，观众对纳西族摩梭人的原始文化保留问题表达了更深的关切。应该说，策展人对展览风格的选择和展览路线、灯光、展品、场景等展览策略的运用在传达价值观上是成功的，观众普遍表示尊重纳西族摩梭人的多元文化。当然，这也体现了观众和被展示文化之间利益相关性的距离。纳西族摩梭人的文化和观众在实际和理念上的距离让两者并没有切身利益的相关性，观众并不具有认真考察和细致对待具体文化内容的动机，更易于在更大范围内采取承认和接受的态度。另一方面，生活在现代都市的观众希望看到纳西族摩梭人文化的原始状态，并对民族原始文化的逐渐消失感到担忧。他们其实在表达自身对现代社会基于计算、理性等观念的工具理性的不适应，表达对精神和情感的向往，反映现代社会政治、经济、社会和文化发展的不协调。

四 结论

矛盾和和谐是社会并存的状态，矛盾关系的发展是实现社会和谐的手段。忽视矛盾是片面的，回避矛盾是唯心的、不可取的。在《摩梭 Moso》展的展览空间中提出在场的概念和分析方法，就是首先承认同一空间中策展人、观众和被展示文化的持有者的存在和能动性，考察真正影响展览形成、叙事和理解的主体。社会和谐是在实践中实现的，基于展览空间中不同主体间互动的考察，是承认和谐是动态的和谐。

对于作为人的存在方式的文化这一理解的意义就是“我们最终开始明白是人的福祉而不是 GNP 才是发展的公理”。关注发展中的人的尺度（human dimension）不仅仅只是在发展的对话中加入另一个什么东西，它完全就是新的视角，是一条彻底改变我们惯常的创新性的道路。

《摩梭 Moso》展中的三方主体既处于自

洽的供需关系中，又存在该供需关系之外的需求，由此产生展览叙事、理解和表达之间的张力。反过来，张力的自然呈现又反映了三方主体在展览中的自由表达，使得动态和谐状态的达成成为可能。正是三方主体在《摩梭 Moso》展中的在场，使得他们各自的需求在展览中逐渐显现，并在展览中推动问题的解决，使得《摩梭 Moso》不再是深居博物馆内部的一座“孤岛”和一个文化象牙塔。展览通过三方主体的在场和社会发生连接，实现了展览的社会化，其社会价值由此产生。而展览的社会化反过来又推动展览中在场的三方主体加深对发展中的社会的理解，并不断调整和适应主体在其中的定位，最终实现矛盾的、动态的和谐状态。

事实上，策展人、观众和被展示文化的持有者在展览中的客观在场，《摩梭 Moso》展叙事、理解和展示之间的张力也是客观存在的，因此，提高展览的质量并不在于消除张力，而是实现三方主体在张力中的有序互动。一方面，我们应该承认不同主体在展览中的在场，承认并尊重个体和组织同时作为他自身和社会成员的完整性；另一方面，本着具体问题具体分析的原则，应该承认同一空间或同一关系中不同主体在位置、作用和完善自身的途径方面的差异。基于此，在对《摩梭 Moso》展三方主体在场事实考察的基础上，提出几点思考和建议。首先，博物馆不妨“低头”，不仅以主管部门、单位和文博专家的标准为评价的尺度，更应加强对参观主体的研究，了解后者的认知规律，重视他们对自身进行精神建构的追求，如此才能有的放矢实现有效的文化引导，缩小策展人和观众之间的信息不对称。第二，打破博物馆客观性的滤镜。今天中国的博物馆以历史学、考古学、博物馆学为主流，作为一个“人”汇集的场所，从事博物馆研究的民族学和人类学研究者却是少数派。社会是人构成的集体，博物馆作为社会中的机构，最终是一部分人为更多的人服务的。加强对博物馆空间中“人”的分析和讨论，能拨开层层令人困惑的迷雾，看到矛盾背后“人”的诉求，方能找到解决之道。最后，正确认识博物馆作为主体本身的局限性。主体的能动性和局限性是同时客观存在的，全能的主体是不存在的。博物馆的观众调查证明，博物馆作众多文化传播中介的一种，长于气氛的营造和情绪的感染，这样的空间更适合传递信念和价值观，而并非具体知识点的普及。承认博物馆作为“第二课堂”的地位，是承认它和学校教育的差别，随之影响的是对博物馆评价标准的制定，展览重点和策略的选择，以及观众和被展示群体对博物馆的期待。

总之，《摩梭 Moso》作为一个民族文化主题的展览，为策展人、观众和被展示文化的持有者的单独和综合考察提供了一个典型案例。认识在场主体的供需关系和供需关系外的其他需求，为认识展览提供了新的视角，让博物馆走下“神坛”，让公众逐渐从崇拜走向思辨，在形成社会一致价值观的同时，提高公众的认识水平，履行博物馆提高公众文化水平的职责，实现社会、经济和文化和谐发展的目标。

【注释】

[1] 国有博物馆的展览是从上而下进行决策的结果和体现，策展人在一定程度上是决策的执行者。本文以策展人作为展览主体的一方，实际是作为所有参与和有决策权的策展力量的代表，特此说明。

[2] 2020年10月在云南省博物馆的馆内图书馆和《摩梭Moso》展的一位策展人的访谈。

[3] 2020年6月7日，我在云南省博物馆咖啡厅对Q女士进行了访谈。Q女士四十多岁，是两个孩子的妈妈，曾经两次给大女儿报名参加云南省博物馆举办的“小小讲解员培训班”，我们也因此认识，后来邀请她做了一次访谈，并陪她参观了博物馆的部分展厅。

[4] 《摩梭Moso》展的展览大纲的内容。

[5] 之所以强调“某种程度”，是因为考虑博物馆本身的影响力和流行程度是不能和真正的“网红打卡地”相提并论的，但是又符合了其最重要的特征：快文化、快传播。至于“快”的好坏，策展人内部也是有争议的。

[6] 对走婚的误解大多来自当地人可以同时和多人走婚，这一误解在展览中已作为重点予以说明和解释，对这个问题的回答可以了解观众对展览内容的理解程度。

[7] F，女，30多岁，2020年11月12日我在展厅对她访谈时，她正和男伴一起参观展览。她们从广州过来工作，计划第二天回广州。在参观过程中，她们主要浏览展品，在纳西族摩梭青年访谈的文字视频部分停留的时间较长。

[8] A2来自郑州，50多岁的年纪，她自称是媒体从业者。2021年11约20日，我在展厅对她访谈时，她正在和其他两位朋友一起参观。

[9] M，女，40岁左右，2020年10月30日我在《摩梭Moso》展厅对她进行跟踪观察时，我对她印象比较深刻。她穿一件针织衫、牛仔裤和帆布鞋，背着双肩包，感觉朴素。

[10]ZL大概30多岁，男性，自称也是从事展览工作的，2020年8月9日我在展厅对他进行访谈时他正在和一位朋友在展厅参观。

[11]WC是与博物馆合作的文创公司的90后设计师，2020年7月7日公司组织她们参观展览，我在展厅对她进行了访谈。

[12]Y1是云南一所高校考古与博物馆学专业研二的学生，2020年11月17日我对她进行访谈时，她正和另一位女同学参观《摩梭Moso》展览，应该也带有学习目的。

[13]ZL大概30多岁，男性，自称也是从事展览工作的，2020年8月9日我在展厅对他进行访谈时他正在和一位朋友在展厅参观。

[14]WC是与博物馆合作的文创公司的90后设计师，2020年7月7日公司组织她们参观展览，我在展厅对她进行了访谈。

[15]SH（女）和SE（男）是一对年轻的情侣，20多岁的样子，在北京刚刚参加工作，2020年10月22日，我们在博物馆遇见的时候他们刚刚从泸沽湖过来。SH是学社会学的，SE是会计。聊天中SH表示如果有机会想再次去泸沽湖做调查，所以她对当地的了解和观察相对比较深入的。他们都很真诚地表达了对当地文化所遭受的现代性冲击的担忧。

[16]Y1是云南一所高校考古与博物馆学专业研二的学生，访谈当天她正和另一位女同学参观《摩梭Moso》展览，应该也带有学习的目的。访谈中她对展览本身给予了积极的评价，当被问及对展览有何建议时，她说了这段话。

[17]A1也是访谈中印象比较深刻的一位。记得当时我走上前去询问是否可以访谈时，她正在专心看展，待我叫了几声才第一次回应我（我肯定她是听见了的），并且视线并没有转向在一旁等待应答的我，颇感其高傲没有礼貌，好在聊起天倒是直爽的。得知她36岁，就职于上海一家机械设计企业，兼做商务，当时是来昆明出差。她全程参观颇认真，对展览文字较关注，访谈中对展览的主题和具体内容把握也无偏差，表示展览的目的就是要消除偏见。最后我还是问她对展览的意见和提升完善的想法。

[18]在这里，笔者用“显性需求”和“隐性需求”分别指观众主观意识想要获得满足的需求和观众没有意识到，但却是实现社会化必要条件的需求。

博物馆学 与 自然科学各专门学科

博物馆学与生物学的融合发展

——以重庆自然博物馆植物学研究为例

陈 锋（重庆自然博物馆）

摘要： 博物馆是由多学科组成的，生物学为自然科学类博物馆的重要组成部分。科学研究不仅是博物馆的一项重要职能，更是综合竞争力的重要指标。本文综述了生物学与自然博物馆之间的相互关系、我国自然博物馆生物学研究现状及存在的问题。最后，以重庆自然博物馆植物学研究为例，在新时代生态文明建设背景下，就自然类博物馆生物学与其他学科融合发展提出了建议和思考。

关键词： 融合；博物馆学；生物学；植物学；重庆自然博物馆

博物馆是一个国家、地区或一个城市重要的文化象征，丰富的藏品及陈列展览为公众体验文明和休闲娱乐提供了条件[1]。改革开放以来，我国博物馆事业得到了长足发展，取得了令人瞩目的成就。“十三五”时期，全国已备案博物馆达 5788 家，游览博物馆也日益成为人们的“精神刚需”。因此，如何建设一系列高质量的博物馆成为当今博物馆行业关注和研究的一个重要方向[2]。然而，博物馆是由生物学、地质学、古生物学等自然学科，历史学、艺术学、教育学、管理学等社会学科综合组成的，决定了博物馆学科的多样性和发展的不均匀性。博物馆学是研究博物馆的性质、特征、社会功能、实现方法、组织管理和博物馆事业发展规律的科学[3]。面对多元化的学科，博物馆学与它们如何融合发展成为当今博物馆科学研究的重要课题。比如有研究博物馆学与教育学融合发展的《将博物馆融入高校公共艺术教育的策略探究》[4]，博物馆学与管理学融合发展的《简述博物馆组织结构与博物馆管理》[5]，博物馆学与社会学融合发展的《自然博物馆融入社会的探索与思考》[6]，博物馆学与 IT 技术融合发展的《“互联网 + 博物馆教育”的新思考》[7]，博物馆学与文创设计融合发展的《基于自然环境视角下的内蒙古自然博物馆文创产品设计研究》[8]，以及博物馆学与生物学、地质学等基础学科之间的融合发展[9-10]。

生物学不仅为自然科学的重要学科，同时也是自然博物馆的重要组成部分。本文以重庆自然博物馆植物学（生物学的一级学科）研究为例，对自然博物馆植物学研究的重要地位、研究内容、现状及存在的问题进行分析，并就如何与自然博物馆融合发展提出建议，以期为自然博物馆生物学与其他学科融合发展提供理论依据。

一 自然博物馆中的生物学

（一）博物馆学与生物学之间的关系

自然博物馆是收藏、制作、研究和陈列展示天文、地质、现生生物、古生物和人类等方面具有历史意义或科研价值的标本，供科学研究和文化教育的机构。因此，就内容而已，生物学是博物馆的重要组成部分。

博物馆学是研究博物馆的性质、特征、社会功能、实现方法、组织管理和博物馆事业发展规律的科学[3]，属于应用性科学的范畴。生物学研究和博物馆学研究内容、对象、方法虽有不同，但是相互融合的。以开展中国鸽子树、著名活化石——珙桐（*Davidia involucrata*）的腊叶标本地理分布研究为例，通过对博物馆内珙桐标本的系统研究，知道了该物种在中国的地理分布信息，为野外进一步调查提供了信息，同时为博物馆进行展览、科普教育提供了素材。这就是博物馆学规范藏品研究的一种体现。假如研究只关注纯粹的专业学术问题，而不注重展览、教育的需求，这种研究就无法成为博物馆式的藏品研究[11]。

（二）博物馆生物学研究的重要性

科研是自然类博物馆的核心竞争力[12]，杨钟健院士也曾说过：“博物馆没有科研就成展览馆了”[13]。国内外著名的自然博物馆非常重视科学研究，而生物学又为自然博物馆重要的基础学科，其重要性体现在如下方面：

1. 生物学基础学科发展的需要

生物学研究作为一门基础性研究学科，主要任务是探索自然界的种种奥秘，解释生物学的各种现象，并寻求其发展、变化规律。自然博物馆一项重要的科研任务就是开展标本的收藏和研究，丰富的藏品为生物分类学科的创立和发展打下了坚实的基础。一些新学科的产生，与博物馆的收藏与研究存在或多或少的关联。比如，林奈根据欧洲各大标本馆收藏的标本创立了“生物分类系统”[14]，这为动物学、植物学等近代学科的兴起奠定了重要基本理论。因此，没有博物馆的收藏与研究，是很难实现的。

中国植物分类学晚于西方国家，20 世纪 30 年代以来，中国科学社、中央研究院、中国西部科学院等早期著名的科学研究机构开始我国植物资源的调查和标本的采集工作[15]。存放在各大科研院所及博物馆里的标本，为我国植物分类学研究人员提供了重要的素材，描述和发表了大量的新种，出版了《中国植物志》、《中国树木志》等世界性著作。与科研院所等庞大的研究群体相比，自然博物馆虽然只是一个很小的领域，但其在促进整个科学研究事业中的地位与作用是不可忽视的[11]。

2. 提升自然博物馆科研水平和综合竞争力的需要

科学研究不仅是博物馆的一项重要任务，更是综合竞争力的重要指标。藏品征集、保管和科学研究在《国家一级博物馆运行评估指标》（文物博发〔2017〕13 号）中，约占总分的 30%，充分说明了围绕藏品开展科学研究的重要性。

3. 为数字化博物馆建设、陈列展示、科普教育等提供理论依据

自然博物馆科研人员开展生物学研究，研究成果除了有助于学科发展外，还应服务于博物馆数字化、陈列展示和科普教育。以国家一级保护植物银杉（*Cathaya argyrophylla*）为例，银杉为中生代孑遗植物，目前主要分布在重庆的南川和武隆，少量分布在广西龙胜[16]。重庆自然博物馆是早期开展银杉调查和标本收

藏的单位之一，取得了该物种的地理分布、生物学特性、种群数量、生长状况、致濒因素、影像资料等基础数据。这些基础数据为博物馆开展银杉的地理分布、专题展览、生物多样性保护教育等方面的博物馆业务活动，提供了素材和理论依据。

二 自然博物馆生物学研究内容及现状

藏品作为博物馆主要的研究对象，围绕藏品开展科学研究，这一点在博物馆学术界似乎没有疑义。就自然博物馆生物学研究对象而言，主体为生物标本。研究内容大致包括如下方面：物种鉴定，给出物种的名称和生物学地位；描述物种的生物学特性、地理分布和保护价值[17]；植物区系和分类学研究[18-19]；解释生物的演化，探索生物进化规律[20]；生物标本的防虫、防霉管理[21]；生物标本的数字化管理等[22]。

以上研究表明，博物馆研究主要还是倾向于生物学传统学科的理论研究。基础性研究虽然是博物馆研究的重要成分，但总体上博物馆属于应用性研究，其核心任务是促进博物馆更好的运营与发展。除了以上传统的研究内容外，还建议结合藏品征集、藏品档案管理、藏品保存、教育研究、陈列研究等内容，开展具有博物馆特色的生物学研究，更好地为博物馆的发展服务，具体建议见第四节。

三 我国自然博物馆生物学研究存在的问题

自然博物馆是世界进行生物学研究的主要研究机构之一，比如英国自然历史博物馆（1753年建）、法国国家自然历史博物馆（1793年建）、美国自然历史博物馆（1869 年建）在生物学、古生物学研究方面取得的成绩，在国际学术界享有盛誉。即使进入多学科融合发展的今天，博物馆仍然是动物学、植物学、地质学、考古学等基础学科的研究阵地。我国最早的自然博物馆为法国神父韩伯禄（P. Heude）1868 年建设的上海震旦博物馆 (Musee Heude)（上海昆虫博物馆）。目前国内较大的自然博物馆有天津自然博物馆（1914 年建）、浙江自然博物馆（1929 年建）、重庆自然博物馆（1930 年建）、北京自然博物馆（1951 年建）。同西方自然博物馆相比，我国自然博物馆建设起步晚，生物学研究中存在如下问题：

（一）研究功能定位不清

科学研究是博物馆的 3 大基本任务之一，早期的自然博物馆是植物学、动物学等经典分类学科的重要研究阵地。近年来，科研院所、高校在科研上发展迅速，取得了突破性的科研成果。关于自然博物馆科学研究的重要性、定位及研究的内容存在了争议。普遍认为，科学研究是科研院所、高等院校的事情，博物馆就是一个收藏标本和举办展览的科普单位，所谓的研究就是把研究机构的成果进行转化，并用科普的方式呈现给公众。受这种观念的影响，研究人员的主动性以及配套的政策和经费支持受到了影响，制约了国内自然博物馆科学研究的发展。

（二）研究内容狭窄

藏品研究一直是自然博物馆的重要研究对象，也是博物馆科学研究最基本职责之所在。但是研究内容常局限在单件藏品鉴别、生物学特性描述、藏品价值评估等方面，忽略了藏品系统性、综合性的研究。这不仅是产生高质量科研成果的前提，而且是博物馆陈列主题得以形成的保证。比如，中国科学院北京植物研究所林祁研究员，对中国国家植物标本馆的模式标本开展了系统性研究，出版了《中国国家植物标本馆模式标本集》[23]，成为研究中国乃至东亚地区植物分类必备的工具书。另一方面，缺乏多学科的融合发展。以植物分类学为例，分子生物学在今天已经非常成熟，然而国内部分自然博物馆仍然把分子生物学手段排斥在生物分类学研究之外。除了传统的形态分类，还应引入分子生物学、解剖学、植物化学、细胞生物学、生态学等学科，开展多学科的综合研究。

（三）研究经费和研究人员缺乏

我国的自然博物馆为公益性事业单位，研究对象以现生生物、古生物、地质学等自然学科为主，就研究对象的行业主管部门而言，归口规划和自然资源局，而我国自然博物馆大部分隶属文化和旅游部门管理。因此，同科研院所相比，自然博物馆存在没有固定的研究经费支持、科研设施设备匮乏、研究人员不足的问题。此外，自然博物馆科研人员缺乏多学科融合发展方面的经验。博物馆的科研既有一般意义上的共性，同时又有服务于博物馆发展的特性。比如，一个优秀的植物学科研人员，不仅要掌握物种鉴定、标本管理等基本知识，同时还要掌握一定的美学、设计及教育学方面的知识，才能胜任陈列展览及科普宣教方面的业务工作。然而，受我国高校培养制度的影响，博物馆具有这种多学科专业素养的人才凤毛麟角。以上因素制约了自然博物馆科研的发展和综合水平的提升。

（四）与博物馆学融合度不高

自然博物馆研究包括 2 部分，基于藏品为研究对象的藏品研究，属于基础性研究；基于博物馆的性质、特征、社会功能、组织管理等为研究对象的博物馆学研究，属于应用性研究[11]。我国自然博物馆常只注重博物馆藏品研究，忽略了与之相关的博物馆应用学科研究。藏品研究成果除了促进学科自身的发展外，还应服务于博物馆标本管理、陈列展览、科普教育等方面的功能需求。以药用植物研究为例，除了开展药用植物物种鉴定、形态特征和药用价值描述等传统研究外，还要结合药用植物专题展览的需求开展针对性的研究。比如，药用植物标本应重点突出药用部位；展陈形式上，除了传统的腊叶标本，还应包括饮片、制剂、丸剂等多种方式。

四 重庆自然博物馆生物学研究的建议

（一）重庆自然博物馆植物学简介

重庆自然博物馆位于重庆市北碚区缙云山麓，占地 216 亩，建筑面积 30,842 平方米，展示面积 16,252 平方米，代表国家履行自然标本收藏、展示、科学研究和科学普及职责。前身为 1930 年成立的中国西部科学院，迄今已有 90 年的发展历史，在我国现代科技发展史、博物馆发展史上曾占有重要一席。我馆先后被命名为“全国科普教育基地”“重庆市爱国主义教育基地”。

中国西部科学院生物研究所（目前为重庆自然博物馆生命科学部）为我国早期生物学研究机构之一。西部科学院时期，对西南地区生物资源进行了调查研究，采集了大量的生物标本，描述了新种，出版了《中国西部科学院生物研究所丛刊》[15]。建国以来，重庆自然博物馆植物部立足西南，继续进行四川生物资源调查，参与了《四川植物志》《重庆缙云山植物志》等专著的编写[24]，为摸清川渝地区生物资源做出了贡献。采集的标本存放在重庆自然博物馆植物标本室，约 3 万件。这些标本不仅为我国植物资源调查、采集史和植物志编研打下了坚实的基础，而且为推出相关原创展览提供了素材。

（二）植物学研究的建议

1. 明确功能定位和研究目标

自然博物馆能否进行合理的科研功能定位，决定了未来的发展方向。陈宜瑜院士为我国自然博物馆进行了明确的定位“自然博物馆在定位问题上达成观念一致——标本收藏、科研和展示三者互为支撑，缺一不可”[12]。这也为重庆自然博物馆科研定位指明了方向。

此外，重庆自然博物馆所在的重庆地处长江上游和三峡库区腹地，是长江上游的重要生态屏障。重庆自然博物馆要围绕习近平总书记对重庆提出的“两点”定位、“两地两高”目标，“共抓大保护、不搞大开发”，走“生态优先、绿色发展”之路的指示要求，结合重庆市文化和旅游发展委员会关于《“十四五”文化和旅游发展规划编制工作方案》，做好博物馆植物学科研功能定位：立足重庆、辐射西部的标本收藏、生物多样性和生态环境保护研究和展示教育基地。科研目标：成为重庆市植物分类学研究的重要单位；重庆市植物标本收藏中心和数据中心。

2. 明确研究方向和内容

就研究属性而言，研究方向分为基础性研究和应用性研究，研究内容如下：

（1）藏品研究

分类学研究：包括物种鉴定、物种资源调查与编目、系统分类、模式标本研究、重庆市植物志和树木志编写等。

植物采集历史研究：西部科学院为我国早期的植物分类学研究单位之一，为我国植物分类学奠定了基础。据不完全统计，1.5 万件标本来自中国西部科学院时期，通过整理这些标本可以梳理植物标本的采集人、采集时间和采集地点，研究西部科学院时期植物的采集历史。

标本数字化研究：数字化博物馆为博物馆建设的一个重要内容，标本是核心。开展标本的数字化工作，一方面可以建成数字化档案，提升博物馆藏品的管理水平，方便管理人员管理；另一方面，方便其他单位科研人员进行分类学研究。

（2）多学科融合发展的应用研究

植物学作为自然博物馆的重要学科，基础研究成果要服务于博物馆的运营和发展。这就要求植物学与教育学、艺术学、管理学、社会学及相关学科融合发展，并结合博物馆实际而开展具有博物馆特色的应用生物学研究。

标本搜集研究：标本是博物馆的立馆之本，标本的质与量是两个重要的指标。这就要求制定相应的征集计划，而分类学的理论和方法是整理和收藏各类藏品的指导原则。重庆自然博物馆位于生物资源独特且丰富的重庆市，野生维管植物物种约 5000 种[25]。重庆自然博物馆具有重庆市最好的恒温恒湿库房，可以容纳 30 万件的植物标本。因此是开展重庆地区植物标本收藏、分类学研究最理想的单位。在梳理重庆自然博物馆已有植物标本种类基础上，制定切实可行的征集计划，力争建成重庆市植物标本收藏中心。

标本保存研究：标本能够得以完好、永久的保存是衡量博物馆藏品保护能力的一个重要指标。重庆自然博物馆位于素有雾都之称的重庆，高温高湿，非常不利于生物标本的保存。生物标本保护也是一项重要的研究内容，需要保护生物学、化学等学科的介入，开展专项研究。

陈列研究：陈列展览不仅是博物馆研究成果的直接体现，而且是博物馆直接服务民众的重要手段。因此，植物学研究人员进行藏品研究时，要服务于陈列展览的需求。以展示植物的茎为例，科研人员首先应开展传统的分类研究：根据分类学原理，搜集已有植物茎的标本，并给予形态学描述。其次，还要根据展览要求，进一步开展标本形态、展示形式、化学成分分析、生态功能、科普解说方面的研究。因此，藏品研究成果作为展览的物质基础，展览的需求又对藏品研究提出了新的要求，藏品研究和陈列展览是一个相互促进的过程。

教育研究：科学普及是博物馆科研工作者的重要工作。如何将科学知识、科研成果以形象生动、深入浅出的方式呈现给受众，是科研工作者值得学习完善的。

文创研究：植物是生物界的重要组成部分，全世界大约 30 万种维管植物，不仅种类多，而且形态、资源价值多样，加之标本获得容易，因此是进行自然博物馆文创产品开发的重要对象之一。这就要求设计学、管理学的团队介入，才能促进文创研究。

3. 把握政策、申请经费支持

博物馆作为中国特色社会主义文化的组成部分，逐渐成为统筹推进“五位一体”总体布局、协调推进“四个全面”战略布局的重要力量支撑。2021 年 5 月，中央宣传部、文化和旅游部、国家文物局等 9 部分正式发布了《关于推进博物馆改革发展的指导意见》，进一步激发博物馆发展活力，实现博物馆由数量增长向质量提升的根本性转变，到 2035 年，基本建成世界博物馆强国。充分说明我国博物馆事业迎来了利好政策。重庆自然博物馆应把握促进博物馆发展的各种利好政策，结合实际积极向上级主管部门申请专项经费支持。

此外，自然博物馆要拓展经费支持渠道，可与规划和自然资源部门、生态环境部门、教育部门合作，申请经费的支持。

4. 夯实人才队伍建设

科研人才是博物馆发展的智力支持，国外著名的自然博物馆都有雄厚的科研队伍。比如，英国自然历史博物馆有 300 余名科研工作者、美国国家自然历史博物馆有近 200 名科研工作者、法国国家自然历史博物馆有近 250 余名科研工作者。我国目前没有国家自然博物馆，地方自然博物馆普遍存在专业人员缺乏的问题。仍以自然博物馆植物分类学为例，就藻类植物、苔藓植物、大型真菌、维管植物学科而言，至少需要 4 个方向的分类学研究人员，更不用说标本制作、藏品管理方面的工作人员。重庆自然博物馆目前只有 4 个植物学工作者，分类学专业的更少。因此，夯实科研人才队伍非常重要和急迫。有如下两方面途径，一方面，现有专业人员接受专业的培训，另一方面，引进相关专业的科研人员。

五 结语

“十三五”时期，我国自然博物馆取得了显著的发展，“十四五”时期，是自然博物馆实现高质量发展的时期。面对新时代、新形势、新需求，多学科融合发展是自然博物馆高质量发展的一个重要方向。重庆自然博物馆为我国早期的自然博物馆之一，在生物资源调查、标本收藏、物种鉴定、学科建设、科学研究、科普教育和服务地方发展方面，做出了较大的贡献。本文分析了重庆自然博物馆植物学研究现状及存在的问题，就如何与多学科融合发展进行了探讨，为重庆自然博物馆及国内其他兄弟单位的科研工作提供参考。

【注释】

[1] 韦立立、杨岭:《“跨界”合作:博物馆展示理念的创新》,《自然科学博博物馆研究》2016 年第 4 期。

[2] 杨敬:《新时代博物馆高质量发展的新思维——以山西博物院为例》,《博物院》2020 年第 5 期。

[3] 王宏钧:《中国博物馆学基础》,上海古籍出版社,2001 年,第 1-50 页。

[4] 张燕、于丽燕:《将博物馆融入高校公共艺术教育的策略探究》,《大众文艺》2021 年第 11 期。

[5] 常梅:《简述博物馆组织结构与博物馆管理》,《地球》2017 年第 6 期。

[6] 欧阳辉:《自然博物馆融入社会的探索与思考》,《科学教育与博物馆》2017 年第 3 期。

[7] 杨丹丹:《“互联网 + 博物馆教育”的新思考》,《东南文化》年第 5 期。

[8] 李浥尘:《基于自然环境视角下的内蒙古自然博物馆文创产品设计研究》,内蒙古师范大学学位论文,2020 年。

[9] 张兴辽、徐莉、李进化:《科学研究是博物馆特色建设与强盛的灵魂》,中国地质学会旅游地学与地质公园研究分会第 23 届年会暨二连恐龙地质公园建设与旅游发展战略研讨会论文集,2008 年。

[10] 刘浩宇、杨玉霞:《高校博物馆在教学和科研中的功能探索与发挥——以河北大学博物馆生物部为例》,《教育教学论坛》2021 年第 19 期。

[11] 项隆元、汪溶:《中国博物馆》,《论博物馆的科学研究》2016 年第 3 期。

[12] 孟庆金:《科研是自然类博物馆的核心竞争力》,《中国博物馆》2013 年第 4 期。

[13] 胡珉琦:《造一座国家级自然博物馆》,《中国科学报》2020 年第 5 版。

[14] 谢树磊、郭英娜:《生物分类系统发展中本质论范式的起伏与现状》,《系统科学学报》2021 年第 29 卷 1 期。

[15] 侯江:《中国西部科学院研究》,中央文献出版社,2012 年,第 85-101 页。

[16] 中国植物志编辑委员会:《中国植物志(7 卷)》,科学出版社,1978 年,第 121 页。

[17] 陈锋、王馨:《缙云卫矛为什么濒危》,《大自然》2015 年第 3 期。

[18] 陈锋、石学斌、胡林等:《重庆罂粟科植物新记录种——鄂西黄堇》,《福建林业科技》2021 年第 48 卷 2 期。

[19] 陈锋:《重庆南天胡市级自然保护区维管植物区系分析》,《福建林业科技》2019 年第 46 卷 3 期。

[20] 陈锋:《金毛狗的未来》,《生物进化》2011 年第 4 期。

[21] 高凯:《中国野生植物资源》,《馆藏标本害虫种类及其综合防治》2018 年第 37 卷 2 期。

[22] 耿然:《馆藏文物及博物馆的数字化管理探讨》,《文物鉴定与鉴赏》2021 年第 12 期。

[23] 林祁、杨志荣、林云等:《中国国家植物标本馆模式标本集》,河南科学技术出版社出版,2015 年,第 1-593 页。

[24] 重庆缙云山植物志编辑委员会:《重庆缙云山植物志》,西南师范大学出版社,2005 年,第 1-874 页。

[25] 杨昌煦、熊济华、钟世理等:《重庆维管植物检索表》,四川科学技术出版社,2009 年,第 1-1026 页

浅谈博物馆学与化学科学的关系

王旭艳（上海市闵行区博物馆）

摘要： 博物馆学是研究博物馆的性质、特征、社会功能、实现方法、组织管理和博物馆事业发展规律的科学，包括微观博物馆系统与宏观博物馆事业两个方面。博物馆的收藏、展示、研究、教育等功能属于微观博物馆系统。化学科学是研究物质的组成、结构、性质、变化、制备以及应用的自然科学。文章从博物馆藏品蕴含着丰富的化学知识、化学科学为博物馆藏品管理保护提供科学指导、化学技术的应用助力博物馆科学研究、博物馆为化学知识的普及提供了新的平台四方面阐述了微观层面上的博物馆学与化学科学相互依存、互相促进、共同发展的关系。

关键词： 博物馆学；微观层面；化学科学；藏品保护；藏品研究

博物馆学与化学科学是两门既独立发展又密切联系的科学。博物馆学是研究博物馆的性质、特征、社会功能、实现方法、组织管理和博物馆事业发展规律的科学，以博物馆为研究对象，内容包括“保存、研究和利用自然标本与人类文化遗存，以进行社会教育的理论和实践”的微观博物馆系统及“博物馆事业发生、发展的历史及其与社会的关系，也包括博物馆社会功能的演进、内部机制的运营和相互作用的规律”的宏观博物馆事业。化学科学在原子、分子水平上，研究物质的组成、结构、性质、变化、制备以及应用的重要的自然科学。人类历史上，人们利用化学过程或者利用化学过程产生的能量，创造出了种类繁多、用途各异的自然界没有的新的物质。新出现的物质，是历史发展的印记，承载着中华民族的集体智慧。这些饱含人类智慧的“新物质”大多被博物馆收藏、保护，用以启迪、教化民众。由于现代化学科学技术可以解析物质的组成、结构及性质，因此，化学科学反过来服务于博物馆的收藏品保护与知识传递工作。

一 博物馆藏品蕴含着丰富的化学知识

博物馆的藏品是根据本馆的性质、任务、特点，按照一定的计划，收藏的具有一定历史价值、科学价值和艺术价值的有关文物、标本、实物资料等，大致可分为：文物、自然标本、实物资料、非实物记录和非物质文化遗产四类[1]。用化学组成对博物馆藏品进行分类，可分为单质类藏品（如纯金、银器类藏品等）和化合物类藏品（如白色颜料方解石，其主要成分 $CaCO_3$）；从材料类型区分，又可分为无机质藏品（如金属类藏品、陶瓷器等）和有机质藏品（如纸质类、纺织类藏品等）。博物馆藏品在形成过程中，大多经过化学过程。如陶器，是人类利用火，通过化学过程改造自然，创造出的第一种自然界不存在的新物质。陶器烧制的原料是黏土矿物，其烧制过程大致为：以黏土制作陶坯，经高温焙烧，黏土矿物在高温下发生化学反应，形成一定量的玻璃相，这些玻璃相再把其他组分黏结起来，形成一个烧结的整体、一种新的物质[2]。陶器所呈现的颜色与黏土的化学组成、烧结温度有关，如夹砂陶、泥质红陶，是因为黏土矿物中含有的铁元素在烧制过程中转化成红色的 Fe_2O_3 而呈现为红色；灰陶、黑陶是因为陶坯中的铁元素在烧制过程，通过控制烧制环境变成了黑色的 Fe_3O_4 而呈现灰色和黑色；彩陶中的红褐色条纹是以赭石粉（主要成分为 Fe_2O_3）着色、黑褐色是以铁锰矿石粉着色、白色条纹则是用白土（主要成分为硅酸铝）着色。五光十色的瓷器类藏品，其制作过程基本与陶器相同，只是在烧制原料选取、温度的控制上要高于陶器，用化学学科知识解释就是反应物组成与反应条件发生了变化。瓷器所呈现出不同的颜色取决于釉料中的呈色剂。比如青釉选择赭石为呈色剂原料，其主要成分是 Fe_2O_3，烧制过程中通过条件控制，使釉料中的 Fe_2O_3 部分的转化为 FeO。烧制瓷器最后呈现的颜色取决于 FeO 与 Fe_2O_3 的比值，比值越高，青绿色越加艳丽，比值低则泛黄；黑釉的呈色剂原料同样是赭石，只是在烧制过程中其中的铁全部转化成黑色 Fe_3O_4[3]；红铜釉器以含铜离子矿物质为呈色原料，经过烧制析出单质胶态铜而显红色等等。享誉世界的蓝青花其呈色剂为 CoO；烧制陶瓷用的原料也是某些岩石（云母、石英、长石、高岭土等）经过漫长的化学过程（风化）形成的新的物质。青铜类藏品中的青铜初期是由铜矿石、锡矿石、铅矿石在一定条件下冶炼而得，后发展为先从矿物质中分别冶炼红铜、锡、铅，然后将三者按使用需求以一定的比例进行合炼；白铜是铜和镍组成的合金；黄铜是铜和锌组成的合金；鎏金类藏品是将黄金溶于水银中，再涂抹到青铜（银）器表面，利用水银遇热易挥发的特性，得到部分渗入到铜（银）胎中的镀金层；色彩丰富的纺织品类藏品，染织使用的染料分植物染料和矿物染料，其中，植物染料首先要从植物的根、茎、叶、花、果实中萃取出能使纤维和其他材料着色的有机物质，而后在染色媒介的参与下完成染色。其中植物染料提取、制作及染色过程，都包含有化学过程。矿物染料则是利用其本身的颜色如朱砂（HgS），色呈鲜红色、深红、黑红等；雌黄（As_2S_3），色呈橘黄—柠檬黄；孔雀石（$Cu_2(OH)_2CO_3$），一般色呈绿色等。化石类藏品在形成的过程中，也是经过了一系列漫长的化学过程而形成等。藏品容易老化皆因藏品组成、结构及性质所致，如铁质类藏品容易老化是因为铁元素的化学性质比较活泼，很容易与所处环境中的氧气、水（水蒸气）发生氧化还原反应，生成主要成分为 $Fe_2O_3 \cdot nH_2O$ 的暗红色新物质所致；金器类藏品其金黄色能够保持比较好是因为金本身的化学性质稳定，一般情况下，很难跟其他物质发生化学反应；书画类及纺织类藏品中使用的矿物质颜料，能够越数百甚至上千年保持良好的颜色状态是因为矿物颜料本身的化学性质很稳定等等。博物馆的藏品中蕴含着非常丰富的化学知识。

二 化学科学为博物馆藏品保护提供科学指导

藏品保护是通过对藏品材质的组成成分、

成分结构进行分析，揭示其老化败坏机理，为藏品确定最适宜的存放、展览环境及运用现代技术，对藏品进行保养、修复，延缓藏品老化的速度。随着文物保护工作精准化要求的不断提高、化学科学及化学分析科学技术的不断发展及应用领域的不断拓展，目前已经有不少化学分析技术应用于文物保护领域，为藏品的日常保管、藏品展览环境的设置、文物修复、保养提供科学指导。

（一）参与藏品材质组成成分及成分结构确定

藏品的组成成分及结构是藏品稳定性的决定性因素，也是其保存状况的最真实反映，是对藏品设置最适宜的存放环境、开展科学研究、实施保养修复的最基础数据。随着化学科学分析技术的不断发展及应用领域的不断拓展，已经有多种化学分析技术和手段应用于各种材质藏品的研究中。如吉林大学边疆考古研究中心等[4]利用电感耦合等离子发射光谱分析法测定了内蒙古大山前遗址第一地点三个单位19片陶片、遗址中的陶片及遗址附近未经人为扰动的黏土中的化学成分及其他元素的含量；王芬等[5]利用X射线荧光光谱分析仪、热膨胀分析仪、X光粉末衍射仪测定了北阡遗址大汶口文化早期阶段的32个出土陶器样本（距今6100-5500年）的化学组成、烧成温度及陶片晶相结构；王昌燧等[6]利用X射线衍射分析法、X射线荧光光谱分析等方法测定了班村遗址出土的8块彩陶的红彩、黑彩和白彩的化学组成；段鸿莺等[7]利用波长色散X衍射荧光光谱分析法测定了北京十三陵茂陵、安徽马鞍山当涂窑厂、江苏南京报恩寺塔、湖北钟祥显陵的7件古代建筑琉璃构件胎釉样品中Na_2O、MgO、Al_2O_3、SiO_2、P_2O_5、K_2O、CaO、Sc、TiO_2等37个主、次、痕量成分的含量；梁嘉放等[8]通过X射线荧光光谱分析法、X射线衍射分析法、傅里叶变换红外光谱分析法及扫描电镜能谱分析法测定了陕西咸阳两处东汉墓葬M17、M19中的15件样品表面彩绘颜料成分及是否使用髹漆工艺；鲁晓珂等[9]利用热电离质谱计及感耦合等离子体质谱仪测定了山西襄汾陶寺遗址、河南禹州瓦店遗址、山东临淄桐林遗址、山东日照两城镇遗址、河南偃师二里头遗址、河南登封南洼遗址出土的45件白陶的Sr同位素比值、每个样品中的35中微量元素含量；赵林毅等[10]利用拉曼光谱分析法、X荧光光谱分析法、光纤光谱分析法并结合其他科技手段，测定并分析了敦煌莫高窟第3窟壁画制作材料和工艺；杨群等[11]利用激光拉曼光谱分析法及其他手段，测定了云南禄丰出土的一只元代铜镜的成分；杨群等[12]利用显微拉曼光谱分析法测定了云南省三个不同时期恐龙化石的内部成分；干福熹等[13]利用外束质子激发X射线荧光分析法、X射线衍射分析法及激光拉曼光谱分析技术，测定了湖北省出土的战国时期的玻璃制品的成分及结构；罗曦云等[14]采用扫描电镜技术、X衍射分析技术、红外光谱分析技术、X荧光分析技术测定了上海福泉山遗址出土的象牙器的分子结构、元素组成；郭金龙等[15]抽取5件征集进馆的纸质文物，采用扫描电镜-能谱并结合其他技术，测定并分析了它们的保存现状、组成成分、制作工艺；魏强兵等[16]采用电感耦合等离子体原子发射光谱分析法测定了虢国墓地出土的部分青铜器的铅、锡等微量元素含量；孙美君等[17]探索了利用近红外光谱技术评估敦煌莫高窟壁画起甲病害风险的方法等等。以上列举的部分应用实例中，有的仅仅是为了了解藏品的组成；有的是为了给文物保养修复提供科学依据、科学方法、科学指导；有的为了研究藏品制作工艺；有的为了探究藏品（藏品原料）来源；有的在探寻藏品老化的机理；还有探寻藏品病虫害风险评估方法等。测定的材质类型包含了纸质类、青铜类、壁画类、陶瓷器类、玻璃类、琉璃类等几乎所有藏品的材质类型，应用技术也从初期的取样分析技术发展到后期的无接触式无损分析技术，使用的分析仪器，有的是单项化学仪器分析，有的是多个分析仪器联合使用。化学科学对于藏品组成及结构的探究，几乎涵盖了围绕藏品开展科学研究的所有工作内容，部分分析仪器也由最初的大型实验室设备发展为便携手持式。

（二）参与藏品保护管理最适宜环境的确定

藏品最适宜的保护管理环境是指藏品所处环境的温度、相对湿度、光照、空气质量等维持在一定的水平，使藏品组成化学性质保持相对稳定，不具备发生化学反应或者发生非常温和的化学反应的空间条件。藏品最适宜保护管理环境的确定，是根据藏品的组成成分的化学性质，以温度、相对湿度、光照、空气中含有的杂质等作为综合变量，通过模拟加速老化实验[18]进行确定。比如纸质类藏品的主要组成成分是纤维素。纤维素是由葡萄糖基通过 β-1,4-糖苷键连接而成的长链高分子聚合物。纤维素遇水易发生降解反应，其降解机理如下图 | 所示：

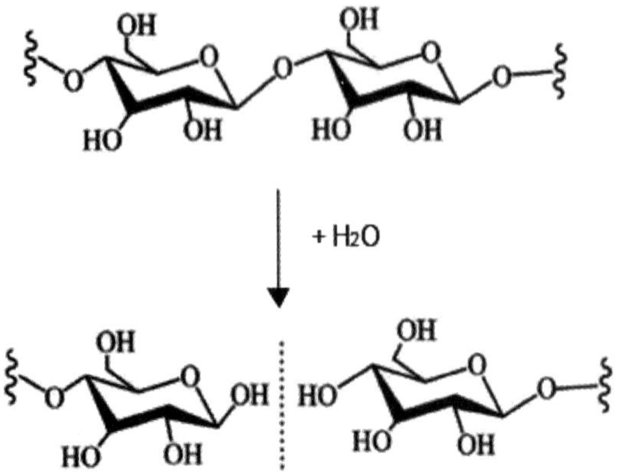

图 1. 纤维素遇水降解机理图

从图中可以看出：纤维素遇水，糖苷键断裂，纤维素长链变短链，纤维素降解。实验证明，酸性环境、温度升高，会加快纤维素降解速度；紫外线能够使纤维素中 C-C、C-O 键断裂，引发降解反应；红外线可以使环境温度升高，诱发纤维素降解；附着在藏品中的微生物分泌的纤维素酶能够促进纸张纤维素降解；相对湿度比较高时，空气中的 CO_2、SO_2、NO_2 等会变成酸，加速纸张纤维降解速度。纤维素降解，长链变短链，纸张机械强度下降，纸张老化。纤维素在干燥的环境中会发生角质化，而角质化为一不可逆变化过程。根据纤维素以上的性质，通过模拟老化实验并结合温度在 20℃-28℃、相对湿度在 65%-70% 时，最适宜纸张中有害微生物生长等综合因素，最终确定纸张的最适宜保护管理环境为：相对湿度 55%-65%、温度 20℃[19]，避免使用带有紫外线、红外线照明的灯具，展柜建议使用采用低温无紫外线、红外线的灯光照明，日光照强度控制在 50lx 等。其他材质藏品最适宜保护管理环境的确定方法基本类似，都需要根据藏品的化学组成及藏品所处环境等综合因素，通过模拟老化实验来最终确定。

（三）参与藏品的保养和预防性保护工作

藏品最适宜保护管理环境的确定是藏品实施预防性保护工作的一部分。除此之外，纸质类藏品的脱酸与加固、纺织类藏品的清洗、石质藏品的防风化加固处理、金属类藏品的防腐加固缓蚀封护及藏品的灭虫防霉除氧处理等都是对藏品实施保养、预防性保护的重要措施，这些工作基本都会运用到化学科学的知识和技术。如纸质藏品的脱酸处理，无论是水溶液法、有机溶剂法还是气相脱酸法，脱酸剂的 PH 值均大于 7，脱酸机理是利用化学科学酸碱中和反应的原理（$H^++OH^- \rightarrow H_2O$）对纸质文物进行预防性保护；纺织类藏品清洗使用的清洗剂，其主要成分是表面活性剂，表面活性剂结构上存在亲水基与疏水基，根据化学科学的相似相溶原理，亲水基可以清洗无机类污垢，疏水基可以清洗油质类污垢，表面活性剂在助剂和酶的共同作用下，完成对纺织品类藏品的清洗；羟基磷灰石（$Ca_5(PO_4)_3OH$）是近几年在主要成分为碳酸盐类文物如风化石质藏品、骨质类藏品加固保护中应用比较多的新型无机盐，其加固保护机理是：羟基磷灰石的前驱体材料钙、磷源之间及钙、磷源与加固保护对象之间发生化学反应生成具有极低溶解度、良好耐酸性、适中力学强度和良好胶结性能的羟基磷灰石，从而实现对保护对象的加固与防护。钙、磷源之间的化学反应式为：$Ca(OH)_2+(NH_4)_3PO_4 \rightarrow Ca_5(PO_4)_3OH \downarrow + NH_3 \uparrow + H_2O$；磷源与加固体之间的化学反应式为：$CaCO_3+(NH_4)_3PO_4+H_2O \rightarrow Ca_5(PO_4)_3OH \downarrow + NH_3 \uparrow + CO_2 \uparrow$。金属类藏品的保护通常是先通过化学方法去除对藏品本体有害的物质再施化学性质稳定性高的缓蚀剂，形成一层稳定的保护膜，如铁器的防护首先进行除锈-脱盐处理，再用稳定性高、透明性好的高分子材料进行封护，也有的防护是在去除有害物的同时生成化学性质稳定、能够对金属质藏品产生保护的新物质，如青铜类藏品“青铜病”（$Cu_2(OH)_3Cl$）的去除与防护中，南京博物院[20]研制开发的AMT复合剂，将传统的除粉状锈、置换氯离子、缓蚀保护三步工艺简化为一步工艺，实现了去除“青铜病”的同时在青铜器表面形成具有高耐蚀性的保护膜，经分析检测[21]，该膜是由 $Cu \mid Cu_2O \mid Cu+AMT$ 形成的多层交叉网状的致密的有机络合聚合物膜，它能够有效抑制腐蚀物的侵蚀。

三 化学科学的应用助力博物馆科学研究

博物馆科学研究是以“物”为基础和出发点，研究藏品所属时代的政治文化、生活审美、生产力水平、社会结构、生产组织、物产交流、文化交流及藏品保存现状等。化学科学在博物馆科学研究中的应用，使得博物馆的藏品研究工作变得有据可依。放射性元素碳14断代法、碘氯化锌染色法判别纤维类型是化学科学在藏品研究中应用较早的案例。由于化学分析测试技术能够快速、准确测得待测对象的组成成分和结构，利用该技术，可以准确获得藏品的组成成分及结构数据，这些数据是藏品断代、辨真伪、保存状况、制作工艺、藏品（原料）来源、物产交流、文化交流等研究工作的依据。如，同一类型的藏品，不同时代的制作工艺和配料各不相同，其成分的区别及重点的年代，可以作为断代和辨真伪的依据。比如古纸[22]，两汉至隋唐时期，造纸原料多用麻类纤维和树皮纤维，唐之后，造纸原料种类迅速扩大，包括有竹类纤维、草类纤维和棉纤维。造纸工艺中使用过的填料[23]主要有高岭土、硫酸钡、硫酸钙、石膏、黏土等，其出现的时间为：高岭土--19世纪早期；硫酸钡（$BaSO_4$）--1820年；硫酸钙（$CaSO_4$）、石膏（$CaSO_4 \cdot 2H_2O$）--1823年；黏土--1870年；滑石粉—1922年等。1882年中国建立了第一家掺用木浆的造纸厂[24]。铜镜组成成分中[25]，汉代普遍使用高锡含铅的青铜镜，唐代青铜镜则加入大量的铅，宋代青铜镜加锌同时含铅量高达30%以上，元以后大量使用白铜镜，明中后期使用黄铜镜等。部分绘画颜料的主要使用年代[26]如青金石（$3Na_2O \cdot 3Al_2O_3 \cdot 6SiO_2 \cdot 2Na_2S$）：1100s-1800s；硅孔雀石（$CuSiO_3 \cdot nH_2O$）：

1550s-1860s；蓝铜矿（$2CuCO_3 \cdot Cu(OH)_2$）：1600s-至今；朱砂（HgS）：1600s-1700s；铅白（$2PbCO_3 \cdot Pb(OH)_2$）：1600s-1700s；钛白（TiO_2）：1920s-至今等。染料方面[27]，1856年英国皇家理科学院学生珀金用煤焦油中的苯制得有机合成染料苯胺紫，随后实现工业化生产，大约在1887年合成染料传入中国等，以上信息都可以作为断代、辨真伪的依据。中国的陶瓷有长达万年的工艺发展史，从陶→印纹硬陶→原始瓷→瓷，技术上能够实现突破，究其原因有三[28]：其一是原料的选择和精制，其二是烧制温度，其三是釉的形成和发展。但归根结底都反映在其化学组成的变化上。陶瓷器中主、次量成分的配比可以用来研究陶瓷器烧制工艺、烧成温度及显微结构，痕量元素的含量可以用来研究器物（原料）的来源及当时社会的物产交流与文化交流等[29-30]。青铜器中微量元素示踪、铅元素同位素比值可以用于青铜矿料溯源（物产交流、文化交流、资源控制等）[31-32]研究。金属质藏品表面化学组成及分布情况是藏品保存现状和老化机理研究的依据。对博物馆科学研究工作而言，化学科学如同一把打开藏品奥秘的钥匙，它的介入使藏品的组成、结构清晰地展现在研究者面前，使得博物馆的藏品研究工作方向更加明确、藏品保护工作有据可依也更加科学。化学科学助力了博物馆科学研究工作，但化学科学不是万能的，要做好博物馆的科学研究工作，还应该结合好考古学、历史学、人类学等其他相关学科，才能正确、完整的诠释好藏品的价值。

四 博物馆为化学知识的普及提供了新的平台

博物馆藏品是人类文明发展的集体记忆，凝结着先民的智慧，博物馆以收藏好、保护好、传播好这些优秀的历史文化遗产为己任，通过基本陈列、主题临展、教育活动、科普宣传资料、利用新媒体平台等多种方式，与大众进行知识、情感、态度、观念的交流与对话。为了促进大众对“展品”的全方位了解，实现知识、信息交流的社会效益最大化，越来越多的博物馆在举办的活动中，主动引入其他学科科学知识包括化学学科知识，用通俗的语言，为观众解读藏品信息。如陶器知识解读中，引入陶土成分对陶器的烧结和颜色的影响及铁的化合物作为助溶剂，不仅可以降低陶坯的烧成温度，还会影响器物的颜色，同时引入陶器烧制过程中氧化焰、还原焰氛围对烧制陶器颜色影响的知识；在解读广西汉墓出土文物的来源时，列表介绍了不同颜色、不同产地玻璃的组成成分及含量数据，同时介绍了获取这些数据使用的化学检测仪器，使观众明白：玻璃组成的成分及含量数据是判断展出玻璃文物是否同源的依据；在解读古剑铸造知识时，说明铸剑材料配比中铅锡的含量是关键，铅锡含量太少剑发软，太高则易断；国宝级文物“越王勾践剑”越千年而不腐的秘密在于较低的含铅量，为了更有说服力，同时列出与“越王勾践剑”同墓葬出土的另外两柄腐蚀较严重的古剑的化学成分及其含量数据；在解读古画历经近千年依然雅致、艳丽知识时，列出了古画中各种颜色用料的矿物质名称及其化学式等。博物馆以自己的语言体系，引入化学学科的知识，以科普的方式对藏品进行全方位解读，使原本很神秘、高远的博物馆藏品变的亲切、生动、通俗易懂，也更加有趣，既拉近了博物馆与观众的距离，又科普了化学知识。

纵观博物馆学与化学科学的发展历史，它们都经历了萌芽、产生和发展三个漫长的过程，化学科学早于博物馆学，但是，自博物馆学萌芽时启，便于化学科学结缘。化学是人类用以认识和改造物质世界的主要方法和手段之一。从开始用火的原始社会到使用各种人造物质的现代社会，人类在不断创造和享用化学成果，而博物馆是这些创造成果的记录者、收藏者、保护者、展示者、知识传播者，同样也是化学科学研究成果的利用者，两门学科相互依存、互相促进并将共同发展。

【注释】

[1] 《博物馆学概论》编写组：《博物馆学概论》，高等教育出版社，2019年，第83-84页。

[2] 赵匡华：《中国古代化学》，商务印书馆，2007年，第10页。

[3] 杨敏：《历代铁系釉的发展及其影响》，景德镇陶瓷学院学位论文，2009年。

[4] 吉林大学边疆考古研究中心、吉林大学测试科学实验中心：《内蒙古大山前遗址陶片化学成分测定和分析》，《边疆考古研究》2005年第4期。

[5] 王芬、陈淑青：《北阡遗址史前陶器化学成分和物性特征分析》，《东方考古》2013年第12期。

[6] 王昌燧、左健、毛振伟等：《班村遗址出土彩陶的陶彩分析》，《中国历史博物馆馆刊》1995年第6期。

[7] 段鸿莺、梁国立、苗建民等：《波长色散X射线荧光光谱法测定古陶瓷胎釉中37个主次痕量元素》，《岩矿测试》2011年第3期。

[8] 梁嘉放、丁岩：《陕西咸阳出土东汉陶器表面彩绘成分研究》，《文物保护与考古科学》2019年第2期。

[9] 鲁晓珂、徐嫦松、李伟东：《基于锶同位素和微量元素分析的白陶原料来源研究》，《华夏考古》2019年第6期。

[10] 赵林毅、李燕飞、范宇权等：《莫高窟第3窟壁画制作材料与工艺的无损检测分析敦煌研究》，《敦煌研究》2010年第6期。

[11] 杨群：《云南古铜镜激光拉曼光谱研究》，《楚雄师专学报》2001年第3期。

[12] 杨群、王怡林、张鹏翔等：《显微拉曼光谱对恐龙化石内部成分研究》，《光谱学与光谱分析》2003年第5期。

[13] 干福熹、赵虹霞、李青会等：《湖北省出土战国玻璃制品的科技分析与研究》，《江汉考古》2010年第2期。

[14] 罗曦云、陈杰、陆耀辉等：《福泉山遗址出土象牙器应急保护研究》，《文物保护与考古科学》2012年增刊。

[15] 郭金龙、孙延忠、杨淼等：《新疆博物馆新获纸质文书结构与成分的分析研究》，《文物保护与考古科学》2012年第3期。

[16] 魏强兵、李秀辉、王鑫光等：《虢国墓地出土部分青铜器微量元素的分析》，《文物保护与考古科学》2020年第5期。

[17] 孙美君、柴勃隆、张冬等：《基于近红外光谱技术的敦煌莫高窟壁画起甲病害风险评估方法》《文物保护与考古科学》2016年第4期。

[18] 闫智培、易晓辉、田周玲等：《影响纸张老化的因素及缓解措施初探》，《文物保护与考古科学》2018年第2期。

[19] 《博物馆学概论》编写组：《博物馆学概论》，高等教育出版社，2019年，第131页。

[20] 万俐、徐飞、陶保成：《AMT复合剂保护青铜文物的研究》，《东南文化》2002年第1期。

[21] 朱一帆、施兵兵、李大刚等：《AMT 及其复合物在青铜表面形成保护膜的耐蚀性研究》，《南京化工大学学报》1999年第2期。

[22] 李涛：《中国古代纸质文物的无损化学分析》，中国

科学院学位论文，2010 年。

[23]姚瑶：《不同年代书刊纸所用纤维种类和填料的判别研究》，北京林业大学学位论文，2020 年。

[24]谭敏、王玉：《纸质文物的无损和微损观察分析方法》，《文物保护与考古科学》2014 年第 2 期。

[25]崔强、张文元、李燕飞等：《文物保护与考古中能量色散型 X 荧光光谱仪的应用》，《敦煌研究》2008 年第 6 期。

[26]李涛：《中国古代纸质文物的无损化学分析》。

[27]崔振宇：《中国近代合成染料生产及染色技术发展研究》，东华大学学位论文，2008 年。

[28]李家治：《简论中国古代陶瓷科技发展史》，《建筑材料科学》2000 年第 1 期。

[29]吉林大学边疆考古研究中心、吉林大学测试科学实验中心：《内蒙古大山前遗址陶片化学成分测定和分析》。

[30]段鸿莺、梁国立、苗建民等：《波长色散 X 射线荧光光谱法测定古陶瓷胎釉中 37 个主次痕量元素》。

[31]魏强兵、李秀辉、王鑫光等：《虢国墓地出土部分青铜器微量元素的分析》。

[32]王永乐、梅建军、李延祥等：《夏家店下层文化遗址出土铜器的矿料来源分析》，《文物保护与考古科学》2020 年第 3 期。

浅谈分子生物学在当代博物馆的应用实践及其意义

佘诗琦（浙江自然博物院）

摘要：博物馆是社会发展的产物，与社会具有互动和共生的关系。因此，博物馆必须审视发展中的时代趋势和社会需求，积极主动地融入社会进步的潮流。从博物馆实务角度来看，运用相对成熟的新技术提升博物馆工作绩效，业已成为业内共识。其中，在20世纪迅速发展起来的分子生物学已逐步渗透与融合到了当代博物馆的功能运行当中，且已初见成效。本文试从博物馆的藏品管理、科学研究和展示教育等三大功能方面阐述分子生物学在当代博物馆实务中的应用实践及其意义。

关键词：博物馆；分子生物学；多元学科融合；新技术应用实践；

博物馆是社会发展的产物，博物馆从收藏功能派生出研究功能，最后产生教育功能的发展史表明，博物馆的三大基本功能是适应社会发展而产生，随着社会进步而改进的，与社会具有互动和共生的关系。今天的博物馆，也不应再封闭僵化、“曲高和寡”，而应更加开放、包容和富有活力[1]。2021年5月，多部委联合印发了《关于推进博物馆改革发展的指导意见》，明确了到2035年我国将基本建成世界博物馆强国的目标，并从优化博物馆体系布局、夯实博物馆发展基础、释放博物馆发展活力以及优化博物馆发展环境等方面，提出了一系列政策措施，其中重点提到强化科技支撑。因此，博物馆必须审视发展中的时代趋势和社会需求，积极主动地融入社会进步的潮流。从博物馆实务角度来看，博物馆记录着人类每一次的创新与变革，同时也在不断反思、探索、实践和进步。当代信息技术和生物技术等的快速发展与融合正在深刻影响博物馆，运用相对成熟的新技术提升博物馆工作绩效，业已成为业内共识。

分子生物学（molecular biology）是从分子水平研究生命本质的一门新兴学科。它以核酸和蛋白质等生物大分子的结构及其在遗传信息和细胞信息传递中的作用为主要研究内容，是当前生命科学中发展最快并正在与其他学科广泛交叉与渗透的重要前沿领域。分子生物学的发展为人类认识生命现象带来了前所未有的机会，也为人类利用和改造生物创造了极为广阔的前景。随着科学技术的突飞猛进和博物馆新时代的到来，分子生物学已逐步渗透到博物馆藏品管理、科学研究和展示教育等三大功能的运行当中，且已取得一定成效。分子生物学在博物馆学理论与实践中的渗透融合及其裨益，不仅对博物馆事业可持续发展具有现实意义，而且将产生长远影响。

一 分子生物学在当代博物馆的应用实践

（一）藏品管理方面

藏品是信息的载体，是博物馆开展各项业务工作的物质基础。博物馆藏品，简言之就是博物馆置于其公共信托之下收藏的物品，即博物馆根据其性质、特点、任务，按一定的规格和标准有计划收藏的具有历史价值、美学价值和科学价值的有关文物、自然标本和实物资料，它是自然世界和人类社会的实物遗存[2]。博物馆的藏品管理主要涉及藏品搜集、鉴定、保护和保管等工作，在具体工作中分子生物学可以参与，且已初见成效。

1. 自然类标本分类鉴定

自然类博物馆以自然科学为依托，对大自然各种现象和人类环境进行呈现与解读[3]。自然类标本的分类鉴定是藏品管理的基础性工作。自然博物馆从事自然史研究和野生动植物的识别及标本鉴定工作，参与地方动物志、植物志的编写及修订，为自然资源的合理利用提供科学依据，并为实现生物多样性的有效保护和可持续发展奠定了基础。

目前，分子生物学已与传统的形态学观察相配合，成了广泛用于物种起源和分化研究的技术方法[4]。生物 DNA 的碱基序列顺序中隐藏着生命的历史信息，生物的外观形态及体内生物大分子的合成受基因控制。在进化演变过程中，生物体内外环境作用导致的变异首先发生在基因上，这些变化通过基因控制蛋白质、部分核糖体等生物大分子的合成，进而影响细胞、组织、器官等的形态。基因的差异可反映到外部形态。反之，外部形态的差异可通过基因的差异来确定。不同的 DNA 片段进化速率不一样，可根据研究的需要来选择不同的 DNA 片段进行系统学研究。种、属级的研究可采用进化速度快的 DNA 片段，而科以上的分类可采用进化速度较慢的 DNA 片段来比较。

上海自然博物馆（上海科技馆分馆）自然史研究中心“进化与比较生物学”研究组对凤蝶科绢蝶族两个在国际上定名有争议的近似种进行分子生物学研究，从而厘清其分类地位。这项工作也将为后续系统地对凤蝶科绢蝶族的分类地位进行分子生物学研究打下基础[5]。近期，付巧妹团队创新开发皮张古 DNA 提取技术，用于针对博物馆馆藏古代狼、灵长类等陈旧皮张标本获取古 DNA 或短片段 DNA 信息，以研究家养动物的起源与驯化问题，探索古代与现代生物间的谱系发育关系[6]。该实验技术是保护遗传学和系统进化等方面研究的重要推力，尤其为珍稀动物保护研究提供了技术保障。

2. 藏品生物病害的病原鉴定和防治

博物馆的藏品积累绝非旦夕之功，需要博物馆人克尽厥职妥善保管。从现代博物馆学角度看，收藏并妥善保管藏品是博物馆的基本职能。而在藏品保藏过程中，除了环境因素外，生物病害是最常见的藏品损害因素。藏品生物病害主要指小型生物（昆虫）或微生物在生长过程中以藏品，尤其是有机质藏品为营养源（寄主）进行繁殖与传播，使藏品常年遭受腐蚀，形成损害[7]。虫害、霉菌等生物病害严重威胁博物馆藏品的完整性与长期保存。在博物馆藏品中，动植物标本和纸质绘画、丝帛织品等藏品最易收到病原微生物侵害。藏品生物病害的病原鉴定是防治的基础。因病原微生物体型小、多种微生物混杂等原因，难以简单地从形态学观察分离鉴定这些病原微生物，而分子生物学技术正好可以弥补这些不足，从基因角度严谨的鉴定各类微生物。

在历史类和艺术类藏品的病原微生物鉴定方面，马燕莹等通过分子生物学方法鉴定发现武威市博物馆馆藏大藏经表面绿色霉斑为烟曲霉，高通量测序结果显示附着在大藏经表面的微生物种类包括毛壳菌属、曲霉属、毛霉属和白僵菌属等[8]。郑晓霞利用分子生物学方法鉴定南京博物院馆藏书画覆背纸上的微生物种类，其中细菌9种：芽孢杆菌属3种、短杆菌属2种、微球菌属、伯克氏菌属、类芽孢杆菌属和泛菌属各1种；真菌2种：链格孢属和木霉属[9]。Santos等运用多种分子生物学手段（聚合酶链式反应－变性梯度凝胶电PCR-DGGE，测序），结合SEM，发现古代油画上的微生物主要有青霉属、星状诺卡氏菌、链球菌、短梗霉属等；荧光原位杂交FISH结果显示细菌种群通常生长在油画表面，而真菌位于细菌生物膜上方[10]。

在自然类藏品损害方面，有学者研究指出，在损害动物标本的诸多因素中，以霉菌的危害最为严重。霉菌并不属于生物学上的分类名称，而是一些丝状真菌的统称，大多属于真菌，也可能属于放线菌门。2014年，生物学家对也门自然博物馆中古木乃伊上用分子生物学方法分离鉴定出以曲霉属为主的47种真菌，并分析了其损害木乃伊的机制[11]。国外科研工作者曾于2008年对洛杉矶自然博物馆中侵染动物标本霉菌进行了分析，从比目鱼干制标本中分离鉴定出了致病性极强的烟曲霉[12]。

藏品保护工作的基本方针是以防为主、防治结合。根据分子生物学技术得出的准确病原微生物分类，可采用针对性的防治方法，大大提高了防治效率和准确性。赵艳发现纳米TiO2改性壳聚糖防霉剂可有效防治纸质文物上的黑曲霉[13]。赵昕发现10%甲醛溶液局部涂抹和注射可抑制霉菌对动物标本的生物侵害[14]。Sterflinger与Pinzari提出防治真菌病害需要根据病害类别选择性使用杀菌剂，如甲醛溶液、碳链长度C14-C16的季胺、异唑酮与70%乙醇等[15]。

（二）科学研究方面

科学研究在博物馆三大功能中处于上承收藏、下启教育的位置，是二者之间的桥梁。博物馆的科学研究对象与内容包括了藏品研究与博物馆学研究两部分[16]。藏品研究是以博物馆收藏的文物、标本及其他物品为研究对象，研究内容包括藏品及与藏品有关的专业学科研究；博物馆学研究既包括博物馆本身，也涉及博物馆与社会的关系。两者常常交织在一起，体现了博物馆科学研究的特色。从博物馆科学研究与自身的内在关系看，科学研究既是博物馆各项业务活动的保障，也是博物馆事业持续发展的学术与技术支撑[16]。如果没有科学研究的介入，就难以有效发挥博物馆的功能作用。

2016年7月，中国博物馆协会博物馆学专委会在浙江杭州召开“学术研究在博物馆协同创新发展中的价值研讨会”，探讨科学研究在博物馆协同创新发展中的重要作用。这次研讨会是首次以博物馆学术研究的地位与作用为主题，表明博物馆的科学研究已经成为当前博物馆界同仁关注的焦点。自然类博物馆的科学研究具有“探索自然奥秘和传播科学知识”两大基本任务。研究领域应该围绕当前自然科学的前沿重点问题而展开，并与自然博物馆的研究内容和任务相对应，把世界最新研究成果展示出来[17]。

1. 分子古生物学与文明溯源

藏品是我们认识自然和社会的一种媒介或一种史料，其研究的成果也融入了人类探索自然与社会的相关专业学科之中，诸如历史学、生物学等学科的知识体系之中[16]。近 20 年来，古 DNA 研究技术和方法已迅猛发展，目前从古人类残骸中获取 DNA 序列，进而讨论人类的演化、亲缘关系和迁移成为分子人类学的一个重要方向。古 DNA(ancient DNA) 是指从考古和古生物化石标本中获取的古代生物 DNA 分子。目前人们可以在古 DNA 等古代生物分子的尺度上研究生物的系统分类学、人类的起源和迁移、亲缘关系，动植物的家养和驯化过程、考古材料的动植物残骸的精确鉴定等与古生物学、古人类学和考古学许多重要问题密切相关的课题[18]。

为了更好地收集、保存、研究我国古代珍贵的遗传资源，上海自然博物馆人类学部和复旦大学遗传学研究所目前正在联手建立“中国古代人骨基因库”。据悉，此“基因库”将系统地收集、保护我国各地出土的、不同年代的古代人骨，并采用先进的现代分子生物学技术，从古骨中提取线粒体 DNA 加以永久性的保存。这一融合人类学、遗传学、生物学、考古学等多学科优势互补的“基因库”，目前已得到有关专家的高度评价和国家人类基因组南方中心的支持与资助。近年来，利用现已成熟的提取古 DNA 技术和 DNA 序列分析技术，开展有关古代人类人群间的关系、人群迁移、人类疾病及考古难题等研究，正日益成为国际热点。付巧妹团队通过中国南北方人群的古基因组研究，表明中国南北方古人群早在 9500 年前已经分化，并在至少 8300 年前出现融合与交流，且一直以来是基本延续的，没有外来人群的“大换血”，研究还提示南岛语系人群起源于中国南方的福建及其毗邻地区，这一研究成果为中华民族的形成演化及中华文明的探根溯源提供了重要线索和佐证[19]。

2. 分子生物学与濒危动物保护

生物多样性是所有生物种类、种内遗传变异和它们的生存环境的总称，包含遗传多样性、物种多样性和生态系统多样性三个层次。生物多样性保护是对遗传多样性、物种多样性和生态系统多样性的保护，是对人类赖以生存和发展的物质基础的保护。近一百年来，随着人类经济活动的不断加剧，特别是现代农业和林业的飞速发展，盲目利用自然资源，大面积砍伐森林和扩大农业耕地等一系列人类活动所带来的严重后果，致使我国至今已有近千种野生动植物正濒临灭绝的边缘，而另有若干物种正在走向濒危。近半个世纪以来，人口的急剧增长和经济的高速发展，大规模基础设施建设、水利工程建设与城市排污、过度捕捞和养殖等对长江流域的生态环境造成了严重破坏，导致生物多样性的锐减[20]。目前，保护生物多样性，维护自然生态平衡，促进“社会 - 经济 - 自然”复合生态系统的可持续发展，已成为社会各界的广泛共识。

遗传多样性是所有遗传信息的总和，蕴藏在动植物和微生物个体的基因里。目前分子生物学主要应用于珍稀濒危野生动物个体识别、性别鉴定、亲子鉴定及家域分析和扩散生态学的研究，另有不少濒危物种特有基因的克隆、筛选及可持续利用研究正在进行。魏辅文院士长期从事濒危动物保护生物学研究，他围绕物种濒危和适应性演化机制科学难题，以大熊猫为研究模型，取得一系列重大突破性进展，是国际上濒危动物保护基因组学和宏基因组学研究的主要开拓者[21]。曾岩等发现，为某一种偶蹄目 (Artiodactyla) 动物设计的引物，也可以扩增出其他偶蹄目动物的微卫星序列，为研究和保护野生偶蹄类动物遗传多样性奠定了基础[22]。笔者所在的浙江自然博物院目前也正在利用分子生物学技术克隆分析安吉小鲵关键基因，研究结果将辅助安吉小鲵的种质分类保育和人工繁育。

（三）展示教育方面

现代博物馆是公认的社会教育机构，教育功能是其首要功能，博物馆作为“终身教育的场所”和“第二课堂的基地”从未像现在这样醒目地进入公众视野，得到了前所未有的关注和支持。随着经济社会的全面发展，现代科学技术和传播手段的日新月异，物质生活水平的不断提高，使公众在精神文化生活方面的要求越来越高，对博物馆各项工作，特别是对展览水平和服务质量的期望也越来越高[23]。因此，博物馆展示教育活动应关注公众诉求与社会热点，体现人文关怀、科学教育的规律，引进和借鉴先进的科学传播理念、方法和技术手段。

自然博物馆是收藏、研究和展示自然及其环境物证以及自然文化遗产的博物馆，其功能作用旨在揭示生物与生物、生物与环境、人与自然的相互关系，并进行知识传播。自然博物馆研究的实物性、自然性和跨学科性为自然博物馆研究工作提供了广泛的内容，也为自然博物馆的展示、教育活动提供了多维空间[17]。在人类对世界认知不断深化的当下，将科学前沿领域的研究成果体现在博物馆的展示教育活动中，借以提升公众的科学素养，博物馆责无旁贷。实践表明，科学研究成果可以直接转化为原创性展览的可用素材，且有助于拓展展示教育活动。

1. 支撑原创性展览

博物馆原创性展览，应关注公众需求与社会热点，尤其要及时沟通公众需求，结合当前的社会环境、最新科学发现和自然灾害发生情况进行研究，并把研究成果通过举办相应的展示教育活动，及时传播给公众。

2020 年，在浙江自然博物院的原创性展览——《保护野生动物 保卫生命家园—抗击疫情、保护野生动物特展》的筹办中，针对公众对新冠疫情的担忧和关心，笔者团队从分子生物学角度揭示了新冠病毒的分子结构、感染原理和方式，并根据官方的《新型冠状病毒肺炎防控方案》详细展示了新冠防治要点。使观众能够科学地认识并理性地对待新冠疫情，体现了博物馆知识传播和公众教育的社会影响力，该展览获得第十五届浙江省博物馆陈列展览精品项目特别奖。

2. 提升公众科学素养

博物馆拥有相对的科研实力、有效的公众教育载体、公众的广泛支持等有利条件，在开展公众科学项目上具有天然的优势。“公众科学”的提出始于 20 世纪 90 年代，其定义为：发展科技公民权，强调向公众开放科学和科学政策的必要性。博物馆与“公众科学”之间存在着相辅相成、相互促进的内在关系，博物馆的功能和“公众科学”的初衷不谋而合，两者都希望达到解决科学问题、提升公众科学素质和推动科学知识传播等目标。

公众科学倡导通过“参与科学探究的实践”培养“参与科学的能力”。近来，越来越多的学者开始关注公众科学项目在提高志愿者科学素质、增强志愿者对科学研究的了解、影响志愿者的科学态度和行为等方面取得的教育成效。[24]而分子生物学科普实践项目也是其重要组成部分。Ballard 等人通过对自然历史博物馆开展的 44 个公众科学项目的研究，得出持续监测或野外实地调查项目更能达到丰富志愿者科学知识，帮助其树立环境保护意识的教育目标，如野外实地调查项目——解密自然，培养了学生的野外工作技术，以及提取 DNA 序列的技能，这也真正让观众参与到分子生物学领域的研究中[25]。

二 分子生物学在当代博物馆的应用意义

（一）提高藏品分类信息的准确性

早期传统的形态分类法为博物馆动植物藏品的分类鉴定奠定了基础，但目前仅仅依靠形态学资料还不能完全解决藏品的系统分类问题。分子生物学技术主要针对形态特征极其相似的近缘种、复合种及种以下的亚种、生物型、地理种群的识别和鉴定，能解决传统的形态学分类方法难以解决的问题，有效提升藏品分类信息的准确性。分子生物学用于动植物系统分类进化研究，不仅可以为解决一些分类疑难提供分子证据，而且可为动植物系统分类、进化研究提供科学依据。

（二）协助藏品预防性保护

藏品的妥善保管是博物馆的基本职责。保护措施又是保管行为的基本要素，保护又有“预防性”和“干扰性”之分，预防性保护就是延缓或中止藏品的毁坏过程，为它们的保存提供合适的条件，而没有不适合地改变藏品[26]。在藏品保护过程中，生物病害是对藏品安全的重要威胁之一。一些霉菌不仅对人体有直接影响，同时也是侵害不同质地文物和标本的重要真菌，其可分解各种有机物质，轻则损害藏品的完整性或展示效果，重则导致藏品完全损毁。因此，依靠分子生物学对霉菌种属的鉴定可以更有针对性地选择和使用抑制剂，为后续的微生物防治工作提供科学依据。

（三）配合珍稀濒危物种保护和管理

分子生物学技术的发展推动了生态保护相关学科的发展，形成了许多交叉学科和边缘学科。事实表明，分子生物学用于动物起源与分化研究的结果提示，一些动物数量和种群的减少并不完全是现时人类活动的影响和生态环境快速变迁的结果，而是遗传背景单一所致，即现生种群仅是历史上几个祖先个体所保留的后裔，新的认识为珍稀、濒危动物保护政策的制定提供了新的思路。

目前微卫星技术在野生动物的保护与管理中应用的越来越多，也得到了一些传统方法无法得到的研究成果，对于野生动物的遗传结构分析、谱系图谱构建、系统分类等都起到了重要的作用，也对一些濒危物种的迁徙扩散行为进行了一定的研究，但目前国内微卫星等分子生物学手段在珍稀濒危动物的迁徙扩散研究还不是很多，今后若加强这方面的研究，必将对珍稀濒危动物的保护与管理提供更加可靠的参考依据。

（四）增强公民科学素养

目前，我国政府非常重视生态文明建设和生物多样性保护工作，我国科技工作者在科研工作（包括分子生物学研究）中也取得了令人瞩目的成果，而博物馆正是展示这些成果和向观众进行科学普及的最佳平台。博物馆开展的公众科学项目对提升公众的科学素质（包括科学知识、方法、思想、态度和价值观等）、激发公众的生态环境保护意识及其参与度等社会影响力日益显现。而且，参与项目的公众不仅提高了自身的科学素质，同时还打破了“科学研究是高深莫测的、是难以触及的”这样的固有思维，更愿意去理解和支持科学家们正在进行的各种前沿领域的研究。

（五）提升民族认同感

文化遗产跟古代有关，跟祖先有关，既包括物质性也包括精神性乃至知识性，这应是一个我们考虑问题的重要角度，体现了我们和古代、和祖先的深入联系[27]。考古学常常讲透物见人，是希望能见古人，认识并理解古人的行为、文化和社会，从而认识今人，预见未来人，深化物与人的关系。分子生物学的分支分子古人类学，通过古人类基因组等分子生物学研究，研究博物馆古人类标本，更深入的分析加深中国人群遗传历史的解读，促进人类演化迁徙与融合交流等问题的深入探讨，为中华民族的形成演化及中华文明的探根溯源提供了重要线索和佐证，将相应成果进行展示能有效地提升民族的底蕴和公众的民族认同感。

三 结语

博物馆是社会发展的产物，与社会具有互动和共生的关系。博物馆的概念伴随着社会需求的多样化和博物馆事业的发展，其收藏、研究、展示和教育等具体工作内容会随着社会的发展而变化。但是，就博物馆本身来说，其基本功能并没有质的改变，只是其实施功能的手段有了进一步的延伸和拓展[26]。因此，要充分利用博物馆特有的文化资源，推动人类文明的传承和科学知识的传播，凸显人的培育与人文关怀，激发人们创造新事物的灵感[1]。新时代的中国博物馆，应该更加强调务实创新，坚持质量优先，注重内涵发展，着力于促进博物馆“收藏与保护”“研究与应用”“展示与教育”“开放与服务”等职能的改进，着力于博物馆专业化水平的提升；应该更加开放、包容和富有活力。与此同时，关注分子生物学前沿技术和知识，并将其融入博物馆的基本功能运行中，既是社会发展进步的需要，也是博物馆完善工作方法和提升工作绩效的自身要求。

博物馆学是一门指向性、应用性极强的学科，密切关注博物馆的实践，是博物馆学研究最基本的要求[16]。博物馆记录着人类每一次的创新与变革，人们在博物馆中体验着的方方面面。新时代的中国博物馆，正以社会文化建设者的姿态，传承优秀文化，传递人文关怀，推动中华民族的伟大复兴[1]。博物馆作为人类接受自身文化遗存信息和自然遗存信息的重要场所，毋庸置疑为实现人类社会可持续发展的实践提供重要的精神动力和智力支持。从我国博物馆的现实出发，分子生物学在当代博物馆领域的应用，有助于延伸和拓展博物馆的功能作用，有利于博物馆在人类文明的传承和科学知识的传播中更好地履行“保护和传承人类文明”的使命。综上所述，重视并拓展分子生物学在当代博物馆实务中的应用，对充分发挥博物馆的功能作用和推进博物馆事业的可持续发展，具有重要的现实意义和长远影响。

【注释】

[1] 宋新潮：《博物馆的社会责任》，《中国博物馆》2013 年第 3 期。

[2] 康熙民、陈水华、金幸生：《关于自然类藏品定级标准的研究》，《中国博物馆》2009 年第 2 期。

[3] 宋向光：《博物馆类型研究的意义与启迪》，《中国博物馆》2019 年第 2 期。

[4] 周伟、周用武、潘晓赋：《分子生物学在脊椎动物分类和进化研究中的应用概述》，《生物多样性保护与区域可持续发展——第四届全国生物多样性保护与持续利用研讨会论文集》，中国林业出版社，2000 年，第 77-88 页。

王军馥：《上海自然博物馆（上海科技馆分馆）自然

[5] 史研究中心“进化与比较生物学”研究组科研项目有序推进》，《科学教育与博物馆》，2015 年第 4 期。

[6] Wang GD，Zhang M，Wang X，et al，“Genomic Approaches Reveal an Endemic Subpopulation of

Gray Wolves in Southern China”. iScience, 2019, 20.

[7] [中国科学院微生物研究所、陕西秦始皇帝陵博物院、陕西省文物保护研究院等：《我国文物生物病害有多重？》，《中国文物报》，2013年12月13日。

[8] 马燕莹、张凤玉、潘皎：《藏文大藏经金色经文成分及纸张微生物分析》，《文物保护与考古科学》，2020年第32期。

[9] 郑晓霞、张诺、胡南：《纸质文物上的“寄居者”》，《南京工业大学学报（自然科学版）》，2018年，第1期。

[10] Santos A, Cerrada A, Garcia S, et al, “Application of molecular techniques to the elucidation of the microbial community structure of antique paintings”. MICROBIAL ECOLOGY, 2009, 58.

[11] Naji KM, Abdullah QY, Al-Zaqri AQ, et al, “Evaluating the biodeterioration enzymatic activities of fungal contamination isolated from some ancient yemeni mummies preserved in the national museum”. Biochem Res Int, 2014, 481508.

[12] Thacker CE, Feeney RF, Camacho NA, et al, “Mold Removal and Rehousing of the Ichthyology and Herpetology Skeletal Collections at the Natural History Museum of Los Angeles County”. COPEIA, 2008, 4.

[13] 赵艳、苏海佳、谭天伟：《纳米TiO2改性壳聚糖抗菌防霉剂用于纸张防霉》，《北京化工大学学报（自然科学版）》，2008年第6期。

[14] 赵昕：《馆藏动物标本管理保护方法》，《继承 发展 保护 管理——北京博物馆学会保管专业十年学术研讨纪念集》，北京燕山出版社，2010年，第442-446页。

[15] Sterflinger K, Pinzari F, “The revenge of time: fungal deterioration of cultural heritage with particular reference to books, paper and parchment”. ENVIRONMENTAL MICROBIOLOGY, 2012, 14.

[16] 项隆元，汪溶：《论博物馆的科学研究》，《中国博物馆》，2016年第3期。

[17] 孟庆金：《科研是自然类博物馆的核心竞争力》，《中国博物馆》，2013年第4期。

[18] 赖旭龙：《古代生物分子与分子考古学》，《地球科学进展》2001年第2期。

[19] Yang MA, Fan X, Sun B, et al, “Ancient DNA indicates human population shifts and admixture in northern and southern China”. SCIENCE, 2020, 369.

[20] 郦珊、徐珊珊：《自然博物馆在长江流域生物多样性保护中的作用》，《科学教育与博物馆》，2018年第4期。

[21] 魏辅文、黄广平、樊惠中等：《中国濒危兽类保护基因组学和宏基因组学研究进展与展望》，《兽类学报》，2021年第41期。

[22] 曾岩、蒋志刚、韩更新：《偶蹄类动物的遗传多样性研究与技术比较》，《兽类学报》，2000年第3期。

[23] 单霁翔：《博物馆的记忆与想象》，学苑出版社，2005年，第1-3页。

[24] Crall AW, Jordan R, Holfelder K, et al, “The impacts of an invasive species citizen science training program on participant attitudes, behavior, and science literacy”. PUBLIC UNDERSTANDING OF SCIENCE, 2013, 22.

[25] Ballard HL, Robinson LD, Young AN, et al, “Contributions to conservation outcomes by natural history museum-led citizen science: Examining evidence and next steps”. BIOLOGICAL CONSERVATION, 2017, 208.

[26] 蔡琴：《博物馆学新视域》，浙江人民出版社，2003年，第43、84页。

[27] 曹兵武：《遗产自觉 · 文化自信 · 发展自智——物人关系的考古文博溯源与遗产化展望》，《南方文物》，2019年第3期。

博物馆学与社会学

试论符号学视角下博物馆物与博物馆建筑之关系

冯 博（湖南科技大学）

摘要： 本文试图从符号学的角度出发，在博物馆学的范畴内，来审视博物馆、博物馆物与博物馆建筑的相应概念，并着重探讨后两者之间的关系。文中结合理论研讨与案例分析，简述了具有符号学特质的博物馆起源的双线脉络——物件收藏与知识拓展，阐述了博物馆物的符号属性和一般物件经由“博物馆化”而成为博物馆物的过程，分析了博物馆建筑与博物馆物的两种关系——容器与内容、展品与展品的关系，最终得出结论：博物馆建筑可以且应当经由“符号化”的方式，成为一类特殊的博物馆物，作为容器，也作为展品，来营造且融入博物馆的情境。

关键词： 博物馆学；博物馆物；博物馆建筑；符号学；建筑符号学；空间设计；展陈空间

19 世纪末到 20 世纪初，现代符号学正式诞生，不断发展至今。最近几十年，“当代文化迅速冲进一个‘高度符号化时代’”[1]，大量“门类符号学”产生，人类文化的各个部门均涌现出应用符号学加以研究的成果，这或可证明“符号学可以成为社会与人文研究的总方法论”[2]。那么，以符号学的角度来研究博物馆及博物馆学，也自然具备了可能性甚至必要性。其实，侧重理论与思辨的法语系博物馆学，本就早已由法国学者尚 · 达瓦隆（Jean Davallon）等人导入了符号学相关理论。

符号的定义，虽然在各符号学家处均有差异，但“符号是携带着某种意义或指代着其他存在的存在”这一点，基本是一种共识。与此共识密切相关的“能指”与“所指”、“符号载体”与“意义”等概念也就形成了以符号学视角来考察任何事物的切入点，自然也可以用来审视博物馆及其相关事物。

事实上，博物馆学与符号学之间的密切关系，或可追溯到博物馆起源之初。

一 博物馆起源的双线脉络

“保藏与诠释这对孪生理念构成了博物馆的基础，它们来源于人类获取和探究的倾向。”[3]前任国际博物馆学委员会主席、法国博物馆学家方斯瓦 · 梅黑斯（François Mairesse）也曾指出，若试图追溯博物馆与博物馆学的起源，就必须考虑到两个方面的脉络，一为物件收藏，二为知识拓展，此双线脉络各自经历数个世纪的发展，最终汇聚成为现代博物馆与博物馆学。

物件收藏的意识与行为在人类历史中起源极早且一以贯之，从原始人收藏小物件碎片，到古希腊的画作陈列室，到中世纪的圣物收藏，再到文艺复兴时期的珍奇陈列室，人类的收藏习惯从未消失。而知识拓展这一条脉络则相对隐蔽。词源上来看，Museum 原意指缪斯女神的神庙，古希腊宗教中，缪斯女神之母为司掌记忆、语言、文字的女神谟涅摩绪涅（Mnemosyne），而记忆、语言、文字又是思想与观念的基础，由此渊源，缪斯常被视为文艺与知识的守护神。所以博物馆（museum）一词，更多是在强调其思想和知识的层面，而非物件收藏的层面。西方古代最为著名的文化中心亚历山大图书馆，其核心建筑即为缪斯神庙。该场所收藏书籍与文化珍品，但其更重要的职责是聚集各地学者，进行研究讨论，拓展知识体系。文艺复兴时期至启蒙时代，藏品与知识之间的联系变得更为紧密，尤其是在自然科学领域。此时不少珍奇陈列室的藏品已有编目，且供学者研究藏品、读书讨论，由此来推动科学进步。直到此时，现代意义上的博物馆雏形才开始出现。

此双线脉络，一实一虚，前者体现了博物馆史中藏品所在的中心地位，后者说明博物馆应是重思辨重知识拓展的地方。两者的交汇，则以藏品为表（能指）、知识为里（所指），构建出一套博物馆情境中的符号系统。“如果博物馆是百科全书式收藏和展陈场所，博物馆馆藏内容分类法就是知识体系的表达方式。”[4] 博物馆藏品是为了供拓展知识而做的研究而存在，展陈时又同时带有传播相应知识的功能。反过来说，只有经思辨与研讨过的知识，才能支撑起博物馆藏品的内涵。不同的知识体系与结构，会构建出不同的藏品体系，对于同一藏品的地位与意义也会有全然不同的诠释，进而影响展陈及研究思路。

综上所述，博物馆自诞生伊始，即带有强烈符号学特质。而至近现代，藏品体系与知识体系深度结合后所构建出的符号系统才真正造就了我们当今认知中的博物馆。

二 符号学视野下的博物馆物

“物件收藏”与“知识拓展”此双线脉络的交汇，带来的是承载了对应知识的物件藏品。此即所谓“博物馆物”（musealia /museum object），其于博物馆情境中的重要地位是毋庸置疑的。虽然新博物馆学已经提倡从以“物”为核心转向以“人”为核心，且“非物质”的收藏与展陈也逐渐进入博物馆的范畴之内，但珍贵的实物馆藏仍然是当代大多数博物馆研究与展示的重点。

“‘博物馆物’是一个博物馆化的事物，一个事物可以被定义为一般现实的所有物种。”[5] 这提示我们，“博物馆物”不再仅仅只是其自身的物质存在，它已成为代表其同类事物的符号。欧洲博物馆学界泰斗、英国博物馆学家肯尼斯 · 哈德森（Kenneth Hudson）的名言“博物馆里的老虎标本并非老虎”，则从另一个角度提示“博物馆物”只是对真实存在的再现，而非其本身。正如达瓦隆所说，“‘博物馆物’比较不被认为是‘事物’（从其物理现实的角度）而被认为是‘语言的存在’（它们被定义、被认定为值得保存与展出）与‘社会实践的载体’（它们被收藏、编成目录、展览）”[6]，博物馆物可以且应当被视作承载各种意蕴、内涵与解读可能性的符号。英国博物馆学家苏珊 · 佩尔斯（Susan M.Pearce）亦指出：“（博物馆）物可以被当作创建类别并传递可读信息的符号

(signs) 与象征 (symbols) 。” [7] 由上可见，“博物馆物”的符号属性，已成为博物馆学界的共识之一。

与“博物馆物”概念密切相关的“博物馆化”(musealisation)，则是指“将一件事物的物质性与观念性自其原有的自然或文化脉络(或译环境/情境) 抽离，并赋予其一个博物馆的地位，将其转变为一件博物馆物或使其进入博物馆领域的操作” [8] 。简言之，一件物品，必须要经过“去情境化”与“再情境化”的“博物馆化”过程，才能转化为真正的“博物馆物”。在此，“去情境化就是摆脱原生意义的过程，而再情境化是博物馆赋予馆藏以意义的过程” [9] 。考虑到符号与意义的锁合关系，“博物馆化”实际上也是一个颇具符号学特质的过程：物件先脱离其原有的情境，从而不再被视为具备原有意义的符号，此即“去符号化”；而再将物件放置进博物馆为其设计的新的情境下，从而使其转变为具备新的意义的符号，此即“再符号化”。

试举一例说明：商代晚期青铜器四羊方尊，本是作为祭祀用品，有着向神灵祈求吉祥兴旺的含义。但历经时代变迁与情境更迭，被置入国家博物馆收藏之后，它便不再会被用于祭祀，祈求寓意也随之消退。现作为珍贵文物的它，会被用于展示与研究，且已成为代表商代青铜器文化的符号。经此“博物馆化”，四羊方尊失去了原功能与原符号属性 (去符号化)，获得了新功能与新符号属性 (再符号化)，转化为“博物馆物”。

至今已有不少学者从符号学角度对于“博物馆物”作出了独到而深入的研究，如上文提及的尚 · 达瓦隆与苏珊 · 佩尔斯。事实上，不仅“博物馆物”可以被视为符号，博物馆领域的建筑设计、展陈设计、文创产品、交流传播等各个层面也都天然带有强烈的符号学特质。由此也产生了不少基于符号学对这些层面加以研究的学术成果。就目前而言，这一研究思路仍有相当的研究价值与研究潜力。

三 博物馆建筑与博物馆物的关系

(一) 理念分歧及其引发的现实问题

“(博物馆) 建筑定义为设计、规划或兴建一个用以容纳一间博物馆的特殊功能的空间之艺术 (或技术)，这些功能特别指展览、预防性或积极性维护、研究、管理与接待。” [10] 虽然博物馆建筑对于博物馆的存续几乎必不可少，但它一直是一个非常富有争议性的话题。长久以来，建筑界与博物馆界对博物馆建筑的理解有相当大的分歧，甚至可以说“在建筑师与博物馆学者之间流行一种本位之战” [11] 。美国艺术史学家卡罗尔 · 邓肯 (Carol Duncan) 曾指出：“以博物馆的目录为例来说，它们大多只涉及收藏品的内容. 而‘内容’通常是指独特和有价值的物品累积，而不是指一个地方……同时，建筑学方面的作家则专注在博物馆建筑物的美学意义，或者在它如何处理照明和交通等美术馆实际面临的问题。在当收藏过程的本身和收藏品被讨论时，美术馆环境的本身反而常被忽略，好像这样的空间是中性或隐形的。” [12] 换言之，博物馆不是被视作以收藏内容为核心基础的机构，就是被视作以功能与美学为核心基础的建筑作品，而这两种观点之间几乎是相互独立的。博物馆界的关注重点，是作为馆藏的“博物馆物”，而建筑界的关注重点，则毫无疑问是“博物馆建筑”。博物馆界常将博物馆建筑视为帮助博物馆达成各种目的的工具，但建筑界却将博物馆视为一种足以发挥设计天赋与才能的建筑类型。“就在博物馆此方觉得建筑物无关宏旨、建筑彼方却认为博物馆兹事体大的情况下，博物馆建筑会被视为‘美学的结果和建筑师的活动’好像不是那么令人意外”[13]。这种理念上的分歧反映与延伸到现实之中，便可能出现一些奇特现象：某博物馆建筑可能基于美学或空间塑造等原因在建筑界被视为一件优秀作品，但在博物馆界却因收藏、布展、管理等各方面的不便被视为失败之作；又或者，某博物馆官方资料中，对馆藏及其研究的介绍极为详尽，却对其实颇具亮点的建筑场馆极吝笔墨，所言寥寥。

有识之士们早已在呼吁博物馆界与建筑界积极沟通，推进博物馆建筑的相关研究。早在2003年，国际博物馆协会（ICOM）便将ICOM News期刊第三期的主题定为“建筑与设计”（Architecture and Design），同年英国艺术史学家米歇尔·基伯豪森（Michaela Giebelhausen）的《博物馆建筑——符号结构与城市文脉》出版，2005年英国博物馆学家苏珊·迈克雷德（Suzannc MacLeod）编辑的《重塑博物馆空间：设计与展览》出版，均促进了该话题的讨论。然而，一方面由于博物馆建设浪潮汹涌、博物馆自身定义与范畴不断演化的客观环境，另一方面则因为博物馆界与建筑界双方学科视角根深蒂固的主观理念，时至今日，此话题仍未得到充分回应与解答，其矛盾依然横亘于大量建筑师与博物馆从业者之间。

（二）两者关系的归纳分析

在试图探讨上述矛盾的解决思路之前，我们需要先仔细审视与分析博物馆建筑与博物馆物这两者的关系。在考察相当数量的案例之后，可以归纳出如下几种关系：

第一种关系，为“容器”与“内容”的关系，即博物馆建筑作为博物馆物的容器，物作为建筑的内容。此关系中，博物馆建筑作为且仅作为容纳、保护、收藏、展出博物馆物的场所，博物馆物作为且仅作为被容纳、保护、收藏、展出的对象，两者关系是相对单纯的，甚至可能除上述的功能性关系外，两者并没有什么太多概念或形式上的联系。作为容器的建筑，其外观造型及空间设计和内部馆藏并不一定存在某种呼应；反之，作为内容的物也并不一定与建筑场馆存在深入互动，配合其风格或空间。这种处理有利有弊，一方面可能导致建筑场馆和展示对象风格不一、布置别扭而产生不谐，另一方面也可以打造风格与立场中立的空间，反而能够容纳不同风格的展品。也因此，这种关系尤其常见于以临时展览为主的艺术博物馆。

例如，美国纽约现代艺术博物馆，外观呈简洁明快的国际式造型（图1），而内部空间则开创了“白盒”（white cube）模式（图2），打造简约纯粹的空间，其墙壁与地面为白色或浅色，并取消装饰，如此使观众注意力最大限度集中在展品之上，同时没有预设立场的中性化空间也使得各种风格的展览及其展品可以毫无违和地尽情演绎。又如，美国纽约古根海姆博物馆，外观以简洁几何形体为造型（图3），内部则以环绕螺旋式上升坡道的圆筒形空间来容纳众多艺术品（图4），可沿坡道边走边看的空间设计展现了美国建筑大师赖特（Frank Lloyd Wright）的巧妙创意。该建筑本身风格并不会限制或提示所展作品的风格，它本质上仍然是“白盒”的变形，但建筑空间与展示对象在布置与观赏层面产生了矛盾——观众竟需立于斜坡道上欣赏斜墙面上挂着的画作。

第二种关系，为“展品”与“展品”的关系，即博物馆建筑与博物馆物一同作为展品展出。此关系中，建筑与展出的博物馆物皆以展品形式存在于博物馆情境之中，两者并置存在又彼此关联，构建成一套完整的展览体系。这种将

图 1 . 纽约现代艺术博物馆外观造型（图片来源：https://www.archdaily.cn/）

图 2. 纽约现代艺术博物馆内部空间（图片来源：https://www.archdaily.cn/）

图 3. 纽约古根海姆博物馆外观造型（图片来源：https://www.archiposition.com/）

图 4. 纽约古根海姆博物馆内部空间（图片来源：https://www.archiposition.com/）

建筑作为展品的处理方式在生态博物馆、遗址博物馆中并不罕见，因为生态博物馆常以原住民建筑作为呈现原住民生活方式与文化的展品，而遗址博物馆常围绕遗址场所而建，其核心展品就是遗址建筑本身。这种情况下的建筑，将呈现出类似博物馆物的属性，即在新的情境下，被赋予新的意义，成为新的符号。

例如，瑞典斯堪森博物馆，作为世界上最早的露天博物馆与生态博物馆，其馆区内陈设着来自瑞典全国约160间房屋与庭院（图5、6），旨在展示瑞典于前工业时代的生活。这些建筑已经不再单纯是原有的历史建筑，而成了其所属时代、所属类型的建筑的代表，同时也成了瑞典传统生活方式的符号。又如，广州的西汉南越王博物馆，其最重要的展品便是南越王墓遗址本身（图 7、8）。在该博物馆情境中，此地下建筑已成为代表西汉时代岭南文化的符号，并与其他展品一同展现着西汉南越王公贵族的生活方式。

以上两种关系可以且经常体现在同一座博物馆建筑上，作为容器的建筑也可以具备一定的展品属性，作为展品的建筑往往内部也容纳着其他展品，两种关系并非泾渭分明。纽约古根海姆博物馆的建筑本身也展现了属于几何美学的艺术特质，而西汉南越王博物馆的王墓遗址既展示自身，又收容着其他文物。自然，也

图 5. 斯堪森博物馆展出的木制凉亭（图片来源：https://www.skansen.se/）

图 6. 斯堪森博物馆展出的石砌农舍（图片来源：https://www.skansen.se/）

图 8. 西汉南越王博物馆王墓遗址顶部

图 7. 西汉南越王博物馆王墓遗址墓道

存在将两种关系平衡与结合得很好的经典之作。例如美籍华裔建筑大师贝聿铭设计的苏州博物馆，它既是大量珍贵苏州文物的容器，其本身又正如苏州博物馆馆长陈瑞近所云，是“一件苏州园林文化、苏州民居文化的展品，甚至可以说是苏州博物馆的‘第一件展品’”。

（三）解决分歧的思路

至此，我们已可认识到：一方面博物馆建筑与博物馆物确实仍存在一定矛盾，另一方面二者又呈现高度相关性，其关系并非不可调和。欲从理念上解决博物馆物与博物馆建筑间的分歧，或许可以参考邓肯所言：“……我不将博物馆看成是艺术品的栖身之所，也非建筑设计的成品。博物馆其实经常是像它们所努力模仿的传统庙宇和宫殿一样，是由艺术品和建筑物所形成的一个更大实体中的复杂集合。”[14] 这提示我们，是否可以从一个更宏观的角度思考？既然最根本的理念分歧是在博物馆物与博物馆建筑两者孰轻孰重上，那么，如果能够在概念上将博物馆建筑纳入更广义的博物馆物的范畴之中，两者的对立便将消弭，分歧自然不复存在。若还能令两者紧密相关且共同参与构建某一整体系统，其矛盾便可进一步化解。

由前述分析可知，与单纯功能向的容器属性不同，博物馆建筑的展品属性既使它更为接近博物馆物的概念，又加强了它与其他博物馆物的关系，进而一同构成博物馆情境中的符号系统。而赋予建筑更多的展品属性，和将其纳入广义的博物馆物的范畴之中，这两者的实现，所需的是同一个过程，即促使博物馆建筑与其他展品一样，按博物馆物的一般规律，经历"博物馆化"，亦即在博物馆所营造的符号系统中"符号化"，由此转化为以展品形式存在的一类特殊的博物馆物。

四 博物馆建筑的符号化

那么，我们接下来便需要针对博物馆建筑的符号化加以讨论。这首先需要明确相关概念。一是建筑符号的定义。笔者曾借由国内符号学家赵毅衡对符号的定义（符号是"被认为携带意义而接收的感知"[15]），于建筑符号学的框架下，通过辨析得出结论："建筑符号，是对建筑实体或空间的、被认为携带着意义（而接收）的感知。"[16] 在此不再赘述。仅需指出，所有符号，严格来说本质上基本都是对客观对象的主观感知，而非客观对象本身。将客观事物称为能指，其实是省略了"对……的感知"。二是建筑符号的能指与所指。此处"能指的一面应归结于感知层面（对建筑实体或空间的感知），而所指的一面，则应落在某种意义之上。"[17] 需强调的是，建筑符号的能指 / 符号载体包含对空间的感知，或者说"对建筑空间的感知，可以且应当被视为符号（载体）"[18]，由此彰显出"空间是建筑的本质"这一现代主义建筑思潮所重视的观念。三是建筑的符号属性与符号化。由于"任何物或符号都是一个'符号 - 使用体'（sign-function），它可以向纯然之物一端靠拢，完全成为物，不表达意义；它也可以向纯然符号载体一端靠拢，不作为物存在，纯为表达意义……绝大部分物都是偏移程度不一的表意 - 使用体"[19]，同理任何建筑也都具备广义上的、一定程度的符号属性，但不同建筑表达意义的能力、表达出意义的量与质，均有所区别。强化建筑的符号属性，增强其表达意义的能力，增加与提升所表达意义的量与质，直至多数潜在接收者足以意识到其作为符号的一面，此即建筑的符号化。

由以上概念出发，结合博物馆建筑案例，我们得以审视与分析博物馆建筑的符号化。从能指的层面而言，博物馆建筑的符号化有两个方面：建筑实体（如门窗、墙壁、屋顶、装饰构件、整体造型等）的符号化，建筑空间（如中庭空间、走廊空间、展厅空间、室外空间等）的符号化。从所指的层面而言，博物馆建筑的符号化可以使其传达出功能可能性、象征寓意、知识意蕴、文化内涵等等，对于特定接收者而言还可能传达出时代记忆、个人情绪等意义。当然，这一切皆应于博物馆情境中呈现并完成。博物馆建筑因其与知识体系及文化内涵的特殊关系，其能够和需要表达的意义的量与质均远超其他建筑，若建筑师能克服由此而来的巨大难度，巧妙设计，博物馆建筑完全可以妥善置于博物馆情境之中，既满足"容器"功能，又带有"展品"属性，在该博物馆所构建的符号系统中实现"符号化"。但需指出，除改造或搬迁已有建筑作为博物馆或其展品的情况外，多数博物馆建筑在作为机构的该博物馆诞生之前并不存在，也就是说它们并不需要经历其他博物馆物脱离原有情境的“去符号化”过程，它们参与构建了博物馆的情境，又需要融入其中而在此完成自身的“符号化”。

试举几例以说明：

由齐康与何镜堂两位院士所设计的侵华日军南京大屠杀遇难同胞纪念馆，无论建筑实体还是空间，均沉浸于博物馆情境之中，实现了极为震撼的符号化。纪念馆东侧新馆部分为斜插入地面的三角形体块，形成“折断的军刀”这一战争意象（图 9），进一步“象征日本帝国主义在中国犯下的滔天罪行”[20]。中部的纪念广场，以砂石铺装、墙体围合而形成寸草不生的庭院空间，以此“灾难之庭”来象征死亡及其带来的荒凉空寂（图 10）。西侧的和平公园，则以草地、缓坡、水池、雕塑等元素营造开放祥和的室外空间，以此传达出人们对和平的祈愿与向往

由日本建筑大师矶崎新设计的湖南省博物馆新馆，其形式构思来源于水汽蒸腾、浮现与融合的状态。建筑主体造型对称稳重，带有鼎的意象，但具漂浮感的顶部又形似水的结晶，象征湖湘文化的凝聚与升华（图 11）。更值得一提的是其内部空间设计：作为该馆重点的马王堆汉墓展陈空间之中，依据考古资料同比例复制了马王堆一号汉墓墓坑（图 12），并以此为核心规划了观展流线。该空间既指代了出土馆藏文物的汉墓墓坑这一特殊空间，又进而成了体现汉代生死观念与墓葬文化的符号由美国建筑大师里伯斯金（Daniel Libeskind）设计的柏林犹太人博物馆更是将建筑的符号化发挥到极致。它的总体造型曲折蜿蜒，如同犹太文化标志六角星的残破片段（图 13）。在这实体空间中利剑般横贯一长条阴冷且不能踏入的“虚空”空间，象征着犹太人民与文化被摧残的命运及留下的可怖空无。墙体、窗缝皆破碎尖锐而不规则，传达着犹太人的苦难与伤痛。内部三条轴线之一的“毁灭轴线”，通往“大屠杀之塔”。这是一处冰冷漆黑且空置的垂直空间，象征着大屠杀带来的死寂与绝望，仅从顶部缝隙透出些许希望般的微光（图 14）。

至此，我们已可明显看出，这些博物馆建筑之所以精彩震撼，正是因其设计者在满足其功能需求的基础上，成功地将建筑实体与空间

图 9. 南京大屠杀纪念馆新馆部分 [20]

图 10. 南京大屠杀纪念馆纪念广场 [20]

图 11. 湖南省博物馆外观造型（图片来源：湖南省博物馆微信公众号）

图 12. 湖南省博物馆内部仿汉墓墓坑的展陈空间（图片来源湖南省博物馆微信公众号）

图 13 . 柏林犹太人博物馆外观造型（图片来源：https://bbs.zhulong.com/）

图 14. 柏林犹太人博物馆的“大屠杀塔”（图片来源：https://bbs.zhulong.com/）

加以“符号化”，于博物馆情境中表达出独特的意义。我们也足以得出结论：博物馆建筑可以且应当经由“符号化”的方式，成为一类特殊的博物馆物，作为容器，也作为展品，来营造且融入博物馆的情境。这一结论，既有助于合理化博物馆建筑于博物馆学范畴中的定位，也为博物馆建筑的设计实践明确了一种指导思路。

五 结语

当今正是博物馆建设浪潮席卷全球之际，也正是博物馆学转型与发展的时代。这种转型与发展无疑需要从其他学科汲取养分，用以构建自身新的体系且形成相应的交叉学科领域以配合和支持。引入本就与博物馆学颇具渊源的符号学的理论视角，于博物馆学既顺理成章又具备相当必要性。而各种门类符号学，如艺术符号学、建筑符号学、传播符号学等，也可以为博物馆学带来一些启发，尤其是在实务操作方面。笔者不才，但愿此文能起到抛砖引玉之作用，引发一点相关方向的思考与讨论。若还能因此在这博物馆大发展的时代做出些微贡献，善莫大焉。

【注释】

[1] 赵毅衡：《符号学原理与推演》，南京大学出版社，2011 年，第 7 页

[2] 赵毅衡：《符号学原理与推演》，第 17 页

[3] Lewis, Geoffrey D. "Museum". Encyclopedia Britannica, 11 Mar.2021,https://www.britannica.com/topic/museum-cultural-institution. Accessed 29 August 2021.

[4] 徐坚：《名山：作为思想史的早期中国博物馆史》，科学出版社，2016 年，第 17 页

[5] [法]安德烈·德瓦雷、[法]方斯瓦·梅黑斯著，张婉真译：《博物馆学关键概念》，阿尔芒·科林出版社，2010 年，第 44 页

[6] [法]安德烈·德瓦雷、[法]方斯瓦·梅黑斯著，张婉真译：《博物馆学关键概念》，第 45 页

[7] Pearce S. On Collecting: An investigation into collecting in the European tradition. London and New York:Routiedge,1995,p.15

[8] [法]安德烈·德瓦雷、[法]方斯瓦·梅黑斯著，张婉真译：《博物馆学关键概念》，第 37 页

[9] 徐坚：《名山：作为思想史的早期中国博物馆史》，第 20 页

[10][法]安德烈·德瓦雷、[法]方斯瓦·梅黑斯著，张婉真译：《博物馆学关键概念》，第 19 页

[11]刘家蓁：《柏林灰色：散步到德国博物馆》，典藏艺术家庭股份有限公司，2005 年，第 78 页

[12][美]卡罗尔·邓肯著，王雅各译：《文明化的仪式：公共美术馆之内》，远流出版事业股份有限公司，1998 年，第 5-6 页

[13]吴云一：《新博物馆学与当代建筑学双重语境中的博物馆建筑特点研究》，同济大学博士学位论文，2008 年

[14][美]卡罗尔·邓肯著，王雅各译：《文明化的仪式：公共美术馆之内》，第 6 页

[15]赵毅衡：《符号学原理与推演》，第 27 页

[16]冯博：《建筑符号学中的“符号”定义再思考》，《中外建筑》，2015 年第 10 期

[17]冯博：《建筑符号学中的“符号”定义再思考》，《中外建筑》，2015 年第 10 期

[18]冯博：《作为符号的空间——试论建筑符号学中的空间》，《中外建筑》，2016 年第 9 期

[19]赵毅衡：《符号学原理与推演》，第 28 页

[20]何镜堂、倪阳、刘宇波：《承载悲愤、祈愿和平——侵华日军南京大屠杀遇难同胞纪念馆扩建工程设计简介》，《南方建筑》，2008 年第 2 期

女性展览与社会凝视：厌女文化的博物馆思考

季一秀（浙江省博物馆）

摘要：“厌女症”是一个社会学名词，被用以表达人们对女性蔑视、贬低、物化的态度和意识。在传统的父权制性别二元论中，男性是社会秩序的权力主体，女性需要通过男性的认同以确立自己的性别身份；随着女性意识的苏醒和女权主义的发展，妇女的社会地位得到改善，性别平等成为社会进步的方向，但“厌女”文化并没有随之消减，而是以更为隐蔽而广泛的方式融入社会规则中。近年来，博物馆展览对女性的关注度有目共睹。但即使在女性主题展览中，性别话语权也在“厌女”文化和反“厌女”中左右摇摆。通过对国内外女性主题展览的梳理和分析，或能对其背后的社会凝视窥见一二，从而引发博物馆女性展览的社会性思考。

关键词：厌女症；博物馆；女性展览；社会学；社会凝视

女性题材展览在当代中国博物馆展览中并非一个大众主题，除以女性为专题视角之一的中国妇女儿童博物馆外，女性展览在其他各级各类博物馆的展览中仅为偶见。为数不多的女性展览中，现当代展品鲜有呈现，而关于性别的价值阐释和文化表达往往态度谨慎，多采用已有的历史结论，当与当代女性的社会生活和性别话语权做出有效关联时，却处于失语或模糊的尴尬境地。

近年来，女性主义声量显著提升，社会性别问题常态化暴露。置于这样的社会环境之下，与女性展览相关的一系列博物馆现象，揭示了博物馆在践行 2007 年以来国际博物馆协会所定义的“为社会及其发展服务”的宗旨时，存在的问题与困境。女性展览自策展到问世，完成从策展人到观众的文化传递，无不受社会性别观念的影响，因此也无往不被置于社会的凝视之下和社会性别话语权的交锋之中。

回顾中国博物馆女性展览的过往，立足当下的社会性别视野，或能为博物馆性别主题展览的进步提供新思路，也为博物馆参与社会平等发展探寻更现实有效的方式。

一 厌女文化下的普通女性

日本社会学家上野千鹤子在《厌女》一书中对“厌女症”（Misogyny）做了深刻的剖析，她用这一词汇来表达人们对女性的蔑视、贬低和物化的意识，并认为其在性别二元制的性别秩序里深植于核心位置，因此在当今社会的大部分情况下，不论性别年龄，无人能脱离厌女症的影响[1]。上野的论点和论证案例都基于日本历史文化，但同时她也提出，厌女的文化土壤在其他国家也存在，不同社会形态和文化历程对各国各地厌女症的表现形式产生了根本性的影响，厌女文化的研究应该立足于其所属社会的现实，这对于解读中国的厌女文化同样具有指导意义。

封建社会的性别矛盾，从当代史学研究的视角出发，可以理所当然地进行批判。妇女长期作为男性附庸而存在，通过身份被框定为男权社会的实用工具和意象表征：妓女和贞女分别成为欲望的发泄对象和炫耀对象；妻子和母亲共同承担着哺育的职能，也成为男性代际之间联结的纽带和权力的延续；女儿被排除在族谱和继承体系之外，甚至不需要拥有自己的姓名，成为“被权力”的一大群体……古代中国社会中厌女现象大范围存在，即使不是资深史学家也可以轻而易举地得出结论，因为经历了社会形态的变更，在当代社会性别权利的对比下，封建制度中性别秩序的“不正确”性显而易见。

但如果以同样的思路，面对经历了各方面的批判和巨大进步，且自己置身其中的当代社会，对性别秩序的合理性未必可以轻松得出结论。

性别问题的暴露日渐走向常态化，也将原本隐蔽而广泛渗透进社会规则中的厌女文化重新展示在公众面前。自古延续的身份禁锢从未消失，随着社会语言体系的更新，赋予女性的词汇以价值选择的方式间接捆绑女性。如对女性群体用词的商业化偏好，将“妇女”替换为“女王”“女神”“仙女”，通过贩卖容貌焦虑获利的同时，把不够美丽、不够年轻的女性排除在外，在同一性别之中设立了等级分类和准入门槛。性暴力和性犯罪事件中，受害者有罪论仍随处可见。据联合国妇女署数据，全球约35%的女性曾遭遇身体或性暴力；中国妇联调查发现，中国2.7亿个家庭中约30%存在家暴[2]。从林奕含事件、吴亦凡案等性权力不平等造成的侵害事件，到“上海杀妻藏尸案”“7·5杭州女子失踪案”“拉姆案”等恶性刑事案件，性犯罪从亲密关系和私人领域走向公共空间，而舆论中对受害女性的容貌侮辱、行为谴责从未缺席。对女性身心的社会考量，在职场、婚姻、家庭等情境中常给予女性有限的权利，部分甚至全部否认女性在事业、情感、生育等方面与男性平等的选择范围，却常常在保护女性的场合将责任置于女性一方，认为女性应该为错误的选择承担后果，正是厌女文化在当代社会规则中被许多人所默认的鲜明体现。

社会信息化程度的飞速发展在增加性别问题暴露频率的同时，也为女性主义和反“厌女”的声音提供了更为广阔的表达空间，女性声量随之得到显著提升。2020年被网友称之为“互联网女性意识觉醒”的元年，《新京报书评周刊》称之为“普通女性被看见的一年”[3]，对“普通女性”的强调将女性主义话题的视角落到社会的更低层，意味着参与女性发声和共鸣并不需要惊人的美貌或过人的才华。女性综艺和大女主电视剧的大热，源于女性意识在当代的崛起和输出，也为社会视野聚焦女性困境与突破奠定了基础，热门综艺《乘风破浪的姐姐》和电视《三十而已》关注了中年女性的生活抗争，短剧《听见她说》则更为直接地通过女性独白，探讨原生家庭、重男轻女、容貌焦虑、大龄单身、全职主妇、家庭暴力、中年危机、物化女性等当代女性的生存痛点。与表达女性心理相辅相成，对女性生理现象的去污名化也是争取女性权利的重要阵地，如对月经不必刻意以例假或姨妈等说法代替、呼吁公共新闻中精准使用性暴力词汇的直白用语，直面月经贫困，以“女性相助”的形式表达并着力解决女性在卫生巾使用中的误区和难点。虽然女性主义的崛起态势高昂，但迄今为止的反“厌女”群体和普通女性群体仍只存在部分交叠。一方面，具有反“厌女”意识的男性在陆续加入女性主义的呼声中，成为性别间平等对话和相互理解的一股不可或缺的力量；另一方面，受到知识背景和信息渠道的限制，许多女性尚未认识到厌女文化的广泛影响，更谈不上女性意识的觉醒和反抗。

正因为社会现实的双面性，性别问题、女性主义、厌女文化和反“厌女”意识仍存在巨大的批判和进步空间。对于普通女性甚至普通男性而言，当下性别矛盾的缓和与解决，有赖于女性关注自我、主宰生活、维护权利，正因为难以摆脱厌女文化的固有影响，才要时刻提醒女性自身，也要警醒社会整体，不再让女性沉默。

二 女性展览中的社会凝视

不同于器物、时代、地域等主题的展览，女性展览因其选题的社会学属性，在设计之初就不可避免地开始了价值选择，并在展示过程中持续进行着性别认同与表达，也无所不在社会的性别凝视之下。

2021 年初上线的“丽人行——中国古代女性图像云展览”对可搜寻到海报和准确展览时间的国内外女性展览做了不完全统计（见表 1、2），截至 2021 年 7 月，共收录 135 个展览于学术研究板块中，其中国内 79 展览个，海外展览 56 个[4]。

表 1.“丽人行——中国古代女性图像云展览”收录国内展览（按展览开始时间排序）

序号	展览名称（译名）	展览地点 / 平台	展览时间
01	美人如花隔云端：清代女性生活掠影展	北京艺术博物馆	长期
02	她叙事：藏品中的女性视角	广东美术馆	2021.07.24-2021.08.12
03	燕姬的嫁妆——垣曲北白鹅考古揭示的周代女性生活	山西考古博物馆	2021.04.18-2021.07.18
04	「她力量」线上艺术展	「她艺术 Her ART」艺术专业平台	2021.04.13- 今
05	“芬至她来——只把春来报”西安中国画院女画家作品展	西安中国画院	2021.03.08-2021.03.15

表 1.“丽人行——中国古代女性图像云展览”收录国内展览（按展览开始时间排序） **续表**

06	新安江上桃花红——明清时期徽州女性文物展	安徽博物院	2021.02.02-2021.05.23
07	衣袭华美——百年海派旗袍的前世今生	重庆中国三峡博物馆	2020.4.30-2020.7.26
08	玉汝于成——潘玉良的艺术人生	成都博物馆	2020.12.11-2021.03.14
09	饰代风华——江西省博物馆藏明代王妃首饰精品展	大连博物馆	2020.12.05-2021.03.05
10	韵致菁华—中国女性民族服饰展	漳州市博物馆	2020.12.05-2020.03.05
11	伊人如月 翠黛梨花——吉林省博物院藏仕女画专题展	吉林省博物院	2020.10.30-2020.12.10
12	她—女性形象当才艺	台北故宫博物院	2020.10.06-2020.12.27
13	潘玉良的美术课堂	安徽博物院	2020.10.01-2020.12.20
14	又见画魂——潘玉良艺术作品展	福建博物院	2020.09.26-2020.12.20
15	山一国际女性电影展	山一	2020.09.24-2020.09.29
16	彭薇：女性空间	广东美术馆	2020.07.08-2020.07.29
17	粉黛裙钗饰娇娥 妆奁器用暖闺阁——清中晚期江南女性用品展	海战博物馆	2020.06.30-2020.08.31
18	江南佳丽——苏州博物馆藏仕女画精品展	苏州博物馆	2020.05.18-2020.08.16
19	挽袖作新词 · 明清闺阁文化展	杭州工艺美术博物馆	2020.04.25-2020.07.26
20	三月花 一世念：清代江南女性生活与艺术展	镇江博物馆	2020.04.25-2020.06.21

表 1.“丽人行——中国古代女性图像云展览”收录国内展览（按展览开始时间排序） **续表**

21	“她”从画中来——女性主题年画展	山东博物馆	2020.01.26- 长期
22	她的芳华年代——近现代才女闺彦诗书画文献展	福建省艺术馆	2020.01.01-2020.01.12
23	风华绝冠 · 东西汇流	两依藏博物馆	2019.09.17-2020.02.27
24	忘忧草：考古女性时间	广东时代美术馆	2019.09.14-2019.11.17
25	物 · 色——明代女子的生活艺术	四川博物院	2019.09.12-2019.10.30
26	美少女の美術史展（美少女的美术史展）	台湾北师美术馆	2019.08.24-2019.11.24
27	风尚与变革——近代百年中国女性生活形态掠影	桂林博物馆	2019.05.14-2019.07.23
28	幻——鸥洋、杨缨双个展	广东美术馆	2019.05.10-2019.05.24
29	群芳谱——女性艺术家邀请展	798 国际艺术交流中心	2019.03.22-2019.03.28
30	春之歌——潘玉良在巴黎	安徽博物院	2019.03.21-2019.05.20
31	妍姿群芳——中国仕女国画特展	辽宁省图书馆	2019.03.13-2019.04.30
32	“奶奶 妈妈 女儿的画”——文林美术馆女艺术家邀请展	文林美术馆	2019.03.09-2019.03.22
33	绮罗粉黛——中国古代、近代女子妆裳掠影	潍坊市博物馆	2019.03.08-2019.04.08
34	2019 中国国际女性影展	英皇戏院	2019.03.07-2019.03.24
35	她说 HERSTORY 主题艺术展	上海喜玛拉雅美术馆	2018.12.16-2019.01.27

表 1.“丽人行——中国古代女性图像云展览”收录国内展览（按展览开始时间排序） **续表**

36	时代华彩——首届中国女美术家作品展	中国妇女儿童博物馆	2018.11.19-2018.12.05
37	HER KIND 创	筑中美术馆	2018.09.16-2018.10.14
38	衣袭华美—百年海派旗袍的前世今生 2018	大连博物馆	2018.09.14-2018.12.12
39	女神的装备—当代艺术 @ 博物馆：时尚的神话	杭州工艺美术博物馆	2018.09.08-2018.11.18
40	风尚与变革——近代百年中国女性生活形态掠影展	无锡博物院	2018.09.07-2018.10.08
41	她：妮基 · 圣法勒和沈远	上海当代艺术博物馆	2018.08.18-2018.10.14
42	黼黻文章——贵州民族服饰技艺展	贵州省博物馆	2018.07.27-2018.10.07
43	“潘多拉的盒子”：两依藏 20 世纪欧洲化妆盒手袋艺术展	杭州工艺美术博物馆	2018.04.29-2018.08.05
44	环肥燕瘦——汉唐长安丽人行	长沙博物馆	2018.04.21-2018.07.22
45	合中西于一冶——安徽博物院藏潘玉良绘画艺术精品展	深圳博物馆	2018.04.20-2018.07.22
46	百年时尚——香港长衫故事	广东省博物馆	2018.04.17-2018.07.17
47	铅华黛色——华雅斋藏闺秀书画集萃展	河北博物院	2018.04.17-2018.07.17
48	韵致菁华——中国女性民族服饰展	苏州丝绸博物馆	2018.03.08-2018.05.06
49	她的秘密：西方百年内衣	中国丝绸博物馆	2017.11.24-2018.03.25
50	女性与时代 · 百年中国女性艺术大展——迈向新时代	中国妇女儿童博物馆	2017.11.22-2017.12.07

表1.“丽人行——中国古代女性图像云展览”收录国内展览（按展览开始时间排序） **续表**

51	殷商王后——纪念殷墟考古发掘九十周年 · 妇好墓出土文物特展	长沙博物馆	2017.10.27-2018.03.04
52	国资风韵——苏州丝绸博物馆馆藏民国旗袍展	厦门市博物馆	2017.10.12-2017.12.04
53	潘玉良画展	山东博物馆	2017.09.21-2017.12.24
54	重生的风景：中国当代女性艺术大展	北京七臻美术馆	2017.06.24-2017.06.29
55	诉佳人：馆藏明清女性文物展	青岛市博物馆	2017.03.08-2017.06.25
56	壶阁传芳——常州画派女画家精品展	常州博物馆	2017.03.08-2017.05.07
57	关于爱的“情书”——潘玉良的绘画世界	重庆中国三峡博物馆	2017.03.07-2017.05.31
58	理性与感性：韩国女艺术家作品展	关渡美术馆	2017.02.24-2017.04.16
59	娴雅丽人——胡博综中国画展	无锡博物院	2016.11.05-2016.11.15
60	公主的雅集—蒙元皇室与书画鉴藏文化	台北故宫博物院	2016.10.06-2016.12.26
61	她们：国际女性艺术特展	龙美术馆	2016.07.23-2016.10.30
62	传奇妇好	山东博物馆	2016.07.20-2016.10.20
63	环肥燕瘦——汉唐长安她生活	西安博物院	2016.05.18-2016.08.18
64	王后 母亲 女将——纪念殷墟妇好墓考古发掘四十周年特展	首都博物馆	2016.03.08-2016.06.26
65	江南佳丽——苏州博物馆藏仕女画精品展	苏州博物馆	2016.03.08-2016.05.02

表 1.“丽人行——中国古代女性图像云展览”收录国内展览（按展览开始时间排序） **续表**

66	芒：女性艺术家五人联展	大韵堂美术馆	2015.11.28-2015.12.13
67	温 · 婉——中国古代女性文物大展	南京博物院	2015.08.10-2015.10.03
68	毫素风采——明末清初的女性绘画	台北故宫博物院	2015.04.01-2015.06.25
69	古画动漫——明仇英汉宫春晓	台北故宫博物院	2014.09.01-2014.12.31
70	盛世佳丽——唐代仕女生活展	深圳博物馆	2014.06.20-2014.10.07
71	她 时代	北京时代美术馆	2014.03.14-2014.03.25
72	画魂——潘玉良的艺术展	大连博物馆	2014.02.28-2014.05.25
73	四季 · 夏天——云南女性艺术展	TCG 诺地卡	2011.12.30-2012.01.21
74	自我画像：女性艺术在中国（1920-2010）	中央美术学院美术馆	2010.12.17-2011.2.20
75	四季 · 春天——云南女性艺术展	TCG 诺地卡	2010.03.05-2010.03.31
76	深度呼吸——中国当代女性艺术展	上海苏河艺术中心	2008.03.08-2008.04.08
77	清水芙蓉 · 铁线画魂——潘玉良女体主题展	苏州博物馆	2008.03.08-2008.05.08
78	“我们 women”新一代女性艺术家联展	熏依社画廊	2007.06.09-2007.06.27
79	清代妃嫔生活展	故宫博物院	2005.04.28-2011.06.30

表 1.“丽人行——中国古代女性图像云展览”收录海外展览（按展览开始时间排序）

序号	展览名称（译名）	展览地点 / 平台	展览时间
01	First in Their Field: Art（开创性的女艺术家）	（美）加州女性博物馆官网	长期
02	Marching Toward Empowerment（迈向女性权利）	（美）加州女性博物馆官网	长期
03	Women in Activism（行动主义女性）	（美）加州女性博物馆官网	长期
04	Women Artists of the Dutch Golden Age（荷兰黄金时期的女性艺术家）	（美）美国国家妇女艺术博物馆官网	长期
05	Dressed to Impress: Fashion in the Collection（印象着装：时尚的收藏）	（美）美国国家妇女艺术博物馆官网	长期
06	A Global Icon: Mary in Context（全球圣像：不同的玛利亚）	（美）美国国家妇女艺术博物馆官网	长期
07	Women of Mathematics（欧洲数学领域的女性肖像）	巡展	长期
08	Exceptional Lady with Extraordinary Skills（超凡女性 杰出技艺）	迪拜女性博物馆	长期
09	The New Woman Behind the Camera（相机背后的新女性）	（美）纽约大都会艺术博物馆	2021.07.02-2021.10.03
10	Elles font l'abstraction（她们创作抽象主义）	（法）法国巴黎蓬皮杜艺术中心	2021.05.19-2021.08.23
11	岡本東子個展「咲いて枯れて、咲く」（冈本东子个人展：绽放 枯萎 绽放）	（日）秋华洞艺廊	2020.12.11-2020.12.20
12	Made It: The Women Who Revolutionized Fashion（成功：革新时尚的女性）	（美）皮博迪埃塞克斯博物馆	2020.11.21-2021.03.14
13	田口由花・松浦シオリ 二人展（田口由香、松浦诗织二人展）	（日）秋华洞艺廊	2020.11.20-2020.11.28
14	Women Artists 2.0（女性艺术家 · 第二弹）	（美）东爱达荷艺术博物馆	2020.09.10-2020.11.07

表 1.“丽人行——中国古代女性图像云展览”收录海外展览（按展览开始时间排序） **续表**

15	Women Artists from the TAM Collection（女艺术家馆藏作品展）	（美）东爱达荷艺术博物馆	2020.06.02-2020.09.05
16	女のリアル（女性之实）	（日）秋华洞艺廊官网	2020.04.24-2020.05.11
17	美人画ルネサンス（美人图的文艺复兴）	（日）秋华洞艺廊	2020.04.01-2020.04.06
18	Votes for Women（女性投票：纽约选举权百年纪念）	（美）纽约博物馆	2020.03.10-2020.04.26
19	御殿物と女性たち（御殿物与女性）	（日）上方浮世绘馆	2020.03.03-2020.08.02
20	Women Who Rocked the Vote（撼动选举的女性）	（美）纽约博物馆	2020.03.01-2020.04.30
21	Fantastic Women（梦幻女性：从梅雷特 · 奥本海姆到弗里达 · 卡罗的超现实世界）	（德）法兰克福锡恩美术馆	2020.02.13-2020.07.06
22	Out of Place: A Feminist Look at the Collection（出格：女权视角下的收藏）	（美）布鲁克林博物馆	2020.01.24-2021.01.03
23	Portraying Pregnancy: From Holbein to Social Media（描绘孕育：从霍尔拜因到社交媒体）	（英）育婴堂博物馆	2020.01.24-2020.08.23
24	All Women（皆为女性（2020））	（美）轻时空画廊	2020.01.01- 长期
25	The Lives of Women: How have women progressed in Singapore since independence?（女性生活：新加坡独立以来的女性进步）	（新）新加坡国家博物馆	2019.11.02-2020.01.19
26	モダン・ウーマン—フィンランド美術を彩った女性芸術家たち（摩登女子：装点芬兰美术的女艺术家）	（日）日本国立西洋美术馆	2019.06.18-2019.09.26
27	The Ladies' Table（女士的桌子）	（澳）悉尼生活博物馆	2019.04.01-2019.07.01

表 1.“丽人行——中国古代女性图像云展览”收录海外展览（按展览开始时间排序） **续表**

28	All Women（皆为女性（2019））	（美）轻时空画廊	2019.01.01- 长期
29	Ladies of Quality & Distinction（女性之高尚）	（英）育婴堂博物馆	2018.09.21-2019.01.20
30	Women Of Note（瞩目的女性）	（英）育婴堂博物馆	2018.09.07-2019.08.11
31	Empresses of China's Forbidden City（紫禁城中的皇后）	（美）皮博迪埃塞克斯博物馆	2018.08.18-2019.02.10
32	Rebel Women: Defying Victorianism（反叛女性组织：违抗维多利亚主义）	（美）纽约城市博物馆	2018.07.17-2019.01.06
33	Iran: Women Only（伊朗：仅限女性）	（美）布朗克斯艺术博物馆	2018.06.06-2018.09.23
34	Inventive Women: American Women in Innovation and Invention（有创造力的女性：美国女性的创造与发明）	（美）美国国家妇女历史博物馆官网	2018.04.18- 长期
35	Women House（女性的家）	（美）美国国家妇女艺术博物馆官网	2018.03.09-2018.05.28
36	Votes for Women（为女性投票）	（英）伦敦博物馆	2018.02.21-2019.03.20
37	華やぐ江戸の女たち（花样江户女子）	（日）墨田北斋美术馆	2018.02.14-2018.04.08
38	All Women（皆为女性（2018））	（美）轻时空画廊	2018.01.01- 长期
39	El Tendedero/The Clothesline Project（晾衣绳计划：反女性暴力）	（美）美国国家妇女艺术博物馆官网	2017.11.10-2018.01.05
40	Female Images: From Biedermeier to Early Modernism（女性形象：从毕德迈耶尔时期到早期现代主义）	（奥）维也纳利奥波德博物馆	2017.07.07-2017.09.18
41	Revival（女性复兴）	（美）美国国家妇女艺术博物馆官网	2017.06.23-2017.09.10

表 1.“丽人行——中国古代女性图像云展览”收录海外展览（按展览开始时间排序） **续表**

42	All Women（皆为女性（2017））	（美）轻时空画廊	2017.01.01- 长期
43	A Year of Yes: Reimagining Feminism at the Brooklyn Museum（一年之约：在布鲁克林博物馆重塑女权）	（美）布鲁克林博物馆	2016.10.21-2018.03.04
44	Fashioning Yourself: A Story of Home Sewing（塑造自我：家庭缝纫的故事）	（美）美国国家妇女历史博物馆官网	2016.10.18- 长期
45	Teen Body Struggles（少女躯体的挣扎）	（瑞士）国际红十字会博物馆	2016.06.22-2017.01.08
46	All Women（皆为女性（2016））	（美）轻时空画廊	2016.01.01- 长期
47	Storm Women: Women Artists of the Avant-garde in Berlin 1910-1932（风暴女性：1910-1932 年的柏林前卫女艺术家）	（德）法兰克福锡恩美术馆	2015.10.30-2016.02.08
48	The Fallen Woman（堕落的女人）	（英）育婴堂博物馆	2015.09.25-2016.01.03
49	没後 50 年 ル・コルビュジエ — 女性と海（勒・柯布西耶逝世 50 周年展：女性与海）	（日）日本国立西洋美术馆	2015.07.14-2015.10.04
50	Picturing Mary: Woman, Mother, Idea（描绘玛利亚：女性、母亲、想法）	（美）美国国家妇女艺术博物馆官网	2014.12.05-2015.04.12
51	女の貌（女性之貌）	（日）秋华洞艺廊	2014.06.05-2014.06.17
52	Wicked Women: An exhibition by Rosemary Valadon（邪恶女人：罗斯玛丽・瓦拉顿展）	（澳）悉尼生活博物馆	2012.10.20-2013.05.26
53	Women Who Rock: Vision, Passion, Power（摇滚女性：愿景、激情、力量）	（美）美国国家妇女艺术博物馆官网	2012.09.07-2013.01.06
54	The Fertile Crescent: Gender, Art, and Society（新月沃地：性别、艺术与社会）	（美）普林斯顿大学艺术博物馆	2012.08.18-2013.01.13

表 1.“丽人行——中国古代女性图像云展览”收录海外展览（按展览开始时间排序） **续表**

55	Notorious & Notable: 20th-Century Women of Style（臭名昭著：20 世纪的时尚女性）	（美）纽约城市博物馆	2010.09.04-2011.01.02
56	Women Impressionists（女印象派画家）	（德）法兰克福锡恩美术馆	2008.02.22-2008.06.02

加上“丽人行——中国古代女性图像云展览”本身，自 2005 年至 2021 年上半年，有超过 136 个女性展览进入公众视野。相比各大博物馆、美术馆、艺术画廊在近 20 年间的成千上万个展览，女性主题只是沧海一粟，但却呈现出鲜明的特征，也反映出海内外社会对女性主题的态度和影响。

“男性凝视”是女性主义话语中的一个重点对象，指占据社会视角主导地位的男性会对同性产生自恋式的认同并同时客体化异性的观看现象，会使“观看”成为具有性意味和权力支配作用的行为[5]。对女性身份的固有定义以自然的姿态出现在国内女性主题展览中，文林美术馆的“奶奶 妈妈 女儿的画”、长沙博物馆的“殷商王后——纪念殷墟考古发掘九十周年 · 妇好墓出土文物特展”、首都博物馆的“王后 母亲 女将——纪念殷墟妇好墓考古发掘四十周年特展”等，在展览标题中对女性的社会身份进行了直接表达，将女性置于与男性密不可分的关联之中。对古代女性群像印象的反复强调则深化了男性感官下的美学选择。聚焦唐、宋、明、清女性形象的展览约占国内女性主题展览的3成，并在标题中多采用美学名词作为前缀，以燕瘦环肥、盛世佳丽为重点的唐代和以温婉柔美、妍姿娴雅为核心的明清又是其中最具代表性的两类，展品则多以饰件、人俑、书画为主，一旦展示未能辅以充分的科学阐释，或在女性视角方面有所缺失，很容易成为对古代社会男性眼中普遍美丽与宜家的女性形象的背书。

女性凝视对于女性展览的影响更为复杂，很难想象一个女性展览在策展过程中没有参考过任何女性意见，因此，女性在展览中处于一个微妙的位置，既是展览展示和被观看的客体，又是情感与信息输出的主体，当展览内容与个人经历产生一定差距的时候，女性便常常在参与其中却又置身事外的矛盾中产生割裂感，这种现象在女性策展人当中尤为明显。

尚未完全摆脱厌女文化影响的女性，在展览设计和叙事中难免受到自我厌恶的侵扰，而在很多情况下，这种影响是无意识的。其一就是对展览美学中男性喜好的认可。相较于题材选择和展览命名，展览在艺术设计上的性别文化表达是更为隐晦的。同于 2020 年开幕、选题背景相似的“挽袖作新词 · 明清闺阁文化展”（图 1）和“江南佳丽——苏州博物馆藏仕女画精品展”（图 2）在用色上如出一辙地选取了约 20 度灰调的马卡龙色，并以绿和粉为主视觉色，为观众营造了清新柔和的第一眼视觉。然而马卡龙色与明清仕女形象的色彩重合度并不高，这种割裂哪怕仅对比海报中的仕女形象也可清晰感知，当代马卡龙色的运用常和“可爱”“温柔”“少女”“食欲”等词汇关联，与仕女文化的相关性很难不令人联想到对仕女形象温顺内敛的要求，而这一观感的出发点来自于批判声音中的男性凝视和性别束缚。无独有偶，2018 年开幕的“环肥燕瘦——汉唐长安丽人行”（图 3）和“韵致菁华——中国女性民族服饰展”（图 4），虽然时代跨度不同，内容重合度并不高，但同样以普世观念中女性通用的粉色作为海报基调，则从另一个侧面体现了当代社会对女性的色彩定义作用于古代女性的影响力，这种为女性所认同的审美惯性甚至已经抛弃了历史联系的遮掩，直白地展现在观众面前。

对自我厌恶无法感同身受的女性，在厌女文化中的一种逃避方式是将自己作为女性中的“例外”，把自己之外的女性他者化，从而把厌女症转嫁出去，这种“例外”的常见策略有两种，一种是作为精英女性或“名誉男性”的“上行”策略，另一种是退出被估价的女性身份的“下行”策略[6]。对于古代和近代时期的历史性批判有时会陷入“上行”和“下行”的倾向中：前者在女性展览中的出现方式多是以等同男性成就的价值观来凸显近代“进步女性”和“新女性”的优越地位，这在国内曝光度远高于同时期其他女性的潘玉良选题上表现明显；

图 1. 杭州工艺美术博物馆“挽袖作新词 • 明清闺阁文化展”横幅

图 2. 苏州博物馆“江南佳丽——苏州博物馆藏仕女画精品展”海报

后者则更多地与前文提及的男性审美认同伴生，如北京艺术博物馆在“美人如花隔云端：清代女性生活掠影展”中对女性闺阁生活的暧昧态度，前言中将对封建礼教和世俗束缚的感受形容为“迷茫”，结语在“自由的新生活”中“追忆和怀念”“素手执针和红袖添香的温婉时光”，同时将未进入闺阁美学范围的封建女性和未必欣赏闺阁美学的当代女性抽离出了评估范畴，并在一定程度上站到了这种评估制度的产出一方，甚至可能协助体制的强化和再生产。

除性别二元凝视的差别之外，社会凝视的多样性还体现在不同社会形态对女性展览选题、视角和叙事的影响。这种影响首先体现在女性专题类博物馆的设置中：国内仅有的 2 座女性主题综合博物馆包括中国妇女儿童博物馆和陕西师范大学妇女文化博物馆，前者将妇女与儿童并列为专题关键词，后者则依附于特定大学的人类学研究；美国既有全国性的美国国家妇女艺术博物馆，又有地方性的加州女性博物馆，也有专题性更强的女性解剖学博物馆；迪拜、德国、越南、韩国等地有形态各不相同的女性博物馆；英国甚至有阴道博物馆……对展览选题方向和展示重点的不同倾向，则更为直观地投射了女性生存状态和权利意识的差异。在上述 79 个国内女性展览中，25 个来自美术馆、画廊、艺术平台等非博物馆机构，大部分为当代艺术类展览；54 个博物馆展览中，主要反映的是古代女性生活和历史文化，近现代题材集中于以潘玉良为代表的书画作品，对女性生活形态的变化偶有触及，完全着眼于当代的展览极少。56 个海外女性展览中，18 个来自非博物馆机构，38 个为博物馆展览，不同机构间展览类型的重合度更高，对古代、近代、现代的关注也更为均等。具体到展览选题和叙事文本上，女性解放和性别平权运动的发展历史将展

图 3. 长沙博物馆“环肥燕瘦——汉唐长安丽人行”海报

图 4. 苏州丝绸博物馆、中国妇女儿童博物馆“韵致菁华——中国女性民族服饰展”海报

览话题导向不同的角度和深度。经验较为丰富的欧美地区对女性艺术、女性成就、女性苦难等话题有较为普遍的探讨，在视觉设计、文本调性、展品选择中不乏大胆和反叛；而仍在传统文化与性别话语权中找寻平衡的中日等东方国家，则更愿意展示相对温和柔美的女性元素，在探讨性别关系进步的话题时也更为保守。

三 博物馆的反“厌女”努力

无处不在的社会凝视对博物馆展览产生着持续影响，但如果只从性别矛盾和厌女文化的视角看待博物馆女性展览，难免陷入犬儒主义的误区。自 20 世纪 90 年代的第三次浪潮至今，女性主义的议题从政治权利、社会地位、性别话语权平等等基本领域，向性暴力、生殖健康、

内部差异、亚文化等更为具体的女性权益延伸；有学者甚至主张，2010 年起女性主义已掀起第四次浪潮，即科技进步对女性生活的改变[7]。博物馆在这些浪潮中并没有失语，女性展览正是博物馆作为社会文化机构的发生装置之一。

对女性进步的直观表现，是女性主题展览反“厌女”最直接有力的方式。由中国妇女儿童博物馆主办、多次巡展的“风尚与变革——近代百年中国女性生活形态掠影展”[8]，通过女性近代社会生活的变化，从家庭与婚姻、服饰与身体、教育与职业等女性主义第二浪潮的典型领域和诉求反映女性社会面貌的焕新。在展示历史镜像和时代图景之余，展览将策展的重点落在中国妇女投身社会进步和谋求自我解放上，以历史实证妇女的群体发展对推动社会前进的重要性[9]。美国加州女性博物馆的线上长期展览 Marching Toward Empowerment[10] 以自工业革命至当代的女性游行和抗议为主题，以此阐述女性如何一步步“迈向”自己应有的权利。从殖民地时期追求女性工人健康工作和合理收益的保障，促进妇女儿童公共医疗体系完善，到破除种族歧视，争取女性选举权，再到抗议身体羞辱、情色产业、关系暴力，倡导完善生殖自由、LGBTQ 权利等人权问题的立法和政策，一面深入挖掘被历史问题遮掩的性别矛盾并进行大胆揭露，一面将女性参与社会制度改革，推动社会秩序合理化，追求自由、平等、幸福的史实清晰呈现，且对其中可能引起男性不适的内容毫不避讳。

博物馆女性展览表达反“厌女”的另一集中视角，落在对女性社会成就的关注和肯定。国内对女性成就主要聚焦于艺术领域。福建省艺术馆在 2019 年末举办的“她的芳华年代——近现代才女闺彦诗书画文献展”展示了近代以来在中国政治、文化、科技等领域做出突出贡献和具有一定社会影响力的女性名人的两百余件诗、书、画、文等作品，生于 19 世纪末的何香凝、宋庆龄、谈月色等，20 世纪的陆小曼、林徽因、张爱玲、周炼霞等，既囊括了普通观众印象中耳熟能详的才媛，也对各领域的其他杰出代表及多栖发展的大家有充分介绍。无独有偶，中国妇女儿童博物馆在 2017 年推出过“女性与时代 · 百年中国女性艺术大展——迈向新时代”，选取了更贴近当代生活的中青年女性艺术家及其作品，力图呈现新时代女性艺术与文化面貌。海外展览对女性成就的选题视野更为开阔，题材划分也更为具体。由德国多家机构联合创办的长期巡展项目 Women of Mathematics[11] 汇总了全欧洲 20 位投身数学领域的女性形象及其学术历程，自项目初期的 13 位至今，展览资料库和覆盖范围仍在持续丰富；法国巴黎蓬皮杜艺术中心的 Elles font l'abstraction[12]，意为“她们创作抽象主义”，对抽象艺术从起源到 1980 年代的历史进行了女性视角的重新诠释，将许多在本国之外缺乏知名度和认可度的女性抽象艺术推向更大范围的观众，阐述了近 110 位女性艺术家的具体贡献；美国国家妇女历史博物馆的线上展览 Inventive Women: American Women in Innovation and Invention[13] 列举了美国女性的创造与发明，既强调了妇女智慧对机械发展与技术进步不可小觑的推动力，也鼓励当代女性重视创新思维，不断自我提升……许多女性成就展已经突破了以男性作为对标参考体系的表达习惯，而是让话语权的重点回归女性本身，这也成为近年女性主义在展览中呈现方式变化的一大风向。

在许多主题或标题并未直接体现反“厌女”思想的展览中，辅助文本的语言常常表达出女性主义的思考，这一类具有反思意义的观点以若即若离的姿态穿插在展览叙事里，相比于以女性进步或女性成就等突出女性价值的展览来说，态度更为含蓄和温和，却成为国内女性主题展览的常用方式。镇江博物馆2020年的“三月花 一世念：清代江南女性生活与艺术展”中这样谈女性艺术：“尽管清代妇女大多仍旧遵循‘三从四德’的传统道德规范，她们却通过艺文活动等形式创造性地开辟了一个生存空间，开始逐渐摆脱封建枷锁，追求个人自由与个性发展的一面”[14]。青岛博物馆2017年的“诉佳人：馆藏明清女性文物展”特意以两个章节、通过对比的方式分别展示当时男性眼中的女性和女性心目中的世界，并提出“邀请您一起共同品读那时的‘她’，从而让我们更好地理解女性，并给予她们更多的尊重与支持”[15]。浙江省博物馆2021年的“丽人行——中国古代女性图像云展览”在开篇策展人说中提到“性别的真正平等至今仍困顿重重”，结语中以“两性在价值平等、能力平等、内心平等后才能实现权力的真正平等”呼应。这样的案例尚有很多，或许受制于展品资源、展馆性质、选题范围等因素，在这些展览中，女性主义思想未能成为文化脉络的核心，但至少证明了其在策展人中已普遍达到了萌芽及以上的状态。

如果说使用符合社会对女性的色彩定义和性别元素的设计是展览对“社会凝视”的妥协与认同，那么反舒适性的展览视觉呈现无疑是实现打破成见、自我呐喊并重新定义女性主题的叛逆行为。艺术设计形式的反常规通常需要合适的展览选题作为前提，因而在反顺从类题材和艺术类展览中更容易实现。海外展览的实例较多：如瑞士国际红十字会博物馆2016年的Teen Body Struggles[16]（图5），探讨了青少年在身体焦虑与疾病中的挣扎，展览的视觉体系是跳跃式的，既有看似美好的躯体幻想，又有放肆扭曲的肢体破坏与变形，将女性失去身心控制权的交织体验具象化于展览中；再如美国国家妇女艺术博物馆2012年的Women Who Rock: Vision, Passion, Power[17]（图6），以1920年至今女性音乐家在摇滚乐领域的历史成就为主题，与展览文本中使用的“女性统治”“创造与变革的引擎”“顶流”等极具挑衅性的说辞相匹配，展览视觉设计以负片贯穿始终，高明度的红、紫、桔搭配黑色，以强烈到不太舒适的冲击和张力彰显女性的不羁和能量；一个更有冲击性的例子是自2012年至今已在多地多次展示的Wicked Women: An exhibition by Rosemary Valadon[18]（图7），这个以女性犯罪形象为描绘对象的展览来自澳大利亚悉尼司法和警察博物馆的第一位常驻艺术家——Rosemary Valadon，她对“蛇蝎美人”的形象有着特殊的关注和表现，其画作只使用有限的几种颜色并且不使用黑色，红、蓝和绿的深浅色层叠加形成了浓郁热烈的氛围，画中女性锐利且常常直勾勾看向画面外的眼神极具不畏凝视和反“被定义”的色彩，与之相协调，展览的背景色也选取了大红、蓝黑等……国内为数不多的实践主要落在艺术类博物馆和美术馆，如杭州工艺美术博物馆2018年的“‘潘多拉的盒子’：两依藏20世纪欧洲化妆盒手袋艺术展”[19]（图8）中相对昏暗的照明系统及灰黑为主的色调，还有同年筑中美术馆的“HER KIND 创”[20]（图9）以白墙为基础、跟随展品色调变动的展览设计。“不够女性”和“不够舒适”的观展体验试图将观众从习以为常中剥离出来，持续审视女性真实面貌的多样性，不断反思和修正女性在“被塑造”的社会环境下形成的形象偏差。

图 5. 瑞士国际红十字会博物馆“Teen Body Struggles”部分展品

图 6. 美国国家妇女艺术博物馆“Women Who Rock: Vision, Passion, Power”，摄影：Lee Stalsworth

图 7.Wicked Women: An exhibition by Rosemary Valadon，摄影：spacesix 的碧海蓝天

图 8. 杭州工艺美术博物馆“‘潘多拉的盒子’：两依藏 20 世纪欧洲化妆盒手袋艺术展”展厅

图 9. 筑中美术馆“HER KIND 创”展厅

四 女性展览的未来

国际博协对当代博物馆的定义还停留在 2007 年，其中对博物馆社会责任的期许集中在“为社会及其发展服务”，而此后的 14 年间，全球社会在各个领域经历了诸多变革，第六次科技革命的影响下，社会生产关系、信息传播方式和精神文化生活的转变，都对作为社会文

化机构的博物馆提出了新的要求。2019 年，国际博协提出，由于博物馆在宗旨、政策和实践上的调整、转变和重构，目前的定义已不再能充分反映当下博物馆面临的挑战、愿景和责任[21]。同年，国际博协公布 200 余条博物馆新定义提案，其中，关于对社会责任的描述广泛涉及“公众交流”(莫桑比克、意大利、荷兰、法国……)“引领变革”（英国、阿根廷、哥斯达黎加……）“身份构建”（巴西、加拿大、塞尔维亚、秘鲁……）“平等”（伊朗、克罗地亚、瑞士、叙利亚……）“多元”（美国、挪威、澳大利亚……）等，虽然这些提案并未被采纳，但社会对博物馆的新需求从中可见一斑[22]。

女性展览作为文博类场馆发挥社会服务功能的一环，与其所在机构承担着共同的使命与责任，因此，女性展览的未来永远被置于社会的需求之下，也应肩负起应有的社会责任。如何在公众关注的促进社会身份构建、形成公共交流平台、推动多元平等发展等方面有所建树，成为社会变革和文化进步的助推器，也是本就具有社会学意义的女性主题展览进步的方向。

国内女性展览目前仍存在明显的短板，其一是题材选择的严重不平衡。“丽人行——中国古代女性图像云展览”及其收录的共计 55 个博物馆女性展览中，古代展 27 个，皆为以唐宋明清为主要历史时期的文物类展览，近代展 22 个，其中潘玉良画展 9 个、近代艺术生活展 8 个、民族服饰展 5 个，跨时期的西方题材（含中西交流）展 4 个，当代艺术展 2 个，对特定女性个体和特定历史时期的偏爱显而易见。博物馆作为人类遗产的收藏展示机构，在利用自身优势举办展览方面无可厚非，许多女性展览在面世之初就带有围绕馆藏展开的影子，也因此多具有“小”的特征。但从微观史学的角度出发策划的“小”展览，难以形成历史跨度较大的综合型女性主题展，也因此难以构建有效的历史发展链。而以大局视野铺设展览脉络的“丽人行——中国古代女性图像云展览”为宏观视角的女性展览迈出了有意义的一步，不但对女性图像的历史纵轴进行了描绘，还通过汇集 32 家博物馆含有女性形象的书画，建立了较为丰满的古代女性图像数据库，并以高清线上展的方式打破展览的时空壁垒，为多样化的观展形式提供了更多选择。虽然受到展品资源的制约，“丽人行”所收录的女性图像依然有限，对汉魏等历史时期、砖石画像等文物题材的视角有所缺失，但也无疑为综合性的女性主题展览提供了启发思维。

由题材选择引发的另一有待改进之处在于博物馆对当代女性状况关注的不足。当代女性的展示在国内更多的是交由美术馆、艺术馆、画廊等机构来完成的，相较于博物馆仅有的 2 个当代艺术展，25 个其他场馆的展览中，包含 18 个当代女性艺术展、1 个近现代女性成就展（诗书画）、2 个女性电影展、2 个专题画展（仕女图和日本美少女画）、1 个女性生态（考古女性时间）展，两者形成了鲜明对比。某种意义上来说，这类艺术机构的展览重点和博物馆倾向于选择已有的文物资源进行展示并没有本质区别，但这也正反映了，无论是哪一类场馆，都没有真正走出自己的舒适区域。

这种圈地自萌倾向的主题选择不仅使博物馆女性展览对当代女性的呈现处于缺位状态，也影响了古今女性在追求社会平等和性别权利时的情感链接，进一步导致了展览语言的单薄和内在逻辑的不足，即对女性权利诉求表达的模糊。而这种现象的直观表现正是前文提到国内女性主题展览中表达女性主义思考的常用方式，即通过辅助文本进行阐述。这样碎片化的反“厌女”语言对接受者——观众准确获取有效信息的要求很高，一旦错过展览部分内容文本，就可能忽视展览所蕴含的性别价值观点。为了更为完整地表意，许多展览设置了社会教育活动作为补充，通过人与人的直接沟通传达与阐释策展意图。这样的形式一方面的确更为清晰明确地进行了意识表达，但也一定程度上为展览本身不能充分彰显策展团队的价值取向做了开脱。以从古至今从未间断的女性艺术为例，当普通观众面对展览本身，能够从直抒胸臆的现代女性艺术展中直接对当代生活产生投影与共鸣，却以遥遥相望的好奇眼光探寻曾经的女性生活和审美视角，并仿佛感受到与自身体验的微弱关系，而不能形成两者在文化传承中的核心联系，也很难就其中的差异作系统性的对比，那么反思过去对推动女性主义发展和社会性别关系进步的作用必定是非常有限的。

国内外女性展览在话题多样性、关注重点、叙事逻辑、呈现强度等方面的差异，提醒着国内博物馆展览在反“厌女”的努力上可以更为犀利和深刻。素来习惯了以较为含蓄和稳定的态度“服务”社会，博物馆在未来社会中的角色可以不局限于推动者，而是向引领者逐渐转变。面对社会的脉动及民众所关心的议题，现代博物馆的展示教育不仅应该贯连古今，亦要折射时下社会真貌，甚至为未来提供思考与探索空间，这才是企及观众的关键所在[23]。性别议题的时代特征要求博物馆展览不仅要触及女性话题，还要对性别矛盾、女性生活问题、女性主义声音有所体现，提供可供交流与启发思索的空间，并对性别平等和社会和谐的未来进行展望，甚至提供具有理论价值和实践可能的解决方案。毫无疑问，以目前女性主义浪潮的发展阶段来看，对性别话题的探讨常常难以避免被赋予政治因素、经济利益和文化偏见的捆绑，即使在其原本所在的社会学领域，女性议题也一直是个相当敏感的话题，对女性相关问题的答案也几乎不具有唯一性。但这并不应该成为阻止博物馆进行大胆尝试的障碍，也不能将博物馆策展人员从直面社会问题、迎接社会变化中剥离。多元、创新、开放、学习的理念是必不可少的，在反思自我的同时，优秀的女性主题展览既需要博物馆能够走出自我的一方围墙，与同类甚至异类的社会机构展开广泛交流与合作，也需要不同区域、不同社会文化影响下的博物馆群体看到对方，形成良性互动。

无论今后的女性展览将继续以反叛的姿态高声抗争，或是在温和与有效的社会交流方式之间寻找平衡，抑或在目前东西方不同展示模式的碰撞下催生出新的形态，对博物馆而言，如何更充分地发挥文化机构在意识和价值导向上的社会影响力，并不断寻找、完善适宜和高效的表达方式，将会是未来相当一段时间内的任务与课题。

【注释】

[1] （日）上野千鹤子：《厌女》，上海三联书店，2015年，第1页。

[2] 界面文化编辑部：《不再沉默的女性 | 2020年性别新闻盘点》，界面文化，2020年12月27日，https://mp.weixin.qq.com/s/9QZivODmj9JDSm7MUos9eA。

[3] 青青子：《普通女性被看见的一年 | 追问2020》，新京报书评周刊，2020年12月21日，https://mp.weixin.qq.com/s/n3YGpuAR7h-ZQyf02HLP9w。

[4] http://www.zhejiangmuseum.com/lrx/#/，2021年7月31日。

[5] See Laura Mulvey, Visual Pleasure and Narrative Cinema, Visual and OtherPleasures (Bloomington: Indiana University Press, 1989), pp.14-26.

[6] （日）上野千鹤子：《厌女》，上海三联书店，2015年，第197页。

[7] 刘岩 等：《性别》，外语教学与研究出版社，2019年，第36页。

[8] http://file.guilinmuseum.org.cn/GLBWG/Topic/FS/SY.html

[9] 中国妇女儿童博物馆：《风尚与变革：近代百年中国女性生活形态掠影展》，科学出版社，2020年，第14页。

[10]https://www.womensmuseumca.org/marching-towards-empowerment-1

[11]https://womeninmath.net/

[12]https://www.centrepompidou.fr/fr/programme/agenda/evenement/OmzSxFv

[13]https://www.womenshistory.org/exhibits/inventive-women

[14]http://www.zj-museum.com.cn/zjbwg/zjbwg/zlgg/2020/04/23/0b609a9a70e2cf380171a484498d3c07.html

[15]http://www.qingdaomuseum.cn/exhibition/detail/408

[16]https://www.redcrossmuseum.ch/en/expo-temporaire/teen-body-struggles/

[17]https://nmwa.org/exhibitions/women-who-rock/

[18]http://www.rosemaryvaladon.com.au/

[19]http://www.zgdjss.com/#!/app/main/temp_exhibitions

[20]http://www.zzart.com.cn/news/70.html

[21]ICOM: Plenary | The Museum Definition: The Backbone of ICOM, https://icom.museum/en/news/icomkyoto2019-plenaries-the-museum-definition-the-backbone-of-icom/, 2019-06-13.

[22]ICOM: Creating the new museum definition: over 250 proposals to check out!, https://icom.museum/en/news/the-museum-definition-the-backbone-of-icom/, 2019-04-01.

[23]郑奕：《相关性 共鸣度 同理心——博物馆企及观众的关键所在》，《东南文化》2018年，第116页。

博物馆学与社会学的关系
——以“口述历史”为中心

于奇赫（北京博物馆学会）

摘要： 博物馆是社会的产物，社会学对于博物馆的研究，可以回答一些博物馆学不能回答的问题。口述历史作为一种搜集历史资料的手段，近年来在人文与社会学科中得到了普遍重视和广泛使用。作为社会建构与社会变迁的口述历史，不仅可以丰富博物馆历史研究的资料，还可以引起博物馆研究范式的变化。从博物馆的建设与组织出发，社会学视角的引入可以通过解构博物馆中个体的行动逻辑，探寻个体行为与博物馆发展以及宏观社会环境之间的关系。

关键词： 博物馆；博物馆学；社会学；口述历史；社会变迁

美国博物馆学家乔治 · 埃里斯 · 博寇(G.Ellis.Burcaw) 在《新博物馆学手册》中指出“博物馆是社会的产物”[1]，这同时也说明了博物馆学与社会学也存在密切的关联。博物馆学是研究博物馆的性质、特征、社会功能、实现方法、组织管理和博物馆事业发展规律的科学[2]；而社会学是从社会整体出发，通过社会关系和社会行动来研究社会结构及其功能、社会过程及其原因和规律的社会学科[3]。近年来，口述历史作为一种研究方法在博物馆中的使用越来越多，但大都围绕博物馆收藏、展示、教育等职能展开[4]。但是从社会学的角度出发，口述历史可以用于研究社会变动下的博物馆发展，这就涉及对于博物馆本身的研究，即对于博物馆作为一种社会现象的产生与发展研究。笔者不揣简陋，请方家指正。

一 作为社会现象的博物馆

严建强、毛若寒在《博物馆化的拓展：原因、进程与后果》一文中指出捷克博物馆学家斯贝尼克 · 斯坦斯基（Zbyněk Stránsky）在尝试构建科学博物馆学体系时，发现“博物馆”按照亚里士多德（Aristotle）的知识理论并不具有作为科学学科研究对象的稳定与永恒特质；“博物馆化”在斯坦斯基看来具有稳定性与恒久性的特质，是人类对物的一种独特的认知与态度[5]。而此次新冠疫情在全球范围内的大流行也让一些博物馆永久性关闭，这也从另一个角度表明博物馆与社会的关系十分密切，前者容易受到后者的影响。

根据国际博物馆协会在 2007 年第 21 届代表大会中对于博物馆定义的修订，同样可以发现博物馆与社会的密切关系。该定义中使用“有组织的”“非营利”“教育”“服务”“休闲”来描述什么是博物馆，而这些词语都与社会密切相关。在廖世璋的著作《博物馆社会学》中，第一章“社会生成的博物馆”就从“博物馆、个人与社会”“博物馆文化及文化公民身份”“文化治理与文化公民权”“博物馆作为知识殿堂、知识教育与治疗”和“再定义博物馆工作相关名词”五部分架构了博物馆与社会、博物馆与社会学的理论体系根基[6]。

博物馆馆学与社会学都研究“人”“物”“现象”，前者研究观众、藏品与参观、教育行为，而后者研究人是如何操纵、消费物，以及送礼、饮酒等行为。博物馆馆学习惯于研究博物馆之外的人，例如观众；尹凯则指出博物馆中的“人”不仅包括博物馆观众或社会公众，而且还包括物件背后的人，博物馆工作人员，甚至民族国家、经济利益的相关者[7]，而对于“博物馆工作人员”的研究可能需要借助社会学的视角才能够看清。

博物馆职能是否能够充分发挥，并不取决于博物馆学研究水平的高低，而是受到博物馆运营的影响。新华社记者朱幼棣曾经就一个著名的石窟存在保护和管理经费不足的问题采访了管理该石窟的博物馆馆长，馆长说：“申报世界义化遗产时，贷了一些款。本来还贷是有能力的，但门票收入大部分要上交地方财政，这是当地财政收入的主要来源之一，留给我们的就很少了。博物馆有一百四五十人，其实只要一半人就够了。可现在有用的专业人才进不来，又不得不接收安置领导的关系户。”[8]这位博物馆馆长口中所说的“领导的关系户”不属于博物馆学的研究范围，但是属于社会学中“人情社会”“熟人社会”或“关系社会”的研究范围。在关系文化中，通过这段文字可以看出博物馆似乎有义务向关系户提供人情帮助，这或许与博物馆馆长职位的认定与考核挂钩；而这位博物馆馆长也意识到关系文化阻碍了博物馆的健康发展，对于办公效率、公平性、经费都会产生影响。

博物馆职能是否能够充分发挥，并不取决于博物馆学研究水平的高低，而是受到博物馆管理的影响。汪红梅、王世平在谈到 20 世纪 80 年代的博物馆宣教部门的“三员一体”现象，讲解员除了完成本职工作外还要肩负卫生员与安全员的职能；虽然1986年天津会议提出了“将讲解员从三员一体中解放出来”的口号，但是在实践的过程中：“这种自上而下的措施也遇到了抵制，一些地方或者根本未动，或者出现反复，改了一段过后又重新回到‘三员一体’。在这些地方，宣教部门地位依然低下，依然是其他部门淘汰人员的收容站。”[9]从汪红梅、王世平的表示可以看出，这一时期博物馆存在着社会学中的“社会分层”概念，宣教部门讲自身在博物馆科室中所处的社会地位描述为“低下”；而社会分层的本质就是对不同的人群进行等级划分，才会出现了“其他部门淘汰人员的收容站”的说法。

二 作为社会记忆的口述历史

《中国博物馆学基础》中提到博物馆学与社会学的关系时，认为“从社会学角度研究博物馆，其中主要应研究人们是什么思想支配下参观博物馆的，这种思想是怎样产生的，与其本人的其他社会行为有什么内在的必然联系等等。而博物馆学研究博物馆的社会职能，其中一个主要方面，就是要研究博物馆这种社会现象，是怎样对人们发生作用的，它的社会地位如何。这样，博物馆学与社会学就有了一个交接点，由此也就产生了一个新的研究领域——

博物馆社会学”[10]。而如果需要回答“博物馆是怎样对人们发生作用的”，就需要结合个体的口述历史进行研究，这其中还涉及了社会记忆的理论。

（一）口述历史与博物馆

口述史学最初是在20世纪中叶，由美国学者和高校发起并推动的[11]。之后，这种方法被广泛使用于各行各业，多数情况下被视为是一种弥补现有档案不足的补充文献形式。目前对于口述历史的采集到整理工作，已经形成了较为规范的工作流程。钟少华认为“当利用口述史料的人，将之利用到对历史的考证或说明记录，就属于口述史学；将之运用到对社会上人机群体间的描述，就属于口述社会学”[12]。

很多博物馆都开展了丰富多样的口述历史项目，内容包括记录博物馆的建设历程、文物保护工作情况与某一事件亲历者事迹收集。在博物馆学的语境中，口述史主要围绕博物馆职能展开。金家玮认为口述史在博物馆中的作用可以归结为发掘藏品信息、作为展览的补充、提供展览的主要内容，以及应对敏感、争议话题的方式与增加与观众的互动[13]；此外，郭辉还提到了口述史为文物鉴定提供依据[14]，赖晓兰提出口述史可以推动博物馆藏品征集工作[15]。

口述史料使用时的复杂性就在于其真实性存在问题，刘小萌就指出：“口述史中包含各种不真实成分，几乎是难以避免的。因为时间久远，受访者记忆出现偏差，如记错了时间、人物张冠李戴、事件因果关系错乱等。而受访者站在今天的立场回溯历史，犹如带着一副变色镜去眺望远处的山景。”[16]而美国口述史学家威廉姆斯（THarry Williams）则表示：“我越来越相信口述史的价值，它不仅是一种编纂近代史的必不可少的工具，而且还可以为研究过去提供一个不同寻常的视角，即它可以使人们从内心深处审视过去。”[17]正如对于博物馆的收藏而言，一些藏品时代的真实性也难以保证。但是，赝本在制作流通的过程中也涉及到了一种历史，台北故宫博物院举办的展览“伪好物——16至18世纪苏州片及其影响”就关注到了仿作对于宫廷院体形成的影响[18]。因此，口述史中的表述方式、有意回避、自相矛盾或者拒绝说明，都可能涉及一段社会记忆与情感认同问题。

（二）博物馆口述史与社会记忆

20世纪末，社会学、人类学等领域展开关于社会记忆理论的深入研究。法国著名社会学家莫里斯 · 哈布瓦赫提出了“集体记忆”的概念，他说“过去不是被保留下来的，也不是依据个体记忆的简单累加而构建的，而是在现在的基础上被重新建构的”[19]。美国社会学家保罗 · 康纳顿在《社会如何记忆》一书也谈到：“任何社会秩序下的参与者必须具有一个共同的记忆。对于过去社会的记忆在何种程度上有分歧，其成员就在何种程度上不能共享经验或者设想。我们对现在的体验，大多取决于我们对过去的了解；我们有关过去的形象，通常服务于现存社会秩序的合法化。”[20]社会记忆理论认为，个体记忆是社会建构的过程和结果。

博物馆中是否存在被建构的集体记忆？或者说哪些社会记忆必须通过与博物馆有关的口述史才能够反映出来？在非国有博物馆馆长的口述历史中，都反复出现关于文化保护责任感的叙述。例如顺德南国丝都博物馆馆长吴英海说：“我觉得这段历史是需要有人去收集、整理和展示的。那我就想做这份工作，这也是我做丝绸这么多年的心愿，对顺德的一种感情，对行业的一种情结。”[21]建川博物馆馆长樊建川说：“从2005年博物馆聚落最初的五个馆开馆展览到现在，我已经做了十余年博物馆，十多年来收藏家国历史，我很充实，自问无愧于这个时代。我承担了我该承担的责任，有成就感，有幸福感。”[22] 云南人家民俗博物馆馆长谭忠文说：“所以，我们公司当时看到这种情况呢，觉得这些东西拆掉、丢掉太可惜了！于是每年就拿资金收集这些老东西，把它保护起来。”[23]

上述三位非国有博物馆馆长的口述史料体现出了一种文化自觉，他们对于中华文化都产生了强烈的认同感。但是他们没有选择成为一个收藏家而是成为博物馆馆长，从社会认同的理论上来看“归属一个群体就会获得一种社会认同”[24]，周晓虹认为“由亲历者口述而形成的超越个体经历的集体记忆，虽然是一种突生现象，但并不完全是单个的个体自发形成的或随意建构的，在某种命运共同体中原本可能相似的、也可能相异的甚至大相径庭的个体的记忆现象最终发生趋同，形成某种相对一致的集体记忆，究其根本，在于它们是以某种心理模板作为建构框架的”[25]。那么那时候的博物馆是如对于这种社会心态的形成起到了什么作用？这是一个可以使用社会学理论去讨论的一个问题。

三 作为参与社会建构的博物馆口述历史

回到博物馆产生的问题，按照社会建构主义的思路，博物馆是社会活动的结果。在口述史的材料中，人们如何去描述博物馆，也反映出人们如何认识博物馆：“在我们描述和解释之时，我们也塑造了我们的未来。”[26] 作为参与社会建构的博物馆口述历史，应该研究博物馆的社会发生机制与相互间的内在联系。因此，在对于口述史料的研究中，需要从社会学的角度观察行动者的互动建构博物馆的过程，重视行为体社会实践的结方法论上的意义果。

（一）博物馆建设

从 20 世纪 50 年代开始，中国向原苏联学习地志类博物馆的办馆经验，产生了一批综合类博物馆。进入 21 世纪前后，科技类、自然类、专题类博物馆开始增进，但这也受到了国外的影响。以中国丝绸博物馆为例，杭州市园林文物局局长施奠东在谈到该博物馆的建设时说道:“我除了主持参与过西湖风景名胜的保护、建设和规划外，还主持和参与了西湖周边的文化建设，如中国茶叶博物馆、中国丝绸博物馆、南宋官窑博物馆、胡庆余堂中医药博物馆，这四个博物馆与杭州旅游密切相关。1987 年，为了争取国家的旅游开发款项，我们充分利用两湖特色资源：杭州的丝绸、两湖的龙井、南宋的官窑瓷器（1985 年已经挖出了南宋的官窑瓷器）胡庆余堂中医药，提出了建设四大特色博物馆的设想。”[27]

在施奠东的叙述中，中国丝绸博物馆是结合杭州城市优势产生的，另一个目的是争取国家旅游开发款项。但是清华大学美术学院教授黄能馥又谈道:“丝绸博物馆是这样, 因为在‘文革’以前，1961 年的时候，周恩来总理在北京一次宴会上讲，他说：‘我到国外去，看到人家有他们的服装博物馆, 还有服装史之类的书。我们国家历史那么悠久, 而且我们是丝绸之国, 什么时候能看到中国的丝绸博物馆跟中国的服装博物馆？’……周总理 1961 年就提出来，要办丝绸博物馆与服装博物馆，‘文革’以后，浙江省委对这个很重视，他们就联系到国家旅游局。”[28]

所以，可以看到中国丝绸博物馆是在国家领导人的授意下产生的，并且也是间接地受到了西方的影响。另一种说法在时间上存在出入，但是内容一致：“1963年年初，周恩来对国家文物局局长王冶秋说，他出国访问时，常常被安排去看人家的历史博物馆、服装博物馆、兵器博物馆之类。[29]” 对于中国的一些专题博物馆来说，它们并不是以社会发展的需求为导向，而是受到传统政治体制的影响。博物馆是社会中决策权、领导权的一种体现，而“政治行为的规则”是最终决定博物馆建设的社会学决定因素。这种思维至今还在影响着中国博物馆的建设，例如南京博物院院长龚良在撰文谈到中国大运河博物馆的建设时，也是最先叙述了江苏省委书记、省委常委、副省长、扬州市市长等人对于博物馆建设的支持与肯定[30]。

（二）博物馆运营

目前中国博物馆自2008年实施免费开放以来，运营经费全部依靠财政拨款，原故宫博物院院长单霁翔描述为:“资金以政府拨款为主，工作人员一般都是终身制，工资是政府全额拨款，事业经费基本上以工作人员数为标准核算；人事制度全国一致，干部上级委任，缺乏激励机制。”[31] 这种状况让博物馆在之后的发展中存在很多问题，特别是在机制上缺乏活力，段勇指出“公益一类单位严格禁止开展任何经营活动”的规定严重制约了博物馆经营服务的积极性，“不仅弱化了博物馆的自我造血机能，产生扶弱但抑强的逆淘汰效应，而且也不能满足观众的正当愿望和必要需求”[32]。

近年来，有研究者就国有博物馆经营体制机制改革问题提出建议，其中提到了财务制度改革中的自筹资金问题[33]。而实际上，在20世纪90年代利用国有资产设立的博物馆中，就已经存在成功案例，但是没有经过博物馆学研究者的总结与分析。例如中国人民革命军事博物馆馆长袁伟说道：“经过这10年的创业，1997年我们自筹资金3000多万元，盖起了1．5万平方米的师团职干部楼，使全馆同志从根本上解决了住房问题；用有偿服务所得，弥补了每年1500多万元的事业费缺口；新建了办公楼、食堂、文体中心，所有办公室安装了空调，家家接通了直拨电话。”[34]

袁伟任馆长时的中国人民革命军事博物馆，正处在九十年代深化经济改革的浪潮之中。当时，事业单位鼓励发展“三产”“副业”，这其中就有多家博物馆的身影。在改革开放之前，国家的政权结构较为集中，地方政府对于城市发展的作用十分有限；社会的生产、流通、分配与消费都在计划之中，各部门的工作效率总体较低。1978年以后，中央政府将部分权力下放地方政府，特别是在工资调整、审查和批准固定资产投资项目等方面权力加大。改革开放使得整个社会关系发生了变化，作为社会关系的组成部分的博物馆也改变了原有的交际方式，与社会其他行业之间的关系逐渐加深。因此，在中国人民革命军事博物馆馆长袁伟的口述历史中，可以清晰地从社会变迁的角度看到博物馆发展的积极性是如何被激活的，博物院职工的生活水平也因为博物馆的发展发生了改变，这其中就包含了很多社会学可以研究的问题。

（三）博物馆观念

如果将社会学中关于社会变迁的概念引入博物馆学，那么可以从社会学的视角下讨论博物馆的变迁，或者说是博物馆观念的变迁。社会变迁“是指社会的发展、进步、停滞、倒退等一切现象和过程的总称”，这一概念“一般是用来描述那些包括特定的人口、地理环境以及政治、经济、思想文化等各种要素在内的社会整体性单位和社会综合性现象的系统变化，而不是指某些单一性要素的变化”[35]。博物馆观念的变迁，也就考察博物馆及其所在区域内的社会整体单位的变化，讨论什么构成了社会中博物馆观念的变迁，以及它是如何发生的。

以三星堆博物馆在 20 世纪的建设为例，三星堆博物馆原馆长肖先进曾谈到博物馆是依靠贷款建设的：“关于三星堆博物馆的建设，首先是资金问题。为了筹集资金，1995 年，我和德阳市委宣传部长在北京开餐厅，就是为了方便在北京的活动，一方面是扩大宣传和影响，让人们都知道广汉有个三星堆；另一方面也是为了多与国家财政部、文物局、文化部等单位和领导沟通。张爱萍将军还专门为三星堆文物题词‘沉睡数千年，一醒惊天下’。每年几十万的要钱和贷款，争取省和国家等各级政府和部门的支持，主要还是以贷款为主，贷款 2000 万元建设三星堆博物馆，现在称之为老馆。整个博物馆的建设费用是 3100 万元人民币。其中争取四川省和国家资金 1000 万元，贷款 1000 万元，还差基建公司 1000 多万元。有人会问我拿什么来还这 1000 多万？一是争取资金；二是门票收入。当我把账目交到市里，广汉市甚至愿意每年补贴 20 万元，也要把三星堆博物馆送出去。可是并没有人愿意接手，包括省里都不要。为了博物馆的更好地建设，也为了早日还贷，这些年有几次升迁的机会，我都放弃了。”[36]

2019 年 11 月至 2020 年 5 月新发现 6 座三星堆文化“祭祀坑”，引发了全球关注；而在 2020 年三星堆博物馆新馆建设也获得国家文物局批复，并面向全球征集博物馆建筑概念设计方案。面对三星堆的出土文物，通过口述史可以感受到 21 世纪前后四川省对于博物馆观念发生了翻天覆地的变化。肖先进馆长的口述历史引发了很多从社会学角度可以讨论的问题，例如中央与地方是如何看待三星堆遗址建立博物馆的？四川省投资协会是如何对于博物馆进行评估的？地方政府、博物馆与公司是如何进行利益衡量的？这些问题显然不是博物馆学所要讨论的问题，但是对于了解 20 世纪四川地区对待三星堆博物馆的社会心态十分重要。

四 结语

从中国现行的学科分类来看，社会学属于一级学科，而博物馆学是一级学科“历史学”下的二级学科“文物与博物馆学”中的一个分支。博物馆可以成为社会学研究的对象，而社会学的研究可以揭示很多博物馆学不能解决的问题。不论是博物馆社会学还是社会博物馆学，跨学科的研究视野总能提出新的问题与带来新的思考。而通过口述历史可以看到社会变迁下的博物馆结构变化、社会建构下的博物馆的运行与社会秩序中的博物馆发展，以及各种各样人组成的行动网络将博物馆与社会紧密地链接在一起。博物馆学和社会学的研究应该进行更为深入的融合，让社会学的理论照进博物馆复杂的结构之中。

【注释】

[1] （美）博寇：《新博物馆学手册》，重庆大学出版社，2011 年，第 233 页。

[2] 中国大百科全书总编辑委员会《文物 · 博物馆》编辑委员会、中国大百科全书出版社编辑部编：《中国大百科全书 文物 博物馆》，中国大百科全书出版社，1993 年，第 50 页。

[3] 王思斌主编《社会学教程》，北京大学出版社，2003 年，第 15 页。

[4] 陈海霖：《试论口述史在遗址博物馆中的运用》，《博物院》，2020 年第 3 期，第 19-23 页。

[5] 严建强、毛若寒:《博物馆化的拓展:原因、进程与后果》,《东南文化》，2020 年第 2 期，第 135 页。

[6] 徐一丹：《博物馆社会学：思想、概念与行动——简评——博物馆社会学》，《中国港口》，2018 年 S2 期，第 99 页。

[7] 尹凯：《从物到人——一种博物馆观念的反思》，《博物院》，2017 年第 5 期，第 6 页。

[8] 朱幼棣：《后望书》，北京联合出版公司，2016 年，第 133 页。

[9] 汪红梅、王世平：《浅论博物馆宣教工作的主体性》，成建正主编：《陕西历史博物馆馆刊》，三秦出版社，2007 年，第 301 页。

[10]王宏钧主编：《中国博物馆学基础》，上海古籍出版社 ,2001 年 , 第 28、29 页

[11]杨祥银：《当代美国口述史学的主流趋势》，《社会科学战线》，2011 年第 2 期。

[12]钟少华:《呼唤中国口述史学腾飞》,王俊义、丁东主编:《口述历史》第二辑，中国社会科学出版社，2004 年，第 269 页。

[13]金家玮：《博物馆语境下的口述历史探究》，《科学教育与博物馆》2019 年第 3 期，第 189-192 页。

[14]郭辉：《试析近现代纪念馆与现代口述史学的实践》，《佳木斯职业学院学报》，2011 年第 12 期，第 195 页。

[15]赖晓兰：《试论口述史成果在博物馆中的运用——以马王堆汉墓口述史为例》，《湖南省博物馆馆刊》第九辑，2012 年，第 668 页。

[16]刘小萌：《中国知青口述史》，中国社会科学出版社，2004 年，第 13 页。

[17]坎曼:《往事历历在目:美国当代历史写作》,第 394 页。

[18]邱士华、林丽江、赖毓芝主编：《伪好物：16 ～ 18 世纪苏州片及其影响》，台北故宫博物院，2018 年，第 2 页。

[19]莫里斯 · 哈布瓦赫：《论集体记忆》，毕然、郭金华译，上海人民出版社，2002 年，第 71 页。

[20][美] 保罗 · 康纳顿,纳日碧力戈译:《社会如何记忆》,上海人民出版社，2000 年，第 3 页。

[21]《顺德人顺德事》编辑委员会主编：《顺德人 顺德事——从农村到城市的嬗变（1949-2013）》，广东旅游出版社，2013 年，第 41 页

[22]樊建川：《我要建一个改革开放馆》，廖晓华：《四十年四十人》，浙江文艺出版社，2018 年，第 21 页。

[23]石群勇、龙晓飞：《文化自觉与民族记忆——民族地区民间博物馆生存现状及发展研究》，民族出版社，2018 年 , 第 228 页

[24]迈克尔 · A . 豪格、多米尼克 · 阿布拉姆斯,高明华译:《社会认同过程》，中国人民大学出版社，2011 年，第 4 页。

[25]周晓虹：《口述历史与集体记忆的社会建构》，《天津社会科学》，2020 年第 4 期，第 143 页。

[26][美] 肯尼斯 . J. 格根，郭慧玲等译《语境中的社会建构》，中国人民大学出版社，2011 年，第 3 页。

[27]施奠东：《西湖钩沉：打造最美的人间天堂》，肖婷整理,杭州市政协文史委员会,杭州文史研究会编:《杭州文史》第 6 辑 , 杭州出版社，2017 年，第 113 页。

[28]黄能馥：《锦绣流光：黄能馥口述史》，商务印书馆，2018 年，第 58、59 页。

[29]鲁建文:《过去的那些教授》,广东人民出版社,2017 年 , 第 164 页。

[30]龚良：《中国大运河博物馆的建设定位和发展要求》，《东南文化》2021 年第 3 期，第 119 页。

[31]单霁翔:《博物馆的市场营销》,天津大学出版社 ,2017 年 , 第 197 页。

[32]段勇：《当代中国博物馆》，译林出版社，2017 年，第 115 页。

[33]张舜玺：《国有博物馆经营体制机制改革研究》，《中国博物馆》2019 年第 4 期，第 18、19 页。

[34]孙燕明：《给军博插上翱翔的翅膀——中国人民革命军事博物馆馆长袁伟访谈录》,《中国文化名人访谈录》,西泠印社出版社 ,2006 年，第 350 页。

[35]吴增基、吴鹏森、孙振芳主编：《现代社会学》, 上海人民出版社，2018 年，第 297 页

[36]刘道军：《三星堆博物馆肖先进馆长访谈录》，《三星堆文明 · 巴蜀文化研究动态》，2007 年第 5 期，第 15 页。

博物馆女性主题展览的叙事转向与跨学科突破

赵甜甜（安徽博物院）

摘要： 当代女性主义研究和“她文化”的兴起，推动女性主题叙事日益成为博物馆展览的重要课题。近年来主流博物馆的女性主题展览实践，在展览叙事上，呈现出丰富多元的叙事视角、关联当下的叙事倾向、引发共鸣的叙事体验三大特点；在跨学科突破上，普遍引入生活史、女性史视角，以区域性别研究、跨界合作实验、数字科技利用为未来方向，呈现出更加紧密地与当下建构关联性的发展趋势。从最初被动地参与“她文化”建构，到当下主动探索以多元途径回应当代女性主义的议题讨论，当代博物馆以积极的女性主题展览实践，表现出紧跟时代、创新发展的叙事意愿和传承文化、服务当下的责任担当。

关键词： 女性主题展览；当代女性主义；她文化；女性叙事；跨学科研究

一 理论与现实：当代女性主义研究与“她文化”的兴起

（一）当代女性主义的研究趋向

20 世纪 60-70 年代，随着第二次女权运动的深入发展，原本以社会运动为诉求的女性主义逐渐关注到文化论述的价值，开始与各种主流话语展开对话，推动女性学、社会性别学成为学界新锐，至今在全球范围内取得长足发展。社会性别作为根植于人类社会建构的重要组织原则，与阶级、阶层、种族、族群等一样，成为研究人类社会与历史的基本分析范畴，在人文社科类学术领域被广泛运用。受后现代主义启迪，当代女性主义研究摆脱历史学客位观察的视角局限，与人类学、社会学、民族学等多学科交叉融合，关注口述史与图片收集的研究方法，从主位观察视角揭开女性史研究与历史事实之间存在的隔膜，进而批判和解构作为深层社会意识、思维习惯和文化符号的传统父权制文化逻辑，在理论层面呈现出三个研究维度（以海内外中国女性研究成果为例）：一是女性史研究。解构男性视角的历史书写，重新发现被历史所遮蔽的女性历史和女性经验，如伊沛霞《内闱：宋代的婚姻和妇女生活》、曼素恩《十八世纪及其前后的中国妇女》、白馥兰《技术与性别：晚期帝制中国的权力结构》等；二是当代性别研究。揭示现实社会中女性群体的客观处境与存在困境，推动社会发展政策转向，如罗香凝《另类的现代性：后社会主义中国的性别向往》、杰华《姐妹们和寄居者：中国进城妇女的故事》、朱爱岚《中国北方村落的社会性别与权力》等；三是区域性别研究。是将区域研究与性别研究结合起来，在特定的历史与地理情境中书写和再现中国女性作为性别群体和国民组织的成分，推动女性主义研究由普遍化向特殊化模式转变，如费侠莉《闺塾师：明末清初江南才女文化》、房琴《女性文集：乾嘉时期的海宁文人的身份认同、地方认同与权力》、贺萧《20世纪上海的娼妓问题与现代性》、金一虹《父权的式微：江南农村现代化进程中的性别研究》等[1]。

解构是为了更好地建构。当代女性主义在解构传统父权制逻辑，颠覆女性作为“欠缺的、顺从的、沉默的他者”形象的同时，也致力于开展对启蒙现代性和女性主义自身知识传统的深层次剖析和批判，以期从根本上摧毁二元对立的性别机制，重新建构一种相互包容、多元对话的新的话语体系与认知范式。也就是说，这一新的“女性的”叙事逻辑，不再是二元对立模式下与男权相抗衡的女权逻辑，而是基于一种平等的社会性别视角去对女性特质、女性意识、女性身份认同等概念进行重新定义[2]。在现实操作层面上，女性主义的话语体系建构不囿于理论研究者。事实上，随着当代女性越来越多地承担起多元化的社会角色，在文化、艺术、科技、影视等领域拥有越来越重要的公共话语权，女性在自我表达的道路上也寻求着更大的拓展。尤其是网络文学的兴起，为当代女性自我发声提供了自由广阔的平台。正是这一基于知识和想象之上，携带着集体无意识“身份反抗”的女性情感表达，让曾经小众的女性题材创作通过荧屏“她形象”逐渐进入主流话语，引爆社会话题，推动“她文化”在当代急速崛起。

（二）“她文化”的崛起与破圈

科技的发展和文化的力量赋予了新时代女性独立的勇气与实力，也推动了当代女性力量在全世界范围内充分崛起。女性崛起的背后是女性文化，亦即“她文化”的觉醒[3]。在中国，百年来女性解放的成就世所瞩目。改革开放以来，随着女性教育水平、经济地位和社会地位的不断提高，“她经济”的快速发展、“大女主”的网络创作也推动着以女性生活、情感、思想为主题的文化产品数量逐年增长。从《还珠格格》《流星花园》的草根女主，到以《甄嬛传》为代表的大女主，再到《欢乐颂》《三十而已》所塑造的都市女性多元人设；从电影《你好，李焕英》引发“母亲”话题热议，到综艺《乘风破浪的姐姐》让“姐姐”一词从称呼变成一种女性力量，当代女性独立自强的形象正在诸多领域被不断复制与呈现，“她文化”产业发展进入爆发期。女性题材的盛行，既展现出女性在消费文化中所释放的巨大潜力，也让公众感受到了女性意识的强烈表达。“她文化”的崛起，昭示着女性自我意识的觉醒和独立的文化选择，代表了女性地位崛起和两性平等追求，也彰显了当代女性拒绝“被凝视”，将女性价值投射于自身的主动姿态[4]。

“她文化”位列社会话题头部，推动当代女性主义去更加深入思考的问题是：较之于“可见的历史与不可见的女性”的女性主义经典命题，当下的社会或许更需要面对“女性如何被看见”的关键议题。可以看到，无论是“她剧集”还是“她综艺”，近几年的“她题材”更多着眼于现实主义题材，用女性视角、为女性发声，关注女性挣扎与传统与现代之间，在现实生活与职场竞争中寻求自我价值实现的努力，让那些在男性叙事中被遮蔽的女性情感、困惑、失语等逐渐呈现出来，与受众“共情”。这一题材取向既得到了女性受众的喜爱和认可，也赢得了各种力量中“他们”的理解与支持，进而形成了声援女性经济独立和精神独立的社会共识，在全社会范围内产生广泛影响[5]。荧屏“她形象”的成功所带来的启发是，女性主义的当代诉求，不仅要求女性将价值投射于自身的“自我凝视”，更要把握时代脉搏，契合社会关注，将女性置于社会历史发展的宏观情境中，由此唤起社会情绪，引发社会话题，让女性的社会性、当代性得到更多的公共表达，进而树立起当代女性的社会理想典型，为受众提供精神上和生活上的指引与启迪。当代女性主义寻求性别平等、包容对话的话语建构，与博物馆致力于塑造平等、多元、包容的社会理念，推动社会可持续发展的使命担当一致。作为连接历史、当下和未来的“文化中枢”，当代博物馆拥有着强大的公共话语权、文化解释力、社会影响力与媒体传播力，理应助力“她文化”的公共表达，营造“她文化”良好的社会舆论氛围，推动全社会形成理性认识，保障女性主义的良性发展。

二 实践与创新：博物馆女性主题展览的叙事转向

博物馆叙事基于文物与考古发掘成果之上，以展览为主要媒介。博物馆讲述女性故事，主要依托文化实物遗存，研究性别在构成人类社会历史、政治结构、经济制度、思想意识过程中所起的作用，反映历史上女性的生活概貌和社会参与，探讨、阐释与传播女性的当代使命、性别角色及其历史演变的现实意义，最终通过展览的形式予以呈现。20 世纪 80 年代，新博物馆学运动兴起，其关怀社群与大众化倾向推动博物馆走向多元叙事，女性主题叙事也逐渐进入博物馆。女性主题展览（以下简称“女性展”）旨在突破女性作为“第二性”被叙事、被表征的从属地位，再现历史上“失语”的多元女性形象，重构女性文化身份。展览既参与建构当代主流博物馆的女性文化表征系统，更关涉女性文化在公共空间正确表达、传播的重要社会议题[6]。为响应国家文物局“弘扬优秀传统文化、培育社会主义核心价值观”号召，当代中国主流博物馆的女性叙事更加关注在传统文化的嬗变中去重构平等和谐的社会性别关系，这与当代女性主义的研究方向一致。而近年来博物馆所开展的女性展实践，也确实或主动或被动地参与着“她文化”的话语建构。

事实上，与当代中国“她文化”最先呼应的，是美术馆举办的以当代女性为主角的系列展览，如 2010 年中央美术学院美术馆“自我画像：女性艺术在中国（1920-2010）”、中国美术馆“镜花水月——中国当代女性艺术展”、2014 年北京时代美术馆“她 · 时代”等，尤以“她 · 时代”最具代表性。展览通过“时代 · 家庭”主题标示男性、女性并非对立生态关系，而应携手创造成功的主旨态度，又通过“时代 · 容颜”“时代 · 喧嚣”两部分直指女性拒绝“男性凝视”、自我塑造身体和精神的时代话题，旗帜鲜明地呈现出女性在时代语境中的多维身份和社会问题[7]。而主流博物馆的女性叙事转向，则由 2015 年 8 月南京博物院推出“温 · 婉——中国古代女性文物大展”（以下简称“温 · 婉”展）正式拉开序幕。“温 · 婉”从形塑女性、女仕日常、才媛集艺、笔端容功四个方面还原古代女性的生存状态与艺术空间，以女性人视角诠释古代女性的坚定执着和聪慧才智。较之于“温 · 婉”展守正持中的温和取向，2016 年 3 月首都博物馆推出的“王后 母亲 女将——纪念殷墟妇好墓考古发掘四十周年特展”（以下简称“妇好”展）则从“她是谁”“她的时代”“她的生活”“她的故事”“她的葬礼”等 6 个部分，从“一国之后”（社会）、

"王子公主之母"（家庭）和"巾帼英雄"（历史）3个角色，全面展示妇好作为一个"大女主"的传奇一生。而同年5月西安博物院推出的"环肥燕瘦——汉唐长安她生活"（以下简称"环肥燕瘦"展）又从体态、服饰、妆容、乐舞、游猎5方面彰显汉唐时期长安女性开放自信的时尚生活。此三个主流博物馆的女性叙事分别从女性的德行修养、社会身份、都市风尚3方面，与当代"她文化"相呼应，在社会上产生较大影响。此后，博物馆的女性叙事开始呈现出多元化取向。2017年3月，青岛市博物馆推出"诉佳人：馆藏明清女性文物展"，从男性眼中的女子、女性心中与笔下的世界、女子衣装三部分塑造明清女性的优雅形象。2018年3月，湖州市博物馆推出"三月花 · 一世念：清代江南女性的生活与艺术展"，通过画中美人、镜里容颜、闺阁日常、闲情雅趣四单元，以"男性凝视下"的文人视角揭示清代江南女性独有的艺术美感。2019年3月，潍坊市博物馆推出"绮罗粉黛——中国古代、近代女子妆裳掠影展"，明确提出从"小历史"视角出发，着眼于寻常小物件，让女性形象回归女性本质。三个市级博物馆的女性叙事，既有不带倾向的，也有男性视角的，更有女性主义的。而2019年9月四川博物院推出的"物 · 色——明代女子的生活艺术展"，则创新性地邀请当代艺术家加入策展，围绕主题进行艺术创作，以当代人的视角穿越时空，通过影像形成古今对话，利用音乐引导想象空间，探索明代今朝的美好。2021年2月，安徽博物院推出"新安江上桃花红——明清时期徽州女性文物展"（以下简称徽州女性展），以新安山水为明线，徽文化为暗线，将徽商的缺席与在场，新安理学、徽州文书、徽州建筑等元素穿插其中，通过讲述徽州女性挑起家庭、宗族重负的一生，呈现出女性展的区域性别研究倾向。3月，浙江省博物馆上线"丽人行——中国古代女性图像云展览"（以下简称"丽人行"展），则在全面铺开中国古代女性生活画卷的同时，透过古代女子的禁锢与自由，引发对当代女性主义困境与突围的反思，启发更多女性对自身的关注与思考，面向公众倡导基于生存独立、三观持正、生活丰富之上的两性平权与性别平等。

近年来博物馆的女性展叙事，总体呈现出三大特点：一是丰富多元的叙事视角。在中国，以儒家思想为主的东亚文化历史背景与社会主义女性"半边天"的意识形态相碰撞，让中国的当代女性主义议题具有独特的重要性，也为博物馆讲述女性故事提供了多元的叙事视角和丰富的讨论空间。二是关联当下的叙事倾向。女性展多与三八妇女节相关涉，在节日前后开展，在节日期间发起女性话题讨论，推出女性主题社教活动等，都体现了策展人在展现古代女性风貌的同时兼顾联系当下女性生活的叙事意向。三是引发共鸣的叙事体验。女性展既讲述过去，关注当下，更着意提出问题，发起互动，促动社会讨论，引发情感共鸣，继而推动女性在自尊、内省的力量中表达自我、塑造自我，最终构建两性携手同进，"他时代"也是"她时代"的社会共识。从历史上"她是谁？"的多角度、艺术性渐次呈现，到当代女性关于"我又是谁？"的自我追问，博物馆从最初被时代潮流推动着向前，无意识、被动地参与"她文化"建构，到当下积极主动地探索多元途径参与当代女性主义议题讨论与话语建构，表现出紧跟时代、创新发展的叙事意愿和传承文化、服务当下的责任担当。

三 困境与突破：博物馆女性主题展览的跨学科实践

虽然近年来受“她文化”浪潮推动，博物馆女性展总体呈现出守正创新、多元发展的利好局面，但无法忽视的是，由于传统社会中男性长期掌控文化资源的选择、分配和留存，客观存在女性藏品稀缺并已被男权先行表征的现实状况，因此博物馆讲述女性故事，始终存在着诸多困境。在藏品研究阶段，女性文献史料贫乏、文物的女性属性缺失，让展览叙事逻辑受制于客观展品；在文本创作阶段，如何避免文化层面隐蔽的女性歧视，避免潜意识里对传统性别意识的自我认同；在展览设计过程中，如何突破“男性凝视”下主流审美建构的女性形象等，都是需要解决的问题。策展人尤要关注的，是如何突破展品的客观浅表性呈现，更多地将叙事深入到女性丰富的精神世界，揭示其所在的时代环境、生存压力、女性观念等，进而将话题引向当下社会女性平权等社会问题上，让展览叙事内容更加丰满，也更符合时代表达？这就推动女性展主动尝试去做跨学科的突破：

一是普遍从生活史角度呈现女性形象，展品覆盖女性日常生活用品，包括衣物、饰品、生活用品等，营造浓郁的女性生活气息。主题明确的如“环肥燕瘦”展全面展示女性时尚生活，“绮罗粉黛——中国古代、近代女子妆裳掠影展”旗帜鲜明地着眼于“寻常小物件”；主题糅合“生活”与“艺术”的如“三月花 · 一世念：清代江南女性的生活与艺术展”、“物 · 色——明代女子的生活艺术展”；在文本架构上明确体现的如“温 · 婉”展的“女性日常”、“妇好”展的“她的生活”等。需要指出的是，从生活史角度呈现女性形象，固然反映出策展人的主观叙事偏好，但更多的却是缘于女性展品稀缺的制约。女性日常生活用品是最直观的博物馆藏品，最易获取，也便于表达，但也因此容易陷入将女性物化、客体化的浅表性呈现，乃至进一步强化“男性的凝视”。要打破以藏品为主导的叙事模式，展示难以用实物呈现的女性文化的丰富性与复杂性，这既需要基于解构男权表征之上的文物再研究，更需要寻找女性叙事的多元视角。

二是引入女性史视角，突破官方权力话语建构的“节孝”女子形象。不仅将“被遮蔽”的母教功能释放出来，阐述母亲形象的家族意义和社会意义，更重视对女性日常生活、社会活动、历史地位的真实再现（如直接以“王后 母亲 女将”为主题的“妇好”展）。与社会史、文化史等相结合，拓宽对女性闺阁生活、婚姻形态、宗族关系、文化融入等的空间展示（如徽州女性展分为“闺阁 · 才媛”“女红 · 妆饰”“婚姻 · 家庭”“社会 · 典范”四个部分，系统展示明确徽州女性的一生）。除呈现女子群像外，部分女性展还着重展示个性化的女性生命体验，尊重并承认她们长期以来被淹没的特殊才能和她们在专业领域的地位（如“丽人行”展“闺阁芳菲”单元展现包括名媛闺秀、职业画家、青楼女子等不同阶层女性画家的艺术成就和人物风采）；关注传统女性在社会生活中的主动性，表达女性主动“塑造”历史文化的主体意识（如徽州女性展突破受程朱理学、宗族制度影响而“被塑造”为充满道学气的节烈女子形象，更加强调明清徽州女性主动承担家庭责任、宗族义务，与徽商一起共同“塑造”徽州文化的历史贡献）。

三是呈现出区域性别研究的倾向。主流博物馆多数也是区域博物馆，更多植根于所在地区，展示当地的历史遗存和文化多样性，因此博物馆讲述当地女性故事就显得更加从容、更为适宜，也更有说服力。如西安博物院的长安她生活展（“环肥燕瘦”展），安徽博物院的徽州女性展，湖州市博物馆的江南女性展（“三月花 · 一世念：清代江南女性的生活与艺术展”）等，都显现出明确的地域性取向，尤以徽州女性展最为明确。展览经过“闺阁 · 才媛”“女红 · 妆饰”的铺垫，以巨大的反差，在第三部分“婚姻 · 家庭”凸出性别失衡与社会稳定问题，着重讲述明清徽州男性普遍外出经商导致的性别失衡和婚姻挤压对女性所造成的巨大精神创伤与权益侵害；在第四部分“社会 · 典范”，则彰显女性当家的社会意义和经济意义。面对男性缺席的现实处境，徽州女性不仅承担起家庭内部的主要劳动，成为家庭生活的主要决策者（徽州土地买卖文书与分家书中的“主盟母”），更在宗族社会中由被动的参与者变为主动的建设者（“巾帼丈夫”胡重娘兴修宏村水利），成为地方知识的保存者、传统经济的顶梁柱。这样的叙事角度，与当代女性主义的区域性别研究、“她文化”对女性独立自主的追求相一致，更容易引起社会共鸣，也更具当代性。

四是呈现出融合传播学的发展趋势。2018 年，国际博物馆协会（International Council of Museums）将国际博物馆日的主题确定为“超级连接的博物馆：新方法、新公众（Hyperconnected museums: New approaches, new publics）”，鼓励博物馆积极利用数字化、社交媒体等科技手段，主动融入这个超级互联的世界，开创藏品阐释与展示的新方法，吸引新公众。这在近年的博物馆女性展实践中也有明确体现。传播学与展览的融合趋势具体体现在两方面。其一，以展览为媒介，探索文博与传媒结合的力量。媒体人具备强大的社会热点嗅觉和话题敏锐度，文博与传媒的深度融合碰撞，将带动不同行业、不同知识结构的策展人加入展览策划，探索以当代表现手法呈现历史文化，让展出的古代文物与当代知识背景结构下的公众关注产生联系，大幅提升展览的当代性与多元视角。如四川博物院“物 · 色——明代女子的生活艺术展”，就是在四川日报报业集团与四川省文物局及四川博物院等省内重点文博单位签署的“文博 + 传媒”战略合作协议框架下，由四川文化传播有限公司、封面新闻与四川博物院进行首次合作，同时联合四川大学美术馆艺术家团队共同打造了一场“文博 + 传媒 + 当代艺术”的跨界实验展览[8]。其二，在后疫情时代，以数字化思维策划“云展览”。2020 年以来，新冠疫情肆虐全球，迫使博物馆思考线上线下混合发展的可能性。进馆人数不再是衡量博物馆观众量的唯一标准，未来更多是利用数字科技保持博物馆活力，依托社交媒体拉动博物馆人气。在此背景下，线上展览正在成为博物馆的重要展览类型和大众的文化生活方式。如浙江省博物馆“丽人行——中国古代女性图像云展”，即首次尝试以数字化手段突破收藏和地域藩篱，汇聚 32 家博物馆千余幅珍品馆藏，以不断更新的展品库打造“永不落幕”的展厅；又以展览为内核向外辐射，延伸至 1000 余项学术成果、100 余个国内外女性展、220 余件文创产品，为观众构建起超越时间和空间的超级链接；还增设了在线观众调查与互动，让观众在探索、学习、分享过程中引发女性话题讨论等[9]，以开放、包容的姿态为博物馆未来线上展览实践树立了标杆，影响深远。

当下，博物馆的女性展数量尚不足以构成一个有效的女性文化表征系统，女性展的跨学科突破也方兴未艾。博物馆讲述女性故事，尚有更多元的叙事视角、更广阔的探索空间与无限的生长潜能。随着当代女性主义更加深入发展、“她文化”由急速崛起逐渐沉淀为社会共识，女性展也应透过女性史、生活史等多元视角，以区域性别研究、跨界合作实验、数字科技利用为未来方向，更加紧密地与当下建构关联性。尤其要重视博物馆与当代艺术的结合、口述史和图片收集方法的利用。前者，较之于博物馆基于文化沉淀之上的守成姿态，当代艺术代表着突破与创新的能量，更能激发当代公众的情感共鸣及对打破传统话语权的反思。后者，口述史能颠覆以男性为中心的书面文字权力，图片收集的方法则有利于获取更新的、更为生动的资料，这在博物馆“为明天收藏今天”的征集理念下理应得到应有的重视，并发起积极的行动。女性展更多吸纳当代艺术、口述史和图片资料等当代元素，将有望打破博物馆固化边界，畅通历史、当下和未来的沟通渠道，更多回应当代女性问题的多元探讨，推动基于两性平等之上的社会可持续发展。

【注释】

[1] 荆世杰：《全球化的社会性别学与中国社会性别研究的趋向》，《社会科学家》2007 年第 3 期。

[2] 倪志娟：《当代女性主义的意义综述》，《山西师大学报（社会科学版）》2009 年第 6 期。

[3] 《蒙曼：女性崛起背后是“她文化”觉醒》，[EB/OL] [2019-4-9] https://baijiahao.baidu.com/s?id=1630326744775195409&wf-r=spider&for=pc.

[4] 杜鹃：《理性审视“她文化”的兴起》，《社会科学报》2021 年 1 月 21 日第 004 版。

[5] 龙煦霏：《“她文化”引爆“她经济”“她时代”的效应及趋势》，《中国商界》2021 年第 1 期。

[6] 徐玲：《博物馆讲述“她”故事：博物馆与女性主题展览》，《东南文化》2018 年第 2 期。

[7] 《〈她 · 时代〉展览》，[EB/OL] [2014-3-12]http://art.china.cn/tongzhi/2014-03/12/content_6736994.htm.

[8] 《省博掀起“大明风”，61 件明代网红爆款复原古代美女的精致生活》，[EB/OL] [2019-9-12] https://www.sohu.com/a/34-0612321_120089198.

[9] 《如何与千件古代女性图像云上“相遇”》，[EB/OL] [2021-3-8]https://baijiahao.baidu.com/s?id=1693635745685940419-&wfr=spider&for=pc.

从性别对立到和谐共处
——女性主义社会学视野下博物馆女性主题展览研究

刘 榴（安徽博物院）

摘要： 对比发达国家20世纪80年代发起的设立女性主题博物馆和女性主题展览的热潮，我国传统博物馆对女性主题的关注虽然起步较晚，却不乏有益的尝试。通过对首都博物馆、浙江省博物馆、安徽博物院等多家主流博物馆近年来女性主题展览相关实践的研究，引入女性主义社会学作为理论支撑，重视社会生活领域下的女性参与和性别因素对社会发展的影响，从博物馆如何打破男性主义叙事结构、塑造新视野下的女性角色、挖掘女性在展览中作为“他者”的经验和价值等多个方面，探讨社会学视野下博物馆女性主题展览策展理念和叙事结构的新趋势和新特征，以及如何去引导观众关注女性生活、关注女性文化。

关键词： 博物馆；女性主义社会学；女性展览

女性主义，在英语中“Feminism”，起源于法国，最初是用来描述当时的妇女争取选举权等运动，目前“泛指为妇女争取平等权利和机会的一种信仰和行为，即是一个社会变革的建议，一种力求结束妇女压迫的运动[1]”。随着社会的发展和进步，近年来，女性主义研究逐步从边缘走向中心，和社会学理论研究产生了千丝万缕的联系。社会学研究给女性主义研究开辟了新的视角，同时，女性主义研究也为社会学研究注入了新鲜的血液，引入了新的研究内容。安东尼·吉登斯在他的《社会学》论著中指出：“性别关系问题对于社会学分析来说是如此根本，以至于不能将其简单地归并成为社会学的一个分支学科。”[2] 女性主义不仅仅是社会学研究的重要分支，更丰富了社会学的理论。女性主义社会学研究，源于20世纪60年代末70年代初，西方女性主义运动的“第二次浪潮”在各学科领域掀起的一场“性别革命”——其主旨在于揭示西方传统学术中的性别偏见和男性中心的假设，将被忽略和排斥的女性经验有形化、合理化，使女性成为研究的主体和知识获取中的主体，并以性别化理解的方式重新诠释现有知识框架和社会现象，构建一种女性主义学术。社会学中的女性主义研究集中于对学科本身的男性中心导向的批判，倡导在女性经验基础上建立新的学科范式。“由于立足于一种全新的社会性别视点，强调女性作为‘他者’的经验和价值，女性主义社会学开辟了一种日常生活的社会学图景”[3]。而从更深层的角度来说，女性主义实践浪潮从本质上来说反映了一种跨性别、跨国界的，以平等、发展和和平为运动主题的新的沟通、合作和交流的方式。女性主义实践的目的不仅仅局限于为女性争取权利和平等，更是将全人类的进步和发展作为追求的远大目标。从这个意义上来说，女性主义实践的关注点已经从争取妇女在法律上的平等，进展到妇女在社会进程中的作用和地位。女性主义社会学的最终目的，是既坚持以社会学一直以来用自然科学的技巧和模式去如实描绘社会秩序和人类行为，同时，也相信女性研究不应处于社会学的边缘地位，而是在社会世界中，如同在自然界一样存在着一种合理的自然秩序，而关于女性和家庭的位置就是构成这一合理秩序的一个部分。"女性主义社会学……其所特有的女性主义的特征是对女性从属地位进行质疑和挑战，这包括对妇女过去和现有地位的批判性审视，以及向占统治地位的传统家长制及观念进行挑战"[4]。

博物馆女性主题展览中为什么要使用女性主义社会学理论？在现代社会中，博物馆的功能得到了更广泛的发挥，充当了知识传播的重要手段，而展览正是博物馆传播的主要媒介之一。展览由策展人、文物、观众之间的对话构成，在展览中，性别意义的公共交流成为可能。随着女性主义浪潮的进一步发展，妇女的身份、历史和文化成为人们关注的焦点，作为公共交流的平台，博物馆在重建女性历史和文化方面的意义也逐渐凸显。近年来，以女性为主体的专题博物馆的兴建、越来越多以女性为主题的专题展览的策划开展，也说明了曾经被称为为"第二性"的女性身份和女性文化越来越受到人们的关注。而博物馆的女性主题展览，也逐渐转型，从最初的关注女性的外在表征，到关注她们的生活空间、精神世界乃至于打破人们对博物馆男权话语体系下对女性形象的固化，真正从女性视角出发，构建更加公正真实的女性文化身份，为女性话语的沟通和交流开辟空间，从而促进两性之间的和谐发展。从这个角度来说，博物馆在深入挖掘、研究馆藏相关文物，打破传统文化中边缘化、标签化、身份固化的女性形象，重构女性文化身份，弘扬优秀女性文化上都将发挥着重要的作用。

一 打破对立，构建女性主义社会学视角下的新的叙事结构

社会冲突理论认为，社会的变革与进步是通过不同群体和阶级之间的彼此冲突和斗争实现的，男性和女性就处于冲突对立的双方[5]。女性主义社会学理论则对将复杂的世界划分成两个简单的对立项表示了质疑，例如男性与女性、理性与感性、思想与身体等等，这种思维方式强行拆分了二者之间相互渗透和紧密交织的复杂关系，将复杂的关系简单化、机械化、对立化，并由此产生了优势地位一方的等级观念的存在。打破二元思维模式，表现在女性主题展览的策划中，代表了多重含义：策展人不仅要打破传统的男性主义叙事模式，更要探索如何建立在女性主义社会学视角下的新的叙事结构。我们不仅要"破旧"，更要"立新"。如何"立新"？首先，博物馆应该利用自身优势，发挥自己的社会功能，并在此基础上，提供女性空间。博物馆作为介于私人利益和国家权力领域之间的"公共领域"，为公众提供可以公开、公正、自由的对话空间是其重要的社会功能之一。而事实上，目前博物馆所展示的，依然是以男性话语为主流的历史叙事模式，女性在其中是一个"被沉默"的群体，被刻意地忽略了。博物馆作为由对话构成的公共领域，需要重新审视女性的社会性别，通过展示鲜明的女性主

题展品，关注妇女的身份、历史和文化，而这一点，是我国目前众多博物馆所缺失的。近年来如雨后春笋般涌现的女性主题临时展览呈现出逐年递增的趋势（见下图 1），也表现了时代发展背景下，越来越多的公众关注到女性在博物馆中的“失语”状态，越来越多的策展人开始聚焦女性主题，博物馆开始为女性提供表述其身份、历史和文化的交流空间。

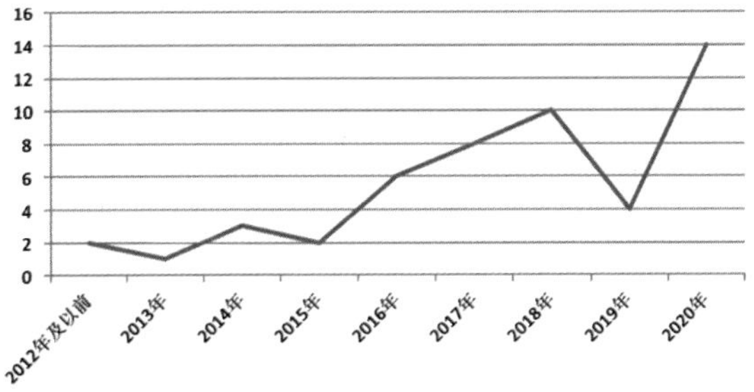

图 1. 2005-2020 年间博物馆女性主题展览数量

其次，打破二元思维模式，在展品的遴选和文本的撰写中，是否需要摈弃男性相关的展品？实际上，完全摈弃男性相关的文物是不正确的，更是不现实的。为了构建女性话语体系而令男性失语，也是一种性别对立的表现。从外，虽然历史上不乏优秀的女性艺术工作者，但由于历史的局限性，她们的作品乃至女性相关研究文献史料都留存甚少。留存下来的女性相关文物，在男性主义话语体系中又多被赋予了其他的象征意义。因此，“在女性藏品稀有并已被男权先行表征的情况下，博物馆女性主题展览不得不面临复杂的藏品重新解读的困境，即必须在结构或消弭男权表征的基础上，重新阐释藏品意义，以再现复杂的女性文化”[6]。

对于众多区域博物馆而言，受到展品的限制，现有的女性主题展览多聚焦特定历史阶段、特定地域或特定职业的女性群体或个体，例如安徽博物院的“新安江上桃花红：明清时期徽州女性文物展”关注徽州地区的女性、“挽袖作新词：明清闺阁文化展”关注明清时期中上层阶级的女性、“流芳未歇——明清时期女性画家作品展”关注女性画家等等。在展品的遴选中，多数区域类博物馆选择馆际合作的模式，丰富女性相关展品以支撑展览的完整性，而浙江省博物馆 2021 年所推出的“丽人行——中国古代女性图像云展览”，不仅聚集了 32 家博物馆 1000 余幅古代女性图像，还极具创新性的采取了数字展览的模式，一定程度上解决了女性相关展品的稀缺和分散的问题。在男性相关展品的选择和处理上，除了部分以女性个体创作为展览主题的展览，多数女性主题展览中展示了男性绘画、诗词、书籍等艺术作品中的女性形象，这也一定程度上表现了我国古代男性凝视下的女性形象。策展人通过这种方式，既可以一定程度上弥补女性形象主题展品的缺失，更可以引导观众，通过画中的女性形象反观、审视隐藏在画后的“凝视主体”——男性创作者，了解不同时代下男性对女性的审美取向，以及对不同女性的阐释态度。他们以男性价值标准和审美趣味来塑造女性形象的行为，一定程度上也反映出当时男女地位的不平等。

第三，在构建新的以女性主义话语为主导的叙事结构时，为突出鲜明的女性特质，是否只能展示女性极具普适性和认同度的“温柔、贤淑、才华”等特征？我们是否只能将她们塑造成受剥削、受压迫的封建女性形象？这些无疑都是用传统的二元思维来审视女性主题展览，这种思维下的女性展览，以简单对立的模式来看待社会性别之间的关系，无疑忽视了不同历史发展阶段以及不同地域环境下对女性生活产生的影响，更遑论对不同社会、阶层背景下的女性生活的复杂性。例如高彦颐在他的《闺塾师：明末清初的才女文化》一书中所指出的：“只有运用这种‘双焦点’的历史视角，我们方可逐渐理解无论是‘女性是受害者’这一假设，或与其相对的‘女性是动因’的说法，都不能完全传递出明末清初女性受压和拥有机会的范围。”[7] 同样，这种以更加复杂和成熟的视角去审视古代女性生活的展览，随着社会的发展和进步也愈来愈多。“丽人行——中国古代女性图像云展览”中所使用的叙事结构，分别选取了不同时期女性图像的视角、男性创作者的视角、妆容、首饰、衣着等女性外形之视角、从室内的闺阁天地到户外的园林山川，女性的活动空间视角、琴棋书画的精神寄托、相夫教子的日常生活和女工劳作的生产图景等日常生活视角以及第五单元女性画中的“她”视角……多元立体地呈现了古代女性的生活和形象。通过这五个视角，不仅展示了不同时期社会风貌下女性形象的多样性，更引导观众跟随她们的足迹，探索她们的生活空间，感受她们的日常生活，赞叹她们的才华横溢。正如策展人在结语中所说：“在道德层面，只有人与人的差别，没有男性与女性的差别”。总而言之，博物馆在打破两性之间的对立，打破男性主义叙事结构的同时，更应该为女性发声和交流提供充分的公共空间。同时加强馆际合作，根据馆藏优势，加强女性群体或个体相关文物、文献和史料的相关研究，将女性展览作为地方优秀传统文化展示中的重要一环。

二 发展的视角，塑造新视野下的女性角色

女性主义理论更倾向于使用过程思维而非静止思维来处理因果关系。男权主义思想中通常以固定的模式来审视女性。而正如波伏瓦所说：“女人不是天生的，而是后天形成的……女人只是文明的产物，他人对她的命运的干预从开始就有，如果这种行动朝另外一个方向发展，它就会达到完全不同的结果。”[8] 而过程思维则是探究事物产生的过程，采用历史地思考其中的动态变化关系。社会功能学认为，社会是有机整体，家庭是社会的一个功能单位，女性的功能只能是在家庭中担任妻子或母亲的角色。女性独特的角色分工和功能分化，是社会体制的自然演化形式。这个观念显然是固化的，如高彦颐所说：“女性的位置不是一个隔离的生存空间或存在领地，而是居于社会整体存在中的一个位置，将男和女归于相互隔绝的空间，通常反映的是父权制的愿望，而不是真实的社会现实。”他认为，为了消除非历史的偏见和修改女性受害形象，中国妇女历史研究必须对特定的阶段和个别地区予以更多的关注，同时还要高度重视妇女之间的社会、阶层背景差异，最重要的是，妇女历史必须被更深地置于中国整体历史之中。由于中国古代历史中，女性一直作为男性的附庸而存在，封建社会的女性深受“三纲五常”“三从四德”等传统思想的影响，博物馆在处理女性展览中的女性形象时，多关注女性的闺阁和家庭空间。通过统计 2005 年至今开展的 53 个博物馆女性主题展览中，以女性相关书画作品为展览主题的有 20 个，占比 38%；以女性服饰为展示主题的有 13 个，占比 25%，其余以女性生活为主题或以形象、才艺等多种品类综合性的展览（这两类某种意义上具有重复性）20 个，占总比的 38%（见下图 2）。衣饰、书画将女性形象的塑造拘囿在家庭和闺阁之中，这种空间中的女性形象真实，却并不完整，不能代表中国古代女性的所有特征。但是从 2016 年至今，越来越多的展览开始将视角扩展开去，从关注女性的闺阁、婚姻和家庭到关注女性的交游活动、经济活动、

社会活动，从关注她们的服饰妆容到关注她们的艺术创作，乃至她们精神世界中渴求自我解放，实现自我价值的追求，去塑造更加丰富多彩、真实完整的女性角色。

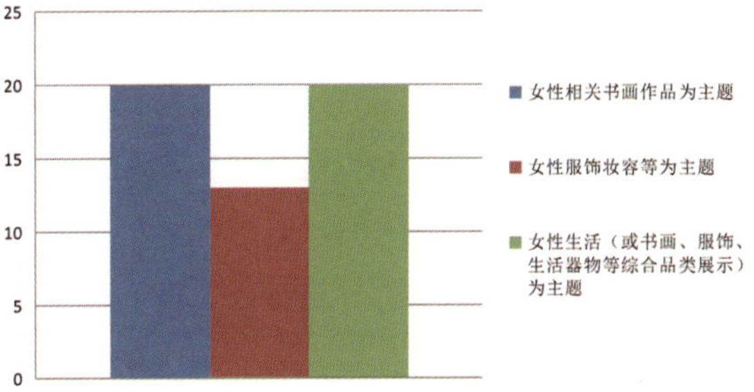

图 2. 2005-2020 年间博物馆女性主题展览主题类别

例如安徽博物院 2021 年推出的“新安江上桃花红：明清时期徽州女性文物展”中，首先在空间上就打破了传统展览中对女性活动空间的局限性，女性的活动空间不仅仅只有闺房和家庭，实际上，在明清江南经济文化昌盛、社会思想活跃、女性文学空间繁荣的基础下，女性不仅会走出闺阁，和家人友人交游唱酬，也会参与到一些社会和经济活动中。这一时期的徽州女性除了闺阁生活、家庭生活，参加过哪些社会活动，发挥了什么样的作用，乃至对她的家庭、徽州宗族和当时的社会中产生了怎样的影响？展览在对这些问题进行回答的基础上，也逐渐将一个更加丰富充实的女性形象展现在观众面前。2016 年首度博物馆的“王后 母亲 女将：纪念殷墟妇好墓考古发掘四十周年特展”也打破了封建女性的固有形象。从王后到母亲，从母亲到女将，妇好的形象在展览中不断变化，也得到了不断丰富。从“她是谁”“她的时代”“她的生活”“她的故事”和“她的葬礼”从不同的角度还原了妇好的一生。这个展览给我们的启发不仅仅在于对女性个体的发展性的关注。当策展人面对着文物本身足够吸引眼球，容易造成人们单纯关注文物本身而忽略了文物背后的女性本身的时候，怎样去表现展品背后的女性形象，讲述女性故事？首都博物馆的这个展览则更多地从物到人，将展示的重点从文物转变为妇好本人的女性史。这是一个极富意义的转变过程，也表现出女性主题展览主题的转变过程，即策展人从关注物到关注女性本身，从对女性的固化思维去标签化女性，到逐步深入了解女性生活的社会文化背景，当策展人不再将女性局限于家庭空间之中，她们的丰富性也证实了男性和女性实际是处于不同的社会世界之中，我们需要以一种更加公允的、更富于人性的关照来了解她们，展示她们，更深层次上，也引导观众去思考，当把女性从狭隘的家庭空间中解放出来，对于打破社会分工和女性地位都会产生影响，因此我们也无须依靠生理结构、生理性别对男性女性之间进行特定的角色分工，从而形成固化的家庭模式。对于打破传统分层理论中家庭分层体系有着重要的意义。

策展人应该塑造怎样的女性角色？策展人应该更多地让女性自己发声，而并非去刻意地创造，以自己的主观感受去影响观众的判断。策展人的过多干预，只能塑造出“男性凝视”下的女性“他者”，通过价值观念、制度规范和文化习俗等，对男女提出差别化的角色期待和要求。一旦女性出现某种“行为偏差”，便“自然地”被人们所“凝视”，对其形成由外而内的强压。“女性只有自己从事创作，才能改变被凝视、被控制的命运，只有立足于女性视角，才能彻底消除男性主体的视觉快感，才能打破传统影像中男人看、女人被看的模式；只有用女性自己的声音才能表达出女性内心世界的真实”[9]，正如“丽人行——中国古代女性图像云展览”中前四个单元展示的作品，亦是男性凝视下的女性形象，第五单元则进行了从“被看”到“看”的转变，从男性凝视下的女性形象和女性对自身形象的认可的对比，来还原不同视角下的女性的真实形象。策展人以女性的视角，用女性自己的声音去看待女性形象、重塑女性风采，从她们的策展过程和最终的展览呈现，亦可以表现出从被看到反抗的过程，通过反凝视，去增加对自身主体性的认识，而非强调性别对立，才是女性主义理论中所强调的重点。如果说凝视行为本质上构建了一种主体和客体、他者与自我的关系，那么女性主义社会学理论在展览中的应用则是将女性、策展人、观众三者互为主体，将观众的定位从“局外的欣赏者”变为“展览的阐释者”，通过策展人挖掘文物背后的故事，尽可能丰富地展示女性生活的方方面面，使得观众和策展人达成一定程度的共情，共享女性的性别体验和经验创造，以完成展览中通畅的关于女性性别的交流对话。

三 自由和平等：女性主题展览策展中的新趋势和新追求

女性主义理论的最终目的在于实现女性在政治上和知识上的平等，它根植于并捍卫争取平等、自由和正义的运动。正如女性主义实践第三阶段的活动中，主要特点就在于运用女性理论来解构男权文化理论，女性的价值在异性的对照下得到自我确认。近年来的女性主题展览，以促进人们关注女性生活，鼓励女性实现自身价值为传播目标的屡有出现。例如成都博物馆的“玉汝于成：潘玉良的艺术人生”就是其中代表。这并非第一个以潘玉良作品为主题的展览，但却能关注作品到关注作者，完全从女性自身的视角来审视女性，实现了对女性的尊重和关照，是具有创新性的。以“玉汝于成”来形容一位清末民初，在封建社会中成长的女性，既是对潘玉良本人的认可，亦是对女性智识的认可，对女性具有实现自身价值能力的尊重。她眼中的“她”、她眼中的世界、她的理想国，策展人更加重视的并非作品本身，没有将艺术成就剥离潘玉良，而是关注潘玉良和她的精神世界，从她的视角去看待艺术、从她的作品去探寻她的价值观乃至世界观。正如策展人所说：“打破从艺术史内部分析艺术的策展思路，以‘女性的自我实现’作为展览切入点，展示潘玉良为典型代表的中国新女性，在新文化运动时期社会与文化变革中的觉醒。”此外，相较于国内女性专题博物馆较少的现状，国外女性专题博物馆以及部分艺术类博物馆也频繁推出以关注女性独特文化、经验创作、社会生存等方面的主题展览。例如 2021 年 7 月纽约大都会艺术博物馆的“The New Woman Behind the Camera”关注“新女性”摄影，基于女性在生活和艺术方面的革命性的创造，表达了一种女性赋权的理想。2020 年 11 月皮博迪博物馆推出的“Made It：The Women Who Revolutionized Fashion”则通过 50 多位个人风格制作人的作品，表现了作为早期时尚先锋女性的创造力、独特性以及工作中面对的挑战。正如女性主义理论在中国的实践中，西方激进女性主义强调彻底消灭男权制，才能达到女性运动的真正目标，而女性主义在我国的理论实践中则更强调男女平等、两性之间的和谐共处。因此，在国外女性博物馆，或女性主题展览中更强调性别差异的表现，启发女性关注自身，而国内则相对来说以引导观众关注女性生活、倡导两性和谐共处为传播目标。女性主义社会学理论追求的是“‘既此既彼’(both/and）而不是‘非此即彼’（either/or）的思维，关注的是应然（becomings）而不是实存

（beings），并致力于认识世界和改变世界”[10]。从这个角度来说，女性主义追求的绝不是和男性的斗争，作为策展人，理应在引导更多的观众关心女性生活，关注女性文化的同时，鼓励男性和女性成为最亲密的盟友关系，告别专制，否定狭隘，共同构建自由、平等、和谐的两性关系。

四 现状：存在的问题和挑战

在女性主义社会学理论视野中去审视博物馆女性主题展览的策展研究，无疑给策展人提供了方法，也提出了挑战。在策展之初，我们需要回答：女性在日常生活中所产生的经验是不是知识？是一种什么类型的知识，可以带给观众什么？这些答案也决定了展览的整体走向。首先，只有当策展人对展览中展示的女性主体所产生的经验和知识持有积极态度的基础上，整个展览才是具有一定的宣传导向作用的，甚至才可以称之为女性主题展览。展览是博物馆对外传播和宣传的重要窗口，策展人如果以封建传统的、固化僵硬的观念来看待女性，不仅无法做好展览，更会造成不利的传播效果，引发社会舆论。

其次，当策展人发掘女性的经验和知识的过程中，亦存在一种“被发现”和“再加工”的权力关系。在这种发掘经验、传播知识的活动中，究竟谁是主体？策展人和女性群体之间存在着什么样的关系？需要注意的是，通过对近年来女性主题展览的相关资料搜集，展览中关注的女性多为古代封建制度下的女性群体，这一类群体具有一定的特殊性，比如说教育程度相对来说普遍较低，活动空间受限等等。而相对来说，这些展览的策展人，无论在社会身份上、受教育的程度等多方面，都是具有一定优势的。而这种相对而言产生的“知识精英”的身份，对于策展人如何界定展览中特定的女性群体，势必会产生影响。或者成为控制者，从自身所处的时代的开放性和价值观来审视“被控制者”的生活状态和精神世界，从而居高临下，以主观感受将这一群体“标签化”。真正客观的策展人，不仅要做一位观察者、倾听者，更要去深入了解特定女性群体的社会背景和生活环境，摈弃自身的知识优势，以一种更为平等的态度去倾听女性自己的态度。

第三，作为策展人，更要警惕出现女性主义所批判的传统社会学中的一些理论：将社会成员普遍性的视角，或共有的价值观、经验和意识更多地从男性视角来出发，忽视女性经验。例如对于展览空间中对家庭和工作的分割、生产与消费和再生产的分割——将女性的社会活动空间限制于私人的生活领域，并被赋予知识生产的从属地位。女性的社会经验及知识贡献，由此被边缘化，甚至被遮蔽。例如展示女性的诗词书画作品，却否认其艺术成就；将展览中的女性局限于狭窄的家庭空间，却引导观众认同女性不具备进入社会产生经验的能力。实际上，女性与男性一样具有理性和能力，地位和权利理应平等，为了给予妇女全部的人权，策展人不应打着“保护”女性的旗号而剥夺女性应有的平等权利。这也要求当作为研究者面对展览中所要表现的女性群体时，首先是作为这个特定历史阶段下女性群体的“他者”，站在被观察对象的外部，从历史整体性的视角去观察这个群体；同时，面对女性长期在历史中的“失语”，策展人更需要进入被观察者的生活中，去了解特定群体的文化，并且用一种更加公平、恰当的思维方式和文化符号去描写、重新构建这种女性文化。在这个过程中，策展人需要摈弃自身的价值观念，尽量客观地区描述女性群体的现状，多视角地立体还原女性生活。

虽然女性主题展览日益丰富，但是相较于传统的以男性历史为展示主题的展览，关注女性作品和女性历史的展览或展馆依然数量甚少，部分展览展品不够丰富，内容相对简单，有些展览虽然以女性为主题，却依然加入了过多策展人自身的“凝视”，去塑造想象中的女性身份，以男权社会下的标准摒弃女性所创造的经验和知识，去衡量女性所创造的价值。博物馆策展人需要更多去关注女性经验的分享，从女性的生命体验出发，自觉维护女性尊严，表达真实的女性意识，再现女性身份、历史和话语，共同构建两性和谐、平等、共存，相互尊重、和谐美好的两性关系。作为策展人的我们依然任重道远，但是，正如波伏瓦所说，“现在是时候了，让我们为她的利益和所有人的利益着想，尝试各种机会吧”。

【注释】

[1] 胡婧超：《20 世纪西方女性主义思潮评析》，河北师范大学，2013 年，第 4 页。

[2] 安东尼·吉登斯：《社会学》，北京大学出版社，2003 年，第 20 页。

[3] 吴小英：《“他者”的经验和价值——西方女性主义社会学的尝试》，《妇女研究》2003 年第 1 期，第 119 页。

[4] 王金玲：《学科化视野中的中国女性社会学》，《浙江学刊》，2000 年第 1 期，第 67 页。

[5] 疏蕾：《女性主义与当代社会学理论》，安徽大学硕士学位论文，2005 年，第 27 页。

[6] 徐玲：《博物馆讲述“她”故事：博物馆与女性主题展览》，《东南文化》2018 年第 4 期，第 92 页。

[7] 高彦颐：《闺塾师：明末清初的才女文化》，江苏人民出版社，2005 年，第 4 页。

[8] 西蒙娜·德·波伏瓦：《第二性》，上海译文出版社，2011 年，第 592 页。

[9] 吴颖：《“看”与“被看”的女性——论影视凝视的性别意识及女性主义表达的困境》，《浙江社会科学》2012 年第 5 期，第 146 页。

[10]凯茜·E. 弗格森：《当代女性主义理论》，《国外理论动态》2018 年第 7 期，第 56 页。

女性学视野下的中国博物馆学和博物馆发展史

徐珊珊（中国妇女儿童博物馆）

摘要： 女性学是20世纪80年代兴起的具有特定视角并与社会发展联系紧密的系统性独立学科，既以妇女为主体对其自然属性和社会属性进行研究，又以女性为视角或站在妇女立场对社会政治经济文化生活等各层面进行解读。中国近现代博物馆事业经历了百余年的发展历史，客观上与中国妇女解放事业和中国女性学发展呈现出时间节点上的一致性和发展程度的相适性。女性学与博物馆学都是与社会发展联系紧密的交叉性学科，对解读曾经、服务当下、引领未来是两个学科共同的社会责任。所以，笔者以女性学为研究视角、以女性为社会群体来观察中国博物馆事业的百余年历程，为博物馆学研究注入新思路，也为当代博物馆更加“以人为本”、抓住当今社会女性文化热点提供新智慧。

关键词： 女性学；博物馆学；博物馆史；女性解放

博物馆是为社会提供公共文化服务的机构，其理论和实践的研究需要与社会相适、与时俱进。博物馆学是一门交叉性学科，在对“馆”“史”“物”等的“内向”研究持续做功的同时，也要兼顾对社会需求、人民需要、先进技术手段等外部环境的探索实践，在内外双向探索、学科交叉运用中，持续推进博物馆事业。所有这些内外因素中，人的因素至关重要，作为从业者，人的因素决定了博物馆事业发展的内趋力；作为服务对象，当前社会情境下的人的需求则影响了博物馆事业发展的外环境。所以，无论博物馆事业发展是以“物”为本还是以“人”为本，对“人”的自身和“人”所处的社会的研究，都是开展博物馆学研究非常重要的内容。

女性是人类社会最重要、最核心的组成。占据人类半数的女性人群无论是在生物性上、还是在社会性上都呈现出与男性截然不同的特点。但遗憾的是，几千年男权社会里，女性群体因为不掌握政治、文化的主动权，在自我贡献和需求的表达上一直呈现“失语”状态。这种“失语”状态使得女性群体在人类发展史中要么被模糊、被无视，要么就是被男性“史笔”所臆想和刻板化。在这种情况下进行的文化和社会研究显然是不全面的。所以，博物馆学注重对“人”的研究，首先要正视对女性群体的研究，关注那些曾经被忽略、十分重要的以女性为主体的社会因素。这对于贯穿过去与未来的博物馆事业来说意义重大，不仅可以使过去的历史全貌更加清晰，也对未来的社会文化更具有引领作用。

纵观中国博物馆历史发展，缘起虽可追溯至春秋时期的孔子庙堂，但真正跳脱出原有金石学、个人收藏把玩，具有公共展示教育意义的博物馆，仅有自近代以来的 100 多年时光。这 100 多年，也正是中国女性解放运动蓬勃开展、女性研究不断深化成果丰硕的重要时期。女性学正是在这种背景下应运而生的、以女性为主体、探究女性自身和女性所处社会因素，为古今女性“赋语”和“正名”的新兴学科。为此，笔者将在文中尝试以女性学为视角，去探究博物馆学与女性学在学科特点上的共通性，在学科背后女性与博物馆事业发展的相似性，以及更重要的，以女性发展视野来观察中国博物馆事业的百余年历程，希望能为博物馆学研究注入一些新的角度、新的思路。

一 女性学与博物馆学的共通性

（一）什么是“女性学”

女性学是 20 世纪 60 至 80 年代新兴的一门研究女性的本质、生存状态、发展规律的独立学科。女性学研究的核心特点是以女性为主体，不仅要关注女性自身，而且要关注有性别问题带来的更为广泛的社会现象和问题，并以解决这些问题为研究目的。

（二）女性学与博物馆学具有相似的学科特点

女性学具有鲜明的社会学属性，学科交叉性极强，需要立足于人类学、社会学、历史学、生物学、心理学、法学、哲学等等传统学科，同时又将“女性”这一特定人群与这些学科进行结合碰撞，从而形成了一系列新学科，比如女性心理学、女性教育学、女性史学、妇女法学、婚姻家庭学等等[1]。这里可以看出：人群的特定性、社会性、学科交叉性是女性学非常突出的学科特点。其中，社会性、学科交叉性也是博物馆学所具有的重要特征。这种相似性为女性学和博物馆学的协同研究奠定了基本前提。

（三）女性学与博物馆学都是社会文明发展的重要产物

女性发展是人类发展的一部分，女性发展的水平是衡量社会进步的尺度。社会环境既可以为女性发展提供正面契机，也可以形成负面阻碍。所以，女性学的发展与社会发展情况密切相关，是伴随着女权运动和女性主义思想发展起来的，没有女性意识的一步步觉醒，没有女性解放的一步步实现，女性学就无法形成。

而博物馆的产生无论东西方、追根溯源都是萌发于人类的收藏和纪念意识，是人们对珍稀物品的审美收集、对历史功德的赞美铭记等这种非生存所需、源自更加高级的精神需求的一种反馈形式。而以公开展示为特征的近代博物馆相较于古代，具有更加显著的公共性和教育性，是工业革命之后民主社会文化发展的重要产物。

（四）女性学与博物馆学的研究对当下社会都具有指引力

我国女性学研究以马克思主义妇女观为基本原则，尽管我国的女性学学科建设始于 20 世纪 80 年代，但以马克思主义为指导的妇女解放理论研究却可追溯到 100 多年前，与马克思主义进入中国在同一时期，并对之后的中国百年妇运的胜利起到了重要的指导作用。

马克思主义妇女观蕴含在马克思主义体系之中，内容分散于马克思、恩格斯的著作和书信里，是对著作中女性压迫和女性解放相关论述的总结提炼，总结归纳大致包括以下内容：

第一，妇女被压迫是人类历史发展的一定阶段的社会现象，必将被新的历史条件下的男女平等所代替；第二，妇女解放是衡量普遍解放的天然尺度；第三，参加劳动是妇女解放的一个重要先决条件；第四，妇女解放是一个长期的历史过程；第五，妇女在创造人类文明、推动社会发展中具有伟大的作用。马克思主义妇女观，不仅为百年的中国妇女解放运动提供指引，对我们当下女性加强自我认知、新时代妇女事业发展也具有重要意义。

博物馆事业发展对社会发展也同样具有带动作用。博物馆勾连历史与未来，承载了无数前人智慧与治世经验，启迪今人和后世。以近些年习近平总书记多次在博物馆里提出重要论述就能看到，博物馆的“展”和“物”，不仅能收藏和保留记忆，也能为今人找寻发展道路指引方向。

综上，女性学与博物馆学不仅在学科特点上具有很多相似性，在社会的思想文化引领方面都具有重要作用。同时，二者自身又是紧密依托社会发展而实现自身发展的，这就决定了女性学与博物馆在客观上形成了一种彼此关联、相互促进的密切关系。

二 女性学视角下的博物馆发展史

博物馆的英文名称“Museum”源自于希腊神话中主管音乐、诗歌、舞蹈的缪斯女神，似乎就预示了博物馆与女性具有某种奇妙的缘分。近现代中国发生了深刻的社会变革。女性学与博物馆学同为人类社会发展的重要产物，在时代变迁、产业进步的过程中，它们的进步与发展在时代变革的过程中的各个历史阶段都在相互交融影响。

（一）近代早期平权思想的传播和公共博物馆的兴起

19世纪清朝末期的中国开始“睁眼看世界”。妇女平权思想同近代博物馆一样，成为一种新鲜事物从西方传入中国，并经历了较长一段从“理想”到“实践”的过程。教育肩负着“启智”“开蒙”的重要意义，因此成为女性平权较早得以起色的领域。从19世纪30年代，中国沿海一带就有外国传教士开设的女系教育学堂。1905年，中国最早的女子大学华北协和女子大学（后改为燕京大学女校）[2]。博物馆也同样具有展示教育的社会责任。同样是在1905年，中国第一家公共博物馆南通博物苑由张謇主持创立，开启了中国近现代博物馆事业发展进程。

（二）文化思想的深刻变革带来的跨越式进步

从辛亥革命到五四运动，社会思想深刻变革，掀起了反帝爱国运动的高潮，带来了“中国妇女运动的勃兴”[3]。中国妇女解放事业在这十几年的探索中，取得理论与实践的跨越式进步。特别是高举“科学”“民主”两面大旗的新文化运动和马克思主义在中国的传播，使得这一时期的妇女解放运动呈现出一种多面开花的蓬勃态势，是我国妇女解放进程中成果丰硕、人物辈出的重要阶段，大量论述女性解放的文章陆续发表，各类女性进步刊物纷纷涌现，各地平民女校及女子高校得以建立，广大女性的衣着发饰、精神面貌、文化生活都焕然一新。与此同时，中国近代博物馆的建设也进入了一个快速发展期。国立历史博物馆、古物陈列所、故宫博物院等相继成立，中国最早的专职博物馆人和博物馆领域的专家队伍纷纷建立。在这些近代博物馆的对外开放中，广大女性也是观众的重要组成。这些博物馆从包含着妇女解放的民主思想中孕育而生，同时也被作为民主的“成果”反馈服务于包括广大女性在内的人民群众。昔日绝无可能窥见的皇帝居所、奇珍异宝成为可供广大国民参观的公共场所，是民主成果的一种十分直接的体现，客观上为构建社会新风、加速女性解放进程发挥了重要的文化普及作用。

（三）“不破不立”的革命战争影响

新民主主义革命时期，中国社会陷入三十年的战乱，正是通过这种不屈不挠对内对外长期持续的英勇作战，让中国人民推翻了“三座大山”。同时，长期的战乱也为中国女性解放事业和包括博物馆在内的文化事业的“不破不立”创造了“破”的契机。广大受压迫的中国女性在同男性共同参与抗争，涌现出大量巾帼英雄，广泛参与生产支前和敌后斗争，争取民族解放的同时，也不断求得了自身解放。这一时期，中国的文化传播和博物馆建设事业，也在文物资源大量流失、博物馆建设几近停滞的遗憾中，留下了前辈同仁以生命为代价、誓保中华文脉的英雄赞歌，为后世中国文博事业发展和文博精神传承注入了浩然于心的风骨气魄。所以，这一时期有关文博事业和女性解放的协同发展，正是体现在这种对人、对精神层面的重塑中，这对后世妇女事业和文博事业的持续发展进步起到十分关键且十分深远的影响。

（四）新中国成立后女性解放和博物馆事业步入全新阶段

1949 年新中国成立对中国女性解放事业具有极为重要的历史意义。《婚姻法》（1950 年）《土地改革法》（1950 年）《选举法》（1953 年）先后出台，在家庭婚姻层面规定一夫一妻、婚姻自由，在经济和政治权益保障男女平等，同时还在全国大规模开展扫盲，加强以广大女性为主体的底层群众的文化水平。这些在中国古今从未有过的女性政策极大改变了中国女性的生存状态，使中国女性实现了“历史性解放”，各行各业涌现出大量的女性从业者和优秀女性代表，鼓舞干劲参与社会主义建设。与此同时，饱受战乱洗礼的中国博物馆事业也在建国初期迎来了重要的发展机遇，博物馆“三性两务”[4]被确立，以“三大馆”[5]为代表，各省市地区、各领域类型的博物馆加速建设。根据国家文物局统计截至 1966 年，全国文化系统的博物馆已发展到 160 家[6]。在博物馆数量发展的同时，一支博物馆专业人才队伍得以培养和锻炼，其中就包括了新中国最早一批博物馆女性专业人员甚至女性专家，尽管人数不多，占比不大，却“改变了博物馆从业者的性别结构，也成为中华人民共和国初期女性社会身份变化的一个特殊标识”[7]。面对这一时期女性学与博物馆学之间的这样一个领域交集，笔者认为，这是社会历史环境和博物馆事业发展需求为中国女性创造的特殊机遇，也是中国女性力量崛起的重要体现，造成这一现象既包含了博物馆行业前辈对女性的引领带动、社会科研教育机构对女性的开放包容，更重要的是源于女性自身性别意识的觉醒所带来的强烈诉求，是内外双向共同作用的结果。

（五）改革开放以后博物馆学与女性学的飞速发展

进入改革开放时期，中国妇女事业与博物馆事业迅猛发展。《文物保护法》等一批指导博物馆具体工作的法规陆续实施，中国博物馆学会正式成立，大批流散于海外的珍贵文物返回故土，更多不同体制类型、不同直管单位的博物馆相继建立，博物馆学科研究建设成果也十分丰富。此外，中国博物馆学会 1982 年正式成立，次年加入国际博物馆协会，近 40 年来为中国乃至世界的博物馆事业发展发挥了重要而积极的作用。在展览及教育方面，从 1994 年到 1997 年，中宣部、教育部、民政部等部委授予命名的“全国爱国主义教育基地”当中，博物馆占据了相当比例[8]，为博物馆积极履行社会教育责任，在全民精神文明建设方面发挥了重要作用。

与此同时，经过改革开放和社会主义市场经济大潮的洗礼，中国妇女事业空前活跃。通过《妇女权益保障法》等一批国家层面的发展规划，明确了“男女平等”的基本国策。广大妇女在各行各业、各条战线上贡献巾帼力量，奉献巾帼智慧。中西方的学术交流也日渐活跃。西方女性学在 60-70 年代完成学科创立后其大量研究成果进入中国，加上中国在 70 年代在女性史领域的丰富研究成果，引发了 80 年代学者们对中国女性学创立和研究方向的深刻探讨，伴随同一时期妇女干部学校里女性学方面课程的开启，以马克思主义妇女馆为指导的中国女性学得以正式创建发展。1998 年，北京大学在社会学系建立了第一个女性学方向的硕士点。1999 年由中华女子学院举办的“中国女性学科与课程建设研讨会上”，学者们明确提出将社会性别视角引入历史学、教育学、警察学和社会学领域，由此，社会性别理论和视角被陆续引入到各门学科中，成为颠覆和改变现有学科研究思路的一个重要维度，对包括博物馆学在内的社会众多学科发挥了重要影响。

女性学的创建和研究对社会发展的影响极为深远，对博物馆事业的发展也具有极大的促进作用。

首先，就女性群体而言，女性学相关学科的发展是女性对自身的一次探究，促进女性群体的自我意识觉醒。这种自我意识的觉醒对于女性博物馆从业者来说，会带来更多基于自身性别和所从事博物馆专业的工作思考；对女性观众而言，可以激发源于兴趣及自我价值提升诉求的博物馆参观，对博物馆扩大服务群体、增强分众化服务提供前提。

第二，就社会科学文化发展而言，女性学结束了学术研究的单一性别视角，完成了从男性中心观点到女性主义性别关系视角的转换，这迫使人们对似乎已有定论或被忽视的问题进行重新评价和反思[9]。特别是在 1995 年世界妇女大会后社会性别理论的引入，使得中国学者们开始运用社会性别的视角来重新审视和解读中国的历史、文化以及当前的各类社会现象，并逐步正视在日常的生产生活及宗教、民族、行业、人群等特定环境下，两性之间存在的客观动态差异。这种学科视角的丰富无疑对那些博物馆里在历史上已有定论的知识内容提出了一定的挑战，需要从男性的一元视角跳脱出来，引入包括女性在内的多元视角重新解构，这也为博物馆更加客观真实展现和解读历史提供了重要思想前提。

第三，就时代发展趋势和培育未来生产者上，女性学的传播和发展对全社会打破性别歧视、实现性别公正、促进社会文明和谐具有推动作用，对婚姻家庭中女性权利的维护、生育中“重男轻女”观念的根除具有长远效果，对未来女性建设者综合素质的提高、思想观念的进步具有实际指导和促进作用。如此培育的时代新人也将成为未来博物馆持续发展的核心力量，促进博物馆事业的可持续发展。

（六）新时代女性力量崛起助力博物馆事业进步

步入中国特色社会主义新时代，博物馆作为社会重要文化载体，在场馆建设、技术应用以及相关业务实践都实现了跨越式发展。与此同时，中国女性意识的不断提升，女性力量的日渐崛起，不仅悄然改变着中国社会，也对博物馆事业发展产生了更为直接且深远的影响。

首先，随着男女平等理念、女性权益保护形成广泛社会共识，原来以男性为中心的知识体系和认知结构正被逐步改造和颠覆，一种包含女性在内的新的认知结构被一寸寸地建立起来。而这种“改旧立新”在包括博物馆在内的文化领域中尤为明显，大量女性学研究成果被转展览、图书、影音等，极大丰富了文化输出的内容与形式。

其次，日渐丰富的女性学研究成果和女性史的不断充实，对博物馆事业多类型场馆建设、多主题展览开发也开辟了更加广阔的新领域新空间。一批以女性群体、女性人物为主题的博物馆、纪念馆纷纷建立，一大批以展现女性生活、女性历史、女性文物、女性生产技艺的专题展览集中推出。这些女性主题的博物馆和专题展览，在客观上也极大促进了相关领域的进一步研究，以及相关文物藏品的进一步征集保护，为曾经所忽略的女性文化溯源开展深层探究。

第三，随着女性意识的觉醒以及公众服务理念的不断进步，女性群体无论是在思想文化的提升上，还是在更有针对性的性别服务上，都对博物馆的教育服务和设备设施配备上都提出了更高要求。比如各个博物馆通过开展家庭亲子互动活动或女性专题教育活动来满足女性多元化的文化需求；通过增设母婴室、增加女厕所数量、推出女性喜爱的文创商品等来增强女性观众参观的愉悦度；等等。

纵观百余年来的中国博物馆事业发展历程和中国妇女事业及女性学的不断进步，二者同为近代中国深刻社会变革的重要产物，无论是理论升华还是实践探索，都与中国社会百余年不同历史阶段不同奋斗目标紧密相关。而在映射时代、各自发光的同时，二者之间还始终保有紧密的客观联系。博物馆事业助力社会文化进步，社会文化进步带动女性研究兴起，而由女性及女性社会化研究为主体的女性学又再度丰富社会学研究体系，从而推动着博物馆事业的持续发展和不断进步。在推动民族解放、国家富强的大背景下，博物馆与女性学之间，互为环境、彼此成就。这是百年来各学科协调发展、各自璀璨、相互影响、相互带动的一个缩影，也是思想文化的研究与发展进一步推动社会发展进步的重要体现。相信未来这种学科间的互动会愈加频繁，博物馆也可以继续发挥“博”的精神、运用“博”的方法，让博物馆事业在不断的跨界交融中更好地立足当下、指引未来。

【注释】

[1] 祝平燕、周天枢、宋岩主编《女性学导论》，武汉大学出版社，2007年，第7-9页。

[2] 罗慧兰主编《中国妇女史》，当代中国出版社，2016年，第273页。

[3] 肖扬：《中国近代妇女的历史性变迁》，中国妇女儿童博物馆编著《风尚与变革——近代百年中国女性生活形态掠影》，科学出版社，2020年，第7页。

[4] 1956年4月21日召开的全国博物馆工作会议上，明确提出博物馆的基本性质是“科学研究机构”“文化教育机关”“物质文化和精神文化遗存以及自然标本的收藏所”，“博物馆的基本任务是为科学研究服务，为广大人民群众服务”，为新中国博物馆事业的建设和发展奠定了重要基础。

[5] “三大馆”特指在1959年先后竣工的中国人民革命军事博物馆、中国历史博物馆、中国革命博物馆。王宏均主编：《中国博物馆学基础》，上海古籍出版社，2001年，第21页。

[6] 徐玲：《1949-1966年中国博物馆女性从业者群体考察》，《博物院》，2020年，第6期。

[7] 从1994年到1997年，中宣部、教育部、民政部等部委授予命名的“全国爱国主义教育基地”当中，博物馆占比40%以上。

[8] 祝平燕：《妇女学学科在高校的发展及其前景展望》，《河南教育学院学报：哲学社会科学版》，1997年第4期。

浅析社会学研究对象与方法对博物馆学的启示作用

李 君（天津博物馆）

摘要： 博物馆学是研究博物馆的性质、特征、社会功能、实现方法、组织管理和博物馆事业发展规律的科学。微观来看，博物馆学的研究对象为博物馆的收藏、展示、研究、教育等功能；宏观而言，博物馆事业的发展是社会进步的体现和缩影。社会学是从社会整体概念出发，通过社会关系和社会行为来研究社会的结构、功能、发生、发展规律的综合性学科。社会学研究主要有定性研究和定量研究两大类。博物馆学、社会学可以说在广义的范围内都属于社会科学的一部分，二者在一定程度上是有交叉融合的。社会学研究的对象譬如社会互动、社会角色、社会群体、生活方式、社会变迁、社会心理等，以及社会学研究的方法譬如通过问卷、面谈、参与者观察及统计进行研究等，这些都与博物馆学密不可分，利用这些社会学研究的理论和方法对博物馆学研究具有一定的启示意义，并将最终影响博物馆的具体实践。文章将结合博物馆学、社会学的理论和具体实践，探讨社会学研究对象与方法对博物馆学的启示作用。

关键词： 博物馆学；社会学；对象；方法；启示

社会学研究对象和方法对博物馆学研究具有一定的启示意义，结合社会学研究对象，利用社会学研究方法，将在一定程度上影响、促进博物馆的具体实践。文章将结合博物学、社会学的理论和具体实践，探讨社会学研究对象与方法对博物馆学的启示作用。

一 博物馆学与社会学概念的引入

博物馆学是研究博物馆的性质、特征、社会功能、实现方法、组织管理和博物馆事业发展规律的科学。博物馆学既研究微观的博物馆系统，又研究宏观的博物馆事业。包括中国在内的世界博物馆的发展源远流长，广义的博物馆学随着博物馆的发展而产生和不断发展。初期的博物馆学是从对个别研究对象的记述开始的。随着社会的进步，人们对博物馆社会功能追求的变化，博物馆学研究视野逐渐扩大，由侧重具体经验的描述性叙述，逐渐开始对博物馆学理论探讨的重视。博物馆学研究领域和研究方法也随之有所发展，与其他科学的联系也逐渐紧密，分化出许多分支学科。1935 年成立的中国博物馆协会，在我国最早明确提出以研究博物馆学为宗旨，设立分管博物馆学术的专门委员会，倡导博物馆学研究。1942 年国立社会教育学院设立图书馆博物馆学系，开设博物馆学课程，1948 年北京大学设立博物馆学专修科。新中国成立以后，博物馆学研究有了崭新的发展。1982 年中国博物馆学会成立。为了适应迅速发展的文博事业对人才的需要，1980 年南开大学在全国高等院校中最早成立博物馆学专业。其后杭州大学、上海大学、复旦大学、武汉大学和吉林大学等亦设立博物馆学专业。从微观层面来看，博物馆的收藏、展示、研究、教育等功能是博物馆学的研究对象，在宏观层面，博物馆事业的发展是社会进步的体现和缩影。

社会学是从社会整体概念出发，通过社会关系和社会行为来研究社会的结构、功能、发生、发展规律的综合性学科。社会学是从社会哲学演化出来的一门现代学科，起源于十九世纪三四十年代，是人类认识自身、认识社会、认识环境的一种方法，是关于社会的学说的一种理论、知识体系，也是研究现存社会过程的一种理论、方法框架。法国实证主义哲学家奥古斯特 · 孔德创造并首先使用“社会学”这一概念，而且提出社会学的研究对象和研究目标，确定了社会学的方法论原则，被绝大多数社会学家认为是近代社会学的创始人。19 世纪末，西方社会学开始传入中国。二十世纪三十年代后，中国社会学的发展开始中国化。

社会具有广泛性与复杂性，因此可以说社会学的研究对象也具有广泛性和复杂性。例如社会学研究的主要内容，有的以个人、家庭、群体、行为、关系、制度等为研究分析单位，有的以社会结构、社会分化、社会关系、社会问题、社会变迁等研究为主题，有的以人的行为、人们的关系、社会结构及其之间的关系、社会变动及规律等研究为主要范围。根据知识结构的不同，社会学研究领域可以分为理论社会学、应用社会学和经验社会学；根据社会学的理论研究层次可分为普通社会学和分科社会学。社会学研究主要有定性研究和定量研究两大类。

二 社会学研究对象与方法的启示

博物馆学与社会学在广义的范围内都属于社会科学的一部分。由博物馆出现及发展的历程可知，博物馆从一种社会现象成为一种更为广泛的社会现象，从产生之初即反映了社会心理、社会风尚等的变迁，因而即使在社会学还没有作为一门学科的时候，博物馆就已经与后来社会学的某些内容产生联系，及至社会学成为一门独立的学科，博物馆的发展一直与社会学有着千丝万缕的联系。博物馆学从开始对具体内容、具体实践的叙述，逐渐到对理论的总结，并随着博物馆功能的不断发展，人们对博物馆需求的不断变化，博物馆的社会性越来越突出，博物馆学的发展也就越来越需要其他学科的相互影响和相互促进。社会学就是众多与博物馆学相互影响相互促进的学科之一。下面将对社会学部分研究对象、研究方法对博物馆学的启示作用进行分析探讨。

社会互动是社会存在的基本形式，是不同社会主体为了追求和达到一定的目标，按照一定社会规范的要求，通过一定的社会情境和信息传递等方式所发生的直接影响对方的相互沟通和交互反应的行为。社会互动分为人际互动和群体互动。其中社会学家米德开创的符号互动论主要研究人们之间互动作用发生的方式、机制和规律，这一理论是通过分析日常环境中人们的互动来研究人类群体生活的社会学理论。与符号互动论融为一体的还有社会角色的概念。同样米德通过社会角色的概念来说明人们交往过程中可以预见的互动模式及个人和社会之间的关系。社会角色对博物馆的社会教育尤其是针对儿童的社会教育具有很大的借鉴意义。米德通过对儿童自我意识的形成和发展进行研究，认为儿童自我意识的形成和发展需要经历“嬉戏阶段”即玩耍和“群体游戏阶段”即游戏两个主要阶段。也就是说儿童通过模仿和扮演角色，从想象到逐渐形成自我意识，成熟地扮演某个角色。在对博物馆学社会教育的研究中可以借鉴这些理论的核心，通过讲解、演示、组织儿童或其他群体参与互动，使一些博物馆想要传递给公众的历史、艺术、自然科学知识等信息，从输出到被公众所了解、接受，并最终成为公众本身的自我意识，从而形成符合博物馆特色的、适应博物馆实践的博物馆学理论，反过来再继续指导实践。

在上文提到的社会互动中，已经提到群体的概念。群体，是连接个人和社会的纽带，可以说由个人形成群体，再由群体形成社会。社会群体是社会运行的基本结构要素之一，是社会互动的基本单位。而社会组织的概念也由此引出，社会组织是社会发展到一定阶段时的一种社会群体形式，取代初级群体占据主导地位。在对社会群体与社会组织进行的研究中，由德国社会学家马克斯 · 韦伯提出的理想型组织科层制，是现代社会组织管理中最普遍、最典型的形式。科层制具有明确分工的职位；以权力划分层级；照章办事的原则；按资历和业绩升迁；职位荣誉感；文字化管理等基本特点。虽然科层制可能具有等级森严、沟通困难、机构重叠、对人及其能动性的忽视等等工具理性对价值理性的压制这些缺点，但是排除了不确定因素干扰的理想型的科层制也具有效率最高、精确、稳定、可靠、强度大等优点。而将科层制中明确分工的职位；以权力划分层级；照章办事的原则；按资历和业绩升迁；职位荣誉感；文字化管理等等取其精华，用到对博物馆学中藏品保管、陈列展览、社会教育等内容的研究中来，尤其像藏品保管对严格的规则、明确的分工等确实有很高的需求。因而借鉴社会学中社会群体、社会组织、科层制的研究，对适用于博物馆实际工作中的博物馆学探索具有积极启示，能够更好地促进博物馆学的科学性、规范性，从理论角度指导实践。

对生活方式的研究也是社会学研究的一项内容。生活方式，广义来说是整个人类社会生存活动类型的总和，包括人类物质资料的生产方式、人自身的生产方式以及两种生产过程中所形成的物质生活方式和精神生活方式的整个人类生存的活动方式。狭义上则是社会中的个人、群体或全体成员在一定社会客观条件的制约下，为一定的价值观所指导的、满足自身生存和发展需要的全部生活活动的稳定形式和行为特征。简而言之，生活方式是人们为了自身生存和发展的物质和精神生活的活动方式。博物馆从诞生起就与人们为了满足自身发展的精神生活密不可分，随着博物馆社会性的不断发展，博物馆日益成为公众追求自身发展的精神生活方式的一部分。而且，对大多数的公众而言，可能博物馆主要是人们休闲娱乐的方式之一。顾名思义，人们利用闲暇时间进行休闲活动和愉悦身心的方法和形式即是社会学生活方式中的休闲娱乐方式。博物馆学研究可以吸收社会学研究中对生活方式研究的内容，研究如何使博物馆更加深入地结合到公众的休闲娱乐这一生活方式中，同时还要研究如何使博物馆不拘泥于只是休闲娱乐的方式，能够面向公众密切的融合到包括像文化、教育等更广泛的生活方式之中，进而促进博物馆成为公众日常生活中普遍的一种生活方式，扩大博物馆的社会参与度，也拓展了博物馆学的视野。

社会变迁，就是指社会各方面各种变动的现象。社会变迁的核心和实质是社会结构的变迁。社会结构包含职业结构、经济结构等实体结构和价值观、行为规范和生活式样等文化结构。而无论是价值观的变迁、行为规范的变迁，还是职业结构的变迁，抑或是人口的变迁，这些社会变迁都在一定程度上影响着博物馆及博物馆学的变迁。例如价值观影响着人们的社会交往和社会关系，决定着人们行为的动机、取向还有方式。从社会学社会变迁角度研究博物馆，主要是研究公众是在什么价值观支配下来到博物馆参观的，这种价值观是受什么影响、又怎样产生的等等。又如，历史上的社会分工使职业结构发生变迁，出现不同的职业阶层，从这一角度关注博物馆，主要是研究不同的职业阶层成为博物馆受众的可能性，博物馆以什么样的展览、社会教育活动适应职业结构的变迁等等。再如，人口是社会活动的主体，人口变迁体现在数量、质量和特征等方面的社会变化过程。尤其像人的体魄、文化知识和职业种类等人口质量上的变迁，对博物馆的变迁发展影响较大，因而这些研究对博物馆学具有重要的启示作用。结合社会学中这些社会变迁的视角，博物馆学能够从更为宏观的动态的角度进行剖析研究。

作为社会学与心理学交融影响形成的社会心理学，也对博物馆学的研究具有启示作用。社会心理学研究个体及群体在社会相互作用中的心理、行为发生和变化规律。从社会心理学角度研究博物馆学，主要研究人们选择来参观博物馆是出于什么心理，与本人的学历、职业、生活环境、社会地位等是否有关联，有何种关联；什么题材的博物馆展览、什么类型的展品、什么形式的社会教育活动，乃至于什么风格的博物馆建筑、设施等等受到公众喜爱；公众从博物馆得到的收获，又会通过社会心理对公众及其以后的社会生活产生什么影响等等。以上这些都可以纳入到利用社会心理学对博物馆学进行研究的内容。

上文提到的这些社会学研究对象对博物馆学的启示作用，在进行具体研究之时，都离不开正确的研究方法。社会学的研究方法主要是采用西方社会学中的现代社会调查方法。利用问卷、面谈、参与者观察及统计研究等社会学研究方法进行博物馆学研究，对博物馆实践以及博物馆学发展具有启示作用。对博物馆学相关研究领域进行社会调查很早就已经开始。近些年国家对博物馆的重视，以及网络发达、传统媒体尤其是新媒体的发展等客观条件的促进，公众对博物馆的热情日益高涨，整个社会对博物馆的关注日益加大，这些都促使以国家文物局、各大高校、各科研机构、相关公司等等从更高层次、更广范围、更深角度进行涉及博物馆的各类社会调查。

例如近期由国家文物局指导，中国文物交流中心主办，中国博物馆协会文创产品专业委员会、中国文物学会文化创意发展委员会、北京师范大学文化创新与传播学院支持，博物馆头条、文博头条作为调研媒体开展了全国92家博物馆文创试点单位文创大调研。中国文物交流中心联合博物馆头条面向公众发起“全国博物馆文创产品与服务公众满意度”调研，首期推出“全国92家试点博物馆，哪家文创你最喜欢？”的调研。本期调研为先期启动的公众预热调研，之后相关部门将组织专家评选，编制《全国博物馆文化创意产品开发目录汇编》。作为专家评选的组成部分，本次调研将汇集博物馆观众及爱好者、社会公众等各方面的人气数据，对全国各博物馆文创产品与服务的满意度进行评价，提出意见与改善建议，拟作为“社会公众反响”的一项依据纳入评选参考。这次的调研缘起于，2016年为贯彻落实国务院办公厅转发四部门《关于推动文化文物单位文化创意产品开发的若干意见》（国办发〔2016〕36号），文化部、国家文物局确定了96家单位（现实际92家）作为全国博物馆文化创意产品开发试点单位。在2019年，国家文物局印发《博物馆馆藏资源著作权、商标权和品牌授权操作指引（试行）》。2016年以来，相关试点单位的文创产品开发取得阶段性成果，进一步了解各试点单位及其他各类博物馆文化创意产品开发情况，成为博物馆文创下一步发展的需要。将社会调查结果与专家评选相结合，能够较为全面地了解全国博物馆文创试点单位及其他各类博物馆文化创意产品的开放情况，开启思路，促进博物馆文创发展。

关于博物馆文创的社会调查分析，还有北京师范大学文化创新与传播研究院完成的一组基于需求侧的中国文博文创消费调研报告。该调研通过线上问卷调研、现场拦访调研和大数据观测的形式进行。现场调查对中国七大地理区域共计55个城市采集有效样本6000个，了解全国老百姓对文化文物文创产品的文化资源、产品功能、购买类型、购买价位的偏好。现场拦访调研对北京市内16家有代表性的博物馆及公园文创店采集有效样本1600个，了解实体店顾客对于文创商店及店内文创产品的评价，以及对于文创活动的参与意愿。结合电商平台上国内外文博文创旗舰店销售进行的大数据观测，旨在完成文博文创线上用户画像和消费偏好分析。调研分析出文创产品消费需求的九大特征，为文创产品的开发提供参考。

同样像中国文物报社文博编辑中心“博物馆中国”微信公众号、《中国文物报》“展览专刊”开展的观众心中对后疫情时代博物馆的期望的问卷调查，则是对后疫情时代新形势下的博物馆发展进行关注。还有对博物馆（展览）海外影响力进行的评估分析。由中国文物交流中心指导、文物交流智库编制的《2020年度全国博物馆（展览）海外影响力评估报告》，以2020年全国博物馆样本数据和海外舆情数据为基础，总结回顾2020年全国博物馆在展览策划、管理运营、宣传推广方面的工作成果和业绩表现，统计分析中国博物馆（展览）的海外影响力建设情况，梳理发现工作中存在的主要问题，研究提出具有针对性的策略建议。

另外，结合新媒体的发展趋势，由中国旅游报社、中国社会科学院中国舆情调查实验室和阿里巴巴集团共同组建的文旅产业指数实验室主导，联合微博、微热点大数据研究院、清博大数据、抖音、问卷网等新媒体与大数据联盟成员机构共同实施的文旅新媒体传播力指数研究。从综合传播力指数、微信传播力指数、微博传播力指数、头条号传播力指数和抖音号传播力指数5项发布各级文化和旅游新媒体传播力指数榜单，以此促进各级文化和旅游新媒体的发展。

以上这些社会调查、数据分析，客观推动了博物馆学的发展，但是有的并不是严格意义上从社会学研究方法着手对博物馆学的探索。因此仅有社会调查及其提供的数据、分析结果不是最终目的，还应该在此基础上，形成行之有效的博物馆实践方法，并进行博物馆学探索，从理论的高度促进博物馆事业发展。同时从上文这些关于文创、展览，抑或是文旅新媒体传播力指数等等的调查分析，我们可以发现这些社会调查、数据分析的发起者大多是政府机关、高校、科研机构或者相关从业公司等，大多具有行业指导性，而由某个博物馆自身发起的社会调查、数据分析较少，当然也可能是博物馆自身发起的社会调查、数据分析，没能形成较强的影响力。无论是哪种情况，加强博物馆自身的社会调查、数据分析很有必要。博物馆作为博物馆学具体实践的单位，开展社会调查、数据分析具有更强的针对性、实用性，最终的结果也能更好地指导实践，形成更有实际意义的理论，促进博物馆学的发展。而且网络技术的发达、包括新媒体在内的发展等为博物馆开展社会调查、数据分析提供了良好的客观条件。

三结语

博物馆学最初更倾向于对像藏品保管、展品陈列等等具体事务的叙事型表达。但随着时代的变迁、社会的进步，博物馆学更倾向对包括博物馆保管、研究、陈列、社会教育这些社会职能在内的各方面进行经验总结和规律总结，形成理论，并利用研究成果指导实践。而这些对博物馆学的研究则与社会学的研究对象、研究方法不无关系。社会学的研究对象譬如对社会互动、社会角色、社会群体、生活方式、社会变迁、社会心理等的研究，以及社会学研究的方法譬如通过问卷、面谈、参与者观察及统计进行研究等，这些都与博物馆学密不可分，都对博物馆学的发展具有不同程度的启示作用。

社会学不同的研究对象、研究方法之间又是互相交融的，将不同的研究对象进行综合性分析研究，并将不同的研究方法融合利用，能够促进研究的进一步深化。社会学也是在不断变化发展的，博物馆学也是社会学需要关注的一个方向。随着博物馆的发展，以及人们对博物馆学探索的深入，社会博物馆学或者博物馆社会学将成为博物馆学研究或者社会学研究越发重要的研究方向。

博物馆学与艺术学

探索电影学理论与概念化的电影制作技法在展览策划中的应用

徐佳艺（成都博物馆）

摘要： 本文借用电影学理论和电影制作技法中的重要概念：景深镜头和长镜头，对博物馆展览策划进行分析，将伦敦设计博物馆特展“斯坦利 · 库布里克”、美国大都会艺术博物馆 232 和 131 展厅的展览作为案例，试图总结出在展览策划和叙事中情感的时间性和空间性是如何传达的。通过以上阐述，本文推断出借用电影学理论与概念化的电影制作技法有助于展览策划中的叙事与情感表达，并据此对展览研究者和实践者给出未来研究的建议。

关键词： 展览策划；电影理论；博物馆；观众体验

一 抵御时间的博物馆和电影

“电影已不足以展现电影感了，但博物馆可以”[1]，英国电影导演、策展人格林纳威这样说。这暗示了电影和博物馆作为两种不同媒介，在叙事和情感表达上有相似之处，然而，与电影相比，博物馆在叙事以及呈现电影感上有更多可能。博物馆学学者提出过类似观点：相较于文学、电影和戏剧，博物馆“在三维空间中，提供了全方位的物品与媒介体验，展现了时间的自由流动和变化”，在叙事和情感表达上比其他媒介更有力量[2]。因此，探索电影与博物馆的关系，尤其是探讨电影学概念如何应用到博物馆中就拥有了可能性甚至必要性。前人的研究更专注于探讨博物馆中的影音作品，而本文试图从电影学理论和概念化的电影制作技法中借用一些概念，并用以分析博物馆展览策划，以期能为博物馆学研究提供新视角。

本文借用电影学中两个关键概念——景深镜头和长镜头，从电影学和电影评论的角度分析展览策划。电影是融合时间和空间的艺术，“景深镜头呈现空间，长镜头展现时间”[3]。本文将用两个案例解读展览中情感体验的空间化和时间化呈现。特别说明，文中将博物馆比作电影，将展览看作电影片段，将观众看作摄影机，所有电影制作技法都是概念性的、抽象的，所有电影化效果都发生在观众心中，是观众自我诠释的结果。

电影和博物馆有许多相似特征。电影理论家巴赞在探索电影起源的心理因素时，发现人类始终有“木乃伊情结”[4]，即通过制作木乃伊来保存身体，以“抵御时间的流逝”[5]。所以，他认为电影“并没有像其他艺术一样创造永恒，电影只是对时间进行防腐处理，使时间能避免腐烂”[6]。这与博物馆“捕捉记忆，保存知识，然后展示它们”[7]的特点有类似之处。此外，两者都试图保存时间，都使用“音视频修辞手法和视觉叙述方式”[8]。博物馆学家胡珀-格林希尔认为博物馆是一种媒介[9]，因此电影学理论就可以被用于分析博物馆；同时，“博物馆本身就是一种叙事方式”[10]，所以镜头语言和电影制作技法在展览中也举足轻重。通过这样的类比和分析，博物馆能更好满足观众需求，提供高品质展览，引导博物馆向更个性化、情感化的方向发展。

当今，博物馆与情感成为博物馆学研究中越来越受关注的话题。博物馆“（试图）去‘冻结时间’，以期通过藏品的永久陈列来获得‘超越时间的状态’”[11]。这是保存记忆和获取永恒的方式。博物馆试图保存的记忆“既有个人的也有集体的……很多记忆是共享的，是基于共同经验、学习、文化遗产、传统或者其他更多的东西”[12]。记忆是一个主动的过程，“它能够唤起情感和渴望”[13]。不论在哲学还是心理学领域对情感的定义众说纷纭。日常生活中，情感是“一种有意识的、主观的、强烈的内心反馈”[14]。对于博物馆观众来说，情感是参观体验中的重要部分[15]。观众总是“期望（自己）能够与（博物馆）展品、展览内容以及互动体验产生个性化的联系”[16]。情感也是一种帮助博物馆诠释展览内容、提升展览传播效果的因素。人们在阅读时会产生批判和怀疑的态度，然而当他们全身心投入或者与阅读内容产生情感关联时，这种批判和怀疑就会下降[17]。“不论是有意还是无意引起的情感，都会极大影响学习和对意义的理解”[18]。

观众在走入博物馆前，“（拥有）不同参观模式，（属于）不同社会群体，甚至来自于不同文化背景”[19]，所以他们对展品和展览的情感体验是复杂多样的。这不仅取决于展品的样式、材料、原始功能和文化语境，也取决于形式设计和策展人的诠释，更取决观众身体和情绪以及“进入叙事”的状态，即观众在进入展厅之前所经历和拥有的经验[20]。

本文将从分析展览策划、电影制作技法以及情感表达之间的关系入手；随后以明斯特伯格、爱森斯坦和巴赞的理论为基础，阐述电影史上与情感表达有关的理论。接下来，选取伦敦设计博物馆和大都会艺术博物馆的展览作为案例，运用景深镜头和长镜头概念，从情感的空间化和时间化表达进行分析，从而得出对未来实践和研究有帮助的结论和建议。

二 电影理论和情感表达

电影天生就擅长情感表达。明斯特伯格在电影理论界第一本重要著作《电影：一次心理学研究》中提出：“拍摄出情感是电影最核心的目的。”[21]他发现电影制作技法与心理学概念的对应关系：特写镜头与注意力相对应，它“增强了场景的生动性”，并且“仿佛外部世界被编织在我们脑海中，不是通过自然法则而是通过我们的注意力”[22]。“闪回”对应记忆与想象[23]，而演员的表情、手势和动作以及场景等则可以唤起观众的情感[24]。

随着电影学的发展，电影理论家和实践者提出了更多类似观点。1920年代，爱森斯坦提出电影可以用来控制思想，认为电影创作的宗旨是做到“每一个艺术创作的决定都以电影对观众的情感影响为准则”[25]。他在《电影感》中指出，电影的任务“不仅是构建逻辑，更要构建出一个包含最大化情感和刺激的叙事”[26]。他认

表 1. 心理学概念和电影制作技法对应关系

心理学概念	电影制作技法
深度与运动	维度的感知运动的错觉
注意力	特写
记忆与想象	闪回（闪前与闪回）
情感	演员的面部表情、手势和动作；场景 / 布景

为蒙太奇就是实现这个目标的解决方案[27]，并阐释了杂耍蒙太奇是如何吸引观众的注意力[28]。同时，他认为场景应该“让观众受到情感或心理影响，通过创作经验和数学化的计算，得以在观众中产生特定情感冲击”[29]。

巴赞从电影起源的角度指出电影与情感的关系。他认为“电影是对现实的完整再现”[30]，并提出用“景深”[31]来进行情感表达，认为景深“影响了观众与画面之间的关系”[32]。景深镜头中，观众与画面的关系更贴近日常生活：这让观众有机会去主动思考，而不仅是跟随导演的引导；景深还结合了人类精神世界的“不确定性”和对形象的诠释，为观众提供了更多想象空间。他认为景深镜头与长镜头结合使用时，能为观众同时提供时间的连续性和现实的模糊性。

博物馆学学者以往在博物馆语境中讨论电影时，大多将电影看作影音作品（如 Andrea Witcomb[33] 和 M. K. L. Nielsen[34]），而不是使用电影学理论进行分析。虽有学者讨论过，但或是出版时间太早[35]，需在今天的语境下重新分析；或是论点稍显主观，因为案例是由他们自己设计的。如德国博物馆设计师邓肯分析了由他的工作室根据三种不同叙事结构设计的三个展览，由此展现电影叙事结构对展览体验的影响[36]；又如他和他的合伙人麦考利阐述了他们在德国设计的使用视听语言来营造叙事环境的展览[37]。更早时候，格林伯格分析了展览设计师如何通过使用电影制作技法在帝国战争博物馆中设计大屠杀主题展览[38]。此外，虽有学者选择一些客观案例，但大多借用叙事理论进行分析。

电影学理论和概念化的电影制作技法能为观众提供丰富的情感体验。以往研究表明，视听语言和电影理论对博物馆改善观众体验也有很大帮助。随着观众需求和博物馆角色发展，为观众提供更个性化、情感化体验将成为未来展览的趋势。电影自诞生之日起，就与观众的情感体验息息相关，在引发和表达情感方面有无数成功经验。将景深镜头和长镜头概念运用到展览策划中，不仅有助于改进观众体验，而且能从博物馆学之外的视角来反思博物馆的未来。

三 景深镜头：空间化的情感体验

景深镜头是一种具有大景深的电影制作技法。景深是指画面中前后对焦范围均处于清晰对焦状态[39]。景深镜头有两个特点：一是画面中前中后景中的元素都清晰锐利；二是画面中前中后景中的元素都具有意义，这些意义是单独产生的或相互组合产生的。景深镜头有时将多个相关视觉元素组合在一个画面中，产生对比、类比、暗示、隐喻的效果。景深镜头是一种空间叙事手段和场景调度方法，为电影提供多层次意义，帮助再现丰富多样的现实，展现现实的模糊性，给观众更多解读的可能。

展厅内每个区域都可以看作独立的、概念上的景深镜头。展品即镜头中的演员，展品的摆放位置决定了它在前中后景中的位置；观众是摄影机，他决定拍摄什么（将看到什么）。毫无疑问，在博物馆中展品具有强大吸引力。然而，展厅景深镜头不仅呈现展品，还呈现其他展览元素。与镜头中所有元素都为影片提供意义一样，展览中所有元素也为展览提供信息和氛围。展厅景深镜头中存在的一切都是故事的一部分。本章以展览“斯坦利 · 库布里克”[40]中《全金属外壳》章节作为案例，分析展厅景深镜头和场面调度如何帮助展览塑造情感体验。当观众走进该区域，展品、照片、视频、文字描述和模型等元素出现在观众视野里，为彼此提供语境，共同塑造氛围。

（一）案例：《全金属外壳》

该展览展现了世界著名导演斯坦利 · 库布里克独特的电影制作技巧和电影作品，涵盖与他有关的“700 多件物品、电影、采访、信件和照片”[41]。电影《全金属外壳》讲述了一个年轻人如何变成杀人机器，成为战争的受害者和肇事者，进而表达战争的疯狂和人们的恐惧。展区内照片、电影片段、道具、模型和文字说明共同构建了库布里克对战争主题的诠释。

（二）景深

对展览而言，景深有从空间层面到意义层面的多层含义。展览中，不同元素从不同角度诠释了展览内涵，这为不同年龄、文化和教育背景的观众提供了用他们熟悉的方式来理解展览的机会，帮助观众建立认同。“展览环境是概念和实际的复杂组合，每个部分都从整体中的其他部分获取意义”[42]。展览元素相互关联、相互引用，从而形成意义。

观众的情感体验建立在对展览全面深入理解之上，并与意义的形成相关[43]。“意义是一个人、物、环境、历史、文字和思想的复杂交互过程”[44]。景深有助于帮助在镜头内、镜头与镜头、屏幕与观众以及观众与整个环境氛围之间创造关系并建立理解。博物馆借助景深来塑造展览，试图建立展品、展览、博物馆和观众之间的复杂关系。这种关系是多层次、相互交织，或明显或隐藏在其中的。有些元素可能无法直接产生阐释，也无法为观众带来情感体验，但它们提供着“无穷无尽演绎、猜测和幻想的邀请”[45]。

图 1.《全金属外壳》局部

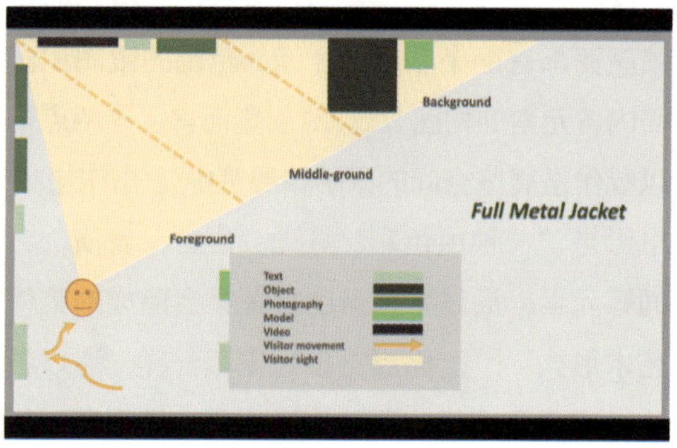

表 2.《全金属外壳》展区视线图

当观众阅读完《全金属外壳》介绍后，按照展览动线穿过狭窄过道来到展区，此时出现在视线范围内的区域如图所示。该展区内前景部分由文字描述和照片组成，营造了战争气氛并为整个章节提供语境。中景呈现电影片段和美军士兵面部特写，提供了展区的核心信息。展柜和直升机模型构成后景，将该区域所表达的意义推向更复杂的层次。前景所呈现的元素和信息只与电影本身有关，宏大的社会意义在中景得到表现，而后景更多展现的是战争中人性的复杂。

（三）场面调度

场面调度最初用于戏剧领域，指“舞台上的摆设”，在电影学中指镜头前的一切元素及对这些元素的安排[46]。它是一种解决拍什么、怎么拍的电影技法[47]，包括灯光、构图、布景、服装、道具、色彩和演员，还涵盖了摄影机与整个画面的关系——取景、摄影机运动、特定镜头等[48]。它决定了“观众可以看到的内容以及观看方式”[49]。场面调度是电影中表达情感独特而有效的方法。卡努多强调电影必须依靠运动、节奏、光线和影子来表达人的生活和思想，包括潜意识的精神状态和非物质世界[50]。可见，场面调度会影响影片的真实性和可信度[51]，进而影响观众的体验和情感反馈。电影中，景深镜头是“场面调度的主要美学标志”[52]，场面调度则是实现景深镜头的重要方法。电影的每帧画面都有两个基本点：镜头范围的限制和画面内各元素的构图[53]。对展览而言，这两点可以看作是展览空间的限制和展览中元素的构成。电影是“一种由色彩、灯光、声音、表演、台词等元素，通过导演调度指挥集合而成的集体艺术形式”[54]，而展览也如电影一样，通过各种元素之间调度、互动构建叙事。场面调度和展览中各元素的功能，有如下类比。

表3.展览元素与电影制作技法对比

电影制作技法	展览元素
旁白	文字说明
特殊镜头	照片
	电影片段
人物表演	展品
道具	模型

1. 照片

该展区有三张照片，由战地摄影师麦卡林在越南战争期间拍摄，当年这些照片“为库布里克和弗斯特提供了电影氛围的起点”[55]。照片在展览中的作用类似于特写镜头，“控制着我们与事件的接触”[56]并且“决定我们对事件的理解”[57]。与动态图像相比，照片或定格画面“可能更令人难忘”[58]。该照片直接面对观众的行动路线，士兵的眼神吸引着观众，为展区渲染出残酷而无辜的氛围。如桑塔格所说，照片不仅是“对现实的诠释”[59]，也是“一种痕迹，一种直接从现实中抹去的东西”[60]，它有唤起观众同情、恐惧和悲伤等情感的能力。此外，照片为理解展览内容提供了语境。图像是为了呈现那些不存在或已经缺席的东西。图像比它所代表的东西更持久，它也显示了其他人对图片或这个问题的看法[61]。照片比文字更精确、更丰富地解释和还原了战争语境，为展厅提供激发情感的联系，甚至为没有文字阅读能力的观众提供了有效的信息[62]。

2. 电影片段和道具

该展的特别之处在于电影片段和道具被当作展品，它们共同诠释人性的复杂和战争的本质这个主题。当展示青年入伍时剃须的电影片段时，背景音乐轻柔活泼，但个性十足的青年

图 2. 照片与《全金属外壳》电影片段并置

图 3. 展柜内展品

图 4 . 二等士兵小丑的眼镜和手表

从此刻开始变成“杀人机器”，这与照片中士兵形成鲜明对比。随后，影片进入战争场景，片中的人与照片中的士兵越来越相似。另一个吸引人的展品是写着“为杀而生”（born to kill）的头盔以及二等兵小丑的眼镜和手表。当看到这些充满反差的道具时，观众会疑惑于如此单纯可爱的年轻人是如何变成战争机器，更会震惊于战争对人的异化。

3. 文字说明

展览中文字说明有着类似电影画外音的功能。画外音通过不出现在与画面同一时空的讲述者来进行陈述 [63]，为视觉元素提供与观众一对一的交流机会，邀请观众进入讲述者的世界并传达高度个人化的信息。画外音“展示了图像无法表现的东西，如角色的‘内心生活’”[64]。展览中，文字说明提供了策展人的解读，这为展览提供语境。在电影中画外音并不总是最有效、微妙的情感表达方式，其表现太直接了。类似地，文字说明也会限制观众的解读，从而影响观众的情感体验。无论是电影还是展览，画外音和文字说明都可能有过强的介入感，将观众带入固定叙事，限制观众的理解，影响观众情感的连续性。

4. 结论

景深镜头的设计哲学来源于展览空间本身具有的多维度、多层次的意义和空间叙事的能力。在概念化的景深镜头中，观众的情感随空间变化而变化，这些变化既受空间元素所提供信息的影响，也受空间整体氛围的感染。当策展人使用场面调度设计展览并将展览与电影元素对比时，他可能会找到传达情感更加有效、充分的方式。当然，二维的电影空间和三维的展览空间是有区别的，电影通常是完成的作品，而展览常处于未完成的状态。这个问题将留到下一章进行讨论。

四 长镜头：时间化的情感体验

长镜头指未经剪辑的镜头，其持续时间比通常的镜头时长相对更长，在电影中被视为基于时间的叙事。完美的长镜头需要组织良好的场面调度和时间控制。“电影的实质是一个无尽的长镜头……它将以我们的生命结束而结束；而这个长镜头不过是对现实的再现”[65]。长镜头试图传达这样的理念，即电影语言应该像现实生活一样是完整、真实和持续的，不会切割和打断观众的情感体验。同样地，博物馆中每个观众的参观体验可以看作是一个长镜头：观众的移动是摄像机运动，观众看到的内容则是镜头中的内容。

本章将通过分析大都会艺术博物馆 232[66] 和 131 厅[67]，试图解释博物馆如何用长镜头塑造观众的情感体验。这两个展厅楼层不同、藏品不同，看上去并没有关联；然而由于建筑的特殊构造，232 厅的观众透过窗户可以看到下方的 131 厅，因此两个展厅具有了对话的可能，并且共同创造出类似于电影史上经典长镜头片段——《公民凯恩》[68] 中的场景。以下分析将通过比较《公民凯恩》的片段与两个展厅的参观体验组成的长镜头，从摄影机运动和蒙太奇两方面探索博物馆如何通过时间的连续性塑造观众的情感体验。

图 5. 232 厅 PixCell-Deer #24

图 6.《春日大社的鹿曼荼罗》

（一）案例：232 和 131 厅

1. 232 厅

232厅属于大都会艺术博物馆亚洲艺术部，是日本艺术最后一个展厅。展厅中央有一座名和晃平于 2011 年创作的当代雕塑——PixCell-Deer#24[69]。该雕塑是一头鹿，与日本宗教画《春日神社的鹿曼荼罗》[70] 中神鹿的样态相似，都把头转向一边，背上有一面圆镜或水晶球[71]。在日本传统文化中，鹿通常被视为“古代圣人的伴侣，传达吉祥寓意”[72]，是神道教中众神的使者[73]。

名和晃平曾表示“PixCell”是“像素”和“细胞”两个词的组合，是数字图像和细胞最小单位的组合[74]。当他在网上搜索关键词“动物标本”时，他发现标本鹿的数量占绝大多数[75]。虽然鹿在日本有重要的宗教意义，但由于数量激增，

图 7. 从 232 厅看丹铎神庙

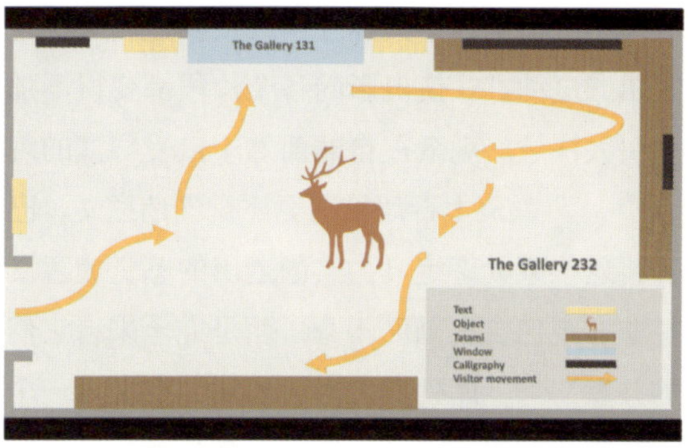

图 8. 232 厅动线规划

政府不得不驱逐它们。同时，名和晃平无法辨认网上图片是动物还是标本。在他的雕塑中，标本鹿被密封在玻璃之中，只有通过玻璃球才能看到标本，以此象征互联网无法充分展现世界本质。

2. 131 厅

丹铎神庙位于 131 厅，即赛克勒翼，是该馆的标志性藏品之一。埃及神庙被认为是众神在人类世界中的居所 [76]。这座神庙是公元前 15 年左右，为掌管尼罗河生育、农业和定期洪水的“拥有巨大魔力的女神” [77] 伊西斯建造。

（二）摄影机运动

摄影机运动是电影制作技法中最基本方式之一，指摄影机在空间中“实际的或被感知的物理运动” [78]，它通常是在拍摄过程中依靠改变摄影机的位置和（或）角度来实现。摄影机运动常用来完成长镜头和帮助构建时间和空间的连续性。某些特殊的摄影机运动可能“本身就具有表现力和戏剧性” [79]，因其改变了被摄主体与摄影机的关系，为观众提供了不同的视角，并塑造了电影叙事的多种可能 [80]。展览中，摄影机运动指观众的移动。如果将展览看作一部电影，那么观众就是电影导演，他们通过移动来决定如何拍摄和剪辑影片，他们的参观旅程就是电影情节。这部电影在观众身心运动的共同努力下完成。

博物馆建筑可被看作一个舞台、一个长镜头。博物馆学家皮尔斯说“每一个展览都像一部戏剧作品” [81]。展厅、楼梯、走廊以及所有不起眼的公共空间都是舞台的一部分 [82]。随着观众需求变化，他们“很可能希望成为博物馆叙事体验的一部分” [83]。展览也变得更适合被看作电影而非戏剧，因为在展厅里，观众是移动的，展品和其他展览元素是静止的，而且观众可从自己的角度体验和参与，“通过新的构图原则、舞台、场景设计、景深镜头、摄影技法、灯光和摄影机运动，观众处于观看每个镜头的最佳视角上” [84]。“在故事中总有一个读者，不仅是讲故事的基本要素，也是故事本身的基本要素” [85]。对于博物馆，观众和观众的情感体验都可被视为展览的一部分，它们共同构成整个故事，使展览更加完整。

电影中，镜头运动都需要明确的动机。展览中，策展人也应给观众一个合理、积极、令人信服的与内容互动的理由。观众会沿着展览的叙事情节移动或通过现有线索自己创造新的叙事 [86]。因此，如果展览有明确的信息和意图要传达，就需要在观众的身体和精神上规划动线。

232 和 131 厅组成的长镜头的运动路线如

上图所示。这与《公民凯恩》中经典长镜头非常相似，整个镜头通过窗户扩展了景深也延伸了画面空间和意义。在运动过程中，观众会同时看到两个展厅的展品。然而，在观众脑海中，两件展品在这个长镜头中拥有了对话机会并建立了联系。PixCell-Deer#24 讲述当今日本社会中人与环境的关系，反映当代人对互联网与人类关系的思考。丹铎神庙则讲述古埃及人与自然的故事，反映古埃及人对超自然能力的认知。两件展品来自不同国家、时期和文化背景，具有不同原始功能，但共同讲述了人类祖先如何崇拜超自然力量以及渴望了解世界和自己。当具有先前参观经验、知识和情感的观众走进 232 厅时，他的移动伴随着不断变化的情感体验：不同文化在不同时期对生命、超自然力量和世界本质等同一主题的表达给他们带来震撼和沉思，创造了新的意义并重塑了观众体验。这个概念性长镜头建立在时间连续性之上，影响观众的记忆和情感认知，观众随时会捕捉到展览表现出的随时间变化的与现实相关的隐喻。如巴赞所说长镜头为观众提供足够时间去探索现实[87]。

（三）蒙太奇

当人们谈论电影叙事，很自然会想到蒙太奇，这是一种电影独有的技法。镜头是电影的基本元素，连接镜头的主要方式就是蒙太奇。创作者的主观意图通常很明显地体现在镜头的排列、组合和连接上。由于每个镜头不是孤立存在的，是与前后镜头相关联的，不同连接会产生连贯、跳跃、强化、弱化、对比等不同效果。同时，镜头组合不仅形象描述了镜头内容，还产生了单个镜头无法表达的新含义。

蒙太奇理论分为两种流派——好莱坞连续性蒙太奇和苏联蒙太奇理论。好莱坞连续性蒙太奇强调时间连续性，通常出现在好莱坞经典

图 9.《公民凯恩》经典长镜头

电影中，根据故事实际逻辑或戏剧逻辑来决定剪辑。这种方式使电影的各个片段都变得不那么引人注意，观众在自然而然中接受导演的观点[88]。苏联蒙太奇理论则更注重创造意义。巴赞将这些蒙太奇定义为“创造出的感觉或意义并非客观包含在画面本身，而是完全来自它们的并置”[89]。库列肖夫实验表明，当在同一个微笑镜头前出现不同画面时，演员微笑含义会发生变化。可见意义更多取决于镜头组织，而不是客观内容[90]。“任何类型的两个镜头放在一起，不可避免地组合出一个新概念，一种新特征”[91]。这种效果不仅出现在电影中，也出现在任何“两个事实、两个现象、两个对象并置、组合的情况中”[92]。

蒙太奇理论可被用来重思展览。观众动线和时间线与电影故事线相似，剪辑是在观众脑海中完成，观众每次注意力转移都是一次剪辑，都是一次概念化的蒙太奇。策展人要创造机会引导观众运用蒙太奇思维对内容做出自己的解读。在展览中，蒙太奇思维以两种方式产生影响，一是通过空间的构造改变时空呈现方式，二是在展品与展品、展品与环境间建立联系。这将充分调动观众的想象力，将解读的权利还给了观众。

232 厅的窗户改变了时空呈现方式，导

致不同楼层间展品产生互动。窗户是促使观众去探索展品间联系并融入展览氛围的动机。PixCell-Deer#24有机会与丹铎神庙建立对话，观众也有机会加入到这个对话中。PixCell-Deer#24通过不同类型蒙太奇与不同展品产生组合关系：墙上的书法《千里马》用篆书呈现出马的形象，与鹿的形状相似，产生了色调蒙太奇，营造了贯穿镜头的“富有表现力的画面感的效果”[93]。这是种基于情感基调进行剪辑的方法，如将相似颜色、灯光、形状、构图、声音组合在一起。马和鹿的造型相似，吸引了观众的注意力，引发其思考。同时，232厅被设计成日本传统书房，而当代雕塑的加入则创造出智力蒙太奇，传达了冲突中的平衡感。这种依靠镜头间冲突而不是相邻镜头间联系来创造意义的方法，吸引观众做出自我解读。此外，232厅是日本艺术展区最后一个展厅，观众此前按照日本艺术史的时间顺序逐一参观，可以在这里感受到时间的延续。这与使用好莱坞连续性蒙太奇一样，用一种“隐形”蒙太奇和时序性设计来规划观众体验。

（四）结论

长镜头的设计依据是观众的情感会随时间变化。在概念化长镜头中，观众情感随时间推移而变化、积累或减弱。观众的移动需要明确合理的动机，因此策展人应精心规划参观路线。当然，策展人和设计师还应考虑为观众提供更多时间上和空间上的思考余地，以帮助观众产生深度情感体验。蒙太奇通过组合和变换时空，创造新的意义和解读方式，提供了一种完全不同于展品本身含义的解读，给观众带来意想不到的参观体验。

五 透过电影看展览

博物馆可以借用概念化电影制作技法和电影学理论进行展览策划，电影学概念可以通过景深镜头、长镜头等方式在展览中塑造情感体验。这种新概念的应用是基于观众与展览间互动的可能性、基于电影学多年成功实践经验、基于人类探索事物和了解自己的本能需求。虽然本文将景深镜头和长镜头分开进行分析，事实上它们在展览中是并存的，就如同空间感和时间感并存是一样的。在展览策划中，两者需要同时考虑。电影制作中所有技法的运用都结合了具体故事情节和语境，可以说，电影制作技术是一种情境化技术。如果策展人试图借用，他们需考虑如何创造出一个合适的语境或故事。此外，还需要考虑电影和展览间的差异。电影是完成品，在观众观看前由电影导演创作故事情节。而展览始终处于一种未完成状态，所有叙述和解读事实上都是通过观众与展品、空间和展览元素间的关系构成的。在二维固定的电影叙事环境和三维变化的展览叙事环境中，电影制作技术和电影理论的借用从概念到实践都有所不同。

这项研究的前景不仅是以不同的方式来策划展览，为博物馆构建新的叙述方式，建立观众与博物馆的新关系，还可以在新的概念框架内、新的学科领域内思考和讨论博物馆学，以更个性化和情感化的方式重思展览，在更广泛语境中讨论博物馆，甚至去探讨超越博物馆概念的内容。策展人的工作决定了展览是什么；策展人的观点决定了博物馆是什么。对于展览，重要的不仅是研究藏品或策划展览，而是了解观众。只有那些能引起观众共鸣的展览，那些源远流长的故事，那些激动人心的瞬间，才能跨越时空，帮助我们一起去“抵御时间的流逝”[94]。

【注释】

[1] Peter Greenaway, ‘The language of display’, keynote lecture for narrative space, V&A, 1 April 2011, quoted in Laura Hourston Hanks, Jonathan Hale and Suzanne MacLeod, ‘Introduction: museum making’, in Suzanne MacLeod, Laura Hourston Hanks and Jonathan Hale (eds.), Museum making: narratives, architectures, exhibitions (London and New York: Routledge, 2012), pp. xix-xxiii (p. xxi).

[2] Laura Hourston Hanks, Jonathan Hale and Suzanne MacLeod, ‘Introduction: museum making’, in Suzanne MacLeod, Laura Hourston Hanks and Jonathan Hale (eds.), Museum making: narratives, architectures, exhibitions (London and New York: Routledge, 2012), pp. xix-xxiii (p. xxi).

[3] Jeff Scheible, ‘long take’ in Edward Branigan and Warren Buckland (eds.) The Routledge encyclopedia of film theory (Oxon and New York: Routledge, 2014), pp. 273-278 (p. 273).

[4] Andre Bazin, ‘The ontology of the photographic image’, in Hugh Gray (trans.), What is cinema? vol. 1 (Berkeley: University of California Press, 2005), pp. 9-16 (p. 9).

[5] Ibid.

[6] Ibid, p. 14.

[7] Francois Penz, ‘Museums as laboratories of change: the case for the moving image’ in Angela Dalle Vacche (ed.), Film, art, new media: museum without walls? (United Kingdom: Palgrave MacMillan, 2012), pp. 278-300, (p. 280).

[8] Ibid., p. 279.

[9] Eilean Hooper-Greenhill, Museum, media, message (London: Routledge, 1994), p. 10.

[10] Ross Parry, ‘Afterword: the future in our hands? Putting potential into practice’, in Loïc Tallon et al. (eds.), Digital technologies and the museum experience: handheld guides and other media (United States: Altamira Press, 2008), pp. 179-193 (p. 186).

[11] Christoph Asendorf, ‘The collector and his treasure: “an entirely furtive private relationship”’ in Don Reneau (trans.) Batteries of life: on the history of things and their perception in modernity (Berkeley and Los Angeles: University of California Press, 1993), pp. 48-56 (p. 53).

[12] Susan A. Crane, ‘Introduction: of museums and memory’, in Susan A. Crane (ed.) Museums and memory (Stanford: Stanford University Press, 2000), pp. 1-16 (p. 2).

[13] Ibid, p. 1.

[14] Merriam-Webster, emotion, 2019 <https://www.merriam-webster.com/dictionary/emotion#other-words> [accessed 3 July 2019].

[15] Laurajane Smith and Gary Campbell, ‘The elephant in the room: heritage, affect and emotion’ in William Logan, Mairead Nic Craith, and Ullrich Kockel (eds.), A companion to heritage studies (Oxford: Wiley Blackwell, 2016), pp. 443-460.

[16] John H. Falk and Lynn D. Dierking, ‘Enhancing visitor interaction and learning with mobile technologies’ in Loïc Tallon et al. (eds.), Digital technologies and the museum experience: handheld guides and other media (United States:

Altamira Press, 2008), pp. 19-34 (p. 19).

[17]Roger C. Schank and Tamara R. Berman, 'The pervasive role of stories in knowledge and action', in Melanie C. Green, Jeffrey J. Strange and Timothy C. Brock (eds.), Narrative impact: social and cognitive foundations (New York and Hove: Taylor & Francis Group, 2002), pp. 287-314.

[18]John H. Falk and Lynn D. Dierking, the museum experience revisited (California: Left Coast Press, 2013), p. 192.

[19]Ross Parry, 'Afterword: the future in our hands? Putting potential into practice', p. 182.

[20]Anthony Jackson, 'Engaging the audience: negotiating performance in the museum', in Anthony Jackson and Jenny Kidd (eds.) Performing heritage: research, practice and innovation in museum theatre and live interpretation (Manchester and New York: Manchester University Press, 2011), pp. 11-25 (p. 11).

[21]Hugo Munsterberg, 'The photoplay: a psychological study' in Allan Langdale (ed.), Hugo Munsterberg on film (New York and London: Routledge, 2002), pp. 45-99 (p. 99).

[22]Ibid., p. 88.

[23]Ibid., p. 98.

[24]Ibid., p. 99-108.

[25]David Bordwell, The cinema of Eisenstein (Cambridge and London: Harvard University Press, 1993), p. 115.

[26]Sergei M. Eisenstein, 'Word and image' in Jay Leyda (ed. and trans.) The film sense (London: Faber and Faber Limited, 1948), pp. 13-59 (p. 14).

[27]Ibid.

[28]Sergei M. Eisenstein, 'The montage of attractions' in Richard Taylor (ed. and trans.), Selected works, vol. 1, writings 1922-34 (Bloomington: Indiana University Press, 1988), pp. 33-38.

[29]Ibid, p. 34.

[30]Andre Bazin, 'The myth of total cinema', in Hugh Gray (trans.), What is cinema? vol. 1 (Berkeley: University of California Press, 2005), pp. 17-22 (p. 20).

[31]Andre Bazin, 'The evolution of the language of cinema', p. 35.

[32]Ibid.

[33]Andrea Witcomb, 'The materiality of virtual technologies: a new approach to thinking about the impact of multimedia in museums', in Fiona Cameron and Sarah Kenderdine (eds.), Theorizing digital cultural heritage: a critical discourse (Cambridge and London: The MIT Press, 2007), pp. 35-48.

[34]M. K. L. Nielsen, 'A conceptual framework for audio-visual museum media', EAI endorsed transactions on creative technologies, 4, no. 11 (2017), pp. 1-14.

[35]Selma Thomas and Ann Mintz (eds.), The virtual and the real: media in the museum (Washington: American Association of Museum, 2000).

[36]Tom Duncan, 'Beyond the museum: a comparative study of narrative structures in films and museum design', in Suzanne MacLeod et al. (eds.), The future of museum and gallery design: purpose, process, perception (London and New York: Routledge, 2018), pp. 239-253.

[37]Tom Duncan and Noel McCauley, 'A narrative journey: creating storytelling environments

with architecture and digital media', in Suzanne MacLeod, Laura Hourston Hanks and Jonathan Hale (eds.), Museum making: narratives, architectures, exhibitions (London and New York: Routledge, 2012), pp.288-297.

[38]Stephen Greenberg, 'The vital museum', in Suzanne MacLeod (ed.), Reshaping museum space: architecture, design, exhibitions (London and New York: Routledge, 2005), pp.226-237.

[39]The Columbia Film Language Glossary, Depth of field, 2015, <http://filmglossary.ccnmtl.columbia.edu/term/depth-of-field> [Accessed 16 June 2019].

[40]Stanley Kubrick: The Exhibition [exhibition]. Design Museum, London. 26 April 2019 - 15 September 2019.

[41]Design Museum, 'Stanley Kubrick: The Exhibition', 2019 <https://designmuseum.org/exhibitions/stanley-kubrick-the-exhibition> [Accessed 6 June 2019].

[42]Tiina Roppola, Designing for the museum visitor experience (London: Routledge, 2012), p.205.

[43]Susan Best, 'What is affect? Considering the affective dimension of contemporary installation art', Australian and New Zealand Journal of Art, 3, no.1(2002), pp.207-225 (p.220).

[44]David Morgan, 'The materiality of cultural construction' in Sandra H. Dudley (ed.) Museum objects: experiencing the properties of things (London and New York: Routledge, 2012), pp.101-102 (p.101).

[45]Susan Sontag, On photography (London, Penguin Books, 1979), p.23.

[46]David Bordwell, Kristin Thompson and Jeff Smith, Film art: an introduction, 11th edn (New York: McGraw-Hill, 2017), p.113.

[47]James Monaco, how to read a film: movies media and beyond, 4th edn (Oxford: Oxford University Press, 2009), p.205.

[48]David Bordwell, Kristin Thompson and Jeff Smith, Film art: an introduction, 11th edn, p.113.

[49]John Gibbs, Mise-en-scène: film style and interpretation (New York: Columbia University Press, 2002), p.5.

[50]Ricciotto Canudo, 'The birth of the sixth art', in Scott MacKenzie (ed.), Film manifestos and global cinema cultures: a critical anthology (Berkeley and Los Angeles: University of California Press, 2014), pp.838-850.

[51]Joanne Connell, 'Film tourism-evolution, progress and prospects', Tourism management, 33, no.5(2012), pp.1007-1029.

[52]James Monaco, how to read a film: movies media and beyond, p.223.

[53]Ibid., p.206.

[54]Marshall McLuhan, Understanding media: the extensions of man (London and New York: Routledge, 1964), p.319.

[55]Stanley Kubrick: The Exhibition [exhibition]. Design Museum, London. 26 April 2019 - 15 September 2019.

[56]John Gibbs, Mise-en-scène: film style and interpretation, p.19.

[57]Ibid.

[58]Susan Sontag, On photography, p.17.

[59]Ibid, p.154.

[60]Ibid.

[61]John Berger, Ways of seeing (London: British Broadcasting Corporation and Penguin Books, 1972), p. 10.

[62]Susan Sontag, On photography, p. 22.

[63]Sarah Kozloff, Invisible storytellers: voice-over narration in American fiction film (Berkeley and Los Angeles: University of California Press, 1988), p. 5.

[64]Mary Ann Doane, 'The voice in the cinema: the articulation of body and space', Yale French Studies, 60, Cinema/Sound (1980), pp. 33-50(p. 41).

[65]Pier Paolo Pasolini, 'Observations on the long take', October, 13 (1980), pp. 3-6 (p. 5).

[66]Japanese Art Gallery 232 [exhibition]. The Metropolitan Museum of Art Fifth Avenue, New York. 2018.

[67]The Temple of Dendur in the Sackler Wing Gallery 131 [exhibition]. The Metropolitan Museum of Art Fifth Avenue, New York. 2018.

[68]Citizen Kane [film], dir. Orson Welles (USA: RKO Radio Picture, 1941).

[69]Kohei Nawa, PixCell-Deer#24, 2011, taxidermied deer, artificial crystal glass.

[70][n. au.], Deer Mandala of Kasuga Shrine, late 14th century, hanging scroll, colour on silk.

[71]Metropolitan Museum of Art, 'Deer Mandala of Kasuga Shrine | PixCell-Deer#24 | Japan | Nanbokucho period (1336-92) | The MET', 2019, <https://www.metmuseum.org/art/collection/search/53187> [Accessed 16 June 2019].

[72]Metropolitan Museum of Art, 'Kohei Nawa | PixCell-Deer#24 | Japan | Heisei period (1989-2019) | The MET', 2019, <https://www.metmuseum.org/art/collection/search/76970> [Accessed 16 June 2019].

[73][Ibid.

[74]Kohei Nawa, 'Artist: Kohei Nawa',2015, <https://www.youtube.com/watch?v=nNInrZ2nOY8> [Accessed 20 June 2019].

[75]Ibid.

[76]Isabel Stunkel, 'The Temple's cult and decoration', 2017, <https://www.metmuseum.org/about-the-met/curatorial-departments/Egyptian-art/temple-of-dendur-50/cult-and-decoration> [Accessed 17 June 2019].

[77]George Hart, The Routledge dictionary of Egyptian Gods and Goddesses, 2nd edn (London and New York: Routledge, 2005), chapter I.

[78]The Columbia Film Language Glossary, 'Camera Movement', 2015, <http://filmglossary.ccnmtl.columbia.edu/term/camera-movement> [Accessed 17 June 2019].

[79]Annette Kuhn and Guy Westwell, Oxford dictionary of film studies (Oxford: Oxford University Press, 2012), p. 57.

[80]Schirmer Encyclopaedia of Film, 'Camera Movement', 2017, <http://www.encyclopedia.com/arts/encyclopedias-almanacs-transcripts-and-maps/camera-movement> [Accessed 17 June 2019].

[81]Susan M. Pearce, Museums objects and collections: a cultural study (Leicester and London: Leicester University Press, 1992), p. 136-37.

Anthony Jackson, 'Engaging the audience:
[82]negotiating performance in the museum', p. 17.

Center for the Future of Museums (CFM), 2008,
[83]Museums and Society 2034: trends and potential futures < https://www.aam-us.org/wp-content/uploads/2017/12/Museums-Society-2034-Trends-and-Potential-Futures.pdf> [Accessed 13 June

2019]，p. 18.

[84]Lev Manovich, The language of new media, p. 147. Umberto Eco, Six walks in the fictional woods

[85](Cambridge: Harvard University Press, 1994), p. 1.

[86]Tiina Roppola, Designing for the museum visitor experience, pp. 174-215.

[87]Andre Bazin, ‘The evolution of the language of cinema’, pp. 23-40.

[88]Ibid, p. 25.

[89]Ibid.

[90]Ibid.

[91]Sergei M. Eisenstein, ‘Word and image’, p. 14.

[92]Ibid.

[93]David Bordwell, The cinema of Eisenstein, p. 132.

[94]Andre Bazin, ‘The ontology of the photographic image’, p. 9.

“展柜”的意义
——博物馆学与艺术史学的互动与互鉴

李思思（洛阳博物馆）

摘要：学科意义上的艺术史学与博物馆学在中国建立的时间并不长，各自的发展却十分迅猛，这与艺术史研究对象的拓展和艺术概念的拓展有很大的关系。二者在成果转化方面亦有着千丝万缕的联系，艺术史学的方法和成果对博物馆策展、陈展及教育活动的影响有目共睹，而博物馆在收藏、陈展理念及科技手段上的创新，也为艺术史学提供了新的材料和问题。随着中国博物馆又一次爆炸式发展的来临，探索和梳理艺术史学与博物馆学的关系，从某种层面上说，也是对博物馆基于对实物收藏、展示、研究的审视与反思。

关键词：博物馆学；艺术；学科互动；策展理念；“实物的回归”

学科意义上的艺术史[1]和博物馆学在现代中国建立的时间并不长，各自的发展却十分迅猛，二者在成果转化方面有着千丝万缕的联系。艺术史学的方法和成果对博物馆策展、陈展及教育活动的影响有目共睹，而博物馆在收藏、陈展理念及科技手段上的创新，也为艺术史学提供了新的材料和问题。随着中国博物馆又一次爆炸式发展的来临，探索和梳理艺术史学与博物馆学的关系，从某种层面上说，也是对博物馆基于对实物收藏、展示、研究的审视与反思。

一 博物馆学与艺术史学：互鉴的理论和方法

关于博物馆的起源，学界大约有5种说法：缪斯神庙说；奇珍室说；画廊与沙龙说；美术学院陈列说；法国公立博物馆说[2]。无论哪一种，都和艺术或艺术品相关。西方博物馆学理论的发展从某种程度上来说伴随着艺术和艺术史观的发展和更新。

卢浮宫博物馆是现代意义上的博物馆的源头，1793年8月10日，卢浮宫成为一个公立艺术博物馆[3]，藏品对所有公众开放，展品以时间和空间序列陈展，19世纪之交，卢浮宫的藏品主要是古代艺术（雕塑）和现代作品（绘画）两方面，从埃及到希腊，从文艺复兴到当时的法国，其展陈内容即一部艺术发展史。

艺术史家李军教授基于其在欧洲研究和工作的经验，近年来对博物馆与艺术史之关系进行了深入探讨，成其宏著《可视的艺术史——从教堂到博物馆》，其抛出的理论命题为：现代博物馆制度是一项历史的，尤其是艺术史的制度。换言之，艺术史研究图像，博物馆展陈图像。

艺术史与博物馆的休戚相关还表现在围绕二者展开的“终结论”命题上，其代表人物及观点为丹托（Arthur C. Danto）的“艺术终结论”[4]、贝尔廷（Hans Belting）的“艺术史终结论”[5]、克林普（Douglas Crimp）的“博物馆终结论”[6]、格罗伊斯（Boris Groys）的“博物馆非终结论”[7]。从某种程度上来说，艺术概念发生变化的时候，博物馆也成为讨论的焦点。

简单回顾中国博物馆的情况。中国自商代就有“收藏古物”的习俗，直到 20 世纪初，1905 年张謇创办的南通博物苑是中国人最早创办的博物馆。1912 年，中国国家博物馆的前身“历史博物馆筹备处”建立，是中国最早的公立博物馆。从“藏”到“展”的转变标志着真正意义上的博物馆在中国的创立，也体现了传统中国向现代中国的转型。此后，中国博物馆有 3 次大规模发展期，分别是 20 世纪 30 年代、中华人民共和国成立后，改革开放后。近年来，博物馆又迎来了新一轮的建设与发展浪潮，无论从数量或类型，势头强劲。

中国博物馆收藏什么？1930 年，国民政府出台了《古物保存法》，对古物的定义为：“与考古学历史学古生物学及其他文化有关之一切古物而言。”与之相近的概念是“文物”，根据《中华人民共和国文物保护法 (2017 年修正本)》的界定，“文物”指具有以下五类物品：

(一) 具有历史、艺术、科学价值的古文化遗址、古墓葬、古建筑、石窟寺和石刻、壁画；

(二) 与重大历史事件、革命运动或者著名人物有关的以及具有重要纪念意义、教育意义或者史料价值的近代现代重要史迹、实物、代表性建筑；

(三) 历史上各时代珍贵的艺术品、工艺美术品；

(四) 历史上各时代重要的文献资料以及具有历史、艺术、科学价值的手稿和图书资料等；

(五) 反映历史上各时代、各民族社会制度、社会生产、社会生活的代表性实物[8]。

从以上概念不难看出，“古物”和“文物”与中国考古学密切相关，中国博物馆的藏品绝大多数来源于考古发现，拥有自己的发掘资质和队伍甚至在某一时期是博物馆的特色。

艺术史学在中国的确立，当然也与考古学的发展相伴而生。20 世纪初，外国人在中国的考古甚至是盗掘活动，极大刺激并影响着中国学者建立中国近代的考古学与美术史学。“美术”一词在近代由日本从西方引入中国，代表了中国由传统到现代文化转型的求变心态。此时中国美术史研究的框架还处于西方美术史的叙事框架之内，但已不再局限于对绘画及画学的研究，而是将考古发现品纳入美术史的研究之中。

博物馆在 20 世纪初，是“美育”的前沿阵地，提倡“美育”的蔡元培指出：“博物学，在应用一方面，为实利主义；而在观感一方面，多为美感。研究进化之阶段，可以养道德，体验造物之万能，可以导世界观。”[9] 在蔡氏看来，观众在博物馆感受到美的“进化”，换言之，博物馆提供的展品是一部艺术史。

艺术史学科虽然起源于近代欧洲，但在中国的发展却不容小觑。今日艺术史的研究范围不断超越对风格和图像的分析，将更多的视觉文化材料纳入艺术史的研究范围。从中国博物馆的藏品属性来看，藏品多来源于考古发掘品，却在展示时又有所选择，代表着中国历史文化发展的独特理路，但其基本特性，仍是具有创造力的人工制品，其价值完形，来源于观众的观看，基于此，博物馆藏品仍是艺术史研究的主要对象。

二 中国美术史研究与博物馆策展的互动

近年来，陆续有国内外的艺术史家与国内博物馆合作，将其研究成果转化为策展方案，与博物馆藏品相结合，推出了一些比较重要的有影响力的展览。这些展览不但呈现了藏品和文化研究的最新学术成果，也带来了对“旧藏品”新的观看方式，代表着博物馆学与艺术史学新的发展动向。

2016 年 9 月 3 日，考古学与美术史学者郑岩教授在中央美术学院美术馆策划了“破碎与聚合：青州龙兴寺古代佛教造像”展，展览是为了配合 34 届世界艺术史大会举办的，地点是在美术学院的美术馆，展品则是来自青州博物馆的龙兴寺佛教造像及其残片。不同以往的是，这些造像不再以北朝至宋代的佛教雕塑“杰作”视人，而是精品与碎片的组合，立体陈展与“平铺”陈展的结合[10]。（图 1）这种方式当然有其深意，策展人郑岩教授在展览解读中说，展品是专门挑选的残件，放弃了按照年代、品类排列造像的惯常布展方法，甚至展厅中的说明牌很多都安置在幽暗的光线中，就是为了让观众跳出从前对龙兴寺造像习以为常、已经成为经典知识的“艺术风格学”“考古类型学”认识，引领观众回归造像作为佛教圣物的本质[11]。

传统博物馆收藏的古代佛教造像乃至残件在美术学院的美术馆展出，这种行为本身就代表着一种态度，其一，古代佛教造像是构成中国艺术史书写的重要内容；其二，展览形式打破了单线的艺术品“风格论”和“雕塑”概念，将造像碎片的“原境”进行展示，以期看到佛像创造、毁灭、聚合的整个历史事件。这种策

图 1.“破碎与聚合：青州龙兴寺古代佛教造像”展中的平铺式陈展方式

展理念也代表着当代中国艺术史研究的一种声音，即，打破在西方艺术史观笼罩下的中国艺术史书写“规范”，从中国文化内部、从特定的中国传统文化背景去建立新的艺术史观。展览本身同时也冲击了传统博物馆陈列和收藏概念，毕竟，青州博物馆在以往的国内外展览中，展示的是代表 6 世纪最高水平的佛像精品。

如果说“破碎与聚合”展览代表着传统博物馆与美术馆的互动与互鉴，苏州博物馆 2019 年的“画屏：传统与未来”特展是艺术史成果转化的又一力作。展览由著名美术史学家巫鸿教授担任策展人，展览内容则来自其对中国传统文化“屏风”的研究[12]，作为绘画媒材、实用器物、古代绘画中的屏风，拓展的研究面向涉及礼仪空间、物的属性、绘画中的构图叙事，因此，屏风是研究中国美术史的一个重要切入点。以此观点为基础的策展理念，将不同时代的器物、书画、墓室壁画，乃至当代艺术，放在展示框架之中，向观众展示的是看起来并不同类的器物和绘画之间的联系，使之联系起来的，是屏风在中国古代文化中的独特内涵和空间意义，而对于当代艺术的引入，我们看到了策展人试图建立中国当代艺术与传统艺术对话的意图，因为屏风在当代中国人的生活中并未

消失，与屏风相关的当代艺术，展示的是一种与古代艺术特殊的文化渊源。

“画屏”展获得 2019 年度十大陈列展览精品奖，众所周知，苏州博物馆是传统与现代交融的博物馆，“画屏”展结合展览主题和苏州博物馆建筑特点，最大限度地利用了公共空间（图 2），打破了展厅边界，这亦是对传统博物馆空间利用的创新，这种对空间的利用是巫鸿教授对“画屏”作为“礼仪空间”研究成果的一部分，成功地在展览中用视觉语言展现出来。

图 2．“画屏：传统与未来”特展对苏州博物馆自身空间的利用

第三个例子来自艺术史学者李军教授策划的“在最遥远的地方寻找故乡：13-16 世纪意大利与中国的跨文化交流”展，2018 年 1 月在湖南省博物馆进行展出，同年 6 月进行部分展品的增删以“无问西东——从丝绸之路到文艺复兴”的名称在中国国家博物馆展出。展览来源于李军教授近年来对 13-16 世纪之间意大利与东方的跨文化美术交流的研究[13]。“丝路”主题的中外交流展一直是国内各大博物馆展览策划的重要内容，此次中意跨文化交流展，在内容上不仅限于东西交通所产生的物质文化方面的展示，除了展现东西文化交流中的双向“互动”以外，在展品的选择上，融入了更多艺术史的观念与视角，最明显的例子是在对“地理空间的视觉化表达”方面的展品选择上，汇集了古今中外最具代表性的历史地图，这些地图在此并非起到导视和辅助展品的作用，而是用图像化的方式，展示“有关知识生成、传递和演变的客观历程”[14]，以及对东方的想象。

丝绸之路展或者称文化交流展是近年来各大博物馆关注和策展的焦点，“丝路”展的悖论在于，要用固化的展品去展现动态的交流，而不仅仅是一张“丝绸之路路线图”展板。上述展览是艺术史研究对丝路主题展新“思路”的贡献，即将文本同实物、图像互为证据，“将研究过程作为展示方式”，是展览的首创[15]。

以上三个展览反映了中国艺术史研究与博物馆学互动、相融的新动向，巧合的是，三位艺术史家兼策展人都有博物馆工作的经历[16]，从这些研究成果来看，艺术史研究很难摆脱“物”与“观看”的属性，正如李军在其著述中提到自己在博物馆工作的经历时所述：

在确立了以藏品为中心的地位之后，法国与欧洲的各大博物馆和遗产地，变成了我最常出没和光顾的场所。我的基本美术史知识主要依赖于博物馆的展览陈列而非课堂和书本，后者则主要为我提供了印证直接经验的理由和证据。对于我来说，美术史首先是一种空间陈列……我的体验是，博物馆是一部‘可视的艺术史’，艺术史则是一座‘纸质的博物馆’，两者之间的关系相辅相成……[17]

2020 年 9 月 12 日，杭州工艺美术博物馆联合中国美术学院跨媒体艺术学院推出“博物馆 @ 当代艺术跨界系列 II”之“永远有多远”，是继 2018 年“女神的装备”后“博物馆 @ 当代艺术”跨界系列项目的第二个展览，杭州工艺美术博物馆的藏品以古代工艺美术品为主，连续推出“跨界”当代艺术的展览，对传统博物馆界是不小的震撼。我们不去探究策展人抛出的问题（女神的概念、永恒与生命观），观众是否从展览中得到了答案，也不去“追究”这种古代艺术品与当代艺术品并置的陈展方式对主题的解读是否有效，我们至少看到了策展人想要打破边界的决心，博物馆不代表过去式，观众在博物馆看到的不全都是古物，而是与自身相关的当下。这当然也是艺术史关心的另一个问题，即艺术作品完成后，被接受和解释的历史。

三 “展柜”的意义

在利于保护的情况下，博物馆的藏品只有展示给公众，才能获得其自身最大价值，完成其用于展示、研究、教育的使命。

中国传统综合性博物馆的藏品，多数来源于考古发现的古代墓葬、遗址、建筑、石窟寺等古代遗存。目前国内艺术史研究的其中一个倾向是抛弃艺术品“杰作”的身份，在研究过程中需要考虑其“原境”，并提倡在展示过程中充分考虑其原本所处的环境和功能方面的属性，这种观点必需予以肯定，以中国古代墓葬为例，随葬品往往是一个组群，一起构建起墓主人死后的“居所”，那么，是否应该革新博物馆的陈展方式，将同一个墓葬出土的文物以组群的方式进行展示呢？我想答案是否定的，或者是有选择性的。

博物馆的展示空间有限，“展柜”代表着策展人对展品的选择，必须进行取舍，能够进入展柜的文物，一定有其突出的价值和意义。这里要讨论的是展品进入展柜之后的情况。

图 3. 永宁寺“背影”残像的正反两面

展品一旦进入展柜，便具有相对的独立性，它的价值靠观众的“观看”来实现。这种观看会将其自身的形式特征放大，纹饰、材质、工艺、形式结构等变得同等重要。以本人对一件永宁寺泥塑的研究实践为例，这是一件陈列于独立展柜中的北魏永宁寺残像，因其“翩若惊鸿”的身姿引起我们的注意，为什么以“背影”视人？在独立展柜中，我们可以看到它的每一个面向，这件塑像的正面的一部分是被人为削平的（图 3），目的是便于贴塑在壁面上。永宁寺出土泥塑残块多达千余块，如果我们只是按照考古类型学的方法去对这件残像进行观察，它可能只是一种类型其中的一中形式。进入展柜，其形式特征及制作技术方面的问题便凸显出来，衍生出许多可以讨论的方向[18]。

展品在博物馆的封闭环境中，的确有利于艺术史中类似于“细读”研究的开展[19]，这种方法将视角聚焦于艺术品内部，朝着更为精微和敏锐的方向发展，把目光集中于一些能够反映出艺术家特殊意图的细节上。艺术史的这种“细读”观察，对博物馆藏品的解读停留在辨识和鉴赏阶段的普遍情况，是否能起到推动作用，还要看二者彼此的互动程度和关注程度能否增多。

四结语：我们还需要“原作”吗？

日前，随着科技和数字化成果在博物馆展览中的广泛应用，我们看到了一些以数字手段来代替实物展品的卓有成效的案例。3d打印和vr技术，弥补了不能亲临现场、无法近距离观看的缺憾。

首都博物馆近期推出的数字化展览“文物的时空漫游——互联网+中华文明数字体验展”，以数字技术呈现中国文物历史，展示多家博物馆的文物数字化成果，为大众带来的是一场沉浸式体验。

以上代表了博物馆新的发展方向，然而绝非是传统展示手段的替代品。在数字化的展示空间，我们与之互动的是电子产品而非固态的文物本身。观众在博物馆里对着历尽千年的文物，最想问一句：你从哪里来？数字文物回答：未来。实物文物回答：历史。

巫鸿注意到艺术史研究中的新动向，其称之为“实物的回归”，许多艺术史家注意到学科理论化、概念化的一个负面结果，即对艺术品本身缺乏深入的研究。艺术史家面临的挑战是：“如何把‘实物’和‘理论’从互相对立的状态变为互相支持的关系——如何能够回到美术馆（博物馆）里去检验、分析实际艺术品，又能够继续使用和发展过去二三十年中积累起来的对美术和视觉文化的解释性理论和方法。”[20]

之所以艺术史家会有这样的思考，是因为博物馆里的藏品有着“亘古不变的”气质，这种物质性在其进入展柜那一刻起就长久存在，博物馆研究的重点依然是视觉显现的本质，随着博物馆与其他人文学科的互动与互鉴愈加频繁，这些“坚固的”实物，面临着一次又一次的解构与重构。

【注释】

[1] 本文基于将艺术史学科（或称美术史）当作独立的学科来进行讨论，而非传统历史学或其他学科的附属。

[2] 李军撰文论述了这五种说法的理论依据，见其所著《可视的艺术史：从教堂到博物馆》，“第一编：收藏与展览的考古学”，北京大学出版社，2016年，第25-139页。

[3] “公立艺术博物馆”一词见李军《卢浮宫：公共艺术博物馆之诞生》，其认为，“‘公立’可以代表我们理解的‘公众的普遍性’，‘艺术’一词可以代表我们的‘普遍的艺术史’之意。”同上，第124页。

[4] 亚瑟·丹托著，欧阳英译：《艺术的终结》，江苏人民出版社，2005年。

[5] 汉斯·贝尔廷著，常宁生译：《艺术史的终结？当代西方艺术史哲学文选》，中国人民大学出版社，2004年。

[6] 道格拉斯·克林普著，汤益明译：《在博物馆的废墟上》，江苏凤凰美术出版社，2020年。

[7] 鲍里斯·格罗伊斯著，潘律译：《论新：文化档案库与世俗世界之间的价值交换》，重庆大学出版社，2018年。

[8] 《中华人民共和国文物保护法 中华人民共和国文物保护法实施条例（2017年最新修订）》，中国法制出版社，2017年。

[9] 见蔡元培《对于教育方针之意见》一文，载高平叔编：《蔡元培美育论集》，湖南教育出版社，1987年，第7页。

[10] 青州龙兴寺佛教造像集中发现于一个窖藏坑，造像绝大多数都被严重毁坏，但这些被毁的造像残件在坑内

排放有序，造像95%是6世纪左右的造像，但其掩埋时间约在北宋末年。

[11]参考《郑岩：什么是一尊“佛像”？——CIHA特展“破碎与聚合”策展人专访》，“中央美术学院艺讯网”微信公众号，2016年9月12日。

[12]巫鸿：《重屏：中国绘画中的媒材与再现》，上海人民出版社，2010年。

[13]李军：《跨文化的艺术史：图像及其重影》，北京大学出版社，2020年。

[14]刘爽：《“注视的”逻辑与“可视的”历史：记“在最遥远的地方寻找故乡：13-16世纪意大利与中国的跨文化交流”展》《美术观察》，2018年第4期，第31页。

[15]同上，第30-32页。

[16]巫鸿教授早年任职于故宫博物院书画组、金石组，李军教授在2002-2004年在法国博物馆工作，郑岩教授曾任山东省博物馆研究馆员、副馆长。

[17]李军：《穿越理论与历史：李军自选集》，上海人民出版社，2012年，第4页。

[18]李思思：《翩若惊鸿——北魏洛阳永宁寺塑像》，《中华文化画报》，2017年12期，第78-83页。

[19]巫鸿在《马王堆一号汉墓中的龙、璧图像》一文中提出了“超细读”的方法，将研究视角集中到一些能够反映出艺术家特殊意图的细节上，其前提是研究对象必须显示出足够证据，表明其设计和创作确实可能具有特殊的意图和含义，其目的是对一些中国美术史中知名度极高的图像达到新的理解。原文载《文物》，2015年第1期，第54-61页。

[20]巫鸿：《美术史十议》，生活·读书·新知 三联书店，2008年，第42页。

时空交错：博物馆学与艺术史的多维度观察

刘昕悦（河北博物院）

摘要： 博物馆学与艺术史学两个学科自诞生之日起，既保持着独立性又存在着密切的联系。艺术史研究图像，以时间为序列；博物馆展陈图像，以空间为载体。从时空关系来讲，博物馆用空间呈现着时间秩序。一方面，展览可以成为艺术史的研究对象，同时，艺术史研究为展览提供了多元的叙事角度，延伸了展览内容的可读性，为释展拓宽了道路。在今天的学术环境下，博物馆的身份极为多元，艺术史研究也更具实践性，本文将梳理博物馆学与艺术史的学科发展脉络，以策展人维度观察艺术史为博物馆的陈列展示和藏品研究两个方面提供的可能性，探讨博物馆学与艺术史研究在理论和实践层面的关系。

关键词： 博物馆学；艺术史；陈列展示；藏品研究

引言：博物馆的起源一直是学界讨论的话题，有公元前 3 世纪的“缪斯神庙说”；16、17 世纪的“奇珍室说”；16 至 18 世纪的“画廊与沙龙说”；18 世纪的“美术学院陈列说”；18、19 世纪之交的“法国公立博物馆说” [1]。尽管从未达成过统一，但博物馆的身份始终与世界文明成果的视觉化保存和呈现密不可分。我们今天所说的博物馆其实是 19 世纪之后，现代意义上的博物馆，其意义在于将藏品置于公共空间，而非传统时期的个人收藏模式，平等性和开放性使公众的艺术享受和教育追求能够得到实现，是人们精神生活的重要场所。到 20 世纪 90 年代，全世界一共有三万五千多个博物馆，随着全球化浪潮的兴起，世界范围内持续兴建着新的博物馆。根据 2018 年的统计数据显示，中国登记备案的博物馆总数已达 5354 个 [2]。如今，随着博物馆热的兴起，各类博物馆主题的系列节目也纷纷推出，说明人们已经不仅满足于走马观花似的参观，如何认识博物馆，如何看懂文物，如何在博物馆中感悟文化与艺术，是目前人们关注的方向。

“Art History”中文译作“艺术史”，是在西方发展起来的一门近代意义的人文学科，1844 年，柏林大学设立了首个艺术史教席，标志着艺术史成为大学的正式学科，如今欧美大量的综合类大学都设有艺术史专业。然而，诞生于西方国家的艺术史学科在中国语境中的含义和概念有所不同，英语的“Art History”一般或更多地是指狭义的造型艺术门类史，而不是指涵盖多种艺术类型的总体的艺术史。因而，在现代中国，“艺术史”一词更为贴切的翻译是“美术史”，即以绘画、雕塑等视觉艺术为研究对象的学科[3]。而“美术”一词在20世纪初传入中国，是通过日文从欧洲语言翻译而来的，它涵盖了绘画、雕塑、工艺美术和建筑等门类，这就造成了美术史研究对象的广泛性，加之美术史的研究方法与哲学、历史学、考古学、心理学等都有交叉，研究领域更为开放，使得美术史学科成为西方各大博物馆的主要支撑力量。近代，艺术史作为学科传入中国时，偏重于艺术门类划分和通史写作，主要针对的是中国艺术史的总结。经过20世纪的发展和几代教育前辈的努力，中国的艺术史越来越体现出跨学科交流的特点，研究角度也从通史的写作转向个案的研究。

如果说考古是文明的第一现场，那么博物馆则是人们进入文明的第二现场，博物馆凝结着人类的智慧，存放了人类文明的见证物，是公众与文物直面的场所。在现代博物馆中人类文明被高度浓缩成一个有关“物”的世界，它可以微小到某个王室家族的收藏，也可以庞大至秦汉王朝几百年的兴衰。今天，我就从“物”的角度出发，谈谈博物馆对“物”的收藏和艺术史对“物”的研究。

一 博物馆学与艺术史的学科发展

（一）“物”的收藏与展示

谈及现代博物馆诞生的背景，首先需要阐释一个概念——物的收藏与展示。以英国的阿什莫林博物馆（Ashmolean Museum）为代表，其区别于古代亚历山大里亚缪斯神庙的根本标志就是“物品”成为博物馆的核心，同时，以藏品目录的形式把这些收藏物以系统的文字形式构成现代知识体系。关于收藏的“物”，西方和中国有着极为不同的概念划分。西方世界，收藏对象的第一类即“圣物”，是与宗教、巫术、图腾、仪式相关的物品，体现了一个地区、民族和国家的核心价值。第二类是“珍宝”，即历代国王或贵族搜集的富有真实价值的艺术品、古代遗物、雕塑、化石和动物标本等，这类珍宝在文艺复兴之后逐渐成为“奇珍室”内的收藏，构成了18世纪现代博物馆诞生之前重要的收藏传统。18世纪出现的第三类“杰作”（masterpiece），即典范的大师之作，成为现代博物馆起源之一——美术学院的重要收藏。中国的收藏传统则是另外一套系统，西文中收藏一词“collection”的中文意思是“收集”，而中文的“收藏”是由“收”和“藏”组合而成的，“收”的目的落在了“藏”字上。例如，中国古代的墓葬往往“收藏”有极为丰厚的陪葬品，其目的不是展示，而是地位与权利的象征，私人性较强。

将“物品”从私人范围的收藏转换至公众空间的展示，是现代博物馆最核心的特性，第一个完全面向公众的展览是1699年法国政府在卢浮宫举办的官方艺术展览——沙龙展。这次展览被艺术史家托马斯·克罗（Thomas E. Crow）称为“一次公众的胜利”，它意味着一种新型的观众——“公众”登上了历史舞台，伴随着展览出版并出售的导览手册中明确写道，组织展览的目的在于“复兴先前曾有过的向公众展出作品的习惯，以获得公众的反响，并促进对美术来说十分必要的艺术家之间的有益竞争”[4]。公众概念的出现是一种重要的社会文化转型，法国内政部长罗兰说：“任何人都有权利去欣赏卢浮宫博物馆。”[5]这意味着在卢浮宫中，参观者不是因为恩赐，而是因为法律所保证的“权利”，它将博物馆的普世性上升至法律性概念。卢浮宫博物馆的普世性不仅体现在它的藏品对于所有公众开放，它还对于藏品采取了时间和空间的排列，时间序列上，藏品按年代和流派进行了科学分类：如法国雕塑厅、埃及厅、西班牙画廊等；空间分割上，古代艺术品位于底层，现代艺术品陈列楼上，暗含了古代艺术构成了现代艺术不可或缺的基础。卢浮宫展示出了作品所属艺术流派发生、发展的规律，也就是一部普遍的艺术史。

（二）博物馆学的兴起与中国博物馆学理论体系的形成

自 16、17 世纪起，就有关于博物馆的研究著作陆续问世，但并未形成系统的研究体系和专业学科，直至 19 世纪末，才出现了现代意义上的博物馆综合研究，主要集中在德国、法国和英国，1878 至 1885 年，德累斯顿出版了第一份以“博物馆学”这个词为标题的期刊[6]。1946 年国际博物馆协会成立，博物馆学逐渐发展为一个不仅限于博物馆内的理论学科，进而获得了世界范围内学术界的广泛关注。《博物馆》（museum）和《国际博物馆协会新闻》（ICOM News）两种期刊的发行，从理论和实践两个层面给予了博物馆工作专业的指导方针。针对博物馆的学术研究在 20 世纪中晚期开始蓬勃，1976 年国际博物馆协会 (ICOM) 成立了 国际博物馆学委员会 (ICOFM)，此后定期召开博物馆学理论国际研讨会，并出版相关杂志和著述。博物馆学与博物馆一样，都是西方近代社会的产物，1905 年，张謇创建了中国第一个具有近代意义的公共博物馆——南通博物苑，此后，博物馆学也开始在中国的政治、思想和文化土壤之中形成自己的理论框架。发展初期，我国博物馆学以关注欧美发达国家的理论研究成果为主；第二阶段，在大量翻译苏联的博物馆学著作基础上，结合我国博物馆的自身结构特征和发展经验，编写博物馆学专著；20 世纪 80 年代起，中国博物馆界从闭塞开始走向开放，构建有中国特色的博物馆学理论体系成为这一阶段的发展目标；至 20 世纪 90 年代，中国博物馆学诞生了一批总结性的力作，例如《中国博物馆学基础》《中国大百科全书 · 文物博物馆卷》；进入 21 世纪，中国博物馆界积极投身于国际讨论当中，观察和分析国际博物馆学的发展形势，在各个方面与国际博物馆学研究者开展合作，中国与西方博物馆学的交流逐渐从单向转变为双向互动[7]。

（三）博物馆学与艺术史学科发展关系

现代艺术史体系诞生于文艺复兴时期的“博物馆”收藏文化，这种收藏文化超越了单纯的收藏意义，是一种集实物与文本研究为一体的知识体系，反应在博物馆里即藏品的空间陈列和文本叙事这两个不可分割的系统。从现代艺术史体系成立的必要条件来看，除了艺术理论外，博物馆学是不能忽视的因素，它在艺术实物、艺术史叙事和艺术品展示空间的相互作用中，构建了一种“可视的艺术史”，如果离开了现代博物馆及博物馆学，现代艺术史是难以成立的[8]。中国的艺术史研究始于 20 世纪艺术 (Art)、美术 (Fine Art)、艺术史 (Art History) 等概念的引进，学科的基本构成也受到西方艺术史的影响。一是艺术通史，包含若干艺术门类史在内的分期断代艺术史；二是艺术史学，对已有任何一种艺术史（包括艺术门类史）书写的反思；三是跨媒介或跨学科的艺术史，这种研究方法是从形式—风格分析、图像学等传统角度向社会学、心理学、人类学等学科融合而成[9]。艺术史学科的形成改变了中国传统画学个人体悟式的著录，建立起艺术史与博物馆的沟通联系，博物馆的藏品和展览成为艺术史研究的对象，同时为撰写艺术史提供了重要、可靠的实物材料，推动着艺术史学科的发展。

二 以策展人维度观察艺术史为博物馆提供的可能性

“curator”一词的翻译最早来自博物馆学界，1986年甄朔南先生在介绍美国博物馆的文章中将“curator”翻译为“研究馆员”——承担保管、收藏和研究职能的人。策展人的定义一直处于多元变化之中，从“保管员”“研究员”到“中间人”“艺术创作者”，策展人的工作内容涉及了展览的总体规划、主题叙述、前言写作、意义阐释、新闻稿写作等方面，同样，策展人本人的知识储备影响着艺术生产和艺术消费，在当代艺术中，展览可以被看作策展人的一件艺术作品，策展人在创造和制作展览的同时，也将自己纳入到突破与重塑的范畴，而不再仅仅作为作品的保管员和研究者[10]。在新博物馆运动之后，博物馆作为沟通、教育和阐释的价值日益强化，策展人的主观能动性越来越体现出重要的作用。

图1.《江山叠巘图》清·允禧 投影装置

图2. 现代装置艺术《无疆》

（一）陈列展示

2019年的博物馆大会上，京都新定义在开头如此描述“博物馆是用来进行关于过去和未来的思辨对话的空间。具有民主性、包容性与多元性。对于一个好展览的定义，过去习惯将评判标准放在展品的稀有性上，把故事讲得宏大。但好的展览不一定都是‘一级品’的堆砌，展览的意义，逐渐从展示历史到与当下发生关系”。我以河北博物院2020年夏策办《清晖依然惰忘归——河北博物院藏山水画展》（以下简称“院藏山水画展”）为例展开讨论。关于博物馆的身份定位，曾有是神庙（temple）还是论坛（forum）的争论。神庙指的是博物馆不可挑战的神圣性，他的收藏以典藏价值为重要衡量标准。论坛把博物馆当作了沟通和妥协的表达场所，是掩饰分歧、谋求共识的公共场所，第二次世界大战之后，在后现代主义和文化研究思潮的影响下，博物馆人意识到神庙说法的绝对性，呼吁博物馆的论坛及其教育和表达功能[11]。因此好的切入点可以巧妙地将人们的情绪代入展览，了解的不仅是过去的那段历史，更是它在当下语境中的身份角色与文化价值。此次院藏山水画展以明清作品为主，但特别著名的画家和艺术史上的名作数量并不多，因此展览转换了呈现角度，不再着眼于流派、风格这些“博而大”的方面，而是把文章做在“小而精”上，深挖文本与材料的关系，紧扣“古今对话的空间构建”，“古”是古人所绘山水图卷，是文人思绪的抽象表达；“今”是现代材料装置艺术，是具象形式的山水再现。

此次院藏山水画展从重收藏转型到重体验，

突破边界，构建了一个古代艺术的当代体验空间，“静态观看”结合“动态体验”，采用明线、暗线并行的空间设计。暗线是画中蕴含的“三远”，即宋代山水画论家郭熙在《林泉高致》中提到的：高远、平远、深远。明线是贯穿展览空间的山水图景变换装置（图 1），它是《江山叠巘图》的画面局部投影，意在让观众更直观地体悟中国古代山水画的移步换景。本次展览的现代装置艺术《无疆》是空间设计中最大的亮点（图 2）。它是用现代材料对《江山叠巘图》做的意象化重现，借助亚克力、金属等工业化材料、运用现代艺术语言，实现了今人对“山水”内涵的诠释，这种“体验”弱化了平时单纯欣赏古画的距离感，山水画不再是静止在过去的一件古物。展览抛弃了按照作品年代顺序陈列的线性思路，而是通过营造一个“可行、可望、可游、可居”之境，呈现出“过去”和“现在”的关联，让观众在古今对话的空间中体验“山水画中游”。展览题目“清晖依然憺忘归”借用了南北朝诗人谢灵运《石壁精舍还湖中作》“清晖能娱人，游子憺忘归”一句，原诗句意思为山水的轻灵让人愉悦，使其在山水之中游历而忘记归去。在选取院藏书画作品的时候，策展团队弱化了其历史贡献性的重申，抛开影响力、知名度这些价值标准，转向艺术欣赏的角度，考量作品与展览主题的契合度。古人因为交通条件所限，不能尽情游山玩水，在疫情限制出游的状态下，我们与古人仿佛置身同一境地，这也是院藏的山水画展隐射的文化内涵——卧游山水，观众不必亲临山水，于画中体会古人的文化意象给内心带来的闲适。从“卧游山水”这一主题角度来看，这不只是一个文物展，它引发了观众对于古代和现代、传统跟未来、多元与包容三个层面的关注。是一个当代社会语境下对古代艺术的新思考，是一次打破艺术史与历史、古代与现代界限的展览。

（二）藏品研究

从 18 世纪开始，现代博物馆不断推进人类对世界进行更加全面和精准的认知，博物馆藏品逐渐获得了作为公共财富的新的社会身份，因此博物馆展示艺术品的同时，也需要阐释艺术品。近年来，跨文化艺术史作为一种研究理念，引起了学界的关注，这种新的方法论通过追寻轨迹，还原出人类文化的真相。伴随着博物馆展览语言的多元化，跨文化艺术史研究方法越来越适用于博物馆和艺术史的交叉领域，主要体现在四个方面：1. 打破边界，探索出很多博物馆藏品研究被忽视的方面。2. 当代性，尤其是 2020 年新冠疫情暴发以来，在强调人类文化作为人类共同生命体的有机融合意义上，跨文化的研究方法无疑具有实验性。3. 研究角度，博物馆系统的研究，常常从收藏者的立场出发去书写和叙述主题，相比之下，跨文化研究提供了更为全局的认知角度。4. 博物馆与文化遗产，跨文化艺术史给我们提供了一个从当下视角进入过去历史的途径，在博物馆这样一个反思性领域中形成了对文化遗产的多重理解与体验。下面我举一个例子，是我本人从跨文化艺术史角度对河北博物院 2020 年初策办的《欧扇千华》展览的诠释。题目为《似是而非的模仿？还是神州幻象？——由一把开窗折扇引发的猜想》，本文讨论的对象来自展览中几把具有“中国风”的欧洲折扇，重点解读其中名为“中式凉亭”的一把。扇面描绘了一幅疑点诸多的中国园林景象，且此类图像并不罕见，这些似是而非的模仿暴露出的是拙劣的技艺？还是欧洲人对遥远东方世界刻意地塑造？笔者参考了学术界关于“中国风”如何影响欧洲艺术风格的理论研究成果，尝试从跨文化艺术史的角度探索这类图像在中西视觉文化交流和互鉴方面的

图3.乔凡尼•贝利尼（Giovanni Bellini）《诸神之宴》（The Feast of the Gods,1514）（布面油画，170 x 188 厘米，美国华盛顿国家画廊）

图4.“中式凉亭”（1760-1770年，纸、象牙，高27.8厘米，奥义（北京）文化传媒有限公司藏）

价值与意义。

分析“中式凉亭”扇面图像之前，首先梳理了“中国风”出现的时间和发展过程。公元前1世纪初，中国开始穿越亚洲大陆向地中海沿岸运出丝绸和少量瓷器。13世纪，忽必烈统一中亚领土建立元朝，进一步打开了东西陆上通道，例如乔凡尼·贝利尼《诸神之宴》（图3）画面中央后排位置的女神和男神所持正是中国明朝的瓷碗。17世纪后，欧洲的工匠开始仿制带有“Chinoiserie”装饰风格的产品。中式风格开始广泛体现在漆器家具、陶瓷器皿和刺绣幔帐的图案上[12]，“Chinoiserie”一词最早出现于1838年，源自法语，译为“中国风”，2004年版《不列颠百科全书》对“中国风”的定义是：17至18世纪流行于室内、家具、陶瓷、纺织品和园林设计领域的一种西方风格，是欧洲对中国风格的想象性诠释[13]。

《欧扇千华》展览中这把名为“中式凉亭”的折扇（图4），用水粉描绘了中国园林一景，有湖石及牡丹花点缀，花园中间有一座中式小凉亭，窗户为椭圆形，窗户和玻璃门用云母制成。名称中的凉亭所指应为画面中央背景处的带窗建筑，但将扇面中的凉亭与明清园林绘画中的凉亭做一简单比对（图5），便会发现中国绘画中对于“凉亭”并非传统中式凉亭的真实写照。除此之外，画面还存诸多在其他疑点，这里不一一赘述。17、18世纪欧洲对中国的认识仅仅局限于旅行家们讲述的东方故事和传说，19世纪以前，流通到欧洲的中国产品也都是专供外销而制的外销品，并非准确地反映出中国的社会图景和文化习俗。由此便引发出笔者的第一个猜想：因为缺少足够而准确的文字和视觉材料，欧洲画师只能做出这般似是而非的模仿，但比起不肯定的线条，凉亭上的开窗是更像是精心设计的结果，那么是否存在第二种可能：大胆而夸张的表现手法是对神州世界构筑

图 5 . 清 陈枚《山水楼阁图册》局部，绢本设色，每页纵 31 厘米，横 25.3 厘米，故宫博物院藏

图 6. 邱园内的孔子亭（钱伯斯手绘，【英】休・昂纳（Hugh Honour）著，刘爱英、秦红译《中国风：遗失在西方 800 年的中国元素》，北京大学出版社，2017 年，第 199 页）

图 7 .J.G. 布林 1754—1755 年间在波茨坦无忧宫（Sans Souci Palace）为弗里德里克大帝修建的中国茶室（Chinese Teahouse）（【英】休・昂纳（Hugh Honour）著，刘爱英、秦红译《中国风：遗失在西方 800 年的中国元素》，北京大学出版社，2017 年，第 143 页）

的一个幻象，画师创作过程中有目的地再现了西方人眼里的中式园林，而非刻意地模仿中国古典园林。

文字记录的最早将中国建筑传达至基督教国家的是 1246 年圣方济会修道士伯朗嘉宾（Franciscan Johannes），他记录了蒙古人的住宅——圆形帐篷。1298 年，意大利人马可波罗在《马可波罗游记》中首次提到中国园林，并称其为“世界最美丽而最堪娱乐之园囿”。17 世纪中叶，荷兰政府开始了与清王朝的贸易往来，约翰 · 尼尔霍夫（John Nieuhoff）在《荷兰东印度公司使节出访大清帝国记闻》一书中完整地记录了其远征的过程，并描绘了 300 余幅 17 世纪中国的直观景象，自此中国园林的图像资料正式传入欧洲。18 世纪，中国的造园艺术作为中国文化西传的一部分，成为“中国风”最具影响力的传播方式，诸如宝塔、凉亭、桥梁等建筑样式成为中式风格独特魅力的象征而广泛流行。位于伦敦的英国皇家植物园林——邱园（Kew Gardens）内的孔子亭便是最早记载的欧洲中式花园建筑（图 6）。17 世纪末德国国王弗利德里奇一世最先将“中国风”引入国内，他的孙子弗里德里克大帝对“中国风”颇为着迷，亲自设计修建了波茨坦无忧宫的中式茶室（图 7）。建筑整体为三叶形，宝塔形尖顶，仿棕榈树形状立柱，门口有砂岩中国人像。茶室主体部分的竖直开窗和顶部圆形窗户恰好和折扇中凉亭的开窗相吻合（图 8），这说明此类样式并非扇面画师天马行空的想象和创造，中式元素融合西方建筑形制的做法，在 18-19 世纪的欧洲可以找到真实的依据。“中国风”逐渐从德国蔓延至奥地利、波兰、俄罗斯和斯堪的纳维亚，叶卡捷琳娜二世曾任命苏格兰建筑师查尔斯 · 卡梅伦（Charles Cameron）在察尔斯科 · 泽洛（Tsarskoe-Selo）的田野里修建的中式村庄（图 8），其主体建筑即是由绿色屋顶与土黄色墙体构成，与折扇中的凉亭样式十分相似（图 9）。

18 至 19 世纪热衷于融合中国元素的建筑始于英中式园林，而后在法国尤其得到发展。例如法国画家布歇便从“中国风”中寻求灵感，创作了一系列以中国皇帝、中国集市等为题材的作品。布歇的中国园林也不完全是想象，法国商船曾在 1700 年带回了康熙皇帝赠予路易十四的中国书籍和画论著作——《芥子园画谱》《十竹斋画谱》，这给当时的法国艺术家们提供了关键的信息和标准 [14]。除此之外，大量的游记和传教士记录的中国风俗人情、建筑地貌等图文资料，也成为布歇参考的重要依据。从布歇的《结伴钓鱼的中国人》（图 10）可以推断《中式凉亭》（图 9）人物背靠的网格状应该是一种变形或结合了西方建筑部件的木质装饰元素，而且这种网格并非偶然出现，在休 · 昂纳《中国风：遗失在西方 800 年的中国元素》一书中，已有相关的描述：“通过网格、雕塑、木雕嵌板、绘画、丝绸帷幕及家具细节的运用，

图 8 . 位于俄罗斯察尔斯科 - 泽洛田野里的中式村庄（【英】休 • 昂纳（Hugh Honour）著，刘爱英、秦红译《中国风：遗失在西方 800 年的中国元素》，北京大学出版社，2017 年，第 147 页）

图 9 .《中式凉亭》局部

图 10. 弗朗索瓦 • 布歇《结伴钓鱼的中国人》（La Chine prises）（【英】休 • 昂纳（Hugh Honour）著，刘爱英、秦红译《中国风：遗失在西方 800 年的中国元素》，北京大学出版社，2017 年，第 121 页）

异国风情在此类装饰中体现得淋漓尽致。”[15] 除了凉亭外，本次展览的几把中国风扇面中我们还能看到其他中国元素的出现：宝塔、栅栏、花卉，且都具有比例失调，结构简化，造型夸张的特征（图 11、图 12）。18 世纪 50 年代至末期，中国风开始体现在更加实用的空间——室内装饰中，以壁画壁纸、漆绘和彩绘嵌板、绣花帷幕等作为载体，绘制了大量中国人物服饰和生活图景，例如意大利皮德蒙特的油画作品（图 13）、英国 18 世纪末生产的中国风墙纸(图 14)。这一类描绘都体现了只求外观的“形似”，不考虑实际功能和使用，因此这种简化、变形的中式风格是一种对装饰性审美的追求。

展览中的“中国风”折扇，反映了 19 世纪欧洲人对东方艺术的新态度，即基本准确、有所创意地模仿、而非夸张的戏仿。画师调整了视觉所见的中式园林，使山水风景在同一空间中的距离被压缩或拉伸以顺应新的绘画风格要求。并非写实，但仍能给人一种超越时空的可信感，与其说是对中式风格的模仿，更确切地说是创造出了一套表现中国景致的新法则。同样，18 世纪英国普利茅斯的萨尔特伦宅邸（Saltram House）室内装饰中，我们也发现了类似于超现实感官体验的介入（图 15）。英国风镜框外的墙壁是宏观全景式的中国园林，镜框内的局部刻画了相对私密、朦胧的空间秩序，壁纸和镜子构成了多个层次，是东方与西方物质文化相交融的实例。人们通过展开、翻转手中的折扇所欣赏到的园林（图 16），不仅仅是观看，甚至可以想象自己通过窗子向外观望，这是充满奇思妙想和诗情画意的观望，是西方人眼里的中国，也是真实中国之于西方世界的印象。因此从某种意义上讲，真实和幻象之间并没有明确的对立或分歧，它们更像是旅行的中国给异国他乡留下的种种美好片段，以图像的形式说明了“中国风”如何演变为一种独立风格并增进了欧洲对中国的了解，以及“中国风”如何以跨文化的方式发挥着塑造西方文化的作用。

三 结语：博物馆的多元性为艺术史研究拓宽了道路

博物馆的发展历程中出现过两次黄金时代：第一次是 19 世纪晚期到 20 世纪早期的半个世纪，第二个黄金时代从 20 世纪 90 年代开始一直持续至今，是全球性的 [16]。中国自 90 年代开始，出现博物馆馆舍翻新、扩建和新建浪潮，毫无疑问成为第二个黄金时代最具活力的一支力量。博物馆学研究者当下的责任是推动博物馆的继承和更新，构建符合时代特征的博物馆运行模式：思考博物馆在当下生活中的意义，特别是后疫情时代博物馆的变革。根据数据统计，疫情暴发以来，2020 年全球博物馆平均关闭了 155 天，中国博物馆关闭天数低于全球平均，上博 49 天，北京 UCCA83 天，观众参观量比 2019 年下降 70%，博物馆收入下降 70%，公共经费削减达 60%。在闭馆期间，全球各大博物馆依然在努力探索应对的方法，2020 年全球各大博物馆依托数字技术做出了很多新的尝试，这些尝试尽管不能避免疫情给博物馆发展带来的阻力，但从另一个角度来看，它向我们展示了博物馆还有多少未知的可能性，值得我们去关注和开发。英国考古学家尼克 · 梅里曼曾经说：从长远来说，博物馆其实就是一种大众媒介，只是这种大众媒介不同于一般的同时被许多人所接受的媒介如报刊电视，而是依靠观众日积月累而形成的大众化传播效果。它给予了博物馆比许多其他代表性媒体更大的权威性和真理话语权，并给予了博物馆作为媒

图 11 .《东方花园》（1800 年，纸、象牙，高 28 厘米，奥义（北京）文化传媒有限公司藏）

图 12.《两个老翁》（1760-1770 年，纸、象牙，高 28 厘米，奥义（北京）文化传媒有限公司藏）

图 13. 中国风手绘油画布嵌板（1759 年，展现了中国贵族妇女的闺中生活，皮德蒙特。【英】休·昂纳（Hugh Honour）著，刘爱英、秦红译《中国风：遗失在西方 800 年的中国元素》，北京大学出版社，2017 年，第 155 页）

图 14. 制作于 1770 年代的中国风墙纸（【英】休·昂纳（Hugh Honour）著，刘爱英、秦红译《中国风：遗失在西方 800 年的中国元素》，北京大学出版社，2017 年，第 169 页）

图 15 . 英国普利茅斯萨尔特伦宅邸（Saltram House）的中国墙纸及镜子镶嵌（18 世纪中期，Petra ten-Doesschate Chu/ Ning Ding, Qing Encounters: Artistic Exchanges between China and the West, Getty Research Institute, 2015.10, p.259）

图 16 .《中式凉亭》背面

介更复杂的信息传播机制[17]。

博物馆不仅是历史的保存者，也是当下集体记忆的创造者。在后疫情时代，博物馆想要恢复和重塑自身的价值，不可绕过的一条路便是博物馆的数字化变革。这主要包括博物馆藏品的数字化内容制作，馆舍基础设施的智控建设，网络应用系统的数字化建设，文物信息的数字化采集与加工。今天，我们要做的是跨越边界，因为观众不可能仅仅依靠观感或者个人能力获取与展品相关的所有信息和知识，他们需要博物馆人以专业和职业技能予以辅助，基于策展人纬度，即展览的数字化，且不只是对实体展览的线上复制，而是以展品作为信息的载体，对展品的文化遗产性价值进行挖掘、分类、记录、编译、阐释和信息化输出，从而使其与考古学、艺术史，甚至计算机编程等学科相关联，这将成为后疫情时代博物馆展览走向数字化革新的必然性所在。

【注释】

[1] 李军：《可视的艺术史：从教堂到博物馆》，北京大学出版社，2016年1月，第52页。

[2] 2019年5·18国际博物馆日“博物馆·文化中枢”论坛，国家文物局局长刘玉珠发布我国博物馆事业发展的最新数据。

[3] 王一川:《中国艺术史学科的可能性、路径及艺术史学》，北京师范大学学报（社会科学版），2020年第3期（总第279期），第44-45页。

[4] 李军：《可视的艺术史：从教堂到博物馆》，北京大学出版社，2016年，第115页。

[5] 同上，第126页。

[6] 《艺术博物馆》，南京艺术学院，2019年第2期（总第8期），第136页。

[7] 李慧竹：《中国博物馆学理论体系形成与发展研究》，山东大学博士学位论文，2007年10月，第112-113页。

[8] 李军：《可视的艺术史：从教堂到博物馆》，北京大学出版社，2016年，第171页。

[9] 王一川:《中国艺术史学科的可能性、路径及艺术史学》，北京师范大学学报（社会科学版），2020年第3期（总第279期），第49页。

[10]刘雨莳：《策展之维——策展人在艺术生态中的维度研究》，中央美术学院硕士学位论文，2020年5月，第18-24页。

[11]徐坚：《名山：作为思想史的早期中国博物馆史》，科学出版社，2016年，第4页。

[12]【英】休·昂纳（Hugh Honour）：《中国风：遗失在西方800年的中国元素》（Chinoiserie: The Vision of Cathay），北京大学出版社，2017年，第36-64页。

[13]袁宜萍：《十七至十八世纪欧洲的中国风设计》，文物出版社，2006年，第4页。

[14]刘佳薇：《异域风情——布歇绘画中的中国风情研究》，四川美术学院，2018年，第11-15页。

[15]【英】休·昂纳（Hugh Honour）：《中国风：遗失在西方800年的中国元素》（Chinoiserie: The Vision of Cathay），北京大学出版社，2017年，第126页。

[16]徐坚：《名山：作为思想史的早期中国博物馆史》，科学出版社，2016年，第383页。

[17]曹兵武：《作为媒介的博物馆——一个后新博物馆学的初步框架》，《中国博物馆》，2016年第1期，第80页。

讲个故事给你听
——浅谈博物馆陈列展示与艺术学科的关系

曾 莹（浙江省博物馆）

摘要： 博物馆是征集、典藏、陈列和研究代表自然和人类文化遗产的实物的场所。艺术，是塑造形象、营造氛围，用于反映现实、寄托情感的一种文化。它涵盖了文学、绘画、雕塑、建筑、音乐、舞蹈、戏剧、电影等等艺术形式。

关键词： 博物馆；艺术学科；陈列展览

博物馆是把孤立的藏品有意义地联系起来，集中摆放给观众看的地方。它反映出对于社会历史文明进程的深刻感悟，体现不断开拓进取的创新精神，做民族文化传承的践行者。因此，积极主动地运用各类艺术学科的表现方式，是博物馆实践的重要手段。

博物馆运用文学、美术等艺术学科，删除与展览主题无关的细枝末节，保留最重要的信息，编排展品内容，展出顺序，让展品不仅是单纯地摆出，而是让观众在行走中产生共鸣，使得展览所要表达的脉络更为清晰洗练，叙述更为系统与完整。

博物馆运用美术、音乐、戏剧、电影等等艺术形式，营造合理氛围，再现当时的场景，让展品不仅仅以一种静态的瞬间样式凝固在展览中，而是层次分明条理清晰，能让观众产生共鸣，将过去的记忆融入当下的生活，通过沟通当代与古代的对话，使人们在获取大量历史知识的基础上认识自己，认识环境，从而在实际行动中更加自觉与清醒。

总之，博物馆与艺术学科是相辅相成的关系。博物馆提供场所，艺术学科提供展示的手段，共同完成博物馆的社会责任和使命。

每个人都知道自己是谁。那么，我们是怎么知道自己是谁的呢？凭着记忆。从有记忆开始，每一分一秒的清晰或者不清晰，甚至已经变成不可调用却依然在影响着自身行为的潜意识记忆，构成了一个人的自我认知。而历史，就是人类集体的记忆。人类之所以能够构筑文明，是因为人类社会立足于历史经验，并重视历史经验所产生的意义。历史反映了人类文明数千年来的发展方向和发展轨迹，让人类得以从文化的根源出发，了解文明的传播。欧阳修云以铜为鉴，可以正衣冠；以人为鉴，可以明得失；以史为鉴，可以知兴替[1]。正是历史通过讲述从前的故事，恢复人类关于过去的记忆，将狭窄的现在与广阔的过去岁月结合起来，为我们的现实行动提供了了解自己、观察形势的坚实基础[2]。

文物是历史的活化石，是传承文化最好的物质载体，生动体现着祖先创造的优秀传统文化，蕴含着古人的思想观念、人文精神、道德规范。博物馆是用于保存、展示和研究人类各时期制造和使用的各种物品的机构，是人类共同记忆的载体，是我们了解过去的媒介。伯妮斯·墨菲在UNESCO举办的“记忆与普世性”论坛上说：“博物馆不仅是能够唤起强烈记忆的地方，也是探索、重建和恢复记忆的机构，使记忆代代相传。”[3]

文化是一个国家的根基，是一个民族的灵魂。没有高度的文化自信，没有文化的繁荣兴盛，就没有中华民族伟大复兴。而实现这一目标，需要中国人有骨气、有底气。作为世界上唯一历史记载不曾间断的文明古国，浩如烟海的历史典籍记录了中华民族在创造历史中积累的各种知识、经验和智慧。5000多年文明史是中国人骨气和底气的精神源泉。博物馆作为重要的文化场馆，更应当讲好历史故事，让文物动起来，让从前活起来，让博物馆成为高举旗帜、凝聚民心、弘扬文化自信的场所。

为了更好地讲述文物故事，除了充实内容、美化形式之外，还要博物馆还要采用新手段、灵活的方法，与各艺术学科紧密合作，充分利用互联网、大数据、新媒体等来获取并传达更多信息。让文物、遗址、文化遗产这些原本冰冷、坚硬的东西变得有情感有温度，变得柔软温润，这样才能真正达到以物教人、以史育人、以文化人的目的和效果，才能促使优秀传统文化更加深入人心，进一步增强文化自信心和自豪感。

博物馆是如何讲述历史故事的？靠的是两个步骤：第一，把相对独立的文物有机地集中起来。第二，利用各种科技的或艺术的手段把文物摆给人看。

一 博物馆如何把文物集中起来

博物馆致力于把分散的单个物体汇聚成新的整体，将孤立的物品集中起来给人看，从而改变藏品原初的存在方式，使孤立状态变为交流、呼应状态。并通过出版、展出、言说等等行为，建立具有思想文化的公共空间。

（一）博物馆是把孤立的物品集中起来展示的场所

20世纪80年代，豪泽尔曾明确指出：“博物馆的任务是在那些孤立的作品之间建立有意义的联系。”[4]李行远则解读了豪泽尔的这句话，认为它表明了“展示”本身的诠释性意义和功能——不是通过话语，而是通过行为，即“集中”与“给人看”，从而改变作品原初的存在方式，使孤立状态变为交流、呼应状态；它还隐含地表明了对孤立状态的拒斥、对一切试图使事物处于孤立状态的用心揭露[5]。

要把文物集中起来，就必须在文物之间建立有意义的联系。因为记忆通常不是局限在一个点上，而是形成在一个过程中。只有探明了变化与发展的过程，才能够形成一种叙述，一个故事，而这正是记忆最有效的载体，也是故事能够成形在所在。器物之间的联系，有助于揭示藏品中蕴含的历史记忆。张伟明曾分析说：“有些个体文物直接体现了历史事件，例如溥仪退位诏书这件文物，代表着一个王朝乃至时代的结束。但许多个体文物并不能直接体现明确的历史事件，只有纳入到一个有目的和系统的体系中，其对揭示或塑造历史记忆的价值才体现出来。”[6]

由此可见，博物馆对展品的精心组织将有助于人们有的放矢地寻找某种视觉关联，从而更好地读懂文物所蕴含的故事。为了让观众更准确地了解发生事情的重点，一些展览策划人在众多的记忆材料中提炼出“值得的”信息，使所传播的信息重点准确而突出[7]。通过对观众群的研究分析，选择适合于传播的信息，从而将展品以最合适的方式进行编排组合，完成一个精准的故事情节，让观者在短时间内达到快速而高效的意义理解。博物馆的这种对信息的重新编排依赖于包括艺术学科在内的各类学科的紧密结合。

（二）艺术学科的范畴

艺术，是借助一些手段或媒介，塑造形象、营造氛围，来反映现实、寄托情感的一种文化。在中国古代主要指六艺以及术数方技等各种技能或特指经术。语出《后汉书 · 伏湛传》：“永和元年，诏无忌与议郎黄景校定中书五经、诸子百家、艺术。”

对艺术的审美分类，主要应根据主体的审美感受、知觉方式来进行。依据这个原则，艺术可以分为语言艺术、造型艺术、表演艺术和综合艺术四大类。艺术包括美术，是艺术的表达形式之一，一般指的是以绘画、雕塑为核心的视觉造型艺术。文学、绘画、雕塑、建筑、音乐、舞蹈、戏剧、电影等都属于艺术分类范畴，是人们公认的八大艺术形式。

（三）艺术学科让博物馆把展品集中起来

展览是博物馆最重要最基本的活动。众多纷繁复杂的藏品，挑选什么样的物品，如何组合成关联的体系，讲述一个怎样的文物故事，是每家博物馆，每个展览中最初始，也是最艰难的考量。一个展览的源起是文本大纲。如同演出的剧本，一个故事的源头，让文物串连成展。大纲是成功展览的必要前提，直接制约展览思路，是所有展览的基础。它不仅是历史与考古，更是文学以及美术等艺术学科的综合体现。

展览的前言后记，间插其中的单元介绍，以及器物说明等等文字，展示的不仅是对展品的理解，也是文学水平的体现。而对于平面类的展品，特别是美术、摄影作品等等，如何将各自独立的作品联系起来，是根据作者的风格、技法，还是根据绘画原理、创作背景等等，则体现了展览策划者对美术的理解。

博物馆的展览具备着开放性和多样化，以此来接纳观众参与。因此在观念和技术层面上，都力图革新观众的知觉感受力。博物馆本身的建筑群落就是构造与美学的体现。有的建筑设计趋向于同环境结合，使博物馆建筑与城市生活相联系、与城市环境相融合；而有的则利用古建筑本身，从而体现历史艺术和科学价值；还有的是在具有一定意义上的原址重新修建，不仅传达出博物馆文物与历史的信息，也处处透着人文关怀，承担着社会宣传的责任。

（四）从一个美术作品展看博物馆如何利用艺术手段把作品联系起来

1. 利用建筑本身的特点揭示展品之间特殊的联系

1999年秋落成的浙江西湖美术馆（图1），建于浙江省博物馆东侧，紧邻西湖十景之平湖秋月，其所在地曾是我国所高等美术学府——国立艺术院的旧址。1927年11月，当时国民政府最高文化教育领导机构——中华民国大学院召开全国艺术教育委员会第一次会议。会上大学院院长蔡元培提出《创办国立艺术大学之提案》，提案认为应在长江流域设一国立艺术大学，并指出办学地最适宜者为杭州西湖。提案通过之后，林风眠等三人受命赴杭筹备建校。1928年3月26日，由蔡元培倡建的国立艺术院（图2）在杭州孤山举行开学典礼，校舍包括西湖罗苑、照胆台、苏白二公祠等。首任校长为林风眠。1930年改为国立杭州艺术专科学校。这是中国现代最早的综合性国立高等艺术学府，也是中国高等美术教育的发源地之一。它寄托着几代艺术前辈“整理中国美术、介绍西洋美术、调和中西艺术、创造时代艺术”的理想。这段悠悠往事，为西湖美术馆的人文景观增添了一份深邃的历史内涵。浙江西湖美术馆内部共分三层，包括门厅、画廊、接待室和四个大小不一的陈列厅。

2017 年初于浙江省博物馆举办的“残山梦最真——馆藏近代山水作品赏析展”（图 3），就是在浙江西湖美术馆陈列的一个山水作品展。展品选自浙江省博物馆收藏的近代山水作品四十余件。它们大多是国立艺术院成立前后的那段时期创作的，当年的风月雅致，在近百年以后的旧址展厅中呈现，就有了特殊的文人情怀与历史意义。

图 1.1999 年落成立的浙江西湖美术馆

图 2.1928 年成立的国立艺术院

图 3. 残山梦最真——馆藏近代山水作品赏析展序厅

2. 利用作品的内容产生展品之间的联系

博物馆展览中对于传统绘画的展示，常常一直停留于早期的模式，即如何摆出来给人看。如悬挂的节点、疏密关系，要求看起来高度适中、位置平齐等方面的视觉效果。同时还注意着作品的安全，温湿度的控制、灯光辐射、防盗系统等。也考虑过展柜的设计，要易于作品的更换……可是展览还应当思考作品摆出所呈现的主题、专业与非专业观众除了能看到原作本身之外，还能获取什么信息，这些信息如何才能使观众加深对作品的理解……

当传统绘画进入博物馆展厅的那一刻起，绘画的被观看就发生了质的变化，由原来的孤立变成集中在一起，由原来的静止转变成在观众的行走中被观赏。观众通过行走于一幅接一幅的作品之间，感受着单幅作品的魅力，同时也体会着作品之间的对比、转化以及作品整体所构建的叙述主题。观众的行走促使孤立的作品构建了关系，作品的关系又诱导着观众行走的速度与方向。在这种模式中，首先要考虑的，即在单一、明晰的叙事主题与完整的叙事框架下，对信息进行合理的选择与编排。

因而“残山梦最真——馆藏近代山水作品赏析展”没有像往常一样的学究气息，也不按流派或技法来分类。而是从低处入手，以一个门外汉的眼光，单纯地按作品内容来分类，解释了为什么中国山水画里经常出现拄杖、荡舟、归隐等题材。

展览以体现山水的通透和灵秀为主题。根据山水作品的题材和所表达的意境，共分三个章节。“湖山归隐”以山中结庐隐居为主题，画中人或依窗而读，或临湖对饮，体现了闲居理气，坐究四荒，独应无人之野的淡泊与宁静。“江心照月”以江水和舟船为主题，突出表现了水天一色的浩渺之中那一份旷达与自在。“杖歌行吟”所选作品都绘有高士，或于山中骑马而行，或于桥上拄杖而歌，真情真性，率意而为。让观众体会到身在山水间，胸中有丘壑的交融与宁静。

图 4. 残山梦最真——馆藏近代山水作品赏析展序厅

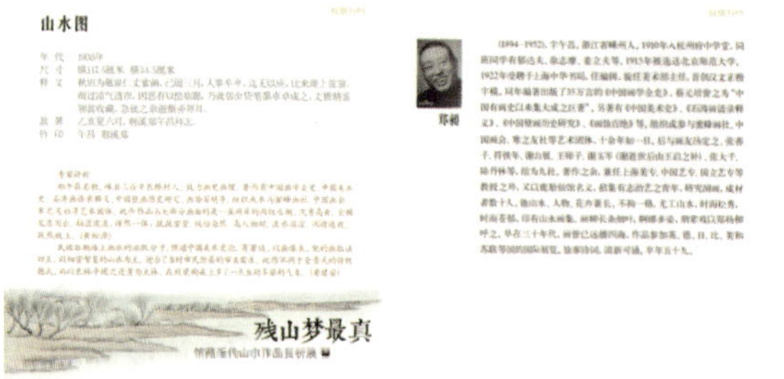

图 5. 残山梦最真——馆藏近代山水作品赏析展说明牌

3. 利用说明牌上的文字信息让展品有更多的外延联系

传统展示中，文字信息的构成往往只限于作品本身的名称、创作时间、作者、尺幅、材质等极其有限的信息。普通观众只是目不暇接地看了原作，即使是专业的观众，也只是比印刷品多了些对某些局部与尺幅的直观感受，而无法对画作有更进一步的理解。事实上，一幅绘画作品所涵括的信息量是十分庞大的，既包含绘画内容、创作风格、整体气韵、布局构成、用笔运墨等内容，又囊括了作者的创作背景、源起故事、收藏提拔等信息。这些信息对一个非专业观众而言，是极其陌生而隐晦的。即使是一个专业观众，也未必是全面而深入的。因此，一个好的展览应尽量挖掘纸本实物背后的外延信息，并将之转化为文字信息与审美信息呈现出来。

“残山梦最真——馆藏近代山水作品赏析展”（图 4）中，每件作品的说明牌（图 5），都打破了常规中简如名片的大小和信息量，做成 40×40 厘米的大板。除了名称年代等普通信息之外，还附上了作者的生平简历，更有资深美术评论家对作品的点评。让观众不仅对作品的内容大小有直观的了解，更发掘出作品深层次的信息，纵然古人芳踪已杳，但千百年来的水墨精神却依然处处可见。

展览带着一股清新的山水之风和宽朗闲适的怡人情趣，让观众了解，无论光阴如何流转，那千百年来的人文梦想以及山水精神，就在我们四周，在每一个普通中国人的血液里流淌，在每一下心跳中搏动，在每一次呼吸间低徊。

因此，博物馆的展览，要想深刻地影响观众，在做到充分形象化的基础上，还要挖掘展览品内在的逻辑联系。对作品的编排处理，文字说明的提供等等，都需要深厚的美术功底和文学修养才能更好地完成。博物馆提供了一个场所，让展览与建筑、美术、文学等艺术学科紧密结合，把展品合理地、有意义地联结起来，完成传播信息的使命，讲好文物故事。

二 博物馆如何将展品给人看

博物馆的展览是在一定的空间内，通过科学地组织文物、标本，构成形象化的陈列，与广大人民群众相联系，向人民群众传播历史和科学文化知识，进行爱国主义和社会主义教育，发挥博物馆的社会作用[8]。

（一）博物馆的陈列展示设计是一门艺术

展示是博物馆不可替代的本质，博物馆存在价值的最终体现就是通过各种陈列展示来实现的，它是公众与博物馆联系起来的纽带。它具有明显的大众传播的属性，不是单独的个体行为，而是一种组织行为[9]。

因而展览的陈列设计是博物馆工作的主体之一。陈列是一种以视觉为主的综合性艺术形式，人们通过看和听的感受来得到知识，是一门综合性的空间艺术。陈列设计几乎囊括了所有造型艺术的手段，融绘画、雕塑、工艺美术、建筑艺术于一身。此外，属于时间艺术的音乐，也融进了现代陈列艺术，利用空间开合效果，创造特定的陈列意境。因此，陈列艺术不仅是综合性的空间艺术，还有时间艺术的双重表象。

（二）展示空间的音乐性表现

博物馆陈列设计具有时间艺术的特征。时间是博物馆展品陈列要考虑的最重要、最基本的元素之一。文物的年代，摆放顺序，观众参观的前后路线，都是时间的表象。此外，属于时间艺术的音乐，也融进了现代陈列艺术。展厅空间的开合，视觉的明暗对比，可以如音乐般让人“听”到展览。

展厅里讲述的，是文物的故事。所有的故事都会有前因后果，低回与高潮，这是随着展览大纲变化的。因而展厅中体现的如音乐般的陈列效果，节奏的疏密和缓、起承转合，也是根据展览大纲制定的。重点展示的文物必定犹如乐曲的最强音，一些背景说明则像是章节之间轻柔的过渡。这种精心安排的陈列布局，让观众在展厅里移动时往往会情不自禁地跟随着展览大纲的设计而一气呵成地看完整个展览，如同读完了整个故事，听完整场演出。

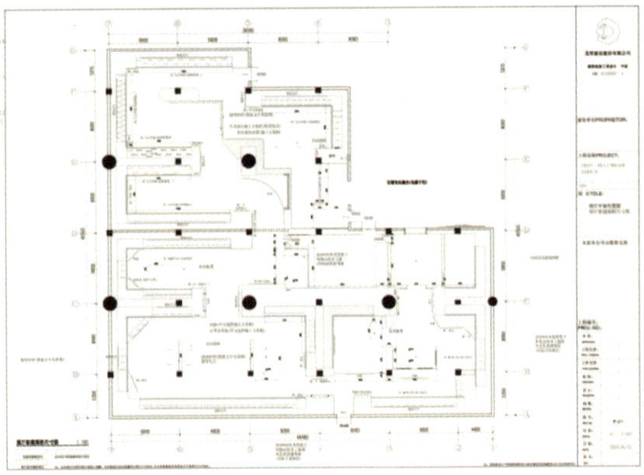

图 6.“长物为伴——宋明文人之雅致生活”展设计图

图 7.“长物为伴——宋明文人之雅致生活”展序厅入口

（三）从一个文物展看博物馆如何利用艺术手段来完成展示

1. 展示中的音乐性

2018 年 8 月在浙江省博物馆武林馆区地下一层临时展厅举办的“长物为伴——宋明文人之雅致生活”展，是由浙江省博物馆陶瓷部组织策划（图 6），围绕着笔墨纸砚、品茶赏花的，充满了文人气息的文物展。整个空间的流线力求顺畅，体现出文人的舒朗开阔，并以一种大开大合的对比来形成类似音乐的节奏感。

序厅入口处（图 7），用独立柜陈列着一只玉壶春瓶，梅花傲然独放。柜顶以仿真茅草覆盖，配上两边灯箱明亮又柔和的白光，有一种旷野之中悠然见南山的感觉。

从序厅走过独立柜后，有一方长 4 米宽 5 米的过渡空间，两边用素净的 2×5 厘米木条做成格栅，天花板上悬垂下一串串 4 厘米大小的黑色 PVC 文字，这些字共 6000 余个，用透明鱼线串起来，长则 1.8 米短则 1.2 米，最末端以一粒小钢珠作为垂重，长长短短，如文字的雨滴将落未落，又像是音符叮咚轻响，营造一种诗意空间，也为从明朗开阔的外部环境转入优雅的室内书房起到过渡作用。

第一厅展品不多，以文字与图板为主。如轻柔慢板的序曲，将观众带入一个优雅的文人世界。展品为吕氏家族墓出土的器物，摆放在一个较为狭长的走廊里，墙上铺有长 7 米高 3 米的宋代刘松年《十八学士图》喷绘。满墙宋代文人高洁的身影，如同幽静安然的旋律过渡，一个时光长廊（图 8）。然后豁然开朗，来到了第二厅。

第二展厅里拆除了所有的回廊和隔断，宽敞舒展，如旋律中优雅而洪亮的主调，展现出一个宋代文人的大书房，品茶赏花，熏香听琴，尽在其中。其间用两块网格布垂悬，既能区分空间，又不完全隔离。一块网格布上印有《赵佶听琴图》，前面是一个 30 厘米高的平台，上面放置一架古琴。秀雅的团垫，琴案上的梅枝，角落处古雅花架上静放的素兰，仿佛主人刚离开，随时都会回来继续演奏（图 9）。

宋代的最后一个单元处，略微狭窄，因而仿造了一个书房的场景（图 10）。原木和两边的格栅门窗没有用油漆，屋檐以仿真防火茅草覆盖，朴素大方。地面深灰色的经砖铺设，砖墙上挂有宋代《树色平远图》绢布复制品。一桌一椅，一兰一梅而满架史书，充分体现了中国文人“穷则独善其身，达则兼济天下”的志向抱负。这是一个浓墨重彩的篇章，也是标志宋单元结束的最强音。

图 8. 长廊

图 9. 听琴台

图 10. 书房场景

图 11. 弧形回廊

从宋转到明，是一个弧形的回廊（图 11）。没有安排展品，没有多余的文字，沿着弧形装饰了 5 米长明代谢环的《杏园雅集图》绢布喷绘，像旋律中短暂的停顿和空拍，为下一个单元做准备。

转过回廊，宽敞的明代厅展现在眼前，精美的器物，柔和的灯光，如华彩乐章般铺陈开来。宽大展厅里，设置了一处 2.8 米高青竹形成的转角（图 12），还有一个别致的假山。灯光从竹子背后投下斑驳的光影，一张供观众憩息的

图 12. 青竹转角

图 13. 明代钱贡《兰亭诗序图卷》局部

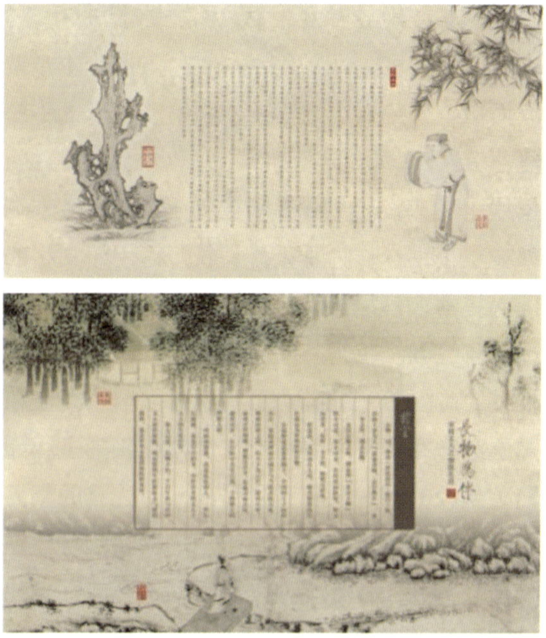

图 14. 灯箱及前言

长凳显得特别体贴，如激昂旋律后抒情的柔板，温存而深情。

最后的结尾处，也没有安排器物。沿着走廊是明代钱贡所作《兰亭诗序图卷》局部（图 13），长 23 米高 1.5 米的喷绘画卷，配上白墙绿竹，让观众从观展的激动情绪中慢慢平静。最后陶瓷部精彩的结语，如乐曲最后的结尾，绕梁袅袅，余音不绝。

2. 平面与空间的互动

博物馆展品的视觉形状是展品的外在特征，在博物馆陈列设计中要认真考虑展品以何种形象展示出来。同时，展厅中的前言后记，单元文字和器物说明等等的设计排版，是平面艺术的展现，是色彩与构图等艺术学科在展厅空间的应用。

如“长物为伴——宋明文人之雅致生活”展，共分成两个单元，用色彩加以区分。宋代以类似青瓷的灰绿色、明代以接近青花瓷的深蓝色为主调，辅以明黄作为穿插。

序厅力图表现一种明朗开合的大度，两侧灯箱图案简单干净，体现文人的优雅。序言的设计从宋画基础而来，加上宋版书的典型线装书版面，尽力展现文人气息和学问深度。

展厅墙面处的说明文字，不是用一块简单的说明牌孤单地挂在墙上，而是用喷绘布印一张和单元内容相匹配的古画为底图，先铺满了整块墙体。然后在恰当的地方做个高出 10 厘米的木框，再绷上细腻的油画布喷绘的说明文字。这样墙体既形成了一块完整的平面构图，又有立体性（图 14）。

柜外墙体上的文字板块，按单元章节、章内小结（图 15）、补充说明等不同的用处，分成不同的大小规格和排版式样（图 16、17），从而更好地体现展览的流线，也方便观众了解整体内容。柜内的文字说明分成两部分，一部分是展柜背后墙面的辅助说明，另一部分是器物说明。为了突出文物主体，后面墙上的说明图板是素净的白底黑字，所有柜内图板都一样高度，宽度则由文字多少而定。在整齐划一的柜体形象内，是精美雅致的各类文物，配上合适的灯光，璀璨而醒目。

器物说明牌上的字体大小、排版方式虽然一致，但根据章节小结的不同而采取了不同的色彩，与柜外的单元小结色彩一致，并加上一个细致的小结名称。这样不仅让观众能更直观地了解策展人的精巧思路，同时也方便布展时能迅速从大堆的说明牌中寻找出所需要的，节省布展时间。

展厅以单色的灰绿或深蓝为基调，如展线的暗部。转角或章节衔接处则辅以宋代或明代作品，古画雍容华丽的色彩如展线的明部，使得整个展厅有了比较显著的明暗对比，整体素雅而不单调，从而更好地突出展览的主体——文物。

由此可见，展览信息的传递，可以借助于文字、图片、媒体等形式，通过视觉语言、听觉语言、感知语言、联想语言等与观众形成互动。博物馆展览信息的传播，可以借助空间的形态、构成、组合等完成，也可以通过界面、展具的造型、色彩、材料、肌理等建构，甚至可以通过装置、影像、声音、光电等达成。博物馆必须与各类艺术学科联手，通过它们营造的契合叙事主题的氛围，再现传统的人文意境，甚至激发某一段历史记忆，才能通过交互展示，让观众在行走中产生共鸣，获得精神上的愉悦与满足。

三 博物馆与艺术学科，是相辅相成的关系。

博物馆是展示历史遗存和研究成果的重要窗口。现代博物馆的理念正从“以物为本”朝着“以人为本”发生时代性的转变。博物馆作为记忆的保存者，它所保存的并不是某个人的个人记忆，而是一种集体记忆。正如埃米尔·迪尔凯姆所说，是社群中比较一致的信仰和情感[10]。保罗·康纳顿也写过：“社会记忆的东西会使今天的秩序合法化，这条暗示的规则要求社会秩序的每个参与者都必须有共同的记忆。”[11]因此，博物馆所保存和再现的，是主流意识形态的一部分，它所代表的是社群乃至国家对过去的看法。从某种意义上讲，一个展览的策划，其本质就是代表社群来梳理与叙述关于过去的记忆。以观众为核心，如何用古老的收藏讲述最现代的故事，传达最明确的主流意识，是博物馆服务社会、面向市场发展的必然趋势。

器物是载体，是通往精神世界的一扇窗。一件人工制品是一系列概念的产物——一种需要、一种思想、一项计划、一个产品。一旦被制作，它将反映和影响那些制作者和使用者的行为。被一种文化所制造和使用的人工制品在衡量这种文化的标准的同时也包含了对这种文化的隐喻。汽车、扶手椅、厨房用具、农具、棒球手套、儿童玩具以及上百万件别的东西，都是我们文明的组成部分，是人类独创力和想象力的产物[12]。正因为如此，面对各种收藏品，观众真正渴望的，是探索那个隐藏在物背后的精神世界，那种体现先人情感与智慧的生活方式。

2021年6月26日开馆的中国动漫博物馆，坐落于杭州白马湖畔，是一个承载着无数人童年回忆的博物馆。除了设有“动漫你的遐想”“动漫你的回忆”“动漫你的今天”“动漫你的未来”四大常设展厅外，还有剧场、影视区、图书馆、视听室等极具动漫特色的配套功能区域。馆内现有原画、台本、史料、刊物、模型周边等各类动漫藏品两万余件。展厅层层递进，先用最常见的基本手法，如摆放、模型、场景复制等

图 15. 单元小节

图 16. 单元小节版式设计

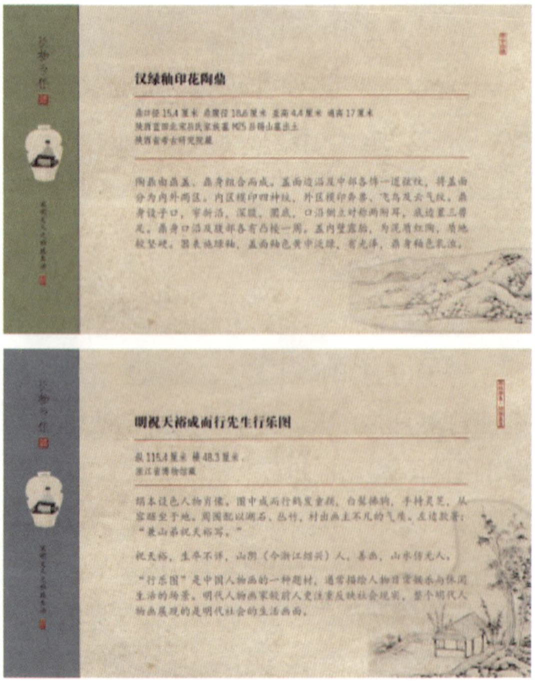

图 17. 说明牌版式设计

图 18. 明代钱贡《兰亭诗序图卷》局部

图 19. 巨幕气泡屏

图 20. 展厅互动，自己创作动画作品

手段，让观众了解动画、漫画从萌芽起源一直到改革开放时期的发展历程。然后利用各手艺术手段，让展览加入了很多互动环节，让观众可以通过触摸巨幕气泡屏，领略海量动画、漫画、游戏作品（图 19）；还可以借助黑科技，让自己化作动漫作品中的角色，体验 COSPLAY 的乐趣（图 20）。由此可见，博物馆与各艺术学科紧密结合，通过提炼展览主题、设定展览目标，达到与观众交流互动，传播信息的目的，表达展品深层次的情感和态度。

古往今来，而每个人都惧怕死亡，每个人都需要时间来完成自己的心愿，每个人都渴望爱与被爱。生死，时间和爱，是人类共同的话题。博物馆的藏品，就凝结着这样的特性，利用展示场所和各艺术学科所提供的展示方式，让文物展现远古时期的生存环境、手工制作、文化背景和对艺术生活的追求[13]。与不同地域不同层次不同年龄的观众，进行一场跨时空跨世纪的对话，讲一个从前的故事，完成一场盛大的演出。

【注释】

[1] [宋]欧阳修、宋祁：《新唐书》卷一一零《列传第二十二 魏徵》："以铜为鉴，可正衣冠；以古为鉴，可知兴替；以人为鉴，可明得失。朕尝保此三鉴，内防己过。今魏徵逝，一鉴亡矣。"

[2] 严建强著：《关于社会记忆与人类文明的断想》，《浙江档案》，1999 年第 3 期，第 24 页。

[3] 林德尔 · V. 普罗特主编：《历史的见证》，译林出版社，2010 年，第 49 页。

[4] [匈牙利]阿诺德 · 豪泽尔著：《艺术社会学》，学林出版社，1987 年，第 172 页。

[5] 李行远著：《论公共领域中的艺术博物馆——析读豪泽尔 · 译曼和哈贝马斯的有关理论》，广西师范大学出版社，2004 年，第 15 页。

[6] 张伟明著：《历史记忆与博物馆文物的收藏和展示》，《中国文物报》，2011 年 8 月 10 日第 6 版。

[7] [美国]凯瑟琳 · 麦克林著：《如何为民众规划博物馆的展览》，海洋生物博物馆，2001 年，第 60 页。

[8] 文化部文物局主编：《中国博物馆学概论》，文物出版社，1985 年，第 122 页。

[9] 李卫平著：《博物馆的陈列展示》，中国书店，2013 年，第 20 页。

[10] [法国]埃米尔 · 迪尔凯姆著：《社会学方法的规则》，华夏出版社，1999 年，第 9 页。

[11] [美国]保罗 · 康纳顿著：《社会如何记忆》，上海人民出版社，2000 年，第 3 页。

[12] [美国]罗塞尔 · B. 奈伊著：《人文科学与博物馆：定义与联系》，《中国博物馆》，2000 年第 3 期，第 23-24 页。

[13] 那拉著：《那拉博物馆展览陈列艺术》，甘肃人民出版社，2016 年，第 9 页。

博物馆学

与

教育学

文物学与博物馆学
——文博本科专业的文物学课程

刘守柔（复旦大学文物与博物馆学系）

摘要：我国高校文博本科专业的课程体系中，文物学课程是重要组成部分，专业名称“文物与博物馆学”也体现了文物学知识在专业培养中的重要意义。文物学研究对象包括通常所说的可移动文物和不可移动文物，与博物馆藏品的鉴定与研究、管理与保护、展示与信息传播等关系密切。文博本科专业的文物学课程内容，既有对文物本身的学习与研究，也包括文物的保护管理。随着文博专业的建设发展，文物学课程结构与内容逐步稳定，我们需要在现有本科专业设置中，思考如何进一步发挥文物学教学作用，促进文博专业人才培养。

关键词：文物学；博物馆学；博物馆学专业；文博专业；本科课程

20 世纪 80 年代以来，随着南开大学、杭州大学、上海大学、复旦大学、吉林大学等高校相继设立了完整学制的博物馆学本科专业[1]，我国逐步发展了体系化的博物馆学本科教学。2012 年教育部修订《普通高等学校本科专业目录》，将专业名称由“博物馆学”更改为“文物与博物馆学”[2]，体现了文物学知识在专业培养中的重要性。在文博本科专业课程体系中，文物学课程一直是主要组成部分。2018 年《历史学类教学质量国家标准》对人才培养的基本要求提出：文物与博物馆学专业的学生“应掌握文物与博物馆学研究和展示的基本技能”。

尽管作为一个学科，“文物学”自身仍在不断成熟完善之中[3]，但回顾博物馆学本科专业教学的发展，思考文物学课程[4]在专业教学、人才培养过程中所发挥的作用、产生的影响，对于促进文博专业的建设完善，仍是有着必要的意义。

一 文物学课程设置的总体情况

文物学的研究对象包括通常所说的可移动文物和不可移动文物，其核心内容是对于各不同门类文物本体及内涵的研究，同时还包括文物保护的技术方法、文物保护管理与合理利用[5]。与之相应，文物学课程教学内容主要为传统的、以质地进行分类的古代器物，以及书画文献、古代建筑等；也包括了文物保护、文化遗产管理等。本文所讨论的文物学课程，主要为文物学的核心内容，即不同门类的文物研究。

可以通过各高校文博专业的文物学课程来大致了解其课程体系。以南开大学、复旦大学、吉林大学、北京大学四所高校为例[6]，这几所高校都在20世纪80年代设立了博物馆学专业，课程建设有一定的延续性。虽然各校情况有所不同，南开与复旦仅有博物馆学一个专业，而吉大、北大同时设有考古学、博物馆学专业，但其文物学课程结构均以概论性质课程为基础，在此基础之上，开设具体研究内容课程。

综述文物学研究对象、方法与内容的概论性质课程，各校开设课程如《文物学概论》《文物研究导论》《文物研究与鉴定》等。复旦先后出现过不同的课程名称：1990年教学计划为《文物学概论》课程，进入21世纪后改为《文物学基础理论》，之后更名《文物学导论》，至2015年再改为《文物研究导论》。如同《博物馆学概论》课程，各校概论课程的内容与教材通过2019年出版的教育部“马克思主义理论研究和建设工程重点教材”《文物学概论》进一步得到了确定。

青铜器、陶瓷器、玉器、古代建筑是这几所学校均有的教学内容，只是具体课程名称有所差别。这几门主要的文物学课程，对应了博物馆主要的文物藏品种类，古代建筑也是文博机构所普遍面对的保护与管理对象。

课程内容会根据古代文物类别而相应增加。如南开大学课程《中国古代石刻》《中国古代家具》，复旦大学课程《中国钱币学》《中国漆器史》等；还会形成更为具体的研究分支课程，如复旦不仅有《中国陶瓷史》课程，还开设《中国古代青瓷》。

各校的具体课程以器物研究为主体，并相对有一定的一致性，而对于文物学研究涉及的“文物保护和管理”等内容，不同高校的课程开设情况不尽相同：如复旦开设《文物保护基础》《文物修复》等课程，北京大学有《馆藏文物修复与保护》，吉林大学有《文物保护学概论》等。“历史学类”本科专业设置有“特设专业”：文物保护技术、文化遗产，如西北大学、北京大学均有设立“文物保护技术”专业。在基本的文物研究课程之外，不同高校进一步发展其具体课程与专业特色。

二 回应博物馆实践的文物学教学理念

博物馆学是多学科交叉的新兴学科，主要研究博物馆这一专门机构自身及其与社会的关系[7]；文物学则是通过实物资料去探索历史发展进程，但两者在课程设置与教学内容方面都体现了实践要求。博物馆各项工作实务，如藏品管理、展览策划与设计等，需要通过实践训练；文物学相关课程则需要结合实物进行教学。复旦大学在上世纪80年代筹备设立博物馆学专业时，已明确自身与历史学专业的区别：“文物学和博物馆学都是实践性很强的学科，不是历史学或其他学科所能代替得了的。”[8]由此，围绕博物馆藏品，文物学与博物馆学课程均得到了发展。

博物馆等机构对文物藏品的研究，大多还包括鉴定、定级等，文博本科专业设立之初回应了这一行业需求。如1985年复旦大学第一届本科生入学时的培养要求包括“掌握文物与博物（馆）的研究、鉴定、陈列、保护的现代科学手段及技术”[9]。八十年代，复旦文博专业的必修课程有《文物鉴定学》、选修课程有《中国绘画史与书画鉴定》，杭州大学历史系文物及博物馆专业有必修课程《文物鉴定与保护》。相近时期的考古学专业也会开设类似的文物鉴定学习课程，如四川大学历史系考古专业课程《文物鉴定基础》、吉林大学考古系课程《绘画史与书画鉴定》、山东大学历史系考古专业课程《铜器、玉器鉴定》《书画鉴定》等[10]。这反映当时文博行业对专业人才的普遍需求。并且，文物学课程关于“鉴定”的教学内容还延续到了文物研究的专题课程之中，如九十年代中期复旦《中国绘画史》课程“后半部侧重书画鉴定方法”，讲授如何从作品的时代气息、风格特征等识别作品真伪[11]。

然而，受到实际教学条件所限，目前对于本科学生专业学习要求已大多为“掌握文物学的基本理论和基本知识”等。不过，有的课程还是会保留有一定的“鉴赏”内容，如北京大学《文物鉴赏》《文物研究与鉴定》《中国文物赏析》等课程，但更多还是结合器物的专门史研究，也有别于考古学课程中“物的研究”。

可以看到，作为仅设文博专业的高校，复旦与南开的课程涵盖了更多文物类别，内容更为丰富，使得“文物学”与“博物馆学”之间通过“藏品研究”形成的关联显得更为紧密。而同时设有考古学专业的高校，尽管没有涉及更多的文物门类，但能通过考古学相关课程进一步充实主要类型文物的教学。有的文博专业提供了与考古学专业相同的选修课程，如吉林大学《中国古代青铜器》与《中国古代冶金史》《北方青铜器时代》等课程，从器物到专门史、考古学文化，课程内容相关联，形成了教学与研究的连续性。青铜、陶瓷等同样是考古学专业课程学习的主要器物类型，其研究是建立在考古学型式分析基础之上的进一步探索[12]，设立文博专业之前，考古学专业已有相关内容的课程，如北京大学考古系八十年代初的选修课程包括古代建筑、古代绘画、古代瓷器等；山东大学历史系考古专业有中国古代货币、瓷器、建筑等专题课程[13]。可见，不仅是鉴定，对于文物的研究，始终是文博领域的需求；而随着博物馆的建设发展，产生了更多围绕文物藏品的工作。与之相应，近年来，文博专业也在传统的文物研究基础上拓展其研究理论与方法，如复旦大学课程《陶瓷考古》、南开大学《陶器考古的理论与方法》等，将考古学方法延伸到了文物学教学。

“古代物质文化”也是一个呈现文物学课程体系整体思路的基础理念。复旦大学在 21 世纪初曾短暂开设过选修课程《物质文化史》[14]，而南开大学于 1980 年代起即开设《中国古代物质文化史》课程。1990 年，由南开大学王玉哲主编的课程教材《中国古代物质文化》出版，作为“考古学与历史学的桥梁”，将课程教学目的归纳为了解“中国古代的物质生产与生活”[15]。“古代物质文化”成为南开大学的主要课程[16]，体现其文物学研究的理念，硕士研究生培养也以“中国古代物质文化”为研究方向[17]。物质文化史的重点是文物资料的解读和后期研究，与考古学强调“出土文物”的资料获取方式不同，但“文物研究的最终目标在于尽可能真实、全面地复原历史”[18]，古代器物研究的课程与考古学、历史学有着共通的学术意义，也使得博物馆的藏品研究能在鉴定、保管的工作基础之上，进一步为文物信息的展示与传播所用。

三 博物馆学专业建设初期形成的文物学教学基础

文物学课程如何成为博物馆学本科专业课程体系的主要组成部分？回溯博物馆学本科专业设立初期的情况，大致可以探讨如下主要因素的影响[19]。

（一）文博行业需要具备文物学知识的专业人才。我国的文物保护管理、博物馆工作、考古发掘与研究等属于同一体制系统，经常被合称“文物系统”或者“文博系统”等。20世纪80年代，文博从业人员少，具有大专以上学历或受过专业教育的就更少，博物馆在面临着“数量少、品种少”的情形同时还要“充分发挥文物的多功能作用”[20]，大量历史类博物馆、文物管理机构需要能进行文物研究的专业人员，有效开展各项业务工作，进行文物藏品鉴定与管理、实施古建维修与保护等。如复旦大学设立本科专业之前，曾于1985年初进行调研，走访了上海及附近地区的文博管理部门和博物馆，如上海博物馆、浙江省博物馆、南京博物院、南京市博物馆、扬州市博物馆等，了解到了博物馆对于文物研究人才的迫切需求[21]。面向行业需要，文物学与博物馆学的人才培养形成了紧密的关联。

（二）在职人员进修课程与本科课程之间有着一定的共通性。国家文物局为发展文博事业，积极开展文博系统在职人员的进修培训，提出“加强在职干部的培训工作”[22]。如江西省于1984年创办了文博培训中心，举办“古陶瓷培训班”“古建培训班”“文物鉴定培训班”等；并委托江西师范大学历史系开办文博大专班[23]。

1983年起，国家文物局在北京大学、吉林大学、南开大学、复旦大学、人民大学、南京工学院先后开设考古学、博物馆学、文物保护学、古建筑学专修班和研究生班[24]。专修科学制两年，主要为提升在职人员的专业能力。复旦大学的首届文博干部专修科学生于1984年2月入学，同年秋季招收两年制的研究生，第二年招收本科生，初步形成了多层次的文博人才培养体系。在其1983年4月拟订的专修科教学计划草案中，基础课主要为文史类课程，专业课则以文物学课程为主。与1985年本科专业教学计划相比较，两者相同最多的是文物学课程，其次为文史类课程；文史知识基础与文物研究，是两者共同的课程重点。又如1993年招生的河南大学历史系博物馆学专业，也表明了建立在“文博干部专修科、文物保护与博物馆学专业方向”的基础之上[25]。

（三）历史学教学基础在博物馆学专业建设之初产生了影响。80年代最早一批博物馆学本科专业多由历史学系设立，如南开大学、杭州大学、复旦大学分校（上海大学）、吉林大学等。

高校设立新专业时会考虑如何形成自身特色以及当时可利用的学科资源。历史学系有其教学经验、师资资源、课程基础。如复旦历史学系自五十年代开始，已开设《商代史》《战国史》《秦汉史》《考古学通论》《古文字学》等与文物考古教学内容相关的课程，主讲教师为胡厚宣、杨宽、邓廷爵等[26]；八十年代左右还有北京大学考古学系毕业的张鸣环、袁樾方等教师任课《考古学通论》，中国古代史教研室亦开设有专题史选修课程《商代考古》[27]。另一方面，文物研究为历史学了提供实物资料，“扩大了历史学研究的空间范围，丰富了历史学研究的内容”，促进了“服饰史”“货币史”“陶瓷史”“建筑史”等主题的专门史研究与撰写[28]。新建立的文博专业认识到，文物研究需要结合历史文献研究与考古学资料，“从人类文化历史的高度，把历史学、文物学和考古学三者紧密地结合起来”，“建立全新的文物科学的体系”[29]。

四 文物学课程的发展变化——以复旦大学文博专业为例的观察

自20世纪80年代以来，伴随着博物馆学专业的建设，文物学课程经历过怎样的变化发展？复旦大学是我国最早设立博物馆学本科专业的高校之一，可以之为例进行文物学课程的历时性观察。

（一）80 年代—90 年代：课程结构的变化

比较 1985 年复旦大学文博专业教学计划与近两年的培养方案，可以看出，虽经过多年的课程实践调整，文物研究的主要课程基本都在专业设立之初即开设，并得到了延续，如青铜、陶瓷、玉器、书画、古建筑等；同时，根据师资及其研究领域的变化，增减不同文物主题的课程。不可移动文物（文化遗产）管理方面的课程随着文化遗产保护事业的发展逐渐增加，如《文化遗产类型》《世界遗产概论》《中国古典园林史》等。传统的器物研究如何拓展新的学术理念，可移动与不可移动文物的研究、保护如何进行理念与方法的交流，也是文博专业教学发展过程中思考的问题。

从文博专业课程的整体结构来看，九十年代的变动值得关注。1985 年专业设立之初，专业必修课六门，其中三门为博物馆学课程，考古学、文物学、文物保护各一门。其中，文物学必修课为《文物鉴定基础》，选修课程涵盖了青铜、陶瓷、书画、古建筑、古钱币、古籍版本等文物学研究对象。而到 1990 年，这些文物研究课程都列入了必修课程，直到 2000 年再又作为选修课程。

课程设置变动的同一时期，复旦于九十年代中期实行过“按类教学计划”，全校按照文史哲、外语、法学等十二大类设置课程体系。其中，博物馆学专业处于“文史哲专业教学计划”，专业选修课程分别设有“文物学”和“博物馆学”方向的课程组，形式上呼应了专业课程体系中对这两个学科的教学要求。

90 年代正是博物馆学专业的发展时期，以当时的教学计划与 1985 年时相比，专业教学在文史哲“基础教育课程”修读基础之上，其中文物学课程占了多数，大致保持了专业设立以来的面貌；博物馆学课程从最初的三门课程《博物馆学概论》《博物馆陈列设计》《博物馆基本技术》，到此时已有了一定课程数量与主题内容的发展，侧重博物馆陈列设计、博物馆教育（博物馆观众）这两个方面，从理论与技术不同层面开展课程建设。同时，专业课程主体少了从石器时代到隋唐的断代考古课程，这从另一个侧面也反映了在专业发展过程中，文物学课程保持与博物馆学课程作为课程体系的两个重点。

参照比较同一时期的其他高校博物馆学专业，也可以看到“文物学”与“博物馆学”作为课程体系两部分主体的情况。如南开大学于 1994-1995 学年开设的专业课程中，一部分为博物馆学具体课程，包括博物馆学理论、藏品管理、陈列、教育等内容；另一部分为文物学及相关人文学科课程，涉及陶瓷器、青铜器、玉器、玺印、石刻、绘画、佛教文物等 [30]。

（二）进入 21 世纪：课程的增加与变动

随着博物馆事业的快速发展，复旦文博专业的文物学课程在新世纪的最初十年间有着较大变动。专业课程数量不断增加，博物馆学教学内容逐步稳定，相继开设了多门课程，有的持续至今成为主干课程。文物学方面，对应博物馆文物藏品的类别也相应增加了选修课程，如古代家具、历代服饰、物质文化史、收藏史等，但开设的时间并不长。其中，固然会有课程性质调整、师资队伍变更等因素，如有的课程会从专业课程改为学校平台课程，且这一阶段也是新进教师较多的时期，但文物学自身在博物馆学专业发展过程中的定位与建设方向，才是主要的原因。文物学课程的建设，与博物馆专业设立之初的培养目标设定、建设条件密切相关，当博物馆学日益认识到自身学科的特点、课程体系逐步充实的时候，文物学课程也会因教学需要而相应调整。

相较而言，在文博专业课程体系发展过程中，博物馆学课程逐渐形成以经营管理、藏品管理、展览策划、教育活动等为主干的结构，并且对应博物馆行业的发展与实际工作的需求来调整和延伸分支课程。课程之间，尤其是新增课程与主干课程之间有着内容上的相互关联，如《博物馆信息化》与《博物馆藏品管理》，《博物馆公共关系》与《博物馆教育》。而文物学课程的增减主要在于器物研究对象种类的变化，主体结构保持以青铜、陶瓷、书画、古建筑等为基本教学内容，课程相互之间的关系相对比较独立。

借助艺术史的视角与方法来进行文物和考古材料的研究与教学，是进入21世纪后，文物学课程在“物”的信息阐释方面的拓展。如复旦文博曾短暂开设过的课程《艺术史概论》《中国艺术史》。其中，《艺术史概论》所涉及的艺术种类以绘画、雕塑、建筑与工艺美术等造型艺术为主体[31]。大致也是在2005年左右，“开放的艺术史”概念逐渐与当时的文博领域有了交集，将绘画史、雕塑史、建筑史等融入更为广博的文史哲背景之中，涉及考古学、文化史等不同领域[32]。2010年左右，复旦文博开设了《中国墓葬艺术导论》《中国美术考古》等课程；南开大学、北京大学近年亦有《美术考古》等课程。对于还在不断发展的艺术博物馆、美术馆而言，这些课程内容有助于培养专业人员对于展品的理解，在展览策划与设计、审美教育传播等方面能起到一定作用[33]。

21世纪初的社会发展也对课程设置产生了影响。如2000年开设的课程《艺术品市场研究》，分析了艺术品市场的运作方式，着重讲解画廊经营、艺术博览会与艺术品拍卖。该课程的开设反映出文物学教学与社会实践需求之间的关系，在文物与艺术品经营单位工作，也是学生就业培养的一个去向[34]。

此外，进入新世纪后，学校对本科教学计划进行了修订，逐步呈现综合课程、专业必修课程与专业选修课程三部分结构。比较1998级与2002级的教学计划，专业课程要求的学分数有所增加，而总学分和文史哲类基础课程学分要求减少，这也为专业课程的开设相应增加了空间。

近年来，随着专业建设与师资力量的培养补充，博物馆学课程内容不断丰富与细化，与之相应，是文博专业体系中各教学方向具体课程的调整，以围绕教学培养目标形成更为合理的知识结构。不过，就文物学课程而言，尤其是文物研究课程，仍保持原有的主干课程，只是具体研究对象课程的增减。

五 文化遗产保护理念背景下的文物学课程

随着文博领域研究理念的不断拓展，文物学与博物馆学之间有了更为紧密的联系。

传统的文物学面临着与“文化遗产学”的关系。随着我国文化遗产保护事业的发展，尤其是2005年《国务院关于加强文化遗产保护的通知》使用了“文化遗产”一词替代“文物”之后，文化遗产保护的理念得到更为广泛的接受与运用。“物质文化遗产”所指即包括各时代的可移动和不可移动文物。尽管“物质文化遗产”这一概念流行使用的时间并不长，“文物”一词依然是权威性的官方表述[36]，但“文化遗产”以其更为丰富的内涵、与国际交流的

表 1. 复旦大学文博专业 1985-2010 年文物学课程简况 [35]

1985 年专业教学计划		文物鉴定学、中国青铜器概论（中国青铜器）、中国陶瓷史、中国绘画史与画鉴定（中国绘画史、中国书法史）、中国古建筑史（中国古代建筑史）、钱币学概论（中国钱币学）版本目录学（古籍与版本）、敦煌学研究与石窟寺艺术
1990 年	增加的课程	文物学概论、青花瓷器鉴定
	减少的课程	敦煌学研究与石窟寺艺术
1995 年	增加的课程	现代科技与文物鉴定、文物鉴定基础
2000 年	增加的课程	文物鉴定专题讲座、文物绘图、文物摄影、古籍与版本、艺术品市场研究、艺术史概论、中国工艺美术、中国古代科技史、中国玉器、中国古代家具、物质文化史
	减少的课程	现代科技与文物鉴定
2005 年	增加的课程	中国书法史、中国历代服饰、中国文物考古元典导读、收藏史、中国艺术史、简帛学概论、中国科技史概论、古代青花瓷器、中国漆器史
	减少的课程	艺术史概论、中国工艺美术、中国古代家具、物质文化史
2010 年	增加的课程	中国美术考古、中国墓葬艺术导论
	减少的课程	中国历代服饰、收藏史、中国艺术史、简帛学概论

对应性，在文博专业中有了教学需求。如有的学生培养要求中相关表述更新为“对人类文化遗产、自然遗产进行管理的能力”[37]，呈现了更为广泛的保护视野。高校文博专业的文化遗产保护课程，如南开大学开设了概论性质的《文化遗产概论》，复旦大学 2002 年开始开设《文化遗产管理与法规》，2009 年开设《文化遗产导论》。文化遗产学自身是否已作为一个成熟的学科还在讨论之中，而其分支课程却已在博物馆学专业逐渐展开，如《文化遗产管理》《文化遗产保护理论与方法》《世界遗产概论》等。“文化遗产”已成为历史学类本科的“特设专业”，正说明了这一发展趋势。

在广泛意义的“文化遗产”整体视野之下，当文物学扩展传统的研究对象类型，关注内容从“物”本身延伸到背后的社会文化信息，并思考如何阐释、传播物的信息，文物学与博物馆学之间则形成了更为紧密的关联。博物馆作为传播并展出人类及人类环境的物质及非物质遗产的机构，其陈列设计、教育活动成为文化遗产保护的重要组成部分。如西北大学文化遗产学院的博物馆学专业“以文物与博物馆为文化遗产价值实现”，开设了课程《文化遗产展陈设计》《文化遗产教育》《文化遗产保护规划》等。

文物保护管理类课程较早体现了国际文化遗产理念。如复旦文博在九十年代曾开设《文物法规与文化遗址管理》课程，通过学习国内外管理文件与法规，了解文化遗址保护的普遍原则[38]。文物保护管理知识集中表现为文物法规类课程教学。文物法规是保护管理的依据，属于文物学的研究范畴，且与博物馆、考古工作都密切相关，是文博专业重要的教学内容，因此，这类课程通常在文博专业都有着较长的开设历史，如北京大学自1994-1995学年开设课程《文物法规与行政管理》。

复旦文博专业于2017年开设课程《博物馆职业伦理与法规》，以国内外博物馆相关法律法规为基础，分析博物馆经营管理、收藏研究、展示教育等相关法律与职业规范。原有的《文化遗产导论》等课程则与之有所区别，侧重聚焦于不可移动文物。博物馆实务处于文博领域不同学科的相互关联之中，课程设置既需要有整体关照，也要兼顾文博专业发展到一定程度，博物馆学、文物学以及建设发展之中的文化遗产学之间形成的教学“分工细化”。

六 小结与思考

上世纪80年代博物馆学本科专业建立以来，主要面向历史类博物馆的藏品研究、保管、陈列、教育等工作需求，构建了课程体系：以历史学类学科知识为基础，博物馆学和文物学课程成为教学的重点内容，各校的文博专业大多有着“掌握文物学和博物馆学的基本理论和知识”的培养要求[39]。其中，文物学教学以概论性质课程为基础，以青铜、陶瓷、书画等传统文物研究为主干课程。这一课程体系的建设，主要面向了藏品类型主要为“文物”的博物馆，并从专业名称到培养要求，都体现了“文物”与“博物馆学”并重。然而，随着中国博物馆事业的蓬勃发展，博物馆类型日益多样化，变化中的博物馆涉及更多不同学科，“文物与博物馆的必然联系已经开始出现了淡化的趋势”[40]。

博物馆学是多学科交叉的应用性学科，而从高等学校本科专业设置的规定来看，一般应有已设相关专业为依托，按其分类属性设置专业[41]；各专业形成的课程结构，应覆盖专业知识体系的主要领域[42]。虽然博物馆学研究需要面向不同类型的博物馆，与传播学、教育学、心理学、艺术学等不同学科都有着密切关联，然而归属于“历史学类”的文博专业学生需要完成其专业要求学习的核心知识结构。在我国博物馆仍以文物藏品居多、仍有大量文物保护机构工作需求的情况下，文物学课程有助于学生在进行博物馆实务之前，掌握基本的专业知识。

在现有的专业设置与行业需求背景之下，文物学课程如何加强支撑博物馆学专业人才培养、回应博物馆事业的发展？

（一）进一步完善专业课程体系。

90年代中期，复旦文博专业曾在选修课程中设置了“文物学”与“博物馆学”两个方向的课程组。当时的博物馆学课程还处于需要稳定与充实的阶段，专业课程多是以器物研究“专门史”为主题的文物学课程。当文博专业建设到一定程度，各教学方向的课程都比较充分的情况下，课程计划也会分设相应的“板块”，以满足学生不同的深度学习需要。如2020年复旦文博培养方案中，专业选修课程分列“博物馆学”“文物学”“考古学”“文化遗产”“文物保护”不同方向；北京大学选修课程分“文物与博物馆”和“考古与艺术”两类。通过文博领域不同学科的课程建设，促进整个专业的教学发展。

（二）注重文物的研究与阐释，更好满足博物馆实践的需求。文物学的核心内容是研究中国主要类型文物的本体与内涵，要回应“让文物活起来”这一新时代文物工作的基本理念与主要使命，明确文物研究与利用的目标、核心价值[43]，从而让文物学课程更好地与陈列展示、教育活动、文化交流与传播等博物馆学课程内容相结合。如南开大学《博物馆文化创意产品设计与开发》、西北大学《文化产业基础》、《遗产旅游》等课程，这些体现了时代需求的课程，仍需有相关的文物学知识为基础。文物学课程在与不同学科的交流之中，也有助于自身提升研究方法。

文物学与博物馆学都是不断走向成熟的学科，在文博领域相互关联。通过梳理文博本科专业文物学课程的特点与发展，从课程设置与内容的角度探讨两者关系，也是希望能够进一步结合专业教学实践，促进文博人才的培养。

【注释】

[1] 当时的专业名称尚未完全一致，如《中国考古学年鉴》（1984）记录为：南开大学历史系博物馆学专业，杭州大学历史系文物及博物馆专业，复旦大学分校历史系考古与博物馆学专业（上海大学文学院历史系考古与博物馆学专业）。

[2] 为叙述统一，本文中除特定年份说明需要外，均称为“博物馆学专业”或“文博专业”。

[3] 《文物学概论》编写组：《文物学概论》（彩图版），高等教育出版社，2019年，第2-3页。

[4] 本文所讨论的课程情况，主要参考了各校的专业培养方案、教学计划和《中国考古学年鉴》“考古教学”栏目资料，不包括实习实训，不包括文博专业开设的学校平台课程、通识课程等。

[5] 《文物学概论》编写组：《文物学概论》（彩图版），高等教育出版社，2019年，第2-3页。

[6] 资料来源：四校教学培养方案（专业培养计划），分别为南开大学（2017年）、复旦大学（2020年、2021年）、吉林大学（2018年）、北京大学（2020年）。

[7] 《博物馆学概论》编写组：《博物馆学概论》，高等教育出版社，2019年，第3页。

[8] （关于复旦文博专业）情况汇报（草稿）和调查材料，复旦大学档案，1985-X211-25。

[9] 复旦大学教务处编《复旦大学教学一览》（大学本科），1985年9月。

[10] 资料来源：《中国考古学年鉴》（1984）、《中国考古学年鉴》（1989）。

[11] “课程介绍”，复旦大学教务处 编：《教学一览》（1994）。

[12] 刘毅：《文物学及其与相关学科的关系》，《博物院》2017年第1期。

[13] “高等院校考古、文博专业简介”，中国考古学会 编：《中国考古学年鉴》（1984），文物出版社，1984年。

[14] 列于复旦大学博物馆学专业2000年、2001年教学计划。

[15] 李学勤：《考古学与历史学的桥梁——评王玉哲教授主编的〈中国古代物质文化〉》，《历史教学》1992年第3期。

[16] 如2017年专业培养计划中，设有专业必修课《物质文化史》（1、2）。2015年培养计划还设有选修课《明清物质文化史》《中国近现代物质文化史》。

[17] 如1992年硕士专业方向：中国古代物质文化及古代青铜器［《中国考古学年鉴》（1993）］。2021年招生方向有“中国考古与古代物质文化”（南开大学2021年招收攻读硕士学位研究生招生专业目录）。

[18]刘毅：《文物学及其与相关学科的关系》，《博物院》2017 年第 1 期。

[19]对于复旦大学博物馆学本科专业建立初期的文物学课程情况探讨，详见刘守柔：《复旦大学博物馆学本科专业文物学课程的早期实践》，《文化遗产研究集刊》（9），复旦大学出版社，待刊。

[20]彭跃辉：《改革开放以来全国文物工作会议述略》，《中国文物报》2012 年 7 月 4 日。

[21]（关于复旦文博专业）情况汇报（草稿）和调查材料，复旦大学档案，1985-X211-25。

[22]《国务院批转国家文物事业管理局关于加强文物工作的请示报告》，《江西历史文物》1981 年第 2 期。

[23]赵承告：《抓好文博工作 关键培育人才——我省培训在职文博干部工作的体会》，《江西历史文物》1985 年第 2 期。

[24]夏桐郁：《我国文博专业干部的培养》，《中国博物馆》1989 年第 1 期。

[25]君杰：《我校历史系博物馆学专业将正式招生》，《河南大学学报》（社会科学版）1993 年第一期。

[26]《复旦大学历史学系系志》(1949-1988)，1993 年 11 月，第 54、63 页。

[27]“历史系 1978-1985 年专业课程设置和任课教师一览表”，《复旦大学历史学系系志》（1949-1988），1993 年 11 月，第 69-70 页。

[28]李晓东：《文物学》，学苑出版社，2005 年，第 56-57 页。

[29]（关于复旦文博专业）情况汇报（草稿）和调查材料，复旦大学档案，1985-X211-25。

[30]中国考古学会编：《中国考古学年鉴》（1996），文物出版社，1998 年。

[31]复旦大学教务处：《复旦大学文科课程介绍》，2000 年 7 月。

[32]缑梦媛：《从开放的艺术史到世界的艺术史——对话尹吉男》，《美术观察》2017 年第 7 期。

[33]张杰：《从中欧博物馆展览定位的差异谈审美教育》，《科学教育与博物馆》2015 年第 1 期。

[34]复旦大学教务处：2000 年教学计划。

[35]此处主要讨论文物研究及相关课程、以五年为时间段进行简要说明。培养方案与实际教学情况之间也可能有所差别，比如有的课程虽然长期列在培养方案中，但实际由于各种原因未开课。其中，括号内为之后所使用的、教学内容相同或相近的课程的名称。

[36]《文物学概论》编写组：《文物学概论》（彩图版），高等教育出版社，2019 年，第 5 页。

[37]2001 年至今，复旦大学文物与博物馆学专业教学培养方案“培养要求”。

[38]复旦大学教务处编：《教学一览》，1994 年。

[39]参见复旦大学培养方案（2020 年）、南开大学专业培养计划（2017）、吉林大学本科培养方案（18 版）。而在北京大学，更表现为以“博物馆学”为中心的知识学习结构：“学习和掌握博物馆学的基础知识和技能。”“扩充历史学、考古学、文物研究、文化遗产保护与管理以及艺术史的相关知识。”

[40]《文物学概论》编写组：《文物学概论》（彩图版），高等教育出版社，2019 年，第 9 页。

[41]《高等学校本科专业设置规定》，《关于印发<高等学校本科专业设置规定（1999 年颁布）>的通知》，[EB/OL]（1999-09-14）[2021-08-15]. http://www.moe.gov.cn/srcsite/A08/s7056/199909/t19990914_162626.html.

[42]《历史学类教学质量国家标准》

[43]陆建松：《如何让文物真正“活起来”：问题与建议》，《博物馆管理》2020 年第 1 期。

博物馆与教育技术学

王 京（中国国家博物馆）

摘要：教育技术学科作为教育学的二级学科，在专业人才培养上有着独特的理论知识体系。它是相关技术在教育教学活动的运用过程中经过长期实践和积累，通过不断吸收学习理论、教育学理论、传播学理论、系统科学理论等研究成果，逐渐形成的一门专门研究教育技术（原电化教育）现象及其规律的交叉学科。其理论成果不仅促进了当代教育的变革，同时也推动了博物馆教育内容、教育模式、教育观念等方面的变革。博物馆社会教育工作是博物馆一项重要职责，未来如何借助科技手段，以及运用相关教育技术学理论成果来推动博物馆社会教育工作的创新与发展，是摆在博物馆社会教育工作者面前一项重要任务和使命。本文通过对国内、外教育技术/教育技术学产生与发展的回顾，以及教育技术在国内博物馆的发展回顾，来探寻教育技术/教育技术学产生与发展对博物馆社会教育工作的影响。

关键词：博物馆；社会教育；教育技术（原电化教育）；教育技术学

1983 年，经教育部批准，电化教育本科专业（后改名为教育技术学专业）在华南师范大学、华东师范大学开设，学制 4 年。其专业主要培养能够运用新技术从事教育教学工作的教育技术专业人才。教育技术学科作为教育学的二级学科，在专业人才培养上有着独特的理论知识体系。其理论知识体系“教育技术学”是相关技术在教育教学活动的运用过程中经过长期实践和积累，通过不断吸收学习理论、教育学理论、传播学理论、系统科学理论等研究成果，逐渐形成的一门专门研究教育技术现象及其规律的交叉学科。其理论成果不仅促进了当代教育的变革，同时也推动了博物馆教育内容、教育模式、教育观念等方面的变革。

一 教育技术/教育技术学的产生和发展

19 世纪末，随着科学技术的发展，出现了摄影、幻灯、电影、广播、录音等新技术。这些技术被广泛运用于人类生活的各个领域，其中也包括教育教学领域，并成为教学工具，为学生提供了直观、生动、形象的教学方式。人们开始关注相关技术在教育教学领域中的运用，并对其现象进行了研究，逐渐形成了一门横跨教育、艺术、科技三大门类的交叉学科——教育技术学。教育技术学是一门主要研究教育技术现象及其规律的理论学科，其发展历史与教育技术的发展息息相关。

（一）教育技术的基本概念

1994 年，美国教育传播与技术协会（The Association for Educational Communications and Technology，AECT）出版了西尔斯与里奇的专著《教学技术：领域的定义和范畴》，书中给出的教育技术定义被称为 AECT’94 定义。该书将教育技术具体定义为：“教育技术是为了促进学习，对有关的过程和资源进行设计、开发、利用、管理和评价的理论与实践。”（Instructional Technology is the theory and practice of design, development, utilization, management, and evaluation of processes and resources for learning.）

美国教育传播与技术协会是目前国际上教育技术学领域最具影响力的学术团体之一，该协会长期致力于教育技术学的理论研究。美国教育传播与技术协会从 20 世纪 60 年代至今，分别在 1963 年、1972 年、1977 年、1994 年、2005 年对教育技术概念提出了五次界定，反映了人们对教育技术在不同发展时期的认识。其中 AECT’94 定义在国际教育技术领域的影响最大，该定义明确界定了教育技术所涉及的领域和范畴。定义指出教育技术实质是在教育教学领域内，借助先进的技术和方法，以现代教育理论为指导，通过对教学过程和教学资源进行创新性设计、开发、利用、管理和评价，来实现对教学优化的理论和实践。教育技术的目标就是实现教育教学的最优化，即在现有的条件下，充分发挥科技优势开展教育教学活动，用最少的时间和精力，获得最大的教育教学效果。

（二）教育技术 / 教育技术学的产生和发展

1. 西方社会教育技术 / 教育技术学的产生和发展

教育技术最早出现在西方发达国家，其中美国是教育技术开展时间最早，且在这一领域影响最大的国家。以美国为代表的西方教育技术 / 教育技术学的产生和发展，大致经历了以下几个阶段。

（1）直观教学阶段

早在 17 世纪，著名的捷克教育家夸美纽斯发表了《大教学论》，他主张“让一切学校布满图像”“让一切教学用书充满图像”，被西方誉为“直观教学之父”[1]。直观教学就是通过运用实物、模型、图片开展教学活动。19 世纪初，直观教学开始在欧洲流行，然后传到美洲大陆，对美国视觉教学的出现产生了深刻的影响。

（2）视觉教学阶段

19 世纪末 20 世纪初，出现了摄影、幻灯、无声电影等新技术，并初步应用到西方教育领域。1906 年美国宾夕法尼亚州一家出版公司出版了《视觉教学》一书，指导和帮助教师如何拍摄照片以及如何制作和应用幻灯片作为视觉教材使用。而该书中所提到的“视觉教学”一词，也成为教育技术领域第一次提出并使用的术语。20 世纪初，相关技术在美国学校中的应用并不普遍。第一次世界大战后，人们看到了电影在一战中宣传教育的潜力，美国许多学校开始积极使用幻灯机、无声电影等视觉教材开展教学活动，并获得了良好的教学效果。1923 年为了促进视觉教学的长期发展，美国教育协会成立了“视觉教学分会”，该分会也就是现在美国教育传播与技术协会的前身。分会成立后相关工作者开始致力于发展自己的学说，并于 1928

年出版了第一本教科书——《公立学校中的视觉教学》。

（3）视听教学阶段

20 世纪 30 年代后期，随着广播、录音、有声电影的出现，视听媒体教材在美国学校的教学中得到普遍应用。20 世纪 40 年代后期，出现了“视听教学”这一术语。1947 年美国教育协会的“视觉教学分会”正式更名为“视听教学分会”，并创办了《视听教学》等刊物。1958 年，美国政府为了鼓励视听教学的发展，颁布了《国防教育法案》。该法案的实施在美国掀起了一场视听教学运动。美国各大学先后建立了相关学系和机构，大批教师开始接受相关培训，从而促进了美国学校视听教学的广泛开展，视听教学也逐渐发展成为一个专业研究领域。这一时期产生了著名的戴尔“经验之塔”视听教学理论，为视听教学提供了理论依据。为了研究视听媒体对学习的促进作用，美国一些大学开展了相关研究工作。美国哈佛大学对马萨诸塞州三个城市的中学进行了相关实验，实验结果表明，用电影教学的学生学习成绩比不用电影教学的学生提高了 20.5%[2]。

(4) 视听传播阶段

20 世纪随着传播学的发展，在教育技术领域内有学者将传播学理论引入教育领域，将教学过程作为教学信息传播过程加以研究，并提出了“视听传播”的概念。而传播理论的引入和“视听传播”概念的提出，从根本上改变了教育技术领域的实践范畴和理论框架，使教育技术学向一个崭新的方向发展。这一时期，教育技术学的研究方向开始从重视教具、教材的使用，转为充分关注教学信息怎样从发送者（教师），经由各种渠道（媒体），传递到受众者（学生）的整个传播过程。1970 年 6 月“视听教育分会”从美国教育协会中独立出来，并将学会更名为“教育传播与技术协会”。

（5）教育技术新型发展阶段

20 世纪中后期，随着计算机、网络技术的发展与成熟，以及认知主义学习理论和建构主义学习理论的发展，人们对教育技术有了新的认识。1972 年，美国教育传播与技术协会发布了第二个官方定义，开始正式使用“教育技术”这个术语，并一直沿用至今。1994 年美国教育传播与技术协会给出了教育技术新的定义，明确界定了教育技术所涉及的领域和范畴。进入 21 世纪随着移动通信、虚拟现实、人工智能、大数据、云计算等技术的出现和发展，为教育教学领域带来了新的技术变革。这些新技术的出现，以及伴随新技术出现的新型教育形式，如基于网络技术出现的微课、慕课（MOOC）、网络精品共享课程等，推动教育技术进入到以信息技术为核心的新型发展阶段。

2. 我国教育技术 / 教育技术学的产生和发展

我国教育技术产生于 20 世纪 20 年代。受到西方视觉教学发展影响我国也开展了相关工作，在我国教育技术发展初期至 20 世纪 90 年代，很长一段时期内教育技术相关工作使用的是“电化教育”这一术语。我国教育技术的产生和发展大致经历了以下三个阶段。

(1) 早期发展阶段

十九世纪初，受西方视觉教学发展的影响，1918 年上海商务印书馆成立了活动影戏部[3]。并于 1918 年至 1923 年，拍摄了《女子体育观》《养蚕》《盲童教育》等 8 部无声影片，这些影片在教化民众、启迪心智，普及科学文化知识中发挥了一定的作用，同时也成为我国拍摄最早的教育电影。20 世纪 30 年代，我国各地纷纷开展了电化教育相关活动。1930 年江苏省立镇江教育馆成立，并成为当时开展电化教育最为活跃的地方教育机构。

这一时期，运用先进技术开展教育教学活动得到了老一辈教育家的高度重视。陶行知先生曾提出，要求教师在“可能范围内须运用无线收音机及活动电影俾在最短时间内收最大之效果”[4]。蔡元培先生也非常重视电影等技术对教育的影响，在蔡元培先生亲自主持下，1932 年 7 月 8 日成立了我国第一个电化教育学术组织“中国教育电影协会”，1934 年到 1936 年中国教育电影协会与金陵大学合作，拍摄了《蚕丝》《陶器》等多部教育题材电影，该协会的成立为我国电化教育的形成和发展做出了重要贡献。

与此同时，为了更好推动相关工作的开展，当年的人们还开展了电化教育理论研究工作。1933 年 1 月徐公美出版了《电影教育》一书，该书成为我国最早的电影教育专著[5]。1936 年由中国教育电影协会发起成立的中国电影教育用品供应公司出版了《电化教育》期刊（图 1），成为我国第一个以电化教育命名的刊物[6]。

为培养人才，当时的国民政府在相关学校开设了有关课程。1935 年上海大夏大学社会教育系开设了教育电影课，成为我国最早在大学开设的教育电影课。1936 年国民政府教育部与金陵大学联合举办电影教育与播音教育人员训练班，并将之命名为“全国电化教育人员训练班”[7]，这是官方第一次正式使用“电化教育”这一术语。同年，江苏省立教育学院创办了电影广播教育专修科（后改称电化教育专修科），这是我国开设的第一个电化教育专业。1946 年苏州国立社会教育学院建立了电化教育系。

(2) 中华人民共和国初期发展阶段

1949 年，中华人民共和国成立后党和政府非常重视电化教育工作，1949 年 11 月文化部科学普及局成立了电化教育处，负责全国电化教育工作，并明确提出“必须采用新的教育工具，如唱片、录音带、幻灯、电影、广播、电视”等[8]。1951 年，辅仁大学、西北大学开设了电化教育课程。同年，教育部召开了高等师范院校课程讨论会，将“电化教育”列为教育系的选修课。

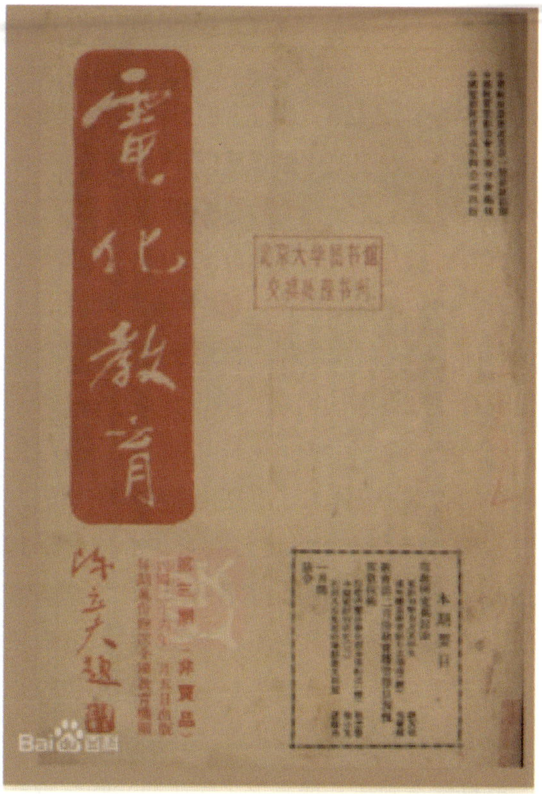

图 1.《电化教育》（我国第一个以电化教育命名的期刊）封面[17]

(3) 教育技术（电化教育）全面发展阶段

20 世纪 70 年代末，随着改革开放，我国电化教育事业也进入到一个全面发展阶段。1978 年中央召开了全国教育工作会议，党中央在会议上提出了“要制定加速发展电视、广播等现代化教育手段的措施，这是多快好省发展教育事业的重要途径，必须引起充分的重视”[9]的号召。该号召的提出为我国电化教育发展指明了方向，随之电化教育在国内迅速发展起来。

1978 年 7 月，教育部建立了中央电化教育馆，到 1985 年底，全国各省、直辖市、自治区均建立了电化教育馆。此外，部分高校和相关教育机构也设立了电化教育部门，积极开展电化教育相关工作。

为加强人才队伍建设，1979 年教育部电化教育局在兰州召开会议，讨论电化教育从业人员培训、师范院校电化教育课程的开设以及电化教育专业设置的问题。1979 年至 1984 年，西北师范学院和中央电化教育馆在教育部电化教育局的支持下举办了多期电化教育培训班、进修班，培养了大批电化教育事业的骨干。1983 年经教育部批准，华南师范大学、华东师范大学开设了电化教育本科专业（后改名为教育技术学专业），学制 4 年。1986 年，1993 年经国务院学位委员会批准，在相关学院设立了教育技术硕士、博士授予点，建立起我国教育技术人才培养体系，为培养我国高素质教育技术人才队伍打下了坚实的基础。

20 世纪 90 年代中期，为了方便国际交流，我国教育技术学界采用了国际通用的学科名称，将“电化教育”更名为“教育技术”正式进入系统化建设时期。进入 21 世纪，随着计算机多媒体和网络技术的发展，国家对教育技术工作也提出了新的要求。首先，在硬件建设方面，这一时期主要以网络建设为主。2000 年教育部全面启动了中、小学“校校通”计划，为教育信息化建设奠定了基础。2016 年教育部印发了《教育信息化“十三五”规划》，确定了到 2020 年教育信息化发展阶段目标，以信息技术为基础，完成“三通工程”建设，基本实现“人人皆学、处处能学、时时可学”；其次，在软件建设方面，这一时期主要以网络课程和数字化教材的建设为主。加强教学资源建设，引进国际优质数字化教学资源，建立起开放灵活的公共教育服务平台，促进优质教学资源普及和共享；再有，在潜件建设方面，这一时期主要以网络环境下“教”与“学”的理论和方法的探究为主，更新了教学观念，改进了教学方法，提高了教学效果。在 21 世纪新的历史时期里，为推动我国教育事业的发展，党和政府采取了很多积极举措，鼓励相关技术在教育教学中的运用，形成了“互联网＋教育教学”的新形态。

二 教育技术学理论基础

通过以上对东、西方教育技术 / 教育技术学的发展回顾可以看出，教育技术学的发展与教育技术发展息息相关。教育技术的出现源于新技术在教育教学中的运用，而教育技术学则是在教育技术工作长期实践的基础上，通过吸收相关理论研究成果，逐渐形成的一门专门研究教育技术现象及其规律的新兴理论知识体系。而支持教育技术学形成与发展的相关理论主要包括：学习理论、教学理论、视听教育理论、传播学理论和系统科学理论等。

（一）学习理论

学习理论是研究人类学习过程内在规律的理论学科。学习理论自提出至今，经历了行为主义学习理论、认知主义学习理论、建构主义学习理论等发展阶段。以上各种学习理论的差异主要在于对学习本质的不同理解，而学习理论对教育技术学的理论发展和影响特别显著。

1. 行为主义学习理论

行为主义学习理论认为，学习起因在于对外部刺激的反应。学习是刺激与反映的联结，有机体接受外界刺激，然后做出与此对应的反映，这种刺激反映之间的联结就是所谓学习。根据这种观点，人们将学习过程归结为被动地接受外界刺激的过程。行为主义学习理论分早期行为主义学习理论和新行为主义学习理论。行为主义学习理论在教育技术领域促进了视听教育、程序教学，以及早期计算机辅助教学的发展。

2. 认知主义学习理论

认知主义学习理论是在批评行为主义学习理论缺陷的基础上发展起来的。认知学派认为学习并不是机械的、被动的学，而是要激发学习者的学习兴趣和学习动机。学习过程是通过学习者主动地对外界刺激提供的信息进行选择性的加工，而进行一定程度的自主学习。认知学习理论阐述了学习的内部心理过程，对教育技术领域的教学设计产生了巨大影响，教学设计中的学习任务分析、学习者分析、教学策略制定等都离不开认知主义学习理论对学习规律的描述。此外，认知主义学习理论还促进了计算机辅助教学系统向智能化教学系统的转化与发展。

3. 建构主义学习理论

建构主义学习理论是认知主义学习理论的进一步发展，建构主义学习理论强调学习的主动性、社会性、情境性，在学习中引导学习者通过自主探究方式完成知识的理解，并形成新的知识结构。建构主义学习理论主要包括：支架式教学策略、抛锚式教学策略、自主探究式教学策略。在认知主义学习理论的指导下教学设计基本上是以线性方式完成，而建构主义学习理论为教学设计提供了非线性、网络化的教学和学习方式，从而更加符合人类的学习习惯。此外，建构主义学习理论还关注情境下的学习，认为学习在真实情境中完成才能更为有效。而虚拟现实AR\VR、5G通讯等相关技术的出现，为这一学习方式提供了可能。通过提供在线环境下具有高沉浸度的交互式学习方式和学习资源，可激发学习者的学习兴趣，从而提高其学习效率。

（二）**教学理论**

教学理论也称“教学论”，是研究教学现象、问题，揭示教学一般规律，指导教学实践的理论学科。具体的说教学理论主要研究“怎样教”的问题。教学理论研究范围主要包括：教学的目的和任务、教学过程、教学内容、教学组织形式、教学方法、教学效果的检查与评价。其实人们很早就开始对教学过程进行研究，到了二十世纪五六十年代，随着社会经济和科学的进步，教学理论有了新的发展，产生了许多新的教学主张，如斯金纳的程序教学理论，布鲁纳的发现教学理论，赞科夫的发展教学理论，巴班斯基的教学过程最优化理论等，这些教学理论的出现为教育技术学的发展提供了理论依据。

（三）**视听与传播理论**

1. 视听教育理论

视听教育理论研究的是如何有效利用人的视觉感官和听觉感官的特点和功能，提高教育信息的传递效果。其中视听教育理论最具影响的人物和理论就是20世纪40年代美国教育学家戴尔，以及他所提出的“经验之塔”。1946年，美国教育家戴尔通过教学实践，总结出一系列视听教学方法，出版了教育技术领域一本经典著作《教学中的视听方法》。书中戴尔根据自己多年教学实践，将各种视听教学手段与方法

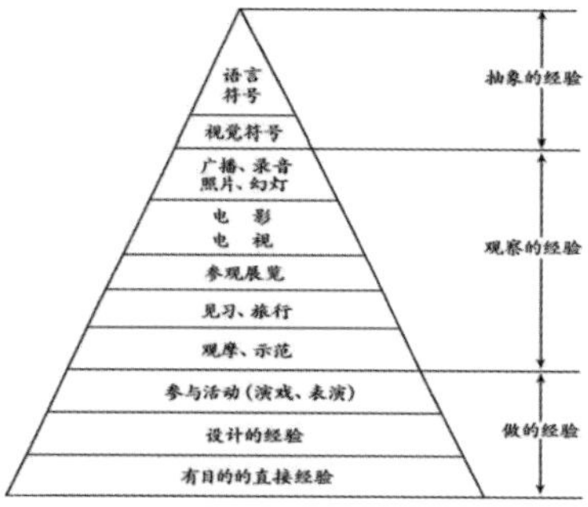

图2. 戴尔的“经验之塔”

概括为一个“经验之塔”(图 2)，从形象到抽象、从简单到复杂、从直接到间接，把学习经验分为三大类十个层次，通过选择合理的学习方式，获得最佳学习效果。戴尔认为“在将现实的感觉事物一般化的时候能起到有力的媒介作用的就是半具体化、半抽象化的视听教材”，“由视听方法开展的学习经验，既容易转向抽象概念化，也容易转向具体实际化”。他提出在教育教学中要注重结合视听教材使用，有利于学习的理解，打破时空的限制，弥补直接经验的不足。戴尔所提出的“经验之塔”视听教育理论，在推动教育技术学理论发展过程中发挥了重要作用，时至今日都是教育技术学的一个重要理论。

2. 教育传播理论

教育传播理论是教育技术学的又一个重要理论。它是教育技术研究者将传播学引入教育技术领域并加以研究，逐渐形成的一个重要理论学说。传播学是形成于 19 世纪末的一门独立学科，它是研究人类一切信息传播行为和传播过程的理论学说。经过不断探索和研究，传播学者提出了多种传播理论模式，其中最具代表性的传播理论模式有拉斯韦尔传播模式、香农 - 韦弗传播模式、贝罗传播模式等，而传播学的出现和引入对教育技术学的发展产生了很大影响。许多教育技术研究者利用传播理论的概念，以及有关传播模式中的要素对教学过程进行了解释，认为教育是教育者按照一定的目标和要求，选定适合的教育内容，通过有效的媒介通道，把知识、技能、思想、观念等传给特定的教育对象，取得教育效果的一种特殊传播活动，并提出了许多有关教育教学传播过程的理论模式。如有研究学者在拉斯韦尔“5W 传播模式”的基础上发展出了“7W 教育信息传播模式”，再如有学者在信息传输单向性的基础上提出教育信息传输是双向互动过程等。经过教育技术研究者努力，通过对传播学理论的借鉴，逐渐发展形成了教育传播理论，并成为促进教育技术学发展的又一个重要理论。

（四）系统科学理论

系统科学是从现代工程科学、生物科学、物理科学、信息科学等学科中抽象出来的共同理论，它是研究一切系统原理、模式和规律的横断科学。系统科学理论是信息论、系统论、控制论，以及耗散结构论、协作论、突变论的总称。系统科学认为，系统是由若干相互作用、相互依赖的要素组成的具有特定功能的有机整体。系统科学理论对教育技术学发展产生了重要影响，其系统观被用来分析教育教学中的问题，成为教育技术研究和实践的一个重要方法取向。如教育技术领域中的教学设计，就是以系统思想和方法为指导开展的教学活动。教学设计将教学作为一个系统化的过程，在考虑到教学的各个层面与要素、结构与功能、过程与状态之间关系的基础上，以系统思想和方法为指导，综合各种因素进行教学设计，最终促进了教育教学的发展。

三 博物馆与教育技术（电化教育）

（一）我国博物馆教育技术（电化教育）的产生和发展

我国博物馆开展电化教育工作[10]最早可追溯至 20 世纪 20 年代。我国博物馆电化教育的产生和发展大致经历了以下三个阶段：

1. 博物馆电化教育早期发展阶段

20 世纪 20 年代，受当时国内、外视觉教学发展影响，我国博物馆有识之士也提出了在博物馆中开展相关教育教学活动的设想。1926 年，原北京国立历史博物馆编写的《历史博物馆概况》中曾提到，当时北京国立历史博物馆正在着手筹办摄影工作，“摄影分两种，一种为影片，二为电影，摄照古迹古物”[11]，欲将古迹和文物拍摄制作成幻灯片和电影，面向公众播放，扩大博物馆社会教育范围。1943年，我国著名博物馆学专家曾昭燏和李济撰写的《博物馆》（1943年出版）一书，提出博物馆应积极开展电化教育相关工作。如第九章“教育工作”中专门谈到了利用电影、广播等手段来扩大博物馆社会教育影响面，并专门介绍了西方国家在这方面的实践经验和收获。如提到在对儿童青年教育过程中“除开办讲演之外，并放映教育电影，以增加其兴趣”。此外在“电影与广播”一节中提到：“如（博物馆）经费充足，可自制与馆内收藏有关之影片放演。”“经费不甚充足之博物馆，不能自制电影，然亦应时常租放教育影片以增高教育效力。”同时还提出：“博物馆在大城市中者，宜与广播电台合作，每一星期或两星期广播一次，向群众报告最近工作，鼓励其至馆参观，并做各种有关历史、艺术、科学等之简短讲演。”

2. 中华人民共和国初期博物馆电化教育发展阶段

中华人民共和国成立后，党和政府非常重视博物馆的社会教育工作。20世纪50年代初，各地博物馆普遍设立了群众工作部，担负起博物馆对公众的教育教学工作（图3）。与此同时，20世纪五六十年代，国内博物馆对电化教育工作也开展了探索与实践。1951年，原北京历史博物馆先后邀请北京电影制片厂、新闻摄影局，为该馆《敦煌文物展》以及其他陈列室拍摄了照片和影片。1955年7月，北京天文馆天象厅引进了民主德国耶拿蔡斯工厂的天象仪，并于1957年6月17日进行了首次人造星空表演《到宇宙去旅行》节目[12]。该节目通过运用现代科

图3. 上世纪六十年代讲解员在展厅内为观众讲解

技手段，模拟天体运动、演化等特殊效果，加深了观众对宇宙空间的感性认识，从而达到了普及天文知识的目的。1959年，故宫博物院开始了电声讲解的历史。故宫以中轴线为主，安装了广播网，1966年前夕，该院又将广播网向东西两翼延伸，并在中西路原状陈列室安装了录音讲解设备，开创了国内博物馆录音讲解先河[13]。1965年，为扩大“纪念伟大抗日战争胜利二十周年展览会”的宣传教育效果，展览方通过电视台向北京、天津的广大观众进行了专题介绍。二十世纪五六十年代，国内博物馆开始借助电影、广播、录音、幻灯、电视等技术手段开展相关教育教学活动，电化教育在博物馆社会教育工作中开始崭露头角。

3. 博物馆电化教育全面发展阶段

20世纪70年代后期，为丰富博物馆教育内容，部分博物馆社会教育部门开始对相关工作进行规划，提出博物馆社会教育工作进行技术革新。如增加扩大录音设备，安装电视设备，讲解员使用微型扩大器，联络组利用自动售票机，统计数字利用电子计算机等[14]。20世纪80年代初，国内一些大型博物馆相继成立了电

化教育部门，开始积极探索博物馆社会教育工作新模式。如原中国革命历史博物馆成立了电化教育科组（简称电教组），隶属当时群工部。1983 年，为了进一步推动文博系统电化教育事业的发展，国家文物局在吉林省革命博物馆举办了文博系统录像培训班 [15]（图 4），培养了一批文博系统电化教育人才，为文博系统电化教育工作的开展奠定了良好基础。

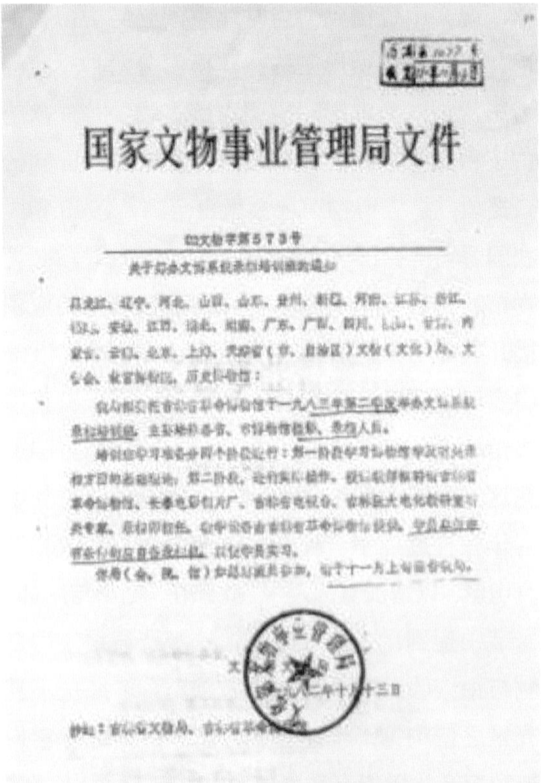
国家文物事业管理局文件

图 4.1982 年 10 月，国家文物局“关于筹办文博系统录像培训班的通知”

这一时期，博物馆电化教育机构成立后，积极开展了相关工作。首先，编辑制作专题片配合展览播放。如原中国革命博物馆群工部电教组编辑制作了《忍无可忍，奋起反击》等电视专题片；原中国历史博物馆群工部电教组拍摄制作了《废品中的瑰宝》等专题片；抗日战争纪念馆编辑了《让和平控诉战争——从 9.18 到南京大屠杀》专题片；故宫博物院制作了《故宫钟表》；西安半坡博物馆制作了《半坡姑娘》专题片。这些专题片不仅丰富了展陈形式，同时对展览内容也起到了有益的补充（图 5）。其次，开展了音像资料收集工作。通过拍摄外景、采访相关人物收集了大量一手音像资料，这些音像资料不仅为编辑专题片提供了素材，同时也为博物馆开展相关研究工作提供了依据。再有，积极开展研究工作。博物馆电化教育工作者结合博物馆教育工作实际情况，以教育、技术和艺术为基础，积极开展了相关研究工作，推动了博物馆电化教育工作的进一步发展。

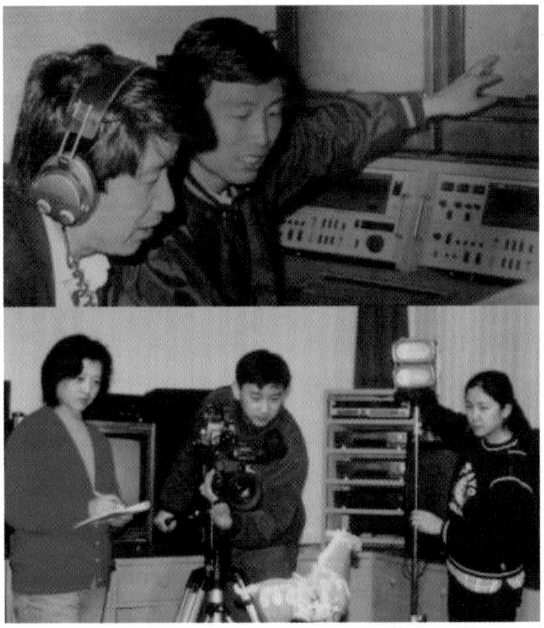

图 5. 二十世纪八、九十年代博物馆电化教育工作人员在工作

二十世纪末，随着计算机技术、网络技术、通信技术的发展，相关技术开始在博物馆教育教学领域得到应用。1996 年 5 月 18 日，原中国历史博物馆群工部在团中央和北京长地公司的大力支持下，在北京市博物馆界率先使用了计算机触摸屏这一全新教育手段 [16]。计算机多媒体技术在博物馆教育教学领域投入使用后，因其多种媒体共享和良好的人机交互性，深受

图 6. 博物馆在展厅内为观众设置了多媒体触摸屏系统

图 7. 博物馆社会教育部门为观众配备了语音导览设备

观众，特别是青少年观众的欢迎（图 6）。

进入 21 世纪，随着信息技术的进一步发展，博物馆电化教育工作也进入到以信息技术为核心的发展阶段。首先，基于计算机多媒体技术形成了多种教育形式，如出现了雾屏影院、电子书、感应电视墙、数码球、虚拟主持人、互动电子地图、虚拟翻书、虚拟讲解员、虚拟三维影像 AR\VR、地面互动投影系统、无线导览讲解（图 7）等教育形式；其次，这一时期，各博物馆根据自身发展需要，纷纷开设了网站，并基于数字和网络技术提出了数字化博物馆建设，博物馆社会教育工作也开始借助网络开展教育教学活动，发布教育信息强化教育功能；再有，近年来随着通信技术的迅猛发展，手机在国内广泛普及，利用现代通信技术和新媒体技术扩大博物馆教育教学范围，已成为博物馆社会教育工作的新课题。总之，在 21 世纪里，博物馆社会教育工作开始借助信息技术搭建教育服务平台，开展相关教育教学活动，形成了“互联网 + 教育教学”新模式，使远在天边的观众可以随时、随地、随身通过客户终端设备，享受到博物馆提供的相关服务，改变了以往过去观众只有走进博物馆才能享受到教育的模式。

（二）教育技术对博物馆社会教育工作的影响

回顾博物馆教育技术（电化教育）工作发展历程可以看出，相关技术和设备在博物馆社会教育中的应用，不仅为博物馆提供了全新的教育教学手段，同时也打破了博物馆传统教育观念，对博物馆的教育思想、教育内容、教育模式等方面产生了深远的影响。

1. 改变了博物馆教育信息传递方式

我国博物馆非常重视社会教育工作，新中国成立初期就设立了相关的社会教育部门，简称“群工部”。由于受到当时条件限制，博物馆早期教育模式主要以现场讲解为主，通过“口耳相传”的形式开展教育教学活动，语言成为教育信息主要传递方式，比起现代教学中所使用的多媒体技术，语言信息传递方式就显得单一、抽象和不够具体了。而相关技术在博物馆教育教学中的应用，其信息传递形式不仅包含了文字、语言、声音，同时还包括图形、动画、照片、影像等，让博物馆教育教学方法变得更加形象、生动、直观。让教育教学内容变得更加丰富、具体、可视化。从而改善了博物馆的教育教学效果，激发了观众的学习热情，使博物馆教育教学效率得到极大提高。

2. 拓宽了博物馆教育的覆盖面

传统博物馆教育教学活动只限在博物馆场地内完成，即使在早些时候，博物馆教育工作者提出并开展了“走出去，请进来”等相关教育教学活动，来扩大教育教学影响范围。但因受到人员、时间、场地、技术等条件的限制，教育教学的效果和影响范围还是相对有限。近年来随着互联网和无线通信技术的发展和成熟，博物馆教育工作者可以借助相关技术发布教育信息，开展教育教学活动，打破了传统博物馆教育教学的时间和空间限制，使远在天边的观众可以通过网络和自身拥有的多媒体终端（包括个人电脑、手机、iPad等）设备，随时、随地查询博物馆相关信息，开展相关学习。拓宽了博物馆教育教学覆的盖面，使博物馆社会教育工作更加开放化、社会化。

3. 为个性化学习创造出条件

早在20世纪60年代，博物馆就开始了针对不同观众需求的个性化学习探索工作，当时博物馆提出了“因人施教, 因人施讲”教育理念。在观众中开展调查研究工作, 根据观众的年龄、地域、受教育程度、参观需求等对观众进行分类, 并有针对性的根据不同类型观众开展讲解，满足观众个性化学习需求。但因受到当时条件限制“因人施教，因人施讲”还不能做到真正的一对一学习方式。而新技术的出现为一对一教学提供了可能，利用多媒体计算机、互联网、通讯、人工智能和大数据等相关技术，可为观众搭建一个智慧化的自主学习平台。观众可以通过平台一对一双向交流方式，选择适合自己学习内容，开展相关学习。而平台可利用大数据、云计算等人工智能技术，根据学习者的不同年龄、个性特点、学习需求，给予帮助和指导，从而真正实现博物馆社会教育“因人施教，因人施讲”的教育理念。

4. 促进了博物馆教育观念的转变

现代科技在博物馆教育中的运用，不仅改变了博物馆教育手段和模式，同时在一定程度上也促进了博物馆教育观念的转变。

首先，博物馆教育教学的实施方式发生了改变，教育教学实施由人工方式向智能化方式转变，提升了博物馆教育教学的质量和效率。长期以来博物馆教育教学实施工作都是由讲解员人工完成，教育质量好坏受讲解员个体智能和体能的影响较大，在繁重、重复的教学实施过程中难免会出现错误和偏差。而相关技术的出现和使用，不仅可以替代讲解员完成繁重的教育教学任务，还可以避免教育信息因多次传输出现的错误，保证了博物馆教育信息在传授过程中的准确性、完整性，从而提高了博物馆教育教学的质量和效率。

其次，博物馆教育者的角色发生了改变，由知识传授者向知识引导者转变。随着科技的发展，一系列智能化教育平台的建立，如机器人智能讲解、网络自主学习等平台的出现，逐步取代了讲解员繁重、重复的讲解工作，让讲解员从讲解工作中解脱出来，从而可以成为相关智慧化学习平台中教育系统、教育内容的设计者、创造者、开发者，并引导学习者在相关学习平台上完成自主学习。通过一系新技术的使用，博物馆教育工作者的角色也在悄然发生改变，开始由前台向幕后转变，由知识传授者向知识引导者和传授者的角色转变。

再有，博物馆教育教学的组织形式发生了改变，教育教学组织形式由线性向非线性和线性结合的形式转变。如博物馆传统教育教学（讲解工作）的组织实施都是线性、有序进行（讲解一条线串下去），学习者要想获取相关信息也必须采取这种线性认知方式。而多媒体计算机技术、网络技术在博物馆教育教学中的应用，其综合处理、存储和传输各种信息（包括文字、图形、声音、图像等）的能力，使学习者可根据需要，查询、浏览和收集所需信息，为学习者非线性建构学习方式创造了条件，从而更加符合学习者的学习习惯，并有助于提高学习者的学习效率和创新能力。

四 教育技术 / 教育技术学在博物馆发展展望

经过多年不断探索与努力，教育技术已成为教育教学工作的重要组成部分，在指导教学活动，提高教学质量和效率中发挥了重要的作用。展望未来随着科技的进步，将会有更多的新技术引入到教育教学工作中来，促进教育教学的进一步发展。而博物馆未来应加强对教育技术工作的重视，利用相关技术和理论成果，推动博物馆社会教育工作的进一步创新与发展。

（一）是满足人们日益增长文化需求的重要方式

近年来，随着我国经济和科技的飞速发展，人民生活水平显著提高，生活方式也发生了巨大变化，而这一改变主要反映在人们的物质生活和精神生活两个层面上。其中在物质生活层面上，以多媒体、信息、通信技术为核心的相关技术，已经成为现代人们生活中必不可少的交流、学习、认知方式和工具。在精神生活层面上，博物馆已经成为满足人们自身精神和文化需求的主要场所之一。为适应人民生活方式的改变，满足和丰富人们日益增长的精神和文化需求，博物馆面向观众的社会教育工作也要与时俱进，从教育教学内容（精神层面）和形式（物质层面）出发，运用合适的技术手段和相关理论成果，做好博物馆教育教学的创新和发展工作。首先，在博物馆的教育教学内容上要不断推陈出新，做到“老树发新芽”。在原有博物馆教育教学内容的基础上，通过不断深入挖掘、梳理博物馆知识宝藏，开发出新的教育教学内容，丰富教育教学活动，进一步满足观众日益增长的精神和文化需求。其次，在博物馆的教育教学形式上要不断开拓创新，做到“新瓶装老酒”。把握时代脉搏，运用当前人们最为主要的交流媒介技术，对公众开展教育教学活动，通过使用新的技术手段以及新的包装手法，制作出更多形式新颖的教育教学内容来吸引观众、引导观众，在潜移默化、寓教于乐中完成博物馆教育内容的普及与推广工作。

（二）是促进博物馆教育教学发展的重要途径

博物馆教育工作在具体实施过程中可分广义教育和狭义教育。博物馆的广义教育是指博物馆运用一切可行方式对公众开展教育活动，增进人的知识和技能、发展人的智力和体力、影响人的思想和品德。其教育职能是通过展陈展示、现场教学、出版读物等多种活动形式来体现。而这种广义教育职能是博物馆依托展陈、藏品、遗址、遗迹面向公众公开开放之日起就已具备的重要职能。博物馆的狭义教育是指博物馆教育工作者依托展陈、藏品、遗址、遗迹面向观众，开展有目的、有计划、有组织地教学活动，促使观众朝着所期望的方向发展。博物馆面向公众开展教育教学活动是博物馆广义教育的一个重要组成部分，其教育形式主要通过讲解来体现，具体组织实施是由博物馆社会教育相关职能部门承担完成。通过博物馆广义和狭义教育可以看出，这里所说博物馆狭义教育侧重指的是博物馆面向公众开展的教学活动，它是博物馆教育过程中“教”与“学”的具体实施和体现，而教育技术 / 教育技术学的产生和发展也正是相关技术在教学中的具体应用和体现。博物馆在未来工作中应进一步加强对教育技术工作的重视，增设相关职能部门和机构，如在博物馆协会下设的博物馆社会教育专业委员会中增设“博物馆教育传播与技术”分会，在有条件的博物馆社会教育部门中成立“博物馆教育传播与技术”机构。指导教育技术工作在博物馆有序开展，促进教育技术学理论成果在博物馆教学中的转化。而增设教育技术相关机构，相较于其他博物馆技术辅助部门，可以更好地发挥教育技术在教学工作中的专职性、专业性优势。并可借助教育技术学理论成果，指导和解决博物馆教育教学中的实际问题，推动博物馆教育教学工作向更加科学化、专业化的方向发展。

（三）是提升博物馆教育教学质量和效率的重要手段

通过AECT’94定义可以看出，教育技术实际是为了促进学习，在教学实践中应用现代科学技术手段，来提升教育教学质量和效率的理论和实践活动。如数字化技术的应用改变了信息记录、存储、加工、传输形式。网络化的建立拉近了信息发布者与信息接收者之间的距离。而网络化和数字化在教学中的出现和使用，使得教育信息在存储、处理和传输过程中变得更加便捷和高效，同时也让学习者在获取教育信息的过程中变得更加方便快捷，从而打破了传统教育教学的时间和空间限制，满足了学习者随时随地开展学习的需求。再如影像记录的出现，使影像成为教育信息传播的主要方式。而多媒体计算机的出现，让文字、声音、图形、动画、影像等多信息可以同时传输，不仅改变了以往教育信息单一传输方式，让教育信息的传输变得更加多样和高效，同时也让教育形式变得更加生动、直观、形象和可视化。再有人工智能、大数据、云计算等技术的出现，使构建智慧化教育教学平台成为可能。教育信息发送者可通过平台一对一双向交流方式，对学习者、学习需求、学习场所、学习资源等进行精准分析，并运用科学系统的教学方法，向学习者推荐适合的学习内容，引导其开展相关学习，从而提高教育教学效率和质量。而教育技术学则是一门研究教育技术相关现象及其规律的理论学科，通过吸收和借鉴其他理论学说，最终形成了自己的理论体系，并指导教育技术工作的开展，来提升教育教学质量和效率。而未来在博物馆中开展教育技术及相关活动，其目的也是在博物馆具体教学的实施过程中通过使用合适的技术和相关的理论成果，让其成为提升博物馆教育教学质量和效率的重要手段，从而推动博物馆社会教育工作的进一步创新与发展。

通过以上对教育技术/教育技术学产生与发展的回顾，我们可以看到18世纪末随着科技发展，以及相关设备与技术在教学中的运用，逐渐产生了一门研究教育技术现象及其规律的新兴学科——教育技术学，其理论成果促进了当代教育的发展与变革。近年来，随着我国的发展，博物馆也在不断探索、尝试，如何运用科技手段发挥博物馆资源优势，满足人们日益增长的文化需求，而这也正是摆在博物馆教育工作者面前一项重要使命。在博物馆适时引入教育技术/教育技术学并开展相关工作，正好为科技创新博物馆社会教育工作提供了一个理论指导和实践方向。未来博物馆教育工作者应结合教育技术学理论成果，在博物馆的教育教学活动中积极运用科技手段，进一步开展博物馆教育技术相关工作的探索与实践，推动博物馆教育教学工作向着科学化、智能化、精准化、高效化的方向发展，让博物馆的社会教育工作在传播中华优秀文化、传承爱国主义精神、传授科学文化知识、传递正能量中发挥出最大的效能。

【注释】

[1] 姜忠元：《现代教育技术基础》，中国社会科学出版社，2013 年，第 18 页。

[2] 马池珠、韩晓玲、李国建：《现代教育技术》，高等教育出版社，2017 年，第 19 页。

[3] 彭娇雪：《国民时期教育电影发展史略》，西南师范大学硕士学位论文，2002 年，原载于《商务印书馆九十五年》，商务印书馆，1992 年。

[4] 斐治：《我国早期的电化教育开拓者陶行知先生》，载《电化教育研究》1989 年第一期，第 76-80 页. 原载于陶行知：《怎样培养普及教育的人》，载《生活教育》1934 年 1 月第 2 期。

[5] 朱敬：《影音教育中国之路探源》，天津大学出版社，2010 年，第 22 页。

[6] 孙明经：《回顾我国早期的电化教育（上）》，载《电化教育研究》1983 年第 2 期，第 28 页。

[7] 《教育部电化教育人员训练班第一期毕业同学录》. 中国第二历史档案馆. 全宗号：六四九 卷宗号 0281,1936 年。

[8] 梁林海、杨九民：《教育技术学》，北京大学出版社 2012 年，第 40 页。

[9] 梁林海、杨九民：《教育技术学》，北京大学出版社 2012 年，第 41 页。

[10] 我国博物馆教育技术工作受国内教育技术发展影响，很长一段时期内使用的是“电化教育”这一名称，在这里为表述方便，本文中“我国博物馆教育技术的产生和发展”这一章节仍使用电化教育这一名称。

[11] 《历史博物馆概况》，1926 年编写，中国国家博物馆馆藏档案，档案号 193003508542047。

[12] 北京博物馆学会主编：《北京博物馆年鉴 1912-1987》，1988 年，第 463 页。

[13] 北京博物馆学会主编：《北京博物馆年鉴 1912-1987》，1988 年，第 16 页。

[14] 原中国革命历史博物馆群工部编写：《群工部工作三年规划和八年设想》，1978 年中国国家博物馆档案。

[15] 《国家文物事业管理局文件——关于筹办文博系统录像培训班的通知》（82）文物字第 573 号。

[16] 北京博物馆学会主编：《北京博物馆年鉴 1995-1998》，2000 年，第 158 页。

[17] 图片来自百度百科词条. 电化教育（民国教育期刊）。网址：https://baike.baidu.com/pic/%E7%94%B5%E5%8C%96%E6%95%99%E8%82%B2/55966914（图源：全国报刊索引）。

博物馆与美育关系的探讨

徐 莺（杭州师范大学）

摘要：本研究梳理了中国近代博物馆建立的历史以及民国时期美育观念在中国的引入和推行，分析近百年来博物馆发展与审美教育之间的关系。审美能力是未来高素质人才的核心竞争力，目前教育部已将美育放在高校通识教育的重要位置。本研究围绕博物馆在高校美育中的重要性展开，以覆盖高校所有学生的核心通识课程《美术鉴赏》为案例，探讨如何高效发挥博物馆在审美力培养中的作用。

关键词：博物馆；美育；沉浸式审美；公共艺术

中国近代教育家蔡元培先生说：“美育者，与智育相辅而行，以图德育之完成也。应用美学之理论于教育，以陶养感情为目的者也。而纯粹之美育，所以陶养吾人之感情，使有高尚纯洁之习惯，而使人我之见、利己损人之思念，以渐消沮者也。”德国古典美学重要代表人之一的席勒（Johann Christoph Friedrich von Schiller）在其《美育书简》中主张通过美育来培养全面和谐发展的人。中外教育史证明，高等学校对于艺术教育的重视程度会影响学生的综合素质，影响学生的创造力、进取精神、健康的人格、开阔的眼界以及精神境界[1]。英国伟大的博物馆人威廉.亨利.弗劳尔爵士曾说：“博物馆的价值不是放置在里面的物品，而是这些物品展出的方式以及将这些物品用作教育的目的。”西方艺术的持续创造力与影响力，不仅是学院与艺术教育的结果，更是美术馆、博物馆艺术品的展示所带来的。世界各国都将博物馆的建设和运营视为国家总体发展的象征之一，是传播国家民族文化瑰宝的方式。本文以中国近代博物馆的诞生历史为背景，梳理了博物馆建立的历史，以同一时期美育观念的引入和提倡为线索，探讨近百年来博物馆发展与审美教育之间的关系。

一 中国近代博物馆的诞生

晚清的紫荆城是一个有着巨大藏品但是秘不示人的“博物馆”，这个博物馆的主人是天子。以书画为例，从康熙到乾隆年间，《石渠宝笈》初、续、三编的编订，书画几乎被宫廷网罗，彻底改变了民间的收藏状态。然而晚清民国中国发生的政治体制改革，除了改变了传统社会，也改变了这个“博物馆”的功能和性质。19世纪60年代法国传教士韩伯禄（Pierre Marie Heude）在上海创办了震旦博物馆，随后英国、美国等外籍人士都先后在中国各地建立过博物馆。清末的大臣出洋考察报告中多次提到“博物馆”的重要性，在经世致用的思潮下，博物馆“以为益智集思之助”的功能被提倡。1905年张謇上书朝廷建议在京师建立开放的帝室博览馆，但此建议没有被采纳。1905年底，南通博物苑兴建，成为中国第一座私人博物馆，张謇、端方都捐出私藏的文物用做馆藏，其中包括青铜器、汉唐陶瓷、碑刻拓片，10年后，南通博物苑馆藏品达到2万多件[2]。20世纪30年代是博物馆事业的第一个高潮，全国多省开始建立博物馆，据统计至1936年全国共有77所博物馆，如浙江省西湖博物馆、河南省博物馆、广西省立博物馆等等。但随着日军侵华战争爆发，博物馆的发展召到阻滞，并大量被破坏，随着国土沦陷，全国博物馆数量锐减，至1945年只剩下12所，且藏品大量被掠夺或者毁坏[3]。新中国成立后，博物馆事业受到了高度重视，但是由于战争的影响故宫旧藏的精品，博物馆的藏品成了问题。于是，民国时期绅士阶层手中大量的私家收藏成了征集对象，在这个过程中藏品又一次聚于公，而这一次公的主人是“人民”，这也意味着公共收藏也就是博物馆在中国的起步。

中华人民共和国成立后国家博物馆的建立在藏品上出现问题的另一个原因是故宫珍宝的迁移。1912年中华民国成立，末代皇帝宣统帝溥仪退位，清皇朝终告灭亡，但是北京紫荆城中庞大的文物并没有马上划归新成立的中华民国政府管理。十年之中故宫文物流散，直至1924年军阀冯玉祥发动政变，进驻北京，溥仪被驱逐出宫，政府封闭宫殿，设置“清室善后委员会”，并将宫殿命名为“故宫”，并正式决定以博物馆来运营。1925年10月10日，故宫博物院对外开放。1931年，日军侵华、满洲事变、东北沦陷，1933年山海关失守，北平、天津召到威胁，故宫博物院被迫南迁。之后紫禁城的文物几经周折，先到上海后运到四川，躲避战火，共有五次文物转移，经历十四载的岁月，于1947年春，所有文物汇集重庆，并于当年冬天运回南京。然而，1948年全面内战爆发，随着国民党军队的撤离，1948年12月下旬至1949年1月间，约4500箱精品随国民党政府分三次迁移台湾，先到台中后转运台北，1965年台北故宫博物院成立，这批文物成为台北故宫的主要藏品[4]。

1949年中华人民共和国成立，多家重要博物馆隶属于中华人民共和国文化部，并筹建市地博物馆和图书馆。二十世纪五六十年代是国家博物馆藏品扩充的主要时期，也是国宝形成的重要时期。由于大量精品被国民党当局带往台北，国内博物馆藏品的一大来源是民间收藏家手中的私家收藏。这些藏品通过被征购或捐赠的方式进入博物馆。在这个过程中民间藏品成为公共资源，国家博物馆的收藏体系开始建立[5]。

二 博物馆与美育之间的关系

二十世纪八十年代，美国博物馆学协会在《新世纪的博物馆》报告中指出：“如果典藏是博物馆的心脏，但么教育则是博物馆的灵魂。教育能够使展示的作品以及创作者的思想以富于启发性的方式呈现，博物馆的性质决定了它教育的目的。”[6] 典藏是博物馆的心脏，但是过于崇拜艺术品价值，会使公众对博物馆产生“文明和艺术殿堂”的疏离感，不利于实现其社会公共领域文化的教育使命。若提倡教育是博物馆的灵魂，当博物馆、美术馆与高等教育联系，这一部分的功能无形被激活，藏品的研究以及藏品文化价值的公众传播得到了极大的可能性。

美育，又称为审美教育，即运用人类所创造的一切美，对人自身进行审美感情、审美形态、审美观念等方面的教育，使人的身心得到协调发展，精神世界有新的升华，成为具有高尚精神和富有实践能力的人。美育不等同于简单的艺术教育。席勒在《美育书简》中揭示美育的意义在于赋予后代“完整的生命感，而这是灵性的源泉”。“美育”这一话题的提出，本身就带有非常强的“公域”性质，以开放文化场馆为实施场所的公共美育，在美育实践中具有无可替代的重要意义[7]。

柏拉图首先提出“美育”的观点，美育这个词在民国时期进入中国，由蔡元培从德语（Ästhetisch Erziehung）翻译而来。蔡元培在 1917 年提出“以美育代宗教”的思想主张，于 1919 年发表《文化运动不要忘了美育》，1922 年发表《美育实施的方法》，1930 年发表《以美育代宗教》，1931 年发表《美育与人生》等文章，阐述其美育思想，认为“所谓美育既不是知识教育，也不是道德教育，而是情感教育”，并着重强调“高校美育”和“社会美育”这两个方面的同等重要性，主张“美育不专在学校”，学校以外的社会艺术机构也是美育的重要场所。在其事业的巅峰期，一直致力于博物馆、图书馆、古物陈列所、音乐会、长期的美术展览会等场所的建立。1927 年蔡元培曾在《创办国立艺术大学之提案》中指出：“美育为近代教育之骨干。美育之实施，直以艺术为教育，培养美的创造及鉴赏的知识，而普及于社会。故东西各国，均设美术专门学校、音乐院、剧场等。以养成高深艺术人才，以谋美育之实施与普及。”[8] 按照蔡元培的观点，设立文化艺术机构是实现美育普及和大众传播的重要形式，博物馆便是其中重要的公共空间。民国期间，蔡元培倡议和筹建了不同级别的博物馆，如国立中央博物院筹备处、中央研究院自然历史博物院、国立历史博物馆筹备处、上海博物馆、西湖博物馆等。1929 年，大学院被改为教育部，蔡元培任国立中央研究院院长，主持中央自然历史博物馆的筹办，以“中华教育文化基金会”的文化基金来购买古籍书画金石等以之作为中央自然历史博物馆及美术馆的馆藏基础。1929 年至 1939 年间，蔡元培担任“中华教育文化基金会”董事长，基金会经费多次用于包括博物馆、古物陈列所与图书馆的筹建与修缮、展览会的举办等。基金会每年对故宫博物院补助 3 万元，1930 年则拨款 15 万元用于故宫建造防火险库房，据统计 1927-1933 年间向故宫博物院补助共计 32 万元[9]。1933 年，在蔡元培的提议下中央博物院筹备处成立，并借鉴欧洲博物馆的理念，将博物馆划分为“历史”“美术”和“科学”三个功能，并聘请傅斯年为第一任筹备处主任，翁文灏、李济、周仁分别担任自然馆、人文馆、工艺馆的主任。同年 6 月，在蔡元培的努力下，中英庚子赔款中的 150 万元划拨用于中央博物院的建设，博物院于 1935 年正式成立。结合蔡元培一生发表的文章与其从事的文教事业来看，他是将美育中的情感教育与社会普及性放在同等重要的地位推行的，而这一美育的思想也在民国时期推进了各类博物院的成立。

博物馆是一个文化综合体，包含了美术馆的功能，而美术馆从建筑、展览、环境以及功能等方面结合起来实现的是美育的良性动态“生态循环”[10]。博物馆将知识以“再生产”的方式将“精英化”的文化和知识作为一个原材料[11]，再次阐释、展示、创造衍生品，使不同文化背景的观众了解和接受，在这个过程中的提供的审美知识和熏陶，是博物馆美育的重要使命。美育是一种潜移默化的教育，博物馆教育是直观性最强的教育方式之一，通过陈列展览来实现其教育功能。博物馆充分发挥美育的功能，要从陈展入手，以体现“美”为中心的前提理念下，在文物、标本等实物展出以及陈列室环境设计、组合、宣传等方面进行艺术处理[12]。美育，作为促进人的全面发展的一种教育形式，最基本的任务是提高观众的审美素养。“审美素养”主要由审美知识、审美能力和审美意识三要素组成。审美知识是基础，审美能力是核心，审美意识是灵魂。审美知识的培养，除了理论学习，还需要观看大量的展览以及进行实践。

蔡元培提出“以美育代宗教说”。现代学者认为“美育”不能真正替代“宗教”，但是通过“审美境界”可以达到宗教所带来的心灵经验。美育的核心在于塑造“情感本体”，在于实现“人的自然化”，这是李泽厚提出的“实践美学”的核心所在[13]。《蔡元培美学文选》中写道：“美学观念，以具体者济之，使吾人意识中，有所谓宁静之人生观。而不至疲于奔命，是谓美学观念唯一之价值。”将美学观念与人生观的塑立相联系，由此引出精神层面美育的现实意义。蔡元培讲：“博物学，在应用一方面，为实利主义，而在观感一方面，多为美感。”[14] 虽然去博物馆接受美育，不等于艺术教育，也不同于艺术技能训练，但是博物馆提供给我们一种时间境遇，也就是物理学中的“场效应”，用氛围、展品和陈列环境所形成的精神气息，完成沉浸式的审美教育。在博物馆这个复原历史的场域中，我们与获得了情感共鸣和精神相通，从而体验到陈列品背后丰富的生命呈现[15]。本雅明认为的个体感知自我生命存在与世界本质之间是需要通过“经验”或“经历”来完成的[16]。这也就是审美教育中所说的对生命的感动。

三 以博物馆为资源的高校美育探讨

我国在 1996 年将艺术教育纳入高等院校的教学计划，并提出在高校开设全校音乐、美术、影视三个艺术门类的鉴赏课。2014 年“改进美育教学”首次被单独列为教育部年度工作要点，2015 年教育部印发《关于全面改进美育教学提高审美和人文素养的意见》，召开“加快推动学校美育工作，全面落实立德树人根本任务”为主题的全国学校艺术教育工作会议，推行开足艺术课，高雅艺术进校园等活动。2015 年 9 月，国务院办公厅发布《关于全面加强和改进学校美育工作的意见》。2019 年，教育部颁布《关于切实加强新时代高等学校美育工作的意见》，重申美育的意义和价值，凸显高校美育工作落实的紧迫性。2020 年，10 月 15 日，中共中央办公厅、国务院办公厅印发了《关于全面加强和改进新时代学校美育工作的意见》，做出“进一步强化学校美育育人功能，构建德智体美劳全面培养的教育体系”的战略部署。在国家政策的引导下，我国目前高校美育发展总体螺旋上升，逐步推进和深化，但与世界其他重视艺术教育的国家相比还是有差距的。

世界著名大学如哈佛大学、耶鲁大学、剑桥大学、牛津大学、哥伦比亚大学、斯坦福大学等高校都有较成熟的美育理念和教学系统。比如美国哥伦比亚大学的审美教育体系最完整，历史悠久，其教育实践的理念和方法被全美甚至世界大多数高等教育机构借鉴和推行。哥伦比亚大学设立通识教育模式，其核心通识课程包括六大板块：文学人文（Literature Humanities）、大学论文写作（University Writing）、艺术人文（Art Humanities）、音乐人文（Music Humanities）、前沿科学（Frontiers of Science），人文艺术类占很大比重，纯艺术类课程达到了 40%[17]。哥伦比亚大学的美育课程从 1947 年开始就设立，基本控制在每班 22 人的小班模式，以课堂讨论的形式进行，积极利用纽约的地理优势，组织学生参观博物馆等公共资源，来进行教学，注重实践，注重师生互动，以艺术为认知媒介，培养学生获得洞察力、想象力、创造性，以及自我释放和解压的能力[18]。哈佛大学从 1914 年起，就推行跨学科的通识教育，面向全校学生跨学科进行人文主义教育，其中审美、文化和阐释（Aesthetics, Culture, Interpretation）是其中一个板块，其中涉及美育的课程有 44 门，涵盖音乐、绘画、建筑等，并让学生根据自己的兴趣爱好选修课程[19]。通识教育是大学本科生达到毕业所必须修的课程，美育是其中的通识课程，以此提高学生的综合素质。笔者所在的杭州师范大学近几年是美育走在省内乃至全国较为先的高校。杭州师范大学设立美育核心通识课程，其中每一位在校学生毕业前必须修满 2 个学分。核心通识课程的目的不是让学生掌握某一门具体的知识，更多的是通过课程引导、启发学生的感知力、培养自我学习探索的能力、激发学生追求更高人生理想和境界。普通高校推行核心通识课（core curriculum）的美育教学制度，是初步推行美育的教学实践。

目前中国高校的美育相关的教学主要有两种倾向：一是将审美教育等同于艺术教育，在教学中主要传授有关艺术的史论知识、创作技法和赏析方式，重点在专业知识；二是将审美教育形而上学化，以作为哲学分支的美学为美育的中心，强调理论和思辨性。一定程度上，这两种倾向均与美育核心价值存在一定的偏离。美育本质是个体主观的知觉经验与客观外部对象之间，在情感上的艺术互动，从而达到个人整体直觉能力的拓展和完善[20]。

高校目前美育现状主要表现在如下两方面：第一，高校对美育仍然不够重视，美育在高校处境尴尬。主要表现在美育机构不完整，美育机构多为院系隶属或者单位挂靠的形式存在，极少有独立的美育中心设立，导致美育教师面临人事、管理以及教学经费自持等方面的问题[21]。从事公共艺术的师资力量匮乏。由于没有专门的美育机构，或者设立机构但被边缘化，导致全校通识课程基本由几位老师承担。第二，场所有限，影响教育质量。目前国内拥高质量的博物馆、音乐厅、美术馆的高校还是较少的。高校开设的美育课程主要以基础理论和课堂术科教学体验为主。高校美育教学模式的开放性有待探讨。

回顾近一个世纪的美育发展历程，美育有“提出与形成”“曲折与徘徊”“恢复与发展”三个阶段，目前我们处于第三个阶段的发展期。信息时代，大众传媒将美育带入新的历史语境，美育随之面临机遇与挑战，如何依托新媒体调用博物馆资源来进行高校美育工作，是目前高校美育值得探讨的话题。目前我国仅零星部分高校拥有博物馆或者美术馆，有些高校拥有美术馆但因为藏品的问题，实质功能并没有得到发挥，这一点与欧美高校的博物馆是不能相比的。鉴于此现状，省市博物馆在某种意义上可以利用资源承担区域高校博物馆的功能。博物馆实践即使不能成为大学美育课程的主导形式，也必将是高校美育课程改革的方向之一。现有大学美育课程在育人中，可以利用交叉学科的优势，强调美育实践性，探索和挖掘校外体验式教学点，充分利用博物馆作为美育基地的潜在价值，应该是推进高校美育的切入点，也是高校美育教学模式转变的重要环节。

信息时代，大众传媒将美育带入新的历史语境，美育随之面临机遇与挑战，如何依托新媒体调用博物馆资源来进行美育工作，是目前高校美育值得探讨的话题。笔者在杭州师范大学开设美育核心通识课程《美术鉴赏》，面向全校各院系学生，每年授课学生近2000名。在教学实践中发现，审美教育是情感以及经验的传递，每期课程中，安排学生进行一次以小组为单位的博物馆考察，并在期末的时候以演讲的形式呈现展览以及观展心得。在三年的一线教学中发现，学生们对博物馆考察观展的感受深刻，非艺术类专业的学生，在演讲中呈现出多元化的视角。课程调查发现，学生对于博物馆实践观展的环节好评度高，且参与度高，由此证明“沉浸式”的审美教育是将来美育教学中值得关注和研究的方向。此外，在教学中运用学生喜爱的自媒体，如 bilibili、小红书、微信公众号等平台。笔者以大学生使用较多的小红书为平台，发布艺术笔记，笔记内容涉及《美术鉴赏》课程中的内容。通过笔记后台数据发现，大众审美目前停留在“惊艳”的读图层面，高雅严肃的笔记关注度远不如“带话题”的笔记点赞和收藏率高。不同类型的艺术笔记发布后，通过后台的观众年龄、性别、城市分布等，收集到的一些数据可以反过来观察目前的大众审美。如此一来，文博和美育工作者便面临一个课题，即如何普及高雅艺术，如何用多媒体将观者带入的问题，这也就是当今博物馆提倡的“让文物活起来”的关键点，就是有距离感的艺术品如何与当下产生链接与共鸣。带入感和共鸣其实也就是艺术品的公共性，这个公共性表现在人的感知上就是审美力。

【注释】

[1] 叶朗：《北京大学艺术教育的传统》，《北京大学报（哲学社会科学版）》，2003年第6期，第12-16页。

[2] 王宏钧：《中国博物馆事业的创始和民国时期的初步发展》，《中国文化遗产》，2005年第4期，第8-14页。

[3] 马继贤：《博物馆学通论》，四川大学出版社，1994年，第40-42页。

[4] 小田切英：《宝物辗转的命运—从紫禁城到台湾的路程》，收录于汤原公浩主编：《台北故宫博物院》，台北故宫博物院，2008年10月，第116-119页。

[5] 徐莺：《国宝的形成——观念史视野下书画收藏的现代转型》，《美育学刊》，2018年第4期，第108-114页。

[6] American Association of Museum. Excellence and equity: Education and the public dimension of museums [R]. Washington, D.C.: American Association of museum, 1984.

[7] 林清凉：《2014年中国美育研究述评》，《美育学刊》，2015年第4期，第40-53页。

[8] 高平叔：《蔡元培全集》（第5卷），中华书局，1988年，第179-182页。

[9] 郭美娜：《蔡元培文化艺术管理活动及其思想研究》，南京艺术学院硕士论文，2020年6月，第34-28页。

[10] 邢志远、李晨：《当代美术馆的美学核心价值和美育功诌议》，《中国美术馆》，2014年第1期，第37-39页。

[11] 唐斌：《新知识生产时代的现代美术馆与美育研究》，《中国博物馆》，2014年第4期，第12-15页。

[12] 李竞艳、索素苏：《浅谈美育教育对博物馆陈列设计的要求》，《博物馆研究》，2014年第2期，第37-42页。

[13]赵景阳：《李泽厚对“以美育代宗教”的全新阐释》，《中国美学研究》，2015年第2期，第182-193页。

[14]蔡元培:《蔡元培美学文选》,北京大学出版社,1983年,第67页。

[15]蒋玮：《大学美学的博物馆体验式课堂诌议》，《美育学刊》，2014年第5期，第96-100页。

[16]Benjamin W.Experience [G]// Bullock M, Jennings M W.Selected Writings Volume 1:1913-1926.Cambridge, MA:Harvard University Press, 1996:3-5

[17]李牧：《欧美高校本科教育中的美育观念与实践及其对中国高等教育的启示》，《美育学刊》，2020年第4期，第11-19页。

[18]Heidi Upton,“Aesthetic Education and Discover New York:Inquiry,the Arts and Civic Engagement”,In Inquiry-Based Learning for the Arts, and Social Sciences:A Conceptual and Practical Resource for Educators (Innovations in Higher Education Teaching and Learning ,Volume 2), edited by Patrick Blessinger, Emerald Group Publishing Limited, 2014,pp. 325-343.

[19]Harvard College Program in General Education http://generaleducation.fas.harvard.edu

[20]孔达：《从英美经验看博物馆与社会包容》，《中国博物馆》，2020年第2期，第15-21页。

[21]张敏：《博观约取，以美辅德—大学艺术教育与博物馆合作的探讨》，《故宫学刊》，2015年第5期，第387-392页。

用多学科思维赋能博物馆教育
——以博物馆 STEAM 课程开展为案例的思考

程 龑（台州市博物馆）

摘要： 近年来，由五个英文字母——科学（Science）、技术（Technology）、工程（Engineering）、艺术（Art）和数学（Mathematics）组成的“STEAM”教育，在美国颇受青睐。美国的博物馆在 STEAM 教育过程中作为非正式教育机构发挥了重要作用。STEAM 这一整合了多个学科的概念，受到国内越来越多的学校、博物馆的关注。到底什么是 STEAM 教育？博物馆是否应该开展 STEAM 教育？本文拟从“STEAM”教育的起源入手，剖析 STEAM 教育与博物馆教育的关系，并分析国内博物馆界关于 STEAM 教育的研究情况以及教育活动开展情况。最后，结合台州市博物馆已经开展的 3 期“STEAM”课程，分享笔者对于国内博物馆开展“STEAM”教育的若干思考与体会。

关键词： 博物馆；多学科；STEAM；学科思维

一 从“STEM”到“STEAM”

STEAM 教育发源于美国，是科学（Science）、技术（Technology）、工程（Engineering）、艺术（Art）、数学（Mathematics）五门学科英文首字母的缩写，是一种新的教育理念和模式。STEAM 理念重实践、跨学科，统合了科学、技术、工程、艺术、数学，自 20 世纪 90 年代后，逐渐风靡韩国、英国等国家和地区。

20 世纪 90 年代，为了适应全球知识型经济下的竞争力和产业需求，美国政府有感于提升学生在科技、工程、数学方面的能力的必要性，提出结合创客精神、采用跨领域课程为主要方法的理念。因此，以培养学生解决问题、运用技术、创新能力的 STEM 教育应运产生。STEM 是将原本分散在不同学科门类的课程组合，连结为具跨科概念、成为一个探究真实世界并解决真实问题的课程。它以培养科技能力、沟通与合作技巧、拟定计划与解决生活问题、培育创新并与真实世界接轨为目标。

自 STEM 的概念提出以来，历届美国政府通过立法或者投入大量资金等举措力推该教育。每年的 11 月 8 日被定为国家 STEM/STEAM 日 (National STEM/STEAM Day)。在加强 STEM 教育的过程中，社会各界对增加人文艺术教育的呼声越来越强烈。2010 年，美国维吉尼亚科技大学学者格雷特 · 亚克门 (GeorgetteYakman) 提出将 A(艺术) 纳入到

STEM中，形成了STEAM教育框架（见图1），A广义上包括了美术、音乐、社会、语言等人文艺术学科。从STEM发展至STEAM，在让统合性的教育更加完整的同时，也使科技或工程教育能经由融入艺术教育而达到展现创造力、创意、设计、美感的目的。

美国的博物馆在STEAM教育开展中作为

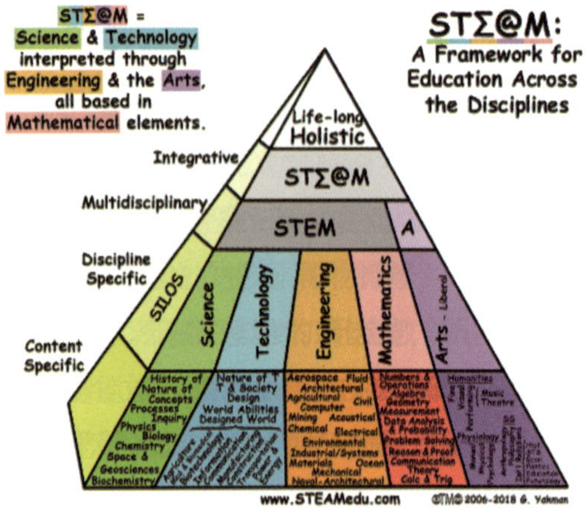

图1. 美国维吉尼亚科技大学格雷特·亚克门提出的STEAM教育框架[1]

非正式教育机构发挥了重要作用。如美国波士顿儿童博物馆针对学龄前到小学四年级的学童，提供了《STEM幼儿教学指南》，提供家长如何在生活中带领孩子一起认识科学、科技、工程和数学。湾区探索博物馆设立了全球首家儿童创客实验室，还推出了动手实验卡车流动项目，以更好地普及STEM概念。旧金山探索博物馆整合NSF（国家科学基金会）、USDU（教育部）、IMLS（美国博物馆和图书馆服务学会）以及麻省理工等高校，打造高质量的博物馆STEM项目。

在社会变革过程中，我国开始意识到STEAM教育对国家竞争力塑造的重要性。作为培养创新型人才的教育范式，STEAM的跨学科属性走进人们的视野。自2007年开始，我国跟随国际教育浪潮引进STEM教育理念并尝试本土化。可以认为，STEAM教育是响应时代需求的产物。

二 博物馆教育与学校教育、STEAM教育的关联

当下，博物馆“教育”职能的重要性受到广泛关注，2015年3月20日施行的《博物馆条例》对博物馆的三大职能做了序次调整，将过去的“研究、教育和欣赏”调整成了现在的“教育、研究和欣赏”。“十三五”以来，我国平均每2天新增一家博物馆，每25万人拥有一座博物馆。目前，我国备案登记的博物馆达到了5535家，年举办展览2.86万个，接待观众超12亿人次[2]。博物馆的作用不再局限于保存、展示文物，它是学习、社区活动甚至人们思考和交流的场所。博物馆参观活动，也不再是观众被动地吸收策展人精心设计的知识架构，而是更加注重涉及感官、知识、美学及社会等方面的多层次体验。博物馆正在“发展成为观众学习、质疑、放松、享受，以及建立新的社会关系、创造持久的记忆与情感共鸣的理想场所”[3]。

（一）博物馆教育与学校教育

伴随着国家层面对于博物馆建设和博物馆教育的高度重视，博物馆与学校教育之间的互补关系也不断得到强化。近二十年来，教育部、文物局等部门在顶层设计层面不断强调博物馆在中小学教育方面的重要性（详见表1）。政策层面的有力支持，使得越来越多的博物馆得以拓宽视野，开展更为丰富多样、有针对性的教育活动。可以预见，博物馆作为一个与学校教育存在互补关系的非正式学习机构，未来将在发展中小学生的能力素养方面发挥更加重要的

作用。

表 1. 自 2001 年以来国家顶层设计层面关于博物馆教育与学校教育的相关表述

时间	涉及博物馆教育的相关表述	政策、文件来源
2001 年 6 月	广泛利用校外的图书馆、博物馆、展览馆、科技馆等各种社会资源以及丰富的自然资源。	教育部《基础教育课程改革纲要（试行）》
2006 年 3 月	利用科技类博物馆、科研院所等教育资源，为提高未成年人科学素质服务。	《全面科学素质行动计划纲要（2006-2010-2020 年）》
2010 年 7 月	充分利用社会教育资源，开展各种课外及校外活动。	《国家中长期教育改革和发展规划纲要（2010-2020 年）》
2014 年 3 月	充分利用博物馆、纪念馆等，组织学生进行实地考察和现场教学，建立中小学生定期参观博物馆、纪念馆、遗址等公共文化机构的长效机制。	教育部关于印发《完善中华优秀传统文化教育指导纲要》
2014 年 4 月	学校要探索利用科技馆、博物馆等社会公共资源进行育人的有效途径。	教育部关于《全面深化课程改革落实立德树人根本任务的意见》
2015 年 2 月	博物馆应当配备适当的专业人员，根据不同年龄段的未成年人接受能力进行讲解；寒暑假期间，具备条件的博物馆应当增设适合学生特点的陈列展览项目。	中共中央国务院《博物馆条例》
2015 年 9 月	可结合国家颁发的学科标准，进一步深化博物馆教育资源分析，系统整理各地、各级各类博物馆的馆藏、展览展示、教育项目、数字化资源、研究成果，研究提炼博物馆资源与学校教育的有机结合点，鼓励开发各类博物馆教育教学资源，建设博物馆青少年教育资源库和项目库。	教育部与国家文物局《关于加强文教结合、完善博物馆青少年教育功能的指导意见》（文物博物发【2015】9 号）
2017 年 2 月	要加强文教结合，完善博物馆青少年教育功能，定期开展博物馆中小学教育活动。	文化部“十三五”时期文化发展改革规划
2017 年 9 月	强化公共资源间的相互联系和硬件资源的共享，为学校利用博物馆、科技馆等各类社会资源提供政策支持。	教育部关于印发《中小学综合实践活动课程指导纲要》的通知
2020 年 10 月	推进馆校合作共建。学校要加强与当地博物馆的联系，举办馆校互动活动、建立第二课堂。	教育部 国家文物局《关于利用博物馆资源开展中小学教育教学的意见》

表 1. 自 2001 年以来国家顶层设计层面关于博物馆教育与学校教育的相关表述 **续表**

2021 年 6 月	建立校内外科学教育资源有效衔接机制。实施馆校合作行动，引导中小学充分利用科技馆、博物馆、科普教育基地等科普场所广泛开展各类学习实践活动。	国务院 关于印发《全民科学素质行动规划纲要（2021-2035 年）》的通知
2021 年 7 月	充分利用社会资源，发挥好少年宫、青少年活动中心等校外活动场所在课后服务中的作用。	中共中央办公厅 国务院办公厅印发《关于进一步减轻义务教育阶段学生作业负担和校外培训负担的意见》[4]

在笔者看来，博物馆教育是学校教育的有益补充。通过博物馆这一非正式场所的探索，能够将学生在学校课程学习当中，以文字、影像资料等形式呈现的文物藏品、科学知识，通过藏品、场景、辅助装置和藏品讲解辅导等方式，更为真实地呈现给参观者，在提供多感官冲击力的同时，挣脱教材的束缚，获得今后在真实场景中解决问题、举一反三的能力。

然而，在实践当中，博物馆资源利用率低、博物馆课程形式单一，学生走马观花式的游览博物馆现象屡屡发生。调查研究则显示，中小学生对于博物馆教育内容的需求是多元的，如何让包括中小学生在内的观众提升博物馆的参观体验感？让博物馆的参观、学习、体验更加优质、高效？STEAM 教育融合多学科、基于具体情境给出的感受和体验，以实物为导向、趣味和休闲式的建构式学习（如下图 2），恰恰可以回应这一诉求。

图 2. 博物馆教育与学校教育可以经由 STEAM 教育理念构架良性循环关系

（二）STEAM 教育与博物馆教育

1998 年，美国博物馆专家乔治 · E. 海因对博物馆教育归纳了四种模式：第一代的教导解说型，第二代的刺激——反应型，第三代的发现型和第四代的建构知识型[5]。这四个阶段的发展与博物馆和教育理论的发展密切相关。基于藏品的教育成为当下博物馆教育职能发挥的主要载体，博物馆的藏品资源本身就具有跨学科的属性，展览主题也跨越了学科概念。让中小学生透过“物”去体验、认知、理解，在博物馆情境中获得对于“现象”的体验，是一种较为可行的方式。

表 2. 学校教育、博物馆教育、博物馆 STEAM 教育特征的对比[6]

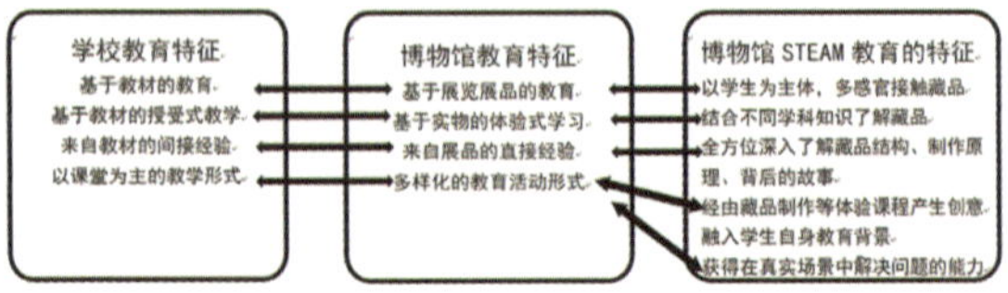

中国科技馆朱幼文研究员从教学信息载体、学习方式、获取知识的属性以及教学活动形式四个维度对比了学校教育与博物馆教育，笔者从朱幼文总结的四个维度中提取出博物馆开展 STEAM 课程的特点。如下表：

STEAM 教育与传统课堂在任务定义、学习形式、驱动因素等方面存在较大不同(如下表3)。而博物馆开展STEAM教育与学校开展学科教育、STEAM教育最本质的区别就在于依托的点不同。场馆内实物藏品、场景的直观性、形象性以及教育方式的非强制性，决定了博物馆对于未成年人的天然吸引力。在STEAM项目的课堂中，学生基于藏品的真实体验，由问题驱动学习。而藏品更是借由STEAM教育理念从“文物”层面的呈现转向“空间”情境式的展示与还原，最终让参与者获得思考以及独立解决问题的能力。

表 3. 传统课堂与 STEM 课堂的比较 [7]

	传统课堂	STEAM 项目课堂
任务定义	明确定义的任务	模糊定义的任务
教学结果	松散定义的结果	明确定义的结果
学习形式	个人学习	小组学习
教学科目	单一科目	多学科交叉
成功因素	成功取决于名次	成功取决于表现
问题解决	依赖性解决问题	独立性解决问题
驱动因素	教科书驱动	问题驱动
关注因素	注重分阶段内容	注重累积性表现

北京师范大学教育学部儿童教育研究中心出版的《STEM+儿童教育》内刊对于STEM与儿童教育进行了脉络上的梳理，认为STEAM教育不单单是一种教学形式，更是一种理念以及思维方式。

表 4.CMRC 研究中心辑录的部分国内外专家对博物馆 STEAM 教育的细分思考 [10]

STEM 思维方式	好奇心、创造力、协作、沟通、自信、批判性思维、领导力、开放性思维	观点来源：查理·特劳特曼《儿童博物馆与 STEM 教育》[8]
STEM 教育特征	解决问题、探究精神、工程活动、整合课程	观点来源：周淑惠《幼儿 STEM 教育释疑及入门》[9]

三 国内博物馆 STEAM 教育现状

(一) 博物馆 STEAM 教育研究综述

考虑到STEAM教育由STEM教育发展而来，本研究分别以“STEAM”“STEM”“博物馆”“科技馆”为关键词在中国知网数据库进行检索，剔除一些非直接相关的文献，共计在CNKI平台检索到博物馆STEAM教育文章四十余篇。经由论文的研究者机构分布情况统计，博物馆领域的STEAM教育主题研究者以科技馆人员为主，如下表所示：

表 5. 笔者汇总的 CNKI 平台博物馆 STEAM 主题文章检索信息（截至 2021 年 8 月底）

检索关键词	篇数	研究者机构分布情况
Stem、steam 科技馆	34 篇	上海科技馆、黑龙江省科学技术馆、重庆科技馆、湖南省科技学技术馆、中国科学技术馆
Stem、steam 博物馆	7 篇	华中师范大学、中南大学、山西大同大学、西南大学等

理论探究层面，朱幼文老师认为国内对STEM教育和科技馆教育的理解存在误区，他通过文献研究、教育学分析和案例分析，认为科技馆基于展品开展STEM教育具有天然优势，文

章中对科技馆 STEM 教育的一些重要概念进行了探讨[11]，该文是目前博物馆界 STEAM 研究引用频率最高的一篇文章。郑诗雨[12]、倪杰[13]结合建构主义理论对科技馆 STEM 课程的开展进行了探讨。大卫 · 安德森与季娇以对话的形式，从社会文化的视角讨论了 STEM 教育的起源、特征及其情境因素，探讨了博物馆教育在 STEM 教育向 STEAM 教育转变中的独特优势[14]。张祖兴[15]、赵润忠[16]、朱世定、陈文龙[17]、侯丹、宋昊泽[18]分别从 STEM 理念以及 STEAM 课程模式的角度进行了思考。

实践研究层面的论文占了目前面世研究的大多数，而且以一线人员的探索为主。周辉军从 2017 年开始关注博物馆 STEAM 教育，他认为 STEAM 教育是一种重要的科普教育形式和理论，运用 STEAM 教育理论结合科技馆的展品展项去开展展教活动，可以让展品展项活起来，以取得更好的科普教育效果[19]。随后，他以湖南省科学技术馆“蚂蚁总动员”科教项目为例，分析了该馆运用 STEAM 教育理论跟方法，结合科学、艺术、工程、技术、数学等因素开展活动，在户外探究活动开展、实验教育课程、科普剧排练等环节取得的成效[20]。冯子娇对科技馆展品教育活动和 STEM 教育现状进行了分析，阐述了科技馆将 STEM 教育与展品教育相融合的意义和可能性，结合黑龙江省科技馆的实际教育案例，提出了 STEM 教育与展品教育相结合的项目设计思路[21]。孟佳豪、郝琨、柳絮飞三人从科学与工程实践和探究式学习、馆校结合 STEM 教育、科技馆资源之间的联系出发，对馆校结合 STEM 教育进行了一番思考。提出“聚焦《课标》重点科学概念，以科技馆实物展品为教学资源，还原科学家或工程师的工作环境，促使学生浸入故事情境，在‘问题’‘兴趣’双重动力的驱动下，开展科学研究或工程设计，从而获得‘直接经验’的跨学科探究式学习”的看法[22]。胡婷婷从 STEM 教育和科技馆展示教育的特征入手，分析了 STEM 教育和科技馆展示教育的共通之处，强调科技馆展示教育三要素为“实践”“探究”“直接经验”。并围绕内容的开发、实施的流程两方面详细介绍了重庆科技馆“你‘浮’‘不浮’”课程设计理念[23]。左什、杜媛反思了展品教育活动存在的灌输多、探究少等问题，认为 STEM 教育承载了当代科学教育理念，对于科技博物馆展品教育活动设计与实践具有积极意义，并分享了中国铁道博物馆结合 STEM 理念开展的“铁路背后的科学”展教活动[24]。赵茜在 STEM 理念的指导下，使用 5E 教学模式设计了“以低碳环保实践营走进汽车博物馆活动”。结合活动目标、对象及活动过程，从活动设计入手进行分析，进行了一次 STEM 理念下的馆校结合实践[25]。

上述分析的实践探究以科技类场馆为主，限于篇幅，未将全部实践探究类探索文章进行阐述。综合型、历史类博物馆的 STEAM 探究层面，冯丽露、赵慧勤、张丽萍认为馆校合作与 STEAM 课程的结合有利于综合课程的实施、学生学习效果的提高以及学生核心素质的培养。并以大同博物馆“青铜弩机”“STEAM 课程的设计与实施”为案例，围绕学习主体的选择、课程前端的分析、教学活动的构建、教学评价的设计四方面进行分析[26]。孟玲以葫芦岛市博物馆馆藏文物为依托，围绕基本陈列和临时展览资源，开发了多个以项目为驱动、跨学科融合、通过动手实践、合作学习来解决问题的儿童教育课程。并以“完美的食具”一课为例，探讨博物馆 STEAM 教育项目的开发和实施[27]。

胡源龙、李佳、汪灵娇结合教育部、国家文物局《关于利用博物馆资源开展中小学教育教学的意见》，提出了 STEM 教育与博物馆结合的 4 条路径 [28]。赵征基于 STEM 教育的三个维度，分析了 STEM 教育与博物馆结合的必要性，并以山西某博物馆开展的展品教育活动为研究对象进行了分析思考 [29]。蔡一超结合时下流行的博物馆文创产品研发，分析了基于 STEM 教育活动的“野外生存”实验探究包研发路径 [30]。王倩倩则对 STEM 活动探究类教育产品进行调研和比较分析，并对上海科技馆“STEM 科技馆奇妙日”STEM 教育产品的开发提供指导建议 [31]。

针对教育部最新出台的双减政策，罗晶、郝春东基于 STEAM 教育视角分析了将博物馆教育纳入课后服务的必要性，从物质基础、课程设计和评价机制三方面提出了实施建议 [32]。

综合以上文献分析，笔者认为，博物馆 STEAM 教育既是未来教育活动的重要实践方式，也是博物馆教育学术研究的新热点。博物馆 STEAM 教育方兴未艾，科技类博物馆的 STEAM 教育相较综合类、历史型博物馆，相对而言走的更为前列。

（二）博物馆 STEAM 课程开展情况

就笔者掌握的资料来看，目前开展 STEAM 教育的主体包括学校、博物馆、科技馆以及公司、机构。学校开展的 STEAM 课程与博物馆有着天然的不同。因此，笔者在这里重点梳理博物馆界的 STEAM 课程开展情况。

博物馆类型划分作为博物馆学研究的新课题，依据不同，划分出来的类型也有所不同。先后出版的《中国博物馆学概论》《中国大百科全书 · 文物 博物馆》《中国博物馆学基础》《博物馆学概论》分别根据藏品性质和博物馆所反映的内容、经费来源以及服务对象将博物馆做了类型划分。本文采用了学界最新出版的《博物馆学概论》[33] 所作出的类型划分。

科技类博物馆在学科属性上与 STEAM 具有天然的亲近性，不难发现科技类博物馆比综合类、历史型博物馆更具备 STEAM 教育中的 STEM 属性，历史类博物馆则更能贴近 A 属性。值得一提的是台北的故宫博物院在完成 STEAM 课程设计后，专门举办了《故宫丨数位教学应用工作坊》为中小学校提供培训，并以示范课巡演为载体，将这套 STEAM 课程送到全台湾的中小学。

（三）台州市博物馆的 STEAM 教育实践

台州市博物馆是一家综合型博物馆，作为诞生于十三五期间的新馆，我们对于博物馆学界新动态、新理念保持着明锐的洞察力和好奇心。我们在 2019 年开始探索博物馆 STEAM 课程，考虑到本馆存在着馆藏文物较少、展陈空间有限、工作人员数量较少的实际因素，企划之初我们就考虑引进外部力量来助力 STEAM 课程教育。

在课程的设计过程中，我们明确了以台州市博物馆“展品”为依托的教育理念，力求深度挖掘藏品背后的跨学科要素。本馆的宣传教育工作人员缺乏理工科背景，我们便邀请具有理工科、文史美术学科相关教学经验，有志于博物馆教育课程的本地区大中院校教师，结合台州市博物馆的现有条件和展陈内容，设计出具有地域特色的系列教育课程，作为学校教育的延伸和拓展。我们精选了国家级非遗针刺无骨花灯、省级非遗路桥灰雕、三门石窗、十里长街等藏品、场景，进行课程探索。考虑到本馆作为综合型偏历史文化类场馆这一自身特质，本馆的 STEAM 教育实践对艺术方面的引导稍作侧重（这一点从我们的课程安排可以窥见，见表 7）。同时，为了取得更优的课程效果，我们将 STEAM 课程设置成固定观众的、每周一期、为期二至三个月的系列课程。自 2019 年迄

表6. 笔者汇总的博物馆STEAM课程开展情况[34]

博物馆名称	所属类别	STEAM课程主题
中国科学技术馆	科技类	“建设我的月球基地”系列活动
上海科技馆	科技类	“STEM科技馆奇妙日”“智能垃圾分类回收系统”“风中起源”
重庆科技馆	科技类	“你‘浮’‘不浮’”课程、“中华小航家”课程
黑龙江省科技馆	科技类	云霄飞车轨道设计、荒岛生存物品设计、巧手机械师——“小题大做”活动、“小球旅程知多少”、“少年创客启蒙营”
湖南省科技馆	科技类	“蚂蚁总动员”
中国光学科学技术馆	科技类	“光彩世界”中的“精彩光生活”
中国铁道博物馆	专门类	“铁路背后的科学”
呼和浩特市老牛儿童探索博物馆	专门类	小手探索大世界移动巡展
台北故宫博物院	地志综合类	以毛公鼎、乾隆霁青描金游鱼转心瓶、橄榄核舟、镂雕象牙球等10件代表性文物为主题的国宝文物创意课程，结合编程，3D打印和镭射切割等科技创客技术，将历史文化与动手实践完美融合
台州市博物馆	地志综合类	感受家乡风物之美、体验传统风雅之意、水墨意境诗画行steam系列主题课程
大同博物馆	地志综合类	“青铜弩机”
葫芦岛市博物馆	地志综合类	儿童教育课程“完美的食具”

今，受到疫情影响，本馆合计开展了三期博物馆STEAM系列课程，并在探索过程中开发了学习单（如图3）这一要素辅助STEAM课程开展。

在第三期的STEAM课程开展过程中，笔者与同事在北京师范大学教育学部中国儿童博物馆教育研究中心专家团队的指导下，采用跟踪观察法、问卷调查法、访谈法、学习卡片法对课程实施情况进行评估。团队跟踪儿童观众在展厅、博物馆教室的参观行为、活动时的参与行为、专注度，采用纸笔记录观众在博物馆活动过程中的行为和体验，以访谈法作为辅助，了解参与STEAM课程的观众在课程前后的家庭互动情况。第一至三节课，观察观众在课堂中的表现，回收家长调查问卷，获取博物馆家长观众的认知，并就回收的问卷进行资料提取；第四至七节课，利用学习单跟进课前、课中、课后学习，并根据老师、家长的反馈及时做出调整；第八节课程结束后，组织小组访谈，收集STEAM课程和学习单的反馈意见。

我们发现，STEAM这一理念对于博物馆开展学习教育有非常积极的促进作用。参与调研

表7. 台州市博物馆STEAM课程课表节选(第1-3期)

课时安排	STEAM 涉及领域	课程主题
1	生命	生命的由来(立体绘画)
1	环境	家乡的田野与河流
1	技术、艺术	光的探索——无骨花灯的考察、光的物理性
1	技术、艺术	光的探索——灯的应用
1	工程、艺术	未来城市——三门石窗到未来之窗
1	环境、艺术	山水台州
2	工程、艺术	黛瓦飞檐

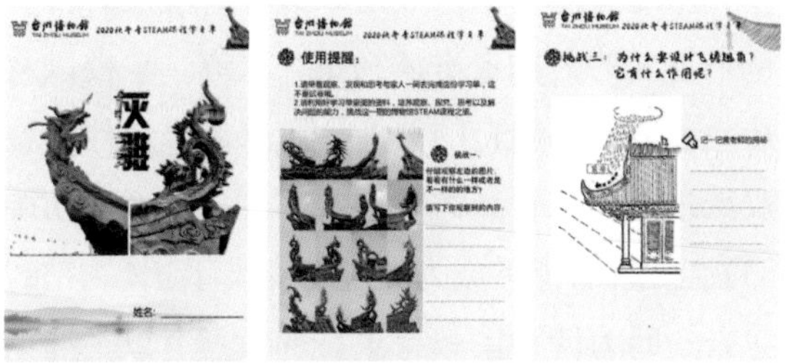

图 3. 台州市博物馆 STEAM 课程学习单

的家长、学生期待博物馆能够推出更多的类似课程，作为学校课程的有益补充，任课老师希望能够与博物馆方面建立更为深刻的互动关系，希望能从博物馆方面和其他渠道获取更多元的关于跨学科的知识、活动设计灵感以助力博物馆 STEAM 系列课程的优质化、丰富性。结合课程所设计的学习单，加强了 STEAM 教育效果，一定程度上促进了亲子关系的加强。当然，由于所涉及的样本量较小，不一定能反映所有场馆 STEAM 教育受众的心声，存在一定的局限性。但就本馆这三年的STEAM课程探索来看，这一教育方式得到了各方的普遍认可。

四 国内博物馆开展 STEAM 教育的启发与思考

（一）当下博物馆 STEAM 教育活动中存在的问题

STEAM 教育作为新生事物，在博物馆教育活动当中仍处于实践环节。科技类场馆的 STEAM 课程，因为场馆展品以及教育人员自身所具有的学科属性，在开展 STEAM 的科学、技术、工程、和数学要素方面具有一定的优势。综合型博物馆的 STEAM 开展稍显薄弱，但是结合台北故宫博物院以代表性文物为主题的国宝文物创意课程，综合型、历史类博物馆在 STEAM 教育课程的开发上具有很大的发展前景。

笔者认为，在肯定各类博物馆对此投入热情和精力的同时，也应通过实践者和研究者的反思看到一些存在的问题。如朱幼文研究员指出“某些科技馆 STEM 教育项目‘有其形而无其神’”[35]。孟佳豪、郝琨、柳絮飞在调研中发现：“一些馆校结合 STEM 活动中设计了很多的实践探究环节，但这些所谓的‘实践’‘探究’往往是让学生看着课本，跟着老师提供的固定的实验程序，进行操作实验。此类活动只是将传统的‘填鸭式’教学结合场馆展品而进行的新式‘伪探究’，学生依然只获得了‘间接经验’”[36]。部分 STEM 项目强调了科学与工程的实践，却忽视了“探究式的学习”。此外，博物馆的从业人员大部分不是学科专任教师，STEAM 的跨学科属性对于博物馆教育人员而言存在一定的挑战。

（二）启发与思考

1. 借力双减政策，强化馆校合作。双减政策给中小学教育带来了巨大变革，倘若博物馆能以此为契机，在原有馆校结合的基础上，以跨学科的方式加强馆校合作共建力度、深度，结合STEAM教育理念，发挥“基于实物的体验式学习、基于实践的探究式学习”这一教育特点，无疑能在提升自身教育服务水平的同时，促进学校的教育教学发展。这样的合作，亦不失为一项双赢的举措。

2. 结合文创产品的研发，开展STEAM素材包、课程包的设计。受限于博物馆现有的人力物力，让所有学生都完整的体验一系列由博物馆提供的STEAM线下课程不太现实。如果可以借助文创产品的研发，使用DIY的STEAM课程资源包，无疑可以有助于学生更好的探索博物馆，可以开发团队STEAM课程资源包、亲子STEAM资源包。在这一方面，上海科技馆已经做了初步的尝试。

3. 研读课标，加强博物馆从业者的深度学习。听同仁提过有这一说法，在开展活动的过程中，发现“学校老师不了解博物馆，博物馆工作人员不了解学校老师的诉求”。虽然现在博物馆的馆校合作开展得如火如荼，但是能够参加馆校合作的博物馆工作人员、学校教师毕竟还是少数。如果时间、精力允许，博物馆的教育活动人员有必要仔细研读课程标准，经由课程标准的研读，能够在后续开发出更加适合中小学校诉求的课程产品。

4. 借助外部资源强化博物馆的STEAM教育能力。如上海科技馆与上海市教委开展合作，开展“博老师研习会”专题教师培训，带动了上海自然博物馆、中国航海博物馆等场馆以教师专题培训的方式，增加博物馆与学校的互动交流。并在过程中调研馆员与教师的需求，有助于后续共同开发更优质的教育项目。

5. 加强博物馆观众研究，优化课程设计。作为非正式学习的场所，博物馆在开展活动探索方面具有得天独厚的优势。如果能在STEAM教育实践中充分收集参与者的意见，聆听参与者的心声，在课程设计的过程中尽可能的创设机会让他们接触他们所熟悉的观念和事物，可以使参与者变得更有积极性。进而推动博物馆STEAM教育的更优发展。

伴随着博物馆行业迎来最好的发展时代，越来越多的人群走进博物馆。家庭、学校以及社会对博物馆教育的关注度越来越高，伴随着双减政策的出台，需求和要求与日俱增。期待STEAM教育能够成为链接学校教育与博物馆的纽带，助力博物馆教育更好的发展。以上拙见与思考与关注博物馆跨学科发展的同仁们共同探讨，以期为博物馆STEAM教育的未来发展提供些许参考。

【注释】

[1] Georgette Yakman 2006 年提出的STEAM 金字塔理论模型，https://steamedu.com/pyramidhistory

[2] 刘玉珠：《“云展览”开启“互联网+”时代博物馆服务新形态》，http://www.ncha.gov.cn/art/2020/5/27/art_722_161021.html

[3] 王思怡：《多感知博物馆：基于触摸、声音、嗅味、空间与记忆的跨学科视野》——突破博物馆传统展陈设计的新理念[J].科学教育与博物馆，2018年第6期。

[4] 中共中央办公厅 国务院办公厅印发《关于进一步减轻义务教育阶段学生作业负担和校外培训负担的意见》，http://www.gov.cn/zhengce/2021-07/24/content_5627132.htm?ivk_sa=1024320u

[5] 郑奕著：《博物馆教育活动研究》，复旦大学出版社，2015年，第55页。

[6] 学校教育特征和博物馆教育特征援引自朱幼文：《基于科学与工程实践的跨学科探究式学习——科技馆STEM教育相关重要概念的探讨》，《自然科学博物馆研究》，2017第1期，第11页图。相对应的博物馆STEAM教育特征为笔者在阅读文献的基础上所进行的扩展思考。

[7] 韩莹莹、朱赫宇、贾晓阳：《运用PBL教学法开展STEM教育活动的思考与实践 ——以长春中国光学科学技术馆科学教育活动为例》,《自然科学博物馆研究》,2019年第3期。

[8] 北京师范大学教育学部中国儿童博物馆教育研究中心：《儿童 博物馆 教育》 内刊。

[9] 同上。

[10]韩莹莹、朱赫宇、贾晓阳：《运用PBL教学法开展STEM教育活动的思考与实践 ——以长春中国光学科学技术馆科学教育活动为例》,《自然科学博物馆研究》,2019年第3期。

[11]朱幼文：《基于科学与工程实践的跨学科探究式学习——科技馆STEM教育相关重要概念的探讨》，《自然科学博物馆研究》，2017年第1期。

[12]郑诗雨:《刍议建构主义教育理念的科技馆STEM课程》,《科学大众(科学教育)》，2019年第5期。

[13]倪杰：《基于建构主义教育理念的科技馆STEM课程刍论》，《科普研究》，2017年第12期。

[14]大卫·安德森、季娇:《从STEM教育到STEAM教育——大卫·安德森与季娇关于博物馆教育的对话》，《华东师范大学学报(教育科学版)》，2017年第4期。

[15]张祖兴：《浅谈STEM理念对科技馆的科学教育带来的影响》，《现代信息科技》，2019年第六期。

[16]赵润忠：《中国科技馆STEAM课程模式初探》，《科技与创新》，2020年第4期。

[17]朱世定、陈文龙：《科技馆基于STEAM理念的科学教育课程模式研究》，《中国科普研究所.面向新时代的馆校结合·科学教育——第十届馆校结合科学教育论坛论文集》，中国科普研究所，2018年。

[18]侯丹、宋昊泽：《科技馆STEM教育的“基于全方位整合展品的体验式教学策略”》,《自然科学博物馆研究》,2017年第1期。

[19]周辉军：《浅议如何结合STEAM教育理论让科技馆展品活起来》.收录于湖南省博物馆学会：《博物馆学文集》，湖南省博物馆学会，2018年6月。

[20]周辉军：《浅谈如何践行STEAM教育理论，实施科技场馆科普教育项目——以湖南省科技馆科学教育项目展评活动“蚂蚁总动员”为例》，收录于段晓明：《博物馆学文集》，湖南省博物馆学会，2017年。

[21]冯子娇:《STEM教育与展品教育相结合的思考与实践》,《自然科学博物馆研究》，2020年第2期。

[22]孟佳豪、郝琨、柳絮飞：《基于展品资源的科学与工程实践 ——馆校结合STEM活动设计思路分析》，《自然科学博物馆研究》，2020年第2期。

[23]胡婷婷：《融入STEM教育理念的科技馆教育活动开发设计 ——以重庆科技馆“你‘浮’‘不浮’”课程为

例》，《自然科学博物馆研究》，2020年第2期。

[24]左什、杜媛：《将STEM教育理念引入展品教育活动的思考与实践 ——以“铁路背后的科学”展品教育活动为例》，《自然科学博物馆研究》，2020年第2期。

[25]赵茜：《基于STEM理念5E教学模式的活动设计——以低碳环保实践营走进汽车博物馆活动为例》《中国科普研究所．面向新时代的馆校结合 · 科学教育——第十届馆校结合科学教育论坛论文集》，中国科普研究所，2018年。

[26]冯丽露、赵慧勤、张丽萍：《馆校合作下的STEAM课程设计——以大同博物馆“青铜弩机”为例》，《中国博物馆》，2020年第4期。

[27]孟玲：《博物馆STEAM教育项目开发与实施初探——以葫芦岛市博物馆儿童教育课程“完美的食具”为例》，《辽宁省博物馆馆刊》，2020年。

[28]胡源龙、李佳、汪灵娇：《STEM教育与博物馆结合的路径分析》，《化学教育（中英文）》，2021年第5期，第42页。

[29]赵征：《探析STEM教育与博物馆的结合》，《神州》，2021年第11期。

[30]蔡一超：《基于STEM教育活动的科技馆文创产品开发——以“野外生存”实验探究包开发为例》，《文化产业》，2021年第12期。

[31]王倩倩：《STEM活动探究类教育产品的现状与研究——基于“STEM科技馆奇妙日”教育产品开发调研》，《文化产业》，2021年第12期。

[32]罗晶、郝春东：《基于STEAM教育视角将博物馆教育纳入课后服务内容研究》，《黑龙江科学》，2021年第13期。

[33]《博物馆概论》编写组编：《博物馆学概论》，高等教育出版社，2019年。

[34]本表格汇总的博物馆STEAM课程开设情况摘录、收集自中国知网刊发的学术文章、网络平台检索的文博界新闻动态。对于已开设STEAM课程，未被本表收录的场馆敬请谅解，笔者对此表加以持续更新。

[35]朱幼文：《基于科学与工程实践的跨学科探究式学习——科技馆STEM教育相关重要概念的探讨》，《自然科学博物馆研究》，2017年第1期。

[36]孟佳豪、郝琨、柳絮飞：《基于展品资源的科学与工程实践 ——馆校结合STEM活动设计思路分析》，《自然科学博物馆研究》，2020年第2期。

探究式教学法在博物馆教育中的运用与实践

白黎璠（天津国家海洋博物馆）

摘要：美国教育学家杜威认为教育是一种过程，要“从做中学”，并提出著名的“五步教学法”，可简单概括为情境、问题、假设、推论、验证。另一位美国教育学家布鲁纳也积极倡导“发现教学法”，即向学生提供一种问题情境，只是给学生一些事实和问题，让学生积极思考，独立探究，自行发现并掌握相应的原理和结论。社会教育是博物馆的重要功能之一，博物馆保存和展示着不可替代的原真性见证物，亦拥有优雅恢宏的空间，探究式教学法的融入，有助于博物馆更好地发挥自身资源特色，实现功能定位及宗旨。国家海洋博物馆的宗旨目标是通过收藏展示海洋自然与海洋文化历史成果，传播海洋科学文化知识，提升全民海洋意识。国家海洋博物馆的“古船扬帆”等科普课程，就是探究式教学法在博物馆教育中运用的一些尝试与实践。

关键词：探究式教学；博物馆教育；科普课程

一 探究式教学的相关理论

探究是科学研究的一种基本方法。探究式科学教育是在教师和学生共同组成的学习环境中，让儿童亲历科学探究的学习过程。它既是科学学习的目的，又是科学学习的方式。探究式科学教育中最重要的两个特征，一是对学生适宜探究的科学问题提出基于实证的验证过程；二是在一个具有师生互动、学生间互动的环境中，由学生主动进行的探究过程[1]。这是2001年教育部和中国科协共同倡导和推动的教育改革项目——“做中学”（Hands-on Inquiry Based Learning）中对于其核心教育方式——探究式科学教育的阐述。

早在20世纪初期，美国著名的教育家、心理学家杜威就提出过“从做中学”的教育基本原则[2]，并提出“思维五步”及与之对应的五步教学过程：一是教师给儿童提供一个与其社会生活经验相联系的情境；二是使儿童有准备去应付在情境中产生的问题；三是使儿童产生对解决问题的思考和假设；四是儿童自己对解决问题的假设加以整理和排列；五是儿童通过应用来检验这些假设[3]。

在杜威之后的美国另一著名教育学家布鲁纳又提出发现教学法——学生在学习情境中通过自己的探索来寻找获得问题答案的学习方式。①创设问题情境，提出和明确学生感兴趣的问题，②激发探究的欲望，提供解决问题的各种假设，③检验假设，④引导学生运用分析思维去验证结论，最终使问题得到解决[4]。

21世纪伊始，新一轮基础教育改革在我国轰轰烈烈地展开起来。这一轮基础教育改革，旨在全面推进素质教育，培养学生的创新精神和实践能力，为学生的全面发展和终身发展奠定基础。2001年6月，经国务院同意，由教育部印发的《基础教育课程改革纲要》[5]所确定的改革目标之一即是“改变课程实施过于强调接受学习、死记硬背、机械训练的现状，倡导学生主动参与、乐于探究、勤于动手，培养学生搜集和处理信息的能力、获取新知识的能力、分析和解决问题的能力，以及交流与合作的能力”。

无论是国内外先进的教育学理论指导，还是目前教学实践的发展，以及社会对教育成果的期待，灌输式、被动式的教学都在逐步被主动式、参与式的方法取代。而在情境中设置问题、发现问题、提出假设、梳理验证最后解决问题的探究式教学方法，正是可以大大促进学生主动学习、参与教学的一剂良药。

二 博物馆的教育功能及资源

博物馆作为一个为社会及其发展服务的、向公众开放的非营利性常设机构，为教育、研究、欣赏的目的征集、保护、研究、传播并展出人类及人类环境的物质及非物质遗产。这是2007年8月国际博协在维也纳大会上对博物馆功能的定义，首次将“教育”置于博物馆宗旨目的第一位，更强调博物馆的社会责任、社会效益[6]。

2020年9月，教育部、国家文物局联合印发《关于利用博物馆资源开展中小学教育教学的意见》，指出近年来，党和国家高度重视发挥博物馆青少年教育功能，并对促进博物馆资源融入教育体系提出了推动博物馆教育资源开发应用、拓展博物馆教育方式途径等指导意见。

在学习型社会建设的浪潮中，作为社会教育重要机构之一的博物馆责无旁贷，必须积极努力应对。这既是博物馆实现自身宗旨目标的要求，也是满足社会期待的需要。博物馆具有不可替代的原真性展品，以及经过科学设计的陈列展览，博物馆的展厅，本身就是一个个独特的时空情境，非常适合探究式教学的展开。

以笔者所在的国家海洋博物馆为例，它是一座国家级综合性海洋博物馆，其宗旨目标是通过收藏展示海洋自然与海洋历史文化成果，传播海洋科学文化知识，提升全民海洋意识。博物馆的展览主题为“海洋与人类”，通过海洋自然、海洋人文、海洋科技、海洋生态等展区，全面展示海洋自然历史与人文历史的演化、发展历程及现今的风貌。博物馆建筑面积8万平方米，室内部分展厅面积3万多平方米，常设主题展览多达13个，还有3个临时展厅及特色鲜明的馆外展区，以及3000平方米的功能完备的教育中心专属空间。博物馆是教育部首批全国中小学生研学基地、全国海洋科普教育基地及天津市科普、爱国主义教育、社会科学普及示范基地，承担着重要的科普教育职责，在建馆之初就非常重视教育功能的顶层设计。

三 探究式教学法在博物馆教育中的运用与实践

基于博物馆的教育功能及资源特色，结合作为学校教育有效补充的要求与需要，近年来很多博物馆在科普课程和活动设计上都在积极探索运用探究式教学的方法。国家海洋博物馆科普教育团队设计的《古船扬帆》一日科普研学课程，就是这种尝试的一个案例。

（一）目标与缘起

“海上丝绸之路”是古代人们主要借助季风与洋流等自然条件，利用传统航海技术开展东西方交流的海路网络，也是东西方不同文明板块之间经济、文化、科技、宗教和思想相互传输的纽带。它包括航行、贸易、文化三大体系[7]。“海上丝绸之路”是构成中华海洋文明的重要内容之一，在国家海洋博物馆的主要基本陈列“中华海洋文明”“海上丝绸之路主题文化空间”中，都有专门针对这一内容的展示。其中“海上丝绸之路主题文化空间”是一个挑空一至三层、贯通馆舍 33 米高度的开放式恢宏展示空间，其中心展品就是一艘长近 30 米、宽近 9 米、甲板高 2.5 米的大型仿宋元时期福船模型。整个空间围绕“航行”，展示“贸易”与“文化”的相关内容。

随着指南针发明、航海术发展，宋元时期的海上丝绸之路进入了空前繁荣的时期，海上贸易量居世界前列，是当时最重要的海洋国家之一。福船是我国当时航行于“海上丝绸之路”的主要帆船，是中国尖底型海船的代表，集中体现了多层板鱼鳞搭接、水密隔舱、贯穿全船的龙骨、摇摆升降舵等先进的中国帆船技术。展厅中这艘科学复原的福船模型，生动清晰地展示了这些结构。

所以我们希望通过设计《古船扬帆》一日科普研学课程，使青少年从中国帆船入手，了解它在设计制造上的科学性与先进性，了解它在海上丝绸之路上发挥的作用，从而了解海上丝绸之路的大致风貌。在获得科学与历史知识的同时，激发爱国主义情怀，增强民族自信心与自豪感。

（二）受众人群的确定

在确定受众人群方面，主要通过对标课标要求来完成。

人教版七年级下册历史教材中有“宋元时期的科技与中外交通”章节，涉及指南针的发明及海上丝绸之路相关内容。人教版五年级下册科学教材中有“船的研究”章节，包括船的历史、用浮的 / 沉的材料造船、增加船的载重量、给船装上动力、设计我们的小船、制作与测试我们的小船等内容。

结合教育内容与目标的考量，课程的受众人群以 10-14 岁青少年为宜。

（三）内容设计

在课程容量方面，我们按照博物馆一日科普研学课程的标准来进行设计。

课程首先从海上丝绸之路文化主题空间的参观作为引入。学生们走进展厅，在沉浸式的情境氛围中了解宋元时期海上丝绸之路的航线以及通过海上丝绸之路所进行的物质与文化的交流情况。同时引导学生思考，越过茫茫大海，世界各地不同的港口之间是如何实现了联通与交流往来呢？从而引出海船这一重要的物质载体。带领学生认真观察福船模型及其重要的机构，如水密隔舱、多层鱼鳞式层板搭接、桅杆与帆等，留待思考如此设计的原因。

结束展厅参观，来到科普教室区域。将学生分成若干小组，便于后续探讨及协作。首先让学生概括福船最令其印象深刻的结构，总结提炼出水密隔舱、多层鱼鳞式层板搭接、多桅多帆等三点。然后引导学生们充分讨论，对这些结构和设计的原因提出猜测。继而通过动手制作模型及进行试验，来验证自己的猜测并进行总结。

水密隔舱结构，除了学生直观可见的，利于货物的分类摆放这一作用外，还有稳固船体结构及一舱进水不至全船沉没的重要意义。学生用纸叠做出两只简易小船，为其中一只加上隔舱结构，比较两只船的稳固性即可得出直观结论。结合三维动画演示，可以了解隔舱防止沉船的作用。

多层鱼鳞式层板搭接，除了直观可见地解决了巨大船体难以获得巨大整块弯曲木料的问题，还使得同样面积的木料搭接后更加稳固。学生们可以将一张纸裁剪成若干条，模拟鱼鳞式层板搭接的方法将纸条拼贴好，再与同样大小的单张白纸进行厚度、硬度、稳固程度的对比，可以深刻了解这种搭接技术的意义。

了解完关键的两个结构之后，小组成员相互协作，完成一艘木质福船船模的拼搭，在过程中亲自感受体验“造船”的乐趣与挑战。不仅能增强对船体结构的了解与记忆，还能够锻炼动手能力，提高团队合作的意识。将拼搭好的船模放入水池中，通过不同方向的来风观察对船体行进的影响，动手调节风帆的方向实际感受多桅多帆的作用。

课程最后，学生们分组总结中国古代帆船的先进技艺并再次回顾由帆船乘载的交流给世界带来的改变。

整个课程中，学生们通过在展厅情境中的体验、观察，发现问题；在探索与讨论中推测问题的答案；通过动手动脑的实践验证自己的推测，最后形成科学的结论。学生们完成了一次探究式的研学，不仅学到了作为课本知识有益补充的历史、科学等知识，更激发了探究的兴趣，掌握了科学研究的基本方法并锻炼提升了多方面的能力。这是探究式教学方法与博物馆资源有益地结合，助力青少年科普教育的同时，博物馆自身的使命、宗旨、价值传播亦得到了很好的实现，是博物馆与社会教育双赢的尝试。

【注释】

[1] 韦钰 、[加]P. Rowell:《探究式科学教育教学指导》，教育科学出版社，2005年。

[2] [美]杜威：《学校与社会明日之学校》，人民教育出版社，2005年。

[3] [美]杜威：《我们如何思维》，新华出版社，2010年。

[4] [美]布鲁纳：《发现学习思想与教育论著选读》(上)，中国环境科学出版社、学苑音像出版社，2006年。

[5] 《基础教育课程改革纲要》，2001年6月由教育部印发的课程条例。

[6] 宋向光：《国际博协“博物馆”定义调整的解读》，《中国文物报》2009年3月20日

[7] 刘曙光：《中国的海上丝绸之路与世界遗产》，《无界——海上丝绸之路的故事》，译林出版社，2020年。

博物馆教育活动中的理论探索

秦晓禾（元明清天妃宫遗址博物馆）

摘要： 随着博物馆教育功能的日益发展，博物馆活动中对实用主义、终身学习等教育学思想的学习实践也越来越深入；与之相对应的，这些教育活动的成果同时也可以丰富原有的教育理论。通过开展针对儿童、青少年、成人等人生不同阶段的教育活动，使得博物馆作为社会教育的重要承担者，与家庭教育一样具有较长的年龄跨度。在当前疫情常态化的新形势下，通过开展云展览、线上活动等新尝试，博物馆与教育相辅相成的关系会更加紧密。

关键词： 博物馆教育；实物学习；社会教育

一 博物馆定义中教育功能的发展

博物馆一词得名于希腊神话中的缪斯女神（Muse），作为供奉缪斯女神及从事研究的场所。国际博物馆协会在 1946 年 11 月成立时公布的章程中首先提出博物馆的概念："博物馆是指为公众开放的美术、工艺、科学、历史以及考古学藏品的机构，也包括动物园和植物园。"这一时期，博物馆主要作为藏品的陈列机构，其功能也以陈列和研究为主。之后博物馆的定义多次进行了修改，1951 年，第一次将教育作为博物馆的功能写入章程中："供观众欣赏、教育而公开开放为目的，为公共利益而进行管理的一切常设机构。"2007 年，国际博物馆协会首次将"教育"作为博物馆的第一功能予以论述，将博物馆定义为：博物馆是一个为社会及其发展服务的、向公众开放的非营利性常设机构，为教育、研究、欣赏之目的征集、保护、研究、传播并展出人类及其环境的物质及非物质遗产。此时教育不只是作为博物馆的第一功能，还是征集、保护、研究、传播等其他基本功能的共同目的。

我国博物馆起步较晚，最初也以陈列和研究功能为主，1956 年 5 月召开的全国博物馆工作会议将博物馆的三项基本性质确定为科学研究、文化教育和征集保管，三者不可分割，同样重要[1]。2015 年，我国博物馆行业第一部全国性法规《博物馆条例》将教育作为博物馆的首要目的和功能："博物馆，是指以教育、研究和欣赏为目的，收藏、保护并向公众展示人类活动和自然环境的见证物，经登记管理机关依法登记的非营利组织。"

博物馆定义中教育功能越来越重要，反映出当代博物馆的发展趋势，博物馆从"以藏品为中心"转向"以公众为中心"，首要功能从收藏研究转向教育服务。2009 年的《博物馆教育工作者手册》一书就指出："教育的愿景也是博物馆使命和整体目标的愿景。"[2] 全世界最大的博物馆建筑群史密森博物学院在官网的介绍中，把教育的缩写edu作为官网的后缀。他们致力于知识的传播，旨在吸引并鼓舞不同的观众，终身探索及理解艺术、历史、科学和文化[3]。希望通过博物馆课程，帮助受众建立信心，提高自我表达、领导沟通的能力，甚至提供学习及职业规划。总的来说，博物馆教育功能迎来了全新的发展阶段，博物馆教育活动无论从内容还是形式上都趋于多样性。

二 博物馆教育活动的多样性

教育活动是充分发挥博物馆教育功能的一个重要渠道，其为公众创造学习的机会并为其提供教育体验的场所[4]。“一个博物馆就是一所大学校”，博物馆本身就是一个教育机构，通过参观不同类型的展览可以接收到不同门类的知识。例如，在博物馆里通史陈列里，众多耳熟能详的文物映入观众的眼帘，可以快速领略一个地区历史发展的变迁；在故宫“贺岁迎祥——紫禁城里过大年”展览里，观众可以感受紫禁城里与众不同的节日气氛；在自然类博物馆《物种起源》等展览中，观众特别是青少年观众通过观察形态各异的标本与模拟场景，能更直观的体会物种的进化发展，体会“物竞天择，适者生存”的自然法则。

除了参观展览外，大部分博物馆也以展览为载体，开展多种多样的手工制作、民俗体验等活动。从活动内容上看，大体可以分为以下三类：

第一类与展览关系密切，可以看作展览的延伸活动；以笔者所在的元明清天妃宫遗址博物馆为例，为了让观众对馆内文物分布有更清楚的认识，开展了“寻宝天妃宫”活动，以图鉴的方式“按图索骥”，使展览在观众心中留下更深的印象，避免流于形式的走马观花。同时结合馆内不同类型的文物开展相应的主题活动：例如结合馆内建筑构件开展瓦当拓片制作活动，结合馆内展出的妈祖故事油画开展服饰拼图活动，结合张湾沉船及出土文物开展船模制作和大运河主题拼图活动。

第二类是与传统节日结合，致力于通过民俗体验弘扬传统文化，感受节日的气氛。例如春节期间开展“博物馆里过新年”系列活动，通过制作宫灯，写福字感受浓浓的年味；中秋佳节制作皂角月饼，端午时节吟诵端午诗词等等。

第三类，博物馆还常常发挥教育基地作用，开展诸如小小讲解员培训、博物馆研学等活动，更好地普及文物与博物馆相关知识，丰富学生的学习和生活。

在活动形式上，疫情期间由于处于闭馆状态，除发挥宣传阵地作用普及防疫知识外，博物馆也积极探索开展线上活动，相继推出文物拼图、微课堂等活动介绍馆藏文物，科普考古知识。同时，“巧手益智园”等手工制作活动也改为线上录制，提前将已经录好的教学视频、活动物料邮寄到参加活动的学生手中，根据教学视频完成制作。通过这种方式在特殊时期减少接触，完成了明代船模制作、模拟考古体验、指间寻塔等多次线上教育活动。在疫情得到有效控制，博物馆重新开放后，恢复了线下的“小小讲解员培训”“寻宝天妃宫”等研学教育活动，同时也将线上活动延续下来，与学校合作开展了线上讲解等活动，馆校合作的形式也得以丰富和发展。

除了馆内活动之外，博物馆研学旅行等馆外活动也越来越受到学校和家庭、社会的青睐。早在2016年国家旅游局发布的首批20家全国研学旅游示范基地中，就有陕西历史博物馆、卢沟桥中国人民抗日战争纪念馆、长春市长影旧址博物馆等7家博物馆单位入选。到2018年发布的377个全国中小学生研学实践教育基地中，博物馆、图书馆、纪念馆、遗址等已有115个[5]。赵薇在《在新形势下博物馆文化考察类活动刍议中》一文将博物馆研学旅行分为博物馆文化考察、博物馆研学、博物馆旅游三大类，其中主要针对未成年人学生的是博物馆研学，博物馆的参与性较强，有专职教育人员的指导。“博物馆研学是指在博物馆专职教育人员的指导下，学生自主地运用研究性学习方式获得和应用知识，发现和提出问题，探究和解决问题的博物馆学习活动”[6]。

总的来说，博物馆除发挥展览本身的教育价值外，积极拓宽教育活动的内容，并根据实际情况调整活动形式，扩大博物馆活动的覆盖面。

三 博物馆活动中对教育理论的践行

通过对博物馆教育活动类型的分析，我们可以看出博物馆活动中对实用主义等现代教育思想的学习实践越来越深入。主要体现在以下几个方面：

（一）实用主义教育

实用主义的代表人物是美国教育家杜威，他认为：教育的本质是生活，教育的基本原则是“从做中学”，也就是从活动中学，从经验中学。他的教育理论对博物馆教育理论的建构产生了深远影响，乔治 · 海因据此提出了建构主义博物馆的概念，与传统博物馆被动接受知识不同，参观者在建构主义博物馆中可以通过展品建构属于自己的知识，在学习中通过经验与世界互动[7]。体现在博物馆教育实践中，学习者在参观时不仅可以学到学校以外的知识，还打破了学校教育的学科界限。在参与相关的体验活动时，常运用到自己既有的经验，又通过新的知识积累，形成新的经验。例如制作建筑拼图，可能在流程上与其他拼图区别不大，可以运用到之前拼图的经验，同时在拼图过程中对建筑的平面布局、建筑构件等的知识也有了新的认识。“教育就是经验的改造和重组，既能增加经验的意义，又能提高指导后来经验进程的能力”[8]。

（二）要素主义教育

要素主义的代表人物是巴格莱，他主张应该把人类文化的共同要素作为学校教育的核心。虽然在学校教育的实施过程中可能存在弊端，但其对民族文化的重视却可以运用到博物馆教育中。不同地区的博物馆特别是少数民族地区的博物馆可以设计体现本民族特色的展览和教育活动更好地介绍特色文化。

（三）结构主义教育

结构主义教育是以皮亚杰的认知心理学为基础构建的。他认为：儿童的认知发展具有阶段性，在教育过程中要针对不同智力发育阶段的特征，施以相应的教育。运用在博物馆教育活动中，就是要根据青少年认知发展的不同阶段，设计开发出相应的课程。例如7岁以下的儿童对语言和符号的感知较强，可以通过手绘描摹文物发挥想象力，制作手工拼图锻炼动手能力。但逻辑思维较弱，一些知识性较强的活动就不适合开展，应该更注重趣味性。

（四）终身教育

终身教育认为教育的各个方面从一个人的出生时刻直到生命终止一直不间断地发展。这一教育理念打破了年龄的界限，使得博物馆教育的范畴不再局限于青少年教育上，得到了广泛推广。收藏有梵·高《鸢尾花》的盖蒂博物馆，其教育课程覆盖面广，在青少年教育方面，既有和学校教育结合的K12课程，又有面向家庭的亲子教育；在成人教育方面，其致力于推行终身学习理念，不管是初学者还是专家学者都能找到适合自己的教育课程。这一类教育模式在国内博物馆中也多有推广，例如开设博物馆学术课堂，招募志愿者讲解等方式吸引成年观众参与，扩大博物馆活动的覆盖面。

小结：博物馆定义中教育功能越来越重要，反映出当代博物馆的发展趋势，博物馆从“以藏品为中心”转向“以公众为中心”，首要功能从收藏研究转向教育服务。博物馆除发挥展览本身的教育价值外，积极拓宽教育活动的内容，并根据实际情况调整活动形式，扩大博物馆活动的覆盖面。随着博物馆教育功能的日益发展，博物馆活动中对实用主义、终身学习等教育学思想的学习实践也越来越深入；与之相对应的，这些教育活动的成果同时也可以丰富原有的教育理论。

【注释】

[1] 王宏钧：《中国博物馆学基础》，上海古籍出版社，2001年，第39页。

[2] 郑奕：《博物馆与中小学教育结合制度设计研究》，复旦大学出版社，2020年，第16页。

[3] 郑奕：《博物馆教育活动研究》，复旦大学出版社，2018年。

[4] 杨丹丹：《论博物馆教育活动的可持续发展——以首都博物馆青少年教育活动为例》，《中国博物馆》2010年第1期。

[5] 教育部办公厅：《关于公布2018年全国中小学生研学实践教育基地、营地名单的通知》，2018年11月1日。

[6] 赵薇：《新形势下博物馆文化考察类活动刍议——以唐山博物馆“文化之旅”活动为例》，《传承与创新——地方性博物馆变革与发展学术研讨会论文集》，2018年，第195-196页。

[7] 郑旭东、李洁：《经验、教育与博物馆：走近杜威的博物馆教育思想》，《现代远程教育研究》，2019年第1期。

[8] 单中惠、朱镜人：《外国思想史》，高等教育出版社，2007年，第197页。

基于博物馆学和艺术学视角下的博物馆艺术课程教学研究
——为青少年量身打造博物馆艺术核心素养博物馆课程

潘 婵 周紫薇（北京考古遗址博物馆）

摘要：结合笔者自身的油画专业、艺术学、教育学专业学习背景，多年来专注于博物馆公众教育的学习与探索，尤其是基于博物馆学和艺术学交叉学科背景下面向青少年的博物馆课程探索与研究。“一个博物院就是一所大学校”，知行合一的博物馆艺术课程教学研究，以中华优秀传统文化为研究对象和基础，落脚于博物馆艺术核心素养教育教学研究，以美学教育为根本，以美术课程为中心，包括建筑艺术、音乐艺术、文学艺术、雕塑艺术、摄影艺术、手工艺术等门类，属于人文学科范畴中的博物馆课程教育教学课程研究。从青少年发展的角度来说，无论对青少年的学科核心素养的培养还是他们自身的发展需求，艺术学科、跨学科整合能力及对各学科核心素养的重视，是历史发展和青少年自身所需的双重必然。

关键词：博物馆艺术课程研究；博物馆和艺术学；青少年学习需求；艺术核心素养

一 博物馆艺术课程教学研究的背景和指导思想

国务院关于文物工作和文物保护法实施情况的报告中指出，党的十八大以来，在习近平同志为核心的党中央坚强领导下，在全国人大常委会关心重视下，各地区各有关部分深入贯彻落实习近平总书记关于文物工作重要论述和重要指示批示精神，严格执行文物保护法律法规，全面提升文物保护管理利用水平，着力加强考古工作和历史研究，文物安全形式总体平稳，文物保护法实施取得明显进展[1]。习近平总书记高度重视文物工作，强调考古是展示和构建中华民族历史、中华文明瑰宝的重要工作，要努力建设中国特色中国风格中国气派的考古学。强调要让收藏在博物馆里的文物，陈列在广阔大地上的遗产、书写在古籍里的文字都活起来。李克强总理多次对文物工作做出批示，要求坚持统筹规划、保护为主、保用结合，在严格保护基础上有效挖掘文物价值，发挥公共文化服务和社会教育职能。教育职能是当今博物馆的重要职能之一，是符合国际博物馆发展的时代潮流的重要体现。以北京市大葆台西汉墓博物馆为例，我馆基于博物馆学的视角，与艺术学学科融会贯通，多次开展美育项目，以实际行动深入贯彻和落实博物馆的教育职能。

从博物馆教育主体的角度来说，博物馆学范畴中的艺术课程离不开国家文物保护利用政策供给。国务院出台《进一步加强文物工作的指导意见》，中办、国办印发《关于实施中华优秀传统文化传承发展工程的意见》，有关部门出台《关于推进博物馆改革发展的实施意见》《关于利用博物馆资源开展中小学教育教学的意见》等，重大政策文件的密集性出台，为推动博物馆教育服务职能提供了有力保障，为面向青少年的博物馆艺术教育教学的服务实施提供了更多的空间。

从艺术学科教育的角度来说，尤其是面向青少年的基础教育课程，承载着党的教育方针和教育思想，规定了教育目标和教育内容，是国家意志在教育领域的直接体现，在立德树人中发挥着关键作用。博物馆教育亦如此。2013 年教育部启动了普通高中课程修订方案，深入总结 21 世纪以来我国普通高中课程改革的宝贵经验，充分借鉴国际课改的优秀成果，努力将普通高中课程方案和课程标准修订成符合我国实情和具有国际视野的纲领性教学文件，以构建具有中国特色的普通高中课程体系。艺术学科凝练学科核心素养，更新了教学内容，研制了学业质量标准，增强了指导性。提出“中国学生发展核心素养是党的教育方针的具体化、细化。为建立核心素养与课程教学的内在联系，充分挖掘各学科课程教学对全面贯彻党的教育方针、落实立德树人的根本任务、发展素质教育的独特育人价值”[2]，“有机融入社会主义核心价值观，中华优秀传统文化、革命文化和社会主义先进文化教育内容”[3]，旨在充实丰富培养学生的社会责任感、创新精神、实践能力相关内容，博物馆艺术教育同样落脚于此。以北京为例，在初高中美术教育教学中，教师们深入领会修订工作的指导思想和基本原则。

二 博物馆艺术课程教学研究的内容

笔者曾作为学校美育教师，深入研究和领会《普通高中艺术课程标准》《义务教育阶段美术课程标准》的学习精神，现作为博物馆业务工作者，为了更好地发挥和执行博物馆的教育职能，在研究和设计多项以青少年为教育主体的博物馆美育项目的同时，研读该课程标准，以确保博物馆美育视角下的艺术课程培育青少年的艺术学科核心素养，实践博物馆教育立德树人的根本任务。

谈论博物馆艺术课程教学研究的内容，首先要厘清博物馆艺术课程教育教学。提及博物馆艺术课程教育教学，第一，它是博物馆学和教育学交叉学科的产物，其次，是博物馆教育学和艺术学交叉学科的结果。基于此，我们可以说，当讨论博物馆范畴中的艺术学教育或艺术课程教学研究时，尤其是面向青少年为主体的博物馆课程，离不开《义务教育阶段美术课程标准》和《普通高中艺术课程标准》作为风向标。

那么博物馆美育视角下的艺术课程内容和教育目的包括哪些呢？笔者认为，博物馆艺术课程教育教学内容的具体指向有四点：一、通过博物馆艺术学习，使博物馆教育受众掌握相关的艺术语言，理解艺术的形象塑造和情感表达方式，提高艺术感知能力。二、博物馆教育受众参与各种形式的博物馆艺术实践活动，旨在提高表现能力与创造能力。三、博物馆教育受众经过博物馆艺术鉴赏教育和实践，旨在培养有益于身心健康的审美情趣，提升人文情怀。四、博物馆教育受众学习博物馆艺术课程，旨在了解、尊重中国和世界艺术的多样性，深入理解、包容多元文化，厚植自身人文底蕴。

三 深度体现博物馆艺术学科核心素养的清明节课程 [4]

为贯彻落实习近平总书记关于青少年“扣好人生第一粒扣子”的重要指示精神，北京市大葆台西汉墓博物馆积极履行社会责任，围绕立德树人根本任务，以培育和践行社会主义核心价值观为主线，充分发挥中华优秀传统文化教育的主阵地作用，向广大在校青少年普及历史文化知识，开展各类文化教育类活动，进行不同门类的博物馆艺术教育教学，服务教育、服务社会，并取得了良好的社会效果。

我馆的中华优秀传统文化系列活动包含艺术教育教学、线下展览、文化讲座、文化体验。具体以春节、清明、端午、中秋、重阳五个传统节日为活动时间点，为青少年设计美育课堂、讲解展览、开展讲座、提供文化体验活动，引导学生在知行合一的博物馆艺术实践学习中，感受中华优秀传统文化的艺术魅力。

生活是艺术之源，清明节作为中国传统文化节日之一，设计与实施该传统文化节日艺术课程，教学目标是引导青少年认识艺术起源于人类的生产、生活实践，探究人类如何运用艺术语言表现社会生活；引导青少年了解节日庆典等民俗活动，探究各艺术门类的综合性表现，发现各艺术门类之间的内在联系。基于此，确定课程主题为传承节日文化，涵养家国情怀。

第一，从宏观的角度，讲述历史背景。清明节是春天的节日，是厚重的节日。它既是农事节气，又是文化的节日，对自然的亲近、对先人的缅怀融合在一起，体现了我们中国人对天人合一、千年一脉的追求。它作为文化遗产，体现了对中华文明的传承。从奉祀先人，公祭黄帝，到扫墓祭祖，缅怀英雄，这是传统文化的生命力体现，它包裹着浓浓的家国情怀。为培养博物馆教育受众的“文化理解”素养进行铺垫。

第二，以历史为轴，探索历史脉络，链接艺术情怀。清明节历史悠久，是中华民族历史与文化长期积淀的产物，是中华优秀传统文化的代表。清明节的重要节俗是在吸收了寒食节和上巳节的节俗，经过长期的积累演变过来的。从三个层次引导青少年感受历史的厚度，以不同历史阶段为横轴，以不同艺术形式的变化为纵轴，引导学生认识艺术和中华民族生活和生产实践密不可分的关系，通过不同门类的艺术带领学生发现生活和环境中蕴含的艺术要素。潜移默化的培养博物馆教育受众的“艺术感知”素养。

1. 通过文学艺术，徐徐舒展“寒食禁火，习俗演变”历史画卷：寒食节是冬至后105天的节日，清明节前一二日。清明演变成纪念祖先的节日与寒食节有关，可追溯至《周礼》记载西周暮春禁火的习俗，并与介子推不图富贵而被烧死绵山的故事相关联，汉代称寒食节为禁烟节，唐代出现了寒食墓祭习俗的记载，《旧唐书》称“寒食上墓，宜编入五礼，永为恒式”。由于寒食节在清明节的前一天或前两天，民间多为将寒食、清明节联系起来，加上宋代以后寒食禁火逐渐消亡，清明节逐渐吸纳寒食节的习俗并替代之。

2. 通过绘画艺术与文学艺术，展开“祓禊祈福，曲水流觞”历史画卷：后来，清明节还吸收了上巳节的习俗。上巳节形成于春秋时期，农历三月初三举行，主要风俗是踏青、祓禊。祓禊指春秋二季临河洗浴，除灾驱邪，把自己身上陈旧污秽的东西祛除。魏晋后，又增添了临水洒会的习俗。《兰亭集序》（图 1），就是永和九年的上巳节，王羲之与众多好友流觞曲水，创作出天下第一行书。后世文人雅士，在营造宅邸时，也喜欢修建和曲水流觞有关的流杯亭，如故宫宁寿宫花园中的“禊赏亭”、潭柘寺的“猗玗亭”等。清明节逐渐融入了上巳节踏青的节俗。

图 1.《兰亭集序》

3. 通过摄影艺术，见证“传统民俗，历史演变”的现代画卷：大约从唐代开始，人们清明上坟到郊外缅怀祖先之余，顺便在明媚的春光里（图 2）骋足青青原野。因此，清明节也被人们称作踏青节。宋元时期，清明逐步形成一个以祭祖扫墓为中心，将寒食风俗与上巳踏青等活动相融合的传统节日。今天，清明除了是我国重要的传统民俗节日，也是国家的法定假日。这一天，人们在清明扫墓的同时，也伴之以踏青游乐的活动。清明节俗丰富，归结起来有两大节令礼俗传统：一为缅怀已故，慎终追远；二为走进自然，珍爱生命。

图 2. 清明春光

第三，以雕塑艺术为媒介，感受艺术作品的力量，激发博物馆教育受众自觉缅怀先烈，告慰英魂。祭祖扫墓，体现了中华民族慎终追远、敦亲睦族及行孝品德。自古以来，清明扫墓不仅是纪念自己的祖先，对历史上为人民立过功，做过好事的人物，人民都会纪念他。清明节祭扫烈士墓和革命先烈纪念碑，是革命传统教育的组成部分，是鲜活的历史教育。不忘历史，祭奠英雄。通过选择讴歌党、讴歌国家、讴歌英雄的雕塑精品力作（图 3），引导博物馆教育受众赏析雕塑艺术作品，分析其创作的历史背景、形式与内容、艺术价值等，探究艺术与时代的内在联系：今天的岁月静好，是无数革命先烈用生命换来的，这样一个肃穆的时刻，我们中华民族一起寄托哀思，告慰英魂。通过“结合博物馆教育受众的学习生活现状，树立五个

图 3. 革命先烈雕塑

当先”层层展开该传统文化节日艺术课程的情感、态度和价值观的教学目标。

1. 通过雕塑艺术的感染力，激发“传承精神，奋斗当先”的传承力：引导博物馆教育受众感知雕塑艺术的造型与内容，分析其内容背后承载的现实意义：今天的中国，正行进在决胜全面小康、实现“两个一百年”奋斗目标的新征程上，虽没有硝烟弥漫、没有炮火纷飞，但仍需我们传承英烈精神，为决胜全面建成小康社会、决战脱贫攻坚、打赢疫情防控人民战争、整体战阻击战、建设幸福美好祖国做出我们应有的贡献，幸福是奋斗出来的！

2. 通过摄影艺术的静谧，激发“种植绿色，环保当先”的思考力：植树是清明节自古以来的习俗，清明前后，种植树苗成活率高。古人认为先人的精神，当像山上的树木，是长青的；人的生命，也当像新种下的树木，在这春风中成长、向上。以植树作为纪念烈士的方式，不仅更符合清明节的本意，更将赋予清明节新时代的内涵。

3. 通过主题摄影艺术的穿透力，厚植“扫墓祭祖，孝行当先”的中华优秀传统文化的根基：家是最小国，国是千万家。在华夏儿女的精神谱系里，国家与家庭是有机整体。祭祖扫墓是清明节俗的核心。清明祭祖，跪拜先人，扫墓体现了一家人的门风与孝道，是后人对祖先和已故亲人的孝敬与关怀。著名哲学家冯友兰谈及行祭礼：“行祭礼并不是因为鬼神真正存在，只是祭祖先的人出于孝敬祖先的感情，所以礼的意义是诗的。”清明时节，通过摄影作品的熏陶，引导博物馆教育受众学习后人庄重而虔诚的墓祭，是报本反始的传统，是亲情传达的诗意。

4. 通过主题摄影艺术的感染力，树立“文明祭祀，生态当先”的担当精神：环保祭祀是新时代下传承和发扬传统文化的正确打开方式，我们追念亲恩、缅怀英烈，更要营造“文明低碳祭扫、节地生态安葬、绿色文明清明”的良好氛围。通过主题摄影，渲染清明节气氛，此教学阶段创设庄严肃穆的情景教学，引导博物馆教育受众更完整的认识清明节的文化内涵，通过博物馆教育教学引导其认识并领悟绿水青山就是金山银山的道理，通过大家生活学习中的日常行为，树立生态当先的意识，让天更蓝、山更青、水更绿。

5. 通过主题摄影的艺术影响，树立“弘扬文化，担当为先”的情感、态度和价值观：新时代、新形势、新要求，在当前全国上下众志成城、戮力同心，打赢疫情防控人民战争整体战阻击战的关键时期，我们用文明环保的方式通过网络追思怀念，感恩先烈，做文明祭扫的践行者和中华优秀文化的弘扬者，用新时代新担当新作为告慰英魂。此阶段教学内容通过雕塑艺术和摄影艺术，创设教学情境展开“五个当先”，提高博物馆教育受众的综合艺术能力。通过艺术作品创设情景，开展博物馆艺术课程的情景化教学，有助于提高受众解决实际问题的能力，通过创设节日文化的情景与氛围，进行博物馆艺术课程教学，使博物馆教育受众在节日文化实践中感悟艺术，建构节日知识，积累艺术经验，解决实际问题。

第四，以摄影艺术（图 4）和手工艺术（图 5）为主体，结合地域植被特色，“亲近自然，时令文化”。清明时节，杨柳青青，自然界生机勃发，正是踏青好时节。清明节的北京城，“四野如市，往往就芳树之下，或园圃之间，罗列杯盘，互相劝酬。都城之歌儿舞女，遍满园庭，抵暮而归”。扫墓后，人们围坐在鲜花盛开的树下或花园里围坐，享受大自然的生命力之美。此阶段的教学内容借助三种类别的艺术形式，走进自然，创设清明节传统文化节日的氛围：

图 4. 清明摄影艺术

图 5. 清明手工艺术

图 6. 清明祭祖扫墓

图 7. 玉渊潭的樱花

图 8. 清明时盛开的油菜花

1. 通过主题摄影艺术的清新自然和文学艺术的博大精深，激发“踏青郊游，顺应自然”的理念：清明时节的踏青郊游，原始文化意义为顺应时气，阳气发泄，万物萌生，春意盎然，人们顺时气、促生长。踏青、放风筝、荡秋千、拔河等时令活动皆有助于阳气散发。仿佛把活力与生机传递给身体。引导博物馆教育受众在春天走进自然，欣赏美景；顺应自然，娱乐身心，激发生命活力。

2. 通过文学艺术的魅力，结合地域气候与植被生长规律，激发“识花博文，阅读自然”的意识：引导博物馆教育受众学习宋代柳永《木兰花慢 · 清明》：“拆桐花烂漫，乍疏雨、洗清明。正艳杏烧林，缃桃绣野，芳景如屏。倾城尽寻胜赏，骤雕鞍，绀幰出郊垧。风暖繁弦脆管，万家竞奏新声。”清明时节，莺飞草长，自古以来都是赏花好时节。玉渊潭的樱花节（图7），北京植物园的桃花节，各种花节数不胜数。赏花以悦心，识花以博文，我们在传统的赏花基础上，通过花语寄托对生活的憧憬和健康的追求。继承传统的同时，实现对传统的革新；阅读自然，追求科学精神，培养新生活的好习惯，以真正的发扬中华优秀传统文化。

3. 通过老北京传统手工艺术的特色和文学艺术的魅力，激发“纸鸢高飞，融入自然”的意识。“只凭风力健，不假羽毛丰，红线凌空去，青云有路通”，放风筝是清明节深受欢迎的活动。老北京的风筝（图 9）制作十分讲究，讲述制作方法与流程，引导博物馆教育受众学习风筝的绘制包含了民间祈福的寓意，清明时节在郊外广阔之地放风筝，沐浴着阳春三月的阳光，呼吸着新鲜空气，或拉线奔跑或昂首仰视，心旷神怡，人体气血畅通。一只风筝联结了人与自然，在亲近自然中让生命活力得以绽放。此阶段的教学内容旨在通过学习，激发博物馆教育受众的想象力和创造力，理解中国艺术博大精深等表现特征，学习传统手工艺术的方法与技术，探索传统艺术的创新，并将创意表达能力运用到其他学科和生活领域。

图 9. 老北京的风筝

图 10. 北京清明小吃

第五，以饮食艺术文化的美术造型、色彩和地域特色，结合北京文化小吃，引导博物馆教育受众感受“养生时节，饮食文化”的历史内涵。养生好时节，正是清明时。中国人自古就重视时令养生，清明节的饮食与春季养生护生紧密结合。北有枣饼、面花、粥等，南有青团、清明螺、糯米藕等。其中，青团是青色的艾草汁拌进糯米粉，再包裹进豆沙馅儿的冷食小吃，原料来源于中草药寓意清明时节食用可清凉解毒，保健养生。北京小吃，寓意美好。老北京的清明小吃有哪些呢？当属姜丝排叉、硬面饽饽、焦圈、糖卷馃、豌豆黄、艾窝窝、马蹄烧饼、螺蛳转儿，馓子麻花、驴打滚、蜜麻花、糖火烧、芝麻酱烧饼、奶油炸糕在内的“寒食十三绝”。蜜麻花老北京俗称糖耳朵，节日期间特别火，是因为过去寒食节前后有放风筝的习俗，风筝上还得插上竹笛，犹如“筝”鸣，吃糖耳朵还是为了图个“耳聪目明”的好口彩。清明小吃里浸透着传统文化的美好寓意。美食艺术文化深得博物馆教育受众的喜欢，此教学内容旨在引导博物馆教育受众观察日常生活中的美食造型、颜色之美与文化内涵，并学习无论是亲近自然，还是品味春天，皆为顺应时令，激发自我身体与精神的生命活力。

第六，通过摄影艺术作品，树立“慎终追远，铭记历史”的情感、态度和价值观。中华民族是一个珍视传统，尊重祖先的民族。清明节祭祖既体现了对祖先的“思时之敬”，更体现了中华民族的对民族身份的认同和对民族文化的自信。通过讲解主题摄影作品中的内容，引导博物馆教育受众在缅怀英雄中，铭记历史，培养中华民族的文化自信，践行社会主义核心价值观，挺起精神脊梁、守望精神家园，树立崇尚英雄、缅怀先烈的良好风尚，继承爱国为民、艰苦奋斗的优良传统，弘扬坚韧不拔、真抓实干的奋斗精神，我们的事业必将一往无前。

最后，回顾该节日文化课程中不同形式的艺术类别，升华并落脚于“只争朝夕，不负韶华”的学习品质。中华传统节日是弘扬中华民族优秀文化和传承中华美德的重要载体。清明节祭拜先人，是对中华民族优秀文化感悟和认同的过程，唤起后人对祖先的追思和敬慕，体现了对祖先的感恩、对血脉责任的认同，从而使我们民族的优秀文化和共同记忆，得以代代相传、万载永续。引导博物馆教育受众把对先烈的追思之情转化为奋发前进的动力，只争朝夕，不负韶华，推进中华民族的伟大复兴，为创造人类美好未来而不懈努力。

图 11.“慎终追远，铭记历史”主题 摄影

四 全面展示博物馆艺术学科核心素养的考古研学与汉代饮食文化科普短视频

北京市大葆台西汉墓博物馆自 2019 年起，推出了“一铲千年——考古研学”系列科普旅游体验活动，分别为一铲千年——考古研学之“探寻古城 传承文脉”、一铲千年——考古研学之“认识考古 以史育人”历史学科教师项目研学课程实践培训、一铲千年——考古研学之人大附中航天城分校活动以及一铲千年——洛阳考古研学。在考古研学的过程中，博物馆工作人员将艺术元素注入到体验活动中，让同学们在认识考古，探索考古的过程中提高自身的艺术情操和文化素养。

首先，利用文物以美育人。“探寻古城 传承文脉”考古研学是以古城遗址为载体开发和实施的研学旅行课程，后期以“我为上谷郡沮阳古城办展览”为成果展示。整个研学旅行以“古城墙”“陶片遗迹”和“现代风车”三个元素为切入点进行实地考察。在散落着战汉时期陶片的河边，老师以带领同学们捡选陶片的方式，指导大家通过拓印去观察、欣赏、记录古代遗落陶片的颜色与纹路。从历史学、考古学角度让同学们尝试推测当时人们的生产、生活状况。从艺术学角度让同学们了解更多的古代纹饰（如从陶片拓印出的回字纹、绳纹等）（图 12）。

在对所捡选的陶片上的纹路进行分析记录后，同学们开拓思路，将陶片纹饰的几何美学元素运用到博物馆文创中，开发设计了一系列文化衍生品，如“陶片图形书包”“云纹直尺”“绳纹水杯”等（图 13），在艺术创作与表达的跨学科领域有新的认识和提高。该部分研学课程引导学生在考古研学的过程中以文物遗迹为载体，充分提高学生发现美、欣赏美、感受美、创造美的能力。

其次，利用非遗工艺制作以美润人。一铲千年——洛阳考古研学是以千年帝都、十三朝古都洛阳为中心而展开的研学活动。博物馆老师将带领孩子参观考古遗址博物馆、考古现场

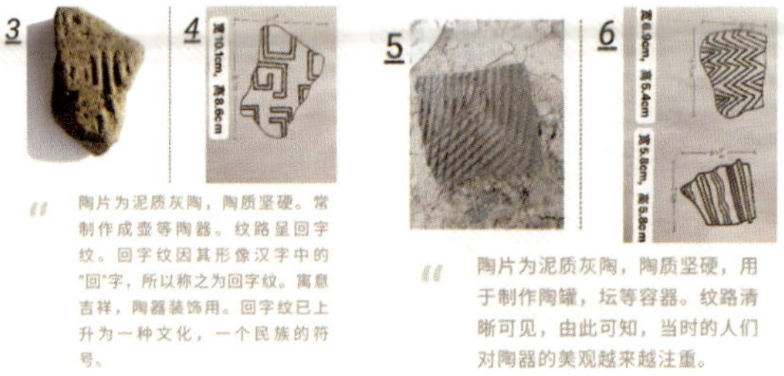

图 12.“陶片遗迹组”学生记录分析陶片纹路 [5]

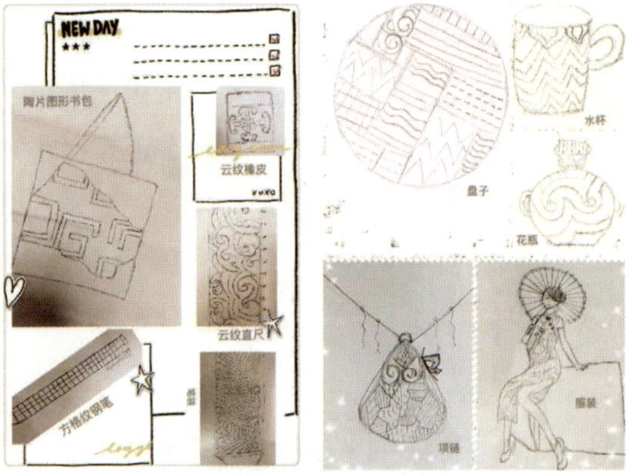

图 13.“陶片遗迹”组同学设计的“纹饰”文创产品 [6]

和文物修复中心等与考古相关的地点，让孩子们在现场切身体会河洛文化的源远流长，体验考古工作的风餐露宿、青灯黄卷的工作环境，增强学习考古知识的主观能动性。在这个过程中，考古研学也加入了毛笔制作、葫芦丝制作以及牡丹香制作等洛邑古城非遗文化课程，以“非遗”为载体，将其中蕴含的艺术元素和独特文化基因相结合，通过朴素的艺术手法向学生们传播博物馆美育方面的内涵。

以非遗课程——制作牡丹香为例，牡丹是洛阳的市花，牡丹文化是洛阳文化的重要组成部分。中国的香和香文化历史悠久，贯穿历史发展的整个过程，蕴含着中国传统文化哲学思想体系和中华文明传统的审美情调。在相关课程中，非遗牡丹香传承人向同学们讲述牡丹香的历史文化，祖传配方以及制作工艺。同学在制香的过程中也能感悟到香文化中的艺术魅力和非遗传承人的工匠精神，从而理解艺术与我们生活的关系。

2020 年伊始，突如其来的疫情席卷了全国，也深深影响了文博行业。博物馆界在此形势下，第一时间将文博宣传展览工作转移至线上进行，各类线上展览、“云游博物馆”直播、文化创意短视频掀起了一波线上“博物馆热”。大葆台西汉墓博物馆根据文化创意短视频的特点、结合该馆实际，设计了《广阳王府的小厨娘》科普短视频。该视频深度挖掘汉代饮食的文化内涵，以虚构的“广阳王府”为场景，将其中发生关于汉代饮食文化的故事以简洁直白、活泼俏皮的表现形式呈现给广大观众，宣传了汉代饮食文化，增强文化自信。

在短视频的前期筹备（筛选采购服化道）、中期拍摄（选择机位点位）、后期制作（配音及剪辑）的过程中，博物馆工作人员以能够反映汉代审美情趣和审美风尚为基础，进行适度的创作，让观众在观看视频的过程中，不仅能够学习汉代的饮食文化，同时也感受到汉代的历史文化和审美情趣。

首先，利用服化道感悟汉代历史之美。1. 服饰之美：曲裾是汉服的一种款式。汉朝尚火德，服装颜色主要以黑色和红色为主，暗沉且略显朴素，与现代通俗意义上所说的“汉服”形制相差甚远。为完全还原汉代的服饰特点，同时又兼具拍摄时对镜头色彩的美感把控，角色演员小厨娘（女）服装分别选用了以橘红色和肉橘色与紫红色相搭配的曲裾深衣，尉管家（男）选用了以黑红色相配的男士曲裾。2. 妆容之美：汉代妆容特色主要以“红妆”为主，整体妆容特色的简洁大方，带着些许慵懒，施粉黛还要会使用胭脂。汉朝的唇妆也是古代比较崇尚的“樱桃小嘴”。汉朝女子的发型属于

图14.“汉代莲藕汤”成品图

图15.“粔敉”成品图

简约清新，直接将披发轻轻挽起即可。小厨娘的角色定位是活泼可爱、美丽俏皮的，对妆容的把控至关重要，第一期“汉方莲藕汤”中的妆容造型恰到好处的表现了汉代妆容的特色美（图14）。3.道具之美：拍摄大背景分别选用了一深（深棕配黄色花纹）一浅（白色配浅灰色花纹）两种颜色背景布，与厨娘的曲裾颜色形成反差色，视觉效果明显；菜肴制作背景的搭配原则为不杂乱，以古风为主；烹饪器以粗陶、现代仿制的漆木器或青铜为主，颜色以深色为主，使菜品和器皿在空间、色彩以及图案上达到和谐统一，给人以美感（图15）。

其次，利用视频中插画体现文化创意之美。为了让短视频中的素材多元化，团队工作人员设计出了每期主题菜品的插画以及小厨娘的卡通人物形象，将两者融入到短视频的动画中。以“春分吃韭卵”这一期举例：视频开始以厨管家从厨房拿“鸡蛋”为切入点，引出春分“竖蛋”的习俗，在讲美食故事的过程中，向观众讲述韭卵与现代韭菜炒鸡蛋的区别。这一期的插画（图16）[7]正好将以上要向观众所传达的知识点全部体现出来了。以艺术插画的形式，简单、直观地向观众传播了饮食文化，丰富了传统文化教学模式。在这个过程中也提示博物馆工作人员未来以此形式来讲述文物故事，让文物更加贴近观众。

图16.“春分吃韭卵”插画

五 结语

博物馆美育视角下的艺术课程面向全体学生，以美育人，培育博物馆教育受众的艺术学科核心素养，在博物馆学与艺术中，在博物馆学与生活中，在中华优秀传统文化中，青少年受众参与艺术学各门类的实践活动，获得艺术感知、创意表达、审美情趣、文化理解的艺术学科核心素养。在博物馆学和艺术学交叉学科的背景下，在博物馆学、教育学与艺术学三重交叉学科的语境中，博物馆艺术课程具有复合性的特质。课程的教学目标落脚于增强受众的社会责任感，达到博物馆教育立德树人的根本任务。同时，该课程的多元视角有助于增强博物馆教育受众的文化认同和文化自信，使其“坚守中华文化立场，传承中华文化基因，展现中华审美风范”。

【注释】

[1] 国家文物局：《国务院关于文物工作和文物保护法实时情况的报告》，2021 年 8 月。

[2] 中华人民共和国教育部制定：《普通高中艺术课程标准》（2017 年版 2020 年修订），人民教育出版社，第 4 页。

[3] 中华人民共和国教育部制定：《普通高中艺术课程标准》（2017 年版 2020 年修订），人民教育出版社，第 4 页。

[4] 该课程部分图片来自网络。

[5] 图片出处：《从研学到展览：见证古今的相逢记录我们的成长》，北京市大葆台西汉墓博物馆官方公众号，网址：https://mp.weixin.qq.com/s/2bpmSrQlsOiL7LMe2Aw2_A

[6] 图片出处：《从研学到展览：见证古今的相逢 记录我们的成长》，北京市大葆台西汉墓博物馆官方公众号，网址：https://mp.weixin.qq.com/s/2bpmSrQlsOiL7LMe2Aw2_A

[7] 该插画由我馆保管部郭乐设计。

博物馆学与心理学

博物馆如何改善观众参观行为中的“视而不见”现象

——从心理学“无意视盲四因素模型”出发

刘 沙（湖北省博物馆）

摘要： 在日常生活中，注意的筛选机制使得一部分信息进入了观者的眼帘，却没有进入观者的知觉系统，这种现象在心理学上被称为“无意视盲”。观众在博物馆展厅的参观行为中也普遍存在无意视盲现象，这就需要从业者了解无意视盲的原理和作用方式，从而规避和利用它。无意视盲“四因素模型”分析了影响无意视盲现象的四种因素，即客体显著性、主体加工能力、期望与心理负荷，博物馆可以通过这些渠道改善观众的无意视盲现象，进而改善观众的参观学习效果。

关键词： 博物馆；无意视盲；注意力；观众研究；展览

在日常生活中，有时我们“看着”某物，却未必真的“看见”了某物，这种对视野中的事物视而不见的现象在心理学中被称为“无意视盲”（Inattentional Blindness）。无意视盲在生活中很常见，比如我们思考着某事走在路上，却忽略了迎面向我们打招呼的朋友；司机在行驶时忽略了正在过路的行人，从而引发了交通事故等。无意视盲现象也存在于博物馆的展厅中，有时观众的视线投向了某物，实际上却没有知觉到其存在，事后也对其毫无印象。作为博物馆从业者，我们无疑不希望观众对我们精心构建的展览元素视而不见，我们期待展览的每件展品、每条说明文字、每个巧妙的设计都被观众接收和理解，这就需要从业者了解无意视盲的原理和作用方式。对无意视盲现象了解得越多，就越是能规避和利用它，以此来指导博物馆展览的建设。

1998 年，剑桥大学的 Mack 和 Rock 在《无意视盲》（Inattentional Blindness）一书中对这一现象首次进行了深入分析，并得出结论：“没有注意，就没有有意识的知觉”[1]。具体来说，“无意视盲”本质上是注意力如何影响感觉进入知觉的问题。“感觉”指的是主体的感官（如眼睛、耳朵、鼻子）接受到的信息，“知觉”指的是主体对感觉信息进行组织并解释的加工过程。闪烁的火焰、车辆的喇叭声、青草的香气……每天的每个时刻都有来自外界的大量刺激不断冲击着我们的感官，这些感觉信息需要经过大脑的加工组织，才能转换成为有意义的知觉信息。而“注意力”就像一个从感觉到知觉的过滤器，感觉系统中只有小部分信息通过这个过滤器进入知觉系统，其余都丢失了，甚至没被主体觉察到。Marc Green 认为无意视盲主要受下面四种因素影响：客体显著性、主体加工能力、主体期望以及主体心理负荷[2]，宾夕法尼亚大学的 Erdan Gu 等人将此称为四因素模型（The Four Factors Model）[3]。本文主要分析四因素模型对无意视盲的影响，以及博物馆对此可以采取的改善措施。

一 客体显著性对观众无意视盲的影响

客体显著性（Conspicuity）指的是物体吸引观者注意力的能力，可以分为两种形式：感觉显著性（Sensory Conspicuity）和认知显著性（Cognitive Conspicuity）。感觉显著性指客体的物理信息，如大小、颜色、位置等；认知显著性指客体的语义信息对主体在认知方面的意义。主体的知觉是自下而上和自上而下加工交互作用的结果，因此主体注意力的分配既受到客体的物理信息影响，又受到客体的语义信息影响，即主体在观看一个场景时，既会因为场景中物体的大小、颜色、亮度和对比度等物理信息而被动地关注某些区域，也会因为对场景中某些信息感兴趣而主动关注某些区域。

“感觉显著性”即客体的大小、颜色、位置、对比度及运动特征等因素，其通过自下而上的加工方式自动将注意力吸引过来。已有大量研究表明客体的感觉显著性对知觉的注意具有引导作用，比如：物体越大，被觉察到的可能性越大；物体距离视点中心距离越远，被觉察到的可能性越小；被试者对绿色客体的觉察率高于黑色客体等等[4]。对博物馆来说，增加客体感觉显著性的措施，可以单纯在物理信息上着眼，比如有时某件重点展品的体量很小，容易被观众忽略，馆方可为其拍摄巨幅照片安放在展柜背后，从而使观众意识到其重要性。对相同元素的累加和堆砌也可以强化视觉效果，吸引观众的注意力，如南京博物院在基本陈列中采用了“标本室”的陈列方式，将原本不太抓人眼球的陶器大量地摆放在近十米高的玻璃橱窗里，成为了观众很难忽略的精彩展项。馆方还可以增加展项和周围背景的对比度，使重点从展示空间中凸显出来。比如：在说明文字方面，对文字的不同内容或突出或弱化；在照明方面，对重点展品与环境照明进行有差异的重点照明；在色彩方面，主体和背景的色彩不会太接近，在大的统一中形成有变化的效果。

至于客体对主体的“认知显著性”，可以从两个方面来分析：一是客体与场景的“语义一致性”，二是客体对主体的“语义相关性”。从语义一致性的角度来说，客体的语义信息是否与所在背景的语义信息相一致能够影响人们对客体的知觉过程。人们的日常经验能够对客体所在的背景结构进行学习，比如我们都知道电脑总是出现在书房里，而不太可能出现在厨房中；一台手摇计算机可能出现在近现代史的展览里，却不太可能出现在古代史展览中。但是，客体与场景的语义一致性究竟能够对知觉产生促进还是减弱作用，目前学界尚未形成一致的结论。有的研究认为，当场景中的客体与背景信息相一致，背景能够结合个体的相关经验引导个体的注意力，比如 Boyce 在 1992 年的研究中发现，当目标呈现在与之相关的背景中，与呈现在与之无关的背景中相比，被试者能更加有效地识别物体[5]。也有研究认为与背景语义不一致的客体表现出语义特异性，违背了通常的场景想象，更容易引起主体注意的捕获，比如 Hollingworth 和 Henderson 在 2000 年的研究中发现被试者对客体在不一致场景中的变化探测要快于一致场景[6]。对于博物馆从业者来说，一方面要注意到展项背景的语义信息，减少与展项毫无意义的背景设计元素，有些设计元素本身具有明显的意义，但又与展项本身的意义不相关，就会干扰观众的注意力；另一方面也可以独辟蹊径，在展览中设置少数具有语义特异性的展项，其特殊性会自然而然地吸引观众的注意力。比如明尼苏达科学博物馆在 2007 年举办了一个“种族：我们真有那么不同吗”展览，其中一项展品是在玻璃柜中摆放了几摞钱以表示美国不同种族的平均收入。金钱，尤其是成摞的金钱出现在博物馆的展柜中，与人们日常对博物馆的场景想象不符，因此很容易地吸引了观众的注意与讨论[7]。

从“认知显著性”的角度来说，与主体有意义相关性的客体更能受到主体的注意，比如实验室研究发现，和无意义的符号相比，被试者对名字和笑脸的觉察率较高[8]。一个与之相关的日常现象是听觉的“鸡尾酒会现象”（cocktail effect），即我们可以在吵闹的鸡尾酒会中轻松地把注意力集中在与某一个人的谈话中。如果自己的名字被周围人提起，即使声音再小，我们也可以敏锐地觉察到。既然客体对主体有意义相关性，就会更容易吸引主体的注意力，因此博物馆应尽量增加展品与观众的语义相关性，即加强展品与观众的联系与意义。每一个参观者都希望在展览中看到与自身有关的信息，博物馆如果能针对观众的个体特点呈现与之相关的个性化的内容，一定能吸引他们的注意。例如美国的沃尔特斯艺术博物馆举办了一个名为《英雄：古希腊的凡人和神话》临展，观众可以先在展厅入口做一个简单的测试，测测自己最像八个古希腊英雄中的哪一个，然后馆方会发给观众一个金属胸章和信息卡片，引导观众在参观中找到和自己的英雄相关的展品[9]。这样的设计能让每一位观众都切实地感觉这个展览与自身具有相关性，既能最大程度地吸引观众的注意力，也能加强观众对展览的理解与记忆，大大提升了观展体验。

二 观众加工能力对无意视盲的影响

加工能力（Capacity）指某个人能够同时对多个刺激或信息进行处理、储存和提取的能力，加工能力更弱的主体出现无意视盲现象的可能性更高。加工能力受主体的生理能力（如年龄）、人格特质（如神经质水平、外倾性维度）、生理状态（如是否受到酒精或药物影响）、情绪状态（如疲劳、焦虑）等因素影响。比如研究发现，与 13 岁与 23 岁的人相比，8 岁的孩子更容易出现无意视盲；与清醒的人相比，中度饮酒的人更容易出现无意视盲[10]；与内倾性维度者相比，外倾性维度者更容易出现无意视盲[11]。

在影响观众加工能力的几个因素中，博物馆很难对观众的生理能力、人格特质与生理状态做出改变，但博物馆可以帮助观众调节情绪状态。对博物馆观众影响最大的情绪状态就是疲劳感。观众在展览中需要接收大量信息，加上体力的快速消耗，很容易产生疲劳感。早在 1916年，吉尔曼创造了“博物馆疲劳”（Museum Fatigue）这一术语，得到了学界的广泛关注和讨论[12]。在博物馆参观过程中，随着时间的推移，观众会普遍出现体力下降、注意力和兴趣降低的现象。一般在展览开头，观众的注意力高度集中，倾向于反复观察展品，仔细阅读说明文字，而在展览的中后部分则开始倾向于匆匆瞥过展品，越来越快地向出口方向移动。而观众在每一个区间停留的时间越短，越容易出现无意视盲现象。策展方有必要在展览的设计中帮助观众在生理上缓解疲劳感：一是改善参观环境，营造适宜的楼层和地面材料、合理的空间分割、安全美观的照明与温湿度合适的环境，避免令人烦躁的噪音、浑浊的空气、过强或过弱的光线；二是在展线上间歇性地设置休息设施，比如安放休息座椅、观看中场视频或设计有趣的互动设施，以供观众得到适当休息，恢复体力。

积极或消极的情绪状态对人的认知加工无疑存在影响，研究发现，给被试者先看一些具有情绪唤醒作用的词汇或图片，那些接受负面情绪刺激的被试在随后的认知任务中表现更差[13]，即消极情绪会阻碍个体的认知加工能力。因此，博物馆应该努力增加创造正面情绪的元素，并帮助观众消除负面情绪。例如在台北世界宗教博物馆，观众在参观之前会看到一块巨大的玻璃，晶莹的水流沿着玻璃表面流下，观众遵嘱将双手手掌贴在玻璃上，当流水流过指缝，观众的心境也变得宁静平和[14]。这样的仪式性体验帮助观众消除了车水马龙的闹市带来的嘈杂情绪残像，进入到平静而愉悦的“博物馆语境”。这样的状态不仅能提升观众的认知学习效果，也带给观众更好的情绪体验。

三 观众期望对无意视盲的影响

期望（Expectation）对注意力有很强的影响，期望告诉主体在这个场景中哪些信息是值得注意的，相对来说另一些信息也就更容易被忽视。研究发现，当非期望物体与被试者正在期待的物体相差较大，即使非期望物体具有很高的客体显著性（如具有独特的形状、亮度、颜色及运动轨迹），被试者仍然有很高的概率忽视它[15]。也就是说，当个体对某物的呈现没有任何的心理预期，会更容易对其“视而不见”。

因此，博物馆在展览中应该做好预告，在正式的展厅导览之前为观众准备“预热”，增加观众对展览体系与重点的把握，同时主动抛出展览中吸引人的亮点，引导观众形成明确的预期。这样的预热形式可以是多样的：一是可以为观众准备好导览指引手册，如一些博物馆为青少年准备了设置多个问题的手册，让观众以一种闯关解谜的方式来探索展览内容，对观众的参观大有裨益，上海自然博物馆的研究表明好的“学习单”有助于参观者更自信、更合理地从多个角度构建对展品的认识[16]。二是可以播放关于博物馆的短片，例如在敦煌莫高窟，游客可先去莫高窟数字展示中心观看主题数字电影《千年莫高》，再乘坐摆渡车前往莫高窟进行实地参观，这样的设计得到了游客的普遍好评；有的馆甚至还有小型表演，例如美国史密森博物学院的“与博物馆面对面”（Meet the museum）节目，合作馆在观众开始游览展厅之前，会先把观众带到剧院，呈现一段20至30分钟的剧场表演作为开场白[17]。无论哪种形式的预热，都会对其后的参观效果有显著影响，即使只是简单介绍此次参观的目的、馆内的主要展览和活动、不可错过的重点和亮点等寥寥数语，也能减少无意视盲现象，使观众的游览更加高效和有目的，更好地实现传播目标。

四 观众心理负荷对无意视盲的影响

由于个体的注意力资源是有限的，当个体已经在做某个信息加工任务，其认知资源已经被占用时，另一个任务能占用的认知资源就相对较少，也就是说，主体心理负荷（Mental Workload）越重，就越可能发生无意视盲现象。在日常生活中，司机调节车辆面板的按钮或与后排乘客对话，都可能增加其对马路上的行人“视而不见”的现象。Simons 与 Chabris 在 1999 年的实验证实，当被试者进行较困难的任务时，更容易忽略非注意刺激。在实验中，被试者观看一段一分钟的录像，里面有 6 个分别穿着黑色和白色衣服的人在小空间内玩传球游戏，其间有一个穿着黑猩猩衣服的人从一边走到另一边，实验发现当被试者进行的任务较简单（数传球总次数），与被试者进行的任务较困难（分别数空中传球和地面传球的次数）相比，被试者觉察到“黑猩猩”的比率更高一些[18]。也就是说，主体正在进行的认知任务越困难，其心理负荷越重，也就越容易出现无意视盲。

这也与心理学家约翰 · 斯维勒（John Sweller）等人在 80 年代提出的“认知负荷理论”（Cognitive Load Theory）相通。认知负荷理论认为个体的工作记忆的容量是有限的，因此当工作记忆出现超负荷时，就无法进行有效的信息加工。认知负荷理论将“认知负荷”分为“内部认知负荷”（Intrinsic cognitive load）和“外部认知负荷”（Extraneous cognitive load）[19]，博物馆可以从这两方面入手，避免观众心理工作负荷过重的情况。“内部认知负荷”指由于学习任务和学习材料本身的难度而产生的认知负荷，当学习材料相对于主体的经验水平过于复杂时，学习者就有可能出现超负荷，学习效率就会降低。因此，博物馆一是应该注意展览的知识难度，针对目标观众群的认知水平，合理设置知识难度；二是应该注意控制展览的知识密度，展示密度太大，陈列信息过载，导致信息输入量过大或过快，就更容易发生无意视盲现象，馆方应该通过流畅合理的空间划分及展线设计控制信息的输出，营造合理的展览节奏，使观众获得舒适的学习感受，减少心理工作负荷。“外部认知负荷”指由于不恰当的教学方式或资料呈现与组织方式带来的认知负荷。例如，如果单纯用文字呈现一段材料，过多的文字会加重主体的认知负荷；如果采用“图片 + 文字”的形式来呈现，主体的外部负荷就会降低；如果采用“图片 + 声音”的形式，外在负荷会进一步降低。博物馆应该关注信息的呈现方式，通过改善形式设计的呈现方式来控制外部认知负荷，改善观众的学习效果。

另外，认知负荷理论的“内部认知负荷”与“外部认知负荷”都是针对学习任务本身的内容与组织方式而言的，但博物馆还应注意外部的环境元素对学习行为可能造成的干扰而增加的认知负荷，这里暂且称之为“环境认知负荷”。参观行为发生在公共环境之中，观众在参观展览的过程中很容易受到环境的影响而造成注意力的相对分散，因此博物馆应尽力降低与展览或活动主题无关的这部分认知负荷。日本设计师深泽直人曾提出“无意识设计”或“直觉设计”理念，认为设计应当与人们直觉产生的无意识行为相契合[20]，优秀的设计应该在生活中观察人们细节处的行为习惯，创造符合人们直觉的交互行为，从而最大限度地降低用户的认知负荷，让用户不用去刻意思考就能实现产品的功能。博物馆在参观环境的营造中也应该遵循这一原则，比如合理设置导向标识和展览路线，使标识系统清晰醒目且简洁准确、参观路线流畅合理且重点突出，避免观众参观动线发生交叉、缺漏和回溯，使观众不会因为导向的困惑或路线的迷失而引起认知的不必要负荷。

五 结语

对无意视盲现象的研究本质上是对注意力的研究。注意力是外部世界进入人们大脑的过滤器，是一切传播和学习行为发生的基础。在信息过载的数字时代，人们的注意力是最稀缺的资源，对注意力的生产、管理与争夺是各种媒介竞争的焦点，不仅是各种商业机构安身立命的基础，也是博物馆这样的公益机构实现社会效益的根本途径。抓住观众的注意力是博物馆有效实现传播效果的前提，如果不能吸引到观众的注意力，提供再多的信息也只是博物馆人的自娱自乐。因此，博物馆需要考虑什么样的内容、表达方式和环境有助于吸引和保持观众的注意力[21]，只有对影响观众注意力的因素有清晰的认知，了解观众的心理需求与心理机制，才能吸引观众，实现有效的文化传播。

最后需要强调的是，无意视盲现象不是注意力机制出了错，而是一种生活的常态，是人类心理机制工作的必然结果，Marc Green 曾坦言：“试图消除无意视盲现象就好像人类快速摆动自己的双臂而试图飞起来。”[22]在日常生活中，我们的感觉器官每时每刻都在接受海量的信息输入，认知系统能力的有限性决定了我们不可能、也没有必要对所有这些信息都一一进行加工。在每一天的每一个时刻，我们都无意识地忽略了大多数信息，这是不可避免的。因此，虽然博物馆都希望每位观众都能按照馆方预先设定的方式接收到展览所传播的全部信息，但毫无疑问会有部分信息被忽略。馆方不应期待观众能注意到展览的每个展品、每段说明文字或每个设计细节，而是应该选择突出展览重点，营造有详略、有节奏和有亮点的展览，为观众提供充实而难忘的观展体验。

【注释】

[1] Mack A, Rock I. Inattentional Blindness. Cambridge: MIT Press, 1998.

[2] Marc Green. Inattentional blindness and conspicuity[EB/OL]. [2021-08-20]. http://www.visualexpert.com/Resources/inattentionalblindness.html

[3] Gu E, Stocker C, Badler N I. Do you see what eyes see? Implementing Inattentional Blindness. Lecture Notes in Computer Science, 2005, 3661: 178-190.

[4] 李会杰、陈楚侨：《注意捕获的另一扇窗户——无意视盲》，《心理科学进展》2007 年第 4 期。

[5] Boyce S J, Pollatsek A, Rayner K. Effect of background information on object identification. Journal of experimental psychology Human perception and performance,1989,15(3).

[6] Andrew Hollingworth, John M. Henderson. Semantic Informativeness Mediates the Detection of Changes in Natural Scenes. Visual Cognition,2000,7(1-3).

[7] [美]妮娜·西蒙著，喻翔译：《参与式博物馆：迈入博物馆 2.0 时代》，浙江大学出版社，2018 年，第 143 页。

[8] 同[4]。

[9] [美]妮娜·西蒙著，喻翔译：《参与式博物馆：迈入博物馆 2.0 时代》，第 50-55 页。

[10] 同[4]。

[11] 周路平、孔令明：《情绪状态和人格特质对无意视盲

的影响》，《人类工效学》2010 年第 4 期。
[12]周婧景：《从“博物馆疲劳”概念出发：参观博物馆的影响因素、检测方法与改善建议》，《中国博物馆》2018 年第 2 期。
[13]陈武英等:《情绪诱发的视盲: 一种独特的功能性视盲》,《心理科学进展》2014 年第 3 期。
[14]严建强：《博物馆媒介化：目标、途径与方法》，《自然科学博物馆研究》2016 年第 3 期。
[15]葛国宏等:《无意视盲研究及展望》,《宁波大学学报（教育科学版）》2014 第 3 期。
[16]陈柏因、陈美霖：《自然博物馆中学习单对亲子参观对话的影响》，《科普研究》2019 年第 6 期。
[17]郑奕：《博物馆教育活动研究》，复旦大学出版社，2015 年，第 200-201 页。
[18]Daniel J Simons,Christopher F Chabris. Gorillas in Our Midst: Sustained Inattentional Blindness for Dynamic Events. Perception,1999,28(9).
[19]高媛、黄真真、李冀红、黄荣怀：《智慧学习环境中的认知负荷问题》，《开放教育研究》2017 年第 1 期。
[20]丁锋、吴卫：《深泽直人与他的“无意识设计”》，《湖南工业大学学报（社会科学版）》2011 年第 2 期。
[21]唐贞全：《从信息传播到注意力传播——当代博物馆展示理论的变迁与思考》，《东南文化》2011 年第 1 期。
[22]Marc Green. Inattentional blindness and conspicuity[EB/OL]. [2021-08-20]. http://www.visualexpert.com/Resources/inattentionalblindness.html.

后疫情时代积极心理学在博物馆儿童教育工作中的应用

孟 玲 汪 旭（葫芦岛市博物馆）

摘要：积极心理学是致力于研究普通人的活力与美德的科学。主张研究人类积极的品质，充分挖掘人固有的潜在的具有建设性的力量，促进个人和社会的发展，使人类走向幸福。有研究提示，新冠肺炎疫情作为新的应激原可能对儿童心理行为具有较长期的影响。利用博物馆资源优势和儿童教育经验，削弱应激事件给儿童观众带来的负面心理影响，帮助未成年人适应疫情防控常态化并在这一形势下健康发展，是摆在博物馆儿童教育工作者面前的新挑战。在后疫情时代，要充分认识到积极心理学引入博物馆儿童教育工作的价值，着力积极心理学理念下教育策略的研究与实践，在教育活动中创造积极体验、多元评价和积极关系以提升博物馆儿童教育工作质量，实现博物馆的教育目标，力求将深入中国人骨髓里的传统文化与积极心理学有机融合，让孩子们在博物馆中体验快乐、学习知识、发现自我，从物理层面循序渐进到精神层面，在东方传统美德中收获力量、建立自信、幸福人生。

关键词：后疫情时代；博物馆；儿童教育；积极心理学

2020年新冠肺炎疫情席卷全球，面对这次重大突发公共事件，我国博物馆积极应对，充分发挥了博物馆的社会服务功能，展现了博物馆在社会复苏和公众精神重振过程中的独特价值。“博物馆中国”微信公号、《中国文物报》发起的“后疫情时代观众心中的博物馆”调查问卷数据显示：三分之二的受访者认为在疫情期间，博物馆的创新举措体现了它的文化驱动价值，推动社会和人们心理的恢复重塑。约有五分之一的人表示博物馆可以带来心灵治愈和情绪安抚。博物馆的社会价值在后疫情时代将被进一步挖掘、拓展，博物馆的情感价值、艺术疗愈价值必将充分体现在未来的展览和教育活动中。相对于成人来说，遭遇突发性公共卫生事件，心智尚未成熟的未成年人受到的心理威胁更大，有研究提示，新冠肺炎疫情作为新的应激原可能对中小学生心理行为具有较长期的影响。如何利用博物馆资源优势和儿童教育经验，削弱应激事件给儿童观众带来的负面心理影响，帮助未成年人适应疫情防控常态化并在这一形势下健康发展，是摆在博物馆儿童教育工作者面前的新挑战。在后疫情时代，将积极心理学理论与方法引入博物馆的儿童教育工作具有重要的研究价值和实践意义。

一 后疫情时代积极心理学引入博物馆儿童教育工作的价值

（一）突发应激事件对儿童心理的负面影响

新冠肺炎疫情的爆发在威胁儿童身体健康的同时，也改变了儿童的成长环境，给他们带来了巨大的心理挑战，主要体现在以下三个方面：一是新闻媒体持续报道引发压力感，增加“替代性创伤”的风险。即使外部环境中没有明显的威胁，但儿童对自己正常生理过程的解释和推测出现偏差，可能引起内在体感性恐惧，因此感到紧张焦虑。二是来自家人的焦虑。英国创伤协会的专家认为，新冠疫情可能造成一代儿童形成充满焦虑感的世界观，认为世界是不安全的，我的父母在灾难面前束手无策，本应保护和照料我们的家人无能为力。三是疫情防控措施要求关闭人员密集型机构、民众必须保持社交距离。学校及校外教育机构相继关闭，生活秩序瞬间被打乱的惊恐、焦虑、压抑等负面情绪无法通过同龄人社交进行排解，不能及时获得儿童心理发育必需的社会支持，导致其心理保护性资源缺失。来自社会和家庭的影响，在不同程度上造成了儿童心理的内在失序。内在失序也就是资讯跟既定的意图发生冲突，或使我们分心，无法为实现意图而努力，是对意识极为不利的影响力，所有失序的现象都强迫注意力转移到错误的方向，不再发挥预期的功能，精神能量也窒息了[1]。学习无动力、真实世界无兴趣、社交无能力、生命无价值感的“四无”心理危机就是典型的儿童青少年心理内在失序从而精神能量窒息的表现。

（二）积极心理学对儿童心理健康发展的正向作用

积极心理学主要是“利用心理学目前已比较完善和有效的实验方法和测量手段来研究人类的力量和美德等积极方面的一种心理学思潮”[2]跳出儿童心理干预一贯遵循的病理心理学与消极心理学研究的范式，积极心理学无疑是儿童心理健康发展史上的一项重大突破。

积极心理学的研究内容主要分为三点：一是积极的主观体验，如快乐、希望、满足感和幸福感；二是积极的人格特征和品质，如自尊、自信、努力、坚持、公民意识、利他行为等；三是积极的社会组织系统，积极心理学非常重视社会背景下的人及其体验的再认，意识到积极团体和社会机构对于儿童健康成长的重要意义。在疫情常态化背景下，积极心理学一方面通过创造积极的主观体验，应对疫情给儿童带来的心理压力；另一方面通过培养儿童积极品质，帮助儿童在困境中不被击垮，在逆境中得到成长和发展。

（三）博物馆儿童教育与积极心理学的有机结合

儿童观众一直以来都是博物馆重要的服务群体，为儿童观众提供优质的教育服务是博物馆的社会职责。为了给儿童创造最适合其成长的学习环境，博物馆一直以尊重儿童的发展规律为基础，以满足儿童的学习需要和身心发展为目标，不断探索儿童教育理论、脑科学研究成果与博物馆教育实践的有效融合。随着理论与实践的不断丰富，博物馆的文化力量与艺术疗愈价值也日益凸显，在儿童心理健康方面发挥了积极作用。

纵观博物馆的发展史，哲学、教育学、心理学等学科内的一次次变革总会不同程度地影响博物馆学的理念与实践。积极心理学是将心理学的研究关注放在心理健康和良好的心理状态方面，是一门旨在促进个人、群体和整个社会发展完善和自我实现的科学[3]。有些观点甚至认为积极心理学是为了解决现代人面临的生态危机、社会危机、精神危机等种种严峻局面应运而生的。积极心理学与博物馆儿童教育工作的有机结合主要体现在两个方面：一是积极心理学为博物馆儿童教育工作提供了科学方法。从本质上说，积极心理学致力于激发普通人的幸福感、力量与美德，主张研究人类积极的品质，强调挖掘人固有的潜在的具有建设性的力量，发展积极的社会组织系统，使人类走向幸福，现过上快乐的和有意义的生活，与博物馆满足人民美好生活、为社会培养全面发展的储备力量的目标是一致的，积极心理学方法的应用，将有益于提升博物馆儿童教育工作的服务质量，使儿童观众在博物馆学习中更容易产生力量感、获得感与幸福感。二是博物馆资源与积极心理学的有机结合，会形成真正具有中国特色的积极心理课程。以我国博物馆厚重的中华优秀传统文化、革命文化和社会主义先进文化资源作为积极心理学课程的重要内容，建构积极的人文观、积极的体验观、积极的行为观、积极的生活观、生命的意义等结构体系，让儿童青少年在中国文化元素中，用符合中国人的思维方式学习心理学知识，进而提高对自身行为的思维引导能力。

二 积极心理学理念下的博物馆儿童教育策略

（一）力求“快乐”的主观体验，从物理层面循序渐进到精神层面，通过积极体验培养儿童观众的积极人格。

“教育”作为博物馆的首要目的和功能已经得到广泛的认可，但是不能否认的是，吸引观众参观博物馆的最大动力是博物馆给人带来的好的、快乐的主观体验。事实上，在“教育”这个终极目标观照下，博物馆行业有责任为受众提供无限欢乐，并且是有质量的欢乐、蕴含学习的欢乐[4]。“快乐”的主观体验内涵非常丰富，愉悦、希望、满足、甚至还有幸福感都可被人称之为“快乐”，与游乐园纯感官刺激的快乐相比，博物馆提供给受众的这种快乐，来自于主动探索、积极思考、解决问题，与积极心理学中的最优体验——心流极为相似。我们在儿童教育活动中会经常会看到孩子们的“心流”，就是当他们特别专注地做一件目标明确而又有挑战的事情，比如在听讲解或进行体验时，与讲解员积极互动或是沉浸在手工制作中全情投入，不受外界干扰，进入忘我的状态，整个过程都呈现出强烈的参与感和愉悦感，活动结束仍感觉意犹未尽。这种身心充实、愉快的体验会驱使孩子们反复回到博物馆，突出“快乐”的儿童教育体验是吸引他们、留住他们、引导并培养他们，让儿童观众真正爱上博物馆，逐步养成利用博物馆终身学习的有效手段。通过积极体验的积累，引导、培养儿童形成积极人格，从而更好地发展自我，和谐地融入社会。

（二）充分发挥博物馆资源优势，挖掘中国文化的驱动力，在中国精神、中国智慧、中国价值中收获积极能量。

有研究者认为儿童青少年接触到外部资源和经验越多就越有可能获得积极发展，但是发展资源会因儿童青少年所处的社会情境与文化背景不同，对发展结果产生不同的影响[5]。中国的文化有着极强的凝聚力和感召力，其文化价值更加开放，更易被人接受。积极心理学将人们的品格分为六类，其中智慧、勇气、人道、公正和节制，正是儒家思想强调了几千年的中国传统美德。积极心理学本身就是一门构建精神和启示心灵的课程，而这正是历史文化的本质功能，博物馆的每件藏品都有丰富的文化内涵，这些文物中承载的中华民族的生存智慧、道德精髓和情感价值，为人们提供了正确的精神指引和强大的精神动力。博物馆在进行儿童教育内容设计时，要突出博物馆资源优势，积极探索传统文化、红色文化内驱力的延伸与丰富，将对文物本身纹饰、材质、造型、功能的关注升华为中国智慧、中国精神、中国价值和中国力量的提取，为儿童积极人格形成提供健康的土壤，为未来儿童的全面健康发展提供精神信仰。

（三）博物馆儿童教育工作的专业化培训

儿童博物馆核心教育理念的传递不仅仅是依靠展览项目的设计，同时也需要场馆工作人员和教育人员能够深刻理解这些教育理念，并能将这种理念内化为自己的工作及行为模式[6]。在教育实践中，积极心理学的应用并不是“你真棒！”这样的简单夸奖，而是需要坚实的多学科知识储备。以积极心理学强调的多元化评价为例：教育员在儿童教育活动中，通常会有一个传统的评价标准，诸如小朋友们是否踊跃回答问题、谁画得像、谁做得好之类的，并根据这个标准鼓励他们，得到表扬的小朋友会更积极投入到活动中，没得到表扬的孩子就一幅事不关己的神情。多元评价是建立在多元智能理论基础上的，沉默不代表没有思考，做得不像不代表没有创意，教育员需要在活动中发现不同智能儿童的特点和优点，鼓励他们展示自己的个性， 让个体享受成功喜悦，更加自信乐观，从而选择适合自己的学习方式。积极心理学强调心理学只有以积极待人，创造积极精神，提供积极机会，肯定积极的价值，才能使它的服务对象在感受积极的过程中，学会创造积极，给予积极，并最终获得一种实实在在的积极力量。[7] 博物馆儿童教育工作需要专业化培训，博物馆儿童教育的核心理念才能真正落实，才能对儿童产生深远的影响。

三 积极心理学指导下的博物馆儿童教育实践

2020 年 7 月，葫芦岛市博物馆按照疫情防控要求，实行闭馆，线下儿童教育活动改在线上开展。但是受全学科线上授课和家长保护孩子视力的影响，线上课程的参与积极性不高，与以往线下课程的火爆程度形成鲜明对比。为了在这个不同寻常的暑假保证教育服务质量，提供积极方案帮助家长和孩子们释压，葫博宣教部在积极心理学理念指导下设计了“伟人的成长之路”和“寻找神秘大咖”两个户外定向类游戏。

（一）活动目标：

1. 发挥博物馆社会教育功能，用快乐的主观体验缓解儿童在疫情影响下的恐惧心理和焦虑情绪；

2. 在保证社交距离安全的前提下，满足儿童群体户外活动需求；

3. 积极心理干预，用伟人的成长足迹激发孩子们为梦想奋斗的决心和动力，用考古学家的工作经历鼓励孩子们拥有面对困难的勇气和坚持。

（二）形式设计：

游戏以家庭为单位，利用手机作为互动工具，不限活动时间，不需要集体统一组织。结合定向运动的特点，在博物馆外场景区和公园空旷场地隐藏线索，参与者利用微信公号的交互功能，采取实地搜证、线上闯关的方式完成挑战任务。

（三）内容设计：

1. 定向线索利用景区现有的景观、建筑、设施、广告牌等作为游戏路线的方向标志，在“寻找神秘大咖”游戏中，第一题就是体育馆一角的照片，通过分析图片中代表性建筑的地点来判断游戏的起始位置，一路下来，月亮河景区内的公交站牌、河心岛、桥、石子路、树、石雕、图书馆、博物馆广场雕塑都成为定向标志物，引导参与者到达游戏的终点。定向标志物上还隐藏着内容线索，参与者必须按照定向线索到达终点并破解内容线索完成目标任务，才算真正挑战成功。

2. 内容线索：反映教育主题的关键词，通过对关键词的分析、推测完成目标任务。以“伟人的成长之路”为例，根据这位伟人的成长经历提取了“精忠报国”“陕北”“七年”“放羊”“正定”“厦门”“天眼”“蛟龙”等14个关键词，随着参与者获得的内容线索越来越多，这些关键词所勾勒的薪火相传的信仰、百折不挠的磨砺、脚踏实地的奋斗、强国强军的梦想四个阶段逐渐清晰起来，家长会立刻联想到这位伟人正是习近平主席，孩子们也在活动中学习了习爷爷青少年时期的励志故事和治国理政的伟大成就。

（四）积极心理学因素：

1. 最优体验：

让孩子们从疫情的阴霾中走出来，到阳光下开心地玩一场，是设计这次户外定向游戏的初衷，如何让参与者在一公里的行进过程中，全程投入热情、积极参与并获得充实、快乐的最优体验是一个挑战。因此，整个活动在设计中，充分考虑了最优体验产生的因素和特征，具体步骤包括：

（1）确立活动的总目标并将总目标细化成多个循序渐进的子目标。总目标是在近一公里的路程中寻踪解谜，子目标是利用景区和公园特殊的地形和标志物，设置了20多个定向线索，每个定向线索的距离不超过50米，完成一个子目标就向成功迈进一步。

（2）多种不同的解谜玩法，促使参与者保持注意力集中。游戏中包含寻踪、找不同、拼图、二进制算法、听音辨曲、看树识方向、辨识甲骨文、数字推理等关卡，不同类型的关卡带给参与者新鲜、刺激的挑战，促使参与者全程注意力高度集中。

（3）给予参与者即时反馈。游戏的玩法是参与者在实景中寻踪、解谜，利用微信公号的交互功能做答，答案正确即获得新的线索，答案错误则无法继续前进。

（4）求助环节，帮助参与者调整挑战难度。游戏专门设计了求助口令，只要在对话框里输入“博物馆的小姐姐来帮忙”加上题号，屏幕上就会显示正确的解法和答案，输入答案就会收到新的线索提示。求助环节可以帮助参与者根据自身能力随时调整挑战的难度，以便顺利完成游戏。

（5）获得积极肯定，鼓励学习迁移。在完成总目标任务后，屏幕上会出现致胜利者的一封信，肯定参与者的智慧、勇气和坚持，鼓励孩子们将目标人物的优秀精神品质，化作面对困境的力量。遵循心流产生的路径设计教育活动，有助于孩子们在参与活动时，明确目标，聚焦自己的注意力，在适度的挑战面前，相信自己的能力，并通过积极反馈强化自我，体会到精神能量带来的内心愉悦标。

2. 积极关系

家庭是儿童成长的微观系统，博物馆儿童教育的亲子活动为儿童和家庭提供共同的学习环境，鼓励家长参与到儿童学习探索过程中来，创建积极家庭关系，促进儿童的成长和发展。“伟人的成长之路”和“寻找神秘大咖”两个户外定向类游戏都不同程度地设计了一些家长和孩子认知和能力以外的题目，家庭成员之间一同前行、相互协作、互相鼓励共同完成任务。一家人拥有共同的目标和开放的沟通渠道，就能在信任的氛围中，逐渐扩充行动的机会，使家庭生活成为乐趣洋溢的心流活动。

从另一个角度来讲，博物馆在疫情暴发期间持续为公众带来文化服务，在防控稳定期组织健康有益的教育活动，营造积极乐观的心理氛围，正是积极社会关系、和谐社会模式为儿童成长提供保护性因素的体现。

四结语

后疫情时代，关照儿童心理健康是博物馆儿童教育工作的又一项重要任务。从理论上分析，积极心理学能够帮助经历困境的个体建立积极的信念，重续幸福的生活，培养积极品格，和谐融入社会生活。将积极心理学理念引入博物馆儿童教育工作，将有助于培养儿童复原能力，缓解疫情带来的压力；对于责任感、公民意识、社会责任感的塑造，会增强儿童集体主义取向的行为。从实践上来看，利用博物馆丰厚的教育资源，以积极心理学为指导，在教育活动中创造积极体验、多元评价和积极关系有助于提升博物馆儿童教育工作质量，实现博物馆的教育目标。未来，我们需要通过更多的实证数据来分析博物馆在儿童青少年积极发展中起到的作用，如何将深入中国人骨髓里的传统文化和积极心理学有机融合，构建积极心理学指导下的儿童青少年心理健康发展策略，这将是博物馆儿童教育工作进一步研究与实践的方向。

【注释】

[1] 米哈里．契克森米哈赖：《心流：最优体验心理学》，中信出版集团，2017 年，第 93 页。

[2] 宋东清、付瑛 ：《积极心理学：探索青少年健康成长的新思路》，《山东省团校学报》2010 年第 4 期。

[3] 宋东清、付瑛 ：《积极心理学：探索青少年健康成长的新思路》，《山东省团校学报》2010 年第 4 期。

[4] 郑奕：《博物馆教育的出发点：创设让人“快乐”的体验》，《 中国博物馆》 2017 年 4 期，第 5 页。

[5] 刘玉娟：《新冠肺炎疫情背景下儿童青少年积极发展的理论探析》，《中国特殊教育》2021 年第 2 期，第 78 页。

[6] 张旎：《儿童博物馆核心教育理念》，《自然科学博物馆研究》 2016 年第 4 期，第 60 页。

[7] 刘传星、张翠翠：《 积极心理学对青少年自我概念培养的启示》，《 科教导刊》 2011 年 5 月，第 166 页。

博物馆学与心理学的融合发展现状及未来发展路径探索

廖仁武（重庆红岩革命历史博物馆）

摘要：在博物馆学本身随着观念、时代和技术等各方面变化和进步而不断发展的同时，还受到多 学科交叉融合发展趋势越来越深刻的影响，其中的心理学就是对博物馆学的发展起着重大深远影响的其他学科之一。国家财政支撑的乏力及全体人民对美好文化生活需要的日益增长给博物馆发展带来了巨大压力，在此情形下，认真研究受众心理、不断推出符合受众需求的博物馆文化艺术产品就成为博物馆可持续健康发展的必然选择。从博物馆学与心理学的自发性相互作用到今天二者融合发展趋势越发明显的发展历程中，博物馆及博物馆从业者应该认真审视二者融合发展的成果与问题，并结合行业发展前景和需要，认真找寻二者未来深入融合发展的有效路径，这无论是对博物馆本身，还是对全体人民及整个国家，都大有好处。这也是新时代赋予每一个博物馆人的崇高使命。

关键词：博物馆学；心理学；融合；发展；文化

表面上看，博物馆学与心理学属于两个完全没有关系的学科，甚至在普通大众看来，二者之间还存在相当长的距离。但事实上，就博物馆行业从业者特别是一些善于观察总结且具有一定博物馆行业从业经验的专业人士来看，二者之间不仅没有距离，而且还确实存在不小的关联。无论是博物馆的建筑设计和内部装修装饰风格还是博物馆的陈列物品选定、摆放、搭配，无论是基本陈列还是专题展览，无论是接待讲解还是对外宣教，以及博物馆所举办的各种面向社会的宣传教育活动，在有意无意间，博物馆都会考虑到一个问题，那就是受众的接受度，这就涉及到心理学的范畴。本文所研究的心理学建立在博物馆受众这一大的群体心理研究的语境之下。

一 博物馆学与心理学的关系

以今天的行业发展状况和未来的行业发展趋势来看，博物馆学与心理学似乎本就应该存在着必然的联系，但实际上二者间的联系是随着博物馆行业的发展逐步建立起来的。

（一）博物馆学的发展催生了对心理学的关注与研究

有学者认为，创建于公元前 3 世纪的亚历山大博物馆是世界上最早的博物馆。这一博物馆放在今天，更像是一个大学，该博物馆由多个学院组成，每个学院由一位首席教士负责。博物馆效仿雅典的哲学学校，全部由政府投资与管理，由研究机构、图书馆和学院组成的这一联合体与严格的现代意义上的博物馆有较大区别。从功能上看，这所博物馆也堪比科研机构，博物馆的学者同时也兼任教师。但在其存续的半个多世纪中，很少触及博物馆的受众心理关注和研究。

现代意义上的第一所博物馆是 1683 年向公众开放的英国牛津大学阿什莫林艺术和考古博物馆。世界上第一个国家级博物馆是英国的大英博物馆。这些博物馆与亚历山大博物馆一样，虽然历史悠久，但其创立之初，其实并没有多少人去考虑过参观者或者说受众的心理特征和心理感受，更多的是博物馆从业者本身甚至设立博物馆的人和机构自身的心理需求。有些博物馆的设立是为了保存藏品，如大英博物馆的建立就是源于内科医生、博物学家和收藏家汉斯 · 斯隆爵士的遗愿。斯隆一生共收藏了 71000 多件物品。他希望在自己去世后，这些藏品仍然可以作为一个整体保存下来。有些则是为了纪念藏品的捐赠者，如英国牛津大学的阿什莫林艺术与考古博物馆的设立，便是为了纪念藏品的捐赠者阿什莫林。

但随着经济社会的发展和物质财富的极大增加，人们的精神文化需求日益旺盛，这对博物馆事业发展提出了新的越来越多的需求和越来越高的要求，博物馆的收藏、展示、教育等社会功能也因外部的需求刺激而日益凸显，博物馆与社会的联系日益密切，博物馆学因为博物馆本身的功能拓展和丰富而得以完善和发展。

然而在这一过程中，博物馆对前来参观游览的观众的心理情况的关注、研究和应用也变得越发重视，这直接或间接促进了博物馆从业者对于心理学的研究，因为对于心理学的研究和应用能够让博物馆更好地掌握受众对馆内陈列物品、展览、讲解及相关活动等的认知、观感和反馈，进而促进博物馆自身在布设陈列物品、设计制作专题展览、撰写讲解词和进行讲解以及开展其他活动的时候能够自觉主动地从受众接受心理的角度去投入更多专业思考、设计和制作，从而更好地满足受众的需求。特别是在博物馆机构数量逐渐增多、国家财政投入越发吃力对博物馆尤其是国有博物馆自身造血能力要求越来越高的趋势下，对受众的心理研究也变得越来越重要甚至关乎博物馆的长远发展。

（二）心理学的发展成果为博物馆学的发展提供了助力

最初的博物馆学与心理学似乎风马牛不相及，但随着时代的进步和文化事业的不断发展，促使越来越多的文化消费者对博物馆的兴趣越发浓厚，而且不断增加的文化消费者的学历、文化和艺术修养等各方面也越发变得高水平，博物馆所推出的陈列、展览和其他文化产品在某些时候、某些人群面前，开始变得不那么受欢迎，但成千上万的观众依然对博物馆不离不弃，当然同时也会发出各种抱怨。在此情况下，心理学的一些发展成果开始被引入博物馆学这一领域，二者开始产生诸多联系，心理学的发展甚至还在一定程度上促进了博物馆学的发展。

1. 心理学将人作为主要研究对象启发了博物馆从业者

心理学是一门研究人类心理现象及其影响下的精神功能和行为活动的科学，兼顾突出的理论性和应用（实践）性。从这一概念我们可以看出，心理学是将人作为主要研究对象，对人的关注超过其他任何事物，这一特征对博物馆从业者有很强的启发。博物馆学是这样一门学科，其专门研究博物馆的性质、特征、社会功能、实现方法、组织管理和博物馆事业发展规律。一般而言，博物馆学既研究微观的博物馆系统，又研究宏观的博物馆事业，但微观的博物馆系统是博物馆学研究的核心。博物馆作为现代社会公共文化服务产品的重要提供者，同样必须围绕人来开展工作，博物馆的公共文化服务产品只有得到广大公众的认可，博物馆才能获得足够的发展资源以使自身不断发展壮大，进一步助推文化事业和文化产业的发展。现在的博物馆，无论是实施基本陈列还是制作专题展览，抑或是开展各种宣教活动，都会优先考虑受众群的类别及特征，对受众的年龄、身份、文化水平、工作环境、兴趣爱好等各方面因素加以综合考虑，水平足够专业的博物馆甚至连每一幅图片的选择，每一件文物的陈列位置和环境布设都会具体入微地加以衡量。

2. 心理学的研究范围扩大了博物馆学的研究视野

心理学包括基础心理学与应用心理学，其研究涉及知觉、认知、情绪、思维、人格、行为习惯、人际关系、社会关系，人工智能、IQ、性格等许多领域，也与日常生活的许多领域如家庭、教育、健康、社会等发生关联。上述这些心理学的研究范围不仅使心理学的研究越发全面系统，让人们认识到人类社会的诸多方面都与心理学息息相关，同时也在很大程度上扩大了博物馆学的研究视野。

比如，博物馆在提供参观讲解服务的过程中，会有意识地关注受众的听觉、视觉等知觉方面的反映，会提前有意识地询问了解受众对展品、展览以及其他可移动或不可移动文物的了解和认识程度，甚至会从社会关系学的角度去思考如何在短时间内拉近讲解员与受众之间的情感或心理距离，从而更好地为受众提供讲解服务。又比如，博物馆在实施陈列布展的过程中，会对受众群体的行为习惯、家庭状况、教育背景、健康状况等相关方面进行分析研究，尤其是受众的教育背景和文化水平直接关系到受众的接受能力和接收效果，另外在类似于新冠肺炎疫情席卷全球的大背景下，博物馆的健康检测设备还直接关系到博物馆对受众健康状况的掌握和情况处置效果。再比如，博物馆要在某个地域开展主题教育活动或宣传展示活动，必须提前研究受众的类别、年龄、文化水平、健康状况以及其他与心理学相关的因素，只有这样才能使主题教育和宣传展示活动有针对性，收到预期效果。

3. 心理学的研究方法为博物馆学的研究提供了借鉴

心理学的研究方法有很多，包括自然观察法、实验法、测验法、调查法、临床法，而其中的自然观察法、实验法、测验法和调查法为博物馆学的研究提供了良好借鉴。

首先是自然观察法。这是心理学研究的重要方法，通过长期或定期观察、全面或重点观察、参与性观察与非参与性观察、现场观察与人为场所的情境观察等方式，心理学研究人员能够获得比较自然和客观的人的心理状态变化资料，从而为进一步的心理干预措施做好准备。作为为广大社会公众提供公共文化服务产品的机构，博物馆也可以并且确实早已在运用这种研究方法对前来参观学习的公众进行研究，并结合观察数据对博物馆的展览陈列、文创产品及社教活动等方面的设计制作进行调整、创新和完善，以更好地满足公众对博物馆文化服务产品的需求。

其次是实验法和测验法。在心理学研究中，实验法和测验法是非常有效的且有说服力的研究方法。实验法是通过控制某些变量同时考查对其他变量的影响从而记录实验对象的心理变化；测验法则是采用专业化的测量表和测量仪器去测量被试者心理活动变化的方法。这两种研究方法在博物馆学的研究中心其实同样适用。比如很多博物馆都涉及考古和文物修复，特别是文物修复工作，往往在一种修复技术的运用上需要提前进行反复试验，以检验其可靠性，这就必须用到实验法或者测验法，待修复技术得到验证后才会真正用于最终的文物修复，否则很可能对文物造成巨大破坏，引发难以弥补的后果。

再次是调查法。心理学研究中，通过书面或口头回答问题的方式以了解被试者心理活动的方法即为调查法。在博物馆学的研究中，比如要了解受众对博物馆陈列展览、讲解服务以及其他方面的服务产品的评价和感受，许多博物馆都会在出口设置留言簿，这种书面的记名或不记名的调查能够相对客观全面地了解受众对博物馆各方面服务的意见和建议，博物馆可以对相关问题加以针对性的解决以改进提升博物馆的服务能力、优化服务产品，赢得更多受众的支持。

4.心理学的部分研究分类为博物馆学研究提供了有利视角

心理学研究分为很多类别，包括发展心理学、学习心理学、人格心理学、比较心理学、认知心理学、性别心理学、社会心理学、文化心理学、进化心理学、临床心理学、学前儿童心理学等。这其中的部分研究类别为博物馆学的研究提供了可供参考和利用的适当视角，比如文化心理学、历史心理学、学习心理学等，这几个研究类别分别从文化对人的行为的影响、历史人物的心理及社会发展背景和人的学习发生过程及原因的角度开展研究，这对博物馆学研究来说非常适合，这些研究视角贴近博物馆的历史和文化属性，也非常符合博物馆从业者以及受众等需要不断学习的这种发展需求特性。在国内过去已有的研究成果中，也已经有人从文化心理学角度去开展博物馆学研究，还有人从环境心理学、认知心理学和社会心理学等不同的角度研究博物馆学，这都充分印证了博物馆研究从心理学研究方面获取新视角的事实。

（三）博物馆学与心理学的融合发展关系

通过前述内容，我们已经可以看出，作为文化软实力大发展大比拼和人的心理问题层出不穷两种现象并存的时代，博物馆学无疑与心理学一样也在并存发展，并且二者在很多方面有着相互融合、相互借鉴的特征和趋势。这种融合具体体现在几个方面。一是博物馆学与心理学在研究目的上的相似性，即研究的最终目的都是为了人。博物馆学研究的直接目的是促进博物馆事业发展，但其最终目的是为满足社会公众的文化需求；心理学研究不仅紧紧围绕人的心理，其最终目的也是为了解决人的心理问题，让人们可以拥有更加健康的心理状态和生活质量。二是博物馆学与心理学在研究方法上的共通性。博物馆学与心理学都可以采用自然观察法、实验法、测验法、调查法等开展研究，达到研究目的。三是博物馆学与心理学在研究视角上的互鉴性。博物馆学与心理学在研究视角上有相同之处，都可以从历史、文化和学习等多个方面去开展研究。

二 博物馆学与心理学的融合发展现状

博物馆学与心理学两大学科虽然都已经存在了一定的时间，二者在很多方面也都存在互通互鉴之处，但二者间的融合发展其实才算刚刚起步，还有很长的路要走，还有很大的发展空间。

（一）博物馆专业人员对心理学的重要性认识不够

1. 博物馆学研究人员的心理学专业基础薄弱

据国家文物局统计，截至2020年，全国范围内备案的博物馆达到5788家，博物馆行业从业人数达到107993人，但在如此庞大的博物馆数量和博物馆从业人员规模下，真正具有心理学专业背景的人少之又少。在一项以博物馆从业者为样本的调查中，大学所学专业这一项的调查结果显示，10人中没有一个人是心理学专业，这充分说明，博物馆从业人员中有心理学专业背景的人数相当少。而被调查的10名博物馆从业人员中真正从事博物馆学研究的人员只有1人，占比为10%，由此可见，在目前的博物馆行业中，博物馆学研究人员的心理学专业基础其实相当薄弱。

1. 您在大学期间的专业是心理学么？ [单选题]

选项	小计	比例
是	0	0%
否	10	100%
本题有效填写人次	10	

（数据来自网络问卷调查）

2. 博物馆行业从业者对心理学缺乏重视和研究

在上述调查中，对心理学了解很一般的人占比为60%，很了解心理学的人占比为0%。另外，认为博物馆学与心理学有一点关系的占比为20%，认为博物馆学与心理学有很大关系的占比为60%。在自身所在博物馆是否重视运用心理学研究方法和成果以促进博物馆发展的调查中，认为重视的占比为33.33%，认为不重视的占比为66.67%。由此可见，整个博物馆行业从业者对心理学的了解程度其实较低，绝大多数博物馆也不重视运用心理学研究方法和成果以促进博物馆发展。

3.您和所在单位同事了解心理学么？ [单选题]

选项	小计	比例
A.不了解	4	40%
B.一般了解	6	60%
C.很了解	0	0%
本题有效填写人次	10	

（数据来自网络问卷调查）

4.您觉得博物馆学与心理学有关系么？ [单选题]

选项	小计	比例
A.有一点关系	2	20%
B.关系很大	6	60%
C.没关系	2	20%
本题有效填写人次	10	

（数据来自网络问卷调查）

5. 您认为自己所在博物馆重视运用心理学研究方法和成果促进本馆发展么？ [单选题]

选项	小计	比例
A.是	3	33.33%
B.否	6	66.67%
本题有效填写人次	9	

（数据来自网络问卷调查）

（二）博物馆学与心理学融合发展研究力度不足

两门学科的融合发展研究需要足够多的研究人员组成足够规模的研究队伍，运用一定的研究方法，依靠专业的研究手段，花费足够的精力，才能取得进步，同时需要在实践中加以检验，在实践中推动学科融合发展。然而综观目前国内博物馆行业的总体发展情况看，绝大多数博物馆对博物馆学与心理学融合发展的研究力度都很不够，有些甚至几乎没有什么力度。

1. 缺乏专门的研究力量

放眼全国博物馆行业数千家博物馆中，尚未发现专门成立博物馆学与心理学融合发展研究部门的博物馆，就连故宫博物院、中国国家博物馆这样的国家级综合性博物馆，也并未在博物馆学与心理学融合发展研究方面设立专门的研究机构和研究人员，也没有组成成规模的研究力量。

2. 缺乏具体实践的检验

不可否认，各级各类博物馆在博物馆学与心理学融合发展研究方面，的确也做出了一些努力并取得了一定成效，但这些研究成效往往缺乏实践的检验。比如很多博物馆都对受众的心理进行过研究，尤其是受众对各馆陈列展览的心理感受和反馈意见，都成了博物馆研究受众心理进而改进陈列展览形态、内容和样式的有效资料，但在这些博物馆中，很少有对这种实践结果进行专业分析和评判，以至于从记录受众对陈列展览的心理感受和反馈意见到博物馆对此作出反应的整个研究过程是否有效，最终没有得到检验。

3. 缺乏系统化的经验总结

虽然在一些大型数据库中能够检索到不少关于博物馆与心理学关系的研究文章，也能够看出整个博物馆行业在博物馆学与心理学的关系认识上已经有不少经验，但这些经验大多呈零散状态，缺乏系统化的经验梳理和总结。检索各大数据库平台，研究博物馆学与心理学关系的专门著作寥寥无几，这使得博物馆学与心理学融合发展的经验无法得到系统性总结和推广，进而更好地促进博物馆事业发展。

（三）博物馆学与心理学融合发展普及面较小

学科和专业的发展很大程度上取决于普及率，普及率越高，学科往往发展得也越好。学科间的融合发展更是如此，在大多数人看来，博物馆学与心理学似乎毫无关系，很大程度上是因为这两门学科的普及率不高，二者的融合发展普及率更低。据教育部官方网站数据统计，截至 2019 年底，中国普通高等学校有 2688 所，但从中国教育在线网站检索到的开设博物馆学专业的高校仅 59 所，占比仅为 2.2%；相比开设博物馆学专业的院校数量和占比，开设心理学的院校数量和占比情况稍好，但也只有 74 所，占比为 2.8%。由此可见，博物馆学与心理学两个专业在高等教育系统中的普及率相当低，两门学科的融合发展普及率只会更低。

高等教育学校（机构）数
Number of Higher Education Institutions

单位：所
unit: institution

	合计 Total	中央 HEIs under Central Ministries & Agencies			地方 HEIs under Local Auth					
		小计 Subtotal	教育部 HEIs under MOE	其他部门 HEIs under Other Central Agencies	小计 Subtotal	教育部门 HEIs under MOE	其他部门 Run by Non-ed. Dept	地方企业 Local Enterprises	民办 Non-government	具有独立法人资格的中外合作办 Sino-foreign Cooperation Institution with Independent Legal Personality
（一）研究生培养机构（不计校数） Institutions Providing Postgraduate Programs	828	303	76	227	525	454	64	1	5	1
1. 普通高校 Regular HEIs	593	111	76	35	482	454	23	0	5	0
2. 科研机构 Research Institutes	235	192	0	192	43	0	41	1	0	1
（二）普通高等学校 Regular HEIs	2688	118	76	42	2570	1168	586	48	756	12

（数据来自教育部官网）

（四）博物馆学与心理学融合发展实践程度较浅

从前述内容可以看出，无论是高等教育系统还是博物馆行业，博物馆学与心理学的融合发展在研究层面的程度较低，研究人员少，研究力量弱，研究成果不突出、不够重大，事实上，二者的融合在实践层面也是如此。从全国范围来看，绝大多数的博物馆，在博物馆学与心理学融合发展的实际工作方面，都仅限于对博物馆观众的留言记录和分析，然后根据分析结果进一步改进其陈列展览，也有一些博物馆会在开展社教活动中运用心理学的理论和研究方法制定优化活动方案，以此促进博物馆的知名度提升和影响力扩大。但还有不少中小型特别是小型博物馆，其留言簿的设置几乎流于形式，对观众的留言只记录不分析，更不会加以利用以对博物馆的展陈和其他方面的工作进行改进提升。当然，这不是否认分析观众留言这种心理学研究方式对于推进其与博物馆学融合发展的作用，但除此之外，大部分博物馆在博物馆学与心理学融合发展实践上的作为确实乏善可陈。

三 博物馆学与心理学融合发展的未来路径

坚定中国特色社会主义道路自信、理论自信、制度自信，说到底是要坚定文化自信。文化自信是更基本、更深沉、更持久的力量。深入开展博物馆学研究，大力推动博物馆行业持续健康发展，对有效传承光大中华五千年优秀文明和灿烂文化、继承发展中国革命文化和中国特色社会主义先进文化、实现文化事业和文化产业繁荣发展、提升国家文化软实力，具有重大深远意义。而要推动博物馆学研究向前进，必须推动其与心理学的融合发展。

（一）从根本上逐步探索转变国有博物馆运行发展体制，解决融合发展动力问题

中国的博物馆以国家管理为主，大多数博物馆主要靠政府拨款维持运行，但这种输血式的运维方式在博物馆机构数量急剧增加的现实情况下，越来越无法满博物馆行业发展的实际需要。国家文物局局长刘玉珠2020年5月18日在“国际博物馆日”中国主会场活动开幕仪式上介绍到，“十三五”以来，中国平均每2天新增一家博物馆，达到25万人拥有一座博物馆。截至2019年年底，全国已备案博物馆达5535家，其中非国有博物馆1710家，这意味国有博物馆占了全国博物馆总数的将近70%，免费开放博物馆的数量为4929家，占全国博物馆总数的89.05%。这是一个异常庞大的行业机构规模。每年通过中央财政转移支付下达地方的博物馆免费开放补助资金达到数十亿之多，其中2020年的资金数额将近31亿元（见下图）

附件：

2020年博物馆纪念馆逐步免费开放补助资金预算表

单位：万元

地　区	2020年预算数	提前下达数	此次下达数
合　计	308450	302450	6000

（数据来自财政部官网）

看似数额巨大的免费开放资金，如果平均分摊到每家免费开放的博物馆，只有60多万元，但事实上免费开放补助资金的分配根本不平均，也不可能平均，因为博物馆的级别、规模等各方面情况千差万别，各省级行政区域的博物馆数量也各不相同，因此，免费开放补助资金是按照省级博物馆、地市级博物馆和区县级博物馆三个等级而拨付，但其数额标准10多年未曾改变，分别为省级博物馆500万元/家、地市级博物馆150万元/家、区县级博物馆50万元/家。这根本不符合与经济社会发展同步增长的要求。而且随着全国博物馆数量的不断增加和提升博物馆公共文化服务产品供给需求不断增长，政府的财政负担会越来越重。此外，为更加广泛地服务越来越多的观众，还有不少博物馆都在扩大规模，增加服务供给，这对资金的使用需求越发强烈。

中央要求财政须保障相关博物馆、纪念馆免费开放门票减收及运转增量经费补助，意味着财政负责的是补贴免费开放的增量资金。然而地方财政在具体落实过程中，对免费开放经费不但没有增加反而进行削减，甚至出现了与运营经费合并等现象，这使得许多博物馆的运行服务压力不断加大，服务质量不增反降，这实际上是严重违背行政规章制度的做法，但这种做法现在在各地已经成为了普遍现象。

地方财政保障力度疲软只是一方面，另一方面就是国有博物馆的编制长期得到不配套增加。根据《瞭望》周刊新闻记者 2019 年初的调查，以江苏南京博物院为例，其场馆面积从 2 万多平方米扩建到 8 万多平方米，按照运营管理规律，每 1 万平方米场馆至少需要 50 人运营服务，但最终编制只增加了 10 个。该院副院长王奇志说，200 多个编制 20 年没有变过，社会用工人数则超过 700 人。

不仅社会用工与正式人员数量倒挂普遍，基层博物馆的基础设施与功能配套也普遍存在较大差距，一些地区存在“无藏品、无人员、无活动”的“挂牌馆”“空壳馆”。江苏某地级市博物馆负责人向记者介绍，当地某区建设了一家 18000 平方米的博物馆，编制却只有 2 人。区里没有权力批编制，博物馆建成 4 年仍无法正常运转，给当地政府部门造成不小压力。

此外，国有博物馆在管理上往往比较死板，政府部门的行政干预过多，作为事业单位的国有博物馆管理运行模式与机关部门无异，行政色彩极为浓厚。国内数千家非民营博物馆，绝大多数属于公益一类事业单位。这个“身份”意味着工资总量一刀切，而且一些地方在编人员的绩效工资根本无法全额保障，政策上虽然有支撑，但财政拨款没有保障。不少地方的博物馆闲置的场馆不能出租盈利，因为有经营收入就意味着违规，同时员工加班、超负荷工作又不能支付加班工资，主要依靠情怀和热情支撑。在这种情况下，人流量越大的地博物馆往往处境越艰难，相较之下，对于博物馆工作人员来说，少做事其实性价比更高。

因此，要想实现博物馆学与心理学融合发展研究，从根本上讲，必须首先解决博物馆的生存发展问题，为博物馆学与心理学融合发展研究提供稳定良好的环境。地方财政必须严格按照财政部的要求，足额拨付各博物馆的免费开放和相关配套资金，解决博物馆的基本生存和发展问题。同时，在社会公众对博物馆这一公共文化产品提供者的需求越发高涨的时代背景下，机构编制部门也应酌情增加博物馆人员编制配备，以满足越发繁重的运行服务管理工作，提升博物馆的运行服务和管理能力。从更加长远的角度看，政府应该逐步放宽对博物馆的行政干预，在保障博物馆基本运行维护需要的基础上，扩大博物馆自主经营权，逐步让博物馆走向市场，让博物馆尤其是国有博物馆更有能力和资本通过研究博物馆学与心理学的关系更好地掌握观众心理，以推出更多符合观众需求的特色文化产品，增强博物馆的市场竞争和自身造血功能，更好地促进博物馆可持续发展。

（二）扩大博物馆学和心理学专业的高等院校覆盖面，解决人才培养问题

博物馆学与心理学融合发展研究，关键要靠人才，基础在于教育，尤其是高等教育。从目前来看，博物馆学和心理学两个专业在高等院校的覆盖面比较小，两者的融合发展覆盖面更小。教育部门和高等院校要共同努力，要紧跟博物馆学与心理学融合发展这一潮流，努力培养大量的优秀博物馆学和心理学人才，并在两门学科和专业的融合发展上加大探索创新力度，扩大博物馆学和心理学的高等院校设置面，为博物馆在推进博物馆学与心理学融合发展研究成果的运用上提供足够的人才选择。

在教育部门的牵头协调下，已经设立博物馆学和心理学的高等院校可以对其他有意设置这两门专业的院校加大帮扶力度，已经设立博物馆学和心理学的高等院校之间也可以加强专业和学科交流合作，共同促进博物馆学和心理学的教学研究和融合发展。

（三）政府引导刺激博物馆开展博物馆学与心理学融合发展研究和实践，解决教育和行业脱节问题

对博物馆来说，政府不应该只是充当管理者的角色，更多的应该发挥行业引导和规范的功能。要着眼于增强博物馆提供公共文化产品、满足人民美好文化生活需要，通过政策积极引导博物馆充分认识到深入投身博物馆学与心理学融合发展研究的重要作用和重大意义，积极引进博物馆学与心理学融合发展研究和应用人才，通过设计布设陈列展览、开展社教活动、组织学术研讨和专业培训等各种形式对融合发展研究成果进行实践检验，搭建教育成果和行业发展之间的桥梁，实现产学研之间的深入联动。

四 结语

在学科融合发展的趋势和大力发展文化事业和文化产业、建设文化强国、满足人民群众对美好文化生活需要的时代背景下，博物馆学与心理学的融合发展也成了不可避免的选项，但面对目前不够灵活的机关化国有博物馆管理体制、违背政策的地方财政不足额拨款以及博物馆学和心理学在高等院校的低开设率和低融合率等相关问题，政府、高校、博物馆以及广大学者和行业人士等各方面应该共同努力，先易后难，逐步破解博物馆学与心理学融合发展的诸多难题，最终使博物馆真正具备提供优质公共文化产品的能力，更好地满足人民群众对美好生活的向往，促进文化事业和文化产业发展，为建设文化强国贡献博物馆的力量。

老年心理学视域下博物馆服务的探索与延展

王 健（安徽博物院）

摘要： 第七次人口普查显示我国已经进入老龄化社会，即将迎来老年人口高峰，在此人口结构转变期，如何为老年群体服务，打造有益的社会环境，需要全社会的努力。博物馆的职能决定了其在这场变革中需要担负其自己特殊的使命，根据老年群体的特征和需要做出积极适应，以发挥博物馆社会服务的功能。老年心理学是一门研究老年群体的心理活动特点和规律的学科，是老年学研究领域中的一个重要组成部分，本文旨在说明博物馆在展览、社教、志愿者工作、疾病辅助治疗等领域通过引入和应用老年心理学的理论知识，为老年群体创造交流互动、社会参与、价值实现的机会与平台的途径和重要性，特别是结合国内外优秀案例介绍博物馆介入老年疾病辅助治疗的可能性与必要性，从而为我国老年人口的积极老龄化贡献博物馆智慧。

关键词： 博物馆学；老年心理学；积极老龄化；社会参与；辅助治疗

一 导言

（一）我国目前人口现状

2021 年公布的第七次人口普查显示，我国目前 60 岁以上人口约为 2.6 亿人，占总人口的 18.7%。从人口结构看，很快将迎来人口老龄化的超速增长期。在“十四五”时期，中国老年人口年净增量将从 2021 年的最低值直接冲上 2023 年最高值。老龄人口的激增将导致许多社会问题的出现，因此在 2020 年党的十九届五中全会通过的《中共中央关于制定国民经济和社会发展第十四个五年规划和二〇三五年远景目标的建议》中提出老龄发展战略。在此背景下，如何深化博物馆与老龄群体的关联，成为当下博物馆的思考方向。

（二）老年心理学与博物馆学

老年心理学是一门研究老年人的心理活动特点和规律的学科，是发展心理学的重要分支，也是老年学研究领域中的一个重要组成部分。老年心理学通过研究老年人的感知觉特点、认知特点、情绪、人格特征、人际关系、婚姻家庭与性心理、社会参与、心理健康、衰老疾病与老年期心理及临终心理等问题，构建了完整的学科体系，为中国老年群体的研究和积极老龄化的推动提供了理论指导和技术支持。

老年心理学的研究始于 19 世纪。1835 年比利时统计学家奎特勒对刚出生至老年期的出生率、死亡率、身高、体重、智力、运动能力等于年龄和性别的关系进行了系统分析，阐述了随着年龄增长人的老化问题；1896年美国人斯科特的《老年和死亡》一文是最早就此问题公开发表的文章；1922年霍尔的专著《衰老：人生的下半段》是老年心理学的开山之作；二战以后，随着美国老年学会与国际老年学学会的成立，人们对这一领域开始关注。国内在80年代以后开始进行较为系统的研究，几十年来取得了丰硕的成果。

如何运用老年心理学的相关理论去应对进入老龄化社会所带来的一系列改变，如何为庞大的老龄人口提供优质的服务，是摆在当下中国社会各界面前的一个重要挑战。博物馆是一个为社会及其发展服务的互动平台，理应在陈列展览、参观体验、教育服务、社会参与等方面给予老龄人群以重视和方便，促进老年群体的积极老龄化。博物馆基于老年心理学的理论方法所做出的一系列相关举措，将有助于积极老龄化战略的更好实施，推动“老有所养、老有所医、老有所教、老有所学、老有所为、老有所乐”。目前针对老龄人群的博物馆学研究在国内尚处于起步和探索阶段，博物馆多重点关注老年观众的参观特点和行为规律，在社教、老年志愿者、艺术疗法等领域的研究，较之国外则显单薄。

二 博物馆为老年群体提供继续社会化的途径

（一）老年人的社会参与

积极老龄化 (active aging)，是2002年第二届世界老龄人口大会提出的一个适用于老年群体的概念，即：积极老龄化是指在老年时为了提高生活质量，使健康、参与和保障的机会尽可能获得最佳的过程。这一概念旨在提高人们进入老龄阶段的生活质量，鼓励他们积极参与社会生活，实现人生价值。其中以“健康”“参与”“保障”作为其立论的三个主要维度。

“健康”，包含心理上的健康、良好的社会适应和遵守道德。“参与”是前提条件，指老年群体回归社会和完成继续社会化。“保障”则指老年人良好的生活保障。老年人参与社会的范围很广泛，不仅包括就业与再就业，还包括参与社区服务，参加老年社团，接受老年教育等[1]。从博物馆的角度来看老年群体的社会参与，可以理解其为在博物馆语境下老年群体参与文化的创作、分享以及传播，为老年人提供继续实现自我价值的途径。老年人为了适应退休后个人角色和环境的转变，需要继续学习新的知识、价值观念和行为规范，以赋予自己新的期待、承担新的责任、扮演新的角色而进行的社会化[2]。

（二）博物馆通过社教活动为老年人提供学习与参与的途径

当代博物馆通行定义一般将教育置于首位，受众是博物馆持续发展的动力和目标，博物馆若想向公众传播知识，社教活动无疑具有强大的活力与感染力。

博物馆社教活动的内容应对老年群体具有吸引力，这要求博物馆需要在充分的调研基础上展开活动。老年群体退休之后多寄情花草，但缺乏科学指导。天津自然博物馆结合自身定位，组织周边社区的离退休老年群体70余名开展“老年爱绿组”活动，活动地点设在自然博物馆小植物园内，每周活动半天[3]。“老年爱绿组”活动的主要内容是传播花卉种植和疾病防治知识，交流种植心得。天津自然博物馆抓住老年人的兴趣点开展相关活动，受到了热烈欢迎，博物馆青年员工与老年人其乐融融，有效提升了代际沟通的质量，为老年人和年轻人之间搭建了交流的平台，甚至有老年群体为表达感谢自费种植花树绿化博物馆。精准定位是博物馆社教活动成功的关键。这类教育活动结合自身场馆特点，为老年群体提供了学习、交流的平台，拓宽了社教受众类型。

博物馆在发起活动上，要重视并深入社区。2011 年 7 月，英国博物馆协会调查委员会发布了“博物馆影响力调查问卷”[4]。结果显示，社区参与位居博物馆影响力榜单首位。博物馆与社区的联结是博物馆开展教育活动未来的趋势。2013 年发布的《关于加快发展养老服务业的若干意见》中提到“到 2020 年，全面建成以居家为基础、社区为依托、机构为支撑的，功能完善、规模适度、覆盖城乡的养老服务体系”[5] 的目标，明确了社区的在积极老龄化建设中的重要性。博物馆与社区的合作也越来越成为其开展老年群体博物馆服务教育的主要方式。博物馆根据其规模大小选择其辐射的社区范围，精准定位，做到将博物馆文化“送出去”，将社区老年群体“请进来”，这个“请进来”不仅指吸引社区老年群体走进博物馆，也可以理解为吸引他们参与博物馆与社区合作开展的各式各样的活动。针对活动范围以社区为主的老年群体，博物馆应当以自己的实际行动，为其带来一场场文化盛宴，不仅有利于活跃社区文化，更能拓展博物馆潜在观众。诚如郑奕所言：“社区是博物馆延伸服务的主要目标，社区项目对于各馆融入社会、扩大影响力并吸引更多的人走进博物馆是很有意义的。”[6] 在此过程中，博物馆需要根据政策精神，将博物馆的资源转化为适合社区老年群体的内容，从而为老年群体的社会参与提供一个新途径与新平台。2013 年，首都博物馆成立“社区文博学苑”，明确其服务对象是社区老年群体。“社区文博学苑”开办了众多文化讲座，内容涉及老年群体喜爱的文物收藏、北京历史、年俗节庆等，在教学方式上有所创新，丰富多彩，以讲座为主、结合讨论、实物观摩、动手创作等形式，并由专家教授书法、欣赏书法作品、教授文物修复和参观修复室等，得到了社区老年群体的欢迎。部分老年群体由之前郁郁独居的生活状态转为积极开朗，可以看出这项活动给他们打开了一扇走出不佳情绪的窗口。

（三）老年志愿者助力博物馆发展

博物馆志愿者最早出现在 20 世纪初的美国，已历经百年发展。中国博物馆招募志愿者的时间从 1996 年上海博物馆算起，已经 23 年，发展时间并不算长。据统计，全国博物馆中约 1/3 可提供不同程度的志愿服务[7]。这对于博物馆数量超四千家，年接待观众超 8 亿的中国来说，志愿者数量并不算充裕。

博物馆老年志愿者相比于其他年龄段的志愿者则有其不可替代的优势。首先，老年志愿者时间充裕，可以把精力投入到博物馆志愿服务上来，特别适合工作日的志愿活动。其次，老年志愿者的主观能动性高，认真对待志愿活动，效果好。最后，老年志愿者丰富的人生阅历和知识可以增加志愿服务内容的外延性，结合自身经历的讲解往往更引人入胜。

首都博物馆是北京市文物局下设的一座大型城市综合馆，面对大量的 VB 参观人数，在疏散人群和展厅讲解上压力很大，针对这一情况，首都博物馆招募了大量志愿者。根据首都博物馆 2014 年的数据[8]：其志愿者总数为 112 人，60 岁以上的志愿者有 49 人，占比为 43.75%，其中又以 61~70 岁之间的低龄老年群体为主，计有 34 人。

首都博物馆专门招募老年志愿者，“芳华讲解队”是其志愿工作的代表。在其发布的 2019 年“芳华讲解队”招聘公告中[9]，不难发现，年龄上，招聘对象是65岁以下的退休人群，这是基于65岁以下属于低龄老年群体，他们往往刚从工作岗位上退下来，身体健康，精力充沛，能够完成志愿者日常工作内容，且可以投身志愿活动多年。其次，招聘条件强调“热爱博物馆事业，具有良好的思想品质和职业道德，有较强的服务意识和奉献精神”，这是基于主观能动性而设置，只有真正热爱博物馆事业，具有强烈奉献意识，才能完成志愿者工作，同时也方便后续芳华讲解队志愿者的培训考核与规范管理。第三，要求招聘对象身体健康，性格开朗，有亲和力；普通话标准，口齿清楚，声音洪亮，有较强的语言表达能力。最后，首都博物馆为老年志愿者工作量做出合理安排，同时安排餐饮、体检、保险，解决了后顾之忧。

首博招聘芳华志愿者队伍的也有一定局限性。每个人的性格和特长各不相同，博物馆如果能向他们开放更多的部门和岗位，而不是局限于展厅讲解和组织社教活动，这一定会吸引更多老年志愿者来到博物馆。天津博物馆在2017年尝试招募活动策划志愿者，虽然没有明确招募老年志愿者，但也不失为新的尝试。广东省博2019年的志愿者招聘中，则明确招募除讲解类以外的志愿者60人，包括安徽博物院在内的许多博物馆的志愿者章程里明确有招募志愿者类型，不难发现这其中涉及导览讲解、文案写作、数据统计、人事管理、活动策划、平面设计等专业，这对于老年群体来说，就具有了较为丰富的选择。随着中国博物馆志愿者制度的发展，在条件允许的情况下，老年志愿者能够参与博物馆更多部门的志愿工作，特别是在小型博物馆里，老年志愿者可以有效缓解员工不足的困境。

三 博物馆参与老年人疾病辅助治疗

（一）健康状况对老年人心理的影响

健康与否对老年人的生活有重大影响，是老年心理学的研究内容之一。一般所说的健康应包含三层含义：生理健康、心理健康以及良好的社会适应。老年人由于身体机能老化，罹患各种疾病的概率增加，生理的疾病通常会限制老年人的行动继而影响交流与心态，长此以往，容易导致心理疾病的产生。

数据显示，中国老年群体罹患疾病的特征主要以慢性疾病为主，其中排名靠前的主要是心脏病、高血压、糖尿病、骨关节病、脑血管病、眼病、消化系统疾病、肺心病、肿瘤、老年痴呆、心理疾病、残疾、帕金森病等[10]。老年人由于身体机能的老化，容易罹患各种慢性病，许多甚至会同时患有两种及以上疾病，这对于其晚年社会再参与和积极老龄化产生了阻力。除积极配合医治外，博物馆在面对这类人群时，应当承担起自己的社会服务功能，为其提供一个理想的疾病康复和精神慰藉场所。下面以博物馆参与阿尔茨海默症以及老年抑郁症的预防和辅助治疗为例，说明博物馆在这方面有重要责任和优势。

（二）博物馆辅助治疗阿尔茨海默症

阿尔茨海默症，是老年痴呆的一种。中国1985-2018年阿尔茨海默症60岁以上老年人患病率为3.9%。预测到2050年患病人数将达到3003万人[11]。此类病症的临床表现为：渐进性的认知障碍、记忆障碍、人格改变、语言及情绪障碍等精神类疾病。在坚持用药的基础上，医学界普遍支持辅以认知训练以延缓病症。

认知训练包括记忆力训练，益智活动训练，逻辑思维训练，活动训练，定向力训练等。博物馆能够在这方面提供场地、人员、辅助器具等帮助，安静的氛围适合开展系列辅助治疗活动。

国外博物馆较早关注这一区域，并做了一系列有益的尝试。日本博物馆界为减少老年群体阿尔茨海默症的患病风险，开展了相关教育活动。2005 年，东京都江户东京博物馆（Edo-Tokyo Museum）专门设计了“地图制作活动”。这一活动是在 2004 年“体验角”活动的基础上综合而来，主要内容是邀请老年群体来到博物馆，通过博物馆准备的资料激发老年人回忆，然后由专业人员与之交谈，辅助他们回忆，最后通过环境增强效果，特别是“体验角”内典型的旧时代的民居陈设，进行沉浸式体验。活动结束之后博物馆对收集到的资料进行整理，并作为“记忆的地图”进行展示和发表。“地图制作活动”的最大长处是请老年人发表对自己熟悉事情的看法，使其在博物馆这种保存历史和记录的地方发挥作用，使老年人对社会的贡献得以实现[12]。根据社会机构的测评，参加活动的老年群体的认知功能和身体健康程度均有良性提高，情感上，也更加积极乐观。为此，“日本痴呆症关怀学会读卖痴呆关怀奖”为其颁发了“鼓励奖”，感谢博物馆为此做出的贡献。

日本江户东京博物馆的此项活动是在与东京都老人综合研究所、综合媒体开发研究所、文化综合研究所合作的“老年人健康项目”上开展的，在展览策划、老年群体设施使用、人员配置、防范意外上进行了统筹安排，以确保意外不会发生。为了吸引老年群体参与，博物馆与所在区域的行政部门合作，在社区内借助各种媒体广泛宣传，在精密安排下完成此次项目目标。科学合理的全局思考确保了活动项目的妥善实施。博物馆的“地图制作活动”，绝不仅仅是面对老年群体的一项教育关怀和辅助预防阿尔茨海默症的活动，它在实施的过程中对于老年群体关于城市的回忆内容进行了采集，作为博物馆珍贵的非物质遗产加以收集，是社会公益与实现博物馆社会记忆功能的双赢。

利物浦国家博物馆（National Museums Liverpool）把阿尔茨海默症患者放在一个平等的地位来看待，启动了“记忆之家”项目，给予他们最大的尊重和帮助。美国纽约现代艺术博物馆则在 2006 年推出“Meet Me”项目，专门为阿尔茨海默症患者服务，主要通过艺术欣赏和思考、DIY 创作等帮助患者缓解病情，其时间为闭馆日（周二），每月一次。

国内的许多博物馆的常设展和临展都会涉及老年群体的记忆，例如上海知青博物馆、首都博物馆有京城旧事 · 老北京民俗展、史家胡同博物馆的老北京叫卖声音、中国国家博物馆的改革开放 40 周年展、安徽博物院“向往——‘我’与安徽改革开放四十年”展等通过文物、声音、场景还原等方式，使老年群体在这里找回自己共同的人生回忆，这对于延缓阿尔茨海默症的相关症状是有益的，特别是声音，研究表明：音乐为失智者带来的效应比较长久，可以改善他们的情绪、行为，乃至认知功能，甚至在音乐停止后的几个小时或几天内仍然有效[13]。

新加坡艺术治疗协会（Art Therapists' Association Singapore）与新加坡国立美术馆和国立大学合作，通过遴选相关画作供老年群体欣赏并安排相关活动，尝试改善认知衰退的症状。精选的艺术作品与老年人有关，每件艺术作品中描述的主题和事件都与该国的过去有关，具有文化和社会意义。老年群体在此类活动中通过欣赏和解读艺术品完成认知训练，在改善病情的同时也能够与社会接触，增强了这一群体的社会参与感。

有鉴于此，国内博物馆可以发挥自身优势开展对于阿尔茨海默症患者的辅助治疗，在专家的指导下，通过馆藏文物、多媒体设备、场景还原、社教活动等形式引导患者进行认知训练和逻辑思维训练，从而改善症状。

（三）博物馆参与老年抑郁症治疗

老年群体的心理疾病也不应被忽视。常见的老年群体心理疾病有老年抑郁症、焦虑症、疑病症等，其中较为严重需要干预的是老年抑郁症（late life depression，LLD）。广义的老年抑郁症是指发生于老年期（≥ 60 岁）这一特定人群的抑郁症，包括原发性（含青年或成年期发病，老年期复发）和见之于老年期的各种继发性抑郁[14]。其诱因主要是压力和消极事件。回归家庭的老年群体面对身体机能的衰退、人际关系的疏淡、难以跟上现代社会节奏等等因素导致自我怀疑、无法肯定自己的价值，从而易患心理疾病，特别是抑郁症。综合资料显示我国老年人抑郁症状的合并患病率为22.6%[15]。对于老年抑郁症，除服用药物外，还会采用心理疗法，主要有认知心理疗法、支持性心理疗法、动力性心理疗法、团体心理疗法等。

博物馆需要向医疗机构学习如何辅助治疗老年抑郁症群体，尝试运用科学有效的方法给予他们温暖与关怀。在有关老年抑郁症的治疗方法中，博物馆可以使用艺术治疗（Art Therapy）这一方法。这种方法发源于西方，成熟于 20 世纪末的欧美，是将艺术创造形式作为表达内心情感的媒介，促进患者与治疗师及其他人交流，改善症状、促进心理发展的一类治疗方法。美国艺术治疗协会（American Art Therapy Association）将其定义为：是一种综合性的心理健康和人类服务专业，通过积极的艺术创作，创造过程，应用心理学理论和心理治疗关系中的人的经验，丰富个人，家庭和社区的生活。台湾博物馆与医院合作的“社会处方笺”（social prescribing）服务，通过医生给患者开出艺术治疗内容的处方，患者可在博物馆等场所完成相关治疗。台博馆教育推广组组长黄星达指出，博物馆作为“社会处方笺”，主要是提供陪伴、社交功能，让长期孤独的高龄患者重新建立人群关系、知道自己的声音“被听见”[16]。通过一对一的定制化处方，让患者参观或者参加博物馆的相关活动，不但能缓解医疗压力，更能为老年抑郁患者提供社交的平台，有助于他们走出家门，慰藉心灵，减少孤独感。

博物馆尝试为患病老年群体提供辅助治疗，这不仅有利于其康健，更是体现了博物馆社会责任。博物馆作为非正式的诊疗空间，结合自身收藏与展示的特质，借艺术疗法为老年群体服务，将为老年群体、看护者、医疗机构提供巨大帮助，同时也释放出平等的信号，为老年人友好社会环境的营造贡献自己的力量。

四 结语

目前我国养老、医疗、日间照料、区域差异、文化建设等老龄化问题日渐突出，问题的解决需要全社会的群策群力。博物馆对于推动积极老龄化社会具有不可推卸的责任。在此浪潮之下，博物馆经历着从“藏品中心”到“公众中心”的转变，将以人为本融入到博物馆服务和教育的内核中去。在提倡社会参与的今天，老年群体的诉求逐渐被重视和肯定，但博物馆在这一领域仍处在被动应对的局面。

博物馆是社会风气的引导者，要为推动社会发展而努力。在促进老年群体继续社会化方面，博物馆应通过展览、宣教、促进代际沟通、征招老年志愿者等方式，向社会传达正能量，树立正确的年龄观。同时在自身建设上，正视老年群体的诉求，为老年群体创造一个有益的博物馆环境。作为记忆收藏的场所，博物馆在辅助老年疾病治疗方面，有不可推卸的责任和义务，博物馆通过开发相关课程，提供相关服务，可以缓解社会医疗压力，打破刻板印象，营造一个美好社会。

【注释】

[1] 韩青松：《老年社会参与的现状、问题及对策》，《南京人口管理干部学院学报》2007年10月第23卷第4期。

[2] 肖健、胡军生、高云鹏：《老年心理学》，北京大学出版社，2019年，第269页。

[3] 张宁：《博物馆要关注老年观众》，《中国博物馆》2001年第3期。

[4] http://www.hnmuseum.com/zh-hans/news_guanyi_zixun

[5] http://www.gov.cn/zwgk/2013-09/13/content_2487704.htm

[6] 郑奕：《博物馆教育活动研究》，复旦大学出版社，2015年，第357页。

[7 段勇：《当代中国博物馆》，译林出版社，2017年，第111页。

[8] 刘云：《对首都博物馆志愿者工作的几点认识》，《首都博物馆论丛》2014年第28期。

[9] http://www.capitalmuseum.org.cn/zjsb/content/2019-02/11/content_64760.htm

[10]中国老龄人口健康问题与对策研究课题组：《吉林省四平地区老年人健康影响因素及对策探析》，《人口学刊》2010年第2期。

[11]王英全、梁景宏、贾瑞霞、徐勇：《2020-2050年中国阿尔茨海默病患病情况预测研究》，《阿尔茨海默病及相关病杂志》2019年第1期。

[12]小林淳一、桥本由纪子、江里口友子：《江户东京博物馆创办的“老年人健康项目”》，《中国文物报》2010年9月22日第6版。

[13][美]奥利弗·萨克斯，廖月娟译：《脑袋里装了2000出歌剧的人》，中信出版社，2016年，第378页。

[14]罗红、任荣、胡道艳等：《老年抑郁症及防护策略》，《护理实践与研究》2012年第1期。

[15]张玲、徐勇、聂宏伟：《2000～2010年中国老年人抑郁患病率的meta分析》，《中国老年学杂志》2011年第9期。

[16]https://mp.weixin.qq.com/s/cN4wpuim8QvmL6ILOYqa9w

沉浸理论在考古成果展中的早期实践
——以《西汉齐王墓陪葬坑陈列》为例

赵昕宇（淄博市博物馆）

摘要： 近年来，以观众为中心的思想深入到博物馆各项工作中。随着新媒体技术的发展，策展人意识的转变，博物馆在展示时利用场景复原、声光电融合、虚拟现实等方式，给予观众以沉浸式的体验，在吸引观众眼球，提高观众观展效率的同时，也是进行以观众为中心的重要实践。沉浸体验虽是近些年才在博物馆展示中被强调，但早在博物馆对公众开放时，观众可能已进入沉浸状态，而 20 世纪西方博物馆开始运用新媒体技术时，观众也已经有了沉浸体验。我国博物馆早期的展示手段，也已开始了沉浸理论的实践，特别是在考古成果展中，给予观众沉浸式的体验对观众在博物馆的学习及娱乐有极大的促进作用，对于博物馆进行公众考古的实践以及博物馆社会价值的发挥有着重要意义。

关键词： 沉浸理论；沉浸体验；新媒体；考古成果展

“沉浸”（Flow），国内也译作“心流”，最早由美籍匈牙利裔心理学家米哈里 · 契克森米哈赖（Mihaly Csikszentmihalyi）提出。根据他对沉浸的定义和对沉浸状态的描述，博物馆中的沉浸可能发生博物馆真正对公众开放时。当第一批观众进入博物馆，就可能进入了心理学意义上的沉浸状态。在新博物馆学运动后，伴随着新媒体技术的发展与融入，博物馆开始重视与观众的双向沟通，给予观众沉浸（Immersion）体验。由于场景复原、声光电融合、虚拟现实（Virtual Reality）等新技术的运用，博物馆在展示中创造出的环境有逼真感和互动性，这里多指传播意义上的沉浸。因此，观众在博物馆中的沉浸体验有着以上两层含义。我国博物馆于 2008 年开始免费对外开放，各项理念的引入与西方博物馆相比存在滞后性。经历了 2012 年主题为“处于变革世界中的博物馆：新挑战、新启示（Museums in a Changing World. New challenges, New inspirations）”的国际博物馆日后，我国博物馆也开始运用新理念和新技术，成为更亲民、更具现代化内涵的新场馆。事实上，沉浸理论在我国博物馆中的实践早已开始。2008 年，淄博市博物馆开始进行《西汉齐王墓陪葬坑陈列》的筹划设计，在没有高科技手段的辅助下，最终给予观众考古工地现场感的体验，这种设计思想在当时是超前的。在此类考古成果展中进行沉浸理论的实践，为博物馆继续开发教育活动，设计延伸产品，进行公众考古，从而提升博物馆的社会参与度奠定了基础。

一 博物馆中的“沉浸”

（一）缘起：心流体验

1975年，米哈里 · 契克森米哈赖对一些参与游戏或者运动的人（攀岩者、篮球运动员、舞者、象棋选手、音乐作曲家等）进行访谈，发现让这些人产生愉悦感的因素包括6种：（1）一个人能够专注在限定的刺激领域。（2）可以利用自己的技能满足明确的要求。（3）从而忘记了自己的问题。（4）自己的身份。（5）同时获得对环境的控制感。（6）可能导致自我超越感和随之而来的心理与超人格系统的融合。由于被访谈对象在游戏或者运动中投入大量精力和时间，获得了一种愉悦的体验。契克森米哈赖将这种体验命名为心流体验（Flow Experience），指的是当我们全身心投入行动时所呈现的整体感觉[1]。心流体验也就是沉浸体验，无论何时何地，当人们全神贯注于某件事情上，就可能有了这种体验。“人们在任何活动中都可能体验到‘心流’，甚至在战场上、工厂装配线上或集中营里那些看起来最不可能给人带来乐趣的活动中也是如此”[2]。

契克森米哈赖认为，想要进入心流状态，必须满足以下几个要素：知行合一、全神贯注、浑然忘我、行动和环境的掌控感、明确目标和即时反馈、自足性[3]。此时，人们在心流状态获得的愉悦感已经满足甚至超越马洛斯需求层次理论中第五级——自我实现的需要。1985年，在第四次印刷出版的《厌倦与焦虑之外》（Beyond Boredom and Anxiety）[4]中，他对这些要素做出了补充说明。1990年，在其著作《心流：最优体验心理学》（Flow: The Psychology of Optimal Experience）[5]中，他将构成心流体验的要素完善为：具有挑战性的活动、知行合一、明确目标与即时反馈、全神贯注、掌控自如、浑然忘我、时间感异常。

同年，契克森米哈赖心流体验的模型运用于博物馆中，在他与罗宾逊合著的《看的艺术：对美感际遇的诠释》（The Art of Seeing: An Interpretation of the Aesthetic Encounter）[6]中，通过与从事鉴定、评价和阐释艺术作品的博物馆专业人士进行半结构化访谈，建立了审美体验的概念模型，其特征与心流体验高度相似，如聚焦于物、注意力集中于特定领域、感觉到自由、从对过去和未来的忧虑中解脱出来、超然的情感、在情感上与感兴趣的物有一定的距离、积极探索、积极运用能力应对外部挑战、整体性、一种个人整合和自我扩张的感觉。

既然任何人在任何活动中只要满足条件，就能进入沉浸[7]状态，产生最优体验，那么观众在参观博物馆时，与博物馆专业人士获得审美体验类似，如果他足够热爱，期望获取知识，全身心地投入到陈列展览中的展品与其他辅助展品中去，便已获得了沉浸式的体验。

（二）应用：博物馆中的“沉浸”

1.第一层沉浸（Flow）：沉迷于博物馆

如果说，有了博物馆，就有了“沉浸”，那么沉浸体验最初出现在博物馆的时间应该追溯到世界上最早的博物馆成立时。博物馆在语源学上的起源“mouseion”在古希腊语中是指供奉缪斯女神的神庙。在当时的古希腊，神庙并不具有博物馆的性质。世界上第一座博物馆可能是公元前280年托勒密一世（Ptolemy I Soter）建立的亚历山大博物馆（the Mouseion of Alexandria）。但是，“将博物馆与系统的收藏和研究相结合的，是亚里士多德（Aristotle）

及其学生泰奥弗拉斯托斯（Theophrastus）所建立的吕克昂学园（Lyceum），亚历山大博物馆是托勒密一世对吕克昂学园的吸纳与扩展，是古典时代最著名的博物馆”[8]。

在吕克昂学园中，亚里士多德及其学生对所收集的标本进行分类、研究时，完全满足构成心流体验的六个要素，进入沉浸状态。但这并不是观众所获得的沉浸体验。一般认为：“博物馆真正从私人转变为公共的标志是 1683 年牛津的阿什莫林博物馆（the Ashmolean Museum）的正式对外开放。”[9] 当第一批社会公众走进博物馆，他们获得的体验与欧洲文艺复兴时期特定的人参观私人收藏时的体验是截然不同的。根据契克森米哈赖的观点，这些观众可能已经进入心理学意义上的沉浸状态，即仅仅沉迷于博物馆所展出的物，从而让自己获得最优体验。

2. 第二层沉浸（Immersion）——沉醉于博物馆

现代意义上的博物馆中的沉浸、沉浸式体验多指展厅中新媒体技术的应用，为观众创造出身临其境的感觉，“是一种主观印象，即一个人正在参与一种全面的、现实的体验”[10]。这种沉浸是传播意义上的沉浸，与契克森米哈赖提出的沉浸有所不同，Flow 强调沉浸的效果，Immersion 强调对沉浸的环境因素的研究[11]。前者关注观众的认知状态与体验，后者则关注如何构建沉浸式的图像环境[12]。

一般认为，博物馆能够营造出沉浸式的氛围，应归功于新媒体技术的运用，但是，比特古德认为产生沉浸体验的四个因素有：物理空间的利用、环境反馈、多感官刺激以及实物[13]。“早在计算机能够将不同的媒体合成多媒体或制造虚拟环境之前，展览设计就是一种将不同的媒体结合起来，使观众沉浸在人工构建的场景中，并使他们参与到对周围环境的主动、物理操作中去的手段”[14]。场景复原便是博物馆在展陈设计中较早使用的增强展示效果的手段，这种设计能够将实物置于其本身存在的时间与空间中，观众通过视觉、听觉、触觉等体验与之产生交集。在新媒体技术引入博物馆后，这种沉浸体验的氛围更容易去营造，感觉也更加强烈。

在我国，新媒体技术的研究与应用是远远滞后于欧美国家的博物馆。2009 年，北京市文物局等部门联合举办北京数字博物馆研讨会，研究探讨数字博物馆（科技馆）的发展；2010 年上海世博会的中国馆，展示了一幅动态的《清明上河图》，吸引无数观众驻足欣赏；2012 年国际博物馆日后，关于博物馆新媒体的研究快速增长；2016 年，国家文物局联合多部门印发《“互联网 + 中华文明”三年行动计划》的通知……得益于现阶段的新技术运用，观众进入博物馆可能会获得心理学意义上和传播意义上的双重沉浸体验，这对于观众和博物馆的双向互动有着重要意义。

大量高科技手段将观众带入一个体验感十足的虚拟空间并非难事，因此相比第二层沉浸，第一层沉浸是更难进入的，尤其在考古成果展中，观众是否进入第一层沉浸状态，对于博物馆陈列展览信息传播的效果具有至关重要的作用。

二 《西汉齐王墓陪葬坑陈列》的具体实践

给予观众双重沉浸体验是极为困难的，对于陈列设计师而言，在展陈设计时不仅要考虑展览学术性与趣味性的平衡，更要考虑不同观众类型的兼顾，特别要考虑日渐增多的儿童与青少年观众。作为考古成果展的《西汉齐王墓陪葬坑陈列》，即是沉浸理论在我国博物馆中的早期实践。

（一）如何进入沉浸状态

1996 年，唐纳 · L. 霍夫曼和托马斯 · P. 诺瓦克将沉浸体验引入了网络导航的研究，他们认为，沉浸是控制、内容和动机特征的一种功能，沉浸状态有四个直接决定因素（1）感知到的技能和挑战的一致性，（2）全神贯注，（3）交互性，（4）临场感。（1）和（2）是沉浸的必要条件；决定因素（3）和（4）将增强沉浸[15]。根据霍夫曼和诺瓦克的研究，网民进入网络导航，满足上述 4 要素，即进入沉浸状态。同理，可将其运用于观众参观博物馆中，如图 1 所示：

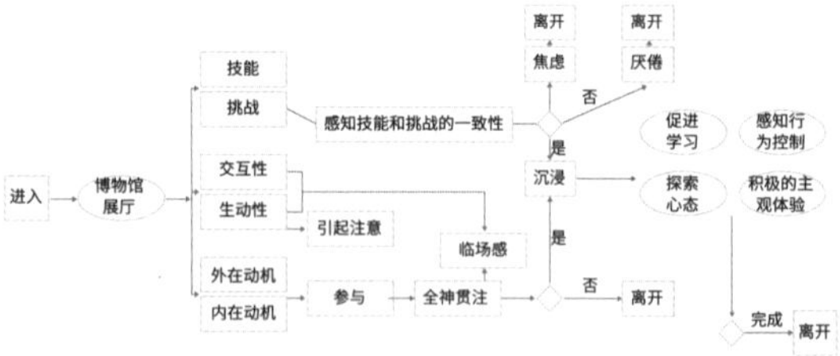

图 1. 博物馆沉浸体验模型

根据图一，观众进入展厅，如果他们先前具备的知识（技能）与展览传播的知识（挑战）具有一致性；展览具有交互性和生动性，引起观众注意，观众可参与其中，并全神贯注，进而有了临场感，即进入第一层沉浸状态。通过展览，观众提高了知识水平，培养了探索心态，有了积极的主观体验。作为博物馆，在没有高科技手段的辅助下设计出这样的展览是较为困难的。

（二）《西汉齐王墓陪葬坑陈列》的具体实践

2008 年，淄博市博物馆开始进行《西汉齐王墓陪葬坑陈列》的筹划设计。在此之前，齐王墓的出土文物已在其他陈列中出现过，但囿于展陈设计，展示效果有限。而 2010 年 5 月 18 日正式对外开放的《西汉齐王墓陪葬坑陈列》，在沉浸理论还未与博物馆展陈设计产生交集之前，已开始了具体的实践。

1. 展厅背景：沉浸之源

考古成果展，顾名思义，展示的是遗址经发掘后的遗迹与出土遗物，揭示当时的社会经济、政治、文化关系，将发掘和研究成果尽可能全面的呈现给观众。如何让观众在参观时不被晦涩的考古学语言和符号所束缚，整个展厅的背景设计尤为重要。

《西汉齐王墓陪葬坑陈列》展厅“四周高大的墙壁都是用‘土’砌成的，展厅本身就像一个巨大的坑一般，周围还不时散落着一些考古工具，真实的‘现场感’紧紧地将观众包围起来，让人产生一种身临其境之感”[16]。契克森米哈赖与赫曼森曾将其沉浸理论结合到博物馆学习中，分析博物馆的内在动机。他们认为，博物馆展览必须抓住观众的好奇心[17]。整个展厅带给观众这种考古工地现场的体验，恰恰激发了观众的好奇心，使其产生深入了解工地现场的想法，是观众进入沉浸状态的源头和基础。

2. 场景复原：沉浸之始

“在个体的好奇心被激发之后，展览必须吸引持续的兴趣，以便学习的发生”[18]。在对临淄大武汉墓和参与发掘的考古人员进行简要介绍后，展厅迅速开始以场景复原的方式引观众进入正题。五个陪葬坑中，设计师选择了一号器物坑，二号殉狗坑，四号车马坑、五号兵器坑进行场景复原，其中在五号坑还原了当年考古人员的发掘现场。这些场景无一采用新媒体技术手段，仅靠情景再现让观众感受齐王生前的富庶与死后的华丽。置身其中，一定有观众会全神贯注，浑然忘我，想象西汉时期诸侯王所享受的荣华富贵，并获取即时的反馈，了解当时的生产生活情况。

值得注意的是，设计师虽然运用场景复原配合展厅四壁背景，让观众开始进入沉浸状态，却没有迷恋这种方式，三号兵器仪仗坑的展示便是常规的博物馆陈列方式，避免了陈列手段的单一和视觉疲劳[19]。

3. 墓主者谁：沉浸之止

由于考古学家并未对齐王墓主墓室进行发掘，大武汉墓埋葬的是哪位齐王我们不得而知。但是在展厅结尾，设计师放置了几排座椅，观众可驻足休息，观看电视采访纪录片《墓主者谁？》，配合着展牌上展示的《史记》对西汉初年诸侯王的记载，聆听着考古学家的分析，观众能够全神贯注于其中，获取信息，最终根据墓葬规模、随葬器物丰富程度等，得出自己的判断。“成功的展示往往是要求观众做出猜测、评估和回应，然后提供信息，让观众将他们的回答与其他标准进行比较”[20]。尾厅正是观众对本陈列的学习进行总结的场所，提供给观众参与的机会，给予观众一次完整的沉浸体验。

纵观整个陈列，内容与形式有机结合，设计师有效地运用场景复原的方法，将这一重大的考古成果创造性转化为陈列实体。整个展厅充满着考古工地的“现场感”，土坑残壁、出土器物、考古工具、工作者蜡像等陈列要素也可以营造出当今新媒体技术在展厅中营造的氛围，富有沉浸感。展厅以问题结尾的形式在其他博物馆中也有出现，如西安半坡博物馆基本陈列最后一单元提出了“人面鱼纹之谜”；连云港市博物馆专题陈列《千古之谜——凌惠平》在结尾也提出了数个谜团，让观众引发新的思考。《西汉齐王墓陪葬坑陈列》的设计在当时是超前的，可以说是博物馆开始实践沉浸理论的经典案例。

4. 公众考古：沉浸之用

“在当今的任务冗余、信息过度分散的环境中，沉浸式的博物馆环境提供了另一个引人注目的优势。它们提供了不受外部干扰的离散体验，使观众能够更充分、更专注地与手头的内容联系在一起”[21]。博物馆举办考古成果展，与考古遗址进行原址展示有着相似的目的，是将考古成果展示给观众的同时，让观众了解考古，学习考古，将一些重要的考古知识转变为观众的常识。由此来看，在博物馆中举办具有沉浸性的考古成果展，是公众考古的重要实践。同时，博物馆作为值得探索和获取知识的场所，营造出考古工地般的沉浸性氛围，具有神秘、未知的感觉，更能令观众满足好奇心，感到满意。这种沉浸体验是同时具有精神和情感的体验，观众不会意识到疲劳和时间流逝，这样的体验是愉快而又难忘的，也丰富了观众在博物馆中的学习体验[22]。再者，考古成果展中的物，大多是考古工作者自考古遗址中发掘出的文物，其脱离了原来的背景环境，被“去脉络化（Decontextualise）”，通过场景复原将其“再脉络化（Recontextualise）”，尽可能让观众理解其文化背景，增加信息量[23]。因此，《西汉齐王墓陪葬坑陈列》最大程度的还原物的原真性，带给观众的是一种有着重要实践意义的沉浸体验。

三 沉浸理论的新应用

当然，《西汉齐王墓陪葬坑陈列》提供的沉浸体验以心理学意义上的沉浸为主，限于当时的设计思想和技术手段，与如今的博物馆沉浸式展览还有一定差距，淄博市博物馆可根据现有技术手段更新陈列，设计更多元化、更具有参与性的教育活动，让此陈列发挥更大的作用，但首先要考虑新媒体技术的合理运用问题。

（一）技术：新媒体的争议

博物馆展览中有两个命题一直存在矛盾：“如何更全面、更深入地调度观众的感官，带给观众更好的参观体验？以及如何利用展览的知识思考或观念探讨来培育观众的自主意识与能力。”[24] 当今在博物馆里的沉浸大多指传播意义上的沉浸，这种效果主要依靠新媒体技术来实现。关于新媒体技术在博物馆中的边界问题有很多争议。有些提倡者认为其能使过时的机构现代化、普及化，提高效率。让知识大众化、提供展览信息，增加观众人数，提高灵活性，帮助展现复杂的思想和过程，提供多种观点，鼓励观众之间的社会互动。而有怀疑者认为其威胁到展品的真实性、传统知识资源的权威性，将博物馆转变为“寓教于乐”的商业场所[25]。

新媒体技术只是博物馆可以采用的一种手段，掌握好度，保障其与传统展示方式的平衡，就能促进陈列展览的传播效率。“博物馆可以受益于新媒体技术，不是因为它本身，而是因为它提供了新的机会，使我们与我们共同的世界遗产的文物结合在一起，并促进相互间的联系”[26]。现代化的陈列展览中的新媒体技术能够让观众与展品更近距离的接触，产生更紧密的联结，尤其在知识较为密集的考古成果展中，进入双重沉浸状态的观众更容易欣赏展览，获取信息，达成参观目的。

（二）尝试：博物馆的新做法

《西汉齐王墓陪葬坑陈列》的更新可以从完善通俗性、参与性、多感官性三个方面入手，提高信息传播效率，完成以观众为中心的思想转变。

1. 通俗性

获得沉浸体验有一个重要因素，即技能和挑战的一致性。当一个人意识到自己所具备的技能不足以应对面临的挑战时，焦虑会随之而来；当技能与挑战存在一致性，他就能有机会获得沉浸体验；当他面对挑战得心应手，非常轻松时，就会进入无聊状态，最后，一个拥有高超技能却鲜有机会施展的人会从无聊的状态再次进入焦虑的状态[27]。

这种焦虑和无聊的状态在博物馆之中都可归为博物馆疲劳现象。例如，观众在观看说明牌时，需要识读一些不常见的器物或器物部位的名称，或者是阅读大量的考古学专业术语，没有一定专业知识储备会产生认知负荷，无法获取更多展览信息，甚至会加速离开展厅，结束参观体验。《西汉齐王墓陪葬坑陈列》中，四号车马坑展区所展示的青铜车马配件缺少注音；除尾厅播放纪录片中的专家解读较为通俗易懂，其他展区的展牌中均含有大量考古学语言，馆方需将其适当转化为博物馆语言，更要尝试在保证客观、真实的基础上转化为符合大众知识水平的语言，让更多观众具备参观展览所需要的先前知识和技能。

2. 参与性

获得即时反馈是构成沉浸体验的要素之一，即博物馆要在观众参观过程中与其进行互动，形成双向沟通，让观众认识到是否达到了参观目标。大武汉墓五号陪葬坑出土一件矩形龙纹铜镜，一件金银饰铁甲均为世所罕见，可设计VR项目还原文物出土过程，让观众有直观感受；或设计触摸屏，让观众动手做简单的拼接修复，增强体验性和参与性。博物馆中还可设置考古沙盘，保障安全性，吸引各年龄段观众，让观众沉浸在考古过程中，构建参与式博物馆。观众获得即时反馈也证明博物馆通过此考古成果展进行的公众考古取得了成果。

3. 多感官性

多感官体验是现代沉浸式博物馆不可忽视的一点。“博物馆需要更多地考虑视觉、听觉、嗅觉、味觉、本体感觉以及观众的其他感知体验之间的组合和复杂交互”[28]。在视觉主导的参观过程中，适当给观众增加听觉、触觉、嗅觉、味觉的体验能够增强临场感、存在感与联结感，让观众有深深满足的感觉。我国的博物馆除视觉外，大多提供听觉体验，如南京大屠杀纪念馆的背景声环绕整个展厅，营造悲伤而又庄严肃穆的氛围；由于博物馆中的展品基本是不可触摸的，触觉体验多集中在科技馆中，大多数博物馆也有可操作触摸屏；嗅觉、味觉体验较难实现，多集中在专题类博物馆，如聚合斋周村烧饼博物馆现场展示烧饼制作工艺。《西汉齐王墓陪葬坑陈列》的沉浸体验基本是依靠考古工地现场般的视觉冲击来实现的，缺乏触觉、听觉的设计。触摸屏、考古沙盘可以让观众动手操作（Hands-on），在展厅中播放背景音也可以增强沉浸感，这种设计也更容易实现。

（三）展望：关于沉浸

早在1998年，马克 · L · 哈维等人就研究过沉浸式设计技术在决定观众的博物馆体验中的作用：博物馆展览空间设计变化后，观众参观次数增加；交互式装置、多感官模拟、动态演示等具体的设计技巧与观众产生心流体验与沉浸体验有关[29]。2008年，澳大利亚学者瑟巴斯汀 · 菲列普（Sebastian Filep）提出运用沉浸的九个维度来测量游客的参与性和满意度[30]。在不告知参与者沉浸要素的情况下，菲列普让他们以个人记叙文的形式描述在一年海外学习时间里的两次难忘经历，特别要描述沉浸体验，观察参与者是如何经历进入沉浸状态的时刻。这项研究为博物馆观众研究提供了方向，博物馆可以运用沉浸理论研究观众满意度，从客观角度评判展览的某一部分是否让观众达到了第一层沉浸状态，获得最优体验，而非主观臆测。同时可以寻找展厅中阻碍沉浸体验的因素，如过于学术化的展牌，单纯的文物堆砌展示，混乱的引导牌，包括观众参观时的个人情绪等。

2013年，李沁在其著作《沉浸传播：第三媒介时代的传播范式》中提出了“沉浸传播（Immersive Communication）”这一全新的传播方式，以人为中心，人成为媒介本身，这种传播无时不在、无处不在[31]。如今，以观众为中心的博物馆，其物为媒介，展览为媒介，博物馆自身为媒介的特性也越来越强，博物馆中的观众也能够成为媒介。展厅中的观众以物为基础，以展览为引导，即使互为陌生人，同样可进行互动交流，这种交流也可以作为一种沉浸体验，这种沉浸体验可以不依赖于展陈设计与新媒体技术，或许成为心理学与传播意义以外的第三层沉浸，即属于人际互动的社会学意义上的沉浸。

四 结语

总体而言，《西汉齐王墓陪葬坑陈列》对于沉浸理论的具体实践是具有开创性的，同时也具有极大的空间来继续利用沉浸理论来进行陈列设计、教育活动研发和观众研究。考古成果展只是我国博物馆展览中的一种，并适用沉浸理论来进行公众考古的实践，在其它类别的展览中运用沉浸理论，给予观众心理学与传播意义上的双重沉浸体验，进行相关研究，对于博物馆进行以观众为中心的具体实践有着重要的促进作用。

【注释】

[1] Mihaly Csikszentmihalyi, “Play and Intrinsic Rewards.” Humanistic Psychology,1975,15(3), p.135-152.

[2] Mihaly Csikszentmihalyi, Beyond Boredom and Anxiety, San Francisco and London: Jossey-Bass, 1985, p.36.

[3] Mihaly Csikszentmihalyi, “Play and Intrinsic Rewards.” Humanistic Psychology,1975,15(3), p.135-152.

[4] Mihaly Csikszentmihalyi, Beyond Boredom and Anxiety, San Francisco and London: Jossey-Bass, 1985, p.38-48.

[5] [美] 米哈里 · 契克森米哈赖著:《心流:最优体验心理学》, 中信出版集团, 2017 年, 第 41 页。

[6] Mihaly Csikszentmihalyi, Rick E. Robinson, The Art of Seeing. An Interpretation of the Aesthetic Encounter, Los Angeles: The J. Paul Getty Museum ,1990.

[7] 为统一理解，此处开始本文全部将 Flow 译为“沉浸”。

[8] Jeffrey Abt, “the Origins of the Public Museum”, Sharon Macdonald, ed., A Companion to Museum Studies, UK: Blackwell Publishing Ltd, 2006, p.115-134.

[9] 尹凯:《边界、形态与新技术:处于变动中的博物馆》,《博物馆研究》2014 年第 2 期, 第 3-7 页。

[10]Chris Dede, “Immersive Interfaces for Engagement and Learning.” Science, 2009(66), p.66-69.

[11]李沁:《沉浸传播:第三媒介时代的传播范式》, 清华大学出版社, 2013 年, 第 16 页。

[12]孔少华:《从 Immersion 到 Flow experience:“沉浸式传播”的再认识》,《首都师范大学学报(社会科学版)》, 2019 年第 4 期, 第 74-83 页。

[13]Stephen Bitgood, The role of simulated immersion in exhibition(Report No. 90-20), Jacksonville, AL: Center for Social Design, p.283-295.

[14]Michelle Henning, ”New Media”, Sharon Macdonald, ed., A Companion to Museum Studies, UK: Blackwell Publishing Ltd, 2006, p.302-318.

[15]Hoffman D L, Novak T P. ” Marketing in Hypermedia Computer — mediated Environments: Conceptual Foundations.” Journal of Marketing, 1996, 60(3), p.50-68.

[16]张永政、安立华编著:《创意与设计:西汉齐王墓陪葬坑陈列图解》, 山东美术出版社, 2010 年, 第 29 页。

[17]Mihaly Csikszentmihalyi, Kim Hemanson, Intrinsic Motivation in Museums: Why Does One Want to Learn? Falk John H. and Lynn D. Dierking, eds. Public Institutions for Personal Learning , Amer Assn of Museums , 1994, p.146-159.

[18]Mihaly Csikszentmihalyi, Kim Hemanson, Intrinsic Motivation in Museums: Why Does One Want to Learn? Falk John H. and Lynn D. Dierking, eds. Public Institutions for Personal Learning , Amer Assn of Museums , 1994, p.146-159.

[19]张永政、安立华编著:《创意与设计:西汉齐王墓陪葬坑陈列图解》, 山东美术出版社, 2010 年, 第 29 页。

[20]Bitgood, S. The role of simulated immersion in exhibition, Report 90-20. Jacksonville, Ala.: Center for Social Design, 1990.

[21]Maggie Burnette Stogner, “The Immersive Cultural Museum Experience - Creating Context and Story with New Media Technology.” The

International Journal of the Inclusive Museum, 2011, 3(3), p.117-130.

[22]John H. Falk, Lynn D. Dierking, Learning from Museums, New York and London: Rowman & Littlefield, 2018, p.227-236.

[23]Sandra Dudley, Introduction: Museum and Things, Sandra Dudley, Amy Jane Barnes, Jennifer Binnie, Julia Petrov, Jennifer Walklate, eds., The Thing about Museums: Objects and Experience, Representation and Contestation. London and New York: Routledge, 2012, pp.1.

[24]李德庚:《流动的博物馆》,文化艺术出版社,2002年,第141页。

[25]Michelle Henning, "New Media", Sharon Macdonald, ed., A Companion to Museum Studies, UK: Blackwell Publishing Ltd, 2006, p.302-318.

[26]Maggie Burnette Stogner, "The Immersive Cultural Museum Experience - Creating Context and Story with New Media Technology." The International Journal of the Inclusive Museum, 2011, 3(3), p.117-130.

[27]Mihaly Csikszentmihalyi, Beyond Boredom and Anxiety, San Francisco and London: Jossey-Bass, 1985, p.50.

[28][美]妮娜·莱文特、[美]阿尔瓦罗·帕斯夸尔-利昂主编,王思怡、陈蒙琪译:《多感知博物馆:触摸、声音、嗅觉、空间与记忆的跨学科视野》,浙江大学出版社,2020年,第1页。

[29]Harvey.M, Loomis.J, Bell.P, Margaret Marino, The influence of museum exhibit design on immersion and psychological flow, Environment and Behavior, 1998 30(5), p.601-627.

[30]Sebastian Filep, Applying the Dimensions of Flow to Explore Visitor Engagement and Satisfaction, Visitor Studies, 2008 11(1), p.90-108.

[31]李沁:《沉浸传播:第三媒介时代的传播范式》,清华大学出版社,2013年,第43页。

博物馆学与管理学

论博物馆学学科归属

张雨辰（平津战役纪念馆）

摘要： 博物馆学作为研究博物馆存在与发展规律的学科，具有很强的跨学科属性。博物馆学学科归属是论述该学科与其他学科关系的基本问题。由于历史类博物馆是我国博物馆的主体，使我国博物馆学长期作为历史学、考古学之子学科存在。这种学科配置不仅阻碍了主题和历史、考古无关的博物馆发展，而且限制了博物馆学研究的广度与深度。博物馆学与历史学、考古学的研究对象、理论体系、研究方法存在天然差异，具有不同的学科属性。信息时代的到来使博物馆在主题表达、职能发挥等方面愈加依赖于信息技术与信息管理。“物”“人”“机构”及其相互关系是博物馆学研究的基本要素。因此按目前学科门类划分，博物馆学作为管理学子学科最为贴近实际，能够使博物馆学获得更大发展空间。

关键词： 博物馆学；历史学；考古学；管理学；学科门类；子学科

什么是学科？按照《现代汉语词典》给出的定义，是“按照学问的性质而划分的门类”[1]。学科研究首先要确定研究客体的性质、范围。无论是自然科学还是社会科学，一个成熟的学科都有比较固定的研究对象、研究理论体系和研究方法。目前学界基本达成一致，认定博物馆学是一门独立学科。但与成熟的学科相比，博物馆学到目前为止还没有确定的研究范围、成熟的理论体系和研究方法论。笔者认为，明确学科归属有助于确定博物馆学的学科性质，对该学科理论体系构建起到强本固基的作用。

一 博物馆学基础不牢

博物馆学是研究博物馆及其内在变化发展规律的科学，各类博物馆是博物馆学研究的对象，但学界对博物馆的形态、边界、属性等基本要素却长期存在争论，突出表现即为国际博物馆协会[2]自 1946 年成立至今先后对博物馆的 8 次定义。2019 年国际博协京都大会新博物馆定义因各方分歧被迫流产。根据 2007 年最新定义，博物馆是“一个为社会及其发展服务的、向公众开放的非营利性常设机构，为教育、研究、欣赏的目的征集、保护、研究、传播并展出人类及人类环境的物质及非物质遗产”。文本中提到的“研究”要素涉及范围非常宽泛，根据博物馆展陈内容的差异，博物馆学关联学科有历史学、艺术学、考古学、物理学、地质学、生物学、化学等学科；不同性质、类别的遗产也都有着各自的学科领域。可以说博物馆学几乎涉及了人类文明大部分基础学科。2007 年定义则取消了对可视为博物馆的组织列举，只保留对博物馆组织目的、性质、功能和工作对象的原则表述[3]。这种定义表述使博物馆的物理形态、边界等基础要素不再确定。博物馆家族的膨胀带来了博物馆学边界的不断外延。博物馆化[4]的拓展使博物馆在展陈内容、职能等领域日益无所不包，导致博物馆学研究内容被无限扩大，内核基础日益飘摇。

从学科发展史来看，博物馆学最早依附于博物学，其出现源自博物馆工作专业化需求，在长期博物馆实践经验积累上逐步形成专业自觉[5]。博物学是人类与大自然打交道的学问，并不是近代形成的具体学科概念，其范围几乎涵盖了所有人类划分的现代自然科学学科门类。博物学进入近代社会后开始衰落，被现代更为严密学科分类体系所替代。针对博物馆的研究首先是从博物馆具体藏品开始的，在只有收藏和藏品研究职能的时代，对博物馆本体的研究自然要让位于对博物馆具体藏品的研究。伴随着近代资产阶级革命，博物馆逐渐成为一种公共领域，成为一种独立的机构进入公众视野并开始发挥其社会功能时，博物馆学才得到了立足之地。因此博物馆学的发展相对于博物馆的发展而言具有滞后性，博物学研究范围泛化也导致博物馆学研究边界的模糊。博物馆学并未成为一种成熟的学科并得到其他强势学科的认可，也与其在诞生时的先天不足有关。

博物馆学不仅学科体系尚存争论，而且研究所采用的方法论大部分源自于理论体系比较成熟的强势学科。因此博物馆学不可避免受到其他强势学科的冲击，难以形成自己的学科体系也就在所难免。博物馆学需要认真审视学科边界，形成独立的学科体系架构。

二 博物馆学作为历史学、考古学子学科并不合理

由于对博物馆学的理解差异，各国对该学科属性划分不尽相同。从高校教育层面看，美国博物馆学基本从属于人类学系；北欧国家将博物馆学划在传播系下面，作为信息媒介的存在；澳大利亚主要将博物馆学置于艺术学院之下讲授。在我国，博物馆学的历史学、考古学导向较为明显。

这种学科划分，盖因悠久的历史使我国拥有大量可以传承中华文明的历史文化遗存。我国从古至今，无论是官方还是民间，都有收藏和研究古物的传统。针对古物的研究，宋、明时期相继诞生了金石学和考据学，这些与历史学、考古学关系非常紧密，起到补史证史的作用。鸦片战争以后，西方资产阶级思想传入我国，西方文化中的公共观念带动中国传统古物保藏模式转向近代博物馆化[6]。

近代中国民族危机深重，大量珍贵文物流失海外，因此保全我国之历史文化就成了创办博物馆的主要驱动力。张謇曾说过中国人自己办博物馆之目的："今则绀发碧瞳之客，蜻洲虾岛之儒，环我国门，搜求古物……设不及时保存，护兹国粹，恐北而热河，东而辽沈，昔日分藏之物，皆将不翼而飞。得弓既非楚人，归璧更无赵士。"[7]进入民国时期，民主共和思想深入人心，政府对民众进行爱国主义教育的要求特别迫切，而中国古代辉煌的历史能够充分唤起民族认同，共同御侮。因此以历史文物和遗存为主题的历史博物馆迅速发展成为中国博物馆的主体。1935年，中国博物馆协会成立伊始便指出："重以世乱年荒，故家钜室不克保其旧藏，于是三代两汉之物流传海外，不复见于中土，岂不惜哉！兹欲使先民之遗迹永

久保存，固有之文化日新又新，则博物馆之建设，实为今日最迫切之需求。”[8]博物馆的首要功能被定位为收藏我国珍贵古器遗迹，防止文物流失，以增进民族自豪感。这种思想被国民政府接受，也被日后执政的中国共产党所继承。

中华人民共和国成立以后，博物馆的政治、文化使命被特别强调，因此历史类博物馆受到特别重视，成为当时我国博物馆的绝对主导。改革开放后，虽然自然类、科技类博物馆有了较大发展，但历史、考古、文化遗产类博物馆仍然在全国处于主体地位[9]。王绵厚先生指出博物馆学与历史学、考古学“是在大部分博物馆中最亲缘的两个学科”[10]。

虽然学科之间联系密切，但博物馆学与历史学、考古学不存在隶属关系，甚至可以说并不是一个学科系统。博物馆学在研究对象、理论基础和研究方法等方面与历史学、考古学存在天然差异。

（一）博物馆学与历史学

1951年2月，教育部召开座谈会商讨在高校设置博物馆学系问题，但并未得到实施，原因在于当时学界怀疑博物馆学是否是一门独立的学科：“没有空头的博物馆学家，博物馆学家必须是另一个学科的专家。”[11]直到1960年，南开大学历史系开设博物馆学专门化班，从历史学本科毕业生中选拔学生学习，课程有博物馆学概论、历史档案学、文物考古三门，并在京津地区博物馆实习[12]。该模式是从历史学专业人才中选取博物馆学专业人才的一次重要尝试，虽然因为各种政治运动中断，但其指导思想却一直保存下来。

拨乱反正以后，教育事业也得到恢复。1979年，南开大学成立博物馆学专业，标志着我国高校博物馆学研究事业正式起步。随后几年，复旦大学、杭州大学[13]、吉林大学等高校也开设了博物馆学专业相关课程。当时这些高校无一例外都将博物馆学置于历史系之下教学。1981年国务院公布《中华人民共和国学位条例暂行实施办法》，规定历史学为学科门类。1983年教育部公布《高等学校和科研机构授予博士、硕士学位的学科、专业目录(试行草案)》[14]，规定考古学、博物馆学是历史学下属二级学科。

随着改革开放进程加快，一些和历史题材无关的博物馆纷纷出现，历史学和博物馆学的不兼容性日益严重。早在1987年黄春雨先生就曾指出博物馆学置于历史系下教学之弊端：（1）片面性很容易使博物馆学专业教育发生顾此失彼；（2）置设于历史系的博物馆学专业于游离的境地；（3）多余子系统的地位及学科本身的差异导致了管理内容的矛盾；（4）前述几种弊端交织导致了博物馆学专业教研人员专业思想的不稳定，影响了他们积极性和创造性的发挥[15]。但这种提法并未引起足够重视。2009年全国两会期间，有全国政协委员提案，要求重新确认博物馆学的学科归属：“在高校本科与研究生教育的学科分类中，博物馆学与考古学一起，归属于历史学一级学科下的二级学科；而在《国家社科基金项目学科代码表》中，博物馆学又被归于图书馆、情报与文献学的门类之下。”[16]该提案并未被采纳。错位的学科配置使博物馆学研究立项异常艰难，无论在历史学门类下还是在管理学门类下都缺失话语权。

导致历史学与博物馆学日益不兼容的原因，是两门学科的学科性质和研究对象完全不同。历史学是一门理论性学科，有比较固定的研究对象和范围，是研究社会历史现象和过程并揭示其内在规律的科学。史学理论在历史学研究中处于一个极为重要的位置，它是一级学科中国史和世界史共同的二级学科。而博物馆学的理论建构奠定在实践基础之上，是一门实践性学科，其研究对象是各类博物馆。历史学只有在历史类博物馆中才能发挥作用。一旦博物馆展陈主题与历史学无关，历史学在博物馆学研究方面就会束手无策。

（二）博物馆学与考古学

我国博物馆学专业教育始于1942年。1941年，国民政府在重庆创办国立社会教育学院，次年开始招收博物馆学专业学生，学制4年，课程由考古学家荆三林讲授。1948年2月，北京大学在文学院下设博物馆专修科，韩寿萱为该科主任。课程设置分为如下两类：（1）公共必修课：博物馆学、编目与陈列、博物馆管理法、造型及其他技术、考古学、人类学。（2）各专门博物馆学选修课：中国美术史、中国雕刻史、中国书画史、文献学与档案学、生物保存法、金石学、版本学、史前学、科学史、铜器文字研究[17]。学科设置具有明显的考古、历史学色彩。新中国成立后该专修科继续开办，1952年调整为考古系，内设博物馆学概论课程，这是我国博物馆学隶属于考古学之发端。可以说，从高校人才培养机制上来看，博物馆学被置于考古学之下有深刻的历史传统。1958年7月文化部通过《文物、博物馆事业五年发展纲要》，指出“把文物、博物馆事业沿着中国自己的道路飞跃发展”。要求“在‘十一’前在北京大学及社会文化学院开办文物、博物馆系、科，各地文物、博物馆机构可以办红专大学”[18]。此后官方文件中将“文物”“博物馆”二者捆绑叙述基本定型，延续至今。

2011年国务院印发《学位授予和人才培养学科目录》，对1983年《试行草案》之历史学门类下学科隶属关系进行了较大调整[19]，取消一级学科“历史学”，设置中国史、世界史、考古学为历史学门类一级学科。而原本属于历史学二级学科的博物馆学与文物研究进行了整合，成立“文化遗产与博物馆”科目，作为考古学之二级学科存在。截至2020年，我国开设博物馆学课程的高校共有95所，其中置于历史系或考古系下教学的院校有73所[20]，历史、考古学导向仍然十分明显。

博物馆学被设置为考古学子学科并没有解决其作为历史学子学科存在的问题，反而使与考古学完全无关的博物馆学重要研究分支——博物馆传播学、博物馆教育学等科目被置于一种更加尴尬的境地。从总体上看博物馆学在考古学学科体系下其实是一种异质物，自然无法从上级学科中汲取营养。同科技考古、史前考古等二级学科并列的结果是降低了博物馆学的学科地位。将博物馆与文化遗产并列表述不仅使博物馆学的研究被限定在历史、考古、文物、人类学等几类有限的博物馆类型领域，甚至存在被上述学科架空的可能；而且使自然类、科技类、行业类等其他类型的博物馆研究被排除在博物馆学研究范围之外，博物馆学多元发展方向受阻。

作为理论博物馆学[21]的重要分支，博物馆史与考古学不存在隶属关系，应归入中国史和世界史的子学科。以近现代史为主题的历史类博物馆基本不与考古学发生联系，其藏品来源主要依靠社会捐赠或征集；即使是以古代史为主题的历史博物馆，出土文物也并非博物馆藏品的全部类型。博物馆学与考古学之间的联系的载体只是博物馆化的出土文物。可以说和历史学相比，考古学与博物馆学之间的联系条件更加苛刻。

目前，博物馆学的学科地位依然尴尬，高水平刊物严重不足，这与日益繁荣的博物馆事业不相匹配。从期刊名录来看，我国专门以博物馆学为专题的核心期刊只有《中国博物馆》1种。其他涉及博物馆学的专门期刊有《国际博物馆（中文版）》《博物院》《博物馆研究》《自然科学博物馆研究》等，均非核心期刊。由于刊物和版面不足，目前博物馆学研究存在着较多辑刊或“以书代刊”的形式，不仅出版周期长，且在部分高校和博物馆机构并不被承认。如果扩展到“文化遗产与博物馆”科目，文物考古类核心期刊（含扩展版）共有 17 种，其中近两年发表博物馆学论文的刊物有 5 种。《东南文化》设有固定栏目“博物馆新论”，这也是博物馆学论文核心期刊投稿的主要方向；《文博》《中国国家博物馆馆刊》等有少量的博物馆学论文，但并不是常设栏目（表 1）。统计数据显示除《东南文化》外，其他 4 种刊物博物馆学论文不仅数量少，且占比也低。因此可以说明博物馆学从总体上而言并不被上级学科考古学所认可。

表 1.2019-2020 年文物考古类核心期刊（含扩展版）发表的博物馆学论文[22]

刊名	2019 年论文总数	2019 年博物馆学论文数量	2020 年论文总数	2020 年博物馆学论文数量	两年博物馆学论文占比	博物馆学论文主要研究方向
东南文化	86	24	127	45	32.4%	综合
中国国家博物馆馆刊	160	15	146	2	5.6%	博物馆运营、博物馆史
文博	89	4	92	4	4.4%	博物馆史、博物馆科技、展览、文化产业
文物保护与考古科学	93	3	88	2	2.8%	博物馆藏品保护技术
敦煌研究	109	1	92	1	1.0%	博物馆数字技术

同历史学相同，博物馆学和考古学的研究对象、理论基础也存在巨大差异。前文已述，博物馆学研究对象是各类博物馆，而考古学研究对象是考古出土文物。研究对象性质的差异导致学科理论基础的差异，中国知网学科分类系统将博物馆学归入“信息科技”大类，而将历史学、考古学归入“哲学与人文科学”大类。

将博物馆学归入历史学、考古学子学科，是历史考古类博物馆在我国博物馆体系中处于主导地位在学科划分领域里的具体体现，都是将博物馆具体藏品和展览内容研究代入了对博物馆本体的研究。历史学、考古学并不是考察博物馆存在和发展规律的学科，作为它们子学科会阻碍博物馆学发展。

三 博物馆学归属管理学相对合理

目前我国博物馆学研究根基不牢、发展困难，在高水平刊物上发表论文难；学科地位上不去，反过来又限制了学科基础研究，形成恶性循环。而且博物馆从业人员对博物馆学的认同度偏低。这些现象产生的根源在于博物馆学学科定位偏狭。以1974年国际博协对博物馆的定义为转折点，博物馆开始强调同“人”之间的关系。1987年，日本学者鹤田总一郎指出：“博物馆必须把对人的研究提到与物同等的水平才能成为真正的博物馆学研究。”[23]对于某个特定机构的研究首先要聚焦于这个机构本身，而“人”是机构存在和运行的基础要素，因此从研究“人”的学科中寻找答案是对博物馆学进行学科属性划分的关键。

张謇是中国博物馆学研究的奠基人，他在《国家博物院图书馆规划条议》《博物苑观览简章》等文章中都明确提到了管理工作对博物馆事业发展的重要性。20世纪三四十年代，我国学者开始构建自己的博物馆学理论体系。代表作有1936年陈端志的《博物馆学通论》；费畊雨、费鸿年的《博物馆学概论》；1943年曾昭燏、李济主编的《博物馆》等。在这些民国时期博物馆学通论性质著作中，博物馆管理、博物馆教育已经成为博物馆学的重要科目。中华人民共和国成立后，1957年傅振伦先生的《博物馆学概论》虽然没有明确提出博物馆管理的概念，但书中“藏品工作”“群众工作”章节都是名副其实的管理学内容[24]。博物馆管理学在改革开放之前的中国博物馆学理论体系中始终占有重要位置。

（一）博物馆学和图书馆学的渊源

晚清民国时期为我国公共博物馆、图书馆事业的草创时期，当时出现了大量博物馆图书馆合体，即“图博合一”的公共文化机构，如云南图书博物馆、山西教育图书博物馆等。时至今日，博物馆一般都有自己的图书资料室，而图书馆也具备博物馆的展览、传播职能，如国家典籍博物馆展陈内容是国家图书馆馆藏文献；宁波天一阁为收藏明朝古籍善本并进行研究、展示的图书馆、博物馆合一的文化机构，是全国古籍重点保护单位和国家一级博物馆。博物馆和图书馆之间的渊源颇深，相应地博物馆学与图书馆学也有千丝万缕的联系。在我国，国立社会教育学院于1942年将图书馆学系和博物馆学系进行合并，成立图书博物馆学系，这种学系配置模式一直维系到1950年学校停办。中华人民共和国成立初期，1951年西南师范学院[25]曾设置图博科，招收图书馆学、博物馆学学员，但这种招生模式仅维系2年。随着博物馆政治功能的强化，博物馆学开始无一例外置于历史学之下讲授，而图书馆学则于1964年被教育部划入文学门类，两门学科从此正式分道扬镳。改革开放后，国务院进行了4次学科门类调整，但两门学科却始终置于不同的学科门类之下（表2）。

1993年国家技术监督局发布的《中华人民共和国学科分类与代码国家标准》[26]正式实施，标准规定博物馆学（代码870.50）为“图书馆、情报与文献学”（代码870）的子学科；2007年公布的《国家社科基金项目申报数据代码表》也将博物馆学设定为“图书馆、情报与文献学”的子学科和图书馆学并列。因此，博物馆学作为管理学子学科不存在技术上的障碍。

图书馆学研究对象是图书馆事业及其相关因素，并不涉及图书馆藏书之具体内容的研究，这是图书馆学能够成为一门独立学科的关键所在。同图书馆学被划分在同一一级学科名下的档案学也不涉及对档案具体内容的研究。同理，

表 2. 改革开放后图书馆学与博物馆学学科门类归属

国务院学科门类调整时间	图书馆学所属学科门类	博物馆学所属学科门类
1983 年	文学	历史学
1990 年	理学	历史学
1997 年	管理学	历史学
2011 年	管理学	历史学

博物馆学研究也不应将具体展览内容和特定藏品分析列入本学科研究范围，那是其他学科的职责。

（二）博物馆两大职能可以和管理学兼容

向公众开放前，藏品研究和藏品管理是博物馆的基本职能。向公众开放后，传播和教育就成为博物馆两大基础职能，它们均可以和管理学挂钩。

1. 博物馆教育可以视作公共管理或教育管理

19 世纪七八十年代，西方学者就已经注意到了博物馆的教育职能。诞生于半殖民地半封建社会的中国博物馆事业，教育开化民众受到特别重视。国际博协 1961 年博物馆定义就提到了其教育职能，2007 年定义将教育职能置于首要位置。2015 年我国颁布的《博物馆条例》也将博物馆教育职能置于首要位置。博物馆教育的本质是博物馆本体与博物馆观众之间的互动。我国学者认为，博物馆教育是一种交往行为，它是以博物馆“物”为根本媒介而进行知识、情感、态度、观念的交流与对话，以形成相互“理解”与非强迫性“共识”的行为[27]。因此博物馆教育可以看成博物馆与公众关系的一种，按照我国现行学科配置可以被归入一级学科“公共管理”名下。而且“教育管理”是管理学门类的二级学科，同博物馆教育职能研究直接相关。

图书馆学与博物馆学具有较强的相通性。教育是图书馆学和博物馆学共同研究的课题；中国博物馆协会和中国图书馆学会都设有教育委员会。因此综上原因，博物馆教育作为博物馆学的一个重要分支，可以与管理学进行兼容。

2. 博物馆传播可以视为信息管理

博物馆传播是将博物馆展出的信息通过信息媒介传达给公众。高校信息学教材中，信息的传播与传输是信息管理的基本内容[28]。图书馆对信息资源的管理过程，就是对知识、信息进行组织、控制和选择传递的过程[29]。博物馆在传递信息的过程中要对存储的信息，如文字、图片、实物等进行组织、筛选并展出，体现其展览目的。博物馆信息传播的过程同时也是信息管理的过程。因此，博物馆和图书馆在传播职能领域特征高度相似。博物馆、图书馆本体都是信息的载体，都有收集、储存、研究信息的职能，通过特定媒介将信息传递给公众。而且在我国图书馆图书分类方法中，博物馆、图书馆、档案、信息传播等被共同置于 G 类“文化、科学、教育、体育”一级类目“G2 信息与知识传播”科目之下[30]。

博物馆传播学和博物馆教育学能与管理学兼容，根源在于博物馆传播功能和教育功能都是一种信息传递，具有明显的管理学学科特征。

图书馆学调整为管理学子学科的主要原因在于信息技术的迅猛发展，在图书馆事业中所扮演的角色日益突出。同理博物馆学由历史学子学科转为管理学子学科也可以适应信息时代博物馆事业发展的需要。

（三）管理学能够覆盖各类博物馆基本业务

前文已述，博物馆学要重视“人”和博物馆本身相关研究。如美国高校博物馆学专业核心课程主要集中于博物馆设计与开发、教育活动规划、观众评估、藏品管理、博物馆运营管理等。[31] 博物馆管理占据了博物馆学教学内容的一半左右。

翻阅当代我国几种有较强影响力的博物馆学通论性质书籍可以发现，管理学相关内容占有很大比重。2001 年王宏钧先生主编的《中国博物馆学基础》分为 4 编，其中第 3 编“博物馆管理”和第 4 编“博物馆信息化”全部为博物馆管理相关内容；在第 2 编“博物馆专业工作”中，涉及了藏品管理。博物馆管理的内容占到了全书的一半以上。2019 年《博物馆学概论》共分为 11 章，其中第 7 章“数字博物馆”、第 10 章“博物馆经营管理”直接属于管理学范畴；第 4 章“博物馆藏品的征集与管理”、第 5 章“博物馆藏品保护”、第 6 章“博物馆展览策划、设计与施工管理”、第 8 章“博物馆教育与服务”、第 11 章“博物馆建筑”部分涉及管理学相关内容。可以说，除了“博物馆及博物馆学发展史”“博物馆的定义与功能”板块不与管理学发生联系以外，博物馆学其他研究内容都可以与管理学进行兼容。

因此可以得出结论：博物馆学作为管理学子学科比较合理。管理学能覆盖博物馆的大部分业务，如藏品管理、人事管理、信息管理、观众管理、建筑与设施管理、博物馆运营管理、安全与消防管理等。这些科目不受博物馆展陈内容、题材的限制，是所有类型博物馆共同面对的课题，涵盖了博物馆学研究之“人”“物”“机构”三大基本要素。对国际博协 2007 年博物馆英文版本的定义进行分析发现，其基本要素均可以和管理学进行挂钩（表 3）。

因此将博物馆学设置为管理学门类子学科能够更加贴近学科目前理论与实践实际，能够使本学科获得更大发展空间。博物馆学学科建设应该亟待加强以管理学为基础的相关研究，让管理学融入博物馆学。

（四）管理学视角下博物馆学学科设置

博物馆学具有很强的实践性特征，从丰富的实践经验中提取理论是本学科的显著特点，而这也是笔者建议将其划入管理学子学科原因之一。而且用提取的理论反哺博物馆实践，可以推动博物馆高质量发展。因此笔者在借鉴我国博物馆通论性质书籍的基础之上，建议根据学科属性划分为四大编目：博物馆及博物馆学概念、博物馆物、博物馆人、博物馆机构。根据编目设置如下章节：博物馆定义与范围、博物馆及博物馆学发展史、博物馆性质及分类；博物馆藏品编目与管理、博物馆信息管理；博物馆与公众、博物馆教育、博物馆传播；博物馆人事及财务管理、博物馆安全与消防管理、博物馆运营、博物馆建筑工程与设施管理。

学科体系划分和学科设置要考虑到本学科研究对象的共性要素。历史学、考古学、艺术学、生物学等学科都是研究博物馆具体藏品和具体展览内容的学问，不是所有类型博物馆的共性要素。管理学能够涵盖各类博物馆基础要素，是研究所有类型博物馆的基础，能够满足博物馆学多元方向发展的需要。

表 3. 定义文本与管理学关系表 [32]

国务院学科门类调整时间	博物馆学所属学科门类
institution	建筑与设施管理、博物馆运营管理、安全与消防管理、人事管理
service of society and its development	公共管理
open to the public	公共管理
acquire	藏品管理、信息管理
conserve	藏品管理
research	藏品管理
communicate	信息管理
exhibit	藏品管理、信息管理
heritage	藏品管理、信息管理
education	教育管理、公共管理
study	藏品管理
enjoyment	公共管理

四 余论：博物馆学未来发展方向

夯实博物馆学学科基础首先要在博物馆定义上下功夫，对博物馆的形态、类别、组织机构等存在边界应做出明确界定，一些针对类博物馆 [33] 的研究应该排除在本学科研究之外。博物馆学应坚定学科独立意识，要加强基础理论研究，建立起自己独立的理论体系。因为学科性质不同，博物馆学知识体系应有别于考古、文化遗产、人类学等学科，而这对本学科的发展至关重要。目前我国专门的博物馆学刊物相对较少，因此博物馆学在自己专业刊物上要做到主导，避免成为考古、文物、博物馆、非物质文化遗产等多种学科的大杂烩。

博物馆学要想在我国有突破性发展，要亟待解决其在学位评定系统中作为历史学子学科和国家社科基金项目立项系统中将其作为管理学子学科的矛盾，唯有如此才能加强学科基础研究、增强学科话语权。博物馆研究和从业人员要推动管理学期刊发表博物馆学相关文章，拓展学科影响力。博物馆学应在立足管理学基础之上，设置双学位或多学位教研模式，实现跨学科门类研究，推动本学科向更深更广领域发展。

【注释】

[1] 中国社会科学院语言研究所词典编辑室：《现代汉语词典（第7版）》，商务印书馆，2016年，第1488页。

[2] 以下简称“国际博协”。

[3] 宋向光：《国际博协“博物馆”定义调整的解读》，《中国文物报》2009年3月20日。

[4] “博物馆化”是20世纪60年代捷克斯洛伐克博物馆学学家斯坦斯基（Zbynek Stransky）提出的概念，认为博物馆化是人类对物的一种独特认知与态度，本质是将物从现实时空中抽离出来，使“物”转变为“博物馆物”。详见严建强、毛若寒：《博物馆化的拓展：原因、进程与后果》，《东南文化》2020年第2期，第135-142页。

[5] 刘迪：《论中国高校博物馆学学科发展的四重困境》，《自然科学博物馆研究》2016年第1期，第69页。

[6] 徐玲：《博物馆与近代中国公共文化（1840-1949）》，科学出版社，2015年，第186页。

[7] 李明勋、尤世玮：《张謇全集（第四卷）》，上海辞书出版社，2012年，第278页。

[8] （民国）中国博物馆协会：《中国博物馆协会会报》第1卷第1期，1935年，第1页。

[9] 以国家文物局2019年发布的数据为准，全国共有5535家博物馆。由于部分博物馆展览内容跨学科性很强，因此在此只能大概对博物馆展览内容进行分类，统计出历史考古类博物馆为2074家，综合类博物馆1420家，人类学类博物馆为465家，艺术类为517家，行业及其他类为1059家。历史文化是综合类博物馆展览的必展内容；人类学在国内主要在历史学院讲授，其学术期刊属于历史学类范畴；艺术类博物馆偏向于古代艺术、非物质文化遗产；行业类博物馆偏向于古代技艺在当代的传承。综合类博物馆和历史考古类博物馆占全国博物馆比重为63.1%，如果算上其余三项中涵盖古代艺术、非物质文化遗产、人类学的历史考古学方向为主要内容的博物馆，则历史博物馆在我国博物馆系统中的比重会占得更高。

[10] 王绵厚：《博物馆学研究的理论与实践》，《辽宁省博物馆学术论文集（1999-2008）》第4册，辽海出版社，2009年，第2319页。

[11] 甄朔南：《中国博物馆学百年发展述略》，《中国文化遗产》2005年第4期，第111页。

[12] 南开大学历史系博物馆学教学小组：《南开大学历史系开设博物馆学专门化班》，《文物》1960年第5期。该班仅维系1年即宣告停办。

[13] 现为浙江大学。

[14] 该草案认定历史学学科门类下属一级学科只有“历史学”一项。以下简称“1983年《试行草案》”。

[15] 黄春雨：《博物馆学专业隶属历史系之弊端》，《中国博物馆》1987年第4期，第59-61页。

[16] 国家文物局：《关于明确博物馆学的学科归属和在〈国家社会科学基金项目〉中列入博物馆学研究课题的提案》，2009年3月12日。http://www.ncha.gov.cn/sach_tabid_801/tabid/803/InfoID/16832/Default.html。图书馆、情报与文献学是管理学子学科，下文会有说明。

[17] 王学珍、郭建荣主编：《北京大学史料（第四卷1946-1948）》，北京大学出版社，2000年，第689-690页。

[18] 文化部：《文物、博物馆事业五年发展纲要》，《文物参考资料》1958年第9期。

[19] 学科门类和一级学科、二级学科大规模的调整有1983年、1990年、1997年和2011年，共4次。就历史学门类而言，其中1990年、1997年相较于1983年调整幅度较小，而2011年的调整是结构性的，并公布了二级学科代码。

[20] 本数据来源于笔者对教育部学科评估、历年考研考博招生情况及历年普通高等学校本科专业备案和审批结果的统计。同时可参见张昱：《我国高校文博教育现状及发展对策分析》，《东南文化》2020年第03期，

第40页。

[21]《博物馆学概论》编写组：《博物馆学概论》，高等教育出版社，2019年，第10-11页。

[22]因需统计完整年份发文量，所以以大会截稿日期2021年8月31日为准，故不列入2021年统计数据。本表只统计论文或论文性质的文章，不含资讯、新闻、访谈、纪实、推介等非研究性题材文章；只统计全年度有博物馆学论文登载的核心期刊；只统计正刊论文数量，不涵盖增刊。数据来源于中国知网。百分比精确到小数点后一位。《东南文化》2019年增刊全部为博物馆学相关内容，如果计算到表格中，该刊博物馆学论文占总论文比例会大幅度提升，之所以不将增刊列为统计内容一是因为不影响结论，二是为了标准统一。《东南文化》从2020年开始扩版，由128页增至192页。

[23]苏东海：《与国际博协博物馆学委员会主席鹤田总一郎对话录》，《中国博物馆通讯》1987年第4期。

[24]傅振伦：《博物馆学概论》，商务印书馆，1957年，目录页。

[25]现为西南大学。

[26]国家技术监督局：《中华人民共和国学科分类与代码国家标准》，标准代码GB/T 13745-92，第40页。2009年对该标准进行了修改，但博物馆学作为“图书馆、情报与文献学”的子学科表述没有发生变化。

[27]《博物馆学概论》编写组：《博物馆学概论》，高等教育出版社，2019年，第208页。

[28]杨波、陈禹、王明明：《信息管理与信息系统概论》，中国人民大学出版社，2019年，第135页。

[29]马家伟、杨晓莉、姜洋主编：《图书馆与图书馆学概论》，吉林科学技术出版社，2016年，第316页。

[30]国家图书馆《中国图书馆分类法》编辑委员会：《中国图书馆分类法（第五版）》，国家图书馆出版社，2010年，第120页。

[31]陆建松：《论新时期博物馆专业人才培养及其学科建设》，《东南文化》2013年第5期，第106页。

[32]国际博协2007年博物馆定义：A museum is a nonprofit, permanent institution in the service of society and its development, open to the public, which acquires, conserves, researches, communicates and exhibits the tangible and intangible heritage of humanity and its environment for the purposes of education, study and enjoyment.

[33]所谓“类博物馆”是指档案馆、图书馆、科普馆、展览馆等机构和目前博物馆定义存在较大相通性，从其设置的目的、运营方式、展陈内容、社会功能、受众等方面均和博物馆有重叠之处的类似机构。但它们均不属于博物馆。

资源拼凑视角下博物馆档案开发创新路径研究

陈 晖（杭州西湖博物馆总馆）

摘要： 档案的冗余会影响档案本身价值的发挥，从而进一步弱化档案的利用成果。对于博物馆而言，历史档案、资料档案、文物档案资源是研究和宣传教育的核心。为了进一步发挥博物馆档案作用，引入资源拼凑这一即时性的创新方法，充分开发现有的档案实现博物馆的创新活动，从而促进其经济或社会绩效。因此，本文通过资源拼凑的视角，单案例纵向分析了西湖博物馆在档案开发的创新活动，深入剖析和解读案例信息，挖掘影响要素，并提炼出迭代、专题耦合、开放式、网络开发的四条档案开发创新路径，以路径为轴心提出提升博物馆档案开发的策略。

关键词： 资源拼凑；档案开发；创新；路径；单案例研究

档案利用实践中，由于对于档案资料时间、名称的不明确，导致档案利用具有“黑天鹅事件”的特性[1]，即无法预测与不经常性，这导致如何合理开发档案，为公益活动创造更多价值成为难题。博物馆作为公益事业的重要一部分，文物资源与档案资源开发上有巨大的相似性，因此从博物馆档案开发助力创新的路径入手，来探索档案助力公益事业创新的路径。

在档案开发的过程中，是选择资源的最优配置，即选择档案的全体性搜寻，采用集中攻克创新要点的突破式创新，还是使用选择档案资源的“凑合”“即刻”开发，来产生渐进式创新，在量变的基础上实现质变？对于大多数中小博物馆而言，资源拼凑，即在资源稀缺的外部环境下，凑合开发现有资源来提升价值创造成为一种新型手段，也是更为简易的方式。杭州西湖博物馆总馆（西湖学研究院、杭州西湖风景名胜区网宣中心）（本文简称杭州西湖博物馆）在档案开发方面有常规创新、应急创新、完全创新三种不同创新，本文通过对创新的分类与拼凑机理的分析，探索博物馆档案开发中充分开发资源拼凑完成创新的路径，并通过多样化的案例提出提升创新水平的策略。

一 博物馆档案资源拼凑概念与影响要素分析

（一）博物馆档案资源拼凑的概念分析

人类学家 LéviS trauss[2] 最早于 1967 年提出资源拼凑概念，概念经过学者的拓展与衍生而更为丰富，对于博物馆档案开发而言，资源拼凑是一种对于博物馆档案资源的解构与再整合 (Jacques Derrida)，是博物馆对于档案形成有效创新的策略与哲学，同时也是一种动态过程（Loarne）。

资源拼凑有四个维度：即兴创作、不屈从于约束、现有资源、为新目的整合资源。其中即兴创作 (improvisation) 是指档案在开发过程中未经规划的创造性行为，在实践中，策划或展陈部对于档案资料的偶发性查阅带来的展览策划方案是常见的一种具体形式。不屈从于约束 (are fusal to enact limitations) 指的是不断尝试乃至于试错来打破现有束缚，例如工程部工作人员的偶发创意通过不断的优化从而参与非本部门的文创产品开发活动。现有资源 (resourceat hand) 更强调的是现有且往往是被忽视的档案资源的开发，长期未使用的档案资源通过再次审视与创新实现可开发。为新目的整合资源 (combination of resources for new purposes) 是指能够根据现有需求进行档案资源的整合与开拓，例如对于观众意见反映的问题而进行的档案资源开发、媒体制作的专栏的周边开发等。

（二）博物馆档案资源拼凑影响要素分析

博物馆档案在资源拼凑的影响要素可以分为个体、组织、环境三部分。其中环境要素作为宏观要素，会直接影响组织要素，而组织要素与个人要素往往会有相互作用。这种相互作用中，组织对于个人的作用要强于个人对于组织的作用。但是由于资源拼凑“即兴创作”的特性，个人因素会进一步影响组织，从而共同影响创新活动的产生。

个体层面对资源拼凑的影响主要由个体特质与个体能力组成。个体特性对于资源拼凑的影响主要表现在其属于从众型抑或是标新型，属于后者的个体对于资源拼凑更有正向作用。同时个体特性的状态也会对资源拼凑产生具体影响，活跃期的个体比不活跃期的个体更能够促进档案资源拼凑创新活动。工作人员能力分为档案工作能力、博物馆工作能力、个人创新能力三种，档案工作能力能够直接影响档案工作人员对于现有手中的档案资源的认知以及警觉是否能够识别出资源拼凑的机会，同时能够进一步协助相关工作人员在发现机会时提供资源拼凑必要的帮助。在对博物馆工作和知识的理解和认知上，档案工作者及其他岗位上工作人员的开发创新都需要对本博物馆的历史、馆藏有一定的知识沉淀，并具备该项创新的基本知识，这些知识的丰富性能够影响档案资源的整合与运用，从而进一步影响对档案新价值与新用途的开发。个人创新能力受到个人风险承担性、冒险精神 [3]、学习能力、个人关系网络、协作能力等影响，这些因素对于激发个体的资源拼凑动机、不断试错克服束缚促进资源拼凑、迭代资源拼凑创新等有着重要作用。

组织层面由组织特质与组织能力、组织氛围三部分影响要素构成。博物馆作为一个组织与个体一样，具有群体特质与“性格”，组织特性在群体层次既有个体的差异，又在组织架构内有一定的个体相似性 [4]，具体体现在个体特质的一致性、目标与行为的持久性及个体特性与行为的多维性。博物馆内部的一致性与持久性会在一定程度上促进资源拼凑创新的产生，多维性的影响则反之。差异性在一定程度上对资源拼凑有正向的促进作用。组织能力主要由组织依赖组织能力两个度量方面组成，博物馆“社会结构资源”“物质—制度资源”（Park、Rethemeyer）的丰富程度以及开发能力、依赖程度影响资源拼凑的发生以及成效，而从组织氛围角度出发，博物馆达成使命和目标的能力、领导治理与领导能力、财务资源管理能力、人力资源管理能力、信息技术能力、共同体联结能力、文化能力和绩效质量提升能力[5]这八个方面能够不同程度上对资源拼凑活动产生影响。

博物馆工作人员对人际关系、创新支持以及公平的感知和认识[6][7]构成了组织氛围的三个方面，这三方面往往会以潜移默化的方式来促进资源拼凑的发生。

外部环境因素主要由社会氛围、观众特点以及共同体环境等部分组成。随着故宫博物院等领头博物馆创新活动的增加、公益事业单位宣传科普创新化的加速，社会氛围成为促进中小博物馆开发档案进行资源拼凑创新的重要推力之一。不同地区、年龄、知识水平的观众对于博物馆创新的需求有所不同，单体博物馆所处的博物馆联盟、博物馆之家等博物馆共同体也会有差异，但多数情况下，这些要素都能够促进博物馆资源拼凑创新的发生。

二 资源拼凑视角下博物馆档案开发创新

（一）博物馆档案创新的概念与分类

博物馆档案资源包含传统的文书、业务、财务、工程、特种档案，藏品档案、学术档案是博物馆档案中特有的部分，因此对于博物馆档案资源创新是指针对博物馆现有档案完成新展览、开发新文创产品、实现新宣传咨询等活动。根据博物馆档案创新的创新程度，可以分为常

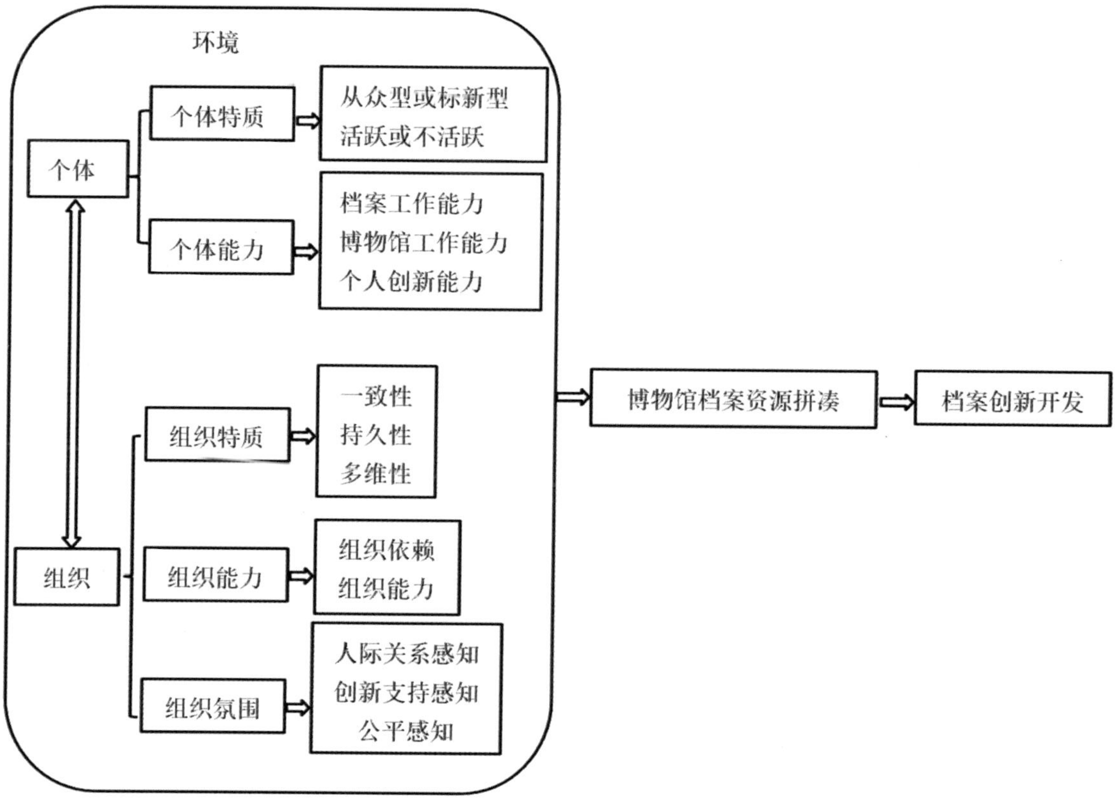

图 1. 博物馆档案资源拼凑影响要素图

规创新、应急创新、完全创新；根据档案创新的内容可以分为主业（展陈、宣传、文创等）、支持（后勤、工程等）、特种（志愿者、特殊活动）三种类型。同时博物馆档案创新也有一般创新所具有的渐进、突破双元创新的特点。

（二）资源拼凑视角下博物馆档案开发对创新活动影响的机理分析

通过西湖博物馆的单案例，本文深入研究资源拼凑的档案创新这一动态过程。西湖博物馆是杭州地市级博物馆中行业领跑者之一，同时囊括官窑专业性较强的独立馆区以及章太炎、苏轼、于谦等人物的场馆，因此涉及领域较广，档案资源广度和数量上都较为丰富，选择这一博物馆能够满足典型性的要求。从可行性而言，由于研究者隶属于该场馆，因此收集信息能够更加全面和丰富，本次收集了该场馆档案开发中的信息，涉及开发访谈资料、文献资料、档案记录等多源信息，资源丰富。

通过数据编码，得到关键构念及其编码。通过实际案例，档案在开发的过程中通过导向、过程以及结果对创新活动起到促进作用。根据档案开发活动的案例来构建博物馆资源拼凑活动的数据编码。

表 1. 资源拼凑下的档案开发编码与实例

层级	构念	编码	概念实例来源
资源拼凑导向	学习导向	现有资源开发	学习“大英博物馆 100 件文物中的世界史”展陈构架，结合现有文物档案内容尝试以点带面形成展陈；开发现有十年“童画杭州名人”比赛画作档案制作回顾性纪念性活动……
		资源拓展开发	在章太炎展览中寻求太炎故居相关档案资料的帮助；借助档案资料了解过往工作合作单位产生新的联系促进工作……
	效率导向	区域拓展	开发藏品档案制作展览与重庆博物馆互展；开发馆藏文物档案策划的“意趣玲琅 雅舍撷芳”走入台州与新昌博物馆……
		创新升级	在原有明信片文创产品的基础上，联系更优良的技术水平结合档案中的资料产生新的文创产品；开发名人讲堂活动的有利时机，将档案结合教授讲习进行文化宣传……
	战略导向	共同体整合	将意见本等档案中留下联系方式的游客中找寻愿意参与到博物馆创新活动中来的个体，形成博物馆之友；在公众号、bilibili 等媒体留言形成档案资料，提出的有益想法进行实践……
		管理策略	在档案收集开发中，于谦主要宣传其清廉，唐云主要重视其书画地位等，各个场馆各有特色；针对同一版本档案资料拍摄的“金钥匙”宣传片开设中文、英文、杭州方言版本来针对不同对象……
资源拼凑过程	拼凑对象	传统档案	开发档案中文书档案的调查报告，进一步深挖问题形成新的展览雏形；开发档案中对建馆以来档案照片进行整理，用老照片来激发游客感情……

表 1. 资源拼凑下的档案开发编码与实例 **续表**

资源拼凑过程	拼凑对象	博物馆特色档案	《膏兰室札记》四本中缺了一本，发现藏品档案中有涉及书籍去向的记载，从而厘清文献去处；通过对非遗苏东坡传说档案的梳理，从而开发视频、音频宣传……
		创新渠道档案	通过微博平台，收集观众的信息形成档案，从观众的建议中给予“文物会说话”系列视频主题；通过其他地区博物馆活动信息，沟通一同开展“红歌诵读”等系列活动……
	拼凑活动	挑选	通过档案人员参与展览与宣传活动，协助活动进一步开发相关档案信息；给予部分科室有创新想法的工作人员策展、开发档案的机会……
		引入	从档案资源中发现名人讲堂观众特点，进行新地点新形式的开发；从博物馆志愿者档案入手，发现部分企业有公益一小时的活动，相互沟通匹配寻求与志愿者所在企业的合作的可能……
		组合	专题化开发藏品档案资源，将非保密档案资源结合视频拍摄进行输出；整合、转化、重组已有展览档案，挖掘出新的展览主线……
	组合方式	开发	根据已有的章太炎书信档案来进行主题夏令营；整理开发档案资料，出版张苍水《奇零草》等书籍……
		开发	根据档案中的戏曲元素进行女性戏曲元素文创产品的研究；根据于谦档案的整理与分析进行于谦 Q 版人物的宣传以及相关文创的制作……
		整合	与相关博物馆类似藏品进行档案数据的匹配，从而整合开发新展览；夏令营活动充分整合文化机构档案资源，开发新课程，实现优势整合……
资源拼凑效果	人力	知识理念	提升工作人员除本职工作以外的工作能力，形成更宽广的知识构架，更多工作人员愿意参与非本职工作的培训；科研课题数量和质量增加……
		技术积累	档案开发的表达方式从文字向音频、视频延伸，提升了相关技术的积累……
		资源能力	在档案资源的调取过程中，寻求图书馆古籍等文献资源，提升个体获取资源广度；在已知文物去向时，与对方博物馆进行对接，提升获取资源的能力……
	社会	影响人群	通过走出去的展览和线上宣传能够影响更多地区的观众，提升社会影响力；更加密集的活动提升了观众的黏性，提升了博物馆本身的活力……
		社会网络	档案资源开发中所发现的旧有共建学校、单位、社区通过新活动产生了新联系，并加深了合作；优秀案例的相互学习和借鉴提升了博物馆的社会网络；形成了自媒体网络“粉丝”交互群体，进一步促进创新活动的开展……
		信息获取	单位档案的开发率提升；档案工作者对于档案熟悉程度提升，便于进一步开发档案；各部门工作者对于档案熟悉程度提升，便于档案开发……

三 资源拼凑视角下博物馆档案开发对创新活动影响的路径分析

（一）基于博物馆工作人员个体的迭代创新路径

通过资源拼凑特性以及要素分析，可见个体对于资源拼凑有着重要促进作用。博物馆迭代创新是资源拼凑创新的一种体现，通过档案开发活动、展陈活动中的灵光一闪而获得的“点子”，经过收集整理将通过多次创新可行性“填充”，即假定其是可行的，围绕主题或者中心拼凑资源，寻找档案中可以作证、支持、拓展该主题的资源，在可行时进行实现，在实现后可以继续入库，根据相关档案资源的不断夯实，而再次迭代，形成新的博物馆创新资源。这一路径需要战略支持，在遇到例如场馆展陈水平有限、文创产品市场有限等实际不可行的问题，以开拓资源的视角进行看待，同时也以动态与常态的眼光来面对创新。

对于档案管理而言，针对创新活动的专门型档案以及对于入库活动的档案支持，能够促进这一类创新的活动的开展与完善。对于博物馆本身而言，创新活动的战略高度、支持力度能够促进这一类档案开发的有效实现。

（二）基于专题档案耦合性开发创新路径

充分把握博物馆档案的开发节点，实现专题档案的开发，从而推进创新活动的开展。以人物、时间、活动等主线，或以绘画、朗诵、讲解、夏令营等活动方式为专题整合档案资源，形成有专题性的档案，在专题性档案的基础上针对新策划的活动、宣传等创新活动进行规模、需求、结构等特征分析，选取耦合度较高的专题档案进行开发，最终实现档案的有效开发。例如从大事记中进一步开发专题资源，用于新员工培训活动，在人物类纪念馆周年时期，进行资源的进一步丰富和拼凑实现高效创新。这种从档案本身出发的创新路径，在档案开发中可以逐渐找到档案与不同年龄观众需求、不同活动的具体特点之间等的耦合点，通过不断提升档案员本身的综合素质与能力促进档案开发工作的实现。

（三）基于组织创新导向开放式创新路径

博物馆作为组织，是否具有创新的组织文化，是能否从组织层面进行开放式创新的最关键要素，创新的组织文化能够促进档案开发，实现资源拼凑，获得知识创造。因此，具有创新特征的博物馆主体以博物馆顶层设计的年度、长期计划，区域博物馆的联合活动，上级交办的工作安排与任务等为导向，以博物馆创新氛围为基础，进行档案的开发与创新。这一路径能够有效促进资源拼凑过程中的整体性和协调性，对于档案的调用更具有全局性和前瞻性。在这类型的创新路径中，博物馆需要从资源拼凑的创新导向出发，在人力资源管理中以更开放、更积极的方式促进工作人员的知识更新、技能提高、非专业技能的积累，通过绩效考核充分激发个体的个人效能，并从博物馆联盟中协助获取资源，实现最终的开放式创新。

（四）基于广域服务对象的网状创新网络创新路径

传统垂直创新网络是指供应商、经销商与客户。对于博物馆等公益单位而言，观众是垂直创新网的重要组成。通过新媒体、自媒体的不断开发，观众的反馈与意见不仅仅以档案资源进行原始保存，同样可以进行整理优化，便于查阅和数据分享，实现有效开发。水平创新网络是指其他博物馆、科研机构、学校等创新网络。在活动中由于档案资源禀赋不同，因此也会有不同的档案创新效果。对于此类活动的数据，档案管理者以及相关工作人员可以进行摘录和保存，协助下一步本博物馆的创新活动开展。在实践中，档案工作人员对于具体业务工作的深度交流和协助能够有效地加强信息的积累和消化，敏感地保留有助于创新的信息，并通过单位工作人员的资讯形成高强度的创新网络，从而为创新活动注入力量，通过档案资源的支持，实现博物馆的创新活动。

四 结语

在档案开发过程中，档案开发单位对档案创新的支持作用有自身的考量，而这一度量也一定程度上影响着资源拼凑对创新活动的影响。因而从战略上支持，从技术上提升，同时高度重视并协调好文物数据档案的保密性与可以开发性相统一，是进一步完善博物馆档案创新开发的有效推力。同时，这些档案创新开发的路径也可以为相关公益单位甚至是企业自身档案开发，促进创新，最终实现企业效益提供一定的裨益。

【注释】

[1] 刘东斌、吴雁平：《档案开发与“黑天鹅事件”——论档案开发的小概率及不可预测》，《档案管理》2019 年第 3 期，第 55-57 页。

[2] DUYMEDJIAN R,RULING C C.Towards a foundation of bricolage in organization and management theory[J].Organization studies,2010,31(2):133-151.

[3] ALUNKE S,WEERAWARENA J,MCCOLL-KENNEDYJR. Competing through service innovation:the role of bricolage and entrepreneurship in project-oriented firms[J].Journalof Business Research,2013,66(8), pp.1085-1097.

[4] BOIS C D. The People of Alor: A Social—Psychologi— cat Study of an East Indian Island . Cambridge: Harvard University Press,1960.

[5] WILLIAMS-GRAY B. Building Capacity in Nonprofit Human Service Agencies through Organizational Assessment during the Accreditation Process. Journal of Nonprofit Education and Leadership, 2016, 6 (2) pp.99-114.

[6] Gu Q, Wang G G, Wang L. Social capital and innovation in R&D teams: the mediating roles of psychological safety and learning from mistakes. R & D Management, 2013, 43(2), pp.89-102.

[7] Bock G W, Zmud R W, Kim Y G, et al. Behavioral intention formation in knowledge sharing: examining the roles of extrinsic motivators, social- psychological forces, and organizational climate. MIS quarterly, 2005, 29(1), pp.87-111.

以编目工作为中心初探图书馆与博物馆之异同

彭洁薇（中国历史研究院图书档案馆）

摘要： 图书馆与博物馆是具有诸多相似特性的机构，但在工作内容和运营方式上不尽相同。近年随着信息技术发展，图书馆与博物馆之间的区隔减少，合作增多。在两者交流互鉴的诸多主题中，编目工作尤其受到关注。本文即以编目工作为中心，使用文献梳理的方式，探究图书馆和博物馆的异同。文章发现，图书馆与博物馆的历史发展脉络大致相同，两者编目工作的发展历程也具有相似趋势，但在细节上差异显著。例如图书馆编目的目的主要是提供公开检索，博物馆则是归档留存、内部使用；图书馆的编目数据可直接获取，博物馆则通常需要经过学者研究揭示；图书馆编目在术语、格式上均有国际通行标准，博物馆则因馆而异。本文认为，图书馆与博物馆编目工作的差异根本上是两者收藏对象的不同所致。图书馆多处理文字资料，任务是在信息与读者之间建立桥梁，博物馆的一切工作则都搭建在实物的基础上，围绕发掘器物的内涵而展开。因此，虽然编目都是按一定格式记录馆藏信息，但两种机构无法在实践上完全复制对方经验。由此可见，图书馆与博物馆在某些技术上的合作是可行且必要的，但追求整体的统合或一致则难以实现。

关键词： 图书馆；博物馆；编目；藏品登录

一 前言

图书馆与博物馆是具有诸多相似特性的机构，例如都是文化遗产的收藏处所，都肩负传播信息、促进终身学习的使命，都进行收集、保存、展示、教育等活动，并且还拥有相似的发展史。近年随着信息技术的发展，图书馆与博物馆之间的区隔更逐渐缩小，两种机构也积极寻求合作，以达成资源的沟通与共享，减少人力成本，并满足更多使用者需求[1]。

然而，由于收藏对象、机构使命等的不同，图书馆与博物馆在工作内容和运营方式上仍然存在巨大差异。图书馆主要收藏图书和非书资料，侧重于信息资源的收集整理以及馆藏信息的可及性，在信息组织、数字化发展上起步较早；博物馆则主要收藏器物，更加注重藏品的诠释与公众教育，因此在筹办展览与教育活动方面经验更加丰富[2]。

关于图书馆与博物馆的交融与分野，目前已有文献从多个角度梳理。例如在典藏方面，有研究者认为虽然图书馆与博物馆都建有馆藏保存机制，但博物馆的文物保存要求更加严格[3]。

在展览方面，举办展览不再只是博物馆的工作，而越来越成为图书馆的重要业务。有研究者观察到，图书馆展览通常偏向于科普性质，博物馆展览则内容更加专精，展示手段也更加丰富[4]。在学科教育方面，图书馆学专业与博物馆学专业的历史传统迥然不同，专业间虽提倡交流，但壁垒仍显著存在[5]。此外，还有研究者从哲学层面分析两个学科如何以不同方式完成知识生产和公众记忆的塑造[6]。

在图书馆与博物馆交流互鉴的诸多主题中，编目工作尤其受到关注，这可能是由于两者的编目工作存在相互借鉴的前景，并且在历史上也具有相当多的渊源。虽然两者编目的目的、流程、内容存在很多差异，但编目都是图书馆与博物馆不可忽视的基础工作。不同的编目方式能够反应两种机构对于藏品理解的不同，进而折射出各自的工作哲学。因此，本文将以编目工作为中心，使用文献梳理的方式，探究图书馆和博物馆的异同。文章将对图书馆与博物馆的发展简史、图书馆编目与博物馆编目的发展简史以及目前编目方式进行对照，以期勾勒出两种编目工作的大概面貌，增进对两种机构动态关系的理解。

二 名词释义

（一）图书馆与博物馆

图书馆自产生以来，其使命和功能一直在发生变化，定义也有多种。美国图书馆协会（American Library Association，ALA）曾推荐过一种广泛使用的图书馆定义，笔者直译为：图书馆是一个资源的集合，它具有多种表现形式。它由信息科学的专业人员或其他专家建立，使线上线下参考文献资源能够方便可及，提供有针对性的服务和活动。它的使命是为各种各样的读者提供教育、信息和娱乐，它的目标是促进个人学习和推动社会发展[7]。

博物馆方面，目前最有代表性、最被广泛接受的定义是国际博物馆协会（International Council of Museums，ICOM）于2007年的第22届大会上提出的，即“博物馆乃一非营利之永久性机构，为社会与其发展服务，对大众开放，并为了学习、教育与欣赏的目的，搜藏、保存、研究、展示、与传达人类及其环境的物质与非物质证据”[8]。从以上定义可见，博物馆的主体功能与图书馆是相似的，收藏对象则有本质不同。

（二）图书馆编目与博物馆编目

为馆藏书籍制作目录以方便读者查找是图书馆诞生以来便存在的工作，是图书馆最重要的工作之一。在国际图书馆协会联盟（International Federation of Library Associations and Institutions，IFLA）官网提供的名词解释中，编目（cataloguing或cataloging）的含义可以翻译为：编目指制作书目记录的过程。在图书馆，编目通常包含书目描述、主题分析、分配分类号，以及所有为图书上架所做的准备活动。编目工作通常在经过编目培训的图书馆员的监督之下完成[9]。

博物馆对于藏品的入藏加工处理，更常使用的是登录（registration）一词，相比之下，编目（cataloging）的含义则较为模糊，有时编目的内容包含登录，有时则相反[10]。博物馆藏品登录的权威书目《博物馆藏品登录方法》（*Museum Registration Methods*）最新版的词汇表中，对编目的解释是：编目是将入藏的藏品的信息加工组织到既有馆藏目录中，以及制作针对某个藏品的馆藏记录[11]。单从定义来看，博物馆的编目与图书馆的编目没有显著差别，只是在编目一词的使用习惯上有所不同。

本文为便于将博物馆与图书馆进行对照，对博物馆编目采用以上引用的较为狭义的定义。

三 图书馆与博物馆发展史对照

（一）起源至中世纪

罗宾父女（Richard E. Rubin和Rachel G. Rubin）撰写的教材《图书馆与信息科学基础》（*Foundations of Library and Information Science*）中对于图书馆的发展史有详细的梳理。根据他们的叙述，图书馆的起源可以追溯到约公元前3000年，当时苏美尔人发明了世界上最早的书写系统——楔形文字，通常刻写在泥板上。目前已发现楔形文字中有关于小型私人图书馆的记载。在苏美尔人之后，古代埃及也曾建立保存文献的图书馆，当时的书写载体已由泥板发展为莎草纸，图书以卷轴形式存在。目前可知埃及人建有寺庙图书馆、皇家图书馆、私人图书馆，时间范围约在公元前2400年至公元前1200年。此后，亚述和古代希腊也都曾建立过重要的图书馆，不过最著名的还是公元前3世纪由托勒密一世在亚历山大城建立的亚历山大图书馆[12]。

亚历山大图书馆与亚历山大博物馆是同一个机构，亚历山大博物馆是目前公认最早的现代博物馆的前身。这座图书馆兼博物馆的功能类似于研究机构，收集了空前规模的文献资料及藏品，并有天文台、动植物园等设施[13][14]。该馆还对文献进行专业化管理，包括系统的分类、加工，以及通过复制的方式延长保存年限，其中一些工作传统影响后世多年。关于亚历山大图书馆与博物馆消失的时间，目前不能完全确定，一般认为在公元3世纪时，该馆已被掠夺和毁坏。

在亚历山大图书馆存在的同时，公元前1世纪开始，罗马也逐渐建立了很多图书馆，并发展出公共图书馆的概念，让知识在更大范围的公众中传播。然而随着罗马帝国的分裂，西欧陷入政治混乱状态，民生凋敝，图书馆也渐渐失去生存条件。中世纪期间，拜占庭帝国和伊斯兰帝国保存了一定数量的图书馆，为传承古典文献做出巨大贡献，此外，随着基督教的普及，修道院图书馆成为中世纪图书馆的主要模式[15]。

博物馆方面，与图书馆的发展经历类似，在希腊罗马时代后的若干世纪之中，虽然收藏行为一直存在（例如贵族收藏、教堂收藏），但并没有如亚历山大博物馆一般的博物馆出现。直到14世纪的文艺复兴时期，图书馆与博物馆才再次崛起。

（二）文艺复兴至今

文艺复兴时期，人们对古典器物的兴趣显著增加，收藏行为变得狂热，贵族大量收藏艺术品，私人对珍奇物品的收藏也十分流行。这种收藏风潮为现代博物馆的出现奠定基础，许多现代博物馆的藏品即源于当时的私人收藏[16][17]。图书馆方面，上层阶级同样对图书文献有着惊人的收藏热情，并建立私人图书馆以炫耀个人能力与品味。此外，还有一个促进图书馆发展的标志性事件，即1454年印刷机的发明。虽然在公元2世纪手抄本图书便开始出现，至公元4世纪完全取代了莎草纸制作的手卷，但抄本图书毕竟无法批量生产，图书一直属于稀缺物品。印刷机被发明后，很快便广泛传播，短时期内大量图书被生产出来，图书馆数量亦激增。相应地，识字人口也迅速增加，图书馆迎来更多受众[18]。

文艺复兴以后，图书馆与博物馆基本上独立发展，不过都顺应文化民主化的趋势。博物馆方面，文艺复兴时期已有部分私人收藏对公众开放，但终究属于个人行为，开放收藏并非全社会的公认观念。17 世纪时，伴随大学博物馆的建立，博物馆正式进入公众视野[19]。至 18 世纪，当权者收藏应当回归民有的思潮兴起，随后大英博物馆、罗浮宫等博物馆相继开放。在罗浮宫之后，多个国家的皇家收藏都对外开放，许多私人收藏也转变为公共博物馆[20][21]。

图书馆方面，17 至 18 世纪是美国图书馆显著发展时期，也是图书馆趋于大众化的时期。17 世纪初，图书馆在美国开始萌芽，哈佛大学和耶鲁大学图书馆均建于此时。进入 18 世纪，美国社会发展，个人财富增加，民众拥有了休闲时间，希望追求自我提升。此时社会图书馆（social library）开始出现，使更多人能够接触到出版物。至 19 世纪，美国已拥有了世界上最多的识字人口，社会图书馆也渐渐演变为公共图书馆。虽然还存在争议，但一般认为 1854 年建立的波士顿公共图书馆是第一座主要的公共图书馆[22]。

19 世纪时，欧洲大都市基本都建成标志性的博物馆，美国在此时期也建成许多重要博物馆，如美国自然历史博物馆、大都会艺术博物馆等。19 世纪的博物馆虽然有较大发展，但其性质大多是炫耀特权，并非真正致力于提升公众的智识水平。至 20 世纪，博物馆开始重视教育功能，并被普遍认为是社会教育机构。二战结束以后，博物馆数量增长迅速，民众对博物馆的需求也不断增加。然而此时博物馆仍较偏向精英取向，对普罗大众的兼顾有限。20 世纪 80 年代新博物馆学发展，其理论重视博物馆与所在环境的关系，博物馆越来越推广公共服务，照顾普通人的需求。而自 20 世纪 90 年代及 21 世纪以来，数字科技及全球化都对博物馆工作方式产生偌大冲击，与此同时，重视与社区、当地居民的关系也成为博物馆新的主流[23][24]。

20 世纪图书馆学与博物馆学专业上的成熟被认为使两种机构产生更大区隔，直到信息技术的普及，线上获取信息的模式使信息原属机构不会受到使用者关注，因此也就模糊了图书馆与博物馆的界线。与博物馆相同的是，21 世纪以来的图书馆也越发注意与社区的连接，以维持自身的重要性，完成公共教育的使命。

四 图书馆与博物馆编目发展史对照

（一）早期的编目形式

美国国会图书馆（The Library of Congress）编写的《卡片目录：图书、卡片和文献》（*The Card Catalog: Books, Cards, and Literary Treasures*）一书对图书馆编目发展史进行了详细介绍。该书提出，目前发现的最早的图书馆目录的雏形是一块用于文献检索的泥板文书，制作时间约为公元前 2000 年。它罗列出几十部当时的文字作品，功能与后世的书目索引类似。而后在著名的亚历山大图书馆，出现了索引标签以及完整的藏书目录。由于莎草纸手卷没有标题页和页码，难以定位，因此当时的图书馆员在每卷书末尾固定一个标签，标明作者、题名和主题。同时，希腊学者卡利马科斯（Callimachus）发明了按学科和作者首字母顺序分类整理手卷的方法，据此编制了亚历山大图书馆的主要藏书目录[25]。

古典时代以后，伊斯兰世界和修道院图书馆也存在专为图书馆或书店制作的图书目录，但并未成规模。公元 4 世纪前后图书形式从莎草纸手卷到手抄本的过渡，对图书检索的发展起到积极作用。此后文艺复兴时期印刷机的发明也助推了编目工作的标准化，单册图书的标题页和目录开始出现。至 16 世纪，瑞士自然科学家和书目学家盖斯纳（Conrad Gessner）

则做出另一项创举，他将收集到的所有拉丁、希腊、希伯来图书信息整编入同一书目中，并按作者姓氏排列，还自创作者及学科目录，可供交叉索引，使编目工作进入现代化 [26]。

17 至 18 世纪期间，当时的国家图书馆和大学图书馆不断试验着更简便易行的编目技术，不过多是沿袭，少有革新。直至法国大革命时期，才出现第一个国家级的编目规则和标准的索引卡片。出于易于获取、耐用、尺寸相同等原因，法国图书馆员使用扑克牌的背面填写书目内容，制作出 100 余万张书目卡片，并尝试由中央机构统一管理 [27]。

博物馆方面，最早的编目做法何时出现很难追溯，不过文艺复兴时期已出现藏品分类账，按照字母顺序罗列藏品。而从当时的绘画作品中也能看到早期珍奇柜对展品进行了简单分类，只是分类的具体规则现在不得而知。此后的 16 至 18 世纪，关于博物馆藏品入藏、组织等的著作陆续出现，但并未形成系统的专业，到 19 世纪初，登录专业才开始发展 [28][29]。

（二）编目工作的专业化

图书馆的编目工作在 19 世纪有了显著进步。由于当时美国的图书目录都采用装订成书的形式，仅供馆员使用尚可，对于读者而言则不够便捷。于是哈佛大学图书馆馆员阿伯特（Ezra Abbot）在 19 世纪 60 年代创造了卡片式目录，使用此种目录能够快速查找图书，且易于添加和删除书目，优势明显，于是逐渐在欧美图书馆流行。19 世纪 70 年代，图书馆学家杜威（Melvil Dewey）改进此前的图书分类方式，发明了杜威十进制分类法（Dewey Decimal Classification），使用控制词汇的原则，将所有图书分入十个主题中。此分类法很快被广泛采纳，掀起图书馆界的革命性变革，至今仍被沿用。1876 年，美国图书馆协会成立，在统一编目规则、统管全国书目信息上持续努力 [30]。

美国博物馆协会（American Alliance of Museums，AAM）则成立于 1906 年，晚于图书馆协会的成立时间，博物馆专业的发展在当时也落后于图书馆专业。由于图书馆预先发展出了成熟的信息组织方法，博物馆藏品管理专业很大程度上参考借鉴了图书馆的工作方式，包括使用卡片目录。许多帮助建立博物馆登录系统的工作人员都曾是图书馆员，例如杜威，还有和他同样著名的纽华克博物馆（Newark Museum）的创建者达纳（John Cotton Dana）。杜威在政府中担任的职位曾经同时监管图书馆与博物馆，再加上他与一些博物馆管理者的私人交往，他的图书馆实践直接或间接影响到博物馆的分类体系以及检索系统。达纳则是在纽华克博物馆主持过馆员培训项目，项目内容很多引用自图书馆专业。该项目的毕业生将藏品管理方法介绍到全国各地的博物馆，其中还有两位学生成为上文提到的经典教材《博物馆藏品登录方法》的作者 [31]。

1901 年，美国国会图书馆正式负责全国所有图书馆的书目卡片制作工作，解决了统一编目规则的问题，使所有图书馆都能够分享最先进的编目水平。然而大批量的卡片越发缺乏存放空间，于是国会图书馆在 20 世纪 50 年代开始寻求使用电脑技术解决空间问题的办法，并在 20 世纪 60 年代成功发明世界上第一个自动编目系统——机读目录（Machine-Readable Cataloging，MARC）。此后 MARC 系统逐渐成为全球通行的编目工具 [32]。

相比图书馆，博物馆对于信息技术的运用起步较晚。虽然博物馆在 20 世纪 60 年代也开始了关于开发电脑编目系统的讨论，但由于不同博物馆的藏品信息格式难以统一，至 20 世纪

70年代末博物馆界也未能成功将登录工作自动化。即便使用电脑辅助信息存储，也难以开发出能够涵盖博物馆所有工作的电脑程序[33][34]。在编目的标准化上，博物馆面临比图书馆更多的困难。

五 图书馆与博物馆编目工作对照

（一）图书馆与博物馆编目之差异

整合目前文献可见，图书馆与博物馆的编目工作由于对象和功能的差异，形成的工作习惯完全不同。首先，从编目的目的来看，图书馆编目的目的主要为方便读者检索和获取书目，因此重点放在图书内容的描述上，并且书目信息基本上对公众开放。而博物馆编目首先的目的是为文物建立档案，以便于馆员后续的研究和展示工作可以利用，因此编目内容并不一定对公众公开。再者，博物馆出于文物安全和保护个人隐私的考量，有关文物的尺寸、价值、位置，还有捐赠者姓名、地址等信息，必须严格保密，观众对藏品的直接接触也需被限制[35][36]。

其次，从编目数据的来源看，图书馆的编目数据可从出版者处获取，也可直接从图书本身获取，编目馆员的工作多是在提炼和记录信息，多数情况下数据的获取不会遇到太多困难。但博物馆文物的来源则多种多样，一些文物在入藏时，捐赠者等信息未被记录，以致后人难以获知。另外，文物表面上可见的信息也相当有限，许多与文物所在年代社会背景相关的史实需要深入研究才能了解，因此博物馆编目工作所需时间更长、过程更复杂。

再到图书馆与博物馆编目的参照标准，由于每本图书需要著录的项目大致相同（题名、责任者、出版者、出版时间等等），图书馆较易发展出国际通行的编目标准，例如编目语言常参考英美编目规则（Anglo-American Cataloguing Rules Second edition, AACR2），编目格式采用MARC格式，存储使用ISO文件。而博物馆由于收藏器物的种类千差万别，不同学科已有各自描述器物的术语，例如美术馆使用艺术家、时代、材质标记藏品，地质博物馆使用地质时代或化学成分记录，历史博物馆常用文物材质、类型、风格等信息记录，因此很难建立馆际通用的编目规则，多数情况是各馆使用各自的编目方法[37][38]。

至于编目工作的细节，如著录的项目、分类方法、分类号形式等，图书馆与博物馆也各有不同。图书馆编目著录的项目一般有书号、价格、资料形态、题名、责任者、版本说明、出版者、出版时间、页数、尺寸、主题词、财产号、分类号等。博物馆编目需要著录的内容则通常是：入藏号、藏品名称、分类、来源、位置、材质、尺寸、制造者、制造日期、藏品描述、藏品图片、价值等。可见博物馆著录内容更注重文物材质及其物理状态[39]。分类方法上，图书馆自古典时代以来一直延续按照学科分类的方式，学科之下再按照作者名的字母顺序排列，此种分类法便于使用者确定图书的架位。但对于博物馆而言，位置信息对诠释藏品并无意义，因此博物馆更常按使用方法为藏品分类。这也可以解释为何体系完备的杜威十进制分类法不适合原样移植到博物馆使用。图书馆的分类号体现了学科、作者和架位信息，博物馆藏品的入藏号则通常体现入藏年份、入藏顺序和藏品类别[40]。

最后，从编目的工作流程视角观察，图书馆编目多是静态过程，即编目工作基本可以一次性完成，后续不需大规模修改。但博物馆的编目却是持续的动态过程，藏品每次修复、展览、出借，或是产生新的研究结果，都需记录进档案中，因此，博物馆编目并无完成之日，编目信息随时可能发生变化。

（二）图书馆与博物馆编目之合作

图书馆与博物馆编目工作虽然差异明显，但并非不存在交流合作的可能。吴绍群便列举美国摩根图书馆与博物馆（Morgan Library & Museum），以及美国博物馆及图书馆服务中心（Institute of Museum and Library Service，IMLS）补助的一项数字化计划“佛罗里达自然资源整合”（Linking Florida’s Natural Heritage）两项案例。两者都有统合检索图书馆与博物馆藏品的需求，因此都开发了共同编目的系统。只是在实践过程中，也都遇到两种机构编目差异而带来的棘手问题，例如博物馆藏品信息没有合适的 MARC 字段可以对应，还有图书馆和博物馆对同一物品的描述用词不同等等。对此，需要馆员更多的沟通和编写名词对照表等方式加以解决[41]。

另外，黄明玉在研究如何构建中国文物分类主题词表的过程中[42]，遇到缺少全国统一文物分类法以及文物描述术语不规范的问题。在寻找国内外已编制出的可供参考的文博领域叙词表时，发现图书馆界已有关于古籍、拓片、甲骨、舆图等类别文物的权威词汇，并且有编制元数据（metadata）的经验，可直接用于博物馆同类文物的主题词表，也预示了两种机构合作的契机[43]。

六 结语

由上文可见，图书馆与博物馆的历史发展脉络大致相同，两者编目工作的发展历程也具有相似的趋势。图书馆与博物馆都从古典时代起源，至中世纪衰落，文艺复兴时期再由贵族兴起，之后在近代以来趋向公共化和专业化，到如今越发重视与社区的连接。两者的编目工作，都始于简单的罗列馆藏、制作登录账，逐渐细化分类，演变出更加科学实用的分类法和载体形式，再形成业界通行的统一标准，近年则都进入数字化时代。

不过，如果在细节上比对两种机构的编目工作，则差异显著。图书馆编目的目的主要是提供公开检索，博物馆则是归档留存、内部使用；图书馆的编目数据可直接获取，博物馆则通常需要经过学者研究揭示；图书馆编目在术语、格式上均有国际通行的标准，博物馆则因馆而异；此外，两者在编目的著录项目、分类法、分类号形式、工作流程等多方面也都各具特点，难以完全融合。

检视图书馆与博物馆编目工作的差异，根本上还是两者收藏对象的不同所致。图书馆多处理文字资料，任务是在信息与读者之间建立桥梁，需要发现信息并进行组织、记录。博物馆的一切工作则都搭建在实物的基础上，围绕发掘器物的内涵而展开，关注如何展示和使用馆藏。因此，虽然编目所做工作都是按一定格式记录馆藏信息，但两种机构无法在实践上完全复制对方经验，在沟通上也会存在思路相悖、语言不相通的情况。由此可见，图书馆与博物馆在某些技术上的合作是可行且必要的（例如馆藏信息化、文物保存、主题词表的建立等），但追求整体的统合或一致，则难以实现，也不利于两种机构的发展。

回顾 20 世纪图书馆与博物馆加速分化的原因，正是两种学科专业化程度提升所致，两种机构之间差异的存在某种程度上也是两种专业趋于成熟的表现。图书馆与博物馆固然在属性、历史走向上高度相似，也都担负提供文化资源，推动社会发展的责任，但在目前信息时代背景下将两者同质化管理的同时，维持机构原本特性，促进图书馆学与博物馆学各自专业的进步，似乎对于完成机构使命、保存和诠释文化遗产、增强服务质量具有更加积极的作用。

【注释】

[1] Robert VanderBerg, Converging libraries, archives and museums: overcoming distinctions, but for what gain? *Archives and Manuscripts*, 2012, *4*（3）, pp. 136-146.

[2] 薛理桂、王丽蕉：《档案馆、图书馆与博物馆三大知识领域在新资讯时代的整合趋势——以加拿大与英国为例》，台北，《档案季刊》2006年第5卷第4期，第1-16页。林巧敏、陈秋瑾：《图书馆、博物馆与档案馆资源整合与分享研讨综述》，《档案季刊》2010年第9卷第2期，第38-49页。

[3] Patrick Lo, Kitty But, Robert Trio, Links between libraries and museums: a case study of library-museum collaboration at the Hong Kong Maritime Museum, *Italian Journal of Library and Information Science*, 2014, *5*（1）, pp. 103-120.

[4] 黄靖慧：《公共图书馆展览服务功能之研究》，硕士学位论文，台南艺术大学博物馆学与古物维护研究所，2015年，第19-23页。于爱群：《国内图书馆展览服务阶段性特征及发展探析》，《图书馆工作与研究》2015年第236期，第17-20页。朱亮：《图书馆展览策划的问题、经验及对策研究》，《图书馆研究与工作》2019年第10期，第74-78页，王峥：《国外图书馆展览服务研究与实践及借鉴》，《图书情报工作》2020年第64卷第2期，第139-148页。

[5] Jeonghyun Kim, Building rapport between LIS and Museum Studies, *Journal of Education for Library and Information Science*, 2012, *53*（2）, pp. 149-161. Philip Hider, Mary Anne Kennan, How far apart are L and M? The institutional and publishing disconnects between LIS and Museum Studies, *Journal of Education for Library and Information Science*, 2020, *61*（1）, pp. 48-63. Jeonghyun Kim调查了史密森机构博物馆学培训项目（Smithsonian's Museum Studies Training Program）网站列出的60个美国博物馆学专业以及美国图书馆协会（ALA）网站列出的50个图书馆学专业的相关情况，对比美国在博物馆学和图书馆学高等教育课程上的异同。她发现近几十年图书馆学专业吸收了很多博物馆学课程，大部分有关藏品管理与文物保存，但博物馆学专业却较少引入图书馆学课程。虽然信息技术对博物馆工作很有帮助，但博物馆学专业大多提供的是类似通识的教育，图书馆学专业则会深入学习图书馆学之下的某一分支。在其之后，Philip Hider和Mary Anne Kennan还调查了5个英语国家（美国、加拿大、英国、澳大利亚、新西兰）博物馆学与图书馆学课程的开设情况，发现虽然每个国家情况不一，但总体上博物馆学与图书馆学专业的割裂非常明显。博物馆学多设置在人文艺术领域，图书馆学则多设置在社会科学和信息技术领域，少有交集。以澳大利亚为例，两个学科在学术成果的出版和学术会议交流方面的交集也很少，这主要是学科传统不同所致。

[6] Helena Robinson, Remembering things differently: musuems, libraries and archives as memory institutions and the implications for convergence, *Museum Management and Curatorship*, 2012, *27*（4）, pp. 413-429.

[7] What is a "Library"?, [EB/OL][2021/8/15] https://libguides.ala.org/library-definition。该定义来自《图书馆员必读》（*The Librarian's Book of Lists*）一书，原文为"A library is

a collection of resources in a variety of formats that is organized by information professionals or other experts who provide convenient physical, digital, bibliographic, or intellectual access and offer targeted services and programs with the mission of educating, informing, or entertaining a variety of audiences and the goal of stimulating individual learning and advancing society as a whole.”

[8] André Desvallées, François Mairesse 著, 张婉真译:《博物馆学关键概念》, Paris: Armand Colin,2010,第 38 页。Museum definition,[EB/OL][2021/8/21] https://icom.museum/en/resources/standards-guidelines/museum-definition/。原文为“A museum is a non-profit, permanent institution in the service of society and its development, open to the public, which acquires, conserves, researches, communicates and exhibits the tangible and intangible heritage of humanity and its environment for the purposes of education, study and enjoyment.”

[9] Glossary of terms and abbreviations and useful links (A-H), [EB/OL][2021/8/21] https://www.ifla.org/node/7666。原文为“The process of creating entries for a catalogue. In libraries, this usually includes bibliographic description, subject analysis, assignment of classification notation, and all the activities involved in physically preparing the item for the shelf, tasks usually performed under the supervision of a librarian trained as a cataloguer.”

[10]吴绍群:《由经营哲学之差异比较图书馆与博物馆之编目工作》, 台北,《图书与资讯学刊》2011 年第 3 卷第 1 期, 第 50-64 页。

[11]John E. Simmons, Toni M. Kiser Eds, *Museum Registration Methods 6th ed.* (Lanham: Rowman & Littlefield), 2020, p.627. 原文为“To organize the information about accessioned collection objects into categories; the creation of a record of information specific to an object.”

[12]Richard E. Rubin, Rachel G. Rubin, *Foundations of Library and Information Science 5th ed.* (Chicago: ALA Neal-Schuman), 2020, pp.36-71.

[13]Peter Woodhead, Geoffrey Stansfield, *Keyguide to Information Sources in Museum Studies 2nd ed.* (London: Mansell), 1994, p.5.

[14](美)博寇(Burcaw,G.)著, 张云等译:《新博物馆学手册(第 3 版)》, 重庆大学出版社, 2011 年, 第 17-19 页。

[15]同 [12]。

[16]同 [13]。

[17]同 [14]。

[18]同 [12]。

[19]Edward P. Alexander, Mary Alexander, Juilee Decker Eds, *Museums in Motion: an Introduction to the History and Functions of Museums 3nd ed.* (Lanham: Rowman & Littlefield), 2017, p.4-6.

[20]辛治宁:《从珍物柜至公众学习场域——二十世纪博物馆的专业发展》,“国立”历史博物馆编辑委员会编:《1901-2000 世界文化百年论文集》, 台北,“国立”历史博物馆, 1999 年, 第 413-468 页。

[21]王宏钧:《中国博物馆学基础(修订本)》, 上海古籍出版社, 2001 年, 第 65 页。

[22]同 [12]。

[23]同 [20]。

[24]徐纯:《文化载具: 博物馆演进的脚步》,“中华民国”博物馆学会, 2008 年, 第 177 页。

[25]The Library of Congress, *The Card Catalog: Books, Cards, and Literary Treasures* (San Francisco: Chronicle Books), 2017, pp. 12-159.

[26]同[25]。

[27]Judith Hopkins, The 1791 French cataloging code and the origins of the card catalog, *Libraries and Culture*, 1992, *27*(4), pp. 378-404.

[28]Daniel B. Reibel, *Registration Methods for the Small Museum 4th ed.* (Lanham, Plymouth: AltaMira Press), 2008, pp. 81-82.

[29]同[11], pp. 20-21.

[30]同[25]。

[31]Richard J. Urban, Library influence on museum information work, *Library Trends*, 2014, *62*(3), pp. 596-612.

[32]同[25]。

[33]同[10]。

[34]同[31]。

[35]同[28], pp. 98-99.

[36]同[10]。

[37]同[28], p. 84.

[38]同[10]。

[39]同[28], p. 22.

[40]同[28], pp. 39-49.

[41]同[10]。

[42]由于中国博物馆的文物分类方式、藏品编目方式均未形成统一标准，因此难以推进藏品的数字化和联合检索。科技部2014年设立了“文物数字化保护标准体系及关键标准研究与示范”项目，编制文物数字化保护标准，此研究属该项目的子计划。

[43]黄明玉:《中国文物分类主题词表构建方法学刍议》,《图书馆学与资讯科学》2017年第43卷第1期，第171-190页。

博物馆学与传播学

论国际博物馆学与传播学的交叉脉络

罗 丹（首都博物馆）

摘要： 传播学奠基人施拉姆曾预测传播学未来或将消失，作为一个重要组成部分被分化到各个与人类行为有关的学科中。而博物学恰好相反，随着博物馆社会化程度加深，博物馆学与其他学科的联系日渐紧密，跨学科研究将会纳入到博物馆学的研究中，并对其发展有重要影响，尤其是近年来新兴的传播学与博物馆学的“跨界”研究在博物馆的传播功能和受众沟通上有着广泛讨论。博物馆学和传播学跨学科的交汇缘起两门学科在 20 世纪 90 年代的发展史，其中的共性和差异阐释了博物馆媒介化现象以及各种新型的博物馆传播形式。传播由信息通讯延伸至人际传播，实现了从物至人的学科内转化，而博物馆也越发重视从“人的体验”角度去重构对“物”的展示。两门学科在社会环境和技术变革的浪潮中交织，相互作用后又各自走向了新的发展道路。

关键词： 跨学科研究；博物馆学；传播学；媒介化

博物馆学的研究领域是广泛的，从博物馆的定义就体现了这一点。如今，面对国际局势不断变化带来的挑战，博物馆定义仍旧停滞在 2007 年国际博协第 21 届维也纳大会通过的《国际博物馆协会章程》中的表述：

> 博物馆是一个不以营利为目的的、为社会和社会发展服务的、向公众开放的常设性机构。它为了教育、研究和欣赏之目的而获取、保存、研究、传播和展示人类及环境的物质的和非物质遗产 [1]。

此定义虽已不符合博物馆行业当下和未来的发展需求、责任与方向，但从中仍可看出博物馆学与社会学、教育学、传播学等多门学科有所关联。在 2019 年 9 月 3 日国际博协召开主题为“博物馆的定义——国际博协的支柱”的全体大会上，为重新塑造博物馆的身份，来自不同国家的嘉宾对博物馆的新功能和新定义展开了热烈讨论，但由于博物馆与社会日益深度的融合，与其他行业和学科间越发紧密的联系，最终未能就新的定义达成一致，根据国际博协网站上的信息，再次投票将延至 2022 年布拉格大会上进行 [2]。

由于笔者传播学的学习背景，格外关注博物馆定义中的“传播”功能。自博物馆面向公众开放，就必然具有了传递信息的功能，这里的“传播”（或译“沟通”）根据 2010 年博物馆学国际专业委员会（ICOFOM）出版的《博物馆学关键概念》（Key Concepts of Museology）中的解释，即“意味与不同的观众分享博物馆的藏品以及针对藏品所进行的研究结果的信息”，是一种以拉斯韦尔“ECR”传播模式（发信者 - 渠道 - 接收者）为基础的单向传播[3]。在近年来博物馆业的发展中，单向传播模式显然已经过时，随着博物馆快速走入民间并开始与市场接轨，受众参与式的博物馆体验日益丰富，博物馆传播的也不仅限于馆藏的信息，还有社会教育、品牌价值、文创 IP 等多方面内容。博物馆的传播模式也由直线型单向传播向多元化模式转变。在博物馆未来的新定义中，预测会将传播的内容呈现地更加具体，更加突出博物馆和人之间的互动性。

博物馆的传播功能就是博物馆学和传播学跨学科的体现。本文将追根溯源，从两门学科发展历史中的异同点阐释它们能够交汇的原因；从博物馆和媒介的共同性说明它们如何跨界发展；最后就博物馆学和传播学的跨学科研究效果和趋势进行探讨。

一 博物馆学和传播学在学科发展史上的异同

博物馆学和传播学作为两门学科在起源和发展过程中既有共性也有区别。共性使得两门学科在 20 世纪 90 年代开始出现跨学科的研究趋势，区别也使得两门学科在现代发展中相互作用、融合创新。

（一）博物馆学学科发展概况

博物馆学起源于欧洲，1885 年英国学者杰 · 格拉瑟（Jay Grasse）开始使用“博物馆学（museology）”这一术语。但由于博物馆学研究对象的模糊性和研究方法的不足，导致学界对其学科的独立性一直存在争议。《国际博物馆学基础理论研究中两个核心问题的述评》详细叙述和归纳了学术界自 20 世纪 60 年代以来对博物馆学学科属性和知识对象的不同看法。一些学者（如美国学者 W · E · Washburn 等）认为博物馆工作没有独立的特性，它只是从专业学科中派生出来而无法成为独立的科学学科。最早研究博物馆学作为一门科学的地位的学者之一——捷克博物馆学家 J · 纽斯塔波涅（J.Neustupny），在 1980 年改变了他之前的主张，认为过去的几十年很多学科甚至是古典的科学学科都发生了变革——扩充或重新组合，理论和学科在相当程度上已趋同，应该弱化学科定义的边界。述评作者安来顺在总结博物馆学的学科属性时认为：“博物馆学的确被广泛地认为是一个有着自身特性的重要领域。博物馆学的这些特性主要是伴随于博物馆专业领域的需求，并在试图满足这些需求的过程中产生的。”[4]

《当代西方博物馆学理论化倾向及其特征》一文中同样提到了西方早期博物馆学在学科独立上的争议性，指出西方博物馆学真正走向理论化道路是从 20 世纪 80 年代开始。首先是 1976 年国际博物馆学委员会的成立并开始强调博物馆学的理论化建设，之后在 80 年代现代社会生存和发展的环境变化使传统博物馆卷入到了市场竞争中，面临改革的迫切需求，在这种背景下催生的“新博物馆学运动”更加主张重视理论研究，尤其对博物馆与社会、教育、未来的关系这样一些关于博物馆职能和目的的根本问题的研究。同时，西方艺术在这一时期正值“后现代主义”的高潮阶段，博物馆在展览和设计方面也呈现出向多元化倾向的趋势。由此，“博物馆学的思路大大地开拓了，它紧密地结合当代的哲学和人文科学的研究，从社会和文化的角度对博物馆进行新的审视”[5]。这也预示着博物馆学开始和其他学科进行交叉研究。

以上学者的观点都说明博物馆学的学科发

展跟其历史语境和社会需求有关，社会环境反映了学科研究的倾向性，社会需求决定着跨学科研究的领域。比如以前的博物馆学侧重于研究藏品，但随着博物馆和公众的关系加深，对于公众和传播的研究又成为博物馆学新的研究方向，博物馆的定义也因此扩充。此外，博物馆学能够从藏品内容专业学科中离析出来成为一门重构性学科，原因之一是当博物馆与社会接轨后，产生了很多社会化的现象，而阐释这些现象，需要来自更多领域的专业知识，这也是博物馆学能够与其他学科进行交流的一种顺理成章的需求。

（二）传播学学科发展概况

传播学同样起源于欧洲，进化论、精神分析理论和马克思主义这些欧洲的理论基础间接地影响了 1900 年后在美国崛起的传播学[6]。第二次世界大战以后，传播学迅速发展，这整个过程总体说来是以美国为基地，并由此向世界各国扩散和分化出去。传播学作为一门学科，是由它的奠基人施拉姆于 1943 年以一种传播学的观念，在美国衣阿华大学创办了最早的大众传播博士课程和最早的传播研究所。他开设的传播学博士课程具有一种跨学科的方法。心理学、社会学、政治学、人类学和电子工程学都被引入传播研究中。传播学的学科领域被赋予了一种应用方向，与其理论方向相伴随。它的学科领域背后是职业领域，传播学被用于各种媒介产业。传播学的早期时代（20 世纪 50 至 60 年代）是经验的、定量的和注重于效果。尽管在今日的传播学领域出现了各式各样的理论和方法论，但“传播学的核心仍是以关于传播效果的定量研究为特色的”[7]。

（三）博物馆学和传播学在学科发展上的异同

博物馆学和传播学都是西方的产物，两门学科都起源于欧洲，都是从古典学科中分割出来的社会类学科，也都具有跨学科的特征。博物馆学，尤其是后来的“新博物馆学”更是提倡加强与其他学科间的研究和联系，“应立足于社会科学，尤其是社会学和人类学”[8]，两门学科都属于研究社会现象和问题的学科。

博物馆学和传播学都具有教育的研究目的，这可能是两门学科能够交汇的原因之一。博物馆对公众开放以来就具有教育性，是为公众传授知识、启发和培养美学意识、提供服务的教育机构。传播学家哈罗德 · D · 拉斯韦尔（Harold D.Lasswell）在 1939 至 1940 年间洛克菲勒传播研究班上阐述了传播在社会中的 3 个功能，其中之一是“传递文化遗产”，例如有关儿童通过传播接受有关民族历史的教育。他更将宣传（日后称为“大众传播”）定义为大众化的说服教育。每当一个新的大众媒介技术在美国广泛扩散时，它往往总是首先被儿童和青少年所接受(比如电影对儿童的效果研究)，因此儿童作为了媒介效果的试验者，尤其被用于测试负面效果。这也说明了媒介传播对于受众的教育性。

博物馆学和传播学最明显的差异在于研究方法，这也是两门学科能够交汇的另一原因。由于博物馆学缺少方法论，在研究受众等问题时需要借助其他学科的研究方法，而传播学恰好在这方面独有建树，其中一位著名人物就是保罗 · F · 拉扎斯菲尔德（Paul F.Lazarsfeld），他在传播学的主要贡献就是开创了媒介效果研究的传统，这一传统成为美国大众传播研究占有统治地位的范式。他通过收集资料的方法提出了调查方法论以及各种资料分析方法，这些方法被普遍用于包括博物馆学在内的社会学受众研究中。

另一个被博物馆学经常使用的方法论来自

于克劳德 · 香农（Claude E. Shannon）的信息论，被用来研究博物馆信息传播的模式。香农的理论几乎对所有涉及信息的领域都产生了影响，尤其对传播学——“今天，它仍然是传播学的中心”[9]，它为传播学提供了基本的范式。但香农对于他的信息论只限定于技术领域，不适用于人类传播。将他的理论拓展运用至传播学的是伯洛（David K. Berlo）的《传播过程》，这部著作是20世纪60至70年代初期大众传播学的主要教材。拉斯韦尔的“ECR”（或为“5W”）模式就是将香农的信息论运用至人类传播中，亦适用于博物馆传播。

二 博物馆学和传播学的跨界热潮

博物馆学和传播学跨学科研究的兴起，离不开现代“跨学科运动”的迅猛发展。“跨学科”中的“跨”字可理解为今天流行的“跨界”一词。这个“界”或指传统学科之间，也或指跨出传统学科之外。“跨学科不仅是一个理论的概念，它也是，也许首先是一种实践活动”[10]。现代跨学科运动自第一次世界大战前后兴起，至20世纪70年代发展成为一门学科并盛行，从中可以看出它的产生和兴起是为了带动多领域学科的发展，也是为解决单一学科无法解决的实践问题提供突破的可能性，进而对实践活动进行条理化和规范化。随着全球一体化的发展以及今天各行各业间“跨界”合作的流行，博物馆学和各学科间的跨学科研究成为必然趋势，也是为了解决博物馆学研究中一些实践问题。如果说博物馆学和传播学产生跨学科研究的可能性是缘于上述两门学科历史发展中的异同点，那么两门学科真正的跨界融合则是20世纪90年代“museum as media”（“作为媒介的博物馆”或“博物馆即媒介”）这种理论的产生。

该理论从媒介的角度去理解博物馆，并将博物馆媒介化看作一种发展过程。由于博物馆具有一些媒介的特征，这些共有的特征使博物馆具有媒介的功能，博物馆的信息传播符合大众传播的模式，博物馆与受众的沟通更加多元化。学者米歇尔 · 亨宁（Michelle Henning）认为博物馆和媒介最相似的一对功能是存储和展示。她认为博物馆和媒介共同“存储”的是文化记忆。博物馆是为文化记忆的归档、保护和存储提供技术的媒介[11]。在《新媒体语言》一书中，作者列夫 · 马诺维奇（Lev Manovich）认为计算机技术使媒体进入数字时代，新媒体成了储存大量数据的介质，变得像博物馆一样，人类也同样可以使用计算机数据库将个人或集体的文化记忆存储起来[12]。博物馆和媒介同样具备展示的功能。媒介的作用是将不连续的数据通过技术变成连贯的文本展示在界面上；博物馆的展示是将众多的馆藏文物依据某种主题或故事线以展览的形式呈现在观众面前。二者的交集与延伸在于通过不同媒介（含博物馆这个媒介），观众可以不受空间限制地搜索到数字化的展览和藏品，同时也可以获得更多的藏品信息，这有助于博物馆和观众建立更深入和更多样化的交流。

英国学者罗杰 · 西尔弗斯通(Roger Sliverstone)于1992年指出博物馆与其他媒介的相似性在于他们都具有传递信息、教育和娱乐的功能，都通过使用文本和技术反映世界观。他同时提出博物馆和媒介都具有压缩时间和空间（time-space）的功能[13]。从时间上说，历史题材的展览往往会将一段或几段时期的文物汇聚在同一个空间展出，观众看展时会有一种穿越时间的体验。而媒介是在信息传递中随着技术的发展压缩了时间，比如早期的信息通过书信传递，人们交流信息需要几天的时间；而随着电报的出现，加快了信息传递的速度，缩短了交流的时间。从空间上说，同穿越时间一样，博物馆的展览也可以将不同地域的文物同时展现给观众，压缩了地理空间。而媒介则是缩短了人与人之间交流的距离，例如视频通话技术可以使身处不同地点的人面对面交流。虚拟博物馆的出现，就是利用博物馆和媒介压缩时空的特性所创造出来的一种附属空间。它既体现出博物馆展示中的时空压缩，又可以让身处不同地点不同时间的人通过网络介质共同接触。

博物馆和媒介最大的共通性还是在传播功能上。博物馆的信息传播包括两方面，一方面是信息在物与人之间的传播，就是关于实物的知识通过博物馆展览或者活动传递至受众；另一方面是以博物馆为主体与人之间的传播，是博物馆通过媒介将信息传递至受众。无论是哪种信息传播，博物馆传播都是受到大众传播理论的影响，以拉斯韦尔“ECR”模式作为基本规律。博物馆和媒介同样从事内容生产。有学者认为，由于公共图书馆和博物馆对公众高度的依赖性而成为最早引入和拓展大众传播理论的机构。博物馆的策展人员就如同报纸编辑，承担着挑选、处理和传递信息的任务[14]。

三 媒介化的博物馆也是“人的延伸”

当博物馆具备了媒介属性，也就开始了媒介化进程，意味着博物馆学与传播学的“跨界成功”。近年来，有关博物馆学与传播学的跨学科学术研究兴起，主要研究内容分为两类，一类是将大众传播的模式引入博物馆信息传播中，探讨博物馆与受众如何进行有效沟通。二是博物馆传播与新媒体的融合，这里又分为形式和内容两个研究方向。以形式为导向的研究主要以新媒体技术如何支持博物馆的发展为论点；以内容为导向的研究集中在讨论博物馆生产什么样的内容适合在新媒体平台上更好地教育和服务受众。这些研究归根结底都是在讨论博物馆如何在各个方面提高其传播力。在未来，无论是国内还是国外的博物馆，都需要加强传播力来争取公众更多的支持，依靠文化传播提升国家软实力。这就需要发挥媒介在人类社会结构中的重要作用。加拿大的两位传播学家哈罗德 · 英尼斯（Harold Innis）和马歇尔 · 麦克卢汉（Marshall McLuhan）作为“媒介决定论”的支持者认为“一种文明的占支配地位的传播技术是那个社会的文化和社会结构的中心”[15]。媒介技术的发展是社会结构变革的决定因素之一，例如早期传统社会的管理依靠口头传播，而纸张的出现且成为文字传播的媒介使得远距离管理成为可能。因此博物馆作为传播文化的媒介对文化建设起到至关重要的作用，这个文化媒介为人们学习历史文化知识提供了权威性的渠道，新媒体技术在博物馆的应用使这个渠道从接触上更加便利，从内容上更加丰富。

马歇尔 · 麦克卢汉（Marshall McLuhan）“媒介即信息”的理念认为所有媒介都是人体的延伸，媒介形式（电视等）的效果不仅仅在知识层面，在感官和潜意识上也在影响个体，尤其是数字技术在媒介上的应用，带给了人类多感官体验。今天，博物馆作为媒介也必须和电视、手机以及其他很多需要占用个人空闲时间的媒介来竞争，使得学习文化、获取知识成为人类生活的一部分。这里定义的博物馆不仅是实体博物馆，更是融合了数字技术的线上（虚拟）博物馆。线上博物馆原本只是实体博物馆的附属空间，但由于当今世界的不确定因素，例如新冠疫情对国际文化交流的阻隔，使得线上博物馆成为一种必要的新型媒介。这种媒介不仅让观众克服时空上的阻碍，能够欣赏到不同地区的文化，更能提升视听、甚至是触觉上的体验。例如国家博物馆在疫情时期与全球16家顶级博物馆合作推出“全球博物馆珍藏展示在线接力”活动，让全球观众在云端欣赏到世界顶级博物馆的“馆长之选”文物，领略不同民族与文化的魅力[16]。线上博物馆打破了实体展厅中展柜在文物和观众间设立的距离，让观众直接面对文物并实现720度全方位浏览，同时配有语音导览，使观众既看又听，还可以通过穿戴设备置身于真实的历史环境中感受文物。在由国家文物局、北京市人民政府主办、首都博物馆、中国丝绸博物馆、中国文物保护技术协会承办的“万年永宝—中国馆藏文物保护成果展”的展厅中，运用华为河图的增强现实（AR）技术，可以利用智能手机重现兵马俑等文物从出土、修复到恢复的全过程。“虚拟技术的介入正在改变博物馆存在的意义，使博物馆的最终目的从作为物的集合而存在转向作为体验进入每个观众的生活”[17]——上海大学王思怡“博物馆具身化”的理念也认为通过虚拟技术将人的认识、想象和知觉统一起来形成“体验的博物馆”，呈现文物内在的价值，并纳入到每一个身体的生活世界中。博物馆是专门储存人类记忆的媒介，是特殊的媒介，同时也是最符合作为人类延伸的媒介。

纵观博物馆学和传播学的发展概况，两门学科从看似毫无关联，到今天的紧密相连，归结于数字技术的发展让人类进入到信息时代，先进技术对各个领域产生了变革式的影响，也增进了跨行业联系，博物馆学研究也受技术变革浪潮的影响，开始探索博物馆的新形态。传播学的奠基人施拉姆曾经预测传播学的未来，认为在未来时代，传播学或许会分化甚至消失，作为一个重要组成部分被吸收到行为科学的一个重要统一体之中，这个统一体的研究中心是人类行为[18]。而博物馆学的发展趋势或与之相反，将继续广泛吸收和融合各学科的理论，着重于以人为中心的研究、沟通和服务，扩充其定义，增强学科性。两门学科经过短暂的交融又走上各自的道路，在不远的将来或许再次交汇。

【注释】

[1] 安来顺：《今天的博物馆站在了哪里？——对ICOM博物馆定义修订的初步观察与分析》，《东南文化》2020年第1期，第128页。

[2] https://icom.museum/en/resources/standards-guidelines/museum-definition/

[3] Desvallées, A. M., François (2010). Key concepts of museology, Paris: Armand Colin.（参考台湾学者张婉真译本）

[4] 安来顺：《国际博物馆学基础理论研究中两个核心问题的述评》，《中国博物馆》，1992年第04期，第16页。

[5] 严建强：《当代西方博物馆学理论化倾向及其特征》，《中国博物馆》，2000年，第2期，第4页。

[6] E·M·罗杰斯著，殷晓蓉译：《传播学史：一种传记式的方法》，上海译文出版社，2012年，第34页。

[7] E·M·罗杰斯著，殷晓蓉译：《传播学史：一种传记式的方法》，上海译文出版社，2012年，第508页。

[8] 乔治·埃里斯·博寇（G·Ellis Burcaw）著，张云

等译：《新博物馆学手册》，重庆大学出版社，2011年，第69页。

[9] E·M· 罗杰斯著，殷晓蓉译：《传播学史：一种传记式的方法》，上海译文出版社，2012年，第424页。

[10]刘仲林：《交叉科学时代的交叉研究》，《科学学研究》，1993年第11卷第2期，第9-16页。

[11]Manovich, L. (2002). The Language of New Media, Mit Press: pp306-307.

[12]Manovich, L. (2002). The Language of New Media, Mit Press: pp306-307.

[13]Silverstone, R. (1992). The medium is the museum: on objects and logics in times and spaces. Towards the museum of the future: new European perspectives. R. S. Miles and L. Zavala, Routledge: p.162

[14]Budd, R. W. and B. D. Ruben (1988). Beyond Media: New Approaches to Mass Communication, Transaction Publishers: p133.

[15]E·M· 罗杰斯著，殷晓蓉译：《传播学史：一种传记式的方法》，上海译文出版社，2012年，第500页。

[16]国家博物馆网站该活动页面：http://www.chnmuseum.cn/portals/0/web/zt/202009gmdc/

[17]王思怡：《博物馆的未来，重塑“具身博物馆”新形态——从2021年世界博物馆主题说起》，《博物院》，2021年第2期，第31-38页。

[18]E·M· 罗杰斯著，殷晓蓉译：《传播学史：一种传记式的方法》，上海译文出版社，2012，第3页。

“博物馆 + 哔哩哔哩”传播策略研究

赵桂玲（浙江大学艺术与考古学院）

摘要： 自 2020 年初始，受疫情刺激，诸多行业新媒体传播发展势头迅猛，尤其是短视频份额持续扩大。博物馆要提高文化竞争力和话语权，提升其社会影响力，短视频传播将会是其未来重要的传播途径。B 站是重视知识科普、鼓励优质创作且深受年轻人喜爱的短视频平台，是博物馆短视频传播较为理想的选择。本文对 127 家博物馆发布的 3149 条视频进行研究，总结博物馆在哔哩哔哩传播阶段与传播内容，结合具体案例分析博物馆在哔哩哔哩的传播问题，根据博物馆实际情况和哔哩哔哩传播特点，探讨博物馆哔哩哔哩传播策略，以推动博物馆新媒体传播矩阵的完善。

关键词： 博物馆；哔哩哔哩；传播策略

截至 2020 年 12 月，我国短视频用户规模达 8.73 亿，较 2020 年 3 月增长 1.00 亿，占整体网民的 88.3% [1]，新媒体传播重心正在从两微转向短视频平台。博物馆行业认识到这一转变，疫情期间整合线上资源在各大短视频平台开通账号，进行云讲解、云展览等活动，极大拓宽了博物馆新媒体传播的广度。但传播深度的探索却不尽人意，众多博物馆短视频传播都存在着内容千篇一律、用户黏性薄弱、后续活动发力不足等问题。针对不同平台、不同用户制定专属传播策略将会是解决以上问题的有效方法。哔哩哔哩（下文简称 B 站）是以二次元要素为核心内容的高互动性视频平台，其拥有庞大的青年用户市场，鼓励原创、重视知识科普，日渐被主流平台所认可，是博物馆传播较为理想的短视频平台。

目前学界对 B 站传播的研究仅限于将 B 站作为博物馆视频推广的平台之一 [2]，缺乏专项研究。B 站平台注册的博物馆账号超过百个，其中大部分是 2020 年之后注册，这说明行业正在看到 B 站对于博物馆传播的重要性，试图将其纳入博物馆新媒体传播矩阵中，“博物馆 + 哔哩哔哩”有非常广阔的探索空间。截至 2021 年 8 月 10 日 24 时，笔者以“博物馆”“博物院”“纪念馆”为关键词在 B 站进行全平台检索，共检索到 133 个用户，去除未发布视频和无效用户，确定 127 家博物馆为本文研究样本。

一 博物馆 B 站传播现状

（一）博物馆在 B 站的传播发展历程

从 2016 年博物馆类视频在 B 站的出圈到 2020 年大量博物馆入驻 B 站，博物馆在 B 站的传播历经了以下两个阶段：

图 1. 哔哩哔哩博物馆视频发布阶段图（图片来源 笔者自绘）

1. 萌芽阶段（2016 年 -2020 年年初）

2016 年《我在故宫修文物》在央视纪录片频道播出遇冷，其创作团队将其上传至 B 站走红，当时点击量高达 70 万，引起了人们对文物、历史、故宫等话题的热切关注[3]。许多历史、纪录片爱好者在此期间入驻 B 站，扩大了 B 站的用户数量。B 站借此红利出品《我在故宫修文物》大电影，站内播放量达 461.2 万，让故宫和 B 站成功出圈。主流文化机构意识到 B 站这个曾经以亚文化起家的视频社交平台传播主流文化的潜力，陆续入驻 B 站。B 站认识到文物、历史纪录片对其打开主流平台的重要性，2017 年发起哔哩哔哩纪录片寻找计划，出品《历史那些事》等纪录片，B 站纪录片活跃用户超 6500 万。同年，《国家宝藏》在央视热播，CCTV- 国家宝藏在 B 站开通账号，粉丝量达 97.1 万，累计站内播放量 9637.2 万。2018 年，央视纪录在 B 站推出《如果国宝会说话》系列纪录片，三季评分均超 9 分，累计播放量破千万。在 2020 年新冠疫情之前，B 站的博物馆传播主要是以纪录片为载体，用文物和观众对话历史。这一时期，B 站用户观看相关纪录片，用户和用户之间或通过弹幕、评论交流想法，或剪辑衍生视频，以鬼畜、热血、呆萌的方式对视频进行二次创作。少数博物馆关注到了 B 站的传播优势，进驻 B 站，但是由于宣传不当、视频质量、后期运营等问题导致此时的博物馆视频传播遇冷，并未引起广泛讨论。

表 1. 萌芽阶段入驻 B 站的博物馆

账号名称	粉丝	播放	获赞	视频	关注	等级	首支视频发布日期
湖南省博物馆	4845	4.7 万	2279	52	0	3	2018.1.8
观瓷书院正经博物馆	26	2252	18	5	2	2	2018.9.20
敦煌博物馆 - 丝路手信	2721	1.9 万	1953	11	29	3	2019.12.27
上海玻璃博物馆	344	5101	165	21	0	2	2019.5.11
南山博物馆	2150	2.4 万	616	53	2	3	2019.5.30
广州高剑父纪念馆	1	47	0	0	0	1	2019.6.17

2. 发展阶段（2020 年年初至今）

2020 年年初新冠疫情暴发，我国博物馆闭馆整顿，推出一系列线上项目服务大众。B 站在疫情期间发挥了重要的舆论引导、科普宣传、文化疗愈作用[4]，是博物馆短视频传播的重要平台。西汉南越王博物馆、明止堂中国字博物馆、中国人民革命军事博物馆等官方认证博物馆结合馆内文物进行防疫、抗疫的科普宣传，并在B站推出直播讲解、讲座满足观众学习需求。2020年5月，国内疫情总体稳定[5]，博物馆陆续恢复线下工作，B站传播继续发力。5 · 18之际，B站发布《这些宝藏博物馆，你都去过吗》视频，开启哔哩哔哩博物馆奇妙夜，发起“行走的博物馆”“云讲国宝”等活动，带动大批博物馆与博物馆爱好者入驻B站，在6月形成博物馆B站传播高峰。10月故宫正式登录B站，迅速收获45.5万粉丝，一跃成为B站粉丝量最多的博物馆。2021年新年前后，顺应B站拜年祭传统，各大博物馆推出新年祝福、年俗介绍、牛年文物视频，迎来又一传播高峰。在发展阶段，博物馆B站传播的主要媒介仍是纪录片，如《我在故宫六百年》，2020年12月上线站内点击量破400万。同时，博物馆自制的短视频发展势头迅猛，博物馆能亲自下场和观众建立联系，倾听观众反馈。博物馆的地域性特征，也更容易让观众之间互相沟通进行社交。这一阶段，B站逐渐认识到博物馆传播的重要性，有意识地策划活动宣传博物馆。观众从关注文物和历史到同时关注收藏文物、讲述历史的博物馆，博物馆影响力扩大。但受限于题材、博物馆官方形象、版权等问题，博物馆自制视频的衍生创作匮乏，博物馆自制视频的传播效果远不及博物馆纪录片。

表2. 发展阶段入驻B站的博物馆

账号名称	粉丝	播放	获赞	关注	视频	视频	首支视频发布日期
临汾市博物馆	195	4075	275	28	38	2	2020.1.16
立巢航空博物馆	413	9.7万	654	25	9	2	2020.1.17
西汉南越王博物馆	7368	6.6万	4781	60	98	4	2020.1.23
中国丝绸博物馆	3万	38.8万	3.6万	225	22	4	2020.1.25
明止堂中国字砖博物馆	127	1337	114	13	2	2	2020.2.13
国家海洋博物馆	600	4451	261	21	1	2	2020.2.26
上海气象博物馆	350	749	39	3	2	2	2020.3.15
杭州西湖博物馆总馆	243	6698	205	19	1	2	2020.3.27
苏州博物馆	7519	4.3万	4735	60	26	3	2020.3.30
正佳自然科学博物馆	84	2793	222	30	23	2	2020.3.8
上海自然博物馆	3.3万	18万	9012	75	19		2020.4.10
这一站 军博	1.4万	70.4万	4.2万	75	38	4	2020.4.10
南越王宫博物馆	383	3008	249	11	14	2	2020.4.17
广州艺术博物院	264	6492	140	77	0	2	2020.4.17
上海博物馆	1953	4.8万	2506	30	9	3	2020.5.13
土山湾博物馆	127	2841	61	12	0	2	2020.5.13

表 2. 发展阶段入驻 B 站的博物馆 续表

广东省博物馆	770	9190	651	37	5	2	2020.5.17
内蒙古博物院	769	2.6 万	1603	10	66	2	2020.5.17
传媒博物馆	77	2254	50	18	15	2	2020.5.18
北京郭守敬纪念馆	10	63	4	1	9	2	2020.5.18
中共四大纪念馆	425	1 万	146	31	2	2	2020.5.19
陕西历史博物馆官方	8350	9.9 万	4885	79	4	3	2020.5.23
上海世博会博物馆	701	1.2 万	333	32	6	2	2020.5.23
东江潮红色文化博物馆	41	3781	85	30	10	2	2020.5.29
武汉市中山舰博物馆	119	5409	145	20	97	4	2020.5.4
盘龙城遗址博物院	316	1.1 万	435	27	51	2	2020.5.6
北京汽车博物馆	187	1.1 万	332	45	4	2	2020.5.8
山东博物馆	2191	8.7 万	4889	43	0	3	2020.6.10
宁波中国港口博物馆	106	792	34	13	1	2	2020.6.11
成都博物馆	420	5198	1390	25	18	2	2020.6.15
广东民间工艺博物馆	390	1.4 万	855	36	6	3	2020.6.15
西安碑林博物馆	1122	2.8 万	603	21	1	2	2020.6.16
武汉革命博物馆	316	1.7 万	266	21	6	2	2020.6.16
山西博物院	432	4533	128	4	6	2	2020.6.16
三大会址纪念馆	6	903	5	1	0	2	2020.6.16
上海震旦博物馆	771	7052	182	14	5	2	2020.6.17
南京中国科举博物馆	101	477	20	3	0	1	2020.6.17
无锡博物院	112	2128	71	6	1	2	2020.6.17
莆田市博物馆官方	84	2627	57	10	1	2	2020.6.18
武汉博物馆	144	1769	48	10	10	2	2020.6.19
辽宁省朝阳博物馆	93	1365	61	4	0	1	2020.6.19
中国运河文化博物馆	77	297	9	1	1	1	2020.6.19
安源纪念馆	10	719	23	1	0	1	2020.6.19
中国证券博物馆	337	4826	141	18	2	2	2020.6.20
南京博物院	978	1.6 万	1573	4	27	2	2020.6.20

表 2. 发展阶段入驻 B 站的博物馆 **续表**

西安博物院	211	7875	136	11	0	2	2020.6.20
齐文化博物院	50	2175	102	24	1	2	2020.6.20
湖北省博物馆	715	8951	266	6	1	2	2020.6.21
宁夏博物馆	616	3.4 万	916	13	23	2	2020.6.21
沈阳故宫博物馆	335	1598	141	27	0	2	2020.6.21
民族文化宫博物馆	111	1.1 万	328	19	2	3	2020.6.21
东宁市博物馆	60	4862	226	10	183	2	2020.6.21
良渚博物院	141	1246	100	7	7	2	2020.6.21
四川博物院 - 云讲国宝	374	8836	474	3	0	2	2020.6.21
浙江自然博物院	283	1.2 万	412	10	3	2	2020.6.21
内蒙古昭君博物院	2	54	2	1	2	1	2020.6.21
平津战役纪念馆	31	2912	49	12	0	2	2020.6.21
留法纪念馆	3	850	5	1	0	1	2020.6.21
云南省博物馆	1.3 万	119.9 万	19.8 万	128	32	5	2020.6.22
江西省博物馆	3920	10 万	3504	48	55	3	2020.6.22
清华大学艺术博物馆	1255	1.5 万	492	18	5	2	2020.6.22
淄博市陶瓷博物馆	94	1.9 万	1280	2	0	2	2020.6.22
总督楼旧址博物馆	38	381	16	5	0	1	2020.6.22
宝鸡青铜器博物院官方	227	2717	128	3	0	1	2020.6.22
瑞金纪念馆	9	1818	14	1	0	0	2020.6.22
奥帆博物馆	179	7159	161	16	1	2	2020.6.23
中国甲午战争博物院	94	1563	52	3	0	1	2020.6.23
鄂豫皖革命纪念馆	11	800	9	5	11	2	2020.6.23
闽东革命纪念馆	6	688	5	1	0	1	2020.6.23
温州博物馆	156	2114	84	28	0	2	2020.6.24
八七会议会址纪念馆	43	4889	33	28	1	2	2020.6.24
罗瑞卿纪念馆	12	1050	9	3	0	2	2020.6.24
中国园林博物馆	607	2.7 万	272	39	1	2	2020.6.26
中国海关博物馆	279	7788	462	81	11	2	2020.6.27

表 2. 发展阶段入驻 B 站的博物馆 续表

首都博物馆 B 站	697	1416	81	2	0	1	2020.6.28
中国航海博物馆	280	5837	219	52	15	2	2020.6.28
宁都反围剿纪念馆	15	1568	19	3	0	1	2020.6.28
自贡恐龙博物馆	162	3327	96	2	5	2	2020.6.29
广西民族博物馆	151	3540	104	2	0	2	2020.6.29
济南市博物馆	74	749	25	2	0	1	2020.6.29
湖州市博物馆	59	564	15	4	0	1	2020.6.29
伪满皇宫博物院	98	3217	97	11	1	2	2020.6.29
景德镇御窑博物院	44	572	16	2	3	1	2020.6.29
南昌八一起义纪念馆	163	1.3 万	260	2	4	2	2020.6.29
淮海战役纪念馆	91	6521	127	8	46	2	2020.6.29
泰安市博物馆	64	1436	37	2	0	1	2020.6.30
内蒙古河套文化博物院	3	29	0	1	1	0	2020.6.30
西路军纪念馆	11	2665	24	1	0	2	2020.6.30
上海福寿园人文纪念馆	39	942	14	4	0	2	2020.6.6
吉林省博物院	391	7601	303	82	23	2	2020.6.7
顶蛳山遗址博物馆	506	2117	506	7	11	3	2020.6.8
汉景帝阳陵博物院	248	4828	197	7	4	2	2020.6.8
吉林市博物馆	111	1847	119	25	1	2	2020.7.1
香山革命纪念馆	11	758	15	1	0	0	2020.7.1
鄂尔多斯博物馆	70	1035	33	5	2	2	2020.7.2
将军衙署博物院	1	78	3	1	9	0	2020.7.2
武汉自然博物馆	203	9597	1153	30	96	2	2020.7.23
深圳博物馆	526	1.3 万	696	13	5	2	2020.7.31
吴中博物馆	2527	3.3 万	2224	119	61	3	2020.7.7
上海当代艺术博物馆	4486	1.1 万	416	40	0	2	2020.8.27
中国雕塑博物馆	36	126	7	2	0	1	2020.9.1
国家博物馆	32.7 万	29.6 万	2.9 万	104	0	3	2020.9.3
上海公安博物馆	197	1864	77	66	2	2	2020.9.11

表 2. 发展阶段入驻 B 站的博物馆 续表

上海中国留学生博物馆	42	420	21	5	1	2	2020.9.23
故宫博物院	45.5 万	177 万	11.2 万	128	0	6	2020.10.1
黄道婆纪念馆	51	607	21	8	0	2	2020.10.13
洛阳博物馆	1.2 万	17.8 万	2 万	9	5	4	2020.10.15
黑龙江省博物馆	76	249	35	1	22	1	2020.10.29
桂林甑皮岩遗址博物馆	61	710	67	16	2	2	2020.12.16
彭总纪念馆	4	143	9	1	0	2	2020.12.18
中国瀚江书画博物院	0	8	0	1	2	2	2020.12.19
龙岩博物馆	26	2531	60	44	1	2	2020.12.26
登封窑陶瓷博物馆	128	1.4 万	1047	167	1	2	2021.2.17
Mplus 博物馆	774	4144	143	14	1	2	2021.2.18
安徽省地质博物馆	59	1383	41	29	2	2	2021.3.3
奉贤区博物馆	56	151	10	4	0	2	2021.3.16
青岛黄海学院博物馆	8	34	0	2	0	2	2021.3.21
河南博物院	3.3 万	40.5 万	6.6 万	80	32	4	2021.3.26
天佑兰亭书法博物馆	17	281	12	11	31	2	2021.5.14
南京古生物博物馆	3393	601	77	3	4	2	2021.6.7
天一阁博物院	2	50	3	1	0	0	2021.6.25

（二）博物馆 B 站传播内容

1. 科普宣教类

博物馆的科普类活动主要分为讲座、纪录片、手工艺课堂等形式。讲座多是依托馆内藏品优势和地域文化邀请名师专家对某一文化或藏品进行专题性科普。如故宫博物院的“故宫讲坛”、陕西历史博物馆的“历博讲坛”、苏州博物馆的“苏博云学堂”等，线上讲座突破时空限制，让更多观众利用博物馆资源学习。有条件的博物馆如故宫博物院会将本馆制作的微型纪录片上传，或宣传博物馆形象，或科普历史知识。纪念馆和革命博物馆侧重于爱国主义教育，推送近现代革命事迹，进行红色宣传。中国丝绸博物馆、山东博物馆等博物馆则发挥馆内专业人才优势，线上教授传统手工艺技术，弘扬中华优秀传统文化。B 站用户较为认可博物馆在知识科普方面的专业性，播放、点赞和收藏的数据都比较可观。如中国丝绸博物馆播放量最多的视频是《[中国丝绸博物馆] 一技 Vol.2 丨综板织：用卡片织出花带手链，一起来学技巧！》，播放量 8.2 万、弹幕 228 条、评论 226 条，内容是用卡片代替织布机中的综筘以变换经线进行小面积的布艺编制工作。视频时长 3 分 22 秒，轻松的音乐配合手工技术画面的交替，再辅之中国丝绸博物馆动态中发布的文字版教程，激发了观众对于传统手工艺的兴趣，在弹幕和评论中以诙谐、鬼畜或亲切的语言表达了对该视频的喜爱。

2. 场馆动态类

博物馆有意识地通过 B 站讲述博物馆的运营轨迹和博物馆人的工作日常，博物馆走下神坛，与观众建立起了更加紧密的联系。大多数博物馆在初登 B 站时都会进行自我介绍，包括博物馆的性质描述、藏品规模、价值使命、功能定位、过往成就以及未来规划等内容，使观众能对博物馆有清晰的整体性认识。博物馆会发布参观注意事项，鼓励更多观众入馆参观。一些博物馆如洛阳博物馆、广东民间工艺博物馆将研学动态和活动内容上传 B 站，宣传博物馆工作，扩大博物馆活动影响力。这一类视频的传播效果不尽人意，博物馆 B 站的自我介绍视频由于前期宣传不到位、博物馆缺乏规划意识或未精准定位 B 站用户等原因，播放量较低。研学动态和线下活动的视频时长较短、没有完整的叙事线索以及摄像素材本身存在的画面模糊、镜头摇晃等问题，视频传播效果并不理想。

3. 时令热点类

与现实生活节奏同步的视频内容往往能够更好地引发观众的兴趣和关注，如四季美景、节日节气、社会热点等内容，能让博物馆更融入观众的日常生活中。博物馆伴随着寒来暑往，环境呈现出的多样变化常常让观众收获审美的愉悦，据此拍摄的视频内容也更具可看性。故宫博物院播放量和点赞量最高的一条视频是 2021 年 2 月 19 日发布的《看不尽 紫禁城的春夏秋冬》，悠扬的音乐、诗意的文字配合故宫的四季流转，尽显华夏之美。博物馆也会配合各种节日推送视频，或是策划主题活动，或是送出祝福，让观众与博物馆一起经历生活的仪式感。部分博物馆会根据网络爆梗和时政热点推送视频，吸引观众。如中国海关博物馆的《凡尔赛文学怎么能少得了它？！》，结合网络热词“凡尔赛文学”介绍清十三行，让观众耳目一新。盘龙城遗址博物院在三星堆文物出土时，发布连线三星堆的视频，以提升本馆的知名度。贴合时令热点的视频常常因为“应景”和“玩梗”能收获较多的关注，但要获得观众的认可还是需要优质的视频品质，包括视频素材、文本策划、画面转场在内的各要素的高度配合。反观部分博物馆在贴合热点时不加规划，没有找准博物馆特色和解读热点不当，简单地附会，呈现出的视频质量粗劣，反而会降低观众对博物馆的观感。

4. 展览资讯类

博物馆积极利用 B 站进行展览的推广，开展前推出展览预告吸引观众参观，展览中进行展览解读增进观众对展览的理解。国家博物馆在 B 站推广中国古代服饰文化展时，发布的 1 分钟视频预告《这个展，是给古代服饰爱好者准备的饕餮盛宴！》，累计播放量 4 万，不少观众通过弹幕和评论表达了会观看展览的意愿。在展览进行一个月后，国家博物馆又发布了《“中国古代服饰文化展”诞生记》视频，展览策展人、研究员、平面设计师和展陈设计师从不同角度去探讨展览工作的难点和解决办法，让观众对展览的幕后工作以及展览的价值有了更清晰的认识。

5. 国宝文物类

国宝文物类视频内容是博物馆关于藏品的讲解和推送，以“云讲国宝”系列为主。B 站 5 · 18 期间与央视新闻、中国文物报合作推出的“云讲国宝”活动，激励博物馆开设“云讲国宝”

板块，依托馆内藏品阐释历史文明。武汉革命博物馆选取贺叶朵党员的入党誓词作为国宝讲述，视频首尾用青年诵读入党誓词来呼应，将有错别字的入党誓词作为叙事线索讲述了贺叶朵党员献身革命的事迹，再结合当下抗疫精神升华主题，主旋律的爱国主义以娓娓动人的方式呈现，引发观众共鸣。中国园林博物馆将青莲朵太湖石与八百年历史更迭相结合，透过青莲朵太湖石的流转反映历史文化的变迁，影视资料、展览掠影和高清文物组合，观众在弹幕和评论中表示受益匪浅。纵观获奖的“云讲国宝”视频均是基于对文物本体和其背后社会文化的深入研究，并对文物当代价值有一定的解读，能与普罗大众的现实生活有所交汇。但是仍有大量的博物馆文物讲解视频只停留在对文物本体的简单展示，并未深入发掘文物的历史、文化、科学价值，观众从视频中既无法收获愉悦的观看体验，也没有听取到有用的知识，博物馆传播效力大打折扣。

二 博物馆 B 站传播问题

博物馆群体正式入驻 B 站仅有 3 年，且 2020 年之前只是零星几家博物馆的尝试。博物馆在 B 站传播经验尚浅，对 B 站传播特点、主要受众喜好判断不足，无法精准定位目标用户策划传播内容，大部分博物馆视频制作方面存在技术弱势。同时，博物馆和 B 站虽逐步意识到双方的价值，但仍低估了彼此的重要性，双方合作意识欠缺，合作机制尚未建立。这些因素导致了目前博物馆 B 站传播存在着以下问题，严重制约了博物馆 B 站传播的深入探索。

（一）视频竞争处于下风

127 家博物馆共发布 3149 个有效视频，播放量累计 4741099，平均每条视频播放 1506 次。点赞量累计 568416，平均每条视频获赞 180 个，每条视频的点赞率（点赞量 / 播放量 *100%）为 12%。点赞是视频观看者表达对视频内容的认可，博物馆方发布视频的点赞率偏低，包括故宫博物院在内，未产生现象级的“点赞 10 万 +”视频内容，观众对博物馆制作的视频认可度不高。究其原因，是这些博物馆视频在 B 站市场竞争中处于弱势，观众有更好的替代选择。

以沈阳故宫博物馆举例，2020 年 6 月 21 日入驻 B 站，截至 2021 年 8 月 10 日，发布视频 27 个、粉丝量 335、播放量 1598、获赞 141，粉丝量在 B 站博物馆群体中属于中等且其反映了大部分博物馆在视频制作方面存在的问题，具有一定代表性。沈阳故宫博物院的 27 个视频，除去云讲国宝时长是 8 分 47 秒，剩下的 26 个视频平均时长是 28.4 秒，视频时间过短，不符合 B 站用户观看习惯，观众还未形成对视频的有效记忆，视频就戛然而止，传播效果大打折扣。视频名称多为沈阳故宫博物馆的小视频，题目乏味无新，加之封面图设计粗糙，无法有效吸引观众注意。视频内容多是文物展示，但文物细节清晰度不足，没有讲解文字配合，视频的美学价值和科普价值较低。播放量最多的视频《[云讲国宝] 皇朝万象 - 崇政殿前的烟云往事》，播放量虽仅有 520，但远超沈阳故宫博物馆其他视频。该视频时长适宜，开头有长达 2 分多的与内容主题无关的舞蹈，舞蹈结束后讲解员讲述崇政殿的历史，引出皇太极一生的峥嵘岁月。视频画面中转场切换的镜头多是故宫宫殿群，崇政殿的个体刻画不到位，在涉及崇政殿的近景镜头，细节模糊，没有与讲解文本一一呼应。配乐的节奏和文本叙事节奏不统一，没有起到很好的情感渲染作用，讲解员在事件高潮的语调转折过于生硬高昂，缺少留白和余韵。视频的创意、文本、配乐、素材和运镜共同决定了视频的品质，沈阳故宫博物院显然在这些方面还需探索。

以沈阳故宫博物馆为代表的一批博物馆都存在着上述的视频时长过短、题目封面粗糙、视频各要素配合不到位等视频创作问题。造成多数博物馆视频品质堪忧的原因一方面是博物馆自身资源先天不足，包括技术支撑、专业人才以及经费。大部分博物馆没有专业的团队去支持博物馆调研B站市场情况，根据目标用户策划内容，整合馆内资源让每一期视频内容都能有完整的叙事逻辑，有“梗”和“高能时刻”。素材的积累依赖于设备和时间，B站传播是一项长期的工程，短期利益微薄的情况下博物馆很难在这一方面进行大量投入。另一方面是博物馆对B站的不重视，将其他平台的视频内容搬运到B站，未充分认清B站的市场规则。B站鼓励原创优质视频产出，主要受众是二次元爱好者的青年群体，他们既喜欢热血、呆萌的动漫游戏，也尊崇厚重、悠长的历史文化。B站的视频推送由他们的喜好决定，有趣和优质的视频是获得他们喜好和能在B站中获得流量的关键。大部分博物馆对B站的主要受众都缺乏清晰的认识，忽视他们的诉求和偏好，推送内容泛化。

（二）品牌形象尚未形成

品牌形象是观众对博物馆所有联想的集合体，建立博物馆品牌形象需要博物馆精准定位自身、聚焦目标观众、采取契合的传播模式、建立有效互动反馈机制以及传播内容精益求精[6]。部分博物馆基础信息不完善，个人简介空白或泛泛而谈。个人简介是博物馆对自身定位的简要描述，是观众认识博物馆价值与使命的重要记忆点。个人简介的不完善源于博物馆自身定位的模糊，博物馆对自身特色、传播宗旨与使命的认识还存在不足。自身特色和风格的缺失也是博物馆间视频创作同质化问题严重的主要原因，博物馆没有形成品牌形象，视频创作不具备独特性和排他性，没有专属自己的“梗”与传播特色，观众记忆不深刻。虽然B站是多向互动传播模式，但部分博物馆的传播思维还停留在单向直线性传播模式，博物馆单方面传播信息，忽视观众的意见和反馈。高互动性的弹幕文化和热评机制是B站的传播特色，但博物馆并未充分利用这一特色建立健全互动反馈机制。在内容规划方面，96家博物馆没有划分频道，博物馆发布视频随意，缺乏运营意识。

良渚博物院作为世界遗产地良渚古城遗址的博物馆，资源配置各方面齐全，却在B站传播受冷，粉丝仅有145个。良渚的个人简介是“大家好呀，我是阿良，今年12岁，属鼠，天秤座，坐标浙江杭州，是考古遗址类博物馆。欢迎良粉们来找我共赏4A级景区的美，见证中华上下五千年！”，虽然语言呆萌，但是并没有将博物馆的使命、宗旨与定位清晰地表述出来，博物馆特色并不鲜明。良渚博物院共发布视频7个，总播放量1246，点赞100。视频没有定期更新，以5·18“云讲国宝”活动为契机进入B站，制作的视频和其他博物馆模式相同，只是文物不同，没有深入发掘文物的价值和博物馆特色。文物选秀类的视频创意独特，但是风格偏“抖音化”，没有抓到选秀的本质是“秀”，也就是没有对文物的内在属性和外在属性进行全方位的解读，让它的受众了解并进行选择。过于花哨的动画添加和语言描述反而消减了文物的艺术、历史和科学价值，B站用户虽偏爱热血、二次元、萌动的传播形式，但是他们对知识和审美的诉求要远大于形式需求。良渚博物院在评论区和弹幕中也没有对观众的诉求进行反馈，观众在传播过程中很难收获参与感。良渚博物院自身定位模糊、目标观众需求误判、单线传播模式思维、互动反馈机制缺失以及传播内容的随意性，致使观众无法形成对良渚博物院的有效记忆和联想，其B站品牌形象尚未形成。

B站是博物馆新媒体传播矩阵中的重要一环，是博物馆短视频深度传播的有益探索。但由于博物馆定位模糊、目标用户不明、传播模式单向、未建立有效互动反馈机制以及传播内容粗糙等问题，博物馆在B站尚未形成稳定的品牌形象输出，不利于博物馆整体品牌形象的塑造，长此以往，甚至会有损博物馆的美誉度。

（三）互动合作有待提升

B站的弹幕互动和激励机制保障了其用户的高黏性。匿名性和互动性极强的弹幕及评论功能让用户实现情感认同，满足人际交往需求。“投稿——评分——排榜”机制使up主（uploader，视频上传者）和观众共同完成文化的产出和信息的传播，up主对文本、画面和音效进行直接创作，观众发送弹幕、评论和转发实现间接创作。观众的投币、点赞和转发是up主视频评分的构成，系统根据评分排榜，在用户首页推送高分视频，高分视频的形成是up主和观众的双向努力，观众在此过程中享有高度的参与感和仪式感[7]。此次选取的127家博物馆样本中，有41家博物馆未关注任何用户，超过半数博物馆从未在评论中回复任何观众，只有少数博物馆积极回复并评论其他博物馆或是历史文物类的视频。大多数博物馆并未重视起观众对于视频的间接创作作用，几乎不在视频中引导观众发送弹幕和评论，不积极回应观众，观众在博物馆方制作的视频中参与感较低，视频传播的效果自然不佳。

与拥有优质视频创作团队和雄厚粉丝基础的up主合作是快速收获关注度和提升影响力的有效举措。然而，样本中的多数博物馆并未形成与主流媒体、文化机构或影响力较大的个人用户合作的意识，没有有效利用B站的潜在人力资源提升自身影响力。国家博物馆的中国古代服饰文化展开展期间，中华书局邀请策展人孙机先生对展览进行解读，在B站上传了《[古代服饰展]古代贵族走路极慢，只因身上佩戴的这一物件》《[古代服饰展]古代帽子功能有多丰富？礼节、保暖还防秃》和《[古代服饰展]唐朝女人化全妆需要几步》等视频宣传展览和中华传统文化，播放、获赞、评论以及弹幕数量都远超国家博物馆自制视频。中华书局在B站粉丝量超10万，拥有固定的粉丝受众，内容策划和视频制作较为成熟。若国家博物馆在此期间主动和中华书局合作，或是在中华书局视频下方评论互动都会提升其在B站的知名度。但是国家博物馆并没有关注到自己的潜在合作伙伴，中华书局的视频成功让展览和中华传统服饰文化出圈，却没有使B站用户注意到国家博物馆入驻B站。

博物馆和B站间也缺乏合作的意识。2020年5·18国际博物馆日期间，B站是与央视新闻、中国文物报主流媒体合作宣传国宝文物。在此之前B站的历史纪录片虽涉及博物馆，但更多是将博物馆作为背景板来阐释中华传统文化。博物馆在与B站的互动中一直处于下风，B站没有具体到和某位博物馆up主开展合作。B站的策略扶持和资源倾斜给不到博物馆，博物馆也无法参与到更多的B站活动中，博物馆B站传播的弱势愈发显现。此外，博物馆未有争取B站话语权和资源分配权的意识。在B站传播效益较好、拥有一定粉丝基础的博物馆，如故宫博物院、国家博物馆，只是将B站作为视频传播的一个平台，并未有与其开展合作进行谈判争取博物馆合理权益的举措，未充分发挥B站服务博物馆传播的潜力。本身资源匮乏、粉丝基础薄弱的小型博物馆也没有形成集聚效应联合起来为自身发声。

（四）新媒体传播矩阵缺位

新媒体传播矩阵是利用单个新媒体特性在传播中对其进行有效、科学的配置与整合，形成复合型、立体式的传播效应，以更大程度发挥新媒体传播的互补性、互动性和精准性，吸引目标观众和潜在观众的关注，增强观众与博物馆的黏合度[8]。虽然我国部分博物馆已在新媒体传播矩阵方面做出了阶段性的探索，具备规划意识和组合观念，但是仍有多数的博物馆在此方面较为欠缺。一些博物馆没有明确各个新媒体平台的传播特点，发布内容同质化问题严重，未能发挥组合的集聚作用，提高服务的覆盖面。

郑州的登封窑陶瓷博物馆是以保护和弘扬嵩山陶瓷文化的民间博物馆，藏有新石器文化以来的陶瓷标本两万多件（片）和系统完整的宋代北方陶瓷生产工序与工艺流程，藏品资源丰富[9]。然而，登封窑陶瓷博物馆的B站视频全部搬运自抖音，过短的视频加上音乐和文字的简单堆砌，传播不具备针对性和精准性，甚至降低了观众对博物馆的观感。

博物馆的新媒体间也缺乏有效的联动，B站账号和馆方其他新媒体平台各自为营，没有进行互补式的合作与宣传。博物馆B站的评论中有很大一部分是并不清楚博物馆开通了B站账号，用户是无意识发现并关注了博物馆。只有部分博物馆在微博和微信上发文宣布开通B站账号，并在微信的每篇推文下方加上B站的二维码，方便用户扫码关注。大部分博物馆并没有利用其他新媒体宣传其B站账号的意识，其发布在B站的视频中也没有鼓励用户关注馆方其他新媒体的行为。

博物馆在B站传播时间较短，入驻博物馆规模占我国博物馆总体比重较低，数据支撑和实践经验并不丰富。

三 博物馆B站传播策略探讨

针对博物馆在B站传播的视频竞争处于下风、品牌形象尚未形成、互动合作有待提升以及新媒体传播矩阵缺位等问题，本文结合B站传播特点、用户偏好和互联网传播发展趋势，将从博物馆B站视频内容优化、品牌形象塑造、平台内部合作以及博物馆的新媒体传播矩阵完善四个方面来探讨博物馆B站传播的策略提升。

（一）剖析B站，优化内容

内容的优化是视频竞争力提升的核心。博物馆视频内容的优化首先是要了解B站传播规律和用户偏好，以精准把握平台和受众，有目的有规划地设计和推送视频。他山之石，可以攻玉。博物馆可以借鉴B站其他知识向up主的成功经验，分析其传播特点和内容规划，以改良馆方视频内容，提升质量。

B站2020年度人气最高up主是知识区的罗翔说刑法，罗翔老师2020年3月9日受邀入驻B站[10]，截止到2021年8月26日，共发布视频191个，粉丝量1763.8万，获赞5330.2万，播放量达4.5亿。在罗翔老师进入到B站之前，罗翔老师的厚大法考教学视频就在B站广泛传播，“法外狂徒张三”成为B站用户间的热梗。B站为更好培育知识区内容生态和扩大用户圈层，和厚大教育合作邀请罗翔老师在B站开通罗翔说刑法的视频账号传播法律知识。罗翔说刑法这一账号在2020年的各项数据都领先于其他知识区up主，深入剖析这一成功典型案例，解读B站知识向视频的优秀经验，是探索博物馆视频质量提升的有效举措。

罗翔老师在入驻 B 站前，他的讲学视频在网络上就有一定的流量。罗翔老师进入 B 站是为 B 站带来了流量，同时 B 站的视频运营团队优化了罗翔老师的视频，开发出了罗翔说刑法更多的可能性。罗翔说刑法的视频内容可分为讲刑法、读评论和读书会。讲刑法部分，从具体案例出发，嫌疑人一般叫张三，这也是罗翔老师的特色，形成了观众和罗翔老师间的圈层文化。从案例引申出法理，法理常常以生活化的语言呈现出来，通俗易懂，再阐述自己的价值观，引导受众。定期在视频中读评论，和观众互动，以自谦的态度处理观众的意见与疑问。读书会分享读书心得，讲述人生感悟，言之有物并引导观众思考。罗翔老师的走红具有偶然因素，但最重要的原因是他优质的传播内容。优质的传播内容基于罗翔老师多年的司法实践和法理基础，能用法学思想去解读社会现象，回应社会期待，传递朴素正义感。视频的选题多是贴合社会热点和回应观众评论，满足观众诉求的同时在多元思潮中坚持发挥社会责任引导正向舆论。视频特色鲜明，法外狂徒是张三，罗翔老师的特色语调和叙事节奏以及他稳定的价值输出都让罗翔说刑法具备了不可替代性。

罗翔说刑法的成功说明优质内容的输出是抢占 B 站用户市场的关键，而这依靠研究积累、回应诉求和鲜明特色。于博物馆而言，研究积累就是素材积累和研究基础。素材积累包括藏品资源、讲座科普、场馆活动、人员工作、四时节令等内容，依靠馆方人员有计划的拍摄和剪辑。研究基础是馆方工作人员对传播内容进行深入的研究，尤其是在涉及馆方文物时，要研究文物的内在属性和外在属性，充分发掘文物信息并丰富文物场景内涵，解读文物的当代价值。回应诉求是要让内容具备实用性，能给人带来灵感并让人感同身受 [11]。馆方工作人员在视频选题时应关切社会热点和观众反馈，用藏品和研究对热点现象进行博物馆的解读，以专业化的内容输出、通俗化的语言和启发式的思维引导公众。发布动态征集评论，定期读评论解答观众问题，博物馆可以更深层地融入到观众的日常生活中。鲜明特色的塑造需要博物馆在传播过程中不断地探索，根据自身定位和市场反馈以形成博物馆和受众间的文化圈层。

（二）用户思维，打造品牌

用户思维是以用户为中心，将用户需求贯彻产品服务设计、生产和运营全过程的互联网思维 [12]。博物馆要建立品牌形象，形成稳定的粉丝圈层，就需要从观众角度出发，分析博物馆观众特征、了解观众需求，制作符合观众偏好的视频内容。博物馆在 B 站传播前应做好前期调查工作，包括用户调研、市场环境分析和馆方资源评估，找准博物馆定位，设计博物馆简介和头像，结合调查工作预计开设频道划分博物馆传播内容。博物馆正式进入 B 站发布视频后，要积极与观众进行互动，听取观众反馈，注意舆情监督和舆论引导，让观众参与到博物馆 B 站传播过程中，使观众形成参与感和获得感，增强博物馆和观众的黏性。结合博物馆特点，挖掘专属博物馆和观众间的“梗”，形成博物馆和观众群体的粉丝文化，建立博物馆品牌形象。在运营过程中也要时刻关注市场，定期做调研，根据市场环境变化调整博物馆传播战略。

上海自然博物馆 2020 年 4 月 10 日入驻 B 站，截止到 2021 年 8 月 26 日，共发布视频 79 条，播放量 18.4 万，粉丝量达 3.4 万，其 B 站传播较为成功，在品牌形象塑造方面对其他博物馆具有一定的参考价值。上海博物馆个人简介是“标本故事、自然科普、博物馆日常，投稿 / 建议请联系 yuym@sstm.org.cn”，观众对博物馆传播内容一目了然，并且博物馆鼓励观众投稿参与到博物馆传播当中，也为观众提出建议提供了渠道，便于传播工作的改进。在频道划分方面，根据视频内容和主题策划了 7 个系列，每一系列定期更新并关切社会热点进行选题，如 2020 年 7 月 11 日发布的《三文鱼可能作为新冠病毒中间 / 储存宿主吗？它能传播新冠病毒吗？［绿螺讲堂第 159 期回放］》，就当时公众最为关切的生鲜传播新冠病毒事件邀请专家进行回应，积极承担博物馆社会责任。在与观众互动方面，一是如上文提及的邮箱听取观众反馈，二是官方回复和点赞部分观众评论，三是馆方工作人员 B 站账号和观众互动，如上海自然博物馆讲解员“长发北极狐”“在梦里呀”会和观众进行评论互动，实现多向互动传播。传播内容直击观众痒点，以博物馆的专业研究消解观众误解，科普自然知识。上海自然博物馆在自我定位、聚焦观众、传播模式、互动反馈和内容规划方面表现优异，在 B 站用户群体中成功建立起博物馆品牌形象，形成固定粉丝群体，助力博物馆 B 站传播的深入发展。

（三）多元合作，建立机制

在博物馆入驻 B 站前，已有大量的主流媒体和文化机构入驻 B 站，其粉丝基础、技术设备和 B 站传播经验方面都较博物馆具有一定优势，博物馆若能与这些媒体和机构开展合作，既能扩大博物馆影响力，也能在此过程中学习其他机构的先进传播经验提升馆方传播能力。中国人民革命军事博物馆反响较好的视频都是与其他主流媒体合作产生的，如和共青团中央合作的《那一代名为“抗美”和“援朝”的中国人，后来怎么样了？》，播放量 37.8 万，是博物馆方发布视频中播放量最高的一条视频。中国人民革命军事博物馆的内容创意加上共青团中央的叙事手法为观众勾勒了中国人民抗美援朝的时代记忆，数千条弹幕和评论表达了对抗美援朝立国之战的敬畏和对祖国的热爱，实现了爱国主义教育和为展览造势的传播目的。中国丝绸博物馆和钱江晚报 · 小时新闻定期推出“一技”系列，共同宣传丝织技艺，并在线征集观众的成品照片，选出优秀作品赠送中国丝绸博物馆文创礼物。该系列获得广大 B 站用户响应，“特摄零龍御言酱”“南啊南啊木阿木”等用户在 B 站上传相关手工视频，宣传丝织技艺和中国丝绸博物馆。博物馆应主动关注 B 站平台的优质主流媒体、文化机构和个人用户，根据馆方实际情况寻求合作机会，不断扩大粉丝圈层和提升自身影响力。

博物馆还应树立和 B 站合作的意识，重视起 B 站在新媒体时代的重要传播作用，与 B 站建立起技术、内容和引流方面的合作机制。博物馆为 B 站提供优质的文化资源和潜在的历史、艺术、科学爱好者用户市场，B 站则为博物馆提供技术和内容提升方面的指导。博物馆应更积极主动参与 B 站的线上活动，从馆藏资源出发策划与 B 站平台活动相关的内容，传播 B 站平台文化。B 站也应设计更多与博物馆相关的线上线下活动，给予博物馆更多的流量扶持。同时，博物馆要科学评估自身在 B 站的影响力，采取相应的措施争取合理的权益，以更好地在这一平台进行传播。在 B 站具备一定粉丝影响力的博物馆可以主动和 B 站进行沟通协商，甚至可以和 B 站签约，B 站的专业运营团队参与到博物馆账号运营中，并将成功经验在博物馆行业内推广。粉丝基础薄弱的博物馆可以联合发声争取 B 站的技术、资金和人力的扶持。

（四）科学规划，联动传播

博物馆应树立新媒体传播矩阵意识，结合博物馆实际情况、不同新媒体受众和传播特征，对新媒体的传播内容进行科学规划，坚持主次结合、长短互补的原则提升博物馆传播能力。

博物馆网站数据容量大、信息权威，栏目设置一般涵盖馆史、藏品、展览、研究、活动和文创信息，是有效展示博物馆全貌的窗口。微博用户群体庞大和发博限制少，博物馆可每天发布多条字数不一的微博，用户的转发和评论又构成新的微博内容，互动性较强，可作为博物馆对外发布资讯的主要平台。博物馆的微信公众号菜单栏主要设置为博物馆介绍、藏品信息、陈列展览、导览服务、文创精选、参观服务和社交活动等板块，部分博物馆微信公众号还与网站关联。微信推送文字长短和深度介于网站和微博之间，符合用户碎片化阅读习惯[13]。视频社交类软件主要是抖音和B站两大平台。抖音用户市场庞大，用户对视频内容的娱乐需求大于教育诉求[14]，可服务于博物馆传播广度的探索。B站用户对视频内容的审美性和科普性需求更高[15]，对内容质量要求更为严格，有利于博物馆传播深度方面的精益求精。博物馆应根据实际情况，从更好服务公众出发以某一新媒体平台为主，其他平台为辅宣传馆方，推送内容针对不同平台受众进行策划。新媒体平台间还应发挥联动作用，积极宣传其他平台。网站、微博、微信、B站或抖音，在文章或视频结束后附上博物馆各个平台的二维码，便于博物馆粉丝群体全面接受博物馆新媒体传播矩阵信息，实现全覆盖传播。

四 余论

博物馆在B站的传播历经了萌芽、发展阶段，从纪录片为主到博物馆自制视频的不断创新，博物馆已经在B站形成了一定的规模。传播内容可分为科普宣教、场馆动态、时令热点、展览资讯和国宝文物五大类。博物馆正式入驻B站仅有3年，传播经验尚浅，对B站用户及其传播特点的不明晰、自身资源的匮乏以及尚未形成与B站合作的意识，导致博物馆在B站传播还存在诸多问题。博物馆视频创作整体水平较低，在B站市场中不具备竞争优势，粉丝、获赞、播放量的数据整体位于B站市场下端。博物馆在B站定位模糊、用户不明、互动反馈欠缺、内容不精以及单向直线传播模式导致其品牌形象尚未形成，B站用户无法形成对博物馆的有效记忆，忠诚度和黏性不高。博物馆没有建立起与观众的互动反馈机制，没有和B站其他up主进行有效合作，也未能与B站建立起长效稳定的合作机制。博物馆新媒体传播矩阵缺乏规划意识，B站传播内容和其他平台有所重叠，各个新媒体平台间也缺乏联动，没有进行彼此的宣传。

解决以上问题的思路是：首先要剖析B站热门视频的传播特点，得出优质内容是抢占B站用户市场的关键，而优质内容依靠素材积累和研究基础、回应社会诉求和博物馆在传播实践中与观众形成的圈层文化。其次博物馆要具备用户思维，明确自身定位、研究B站市场、建立观众互动反馈机制、采取多向互动传播模式以及从用户角度策划优质内容，建立博物馆品牌形象。博物馆还应和有粉丝基础和传播经验的其他B站up主进行积极合作，扩大自身影响力并在此过程中学习其他优质文化机构的传播经验。最重要的是形成与B站合作的意识，与B站建立起内容、技术和引流方面的合作机制。最后博物馆要科学规划各个新媒体传播的内容，做到各个平台优势互补，避免平台间传播内容同质化。平台间还应有效联动，彼此宣传。

博物馆B站传播的数据积累和案例研究方面还需要更多的探索，对问题的发现、总结和解决也需要更多的专业人才投入。由于笔者自身能力和时间限制，本文仅就已有数据和案例呈现的现象总结以上主要问题并提出相应解决思路，其他公共文化机构B站传播出现的文本盗猎、受众引导和意见领袖培养等问题在博物馆领域尚未完全显现，本文不做探讨。期望更多有识之士能通过本文意识到博物馆B站传播的重要性和现状，对博物馆在B站的传播进行更加深入的研究，推动博物馆新媒体传播矩阵的完善。

【注释】

[1] 中华人民共和国国家信息办公室．第47次中国互联网网络发展状况统计报告[EB/OL].http://www.cac.gov.cn/2021-02/03/c_1613923423079314.htm.2021-2-3.

[2] 徐冉、周珂芯：《新媒体环境下传统文化大IP传播策略探析——以故宫IP为例》，《文化创新比较研究》2020年第24期。

[3] 袁之洲：《接受美学视野下的弹幕文化分析——以Bilibili的〈我在故宫修文物〉为例》,《新闻研究导刊》2017年第2期。

[4] 哔哩哔哩:《疫情下的平台使命感 权威、联合、正能量，哔哩哔哩的抗疫行动》，《电视指南》2020年第1期。

[5] 国家卫健委2020年5月13日新闻发布会文字实录[EB/OL].http://www.nhc.gov.cn/xcs/s3574/202005/dbdd2c85dd834ea5889dc432cdb12453.shtml，2020-5-3.

[6] 熊珂：《博物馆品牌形象传播的现状及发展研究》南昌大学硕士学位论文，2020年，第10页。

[7] 糜舒涵：《新媒体环境下的青年亚文化狂欢——以哔哩哔哩弹幕网为例》，《传媒论坛》2020年第10期。

[8] 毛剑勇：《“博物馆+”下的新媒体组合探析》，《博物馆发展论丛》，北京联合出版公司2017年第143页。

[9] 郭亚丽：《登封窑文化保护与创新设计研究》，河南工业大学硕士学位论文,2020年，第25页。

[10]翁晓琪、陈乐、马晓琳：《使用与满足理论视角下科普短视频如何做到寓教于乐——以“罗翔说刑法”为例》，《西部广播电视》2020年第24期。

[11][美]安·汉德利、王琼译：《众媒时代，我们该如何做内容》，人民大学出版社，2016年，第12页。

[12]常玲玲：《以用户思维打造融媒体产品——以〈主播说联播〉为例》，《青年记者》2020年第8期。

[13]臧志晗、吕军：《博物馆新媒体信息传播现状浅析》，《中国港口》2018年第2期。

[14]陈雪芳:《短视频APP的走红原因及发展探析——以“抖音”为例》，《视听》2018年第11期。

[15]朱珠：《哔哩哔哩-SW:ACG底色淡化 综合视频崛起》，《股市动态分析》2021年第8期。

跨文化交际视角下博物馆展览文本翻译研究

——以《衣冠大成——明代服饰文化展》为例

李小涛 董倩倩（山东博物馆）

摘要： 博物馆是对外文化传播的重要窗口，规范、准确、符合目标语语言习惯的展览翻译将有助于外国观众在有限的参观时间内，充分获取文物蕴含的丰富信息，加深对中国历史和文化的了解。本文将从跨文化交际的角度，结合对山东博物馆《衣冠大成——明代服饰文化展》标题、前言、文物名称等的英文翻译，就其中涉及的服饰文物颜色、材质、工艺、纹饰、形制、功能等大量中国特色文化词汇，提出翻译策略，以求达到让外国观众了解中国优秀传统服饰文化的目的。

关键词： 跨文化交际；展览；服饰；特色文化词汇；翻译

“中国有礼仪之大，故称夏；有服章之美，谓之华。”中国古代服饰是华夏文明的具象载体，蕴含着中国人的礼制观念、伦理习俗、审美情趣等丰富的文化内涵。山东博物馆联合孔子博物馆推出的《衣冠大成——明代服饰文化展》，集中展示了孔府旧藏衍圣公及夫人冠服。这批明代传世服饰保存完整、品类丰富，是研究明代服饰的重要标本。为让外国观众了解中国优秀的传统服饰文化，山东博物馆对展览标题、前言、文物名称等进行了英文翻译，其中涉及服饰类文物的颜色、材质、工艺、纹饰、形制甚至功能等中国特色文化词汇，专业性强，给翻译提出了较高要求。本文将对翻译过程中的实例和译法进行分析总结，并分享笔者的一些思考。

一 展览主副标题和章节的翻译

国内博物馆举办的展览名称往往会先冠以一个颇具文学性或抽象化的主标题，然后副标题再具体讲是什么文物展览。当主标题难以用英文表述或翻译出来与副标题存在语义重叠时，笔者认为翻译可不必拘泥于字面，应尝试在充分理解主副标题的基础上，提取其核心意思和其中的中国文化关键元素，以外国观众易于理解接受的方式重新整合表述。以《衣冠大成——明代服饰文化展》为例，“衣冠大成”有“明代服饰乃集历代服饰文化之大成”

之意。如果按照字面翻译，则与后面的“明代服饰文化展”在语义上有重叠，且使标题显得冗长。故笔者将主副标题语义进行了整合，译为 Ming: epitome of Chinese costume culture，在着重体现此次服饰文化展时代为明代的同时，以 epitome（典型、典范）来对应“衣冠大成”所含之意，并增译了中文里没有的 Chinese，这样在交流传播过程中可让外国受众直观地了解这是有关中国的展览。此种译法也多见于西方博物馆举办的展览，如加拿大皇家安大略博物馆举办的“紫垣撷珍——故宫博物院藏明清宫廷生活文物展”即译作为 The Forbidden City: inside the court of China’s emperors，译文中并没有体现“紫垣撷珍”，而是突出了 Forbidden City 和 China 这些外国观众所熟知的关键元素，达到良好的传播效果。

再看“衣冠大成”展的三个章节，分别名为垂衣天下治、华锦庆嘉时、香霭入长裾，像汉语里这种诗意的表达，如果翻译成英文，可能让外国观众很难理解其确切含义。因此，此处“意”应重于“形”，即译文不一定完全“信”于原文，而是要保证信息传达的准确性，符合受众的语言和文化习惯。根据章节内容介绍，垂衣天下治、华锦庆嘉时、香霭入长裾分别讲的是官服、吉服、便服，所以笔者将这三个章节的名称译为了 official’s dress，festive dress，casual dress。

二 文武官员冠服的翻译

根据《大明会典》等明代官修典籍记载，文武官员冠服分为朝服、公服、常服、忠静冠服等。明代冠服制度等级有序、规制浩繁。要区分和翻译这些冠服的名称就要首先了解其含义和穿着场合。朝服是文武官员在大祀庆成、元旦、冬至、圣节等重大朝会和颁诏、册封、传制、进表、领诰敕等场合穿着的最隆重的礼服；公服是主要用于朔望日朝参及宴赏、谢恩、见朝、辞朝、谢假及加散官等场合；常服是在日常上朝和坐衙视事等场合穿着的服饰。有的翻译版本将朝服译作 court dress，笔者认为并不全面，且会影响公服、常服的表述。因此根据它们穿着的不同场合，可以加修饰语加以体现，即朝服为 ceremonial court dress，公服为 formal court dress，常服为 normal court dress。

忠静冠服是明代文武官员的燕居之服，定于嘉靖七年（1528），其式样参酌古时玄端服之制，取“忠静”之名，意在勉励百官进思尽忠、退思补过，主要用在非公务性质的社交场合中。可见该冠服具有特殊的文化内涵，需采用音译加释义的方法，将其含义补足，以便使外国观众了解到背后的文化信息，故可译为 informal dress “Zhongjing” (meaning loyalty and contemplation)。

同样，朝服冠服中的梁冠的翻译，如仅用 court hat 则无法体现“梁”所指示的含义，就需要通过增译来简要介绍其背景知识，即冠顶的“梁”的数目对应不同的官员品级，所以译文在 court hat 后加上了 (with strings on the top indicating the corresponding rank) 来补充语义。

三 服饰颜色、工艺、纹饰等的翻译

“衣冠大成”展的文物名称包含了服饰的颜色、材质、工艺、图案纹饰、形制等大量信息，且多为中国特色文化词汇。为确保译文尽可能准确，译者需要对相关文物知识进行认真研究了解。

颜色：汉语里描述服饰颜色的词汇相当丰富，但有些颜色并不能完全按字面来翻译。如“月白色”，其实并不是一种白，而是浅蓝色（可译为 pale blue），这就提醒译者不能望文生义，而是一定要对照展品实物来翻译。有的颜色中国人可以理解，但如果直译到英语语境里却很难让外国受众理解其确切色彩。比如香色、茶色，就不宜译为 incense-colored 和 tea-colored，可结合服饰本身的颜色意译为 yellowish brown 和 dark brown，也可保留原文的文化信息，采用“实物加颜色”的方法译为 incense-brown 和 tea-brown。

工艺：“衣冠大成”服饰展品涉及的工艺主要有织金、妆花、（缀）绣。织金是在织物中织入金线，来勾勒纹饰图案的轮廓或全部用金线织出图案，因此像“绿色织金凤纱女袍”就可译为 woman’s green silk gauze robe woven with golden phoenix design。妆花是用绕有各种不同颜色彩绒的纬管，在纱、罗、缎等地上通过局部断纬挖花盘织形成花纹图案，是云锦织造工艺最为复杂的品种。考虑到翻译展品名称时不易过多描述，因此可以简单地将其解释为一种锦或织造方法，如“蓝色麒麟方补妆花缎女短袄”就是在缎地上以妆花工艺织麒麟纹方补，因此可译为 woman’s blue satin jacket with square brocade patches woven with Kylin design。（缀）绣，一般就是指刺绣，可用 embroider，像“白色暗花纱绣花鸟纹裙”即译为 white silk gauze skirt with subtle pattern and embroidered with flower and bird design。

图案纹饰：明代服饰纹样“图必有意，意必吉祥”。常用于赐服和吉服的高等级纹样有蟒、飞鱼、麒麟、斗牛等祥瑞神兽纹，其中像飞鱼、斗牛这种中国文化特色词汇，在英语中找不到对应的单词，就只能通过音译加释义来表述。比如飞鱼的形象近似龙，有腹鳍和鱼尾（并不是飞行的鱼），可结合这些典型特征译为 Feiyu (a dragon-like mythical creature with the fins and tail of a fish)。这样在保留中文词汇的交际信息的同时，可以使外国受众了解到其文化内涵，从而慢慢地接受这样一个新词汇，这也是一个文化传播的过程。

“衣冠大成”服饰展品中有一种明代最常见的装饰手法——云肩、通袖（袖襕）、膝襕，即通过织或绣在服饰前胸、后背、两肩处装饰柿蒂形图案称“云肩”，左右肩部至袖端装饰图案称“袖襕”，前后襟下摆处装饰图案称“膝襕”。云肩、袖襕、膝襕内的图案使用相同的主题和元素。因此这样的装饰手法可根据其装饰的位置翻译即可，如“云肩通袖膝襕蟒袍”可译作 robe woven with python design around the shoulders and along the arms and knees。

四 思考

（一）翻译切忌望文生义，而应对照文物实物，研究了解文物相关知识

比如服饰的“月白色”不是白而是浅蓝，因此要对照色彩还原度高的清晰文物照片或对照文物实物来译。文物还涉及到材质、工艺、纹饰、形制甚至功能等大量专业知识，译者如不具备相关专业背景，就要向策展人或内容设计人员不断咨询，或主动去查阅资料，这样才能确保在准确理解的基础上翻译得准确。策展人最好也能让译者参与到前期的筹展过程中，以便使其了解展览主题和内容，同时为其提供熟悉展品实物的机会。

（二）翻译要始终以外国受众为出发点

注意区分中外受众思维方式和语言习惯的不同，站在对方的角度来审视翻译的是否达意，灵活使用直译、意译、音译和增译等方法，对照参考国外知名博物馆网站和国内外权威出版物等资料，力求将文物所蕴含的丰富的文化信息充分阐释出来，并有效地传达给外国受众，从而传播好中华优秀传统文化。

（三）做好版面内容和格式的审校

译者不应止步于完成文本的翻译，还应与策展人树立一种项目责任意识，跟踪后期图录、说明牌、展板等的版面，在印刷制作前对内容和格式进行认真审校，避免出现中英文张冠李戴、删漏字母、拼写错误等情况，努力给观众呈现一个尽可能完美的展览。

博物馆是对外文化传播的重要窗口，规范、准确、符合目标语语言习惯的展览翻译将有助于外国观众在有限的参观时间内，充分获取文物蕴含的丰富信息，加深对中国历史和文化的了解。

基于用户视角的博物馆网站效用指数测评研究

——以六家国家一级博物馆为例

马鑫涛 胡宇娜 张睿童（鲁东大学商学院）

摘要： 从在线用户体验视角出发，采用层次分析法构建了基于内容完备性、设计体验性、教育服务性、技术支持性和拓展影响性五大评价维度的博物馆网站整体效用性评价体系，该体系能够综合反映博物馆网站建设水平的高低，为网站建设者与管理者提供理论参考和决策依据。通过对六家不同省份具有代表性的国家一级博物馆网站效用指数进行测算，结果显示：1. 六家博物馆网站整体建设水平差距相对较大，得分相较低或差距较大的指标主要表现在访问流量、交互能力、安全保障、计量结果、拓展业务五个方面；2. 内容完备性是博物馆网站建设中最为关键的指标，应当注重保障网站信息的全面性、时效性和权威性；3. 博物馆网站在五项维度评价量表中具有一定的相似性，共同反映出内容完备和教育服务两方面建设情况相对完善，技术支持性普遍较弱的情况。

关键词： 博物馆网站；效用指数；用户视角；层次分析法

自2008年博物馆免费开放政策实施以来，参观博物馆逐渐成为外地游客和本地居民文化消费中的重要选项[1]。为了更加便捷和广泛地服务用户群体，博物馆顺应信息化潮流，逐渐建立起自家博物馆官方网站，并使之成为对开外放的重要门户。在扩展实体博物馆服务范围的同时，更加全面地将馆藏资源展示给了大众，并增强了博物馆的综合体验性和影响力。

20世纪90年代初，世界首家博物馆网站在美国伊利诺斯大学诞生[2]，而中国博物馆网站建设则起步于20世纪90年代末。国内外博物馆网站的建设与发展也带动了相关研究的诞生。目前，国外学者的研究主要集中于网站信息资源评价指标体系构建、用户体验等方面。例如：例如：Olsina使用质量评估方法建立了侧重于可用性、功能、站点可靠性和效率的模型对国际知名博物馆网站进行评价，对其展开对比研究[3]；Theocharidis等学者在分析希腊53家博物馆网站后，将评价指标总结成6大分类：联系-沟通，参观博物馆，博物馆，教育，网站功能和社交媒体的使用[4]；Lin等学者侧重于评估用户享受和非正式学习，构建了关于参与、积极影响和履行的网站评估框架[5]；Corredor提出网站的设计只有符合公众自身需求特点，才能给予访问者以清晰引导和流畅体验，从而提升用户体验性和满意度[6]。由此可见，发达国家相关学者多采用定量方法对博物馆网站进行了评价，同时也开发了诸多针对博物馆网站评价的方法与体系，更利于从整体上系统地评价网站建设状况。而目前中国博物馆的研究集中在博物馆本身及其社会、经济、文化影响等方面，近些年才逐渐认识到博物馆网站相关研究的重要性，相对发达国家来说研究起步较晚，且数量较少。虽然国内研究起步较晚，但学者们基于不同视角、不同方法对国内博物馆进行了较广泛的研究，同样取得了丰富成果。在整体评价上，颜雯等从功能定位、视觉效果、栏目内容、虚拟展示、互动交流五个方面对浙江自然博物馆网站建设进行了评价，提出界面友好、内容丰富、信息互动、突出公益属性等建设要求[7]；此外，有效传播[8]、链接关系[9]、公众信息需求[10]、可用性分析[11]等是学者评价的重要切入点，也有部分学者对国内外博物馆网站科学传播[12]、网页设计[13]、教育功能[14]等方面进行对比研究。从中可见国内研究目前多基于单一视角或方法对博物馆网站进行微观层面上的研究，缺少较为全面的整体评价研究，同时也存在指标体系不完整、不合理，操作适用性差，评价方法和维度较为单一等问题。

作为网站生命周期中的重要阶段，建立相关网站评价标准或体系是不可或缺的工作之一[15]。因此，构建适用于高水平博物馆网站测评的体系对我国博物馆网站甚至其他相关文化类网站建设均有重要意义。博物馆网站必须保持充满动态和活力的姿态才能吸引并满足不断增加的游客，博物馆网站建设者与管理者应当为游客提供更有效、更丰富的在线体验。在此背景下，从在线用户体验视角出发对博物馆网站建设进行评估就显得十分必要，借助层次分析法，并从网站内容、技术层面、传播影响力等多个维度建立测评体系，以此综合评价网站建设和服务水平，丰富有关发展中国家博物馆网站评价的理论体系，并且能够促进相关国家博物馆网站信息化建设，为提升博物馆网站建设和服务水平提供参考。

一 数据、体系与方法

（一）数据获取

根据中国博物馆协会官网的《国家一级博物馆名单目录》，选取了浙江省博物馆、福建博物院、吉林省博物院、山东博物馆、湖北省博物馆、青海省博物馆六家具有代表性的博物馆。上述博物馆官方网站的建设单位涵盖东中西部地区和六个省份，均有具有一定知名度和影响力。此外，六家网站页面设置有访问量统计数据，便于笔者跟踪调查。

测评人员于 2020 年 5-8 月份多次进行网站内容信息采集和“站长工具”（http://tool.chinaz.com）测评赋值工作，并于 10 月 10 日 -11 月 14 日进行网站访问量的跟踪记录，与此同时采用问卷调查法进一步对博物馆网站测评中的搜索便捷性、参观意愿强度、教育启发性等主观性指标进行量化分析。在 2020 年 10 月 16-19 日期间，共发送问卷 48 份，筛选有效正式问卷 34 份，有效率 70.83%，其中就人口特征调查可知，男性 20 名，女性 28 名；年龄上，18-30 岁人群占比最高，达到 95.83%；受教育程度上，均具有本科及以上的学历。由此可见，被调查对象具备网站浏览测试的基础条件，调查结果可信度较高。

（二）体系构建

博物馆网站是博物馆信息化服务的一种具

体形式，由博物馆自主建立或授权建立，提供与其相关服务的网站，称为“博物馆官方网站（简称博物馆网站）”。网站的内容信息、页面设计、教育功能等方面要根据用户需求进行设计和建设，在担负着文化知识传播、共享的基本职能之外，美观的网站页面、流畅的浏览体验、健全的教育功能都是衡量网站效用性高低的重要标准，因此在评价上要选取相应的指标来反映用户需求的满足程度。

为了表征博物馆网站的建设水平与服务能力，笔者主要借鉴了颜雯、李春雷、张校、胡宇娜[16]和贾君枝[17]等人的研究成果，并参考了其他学者的相关研究。最终遴选出内容完备性、设计体验性、教育服务性、技术支持性和拓展影响性五项二级指标，并在此基础上进一步分解成更具体的 16 个二级指标，建成共三层的指标体系，如图 1 所示。

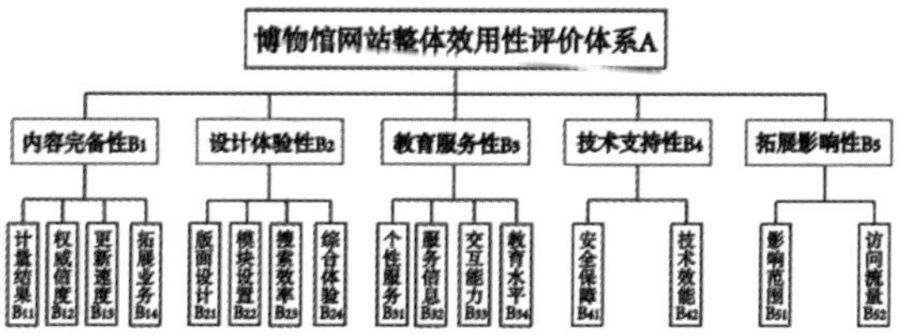

图 1. 博物馆网站整体效用性评价指标体系图

（三）计算方法

1. 构造矩阵

本文将上述评价指标体系设计为调查问卷，向 20 余位国内专家学者进行调查，请专家将下层因素相对于上一层因素的重要性两两比较，按 9 分位比率排序各评价指标的相对重要程度进行打分。对每位专家赋予相同的权重，通过算术平均得到综合后的判断矩阵，从而将定性的比较结果转化为定量的判断数据。

2. 指标权重

采用 Yaahp 软件进行指标权重计算。加权平均后得到的判断矩阵各层计算所得的 CI 为 0.0733，CR 为 0.0655，一致性检验通过，因此不再进行调整。为求出最低层次所有因素相对于最高层重要性的权重向量，采取逐层叠加的方法，从最高层向低层次逐层进行计算，各级指标权重最终结果见表 1。

一级指标	权重	二级指标	权重	二级指标	权重	二级指标	权重	二级指标	权重	二级指标	权重
B1	0.2839	B11	0.0903	B21	0.0459	B31	0.0676	B41	0.0559	B51	0.0637
B2	0.2228	B12	0.0965	B22	0.0359	B32	0.0737	B42	0.0568	B52	0.0354
B3	0.2814	B13	0.0515	B23	0.0537	B33	0.0389				
B4	0.1127	B14	0.0456	B24	0.0873	B34	0.1013				
B5	0.0992										

表 1. 一级指标相对权重及二级指标组合权重表

3. 计算结果

以每项指标取三次数据采集结果的平均值作为最终数据，在消除指标数据量纲的影响方面，对数据进行标准化处理；最后采用加权线性和法进行指标集成，得到各博物馆效用指数值，见表 2。效用指数测算公式：$A=\sum_{i=0}^{n} W_i \cdot X_i$，其中 $\sum_{i=1}^{n} W_i=1$，X_i，W_i 是第 i 个评价指标的数值，是第 i 个评价指标的权重。

一级指标	二级指标	三级指标	浙江省博物馆	山东博物馆	吉林省博物院	湖北省博物馆	福建博物院	青海省博物馆
博物馆网站效用测评体系	内容完备性	计量结果	8.023	3.437	3.670	5.400	3.430	0.040
		权威信度	4.200	1.200	1.200	4.200	0.000	1.200
		更新速度	4.620	2.000	1.548	0.968	2.284	0.581
		拓展业务	0.000	6.000	2.000	2.000	0.000	2.000
	设计体验性	版面设计	3.093	2.907	3.289	2.62	2.656	3.442
		模块设置	1.844	2.022	2.354	2.056	1.729	1.993
		搜索效率	5.584	5.445	0.808	1.834	1.283	3.031
		综合体验	1.893	2.193	1.810	2.426	1.162	2.530
	教育服务性	个性服务	2.591	2.591	1.841	2.386	1.295	1.295
		服务信息	4.125	4.500	1.125	1.600	0.000	0.750
		交互能力	8.500	0.750	2.750	0.750	4.500	0.750
		教育水平	3.276	3.671	2.653	3.286	1.865	3.248
	技术支持性	安全保障	7.520	0.388	1.035	0.518	1.116	1.423
		技术效能	4.583	2.321	2.440	2.009	4.711	1.937
	拓展影响性	影响范围	4.953	3.844	5.038	2.398	1.528	0.238
		访问流量	11.300	7.515	8.009	6.931	1.691	0.554
	总计		76.105	50.784	41.570	41.282	29.250	25.012

表 2. 六家博物馆网站效用测评指数得分表

二 效用测评结果分析

（一）内容完备性

信息内容是影响博物馆网站建设质量最为关键的因素，相对权重居五项指标之首。对该项指标主要通过网站文件计量结果、权威性、及时性和拓展性四个指标进行测评。其中，计量结果依据网站文件及其压缩大小、网页总数、链接总数和无效链接总数五项指标；权威信度依据学术专栏设置情况和版权说明情况两项指标；更新速度依据新闻资讯及活动展览更新周期两项指标；拓展业务依据活动涵盖线上下情况和电商平台建设情况两项指标。从结果来看，浙江省博物馆得分最高，在计量结果得分上遥遥领先，说明该网站文件较多，内容量相对较大，网页及相关链接数量也具有绝对优势，另在更新速度上也处于领先地位，但由于博物馆展览活动线上线下关联性较差，且尚未搭建电子商务平台等原因导致其拓展业务方面的表现不佳；青海省博物馆得分垫底，主要由于网站内容的计量结果得分极低，表现出该网站所展示的展览活动、馆藏资源等相关信息量相对较少。

通过对内容完备性的各项指标得分统计发现，六家网站的普遍短板在更新速度和拓展业务两方面。其中，展览信息的更新周期较慢，一般为一个月左右，而青海博物馆展览栏目中的平均更新周期为7.47个月，更新极慢且文化活力明显不足。再者，各家网站电子商务平台搭建情况落后，浙江省博物馆、山东博物馆、福建博物院网站并未搭建文创商店等电商栏目，另外3家博物馆虽然搭建有展览式的电商栏目，但不能够完成线上交易环节，缺乏一定的文创开发能力和经营意识。

（二）设计体验性

良好的网页设计和流畅的浏览体验是影响博物馆网站用户体验的重要因素，相关指标主要围绕观赏美感、板块布局、流畅性和主观综合体验四个维度进行测评。其中，版面设计依据首页美感度、内外页视觉协调度和多媒体呈现方式数量三项指标；模块设置依据模块设置和功能栏数量两项指标；搜索效率依据主页打开速度、查询资料耗时和查询资料网页数三项指标；综合体验依据整体体验满意度和参观意愿指数两项指标。从结果来看，设计体验性得分整体较高，其中山东博物馆居于榜首，各项指标表现俱佳；福建博物院得分垫底，综合体验水平偏低，并且由于该网站大部分超链接直接导向东南网，缺乏自主独立性，导致内外页风格不协调，给测试者留下了一定的负面印象。

通过测试者的测评发现，流畅的浏览体验和良好的视觉体验不仅能够吸引测试者的注意力，激发其求知欲，而且会大大提升满意度，激发用户参观实体博物馆的意愿。但是现实情况并不令人满意，一方面主页打开延迟和服务器无法响应的现象较为普遍，尤其吉林省博物馆网页打开速度相对较慢，且在部分基础信息搜索效率方面明显落后于其他网站；另一方面湖北省博物馆设置有弹出窗口且主页展示图片分割明显，福建博物院主页模块设置过于琐碎，过多的视觉焦点对网站形象造成了“过犹不及”的视觉效果，这些不足都阻碍了博物馆网站的进一步提升。

（三）教育服务性

博物馆网站的特殊性决定了其对社会应当发挥文化知识传播和社会公益服务的作用，评价相关网站的教育服务水平是十分必要的。评价指标由个性化服务、服务信息提供情况、交互咨询能力和测试者受教育感受四部分组成。其中，个性服务依据语种数量和不同人群定制板块两项指标；服务信息依据实用类信息、周边信息提供情况和内部导览图详尽程度三项指标；交互能力依据新闻资讯评论区设置情况、交互资讯功能数量和信息回馈效率三项指标；教育水平依据藏品展示方式和教育启发性测试得分两项指标。从结果来看，浙江省博物馆以18.492的优势地位居于榜首，尤其在交互能力方面表现亮眼，不仅设置有观众留言、相关部门邮箱、新浪微博和微信公众平台等多种线上交互渠道，而且测试者在采用“建议游览时间”为问题进行线上咨询时，能够及时收到答复。青海省博物馆得分最低，虽然在教育水平的得分中与其他博物馆不相上下，但内外部服务信息提供有限，交互渠道建设不齐全，且出现咨询无答复的现象。

从内部各项指标来看，各家博物馆出现了较大差异。在个性服务方面，青海省博物馆和福建博物院建设相对落后，仅设置有中文页面，其他四家博物馆均设置有中英双语网页，而且浙江省博物馆还设置有服务于特殊人群的无障碍浏览功能，山东博物馆设置有专门的少儿页面，都很好地体现了人性化的服务。服务信息提供方面也存在着参差不齐的现象，湖北、山东、浙江3家博物馆均公布有开放时间、参观须知、交通指南等多种实用类信息，其他两家信息提供相对缺乏，而福建博物馆网站并没有提供上述实用类服务信息，另外仅有浙江和山东博物馆提供了内部导览服务并涉及一定的周边信息。此外，VR及数字博物馆技术的运用是博物馆网站得以与实体博物馆对接的重要途径，也是实现游客进行线上游览，提升网站教育技术水平，增强游客好感度的重要方式。目前六家博物馆均建设了关于馆藏资源的数字博物馆，湖北省博物馆设置有全馆的5G智慧博物馆，浙江博物馆设置有孤山馆区、武林馆区两处虚拟展馆，其他四家博物馆多为主题式的虚拟展览，相对内容有限。

（四）技术支持性

博物馆网站的前期设计、中期建设和后期运营都离不开相应的技术支撑，相关指标的选择围绕安全性能、网站适用范围及响应情况等方面对网站进行评价。其中，安全保障依据网络安全测试和隐私政策设置情况两项指标；技术效能依据压缩比、浏览器兼容性和Ping值响应速度三项指标。从结果来看，浙江省博物馆位列榜首，并与其他五家博物馆拉开较大差距。该网站不仅在综合安全测试中获得94分的最高分，Ping值响应速度平均快达26ms，日常运行情况最为稳定，而且设置有能够在较大程度上保护用户网络安全的隐私政策；整体而言，其他网站的得分表现均不佳，技术手段运用较为落后，网站管理者的安全防护意识也有待加强。

从内部各项指标来看，网站自身安全问题上，六家网站在网络安全测试中平均得分仅为61.83，安全性相对较低，存在较高的入侵风险和安全隐患问题；在用户安全问题上，设置完善的隐私政策不仅有助于防止他人接触用户数据信息，保障私密信息的安全，而且能够表现出网站的专业性和管理者的网络安全意识。经调查在六家网站中仅有浙江省博物馆设置有详尽的隐私与安全声明，其他网站在此方面明显有待加强。除此之外，网络技术的应用也将直接影响网站的运行速度和用户的浏览体验。在压缩比指标测评中各家网站表现较好，全部达到70%以上的压缩比例，均能够在减小通过网络传输的数据量的同时，相应提高网站浏览的速度；但在Ping服务器检测中表现一般，尤其山东博物馆和青海省博物馆常出现无法响应或者响应超时的现象，相对两家网站的连通性较差。

（五）拓展影响性

知名度与影响力不仅是检测博物馆网站宣传水平的重要指标，而且对实体博物馆的评价与未来发展同样存在重要意义。相关指标的选择围绕第三方网站评分、站内外相关链接情况和综合流量数据等方面进行评价。其中，影响范围依据 PR 网页级别、反向链接数和站外链接数三项指标；访问流量依据网站综合权重、权重相应流量、预测流量、日常访问量和总访问量五项指标。从结果来看，浙江博物馆居于榜首，尤其在访问流量方面占有较大优势，不论是总体访问量还是日常访问量都保持在前列，说明该博物馆知名度较高，比较受相关游客群体的欢迎。

从各项指标来看，网站访问量和反向链接情况能够直接反映网站的受欢迎程度。根据六家网站访问量记录发现，东部地区博物馆网站相比中西部网站更受欢迎，博物馆网站访问量不仅与自身建设水平密切相关，而且与当地人口数量、经济发展水平有着莫大关联，东部地区访问量普遍较高，而位于西部的青海省博物馆总访问量以 120192 人次垫底，兹网站建立以来月均访问量仅 1602 人次，测试期间平均 218 人次 / 日。另根据工作日与休息日的访问量比较发现，六家博物馆工作日平均 24322 人次 / 日，而休息日比工作日多出 1975 人次 / 日，平均达 26298 人次 / 日，这说明虚拟博物馆的访问量与现实的博物馆访问量间有较强对应关系。此外，通过反链接查询可以发现，六家博物馆网站的反向链接对象主要为政府文化和旅游相关部门、其他博物馆网站、古玩交流网站，表现出博物馆网站在网络环境中影响范围相对有限。

另外，网站的等级、重要性也可采用 PR 值（网页级别）进行直接量化反映，经测试吉林省博物院和浙江省博物馆网站最受欢迎，均超过“相对不错”的 4 分认证分数线，而福建博物院和青海省博物馆得分却低至 0.5，网站重要性不强。六家博物馆网站的 PR 值平均为 2.75，尚未达到受欢迎程度分数线，说明博物馆网站在网络用户群体中缺乏一定的流行度。

（六）效用总得分

在五大维度测评结果的基础上，经加权计算得到六家网站的整体效用得分，并将其以雷达图（图 2）的形式呈现出来，从中可见：

图 2 六家博物馆网站效用指数得分情况

1. 根据测试人员权重计算结果显示，内容完备性相对权重最高，占比 0.2839，说明内容完备性是被测试者最为看重的测评指标，尤其重视网站内容的数量和质量，数量表现在网站内容计量的多少，质量表现在网站内容权威信度的大小；其次，设计体验性和教育服务性都有相对较高的权重，尤其页面设计的美观度和服务信息的全面程度都是博物馆网站建设中不可忽视的要素。

2. 除青海省博物馆外，其他五家博物馆得分在图 2 中均大致呈现为左偏型菱形图案，基本反映出内容完备性和教育服务性两项指标的建设相对完善，拓展影响性和设计体验性的建设情况较为良好，而技术支持方面则普遍较弱，说明博物馆网站在建设中各项指标发展水平存在较大的相似性。

3. 雷达图面积可以直观反映出各家博物馆网站综合建设水平的高低，其中浙江省博物馆面积最大，各项指标得分均位于前列，尤其在内容完备性、教育服务性和技术支持性方面与其他网站拉开了一定的距离；而青海省博物馆由于多数指标均处于落后状态，尤其在内容完备性、教育服务性和拓展影响性方面表现不佳，导致总分垫底。

4. 六家网站总分标准差达 3.36，建设水平存在明显差距。在五项二级指标中，技术支持性得分方面相对差距最小，说明各家网站建设所运用的技术差距并不大，而分差主要体现在内容完备性和教育服务性两方面，具体表现为网站知识量相对有限，交互咨询方式较少、效率较低，服务信息提供不够全面、不够人性化，网站安全保障能力较弱，访问流量差距相对较大，知名度偏低。

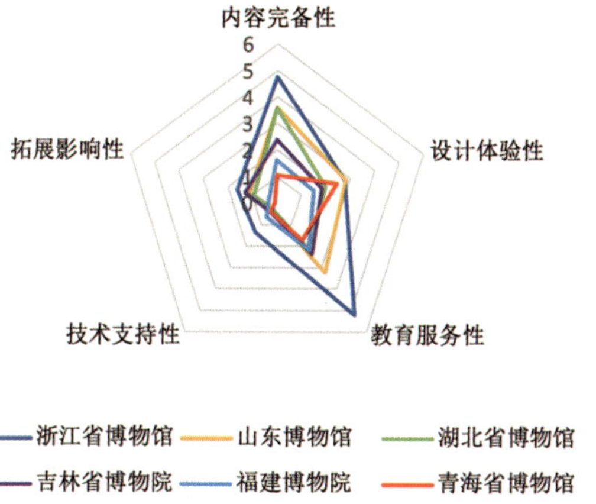

图 2.

三 结论与讨论

1. 为综合反映博物馆网站的建设水平与服务能力，笔者遴选出内容完备性、设计体验性、教育服务性、技术支持性和拓展影响性五项测评指标构建了博物馆网站整体效用性的评价体系。其中，内容完备性以相对权重 0.2839 占比最高，是博物馆网站建设中最为关键的指标；此外，设计体验性和教育服务性也是相关网站建设中不可忽视的要素。

2. 各项指标得分显示，浙江省博物馆以总分 15.727 位列榜首，青海省博物馆以总分 5.693 垫底，两者主要在内容完备性、教育服务性和拓展影响性方面拉开较大差距；六家博物馆网站整体效用得分标准差达 3.36，说明各家网站建设水平存在明显差距，内部差异性主要集中在内容完备性和教育服务性两方面，其中得分相对较低或相对差距较大的三级指标主要表现在访问流量、交互能力、安全保障、计量结果、拓展业务五个方面。

3. 结合现有研究与实际情况，博物馆网站在未来建设方面应当注重加强宣传力度，促进信息更新，增强防护能力，深挖馆藏资源，焕发文创活力；另外还应在用户个性化需求、高级化精神需要方面做出积极改进。最后，博物馆官方网站的发展离不开相关建设者与管理者的重视和投入，同时也离不开学者们的探索与研究，离不开公众的关注与支持。各方应当重视博物馆线上平台的建设工作，使得博物馆网站发挥更加积极、广泛的文化宣传和教育作用，充分发挥中华文化的厚重优势，做好具有中国特色的社会主义文明建设工作。

4. 由于各家博物馆网站建设情况参差不齐，文中所构建的测评体系更偏向适用于层次较高的网站，对层次较低的网站目前仍缺少教育水平、实时访问量等关键数据，尤其对以定量研究方法为主的评价体系构建具有一定的局限性。另外本文仅以六家博物馆为例进行研究具有一定的局限性，较难基于现有信息证明博物馆网站建设与经济发展水平、文化建设重视程度等地理空间特殊条件的直接关系。

5. 针对目前博物馆网站研究存在的问题与不足，未来相关研究的发展应当重视在线访客的需求、评价体系的构建、研究方法的创新、国家交流的强化。从更高的国际视角出发，采用更加科学合理的方法和技术手段对博物馆网站进行分析和研究，同时注重服务于用户群体，以公众实际需求为导向，真正助力于博物馆事业及其科研工作的发展与创新。

【注释】

[1] 林锦屏、韩雨婕、董柯、周美岐、钟竺君：《博物馆旅游研究比较与展望》，《资源开发与市场》2020年第7期。

[2] 石晓霆、武玮、陈迪、郭亮：《互联网博物馆概况及其对文化的影响》，《中原文物》2002年第3期。

[3] Olsina L. Web-site quality evaluation method: a case study on museums[C]//ICSE99 2nd Workshop on Software Engineering over the Internet, Los Angeles. 1999.

[4] Theocharidis A I, Nerantzaki D M, Vrana V, Paschaloudis D. “Use of the web and social media by Greek museums”. International Journal of Cultural and Digital Tourism, 1.

[5] Aleck C. H. Lin, Shirley D. Gregor. “Designing Websites for Learning and Enjoyment: A Study of Museum Experiences”. International Review of Research in Open & Distance Learning, 7.

[6] Corredor J. “General and domain-specific influence of prior knowledge on setting of goals and content use in museum websites”. Computers & Education, 47.

[7] 颜雯、 严洪明、吴晓明：《优化网站服务功能的探索与实践——以浙江自然博物馆网站建设为例》，《中国博物馆》2012年第4期。

[8] 平佳健、邬蔓菁：《更好地实现博物馆网站的信息交流功能——对博物馆网站内容构建的一点看法》，《南方文物》2005年第4期。

[9] 李春雷、袁勤俭：《基于链接关系的国内博物馆网站影响力研究》，《东南文化》2016年第3期。

[10]张校：《博物馆、公众与网站——浅议博物馆网站的功能界定和改进方式》，《博物馆研究》2010年第2期。

[11]陆斌、王雪：《基于可用性评估的博物馆网站建设现状与对策研究——以浙江自然博物馆与中国杭帮菜博物馆为例》，《黑龙江教育学院学报》2012年第12期。

[12]莫扬、甘晓：《中美科技类博物馆科学传播的若干对比研究》，《自然辩证法研究》2011年第3期。

[13]周志鹏：《浅谈中国社会历史博物馆的网页设计——中韩两国社会历史博物馆网站的比较》，《设计艺术》2006年第3期。

[14]梁敏：《中外博物馆网站教育项目比较研究及启示》，《文博》2014年第3期。

[15]Kabassi K. “Evaluating websites of museums: State of the art”. Journal of Cultural Heritage, 24.

[16]胡宇娜、梅林、陈妍：《基于体验视角的中国5A级旅游景区网站效用指数测度》，《经济地理》2014年第8期。

[17]贾君枝、史璇：《博物馆网站信息组织与服务对比研究》，《东南文化》2013年第4期。

基于博物馆藏品的传播学研究

阳文斌（桂林博物馆）

摘要：藏品是博物馆开展业务工作的基石，与藏品进行交流既是对历史的体验、传承、思考，也是对未来的勾勒、创造、启迪。充分发挥馆藏资源优势，深度挖掘藏品所蕴含的内在属性，提升博物馆的社会教育和公共文化服务功能，通过多种技术手段传播给社会公众，让公众能够了解历史发展脉络、传承优秀传统文化、接受知识教育和爱国主义教育。笔者通过分析博物馆传播的内容及意义，结合传播学的理论方法与手段，探讨博物馆传播的基本途径。

关键词：藏品；属性；传播

近年来，国家高度重视博物馆的资源利用，深刻认识、科学判断博物馆工作所面临的新形势、新问题。先后出台了《关于加强文教结合、完善博物馆青少年教育功能的指导意见》《关于促进文物合理利用的若干意见》《国务院关于进一步加强文物工作的指导意见》《关于利用博物馆资源开展中小学教育教学的意见》等文件，这些"意见"都对博物馆如何发挥馆藏资源优势，提升社会教育和公共文化服务质量等方面做了具体要求。所谓博物馆资源，包括藏品资源、研究资源、教育资源等，此外还包括博物馆空间以及场地设施等资源。藏品是博物馆最基础的资源，也是博物馆的核心资源，博物馆的教育、研究、展示功能都离不开藏品。分析藏品蕴含的内在属性，研究藏品信息传播的方法和途径是博物馆发挥馆藏资源优势的最主要工作目标。

一 博物馆传播的内容和目的

（一）博物馆传播的内容

结合博物馆学与传播学的知识，我们可以把"博物馆传播"定义为：一种以教育、研究和展示为目的，利用博物馆藏品资源进行信息交流、信息共享的行为。博物馆传播的主体是藏品，具体内容是藏品所蕴含的内在属性。藏品在社会发展中表现出各种不同的形式，它可以是文化遗存、自然标本、实物资料、非实物记录和非物质文化遗产等。同时它们有一个共同的基本属性就是"人类和人类环境的物证"。这是博物馆藏品不同于其他收藏机构的基本理论，同时也说明了博物馆藏品与人类社会息息相关。深入挖掘和系统阐释藏品的内在属性，可以从历史、艺术、科学方面进行分析。

1. 历史属性

指藏品是历史遗存下来的物证、资料或记

录，在人类社会发展中所具有的属性。这种属性具体表现有：由于某种重要的历史原因而产生，并真实地反映了这种历史实际；与曾经发生过的重要事件或者重要人物有密切的联系；体现某一历史时期的物质生产、生活方式、思想观念、风俗习惯和社会风尚等；可以证实、订正、补充文献记载的史料。

2. 艺术属性

艺术属性是指藏品作为人类艺术创作、审美趣味、特定时代典型风格的实物见证的属性。其主要表现为：藏品的形制、纹饰等风格独特，具有鲜明的地域性、民族性、阶段性等特征；在年代、类型、题材、形式、工艺方面具有创新的构思和表现手法。

3. 科学价值

科学属性是藏品作为人类的创造性和科学技术成果本身或创造过程的实物见证的属性，主要表现有藏品在知识的记录和传播、文化精神的传承、社会凝聚力的产生等方面表现出的属性；在结构、材料、制作工艺方面，代表了当时的科学技术水平或科学技术发展过程的重要环节。

（二）博物馆传播的目的

人类所有的传播活动都具有目的性。传播的目的是传递信息进行沟通，从而获得文化知识、构建情感，自我确认以及建立相互认知的共同性。博物馆传播的目的在于利用博物馆藏品进行社会教育和知识传播，是通过充分挖掘藏品内在属性，精心设计博物馆教育内容，利用现代技术手段进行教育和展示，以达到展示中华优秀文化，弘扬社会主义核心价值观，促进社会文明进步，增强民族自信心和培养爱国主义精神等效果。

二 传播学的角度看博物馆传播

传播学是研究社会信息系统及其运行规律的科学。社会信息系统的主要功能是保持社会内部的联系与协调，收集、整理和传达系统内部和外部环境变化的信息，由此保证社会的正常运行和发展。人类社会是一个极为复杂的社会系统，人类社会的信息传播具有明显的过程性和系统性。在研究博物馆传播的过程中，我们主要是对博物馆传播的这一行为过程进行分析，主要包括传播过程的要素及传播模式等。

（一）博物馆传播过程的要素

1. 传播者

也可称为信息源，是传播行为的发起者。在博物馆信息传播过程中，博物馆的传播者可分为狭义的传播者与广义的传播者。狭义的传播者就是藏品本身，藏品本身表现的形状、文字、图案等信号，不需要再进行加工直接传递给受众。广义的传播者是与藏品密切相关的博物馆人员，包括藏品保管人员、陈列展览人员、藏品研究人员、讲解人员、志愿者等，这些人员组成了博物馆传播的传播者群体，他们通过深入挖掘藏品的内在信息，进行整理，通过不同的传播途径，如陈列展览、讲解、学术交流、社教活动等方式实现藏品信息的传播。

2. 受传者

也称为受众，即是讯息的接受者和反馈者，是传播的作用对象。在博物馆信息传播中，博物馆受众结构呈现多样化的发展趋势，整体数量持续稳步提升。按照年龄的划分可以分为青少年群体、中青年群体、老年人群体；按照知识程度的不同，可以划分为中小学教育群体、高等教育群体。针对不同类别的博物馆受众群体，以及不同受众群体的特性，在传播过程中需要进行针对性的制定传播方式，这样才能实现有效地传播。

3. 传播内容

指的是由相互关联的、有意义的符合组成，能够表达某种完整意义的信息。在博物馆传播中，讯息主要是藏品蕴含的内在属性以及藏品属性之间的相互联系。藏品的数量以及类别众多，它们包含的信息十分的庞大，这需要博物馆工作人员深入地研究，深入挖掘和系统阐发藏品所蕴含的历史、艺术、科学价值。

4. 传播媒介

又称为传播渠道、手段或者工具。传播媒介可以看作藏品内在属性的符号化表达的载体，是传播者进行信息传播过程时采用的具体形式。博物馆根据藏品、空间、人员以及设施等资源条件，运用现代信息技术、新媒体技术等手段，开辟了多种多样的传播渠道。这些渠道主要包括陈列展览、社教服务、学术交流、文化创意产品、数字展览、互动游戏、微博、微信、网络直播等。

5. 传播效果

指受众对接收到的讯息的反应或回应。博物馆传播过程中，反馈是非常重要的，只有通过对反馈的内容分析，才能够深入了解博物馆传播是否有效，才能够对现有的传播模式的可行性、实用性进行评估。通过受众的反馈信息可以对相应的讯息结构、传播手段等方面进行调整，从而使得传播更加有效。目前博物馆的信息反馈主要在于博物馆的观众留言、社会调查以及网络评价等方面。

（三）博物馆传播的类型

根据传播学的分类，传播可以分为人内传播、人际传播、群体传播、组织传播、大众传播等基本类型。人内传播是人体内部的传播是自我沟通；人际传播是人与人之间的相互传播；群体传播和组织传播是群体或者组织为主体进行信息传播活动，是有计划、有组织、有规模的传播；大众传播是发展的社会现象，是专业化的媒介组织运用先进的传播技术和产业化手段，以社会上一般大众为对象而进行的大规模的信息生产和传播活动。

博物馆是为社会以及发展服务的、向公众开放的非营利性常设机构。博物馆传播对象是社会公众，传播手段是运用现代信息技术、新媒体技术等方式。这些都说明了博物馆传播属于大众传播类型。

三 博物馆传播的基本途径

目前博物馆进行信息传播的途径多种多样，依托数字、网络、移动通信、新媒体等技术让博物馆的传播途径更加多样化。博物馆传播与其他传播不同的是，博物馆传播的信息载体是博物馆的藏品，信息是藏品蕴含的内在属性，脱离了藏品的博物馆传播就失去了最本质的意义。无论采用何种方式进行博物馆传播，其最核心的就是传播藏品的属性信息。

（一）陈列展览

陈列展览是在特定的空间将藏品和藏品的内在属性以及学术研究成果的为基础，以艺术或者技术的辅助展品为辅助，以展示设备为平台，依据特定的传播方式和教育目的。使用特定的诠释方法进行观点、思想、知识、信息、价值和情感的直观生动传播。陈列展览是博物馆的核心业务之一，是博物馆传播的最基本途径，也是社会公众接触博物馆的最直观方式。

科学性和真实性是前提，知识性和教育性是目的，观赏性和趣味性是手段。陈列展览应该具备以下几个原则：反映、揭示人类文明各个阶段认知的能力、方法和成果，传导正确的历史观和价值观；体验本领域先进和稳定的知识体系，坚持科学性和客观性，以科研成果作为展览学术支撑，准确揭示展品内涵，尊重历史事实，杜绝主观臆造；适应公众认知特点，传递易于理解和接受的信息；符合社会和博物馆事业发展阶段性要求，倡导展览的原创性和多样性；注重语言、故事、展品结合等艺术性，符合观众的审美需求。

（二）社教服务

博物馆教育作为当前最主要的职能，在社教服务方面体现得淋漓尽致。博物馆的社会教育职能目标是常态化、系统化、品牌化，社教服务是博物馆传播的重要途径之一。社教服务包括了展览讲解、研学活动、爱国教育、社会实践、馆校互动等方面。社教服务的目的是充分发挥博物馆的藏品资源优势和社会教育特长，深入挖掘和系统阐述藏品所蕴含的文化内涵和时代价值，传播有益于社会进步的思想道德、科学技术和文化知识。推进博物馆社教服务工作深入、有效开展，不断创新博物馆教育的实施理念和开展形式，尊重和满足观众利用博物馆的多元化需求，对提升博物馆服务质量和社会教育效能具有重要的意义。

（三）学术讲座

学术研究是博物馆的重要业务工作，也是体现博物馆学术研究能力、专业技术水平的重要方面。学术讲座的特点是专业性和针对性。开展讲座的作用在于配合陈列展览有效延伸陈展信息的深度和广度；介绍最新研究成果和观点，并与听众进行互动交流；吸引社会公众深入了解博物馆，建立核心观众群，推动博物馆的社会传播，增强博物馆的社会影响力。

（四）文创产品

文创产品是表达创意思想、符号和生活方式的消费性产品。文创产品的最终形态是文化创意与物质产品的结合，内容包括创造性开发博物馆藏品的文化内涵并展示；核心是文创产品蕴含的文化属性满足人们的精神文化需要以及实用属性满足人们物质生活需求的统一整体。文创产品并不仅仅是一件商品，它更多的是代表这博物馆藏品深层次的内在属性，代表着中华文化创造性转化和创新性发展的过程。它传递给消费者的并不仅仅在于产品本身，而是产品蕴含的博物馆文化属性的传播。

（五）新媒体传播

现代信息技术的发展，让人们进入了网络化的生存状态，博物馆传播通过传统模式已经无法满足社会公众对博物馆知识和文化的需求。新媒体技术借助其受众面广、传播快速、互动灵活等特点，突破了空间、地点和群体的限制，实现了博物馆传播的大众化、常态化。充分利用新媒体技术，开展更广泛、更高效的传播是新时代博物馆传播所需探索的新方式。

1. 智慧博物馆

智慧博物馆的前身是数字化博物馆，数字化的实质就是将博物馆资源信息转化为数字符号的过程。智慧博物馆是将博物馆的藏品、空间等转化为数字信息，并通过物联网、云计算、大数据、移动互联、虚拟现实等一系列技术，实现博物馆传播的智慧化。

2. 微博

一种高效、快捷、及时的新媒体，其特点是“蜂窝状网络”传播结构能够拥有十分广泛的传播性。同时其交互性较强、社群化明显，能够让博物馆与社会公众近距离沟通，便于博物馆了解公众需求，制定有针对性的信息传播。

3. 微信公众号

微信以其庞大的用户数量已成为社会公众接受信息的主要媒介之一。微信公众号不仅可以同时完成博物馆藏品展示、陈列展览、学术研究、社教活动、文创产品等方面的信息传播，还可以通过系统开发提供参观导航、讲解服务、商品购买、信息咨询等多方面服务。

4. 网络直播

2020 年以来，受疫情影响，博物馆传播方式发生重大改变，网络直播成为博物馆传播的新方式。网络直播的特点是时效性、纪实性、现场感及视觉冲击力，主要优势在于运营成本低，传播范围广。

新媒体手段将会越来越多，传播形式也会越来越新颖，运用新媒体进行传播逐渐成为博物馆传播的一种新常态。只有不断丰富传播的内容，提升博物馆藏品的利用率，才能够使得博物馆传播更加广泛、直接、有效。

四 结语

新时代下的中国博物馆在传承和弘扬中华优秀传统文化以及实现中华民族伟大复兴中国梦中起着不可或缺的作用。博物馆应当充分发挥馆藏资源优势，深入挖掘和系统阐述博物馆藏品所蕴含的文化内涵和时代价值。用源远流长的历史文化、丰富厚重的红色文化、特色鲜明的地域文化，多姿多彩的民族文化，不断地践行社会主义核心价值观，坚定民族文化自信，促进经济社会发展。藏品是博物馆传播的基础，博物馆藏品包含着历史、艺术、科学等多方面的属性。只有充分挖掘藏品的各项属性价值，运用现代先进科技技术和新媒体传播手段，才能实现博物馆信息的有效和广泛地传播。这也是博物馆的立馆宗旨和工作目标。

试论文献展览叙事策略：目的、要素与结构

周婧景（复旦大学文物与博物馆学系）

摘要： 策划一个文献展览，“文献”是基础，因而至关重要，其决定着展览的主题、内容和框架。在策划此类展览时可优先使用叙事策略。为此，需要探究展览讲什么故事以及如何讲好故事。围绕“展览讲什么故事”，应强调展览传播目的的重要性，什么是传播目的，以及如何制定传播目的。针对“怎样讲好展览故事”，提出叙事展览的六大构成要素——叙事者、叙事基件、困境、目标与行动、情感与立意，并于此基础上深入探讨两类不同结构的叙事展览——线性叙事和非线性叙事，以及承载两类展览的四种空间规划。在明确“文献”要素的内涵并制定展览叙事策略后，还应注意三个问题：展览信息量的上限是什么、尊重策展人专业的同时怎样服务好观众、有限的信息如何满足观众多元动机。

关键词： 文献展览；叙事策略；传播目的；叙事要素；叙事结构

针对文献展览，我们需要明确展览想要展出什么。倡导团队应当就关键问题达成一致，从而为展览叙事提供一套阐释方案。而这套方案通常包含两方面内容：一是“这是关于什么的展览？”二是“该展览将如何讲故事？”该方案所界定的内容、目标和范围将给机构负责人、项目经理、展览设计师等提供重要参考。

一 这是关于什么的展览？

这是关于什么的展览？即展览的中心思想是什么，在博物馆领域称之为“传播目的”。贝弗利 · 瑟雷尔 (Beverly Serrell) 指出“一切背后，皆应有一个传播日的”[1]。传播目的是指关于展览内容的表述，通常是一个完整有效但不复杂的句子，由主语、谓语和结果构成[2]。主要是用来阐明主语是怎么样的或什么样的。如“台湾国立文学馆”以《安妮日记》等文献作为展示材料的展览——“安妮与阿妈相遇——看见女孩的力量”展，该展的传播目的即为“以女性视角洞悉战争样貌”。但需要明确的是，传播目的并非展览的主题、产出或目标[3]。如“这个展览是有关美国独立宣言的”，这是展览主题；“该展围绕华阳国志呈现中国古代西南地区地方历史、地理和人物等”，此为展览产出；“观众将通过展览增进对图书装帧技术的了解”，则是展览目标。它们都未明确表达主语是怎么样或什么样的，所以都不属于传播目的。因此，

一个界限分明的传播目的，既要能说明、聚焦和约束展览内容，为策展提供明确的目标，以实现展览的集中性和连贯性[4]，又能为展览质量的检测提供依据。有效的传播目的该如何制定？需要由整个团队反复讨论编辑，在磨合过程中达成共识。这意味着它既不是主要策展人的专断独行，也并非团队成员的简单投票，而是在所有人确实理解的基础上达成的较为一致的判断。此外，在整个策展过程中，传播目的应当被置于显见位置，使每位团队成员都能对其了然于胸，以保证全部展览要素都以传播目的作为导向。

二 该展览将如何讲故事？

在通过倡导“文献”要素明确展览内容后，有关“讲故事应包含哪些要素”以及“如何来组织故事的结构”的问题便跃然纸上。史蒂文·康恩（Steven Conn）说“博物馆不再需要实物”[5]，指的是随着公共服务意识的深入，为保证公众能更好地理解展览，受制于展品本身的物理属性或展厅的陈展条件等，展览不能再只依赖“原件”，而是需要多元的替代品，这些替代品在展览的深度阐释将发挥越来越重要的作用。由于文献收藏机构的展示对象是文献，而文献的价值又在符号化信息之中，所以替代品要替代的对象不是“原件”，而是“符号化信息”。可见，文献中所记录的符号化信息是创造展品资料的来源和依据，因此强调文献所记录的信息，其重要性不言而喻。如美国国家档案馆（National Archives Museum）的“权利档案（Records of Rights）”展，该展共包含六个部分：平等权（Equal rights）、公正自由（Rights to Freedom and Justice）、隐私权和婚恋权（Rights to Privacy and Sexuality）、工作中的权利（Workplace Rights）、第一修正案（First Amendment Rights）、原住民的权利（Rights of Native Americans），每个部分都包含有同主题的系列故事，这些故事皆服务于展览主题，以帮助观众全面理解美国人是如何争取和拥有自己的权利。因此，展览除了采用与主题内容直接相关的报纸、卷宗、图片和影像等文献展品外，还大量使用触控式电脑、交互式墙面、灯箱、可触控和交互式桌式显示屏、情绪标签等辅助展品，这些展品在实现文献信息可视化的同时，还有助于加深观众与展览之间的身心互动，以促成文献和观众信息交流的成功。

（一）展览叙事需要包含哪些要素？

博物馆领域已经证明叙事是重构符号化信息的有效手段，那么文献收藏机构在策划叙事型展览时，究竟需要包含哪些要素，以便在开展“文献”研究时，能够具备明确的目标与清晰的方向。众所周知，人类天生就是故事的爱好者和讲述者，但长期以来由于其具备田野操作和平民特色，一直难登大雅之堂，而叙事实际是逻辑之外的另一种重要认知方式。尽管自孩提时代我们就开始接触故事，而今各种跌宕起伏的故事也上演于我们的生活，甚至梦境中，但这并不意味着讲好故事是一件轻而易举的事。那么，一个好的故事究竟是如何被创造出来的，要回答该问题，其逻辑起点是厘清一个好故事应当具备哪些要素？刘婉真指出“叙事要素”不但可以肯定既有对于叙事成立要件的思考传统，也可以容许不同学科领域因为其特定的言说方式或关注焦点而有不同的叙事运用手法[6]。

目前来看，围绕“叙事要素”问题最具代表性的观点出自作家、演讲者和公共沟通领域的咨询专家安迪·古德曼（Andy Goodman）。他主张叙事包含十大要素（也被称为十大铁律）[7]。一是与人有关。故事的主角必须是一个人，这个人将通过故事引导听众，需要为他提供一些外表描绘，从而有助于听众在大脑中形成人物相关的画面。二是主角必须有目标。讲清楚你的主角想要得到什么或者改变什么，且最好采用主动语态。三是需要明确的时间和地点。帮助听众快速弄明白故事发生的时空，以便他们更易于进入故事情节，去探索更为深层的意义。四是让角色自己说话。直接引用角色自己特有的声音来说话，让故事更具真实性、即时性和紧迫感。五是给听众带来惊奇。必须让你的听众感到好奇，“接下来会发生什么？”通常故事中人物在追求目标时，会遇到一些困难和意外等。六是故事需要适合它的听众。讲述要直白，能够符合听众普遍的阅读水平。七是能激发情感。激发情感不是浮夸性和操控性的，而是传达了一些值得关注的信息。八是并非告知而是展现。故事有时不是用语言直接表达，而是通过画面及其细节来呈现。九是至少有一个真相大白的时刻。故事最好能够给我们展示某种真知灼见。十是故事有意义。这一点最重要，就是听众能回答该故事到底是在讲什么？关于“叙事要素”问题。

除了安迪 · 古德曼 (Andy Goodman)，先后有一批学者也参与了讨论。在文学领域，以童庆炳[8]、胡家才[9]为代表的学者分别认为叙事要素包括“叙事者、人物、事件、情节、环境、时间”或“叙事主体、叙事客体和叙事文体”。而博物馆领域，有关展览叙事的首部中文专著《当代博物馆展览的叙事转向》中，有专门涉及展览要素的一节。在书中里蒙 - 凯南 (Rimmon-Kenan) 提出构成叙事的最低要素包括双重的时间性和叙述主题。而双重的时间性是指故事必然存在两个时间，即故事发生的时间和叙述故事时的当下时间[10]。刘婉真在凯南观点的基础上，主张叙事要素还包括从始至终的过程、主角行动的一致性、因果关系造成的状态改变、接受方的存在等[11]。

综上，笔者发现上述观点均强调了展览要包含人、事、时间、地点、情节五种要素，其中文学领域的童庆炳、胡家才还强调了叙事者这一主体要素，博物馆领域的凯南和刘婉真更看重叙事的过程，而公共沟通领域的安迪 · 古德曼 (Andy Goodman) 则创造性地提出优质故事应具备的十大要素。鉴此，笔者在主要借鉴安迪 · 古德曼 (Andy Goodman) 观点，并适当参考其他学者想法的基础上，提出文献收藏机构展览的叙事可包含五大要素（见图 1）：一是叙事者——允许由策展人作为代言人讲述，但尽可能鼓励角色自己说话；二是叙事基件——讲故事中最为基本的元件，主要是指时间、地点和人物；三是困境——包括现实生活中所遭遇的各类困境，有深藏于内心的，也有外显于言行的，但最具戏剧冲突的是二选一困境；四是目标和行动——困境足够大，目标足够强，两者之间的强烈反差就依赖行动解决，随着困境难度的无法逾越，行动的艰巨将会吸引受众进入情绪氛围之中；五是情感和立意——用相似性和相关性引发受众的情感共鸣，展览的立意需要借助这种情感共鸣来达成。上述五大要素是我们在倡导文献要素时需要加以提炼、组织和加工的。

以“台湾国立文学馆”的“逆旅 · 一九四九——台湾战后移民文学”特展为例。一九四九年后 91 万人退居台湾，“逆旅 · 一九四九——台湾战后移民文学”特展就是依托这批移民撰写的文学作品，去窥见一九四九年巨轮之下的人性与悲凉[12]。展览整体的叙事者虽然是策展人，但是各个团块故事的叙事者却是这批精彩纷呈的文学作品的撰写者。该展的时间、地点和人物等叙事基件也是相对明确的。困境是显而易见的，即这批移民都经历了一场难以置信的巨变，度过了一段无法忘却的生命历程。但是由于这群人并非均质的统一体，他们中既有达官贵人、中流砥柱，也有出身贫寒者、流浪者，这种贫富差距和利益对立造成了冲突之源，彼此都处于失语，无法理解，甚至造成创伤。目标和行动在于通过文学作品及其隐喻的解读、转化以及展览的重构，让移民和本省人重新正视这段历史，使得个人与家族的离散故事得以安放。情感和立意是使这群人及其后代的创伤体验被唤起的同时，也得到疗愈与和解。

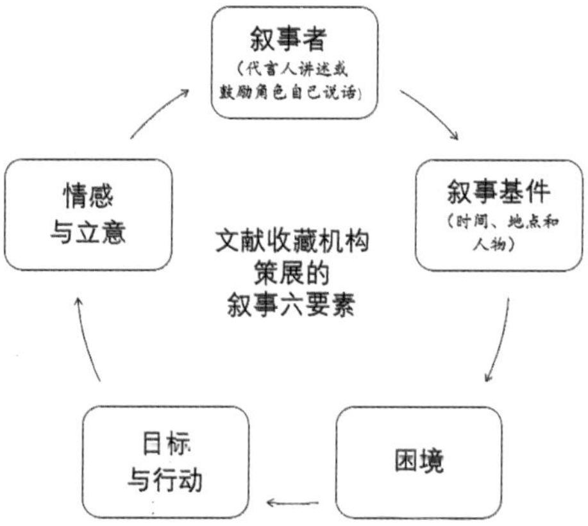

图 1. 文献收藏机构叙事展览的六大构成要素

（二）展览该如何来组织叙事结构？

在明确展览的叙事要素后，我们又该如何来组织展览的叙事结构？当观众步入展厅，从某一处开始参观，直至抵达某一位置结束时，这一过程就构成了他们独一无二的故事体验。然而，在边走边看的过程中，展览传递的信息能否使观众明白展览的叙事安排，从而让他们获悉策展人的传播目的？这就需要隐藏在幕后的策展人预先组织好叙事结构，并利用展览空间构建好故事情节。换言之，策展人需要决定观众先看到什么，后看到什么，信息带如何安排，高潮和低谷分别设在何处等。通常来说，按照逻辑关系，叙事的结构可分成线性和非线性两种。（见图 2）由于我们生活在一个无论自然界、人类社会还是意识宇宙，都高度复杂的世界，但“近代和现代的思维模式却是从单一的、线性的因果角度对复杂世界做还原论和确定论的思考，但这种机械的、平衡的、静态的还原论和确定论并不能解释和解决人类本来就存在的复杂性问题”[13]。所以自 20 世纪以来，有学者提出以往局限于线性逻辑的叙事，已经无法囊括具有复杂结构的现代和后现代的叙事。因此在原本线性叙事的基础上，提出非线性叙事的类型，龙迪勇亦将其称为“分形叙事”[14]。

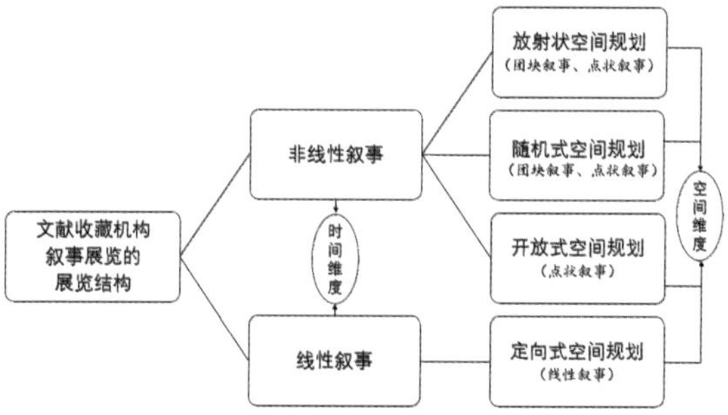

图 2. 文献收藏机构叙事展览的展览结构

1. 线性叙事及其定向式空间规划

“线性叙事”是指按照对象事件的发展顺序叙述，通常这种顺序和受众的认知顺序一致，所以易于把故事讲清楚，受众也易于理解[15]。同时根据故事线的多寡，“线性叙事”又可以被分成三类：单线叙事、复线叙事和多线叙事。其中，单线叙事是指以一条故事性为主的叙事，通常包括开端、发展、高潮和结尾四个部分；复线叙事是指以一条故事性为主，枝蔓性故事性为辅，或一条故事线为正，一条故事线为反的叙事；多线叙事是指具备或正，或反，或主，或副，或明，或暗三条以上故事性的叙事[16]。

美国国会图书馆 (Library of Congress)

在 2019 年 6 月至 2020 年 9 月推出的“不容否认：妇女为投票而战 (Shall Not Be Denied-Women Fight for the Vote)”展就属于线性叙事中的单线叙事展。现将围绕该展的叙事线索、各部分内容及其叙事亮点做简要介绍和论述。本展主要依托的展品资料是文件、图像、视频和音频等，讲述了美国超过 70 年的妇女选举权运动，包括起因、发展历程、结果和最新研究动态。展览的内容主要按照时间逻辑展开，分为五个部分：第一部分“塞内卡福尔斯 (Seneca Falls) 会议和运动初始（1776-1890 年）”，介绍了妇女选举权运动的肇始及由此带来的社会变化。该部分的展品包括会议文件、报纸、私人书信等。在历史的官方叙事中加入个人视角成为本部分的叙事亮点。第二部分“新一代的新策略：1890-1915 年女性主义的早期启示”，介绍了新一代女性在争取妇女投票权时所遭遇的社会环境及其采取的相应对策。配套采用了照片、宣传单、商品、文件等展品。第三部分“对抗、牺牲与民主斗争（1916-1917 年）”，介绍了妇女在选举权运动中的波折及其阻碍。呈现的展品有照片、社论、书信、漫画、法院传票等。该部分的叙事特色在于：首先，将妇女选举权运动置于同期发生的第一次世界大战的大背景下加以叙述，展现了历史语境对于这场运动的深刻影响。其次，针对同一事件，克服机构本位，将多元主题的不同评论纳入。如在呈现妇女上街游行集会照片的同时，展示对该活动的质疑之声——“阻碍交通或行使自由集会？”，以及呈现反选举权主义者的相关文献。这些多元视角的不同看法，激发了观众的批判性思考，使其更全面客观对该主题进行理解。第四，“听到我们的吼声：胜利（1918 年及以后）”，介绍了妇女选举权运动的初步胜利，展品包括妇女活动的照片、修正后的法案、妇女的笔记等。受后现代叙事的影响，该部分还论述了获得初步胜利后，非裔、亚裔和原住民妇女的选举权利仍有待进一步扩大。第五，“更多运动”介绍了关于妇女选举权运动的最新研究方向——亚裔、拉丁裔和美国原住民对妇女选举权运动的贡献。参与运动的其他族裔妇女的照片成为本部分的主要展品。在这一部分有两点值得称道：一是受博物馆界“多样性、公平性、可及性和包容性 (Diversity, Equity, Accessibility, and Inclusion)”的影响，展览揭示了不同族裔在这场运动中的参与情况。二是在部分说明文字中，存在鼓励观众利用馆藏继续探究的内容，而对该主题感兴趣的观众或者对此展品产生新问题的观众，可以借助国会图书馆的大量藏书优势，主动获取有关其他族裔妇女参与选举活动的新发现。

成都市档案馆新馆的基本陈列“成都故事”则属于线性叙事的多线叙事展。该展于 2017 年正式开展，是一个大型的档案情景展。展览以成都自秦筑城以来两千年的时间脉络展开，聚焦的是成都发展史中的城池变迁以及各行各业的不同故事。主要是通过情景再现对不同时期的典型事件进行多线呈现，如开工劝业、城市管理、求学海外、辛亥保路、传播马列、迎接解放等，使观众能在流淌的历史中品味包罗万象的千年成都及其旧貌新颜，从而感悟到这座锦绣之城的文脉与灵魂。

可见，如果是针对某个人物或某一事件的主题展，可以考虑使用单线叙事或复线叙事，通过彼此相关联的线性故事来呈现人物的成长历程或事件的发展过程。但针对一般的主题展览，尤其是历史主题展览，则可以借鉴博物馆领域同类展览的做法，优先采取多线叙事，通过一个个故事并行展开，如同一个藤蔓上长出的若干个西瓜，这些西瓜彼此独立生长，但串在一起又是一棵完整植株。

相较于其他媒介的叙事，展览叙事最鲜明的特征是叙事的空间性。因为展览是在特定空间以视觉为主的形象传播体系，空间成了展览叙事的重要容器，它将直接影响叙事结构的搭建以及搭建的成败。拥有时间属性的展览故事，一旦发生在展厅现场，同时又具备了空间属性，而空间本身也是有结构的。无论我们是否承认，在展厅中的学习和体验中，时间与空间如影随形，如果为了研究的方便强行将时、空分离，那必然会给叙事的整体安排及其理解带来盲区，不符合展览述行空间的本来面貌[17]。因此，文献收藏机构在策划线性展览时，应当按照故事的时间逻辑进行定向式空间规划，使观众只能沿着设计的动线行走，在限定的选择中理解展览的安排及内容。耳熟能详的案例就是迪士尼的受控体验，观众常常被蓄意安排在一个可移动的座位中，以确保观众按照线性顺序完整地体验整个故事线。空间的结构由此得以和叙事结构保持一致，使得诉诸笔端的文本叙事变成了展厅内依托文本重构的事件现场，三度空间成了创建故事和传递线索的重要媒介。

2. 非线性叙事及其三种空间规划

“非线性叙事”是指打乱事件发展顺序的叙述，即事件的发展顺序与受众的认知顺序是不一致的[18]。受众很可能只会选择其中最能引起他们兴趣的内容。一般来说，根据叙述单位的大小，可将非线性叙事分为团块叙事和点状叙事。笔者认为团块叙事主要是指展览中的某个部分或某些部分采用叙事进行阐释，而点状叙事则是指针对某个展品或展品组合，采用叙事进行阐释。如果和线性叙事一样，将空间性纳入至叙事结构的考虑范畴，那么非线性叙事通常包含有三种空间布局。此三种布局连同上述的定向式空间规划都是由约翰 · 福尔克 (John H.Falk) 和琳恩 · 迪尔金 (Lynn Dierking) 在他们的开创新著作——《博物馆体验 (The Museum Experience)》中提出的。在该书的第四章“环境背景: 参观动线(Physical Context: Visitor Pathways)”中，对三种非线性的空间布局进行了介绍及说明[19]：

第一种是放射状空间规划。这类布局通常有一个中央核心区域，周边开辟呈辐射状的支持性空间。这一类型易于为观众提供导向，因为中央核心区域往往是一个公共聚集之所，观众在参观完其外围的支持性空间后，可轻松地返回至中央核心区域，然后再去参观剩余的支持性空间。在这种布局中，中央核心区域通常是重要的，需要经过精心规划，可通过重点展品展示、中心主题传达或者传播目的揭示，将该空间打造成关联众多支持空间的展览焦点。在放射状的空间布局中，团块叙事往往可被安置在周边的支持性空间，而点状叙事则既可被安排在中央核心区域，也可被纳入支持性空间。在博物馆界这种空间布局多在自然科学类博物馆出现，如众所周知的美国国家自然历史博物馆 (National Museum of National History) 和菲尔德博物馆 (Field Museum)，前者有中央圆形大厅和标志性非洲雄象，后者则有中央中庭——斯坦利 · 菲尔德大厅 (Stanley Field Hall)。

第二种是随机式空间规划。这类布局由于缺乏中心叙事，所以策展人通常不会控制观众的观展顺序，更多则是鼓励观众自由选择。各个展区既可设置团块故事又可安排点状故事，它们彼此可能存在关联，但这种关联通常没有先后顺序，观众能以交叉、回溯甚至是缺漏的方式观看展览。事先规划好的平面图可在入口处提供给观众，以便他们根据展区内容、数量和规模来设计自己的参观路线。

以大英图书馆 (British Library) 的网上展览“发现儿童读物 (Discovering Children’s Books)”展为例。由于网上展览的展示空间可以依据内容进行灵活调整，所以策展人通过多层次解读文献，凝练出丰富多元的展览主题，共设十三个部分，分别为：“行为与举止”“家和归属”“恐惧”“魔术和幻想”“食物”“会说话的动物”“改变世界”“弹出式和可移动的书”“纪实童书”“诗歌、童谣和文字游戏”“学校故事和阅读工具”“童话和民间故事”“大和小”。这些主题为相互平行的独立系统，不存在先后顺序，但每个主题又不乏点状故事。如第三部分“恐惧”选择的是一些黑暗但却迷人的童话故事；而第四部分“魔术与幻想”中则展示了中世纪的凤凰城、菲利普·普尔曼 (Philip Pullman) 的北极光等魔幻而又神奇的故事。

第三种是开放式空间规划。这类布局通常是空间内的所有展览内容都一览无遗，可以为观众提供开阔的视野，使他们能够绝对自由地选择参观路线。观众置身于这样一个空间，该怎么走以及在各个区域待多久，基本都是出于自我意愿，它是受控体验的对立面。在开放式空间内的叙事展览，往往不适合采取团块叙事，一般都会使用点状叙事。在博物馆界最典型的案例即为旧金山的探索宫 (Exploration)，该馆是一个巨大的车库式开放空间，创建者弗兰克·奥本海默 (Frank Oppenheimer) 不想受传统展览按学科和主题有序规划的影响，而是选择了摊位式的开放展厅以供观众自由探索。以“含英咀华——阅读与书房”展中的“古代文人的理想书房”区域为例，这是一个开放式的展览空间，文人书桌、文房用品、声光多媒体和说明文字等尽收眼底。此时文物已不再是单纯意义上的物，通过特定位置的摆放和空间的语境化营造，成了交流系统中的物，观众不仅能欣赏文物的精妙造型和高超工艺，还能穿越至明代一目了然地欣赏到书房现场，再借助说明文字等信息组团，将文物故事的前世今生娓娓道来。这些物不仅成为故事的叙述者，还成为故事中的对象。如果按照叙事分层，“古代文人的理想书房”类似于最低层叙事中的“次叙述层”[20]，如果根据前文的叙述单位大小划分，又可被归为点状叙事。

三 叙事策略中值得注意的三个问题

在提倡以文献所记录的信息作为材料依据的基础上，我们主张从“讲什么”和“如何讲”两大视野下去探讨展览的叙事策略，该策略主要包括“传播目的、叙事要素和叙事结构”三方面内容。同时，在运用叙事策略时，还存在三个值得注意的问题。一是展览信息量的上限是多少？二是展览信息如何既能尊重策展人的专业热情，又能服务好观众的期待和需求？三是有限的展览信息如何满足观众的多元动机？

问题一：展览信息量的上限是多少？在采取叙事策略时，首先要考虑的是展览想要做什么，以及为谁而做，这两方面前文均已提及，都会直接影响到信息量的上限。我们虽然强调要重视文献，并主张对文献所载信息进行提炼，但如何才能避免文献中海量的专业信息不会压垮观众。尽管文献记录的事实很重要，但展览中名义上输出的大量信息未必能为观众所接收，同时互联网的出现使获取各类信息变得轻而易举，因此展览作为一种大众传播媒介，不能只热衷于传递尽可能多的信息，而需要优先考虑如何通过文献及其反映的事实去吸引观众的注意，唤起他们的情感，进而引发其思考。因此，展览不应是提供给外行和初学者的一部百科全书，而应成为激发他们学习兴趣的一部入门导读。如果采取百科全书式的展示，带来的结果可能是占用了大量的展览资源，且策展人认为重要的事实可能观众并不觉得有趣。

以成都市档案馆新馆基本陈列“成都故事”为例，通过对该展策展人的访谈获悉，起初展览的主题定为“百年成都”，但是由于战乱和人为因素，现存的档案并非是百年成都的完整记录，由此将主题调整为“成都故事”，以避免采取无所不包的通史式陈列。同时，受访者还表示由于档案原件中不少是手写体，书法潦草难以辨认，有些类似八股，前面废话颇多，没有逗点，对于非专业人士而言阅读起来困难。所以，为保证尽可能多的观众都能走进档案馆，来品成都故事，所以“成都故事”的信息定位是小学毕业生都能看得懂。为此，策展团队整个过程中花费了大量时间与精力去研究档案，从3000多份档案中提取重要信息，并将其编码成六部分，同时把符号信息转化为情境、视频等，以保证在没有讲解的情况下，小学毕业生也能看得明白。

为了实现海量信息与观众兴趣之间的平衡，通常可采取三种对策：第一，策展专家通过重新审视自我经历，去回忆某一主题最初是如何引起自身兴趣的。第二，策展团队通过正式和非正式的观众调查、评估和研究，收集和分析观众对该主题最初的想法，并于此基础上进行信息加工和处理。第三，为避免观众参观时的视觉混乱，使观众轻松获取重要信息，可以对信息进行分层并通过可识别的设计，使不同层次的信息能清晰呈现。如美国丹佛自然历史博物馆（Denver Museum of Nature & Science）的史前展览（Prehistoric Journey）为三类观众分别打造不同的信息系统，包括针对儿童的“发现类”信息，针对普通成人的“探索类”信息，以及针对专家的“学习类”信息[21]。

问题二：展览信息如何既能尊重策展人的专业热情，又能服务好观众的期待和需求？此处，我们需要重提文中曾论及的“文献”要素倡导者之角色定位问题。该倡导者不应只是文献专家，还应是传播专家，且文献研究最终是要为传播服务的。“文献要素”的倡导者始终需要明白展览并非其一展丰厚学养的平台，而是实现文献信息广泛传播的媒介。为保障受众的公共文化利益，并使专家的研究成果更好地服务受众，可采取两种解决方法：培养拥有博物馆学基础的专业策展人；培养具备合作能力的职业策展人。

其中，培养拥有博物馆学基础的专业策展人是首选，这部分人最好文献收藏机构内部人员，促使其成长为内部策展人。而培养这部分人才的最大障碍往往在于革新观念。应当使他们意识到展览已告别传授知识的阶段，展览的使命在于能否成功地传播文献信息，所以不必在意由于内容肤浅而导致同行品头论足。文献研究成果只不过是信息编码的原材料，而编码时实际上还涉及传播的对象和手段。我们知道研究成果通常是用文字表征的科学论著，但在策展时却不可直接对其加以运用，而是需要经由二次转化与编码，再借由展品的情态和序列，让信息、信息载体合成一个空间表达的视觉传播体系。

可见，文献的研究虽然是信息编码中最为基础的一项工作，但要完成信息传播的使命，还需要开展针对传播对象如何阐释文献信息的博物馆学研究。博物馆作为一门学科，既包含博物馆的性质、特点、目标和历史等基础理论，还包含各项业务活动方法等应用理论，能为策展的理性实践提供科学依据[22]。如果这类策展人不熟悉博物馆学视野下的策展理论和方法，可以通过开展职业培训、招聘博物馆学专业人才或外聘展览顾问等举措予以弥补。当然如果策展团队中缺乏某主题专家，还要考虑外聘学术顾问。

以国家典籍博物馆 2015 年推出的“甲骨文记忆”展为例，该展通过对馆藏甲骨及其负载信息的研究，将展览分成“重现的文明、神奇的文字、传奇的王国和探索的旅程”四部分。我们可以发现该展的可贵之处在于，其并未将海量的甲骨文研究成果直接用来展示，而是从观众本位出发，带领观众从甲骨的发现开始，探寻甲骨背后的秘密，共同揭开甲骨作为占卜和文字的神秘面纱。比如为了说明商代是如何用甲骨进行占卜？观众可站在感应区，伸出手抓取所需占卜的内容，尔后进行灼烧和兆纹，最终占卜结果会在龟甲模型中呈现，并被宣读出来，让观众能够切实体验一回商代占卜的情景。再如为了直观认识甲骨中神奇的文字，策展人将 35 个被刘鹗释读的甲骨文字与现代汉字进行立体化对比展示，使观众在感性欣赏这些字形的同时能理性理解字义（图 3），此外展览还在立体画卷中采用象形的甲骨文进行装饰（图 4）。可见，策展人立足于甲骨文的相关学术研究，如已被破译的甲骨文字，提取观众可能感兴趣的主题，并采用情境再现、模型、拓印、多媒体等多样化手段，为观众搭建视听和操作等互动平台。

图 3.“甲骨文记忆”展中将释读出的 35 个甲骨文与成熟的汉字进行对比，呈现于玻璃展板上[23]

图 4.“甲骨文记忆”展中采用象形甲骨文（木、林、水、鱼、鸟）进行立体画卷的装饰[24]

第二种方法是培养具备合作能力的职业策展人。职业策展人多数是来自文献收藏机构以外的“外部策展人”，他们通常拥有博物馆学受训背景或策展经验，但并非是主题专家。当机构要策划某个特定领域的展览时，为保证展览开发的信息准确且凝练恰当，策展人需要提前对主题专家进行咨询或访谈，甚至聘请其担任展览的学术顾问。职业策展人可在大学或其他相关机构找到主题专家并与之建立伙伴关系，需要为如何利用好馆内外的优质专业资源，做出妥善安排。

问题三：有限的展览信息如何满足观众的多元动机？前来博物馆参观的观众是一个极为

复杂的异质群体[25]，他们不仅拥有千差万别的个人背景，学习方式也多种多样，还携带着迥然相异的参观动机。动机，是消费者行为学中一个重要而古老的概念，指的是“由目标和价值观驱动的行为 (know as goals and value drive behavior)”[26]。而参观动机是“一个复杂的社会学和心理学构造的问题”[27]，是指“鼓励公众朝向特定目标行动的内在驱动力量，驱使满足个人的社会与心理需求，是个人选择参观的重要原因”[28]。它本质上是一种内在的心理活动，主要受到内在需求和外在刺激的双重影响[29]，为多种因素共同作用的结果[30]。有关参观动机问题的探讨已有近50年的发展史。率先将该问题引入展览领域的是格雷博恩 (Grabum NHH.)，格雷博恩在1977年首先把参观动机分成三类：社交娱乐、教育和崇拜[31]。1983年，胡德 (Marilyn Hood) 基于对60年来相关文献的整理与分析，提出参观的六类动机：与他人相处或社交互动、做值得做的事，在周围环境中能轻松自处、新经验的挑战、有学习机会和主动的参与机会[32]。1991年，麦克马纳斯 (McManus, P. M.) 又将参观动机分成了五类：追求个人兴趣、希望发现新信息、追求快乐、放松、社交因素[33]。其中，除了“希望发现新信息”外，其他四类基本都属于休闲类的非直接认知动机。1996年，詹森 · 韦贝克 (Jansen-Verbeke M)、范 · 兰多姆 (Van Redom J) 提出参观动机有四类“学习一些新东西、观看一些新东西、出去一天、逃避日常生活”[34]，其中，后三类与非直接认知的休闲类动机相关度更高。1997年，密苏里 (Moussouri, T.) 主张的六类动机情况如出一辙，“教育、地点、生命周期、社会活动、娱乐和实际问题”动机中[35]，后五类更倾向于休闲类的非认知因素。参观动机研究中的扛鼎人物是斯莱特 (Slater, A.)，在2007年一项研究中，斯莱特通过影响因子分析，发现参观动机可分为“逃离、学习、家庭与社交互动”三类，除“学习”动机之外，其他两项也都更强调动机中的休闲因素，且“逃离”成为最重要的动机构成[36]。多德 (Dodd, J.) 等（2012）在较为近期的一项动机研究中总结出了十类动机，其中有一半动机是非直接的休闲因素，包括路过、节假日出游、家人或朋友共同前往等[37]。可见，有关参观动机的因素分析，构成因素日渐完善，且呈现出一种趋势：从一开始就区分出认知动机（如学习、教育）和非直接的认知动机（如休闲），同时相较于直接的认知动机，非直接的休闲因素正在逐步增加。

鉴此，笔者认为可将多元化的参观动机归纳为两类：认知动机和非认知动机，且非认知动机越来突显。那么，为何会呈现出这一趋势？可从外因和内因两方面加以论述。随着民众休闲需求的增长和休闲方式的丰富以及休闲空间的拓展，以休闲动机为代表的非认知动机正日益成为观众参观动机的重要构成。除了这些外因之外，由于展览既是一种特定空间内的传播媒介，又是一种非强制的教育工具，观众的参观主要是在站立和行走中完成的，其决定观众不会停留太久，并且停驻和离开都由他们自由选择，所以寓教于乐和智能休闲成为展览区别于其他媒介的最显著特征。针对“有限的展览信息如何满足观众的多元动机”问题，实现寓教于乐和智能休闲以是满足当前“休闲主导型的动机”成为解决该问题的关键。以“台湾国立文学馆”的“扩增文学 · 数位百工”特展为例，这是一场服务于观众休闲动机的典型案例。该展以日治时期的台湾为背景，观众化身为当时的作家蔡培火和赖和等，借助任务关卡、数字化内容和多媒体互动，以了解这些作家的经历及其文本故事，重要团体以及著名的文学争论。这种以故事主角身份介入的展览阐释，使观众能身临其境地体验作品跌宕起伏的情节，感受到作家们构思作品中呈现的真性情，并使观众能真正接触和品读文献所载信息从而获得启蒙。综上，参观动机深刻决定着观众的参观行为及其体验效果，动态化地掌握观众的动机构成及其因素，能有助于从信息内容上实现与观众的相关性，从而真正服务于观众的特定动机，是文献收藏机构展览价值追求最大化的重要实现手段。

四 总结

首先，“文献”是整个展览工作的基础，决定着展览的主题、内容甚至框架，因而至关重要。其次，文献收藏机构在策展时应优先使用叙事策略。为此，我们需要探究展览讲什么故事以及如何讲好故事。在“展览讲什么故事”方面，我们应强调展览传播目的的重要性，什么是传播目的，以及如何制定传播目的。在“怎样讲好展览故事”方面，提出文献收藏机构叙事展览的六大构成要素——叙事者、叙事基件、困境、目标与行动、情感与立意，并于此基础上深入探讨两类不同结构的叙事展览——线性叙事和非线性叙事，以及承载两类展览的四种空间规划——定向式、放射状、随机式和开放式。最后，在明确“文献”要素内涵、倡导者及其地位，并制定展览的叙事策略后，还有三大问题尤其值得我们注意，它们分别是展览信息量的上限是什么、尊重策展人专业的同时怎样服务好观众、有限的信息如何满足观众多元动机。

笔者在厘清这些问题内部矛盾和外部冲突的基础上，尝试提出相应的解决之策。通过总结回顾，我们可进一步明辨展览叙事是不同于文本叙事的。前者是通过实物展品、辅助展品、说明文字及其所构建的空间形态来传播信息的，而后者借助的则是语词符号系统。通过阅读文本中的语词符号，读者能较为轻松地理解文本所讲述的故事，因为阅读和书写的符号是同构的。但是展览叙事却是一种静态的碎片呈现，这种呈现并非连续的和动态的，且与我们日常用于信息交流的符号并不同构。所以，为了使呈现结果直观易懂，策展人需要对具有时间逻辑、因果关系的重点信息进行可视化表达，尔后由观众依靠格式塔心理学来填补静态呈现的展览故事之不完整性，从而构建出观众自己或长或短、或大或小的独特故事。

【注释】

[1] Beverly Serrell. Exhibit labels: An Interpretive Approach [M]. 2nd ed. Lanham, MD: Rowman & Littlefield, 2015: 7.

[2] Beverly Serrell. Exhibit labels: An Interpretive Approach [M]. 2nd ed. Lanham, MD: Rowman & Littlefield, 2015: 7-9.

[3] Beverly Serrell. Exhibit labels: An Interpretive Approach [M]. 2nd ed. Lanham, MD: Rowman & Littlefield, 2015: 10.

[4] Serrell, B. Paying Attention: Visitors and Museum Exhibitions[M]. Washington, DC: American Association of Museums,1998: 7-18.

[5] Steven Conn. Do Museum Still Need Objects? [M]. Philadelphia: University of Pennsylvania Press,

2009.

[6] 张婉真：《当代博物馆展览的叙事转向》，台北艺术大学，远流出版事业股份有限公司，2014 年，第 98 页。

[7] Andy Goodman. Storytelling as Best Practice[M]. 8th ed. [S. I.]: Goodman Center, 2015: 16-17.

[8] 庆炳：《文学理论新编》，北京师范大学出版社，2010 年，第 184-190 页。

[9] 胡家才：《新编美学概论》，东方出版社，1999 年，第 377-378 页。

[10]张婉真：《当代博物馆展览的叙事转向》，台北艺术大学；远流出版事业股份有限公司，2014 年，第 99 页。

[11]张婉真：《当代博物馆展览的叙事转向》，台北艺术大学；远流出版事业股份有限公司，2014 年，第 99 页。

[12]【逆旅 · 一九四九】台湾战后移民文学特展 [EB/OL]. [2021-3-10]. https://event.culture.tw/NMTL/portal/Registration/C0103MAction?actId=90005.

[13]叶向东，吴章霖，黄晨曦：《人类未来的希望——蓝色科技》，中国经济出版社，2005 年，第 146 页。

[14]龙迪勇：《空间叙事学》，生活 · 读书 · 新知三联书店，2015 年，第 215 页。

[15]王振宇：《电视新闻深度报道》，河南大学出版社，2015 年，第 49 页。

[16]李勇强：《荧屏之戏 中国戏剧与电视剧改编研究》，浙江师范大学戏剧与影视艺术书系，中国电影出版社，2018 年，第 106 页。

[17]龙迪勇：《空间叙事学》，生活 · 读书 · 新知三联书店，2015 年，第 135 页。

[18]王振宇：《电视新闻深度报道》，河南大学出版社，2015 年，第 49 页。

[19]Falk, John H. and Lynn D. Dierking. The Museum Experience[M]. Washington, DC; Whaleback Books Howells House, 1992.

[20]谭君强：《叙事学导论》，高等教育出版社，2008 年，第 37-45 页。

[21]Mckenna-Cress P, Kamien J A. Creating Exhibitions: Collaboration in the Planning, Development, and Design of Innovative Experiences[M]. Hoboken: John Wiley & Sons, Inc, 2013: 25.

[22]周婧景：《博物馆以“物”为载体的信息传播：局限、困境与对策》，《东南文化》，2021 年第 02 期。

[23]360 文档《甲骨文记忆展：很酷很好玩！》[DB/OL]. [2020-07-06]. http://www.360doc.com/content/16/1117/14/33344355_607274432.shtml.

[24]360 文档《甲骨文记忆展：很酷很好玩！》[DB/OL]. [2020-07-06]. http://www.360doc.com/content/16/1117/14/33344355_607274432.shtml.

[25]Ross J Loomis. Planning for the Visitor: the Challenge of Visitor Studies[C]//BICKNELL S, FARMELO G. Museum Visitor Studies in the 90s. London: Science Museum, 1993: 13-24.

[26]Bouder Pailler D.: A Model for Measuring the Goals of Theatre Attendance[J]. International Journal of Arts Management, 1999: 4-15.

[27]John H. Falk. An Identity-Centered Approach to Understanding Museum Learning[J]. Curator: The Museum Journal, 2006, 49(2): 153.

[28]林咏能：《台北市立美术馆观众参观动机研究》，《博物馆与文化》，2013 年，第 6 期，第 170 页。

[29]林咏能：《台北市立美术馆观众参观动机研究》，《博物馆与文化》，2013 年，第 6 期，第 170 页。

[30]Crompton, J. L. . Motivations for Pleasure Vacation[J]. Annals of Tourism Research, 1979, 6(4): 408-424.

[31]Grabum N H. The Museum and the Visitor Experience[J]. Roundtable Reports, 1977: 1-5.

[32]Hood, M. G. Staying away: Why People Choose not to Visit Museums[J]. Museum News, 1983, 61(4):50-57.

[33]McManus, P. M. Making Sense of Exhibits[C]//

KAVANAGH G. Museum Language: Objects and Texts. Leicester: Leicester University Press, 1991.

[34]Jansen-Verbeke M, Van Redom J. Scanning Museum Visitors: Urban Tourism Marketing[J]. Annals of Tourism Research, 1996, 23(2): 364-375.

[35]Moussouri, T. Family Agendas and Family Learning in Hands-on Museums[D]. Leicester: University of Leicester, 1997: 73-80.

[36]Slater, A. Escaping to the gallery: Understanding the Motivations of Visitors to Galleries[J]. International Journal of Nonprofit and Voluntary Sector Marketing, 2007, 12(2): 149-162.

[37]Dodd,J.et al.Voices from the museum: Qualitative research conducted in Europe's national museums[R]. Linköping: Linköping University Electronic Press, 2012.

回归原始空间
——论博物馆古代石刻陈列中多学科的应用

谭淑琴（河南博物院）

摘要：博物馆古代石刻文物陈展，应改变单一、碎片化的陈展方式，与考古学、美术学、三维数字技术相结合，实现考古还原及跨学科解读，让历史文化信息得到准确地阐释、传播和交流。在考察国内外博物馆的过程中，看到许多利用多学科技术，融入各种社会资源，在陵墓石刻、碑刻墓志、画像石及石窟造像等方面较为进步的陈展案例，值得学习和借鉴。本文既是一篇针对石刻文物陈展问题的调研报告，也是多学科技术手段在石刻文物陈展方面综合运用，达到良好陈展效果的研究探讨。

关键词：古代石刻；陈展阐释；多学科技术

博物馆古代石刻文物，如圆雕类的陵前石人、石兽，文字类的碑刻墓志，平面浮雕类的汉画像石等，由于体型较大、占用场地，常常是以独立地个体进行陈列的模式，由于脱离了墓室内外或建筑周围的原生态环境，许多历史文化信息，无法得到准确地阐释和传播，观众无法捕捉到他们用途和价值所在。如何利用考古研究成果,解决单一视角和多元需求的矛盾，让观众通过展示认识这些石刻的历史文化内涵？在考察国内外博物馆的过程中，观察到许多利用多种学科技术，融入各种社会资源，在陵墓石刻、碑刻墓志、画像石及石窟造像等方面有所创新的陈展模式，现在分享给大家，期待在博物馆石刻陈展方面有所帮助和借鉴。

一 陵墓石刻的陈展

我国古代自汉代的陵寝制度规定，帝王陵前有神道，“神道”是通往墓冢地宫的道路，神道两边一般会设置石人、石兽以彰显墓主身份。据文献记载：“秦汉以来，帝王陵前有石麒麟、石辟邪、石象、石马之属；人臣墓前有石羊、石虎、石人、石柱之属；皆以表饰坟垄，如生前之仪卫耳。”[1]

这些陵前石刻是采用圆雕技法创作的可以四面观看的石雕艺术品,具有完全立体的造型，主要包括墓阙、享堂、华表、石人和石兽，常立于帝王和大官僚墓前，如同陵墓前的仪卫，既可以镇墓辟邪，又可以标志墓主人的身份等级，借以象征他们生前的权威和功绩。在博物馆征集的陵墓石刻通常是单个的文物，在陈列中无法和当时的环境相融合并表现出礼制规模，观众只能当作一件石雕艺术品欣赏观看。比如在西安碑林博物馆展出有一石兽，原立于陕西省富平县西魏文帝永陵神道东侧，是较早的陵前石兽，而与他配对的西侧神兽却孤单的立于陵墓的村头。这种与原配分离，征集到博物馆，然后以独立的个体在博物馆进行陈展，是较为普遍现象，脱离了自然环境的石兽，历史文化信息缺失，观众看到的只是一件圆雕艺术作品。如何让文物历史文化信息更加丰富，观众一看便知其用途和功能呢？国内有些博物馆在学术支撑下，从多学科策展视角，让观众通过“空间体验”了解文物，使展览有所创新。

（一）室内陵墓石刻与半景画的巧妙结合

半景画常用来表现某一重大题材的一种综合性艺术陈列形式，它可形象生动地再现历史场景或重大事件，给人们产生一种真实感。2018 年参观吉林省博物馆明清时期展览时，被他们的陈展所吸引。（图 1）陈列中石人、石羊和石虎成对摆放，并制作了半景画将平面场景中半实物的仿真技术和立体场景中文物组合巧妙融为一体，观众进入现场后仿佛置身于其中，有种身临其境的感觉。通过简单的讲解可以很容易了解“神道”的概念。这个陈列要求策展人首先是石刻文物研究者，从考古发掘的角度了解陵墓石刻的组合方式和原来摆放的大背景，并和艺术设计沟通交流后复原了当时陵墓神道场景。他们利用了半景画再现历史的真实，扩展性极强的特点，采用油画以写实的手法虚实结合，风格统一，创造出了气势恢宏，形象逼真，富有强烈的现场感和独特艺术感染力的陈列。给观众留下了深刻印象。半景画技术在现代史陈列中往往是地面塑型成为画面的延伸，画面与地面塑型的衔接，是半景画成功与否的关键之一。地面塑形不是真实的文物，在这里，古代陵墓石刻成为地面实体，展板画面与地面文物雕塑科学、巧妙地结合，自然过渡，虚实相间，使整个场景融为一体，在室内逼真再现了古代墓前神道依山势而筑、神道两旁石兽、石人多成对而设，如生前仪卫守护陵墓的原貌。

半景画作为辅助艺术品和纯艺术创作不同，纯艺术的创作融入的是艺术家的思想、精神和情感的抒发，博物馆辅助艺术品是和文物相结合，成为知识、信息的传播媒介，必须有专业的学术支撑，是有依据的再现、还原和重构。这样补充了文物的不足，弥补了展览主题的叙事和阐释能力不强的缺陷。能够带给观众很好的观展体验。这个陈展应是辅助艺术品应用于博物馆石刻艺术陈列的实例。我们可以举一反三，比如馆藏石狮子，有的是在宫殿前、住宅前看门；有的则位于陵墓前守墓。如果设计出相应不同的背景，则其功能作用和文化内涵一目了然。

图 1. 吉林省博物馆明清时期陵墓石刻陈列

（二）神道石刻的复制与陵墓室外环境的营造

成都永陵是五代十国前蜀开国皇帝王建的陵墓，又称“王建墓”。1942 年经科学考古发掘与研究，成为我国唯一的一座地上皇陵[2]。据史载，永陵原神道两侧“琢石为人马甚伟”，

1971年，在永陵西南约400米处出土一石人，高约3.2米，青石雕刻，着文官服，佩剑持笏(图2)。据考古学家冯汉骥先生考证，认为系永陵神道之侧石人。此石为还原永陵神道环境提供了实物参考[3]。前蜀立国仅18年，不可能形成自己的文化，为了再现神道原状，永陵的外环境以此物为据并参照唐制，增补了文臣、武将，獬豸、鞍马各一对，增补后的神道较好的还原了永陵神道的原貌，也代表了唐五代时期四川地区石刻艺术的最高水平。为四川永陵博物馆的建立营造了真实的历史环境（图3）。

石雕是独具特点的专业性很强的学科。永陵大型石刻的复制不仅需要考古方面的研究和考证，也是一项城市旅游景区的工程，需要依靠美术与雕刻专业人员共同参与，运用科技力量才能完成。观众在参观陵墓地宫的同时，也看到了当时四川石雕艺术流行的写实风格，同时获得较好的参观体验。

图2. 成都永陵西南出土石人

图3. 四川永陵博物馆室外复制石兽石人及神道环境

二 墓志的陈展

墓志是中国古代墓葬中的陪葬品，滥觞于秦汉之际，发展于魏晋，完善于北魏，兴盛于唐，延续至明清。墓葬中的墓志以刻在石头上的文字，标志了墓主人的身份，体现了它的历史和考古价值。墓志的陈展在博物馆有二种较为普遍的方式，一种是不可移动式，通常都被砌于墙体内，只露出志文部分，也称嵌入式，在老旧博物馆较为常见。另一种是可移动式，直接置于展台上，文字的部分正对观众。嵌入式墓志的陈列方式，掩盖了墓志侧面精美的纹饰，不能够把其他文化信息反映出来。如果没有拓片和释文展示，观众只能看到模糊的文字，这种不可移动式的陈列，等于是装修豪华的文物库房。可移动式墓志陈列，多置于展台上，由于石刻文学难以识读，常配以拓片或录文进行展示，这种展示侧重于历史时期书法的审美赏析。但这二种方式，都没有和考古学相结合，特别是早期墓志的置放与墓志的起源有紧密的联系，如果陈展中通过考古复原会使不起眼的石头达到理想的陈展效果。

（一）情景阐释墓志起源

墓志的产生与墓葬中标志墓主人身份的社

会习俗有很大的关系。魏晋时期由于禁碑，墓碑从地面上消失了，但人们仍旧要刻碑纪念故人，又不敢违背禁令，于是树立在墓外的碑刻减少，转而埋入地下，出现了仿照碑形竖立在墓室中的小型碑状墓志，尺寸一般高不过一米，宽度在半米之内，直立圹中，与后世墓志平放不同。如洛阳出土西晋永平元年（291 年）《管洛墓碑》（高 59、宽 25 厘米）、晋元康六年洛阳出土的（296 年）《贾充妻郭槐柩铭》（高 76、宽 31 厘米）和晋元康九年（299 年）《徐美人墓志》（高 90、宽 51 厘米）及晋元康三年（293 年）的《裴祇墓志》（高 43、宽 20 厘米）皆为竖长方形的小碑形墓志，是当时仿照碑式志墓的遗风。其中裴祇墓志于 1936 年出土于洛阳城北晋墓，竖长方形，下有榫，出土时置于一石座上，显然是竖放的形式。在参观洛阳古代艺术博物馆时，看到晋元康三年（293 年）裴祇墓的复原墓室，墓中再现了裴祇墓志的安置情况（图 4）。

图 4. 西晋裴祇墓室复原（洛阳古代艺术博物馆）

墓室是砖室墓，由前甬道、前堂、后甬道、后室、侧室和耳室组成，发现时墓室被盗，仅存金质头饰、镶玉铜腰带及墓志几件。其中裴祇墓志成为重点发现，此墓志志石正背两面刻字，据志文所记可知一家三代老少四口同时同墓而葬。墓室中裴祇之母为长辈，居主室，裴祇及妻低一级，居侧室；裴祇之女又低一辈，葬侧室之旁的耳室，体现了严格的长幼尊卑次序，也为研究墓室安置状况提供了可靠的信息。这个墓志现存洛阳博物馆，如果单独放在展柜里，会失去很多考古信息。如果展示了墓室原来的情景和墓志所在位置，通过讲解，观众很容易了解当时战乱，一家四口同时遇难的历史背景，重要的是对墓志的起源印象深刻。

北魏统一中原后，继承了晋代小碑形墓志的丧葬习俗，并在汉化改制后逐渐发展形成了四方形、盖志一合的固定形制。小碑形的考古复原陈展可以让观众知道碑的起源早于墓志，先有碑，后有志，两者在文化上有渊源关系。其后，碑刻和墓志在发展、完善的过程中，如影相随，相辅相成，成为中国传统文化中不可或缺的礼仪制度和文明载体。

（二）应用多媒体技术揭秘墓志的原始状态及意义

墓碑转入地下，在文体、刻制工艺、形制等方面都给墓志的形成以极大影响。由于立碑式不适于墓中使用，竖放发展为平放是必然趋势。墓志的形状到北魏时期开始定型，为正方形，分为上下两层，上层是志盖，下层是志石。志盖扣合，再套上大小相等的两道铁皮箍，随同逝者一起深埋于墓穴里。因为出土时铁箍早已经朽烂，只存墓志，但在有的墓志青石表面还留有铁箍紧紧箍住的痕迹。博物馆收藏的墓志往往失去了墓志的原始状态，同时征集墓志存在志石和志盖分离现象较多，观众无法认识墓志的原始状态。

墓志的安放位置多在墓门前和甬道中，也有置于墓主头前者，有的在墓室入口的封门墙之下。如目前所发掘的北朝墓群中唯一没有被盗掘的墓葬元祜墓。东魏天平四年（537 年）元祜墓志安放在墓室入口的封门墙之下[4]。此志由正方形志盖和志石组成，边长约 71 厘米。志盖磨光素面，为盝顶形状，顶部正中有一铁环，应是把手，便于运输安放。元祜乃北魏皇帝拓跋焘的重孙，东魏徐州刺史，死后埋葬在东魏皇族元氏的陵墓茔域内，他的墓志官方制作，具有一定的代表性。博物馆墓志陈列可以利用现在科学发掘的墓葬出土墓志放置状态来还原不是科学发掘的传世墓志。比如可以进行场景和动画制作等多种技术手段让观众了解墓志的起源和发展，如果能表现墓志的制作过程，更能满足观众的好奇心。另外，有的墓志盖上刻有古代表示方位的四神图像，有的还刻有十二生肖图案，其雕刻方位对应表示时间的十二时辰，这些神秘的信息和墓志摆放的位置相互联系，反映了古人对丧葬礼制的重视和规范。单一作为文物放置于台面或嵌于墙内掩盖了这些珍贵的历史文化信息。在陈展中需要博物馆策展人利用多媒体技术在学术支撑下向观众揭秘。

（三）利用某个文化元素进行主题关联阐释

博物馆所藏墓志，大多是出土的文物，有的系盗掘所得，缺乏原志石出土地点与出土情况的科学记载，而且“出土志盖，往往缺失，十不存五”[5]。在陈展中往往不能全面展示文物的原貌。有的志石和志盖在不同的国家和博物馆收藏。

如北魏永安二年 (529) 尔朱绍墓志（图 5），

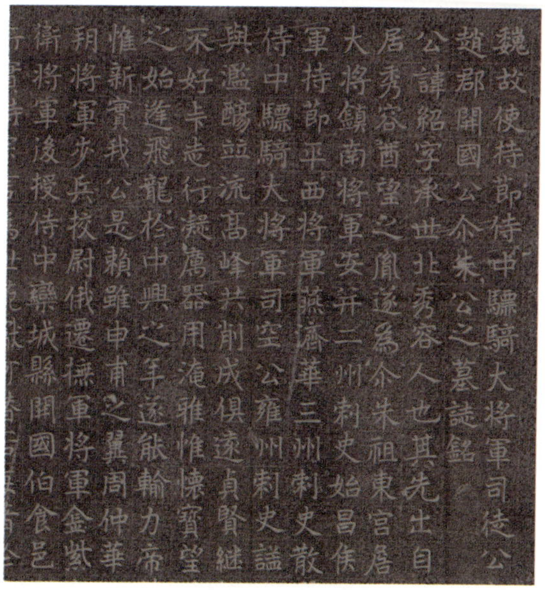

图 5. 北魏尔朱绍墓志（局部）（洛阳出土，现藏西安碑林博物）

图 6. 北魏尔朱绍墓志盖（洛阳出土，现藏日本天理大学附属天理参考馆）

志石高 64、宽 75 厘米，1928 年洛阳北十里头村南出土。尔朱绍，史无传，为北魏燕济华三州刺史、散骑常侍、大司农卿尔朱买珍第四子。于永安二年六月廿三日死于河阴之变，卒年二十八，其事附《魏书 · 尔朱彦伯传》。志石现藏西安碑林博物馆，原为一合，志盖缺失，藏地不明。2007 年 5 月，在奈良博物馆工作期间，曾去附近的飞鸟资料馆参观以中国古代四神之一的“玄武”为主题的特展。展览的举办灵感来源于日本飞鸟时代后期（公元七世纪后期）奈良县高松冢古坟壁画中一个黑色的乌龟和蛇组合缠绕而成玄武的图案。高松冢古坟壁画是 20 世纪日本重大考古发现之一[6]，其内容以四神图和人物像为主，其中北墙画有玄武（玄武代表北方）。于是凡是带有玄武图案的文物几乎都被挑选出来集中展出。其中有一件墓志盖作为入场首要展品亮相。志盖横长方形，盝形顶，石面已断裂为三块，中部界格内篆刻“魏故司徒尔朱公墓志”3 行 9 字。四周线刻仙人骑朱雀、白虎、青龙、玄武四神图像，间刻有山峦与树木。玄武的图案阴刻于志盖下方。墓志盖上面有四个铁环遗留的痕迹，铁环已佚（图 6），而西安碑林藏《尔朱绍墓志》中志文首题为：“魏故使持节侍中骠骑大将军司徒公都督冀州诸军事冀州刺史赵郡开国公尔朱公之墓志铭。”[7] 显然此墓志盖为尔朱绍墓志盖无疑。此展览策划侧重点在文物局部的图案上，玄武代表北方，壁画上的玄武也居于北方位置，尔朱绍墓志盖上的玄武在下方的位置，那么墓志放在墓室中的方位，应是上南下北，由此可以推测原墓室的走向。此展览经过深入的研究，还展出了河南博物院藏三国魏时宫殿建筑构件四神石柱础的图片，河南洛阳出土北魏元天穆墓志盖及河北临漳县出土北齐高建妻王氏墓志盖的图片等等。此主题的选择视角，集中了关联图案进行阐释，是将文物放在一个更加宏大的文化背景下重构信息脉络，也使残损不完整的文物得到了展出的机会。

这是此次日本奈良之行的意外发现。希望终有一天流失在日本的尔朱绍墓志的志盖能回归祖国，和志石完美组合，呈现给观众的不仅是完好的文物，档案里也增加了文物流失、回归的故事情节。

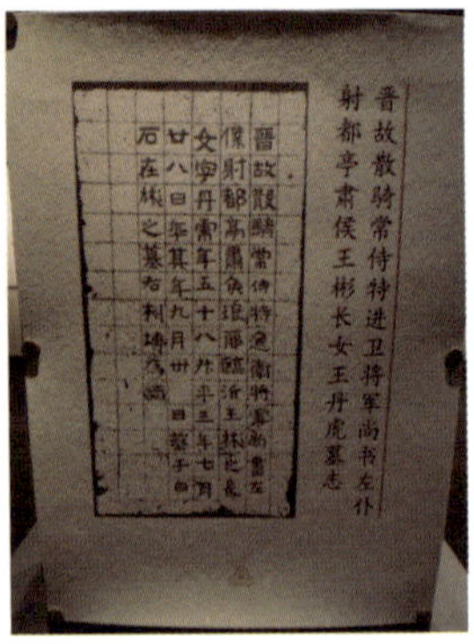

图 7-1、图 7-2. 王丹虎墓志（左志石，右拓印，南京六朝博物馆藏）

（四）墓志陈列需要辅助展品

墓志的重要价值体现在有文字镌刻，墓葬中出现墓志以后，为断定墓志人的身份提供了重要线索，同时也展示了当时精美的书法艺术，书法是策展人经常择选的展览主题。

镌刻细浅的文字不经过拓工的拓制，观众难以识别，配合拓片陈展是各大博物馆墓志陈列中常采用的方式。拓印技术使石刻文字更加富有艺术魅力。2019 年在南京六朝博物馆看到东晋小型墓志的陈列（图 7-1，7-2），采用拓印技术，将志文的文字制作成白底黑字，置于墓志的背后，清晰可辨。由于策展理念把这些墓志归于艺术品，单元标题为“线条里的艺术”，强调的是让观众欣赏王羲之家族的书法真迹，历史文化考古信息较为薄弱。比如陈展中 1964 年南京市中华门外戚家山出土谢鲲墓志，刻于东晋太宁元年（323 年）。志中说墓主：“假葬建康县石子岗……旧墓在荧（荥）阳。”反映了谢鲲随晋室东渡之初，与众多南迁之北方大姓一样，仍怀回归故土之心，志文说他是“假葬”，说明墓志为临时埋没，只是作为迁葬时辨认的标识而作，表达了他们期望有朝一日迁于先茔，再正式与祖先合葬，回归故乡的愿望。故东晋较西晋以及南北朝墓志简单粗率[8]。由于策展的侧重点为书法艺术，这些历史文化信息，普通观众无法获取，是为陈展中的遗憾。

三 汉画像石的陈展

画像石是采用剔地浅浮雕的技法，在磨制好的石面上创作出各种图画，其用途主要是作为汉代墓阙、墓室及祠堂的建筑构件。汉画像石的石材多用于墓门部位的楣、柱和扉。现在许多博物馆的汉画像石陈列，仍旧是单一的文物展品陈列，观众看到的是一块石头上面的画像，没有讲解，不能识别画像石是一种建筑构件，也不知道画像石的原生态背景是在祠堂里？还是在墓室中？

2015 年曾去山东博物馆、山东滕州画像石博物馆及山东临沂博物馆参观学习，看到博物馆的画像石陈展运用了大量的考古研究成果，颇具匠心。山东省博物馆画像石陈列在画像石的制作、墓葬内的构造和石头的摆放方面充分和考古学相结合，用线画描述了画像石制作工艺流程：加工石料，绘制底稿，雕刻画像及组合安装等。安丘汉墓的画像石陈列还使用了平面图和透视图，并把一个个单一的汉画像石按照在墓室中原来的位置进行了摆放。观众通过这些线描图很容易了解汉画像石墓的构造和使用方法。滕州画像石博物馆的“于坡墓”和“夏楼墓”是滕州石室墓的典型代表，陈展采用了考古还原的阐释，把考古发掘成果运用到陈列展览中，再现了画像石墓葬的原始状态。在这种陈列的基础上，讲解石头上的画像内容和故事，使画像石的历史文化内涵信息更加生动和立体。

四 残破石刻的陈展

古代石刻在历史的长河中完整地保存下来的不多，残损是为常态，在博物馆陈列中，因为没有很好地利用研究成果，一般多原样陈展，观众看到的只是一块残破的石头，看不到原来的全貌。有的博物馆残破石刻陈列，由于缺少深入的考证研究，常为摆摊式陈列。如果利用研究成果进行辅助阐释，残破碑刻、华表或造像复原出来，就可以达到较好的陈列效果。这不仅需要专家们深入的研究，也需要配合高科技手段进行数字化的复原。现在有的博物馆已开启了残损石刻的复原研究与陈展，达到了良好的效果。

（一）利用研究成果辅助阐释

碑肇始于先秦，在东汉成熟后，便被社会各界广泛应用，赋予它多种用途，树立于陵墓、宫室、庙宇、通衢等地。从内容上可区分为两大类，即纪事碑和经籍碑。其中经籍碑也称为石经，是为了某种目的而将一些前代传世经典文献刻写在石碑上，其中以儒家石经镌刻时间最早、影响最大。最早官方刊刻的熹平石经刻于东汉灵帝熹平四年（175 年）至东汉光和六年（183 年），历时 9 年，在当时立于当时的汉魏洛阳城开阳门外洛阳太学（今偃师佃庄大郊村北）讲堂前。所刻内容有《鲁诗》《尚书》《周易》《仪礼》《春秋》《公羊传》《论语》等七种。由于汉末至北朝战乱，加上石经多次迁徙，中经毁坏遗失，至唐初已仅余部分残石。二十世纪二十年代以来，在偃师太学村汉魏故城太学遗址，相继出土了一批汉魏石经残块，引起了考古学界的高度重视，六十年代以后，洛阳石经的发掘纳入科学的轨道，陆续发掘出汉代熹平石经残石六百多块[9]。这些碎石残文，被以往的金石学者视若拱璧，是二十世纪初学术界关注的一个焦点。现分藏于中国国家博物馆、河南博物院、西安碑林、上海博物馆及海外等处。其中上海博物馆藏有《诗经》残石二块。2017 年上博举办“柏林 · 上海——古代埃及与早期中国文明”展时，根据学者的研究，考证出二块残石在碑中的位置[10]，并补齐了缺失的《诗经》原文，经过临摹和绘制并辅助陈展在实物旁（图 8），观众可以看到二块残石在碑中原来的位置，并根据补齐的碑文，可以自上而下阅读《诗经》原文，从而对残石的文物与书法艺术价值有更深刻的认识和记忆。这是专家在深入研究考证的基础上得出的陈展效果。

图 8. 上海博物馆藏汉熹平石经《诗经》残石陈展方式

在西安碑林博物馆第三展室有一块被镶嵌在墙中的石经残石，残高 33、宽 56 厘米，为东汉熹平石经《周易》残石。据郭玉堂《洛阳出土石刻时地记》[11]，此残石 1929 年于洛阳东偃师县大郊村出土，出土后，被碑贾凿为二截，1931 年春于右任以四千银圆从洛阳古董商手中购得，中华人民共和国成立后捐赠西安碑林。此残石正背两面各刻《周易》一段。是近年来在全国各地出土石经残石中字数最多的一块，保存了我国最早的《周易》文句，可供校正五经文字，有极其重要的历史艺术价值，正如马衡先生题跋中所说“罕若凰星，至可宝也”。马衡先生于 1932 年将凿为二半的残石拓本合在一起装裱（图 9）。并在拓本上写下考证研究及原石的全部经文，我们可以看到残石在原碑石中的位置。有此研究作支撑，博物馆在展出此残石时完全可以还原石碑的原样，并标识出残石在碑中的位置，既丰富了文物的历史文化信息，又达到了较好的展陈效果。如果做成动画，演示 40 多通石经碑刻竖立在洛阳太学讲堂前的历史背景及石经的形状、排列方法，给观众演示《后汉书 · 蔡邕传》所载：“及碑始立，其观视及摹写者，车乘日千余两（辆），

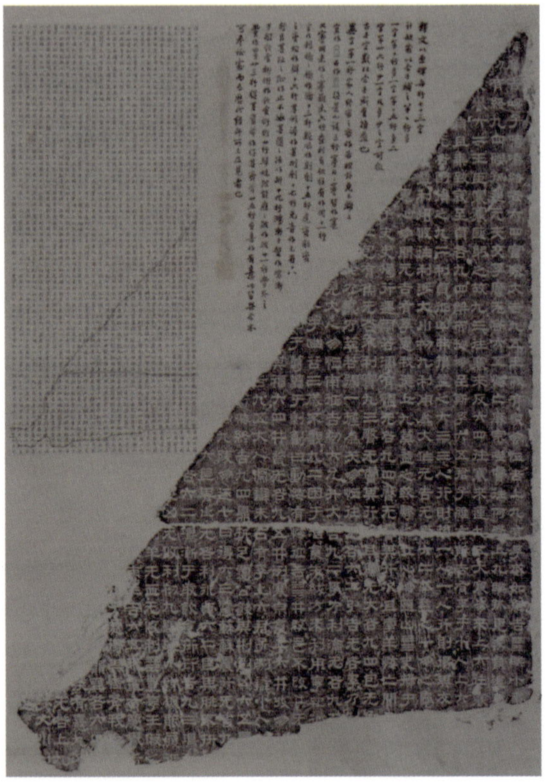
图 9. 汉熹平石经《周易》残石两段合拓本阳面

填塞街陌。”的盛况，能使陈列展览更加完善，观众对我们古代官方提倡的主流思想儒家经学的重要性有更加深刻的印象。

（二）利用影像资料辅助阐释

博物馆藏品的背景图片是重要的信息载体，在陈展中是无声的语言，在数字化工程中发挥重要作用。在记录建筑物和考古遗址的时候，

“写实性”是照片的重要优势之一。

2007年5月在日本考察学习时，曾参观日本东京国立博物馆，馆内展出有许多佛教造像，其中有中国山西省天龙山石窟第16窟的北齐佛头、第14窟的唐代菩萨坐像，21窟的唐代如来坐像等,都是个体的陈列,没有背景图片。在参观京都藤井有邻馆时，也看到许多来自中国的精美石刻，其中印象最深刻的是隋代天龙山第8窟门前两侧的二个金刚力士砂岩质雕塑，高约180厘米，因为二力士旁展示了未盗之前立于天龙山第8窟原状的黑白图片。天龙山石窟位于山西省太原市西南36公里的天龙山上，其中第8窟是天龙山石窟中唯一的中心柱石窟，开凿于隋开皇四年。这两件力士像原来就位于天龙山第8窟，至今还有被盗凿的痕迹。这张珍贵的图片不仅让观者知道了来源出处，同时也毫不隐讳的向观众表明文物被盗凿的事实。摄影在19世纪早期刚出现时，没有人预见到它对考古学概念及该学科后续发展的影响。这些早期摄影技术的开拓者，为大多数没有去过考古遗址或文化遗址现场的人传递了观看信息。

耗时四百年开凿的天龙山石窟，是中国境内摧残破坏最为严重的石窟。20世纪20年代，在日本古董商“山中商会”驱动下，天龙山石窟超过240尊雕像被盗，几乎所有造像头部，甚至造像全身被盗运境外，这两件力士即为合身被盗到日本的石雕。2021年7月25日。天龙山第8窟北壁主尊佛首作为第一件从日本回归天龙山石窟的珍贵流失文物入藏天龙山石窟博物馆，此佛首回归祖国怀抱会激发更多人弘扬爱国精神，推动更多流失文物的回归。期待有一天，此窟外的护法金刚力士像能重回原属地。

（三）运用数字成像与3D打印技术

2017 OCAT研究中心年度展览“遗址与图像”是牛津大学和芝加哥大学的两个研究计划，展览于2017年9月15日下午3点在北京OCAT展览馆开幕，展览第一部分“遗址 · 实物 · 传记：考古与摄影”，运用了从剥离幻灯片到数码照片等影像媒介，展示了一系列文化中考古语境下的文物和遗址的照片，并通过展示同一文物或者遗址在不同历史时期的照片，进行了更进一步的比较。第二部分“天龙山石窟和造像：历史照片与新图像技术”，运用数字成像技术将天龙山石窟中诸多流散海外的造像复原至原始面貌，实现了对石窟整体原貌的数字重建，这亦是一次将历史图像与新数字技术相结合的探索。此展是摄影和考古关系的集中探讨 。OCAT研究中心执行馆长、芝加哥大学教授巫鸿说：“我们无法把散落在世界各个美术馆、博物馆的雕像的局部都找到回归原样，通过新图像技术把雕像放回原境。我们无法扭转历史，但我们可以用技术、研究的方式来解决历史的问题，也是我们对历史的表态。”如果仅靠考古工作研究者也许永远没有机会看到天龙山石窟佛造像这些珍贵的影像。这是多学科参与办展的特例[12]。

3D打印技术已广泛应用于工业设计、艺术设计、航空、医疗等领域，这种技术也可应用于石刻文物的修复与重建。2019年9月23日。在洛阳龙门石窟奉先寺北壁，一件一比一3D打印复制的佛首造像顺利安放在一尊等身立佛的残像上，佛首和残像的断面完全吻合，实现了造像的准确复位。这尊佛首在1923年之后遭到盗凿，后来被上海博物馆购回。此次奉先寺佛首的“数字复位”，为其他流失流散文物“数字回归”提供新的可能，也是陈列展览复原技术的又一项创新成果[13]。

（四）在数字复原的基础上，真人再现石刻图像

2021 年 4 月 25 日在洛阳龙门石窟景区礼佛台演员们盛装演绎了《文昭皇后礼佛图》的场面。《帝后礼佛图》原刻于龙门石窟宾阳中洞内，20 世纪 30 年代这组浮雕遭盗凿贩卖，流散海外。多年来，龙门石窟研究院联合国内外学者，利用现代数字技术，对流散多地的《帝后礼佛图》进行数据采集、虚拟复原及实体展示，并采用真人演绎再现了《帝后礼佛图》中描绘的景象，以全新的方式浮雕人物“重生”[14]，突破了考古文物中规中矩的解读。实际上，这种让石刻浮雕走下来，穿越现代的真人秀表演，早在十多年前就出现在河南博物院的华夏古乐团中，专家们利用汉画像石中宴乐图的研究成果，成功“复活”了汉代“建鼓舞”和“七盘舞”的表演（图 10-1，图 10-2），相信未来还会衍生出更多的类似“真人秀”场景。

图 10-1. 南阳汉画中的建鼓舞

图 10-2. 河南博物院“华夏古乐团”表演汉代建鼓舞

五 结语

“当一个展览能够以实物、智慧和情感吸引正在体验它的人们，它就是一个成功的展览”[15]。如何体现智慧和情感，这是对策展人能力的考量。考古学与其他学科融合是博物馆展览创新的必然发展趋势。全面深入的考古还原研究可以强化展览信息的传播和交流，考古还原中的情景阐释、残缺文物的完整阐释及以某个主题为主的关联阐释，在操作过程中需要在学术支撑下的多学科的参与合作中实现，或绘画、或临摹、或复制、或数字技术，或真人秀表演等等，寓教于乐，给观众带来较好的参观体验，历史文化的学习更加轻松愉快。

需要注意的是，其一，博物馆的收藏必须完整科学，不能只收藏实物本身，还应包括相关背景或环境资料的收集。科学博物馆藏品概念就应当是“实物 + 背景资料”[16]。其二，重视博物馆展览学术研究成果的重要性，没有学术研究成果做支撑，展览中的概念、观点和思想就是无源之水、无本之木，展览的主题难以提炼和深化。策展必须改变以前从“文物本位”的思考方式，在文化还原的过程中必须在专家研究成果的支撑下、多学科技术参与进来，科学准确无误的完成。其三，实现考古还原要求博物馆在内容与形式设计相结合的过程中，把精力投入到“物”的讲述上，在构建文物的信息量上下功夫、作努力，展览经费的分配上也应运用到改善以“物”的讲述为中心，解读好文物，讲好历史故事，实现古今对话。比起高昂的的展柜、灯光、图录及展览广告等一系列投入更能体现出价值所向，更能赢得观众的称誉与点赞。

石刻文物与其它青铜、陶瓷、玉器、漆器等审美价值较高的文物相比，体形较庞大，石

质较为粗糙，而且大多为地上文物，与自然环境结合比较紧密，漫漶侵蚀，损坏较多，审美性不高，也不适合在展柜里摆放。陈列应在考古还原方面多下功夫，借助艺术创作、临摹复制、数字化等多学科技术来“唤醒”冰冷的石质文物，让历史遗存下来的个体碎片中被掩藏的信息展示出来，组合成具有叙事功能的场景，让石头说话，达到传播教育功能的目的，观众看得轻松，学得愉悦，这也是我们博物馆人不断探索追求的方向和目标。

【注释】

[1] ［唐］封演撰，赵贞信校注：《封氏闻见记校注》，中华书局，2005 年，57 页。

[2] 冯汉骥：《前蜀王建墓发掘报告》，文物出版社，2002 年。

[3] 成都永陵博物馆：《永陵皇家园林历史文化风貌治理初探》，中国文物学会传统建筑园林委员会第十五届学术研讨会会议文件，2004 年。

[4] 见中国科学院考古研究所河北工作队：《河北磁县北朝墓群发现东魏元祜墓》，《考古》2007 年第 11 期。

[5] ［清］叶昌炽：《语石》，上海书店，1986 年。

[6] 杨纯渊、王虎应：《高松冢古坟壁画与中日文化交流》，《文博》， 1990 年，第 06 期。

[7] 赵万里《汉魏南北朝墓志汇编》273 辑入。

[8] 见华人德《论东晋墓志——兼及兰亭论辩》，《书法研究》1997 年第 6 期。

[9] 中国社会科学院考古研究所洛阳工作队：《汉魏洛阳故城太学遗址新出土的汉石经残石》，《考古》1982 年第 4 期；王竹林等：《洛阳近年出土的汉石经》，《中原文物》1988 年第 2 期。

[10]范邦瑾：《两块未见著录的〈熹平石经诗〉残石的校释及缀接》，《文物》1986 年 5 月。

[11]郭玉堂：《洛阳出土石刻时地记》，洛阳大华书报供应社，1941 年。

[12]OCAT 研究中心李萌：《历史的新叙事 遗址与图像：牛津大学和芝加哥大学的两个研究计划》，艺术与设计，2017 年，第 11 期。

[13]《中国 GLAM 公开课》第 73 课，李柏华：《上海博物馆藏龙门石窟流散雕刻的复位研究》，2021 年 11 月 13 日 14：00-15：30。

[14]详见：新华社：历尽劫难 此生得见：国宝级浮雕《帝后礼佛图》“重生”记，2021 年 4 月 29 日。

[15]美国博物馆学会陈列专业委员会（AAM）编写《博物馆展览标准及杰出展览标志》（宋向光教授译）。

[16]陆建松，郑奕：《论地方博物馆展览学术支撑体系建设》，《中国博物馆协会博物馆学专业委员会论文集粹》，中国书店，2013 年。

博物馆展览平台搭建：去中心化的多元学科并构

徐佩佩（南京市博物总馆）

摘要：在全球化联系与影响日益密切的今天，博物馆的功能发生了巨大的转变。经历多元与包容的开放式建构后，尤其是疫情常态化的情境下，展览活动面临恢复与重塑的再造。展览策划的广度与深度、向社会与公众的开放程度，影响着博物馆的品牌与影响力。从藏品到展览到公众，这一趋势对于博物馆平台搭建有着重要意义。观众体验的多层次、多感官决定了博物馆展览策划的去中心化多元学科并构的核心结构，而以这一结构为中心的平台媒介的搭建程度又影响着博物馆的未来发展。

关键词：传播；展览；平台；去中心化；多元学科

在全球化联系与影响日益紧密的今天，人类社会面临着前所未有的挑战。这种挑战一方面表现在需要紧跟全球化的步伐，站在全球化的视野中去权衡现时现地的情境，加强沟通与合作；另一方面需要考虑自身的完整性与独特性，二者的竞争与博弈。尤其在新冠疫情常态化并且偶有反复的这段时间，人与自然的关系被提到了新的日程与关注中，加之技术手段的不断更新迭代，博物馆更深刻的面临着为什么讲故事，讲什么故事，怎样讲故事的深思中，相较过去任何一种探索都是新的尝试而言，如今的挑战步步为营。

一 去中心化的视角选择

中国博物馆一百多年来的发展主要经历了从藏品到观众的中心转变，展览也是经历了从“物的展示”发展到“人的阐释”的转变过程，自 20 世纪 80 年代起，“阐释性展览”的概念就开始在中国兴起，围绕物、人和传播科学技术及其之间的关系，以展览创造与受众密切关联的真实生活体验，促使其能够实现对理解、思考及表达的情感互动关联，进而吸引新观众并同时提高重复参观率[1]。与以往重视藏品的精品文物展览的传统视角相比，以人为本的视角更加注重的是观众体验以及随之而来的流量资源，而展览就是流量的生产。

（一）去中心化

随着传统“物”的视角被打破，去中心化成为展览策划的一个考量因素。毋庸置疑，精品文物蕴含的大量审美、工艺、交流内涵使得观众趋之若鹜，精品文物展示性展览对于藏品资源丰富的博物馆来说相对比较容易，收藏或挑选藏品来布置展览，对于博物馆而言，本身就已经是对藏品的一种阐释。日本正仓院向来以收藏唐时期文物而著称于世，每年的正仓院展，虽然仅仅展出几十件文物，却往往能吸引成千上万的人排队参观，形成独特的文化符号。

截至2020年底，中国已有博物馆5788家，类型丰富、主体多元的现代博物馆体系基本形成。相比于2019年底的全国5535家博物馆，增幅高达4.5%，每3天就有2家新增博物馆，但现有精品文物的相对固定性也决定了博物馆必须在以传统的文物为中心的展览模式中另辟蹊径，而在疫情的常态化和大量数字媒介蓬勃发展的当下，博物馆比以往的任何一个时刻都更加深切地体会和认识到了人类命运共同体的意义，跨文化的阐释方法会更深刻的影响展览阐释，“阐释性展览”的主题性或许会更加多元。

（二）分众策略

展览策划中采用多维视角，将文物藏品在博物馆展览中转化为阐释的符号，不同的文物在特定的展览语境下，构成各种意义，在展览主题内赋予藏品重要性，并预判观众对观赏文物或艺术品的期待[2]。如在一些国际性临时展览策划中，就需要我们采取一种更加开放的姿态，致力于促进国际文化之间的相互了解与交流。展览内容策划上通过思维转化、语境构建与互动交流等多元视角，帮助公众构建新的认知模式、引发情感共鸣以及增强文化认同和文化自信[3]。

多元视角意味着着眼于博物馆与大众之间更加平等、开放的姿态，在展览活动的主题策划中采取分众化的策略。“分众化”的概念来源于美国著名社会学家阿尔文 · 托夫勒提出的“分众传播”，是根据受众差异，面向特定受众群体或大众的某种特定需求，提供特定的信息与服务[4]。南京博物院近年积极策划的“法老 · 王——古埃及文明和中国汉代文明”“暑期动物缘”“晶华——矿物之至善至美”等展览进行了分众化的策划探索。而在展览策划中提供“分众式服务”，可以为不同年龄层次、不同认知需求的观众提供多样化的选择，使观众获得最佳体验。

二 多元学科并构下的展览策划

随着博物馆的飞速发展，展览探索至今时今日的繁荣多样，在一定程度上也陷入范式化。按20世纪西方著名人类学家的观点，某文化在达到特定形态后，无法自我稳定，也就是不能将其转变成为一种新的形态，只能让自己在内部更加复杂化，把“内卷”这个新的概念带到了人们的社会和生活中。那么在21世纪的今天，从中国博物馆展览的可持续发展角度看，一个好的展览项目的策划必须在一定程度上突破这种内卷，而引入多元学科并构可以有效利用外部干预，找到新的持续增长点。

（一）感知和参与

感知是指意识通过对内、外部环境中信息进行觉察、感受、注意、知觉等一系列活动的过程，包括视觉、嗅觉、味觉、听觉、触觉等内容。而展览策划一个最重要的目的即是吸引观众的感知，感知系统的多层次性决定了跨学科的方法手段可以对观众参观认知与思维导向产生影响。而当代博物馆展览策划发展的新趋势及尚未能够被系统应用的领域，即展览多感知系统领域，将感官研究运用到展览体验中，结合内容策划和现代技术手段，为观众提供更沉浸式的体验和多感知的服务[5]。

在这个过程中，吸引更多的观众参加至关重要，参与式展览策划既有助于满足更多的观众积极主动地参与其中的需要，又有助于传播展览馆方的使命、推广主题理念[6]。将展览策划视作现实世界中的一个社交平台，把参与的观众作为不同类型的个人，通过引入导览、刺激性展示、社交引入指导和示范等方式，期待观众进行参与活动的行为，让参与的观众同时也成为贡献者，在自主的参与过程中，创造独特的展览文化，实时进行评估调整，从而实现展览的长效发展和可持续发展。

（二）合作和跨界

展览策划中需要充分运用考古学、历史学、人类学、自然科学各个专门领域、社会学、美术与艺术等各个领域的研究成果，同时与心理学、管理与关系学、公众传播学及其他各个领域密不可分。而展览作为一个有机整体，一方面在内容策划上进行跨界合作，另一方面在设计运营上实现跨界合作。

自 21 世纪起，博物馆展览策划开始尝试跨界合作，自然类博物美术馆、档案馆、图书馆纷纷加入。自然类博物馆运用科学和历史的思维，用自然的视角看人文，用人文的视角看自然，使自然类展览因加入人文因素而更加有趣，人文类展览因加入自然素材而更加精彩[7]，浙江省自然博物院安吉分馆的展览即是这种尝试的成功探索。同时博物馆在其设计与运营上也进一步加速了合作与跨界趋势，以实现其碎片化与模块化、故事性与情境化、开放性与互动性等要求，传统的博物馆和社会机构组织之间的界限越来越模糊，展览空间除了传统的博物馆空间外，包括越来越多的商业空间、公共交通中心等各类公共场所，相关的跨界合作已经发展成为新颖的形式，上海博物馆、南京博物院、苏州博物馆探索成功的案例。

三 平台化的传播搭建

21 世纪以来，随着现代数字网络媒介传播技术的的飞速发展，“媒介化”已经逐渐渗透、推进发展到了现代人类社会日常生活的各个领域。在“媒介逻辑”影响下，与人们密切相关的政治、宗教、游戏和惯习四方面发生深刻变化[8]。同时新冠疫情以来，全球与一体的趋势也面临着新的挑战，在恢复与重塑的当下，多元与包容的平台化传播成为展览策划需要考虑的新内容。

（一）变革与创新

21 世纪的展览在策展的时候更多需要给展览甚至展品赋予一个故事，创设情境，并且与观众探讨自己的观点，设置其价值，分享和联结，全球化的角度和说故事的方式可以在信息爆炸、消费理念转变的时代发现新机遇。“云展览”不再是传统意义上的线上展厅，而是在互联网环境下通过资源集成和服务共享方式向公众传播文物数字化信息及相关知识图谱的信息服务系统，包括图文在线展、实景三维展、虚拟三维展三种，而随着内容、技术、渠道间的关系梳理，整合原生数据层、数据加工层、呈现推广层，云展览可以更好地为公众提供高质量的文化产品。浙江省博物馆策划的“丽人行——中国古代女性图像云展览”汇集了国内 32 家博物馆的 1000 余幅女性题材绘画，通过数字化手段，在网络上生动呈现了古代女性的生活和交往，引起各界关注。

同时这种变革与创新也体现在产业化方面。展览策划一直居于博物馆展览产业链的核心，展览活动举办的数量与质量在一定程度上直接决定了博物馆展览产业链发展的水平，展览策划的核心竞争力主要体现在各类展览服务模式、各种资源整合能力等方面，服务于产业、助推旅游产业的发展在文旅融合的当下渐渐成了展览最重要的功能之一，产业服务效果是展览评估的核心指标，展览的产业化变革在促进传统展览升级，助推战略性新兴产业跨越式发展方面有着不可替代的作用[9]。

（二）品牌与传播

跨媒介艺术与技术日益深度融合，短视频作为一种新兴媒介以其技术和社会互动的力量为传播赋权，以交互式内容策展促进传播创新，在很大程度上提升了展览可见性和文化影响力。展览品牌影响力和传播渗透力越来越成为重要考量因素。一方面通过交互式的内容策展、吸引实体与网络参与，形成品牌放大效应。以内容策展赋予用户搜集、组织以获取信息，从而提高用户对这些信息的评估价值，形成平台网络内容策展、专业化的内容策展和用户内容策展三种机制之间的动态、联结、融合与再塑。

另一方面平台的策划传播也在展览中越来越发挥积极的作用，通过各种方式分配资源、技术、资本和流量优势，将“文化想象、技术架构和产业模式”持续和复杂地紧密缠绕在一起。将传统与现代相融合进行展览技术创新，延伸整个产业链的价值，形塑自己品牌的传播力。观众在一定程度上既是消费者，也是生产者，吸引公众对展览的不断阐释再生产的社会化用户参与形式渐渐成为先锋尝试，将观众参与视为一种交互式服务架构，根据用户个人的知识、经历、品味、想象，将所需要吸引的用户内容进行分类拣选、重组、呈现而再次赋予更多的含义，创造了出新的价值，声光电更多地出现在内容中[10]。凸显平台的社会责任，激发共同关注和在场的感情能量，增强了公众认知度、体验度、关注度，为传播赋权。

四 结语

博物馆及其馆藏作为研究历史文化的重要载体之一，是人类文明的历史记忆、传承、创新的重要文化场所，它发挥着熔炼历史、启迪未来的重要作用。从文化产业的角度来看，文旅融合作为新时代重要工作目标任务，而国家 9 部门联合印发的《关于推进博物馆改革发展的指导意见》确定了今后 15 年的发展目标，展览联合策划、共建共管成为常态，多样化、个性化的展览需要营造开放包容的发展环境，通过区域协同创新、社会参与、跨界合作、互联网传播等方式，促进资源要素有序流动，优化资源配置，多措并举盘活博物馆藏品资源。在疫情防控常态化下，展览策划面临着挑战与机遇并存的新局面，创新展览模式、服务主导产业、助推战略性新兴产业是发展的方向，通过实施“博物馆 +”战略，促进展览与教育、科技、旅游、商业、传媒、设计等跨界融合。通过多学科、平台化的方式实现展览策划、阐释、传播的“高质量发展”。

【注释】

[1] 周婧景：《阐释性展览——试论当代展览阐释的若干问题》，东南文化，2019 年，第 06 期。

[2] 倪翀：《博物馆展览中文物阐释的多维视角 ——以“山宗 · 水源 · 路之冲——一带一路中的青海”展为例》，《博物院》，2020 年第 06 期。

[3] 李林、陈钰彬：《国际性临时展览的跨文化阐释方法初探》，东南文化，2019 年，第 01 期。

[4] 刘文涛：《从分众传播的角度思考博物馆展览：以南京博物院的展览实践为例》，中国博物馆，2019 年，第 04 期。

[5] [美] 妮娜 · 莱文特 (Nina Levent)、[美] 阿尔瓦罗 · 帕斯夸尔 - 利昂 (Alvaro Pascual-Leone) 主编，王思怡、陈蒙琪译：《多感知博物馆—— 触摸、声音、嗅味、空间与记忆的跨学科视野》，浙江大学出版社，2020 年。

[6] 妮娜 · 西蒙（Nina Simon）著，喻翔译：《参与式博物馆——迈入博物馆 2.0 时代》，浙江大学出版社，2018 年。

[7] 严洪明：《探求人文与自然跨界合作展览的新途径》，《自然博物》2015 年，第 09 期。

[8] [丹麦] 施蒂格 · 夏瓦著，刘君、李鑫、漆俊邑译：《文化与社会的媒介》，复旦大学出版社，2020 年。

[9] 顾伟：《疫情防控常态化下提振苏州展览业研究——基于苏州与上海、南京、杭州比较》，《中国市场》，2021 年第 13 期。

[10] 袁梦倩：《基于抖音短视频平台的非遗传播：内容策展、参与文化与赋权》，《中国文艺评论》，2021 年第 07 期。

从展览叙事的嬗变看多元学科的融合

王 放（北京艺术博物馆）

摘要：为什么人们会创建博物馆？为什么今天人们仍然需要博物馆？这正是博物馆的特质决定的，即博物馆是通过集合和展示时空中的“碎片”——那些印证历史或展现未来的实物证据，重新编织出一个引人入胜的故事，这就是展览叙事。观众跟着博物馆展览叙事去获得日常生命以外的体验，是博物馆永恒的魅力。通过展览观众看到的是由博物馆驾驭并重新选择和安排的“客观世界”，给人们一个重新理解或按照想象重构世界的体验，为了让观众更好地获得这样的体验，博物馆展览叙事方式不断嬗变与多元学科融合，首先是专业博物馆的出现改变了展览叙事视角和内容；之后，博物馆 “以观众为中心”的转向，使得多元学科与展览叙事融合成为必然；当今，技术的发展在展览中带入更多的应用学科。展览作为博物馆实现其公共职能最重要的体现，它的叙事方式形塑了当代博物馆，值得关注的是多元学科不断地融入也是博物馆发展的必然趋势，从这个角度去梳理和展望博物馆会如何演进，可能会带来前瞻性的思考。

关键词：展览叙事；以观众为中心；多感知博物馆

为什么人们会创建博物馆？为什么今天人们仍然需要博物馆？为什么在网络虚拟世界冲击一切的同时，以实物展品为基础的博物馆并没有走向消亡反而呈现百花齐放的态势？这是由博物馆的特质决定的，即无论在任何场景下，博物馆都能集合和展示时空中的“碎片”，重新编织出一个引人入胜的故事，让观众跟着博物馆展览叙事去获得日常生命以外的体验[1]。

通过展览叙事，观众在博物馆中看到的，既不是客观世界的本来面目，也不是纯粹的主观世界，它是以博物馆的视角重新选择和安排呈现的。今天更加多元与开放的当代博物馆，正是为了让观众获得这种更好的体验感，与多学科相互融合使得展览叙事方式不断嬗变。

早期的博物馆是家庭式的，收藏的物品都是为了保留个人或家族记忆或者出于个人兴趣，此时的博物馆只能算是一种“展示”，叙事的目的多是“炫耀”。随着16世纪文艺复兴的人文主义、18世纪启蒙运动和工业革命的兴起，现代文明带来知识大爆发，专业化的博物馆从此出现，逐渐肩负起传播和普及知识的重任。

一 专业博物馆的出现改变了展览叙事视角和内容

从 17 世纪开始，大学博物馆正式出现，为专业研究人员提供研究所需要的实物样本，进入现代社会之后，围绕着博物学与各学科体系的建立，博物馆成为一个兼具学术研究和公共文化服务的综合文化机构，博物馆的展览叙事首要服务于新知识或新观点的传播。

出于以上目的，观众在博物馆中看到的展览是以主观认识来重新选择和安排的“客观世界”，代表的是博物馆的立场和观点——不同的学科、不同的博物馆，不同的叙事视角。专业化博物馆的出现促使展览叙事逐渐分离出两个流派：即以“博学家”为视角的“事实派”和以“亲历者”为视角的“虚构派”。前者以历史博物馆、自然科学博物馆、天文博物馆等为代表，后者以艺术博物馆（包括美术馆及部分画廊等）为代表。前者偏于知识体系的建立，强调客观存在；后者偏于感受，强调主观认识。在专业博物馆展览中，“历史性”叙事主要是借用“博学家”的视角呈现的，他们往往习惯靠理性思维来工作，更加专注事物的本质，叙事方式长于理性分析与逻辑思考，组织出来的叙事内容较为严谨扎实，展览的核心目标是呈现知识体系。观众看到的不只是展品，而且会认知到一个相对完整的“理性”叙事；而在艺术博物馆中，“亲历者”的视角更容易给观众带来身临其境的体验感。除了观众置身画作之前的参观体验，更有像以光艺术著称的美国艺术家詹姆斯 · 特瑞尔，他所创作《观天空间》（Skyspaces）系列作品的创作理念就是将观众直接放置在叙事情境中，成为展品的一部分，希望观众能像艺术家本人一样在展览中探索，而非作为观众旁观。总之，不管哪种视角，博物馆展览所呈现的内容都是随着现代社会的到来各个学科的发展、演变和交织的过程。

二 “以观众为中心”的多学科构建展览叙事

在随后的发展中，各有偏科的专业博物馆及艺术博物馆的展览叙事也都在发展中遇到瓶颈。随着知识构成的日益多元化，知识更新速度不断加快，社会风气趋向个性解放，再加之互联网带来的知识唾手可得，都使得博物馆展览中“博学家”视角的“历史”叙事方式越来越虚弱，对于很多博物馆来说，叙什么的重要性在降低，而怎么叙的重要性却在不断上升，几乎所有的博物馆展览都逐渐向“以观众为中心”演变。

在博物馆展览向以观众为中心的演变过程中，社会学、传播学、心理学、教育学、美学衍生出的各学科研究成果均为博物叙事从“物”转向“人”提供了强有力的学术支持。现如今在实施展览之前就要对展览进行周密思考，如何将展览信息有效传递给观众，传播学的研究方法引导策展者进行前期信息收集，对展览的定位、举办时间、地点以及观众的年级、职业、受教育程度、家庭构成状况等信息的研判均会影响展览叙事的内容、方式和效果。教育学同样可以给某些特定的博物馆提供新的叙事视角，例如很多科技馆的首要目标就是多维科普教育，从教育学视角切入的展览更容易让观众理解晦涩难懂的学术研究。反观，当代博物馆的职能部门设置，也会看到这些学科对博物馆展览的重要性，除了常规的藏品部、陈列部必定和历史学、美学相关，甚至办公室也离不开管理学档案学等，而今天很多博物馆开始增加了信息部的设置，足见随着时代前行不断会有更新的学科汇入，融合各学科对博物馆的发展起到的作用越来越重要。

以传播学和心理学而言，在博物馆展览由“物”转向“人”时，尤其给予展览叙事提供了新的视角和思考方式，为了让展览更加有说服力，博物馆（叙事者）开始尝试从与观众进行身份或心理互换的视角构建展览内容，使观众在参观中产生强烈的代入感，激发情感共鸣。与此同时，社会学与博物馆的融合把展览叙事从早期对“个人情感”的关注逐渐转向“社会公共情感”。早期“展”的是个人或家庭中的收藏品，“叙”的是个人看世界的观点和态度。当展览主体转向“人”时，展览叙事不再对个人情感负责，而是转向“社会”或“公共”认为最重要的、值得珍视的情感。由于每个“人”都是社会的一部分，个人的历史和感受也被转化成社会公共情感的一部分，对公共情感的阐释自然会引发大多数观众的共鸣，更何况博物馆里的故事是通过大量实体物证来展开的。

随着展览叙事性的不断增强，展览空间也开始逐渐参与到叙事的构建中来。此时建筑学以及展示学科的触角也延伸到博物馆中，展览策划者逐渐发现展览空间不仅仅是展览的容器，也能成为展览叙事的重要参与者。空间的格局可以参与塑造叙事的格局，空间的形态也可以成为展览中的展品，空间的流动还可以参与塑造观众的视角与体验过程。总之，随着展览叙事性的增强和展览向整体配合的转变，空间结构的姿态不再“谦逊”，而是变得更积极主动起来，为空间结构叙事性的进一步发展带来了前所未有的新机会。除了像改造后的卢浮宫、古根海姆博物馆、苏州博物馆以及宁波博物馆等建筑本体就是一件“展品”，其内部空间形制同样就足以营造出强大的展览氛围。2012年北京市档案馆与首都博物馆合作推出的“胡同四合院历史文化展”中，展厅入口是一面写有展名的四合院影壁墙，观众由此进入仿佛穿梭于老北京胡同中，随着展现的延伸变化，空间叙事也借助移步换景引导观众不断进入新的展示空间，带来身临其境之感。另一个典型例子就是南京博物院的地下民国馆展厅，此展览没有按照中华民国的时间发展脉络来安排展线，而是将整个空间改造成一条民国的就旧街，在这里可以看到民国的老邮局、火车、理发铺、中药店、书店、银楼等，每家店铺都采用实景布置也可以走进参观，观众可以穿梭不同的展示空间身临其境地感受民国历史风貌。

三 科学发展带动展览叙事中的技术融合

进入现代公共博物馆阶段之后，与展览相关的各种的现代学科实用技术随之发展起来，推动了博物馆展览技术逐渐走上了专业化、系统性和持续性的道路。与展览和公众参观服务的技术学科最先发展起来，大致可以分为展品技术、现场安全技术与体验技术。

与展品相关的技术应用非常繁杂，展品的采集、鉴定、运输、修复、制作、复制……都与技术的发展密切相关。就以展品采集技术为例，牵涉的相关技术几乎没有边界，人类科学探索的所有技术都会影响到展品所能触及的范围。比如原来远距离植物收集一直是个难题，在19世纪早期沃德箱发明之后，植物的远距离携带问题才得以解决；有了化学和生物科学技术上的突破，防腐处理和标本制作成为可能，才有了我们今天能看到的自然科学博物馆；甚至有些看似与展览无关的技术最终也会给展品带来新的可能，比如航天技术的进步，有了登月技术，就能采集月球上的物质、拍摄月球表面的照片在天文博物馆中进行展示。

展览是一个展品与观众共存的场所，既要保障展品的安全，也要防止观众被展品伤害，同时还要尽量优化观众的参观体验。所以，现场的安全技术对于展览来说也是至关重要的。就以展览中最常用的一种材料—玻璃为例，玻璃对于展览来说是一项重要发明，即能把展品与观众隔离开来，同时又能保证观众参观不受影响。而玻璃对于展览的价值也会随着玻璃技术的发展继续提升：从安全上来讲，要防撞甚至防弹；从参观的角度来看，透明度要不断提升，泛光度要不断降低，还要尽量压缩厚度……关于玻璃技术的每一个进步都会给展览的水平带来提升。而对于那些脆弱的有机展品来说，展柜以及库房的恒温恒湿技术绝对是不可缺少的，为了减少温湿度环境变化对脆弱展品的伤害，能科学监测控制其周边环境是保证观众参观的客观条件。

体验技术主要指的是与展览表现相关的技术与向观众阐释的技术。在展览表现中，环形屏幕、动画、全息投影、VR 虚拟现实技术的应用使展品脱离了单一的物态呈现，数字化技术可以使展品呈现在不同的时空幻境当中，让观众身临其境，这种技术甚至可以代替珍贵脆弱的有机品或不容易现场展示的大型壁画。例如，2016 年在首都博物馆举办的《王后·母亲·女将——纪念殷墟妇好墓考古发掘四十周年特展》采用 VR 技术还原妇好墓挖掘现场，在展览现场，参观者戴上“VR 眼镜”上下左右摇头，就可以看到妇好墓穴内上下六层、深达 7.5 米的虚拟挖掘现场；2019 年在故宫博物院举办的《清明上河图》大型数字展吸引了大量观众排队参观，该展览利用最新的 IT 手段“原汁原味”地再现清明上河图的人物及场景。采用的超高清数字影像还原了原作的所有细节，观众可以在多点触控的屏幕上任意放大细节且随着画面位置进行变换，伴随着不同场景的音乐，观众犹如穿梭于古代市井之中；2021 年在山西博物院举办的《观妙入真——永乐宫保护与传承特展》中运用多种科技手段打造沉浸式体验，用投影呈现永乐宫巨幅壁画、用动画解读壁画绘画特点、用全国领先的 3D 打印技术营造永乐宫三清殿东西两铺壁画空间。再以向观众阐释的技术为例：在展览中，展品的阐释往往是一个相对独立而且统一的系统，它一方面负责向观众解释展品的意义与内涵，同时又需要采取相对隐蔽或低调的姿态，以免对观众欣赏展品形成不必要的干扰。为了让展品更加有吸引力，博物馆开始采用一些辅助技术来强化观察对象的视觉吸引力。一般来说，像展品距离、位置关系、字体大小、辅助灯光、参观路线等都会按照参观者视觉舒适的参数去设置。除此之外，各种仿真制作，像摹本、标本、蜡像等手段也常用于展览之中。直到后来有了语音技术，多数博物馆还可以提供不同语种的解说。在今天，通过网络和虚拟现实技术，还可以尝试把现场的实物展品与虚拟空间联合起来，可以在网络世界中对展品进行内容的引申，也可以直接在线上对景象进行补充，展品阐释可以发挥的空间就更大了。从某种意义上来说，只要科学继续发展，社会继续进步，就会给展览技术的发展带来新的可能。

四 展望未来的多感知博物馆

如果说前面各个学科和技术的进步给展览叙事带来的参观体验还停留在观众的视觉系统，那么人类神经科学的研究为“以人为中心”的展览叙事开启多感官叙事模式。现代神经科学告诉我们人的所有体验都是多感知的，最私密的是味觉，其次是触觉，再次是嗅觉，最公开的是听觉与视觉[2]。在早期展览中，视觉一直为主导。随着时代发展，在博物馆的各种展览中，屏蔽或弱化视觉，反而去强调其他感官的段落逐渐多了起来，甚至已经出现了专门强调听觉、嗅觉、触觉与味觉的博物馆或展览。对多感知博物馆的学科研究在国外较为发达，为了帮助观众更有效地理解展品传达的信息，很多博物馆正在从单一强化视觉的文化场所演化为一个根据具体叙事需求去强化不同感官的空间。可以想象，重视观众体验的叙事在基于融合更多、更新的学科将把博物馆变成一个多感知的文化乐园。

从现实来看，展览叙事与各学科之间的影响互动非常复杂，很难梳理出清晰脉络，原因是在叙事成长的过程中，其某一维度的转变背后推动力都是各学科知识相互交融、共同作用的结果。就展览叙事模式的探索发展到今天，很多学者们担心展览一味地追求所谓的公共化、体验感和娱乐性，过于讨好观众会使博物馆堕落成游戏的乐园。但即便如此，仍有一点可以坚信，展览叙事与多元学科的互融在未来会更加频繁，随着叙事方式的不断增多，叙事手段的不断丰富与完善，叙事对人们的吸引力也将会越来越大，我们在今天看到的叙事状态也绝不会是它在终点的样子。

【注释】

[1] 李德庚：《流动的博物馆》，文化艺术出版社，2020 年，第 1 页。

[2] ［美］妮娜 · 莱文特、［美］阿尔瓦罗 · 帕斯夸尔—利昂主编，王思怡、陈蒙琪译：《多感知博物馆—触摸、声音、嗅味、空间与记忆的跨学科视野》，浙江大学出版社，2020 年，第 8 页。

博物馆学与其他学科

从宁静技术谈博物馆人机交互展项的发展策略

张枫林（浙江省博物馆）

摘要： 博物馆人机交互展项不是为了取悦观众，而是为了服务观众。宁静技术能帮助人们免受过载信息的冲击，在博物馆技术化的潮流中保持冷静。依据宁静技术的设计原则，提出关于博物馆人机交互展项的八项发展策略：避免传播信息过载、在宁静中通知信息、充分利用外围信息、发挥人与机的特性、丰富多感官的信息、提供备选体验方案、简化不必要的元素、尊重观众行为意愿。

关键词： 博物馆；展览；宁静技术；人机交互展项；发展策略

随着时代的发展，博物馆的文化内涵与运作理念不断改变，从关注“物”到关注“人”，从注重宏观的“意义输出”到注重个体的“意义获取”。博物馆开始逐步重视观众参观体验的提升，不仅要将信息传播给观众，也要获得观众的信息反馈，从一个阐述者转变为一个倾听者。从以收藏为导向的“精品式”博物馆，到以教育为导向的“叙事式”博物馆，再到以体验为导向的“参与式”博物馆，当代博物馆正朝着多元化的方向发展，越来越“以人为本”且充满活力。

宁静技术（Calm technology）的概念最早是在20世纪90年代初，由施乐帕洛阿尔托研究中心 (Xerox PARC) 的研究人员马克 · 维瑟(Mark Weiser)和约翰 · 希利 · 布朗(John Seely Brown）提出[1]。他们预见，充满设备和网络的未来可能会对人类行为，乃至整体福祉产生负面影响。技术应无缝地融入人类生活的方方面面，让人们用最少的精力实现目标。宁静技术可以最大限度地减少计算机在日常生活中可觉察的侵入性，是一种“通知但不要求人们注意的技术”[2]。

宁静技术虽然起源于人机交互领域，但在“以人为本”的原则上与博物馆领域有很多共通之处。“以人为本”的设计是一个在整个设计过程中考虑用户视角的框架[3]。博物馆可以从“用户体验”的相关内容中汲取灵感，重新思考人机交互展项对观众的影响与回应。

一 博物馆展览技术化的困境

博物馆目前正处在高速发展和不断创新的时期，本着“互联网 +”的思维，人机交互展项在博物馆展览中被大量应用，其通常是以带屏幕的多媒体装置形式呈现。从交互方式上看，这些人机交互展项大同小异，创新性往往体现在承载不同传播信息的用户界面设计上。近年来，为了强调真实感与现场感，以虚拟现实技术为代表的诸多沉浸式人机交互展项也大量涌现，以多感官刺激的方式向观众传播信息。各种富有震撼力和表现力的新颖传播形式，努力吸引观众的眼球，竭尽全力试图给观众留下直观而深刻的印象。在这场轰轰烈烈的博物馆展示革新浪潮中，诸多博物馆投入了大量的人力、物力、财力，比拼着屏幕的数量、尺寸、参数，仿佛在进行装备竞赛，在一场名为观众注意力的战争中进行争夺。在这样的趋势下，难免会出现一些受流行文化、快餐文化、商业文化干扰，顺应公众浅层次需求的人机交互展项，与博物馆教育和传播的核心诉求背道而驰，这种舍本逐末的现象可能会对博物馆形成负面影响。

如今，网络成熟且易于访问，移动设备呈爆炸式增长，社交媒体正在改变格局，在这样热闹的环境中，宁静技术显得尤为独树一帜，其在必要时警醒人们牢记博物馆展览的初衷，避免被虚拟的幻境所裹挟而误入歧途。博物馆人机交互展项不是为了取悦观众，而是为了服务观众。无论技术如何发展，博物馆都应掌握主动权。评判博物馆人机交互展项的优劣，不应该体现在是否新奇以吸引观者注意力，而应该体现在是否能促进观众认知、丰富观众体验、拓展传播渠道、满足个性需求、建立沟通桥梁等更多维度的方面。

二 宁静技术在博物馆展览中的兴起

20 世纪 80 年代末的大多数计算机学家正热衷于研究虚拟现实技术，在这样的背景下，马克 · 维瑟提出宁静技术，旗帜鲜明地发表反对意见："虚拟现实的目的是愚弄用户，使人远离真实的物理世界。这与计算机融入人类生活的方向是背道而驰的。"[4] 当维瑟得知自己身患绝症之后，便拼命投入工作，试图通过著作向人们阐述在后计算机时代，技术将如何和谐地融入生活之中。然而直到维瑟病逝，他的成果也没有得到学界的认可，反而被认为是无稽之谈。维瑟的理念过于超前，他认为作为工具的计算机，应该脱离人们的中心注意力，从而隐匿和消失，让人们专注于任务而非工具[5]。在当时，桌面计算机占据了主导地位，以虚拟现实为代表的一系列交互形式，均是以吸引用户的中心注意力为设计目标，用户需要全神贯注地与计算机交互，宁静技术倡导的隐形界面因而显得格格不入。此外，与以虚拟现实为代表的成熟技术相比，宁静技术缺乏成功的应用案例，也让人们对宁静技术理念的可行性产生较多质疑。

随着时代的发展，计算机技术与应用变得越来越普及，每个人拥有的计算设备越来越多。目前，全球有大约 260 亿台实际介入网络的设备，平均每人拥有 3.4 台[6]。信息传播从互联网兴起时的内容稀缺，到如今的信息过载；从最初的主动搜索信息，到如今的被动接收信息。在智能手机诞生后，人们变得越来越依赖屏幕，被攫取了大量注意力而不自知，甚至产生近乎成瘾的现象。如今，在"万物互联""大数据""云计算"的背景下，尽量减少众多设备对用户注意力的影响变得格外有必要，宁静技术的理念显得弥足珍贵。于是，在无线局域网、智能手机、智能家居、可穿戴设备、传感器模块等相关商业产品开发成熟后，宁静技术开始渗透到人们生活的各个领域，在博物馆展览中得以兴起。近年来，智能手机和平板电脑的广泛使用促使博物馆采取“自带设备”的发展策略。然而佩雷拉 (Petrell) 等人的研究表明，观众可能更喜欢博物馆专用的设备，即专门为展览设计的人机交互展项。主要是因为观众不想在参观过程中浪费时间在手机上，也不想为手机添加额外的程序[7]。与博物馆展览中出现的各种技术和形式相比，观众显然更愿意把精力放在展品和内容上。人机交互展项可以借助宁静技术，在不分散观众注意力的前提下，辅助观众进行更好参观和体验。

三 博物馆人机交互展项的发展策略

博物馆人机交互展项在当今时代的发展是显而易见的，由原先常见的基于图形用户界面的导览触屏装置和多媒体信息分类数据库，逐渐转变为基于自然用户界面的多感官智能设备，需要新流程、新方法和新思维来适应这样的变化。如今限制博物馆人机交互展项发展的往往不再是技术工具，而是博物馆数字化展示的合理思路。宁静技术可以帮助博物馆尽可能免受信息浪潮的影响，为博物馆人机交互展项的发展策略提供诸多启示[8]。

（一）避免传播信息过载

如今的互联网每时每刻都在产生海量的数据，繁多的消息推送和提示，导致用户接收的信息过载，超过了自身的消化能力。人类对于获取和理解知识的能力提升，远远跟不上当今社会信息产生和传播的速度。更为糟糕的是，各种智能设备和信息载体在争夺用户有限的时间和注意力，各种娱乐和消费内容在想尽办法让用户上瘾，让人们不再平和，陷入浮躁甚至是狂热。在这样的社会环境下，博物馆成了一处宁静的精神家园，观众来参观展览，常常是为了寻求一种心灵放松的方式。观众可能会因为接触过多信息而感到烦躁和焦虑，筛选无效信息和化简冗余信息是很有必要的。

人的注意力是有限的，因此更需要让观众把有限的注意力集中到关键的信息上。博物馆人机交互展项的信息并非都是一样重要的，宁静技术让观众对于核心信息能够一目了然，从而无须全神贯注。在博物馆展览中，走来即用（walk up and use）是观众对于人机交互展项的常见使用情景，可以通过对视觉意符 (signifier) 和功能可供性 (affordance) 的合理运用，让交互的方法变得易于上手。

（二）在宁静中通知信息

对于博物馆人机交互展项而言，“宁静”不是指不发声的安静，而是指以和谐流畅的方式在展厅中持续运行，让观众感到一切正常。当观众想与之发生互动时，展项可以及时唤醒，触发提示信息，让观众能够有选择地进行体验。这样既能保障观众不被信息淹没，也能让观众在最需要的时候获得最理想的体验效果。宁静技术让各种科技仿佛消失在博物馆展示空间中，避免观众注意力的分散，让观众把注意力集中到传播信息本身，而不是技术、环境、设备等其他因素。不是要给展项做加法，让展项拥有更多的功能，而是要给展项做减法，让交互无处不在，却又隐匿不见[9]。

宁静技术注重透明的、非侵入式的感知模式，在交互过程中削弱设备的存在感，减少观众对于设备的依赖度，让技术隐匿无踪，无声无息地辅助展示内容，但在观众需要时，又能够大放异彩。理想情况下，观众不会发现传感模块和处理模块，因而不会因为感到隐私受侵犯而产生焦虑心理。而用户隐私正是感知的敏感问题，要尽可能避免对于未经观众授权的身份识别，同时保障用户数据采集过程的简单、保密、安全。

（三）充分利用外围信息

假如说博物馆人机交互展项是一个封闭房间，当观众踏入大门，意味着选择来体验。在这个房间中，传感模块和处理模块隐藏在暗处默默为观众服务，而效应模块则在明处尽可能醒目来吸引观众。其中，用户界面就是房间的窗户，透过这扇窗，观众既可以了解展览的主要传播内容，也有像昼夜循环、光影变幻、晴雨交替这样的外围信息。

观众往往需要额外的洞察，才会意识到外围信息的存在。但外围信息绝非是不重要的，如果与之隔绝，观众会感到不适或是失真。外围信息是对博物馆传播信息的补足，在维持文化遗产原真性与人机和谐关系方面起着至关重要的作用。外围信息要被编码成具体内容，才能被观众的感官有效察觉。人们大脑中负责感官信息处理的大部分区域，能与外围信息相协调，所以外围信息能在不加重观众认知负荷的前提下尽可能丰富传播内容。某个时刻的外围信息，可能在下一个时刻就会成为观众关注的中心。通过把部分内容放在外围，而不是把所有东西都放在中心进行连续和密集的呈现，观众能够协调更多的东西，从而意识到更多更全面的内容。

（四）发挥人与机的特性

人工智能在当今社会的迅猛发展常常让学者发表危机论调，这或许并非危言耸听。人工智能尽管功能强大，但仍有一定的局限性。虽然人工智能可以借助机器学习来取得人类难以达到的技巧水平，例如阿尔法围棋可以战胜最顶尖的人类棋手，但是再高明的人工智能，也无法深刻理解文学和绘画中的意境。面对人工智能的冲击，需要把握人与机的特征，充分发挥彼此的优势，从而让人工智能更好地为人类服务。

对于博物馆人机交互展项而言，与其成为百科全书式的知识库，不如作为观众与博物馆之间联系的纽带。计算机比人类具有更强的知识去重、筛选、复制、迭代的能力，可以帮助观众更有效地在信息爆炸的时代从展览中获取有效的关键信息。观众也可以通过交互式地图和展览叙事流进行自我定位，从而获得实时导引[10]。凭借人工智能，可以让展项不断学习来更好地服务观众，而不是让观众不断学习来适应展项。通过识别用户、分析意图、高效处理、进行反馈，博物馆人机交互展项可以获得理解和答复观众的能力，促成人机交互过程在合适的场景、时间、对象上发生。

（五）丰富多感官的信息

感官长期以来一直被视觉主导，观察是现代科学的基础。如今，人们日常生活中充斥着各式各样的数字设备，提供大量视觉图文信息，而这往往以牺牲其他感官为代价。博物馆人机交互展项信息输入与输出的方式应该是多感官的，观众获取传播信息的途径由远及近，依次为视觉、听觉、嗅觉、触觉和味觉。

博物馆人机交互展项通常以视觉为主导，听觉为辅助，视听通道占据了核心地位；触觉可以模拟现实世界的真实感、利于塑造临场感，也越来越被广泛应用；嗅觉和味觉因为具有一定的私密性，在博物馆公共场合的表现具有一些限制，存在感就稍弱了，对其进行数字化的探索和应用尚处于起步阶段。除此之外，观众在行动时，能够对自身的行为，包括运动和位置，有着自我知觉，也就是本体感觉。博物馆人机交互展项要减少对于视觉图文的依赖，用更丰富的感官形式来传递信息。观众接收到各种感官信息，会产生相应的生理与心理感受，或是以行为做出回应。

（六）提供备选体验方案

博物馆人机交互展项通常需要长时间运行，维护成本较高，发生一些故障问题不可避免。维修不及时容易导致观众投诉，无论如何都要尽量避免故障，并在意外发生时及时修理，解决这个问题的最有效方法便是提供备选体验方案。通过备选方案，可以弥补信息传达的缺失部分，避免出现展览内容的不连贯。

在参观过程中，观众可能会遭遇很多潜在的干扰因素，阻止达成展览的预期效果。如果博物馆人机交互展项的一个功能中断或由于某种原因暂时无法访问，也需要有备选体验方案供观众与之互动。人机交互展项不仅要考虑成功的体验结果，更需要考虑失败、故障和各种突发情况。

（七）简化不必要的元素

如无必要，勿增实体。在如今的博物馆展览中，观众常常需要使用或佩戴设备，例如手柄、手套、头戴式显示器等，以便计算机能够理解观众的行为意图，与人机交互展项进行互动。依据宁静技术，博物馆人机交互展项要尽可能消除干扰观众体验的实物中介元素，比如人工机械式的摇杆和按钮、图形用户界面的鼠标和键盘、自然用户界面的可穿戴设备等，让用户与展项直接发生互动。观众可以利用直觉本能和已有技能进行不受限制的体验，在人体行为与数字媒介之间形成映射，使传播内容超越用户界面的边界，变得触手可及。通过“去中介化”，人机交互展项可以摆脱中介设备的限制，降低用户使用门槛和对新技术的生疏感，促进观众的参与热情；让更多的观众同时进行体验；让观众将注意力集中于传播内容而非技术工具；还可以降低中介设备的投入和整体维护成本，是一种非常有效的交互方式。

简化元素不仅体现在实体的去中介化，也体现在虚拟的化繁为简。没有必要为观众提供传播信息以外的功能和内容，因为这样可能会混淆传播目的、增加认知负荷、削弱体验能力。博物馆人机交互展项的技术和功能应该是为传播内容服务的，要尽可能用最简单的技术和功能来实现传播目的。用户界面应该是简约而直观的，各种承载着传播信息的虚拟元素应该用极简化的图标和符号来表示，让观众能直接便捷地进行操作，产生尽在掌控的感觉。

（八）尊重观众行为意愿

对于绝大多数观众来说，使用博物馆人机交互展项是一项新奇的体验，不知所措是正常现象，不应该让观众以与日常生活相悖的方式行事，更需要尊重所在地区的社会规范和风俗习惯。如果观众不习惯在家中使用虚拟现实这样的技术，那么他们在博物馆中也很难毫无顾虑地使用。人机交互展项需要在尊重观众参与意愿的前提下针对不同人群进行服务，对于年龄小的观众，尤其是儿童，可能需要更多在合理交互方式上的引导，避免错误与破坏；对于年龄大的观众，尤其是老人，可能需要消除他们对技术的担忧，激发互动热情。

尊重观众行为意愿也意味着，博物馆需要通过审慎和协调的方式慢慢向观众介绍和推广博物馆人机交互展项，而不是诱导和强迫观众快速地进行尝试和体验。博物馆人机交互展项的设计应当考虑到群体互动，以避免孤立观众[11]；应当允许观众在体验时根据自己的意愿中途离开和重新加入[12]。

四 结语

过去的博物馆常常简单粗暴地为展览添加诸多屏幕，将信息塞进相似模板的用户界面内。对于大多数日常生活中已经被手机和电脑信息轰炸的观众来说，他们已疲于应付这样类似的形式。如今的博物馆引入了各式各样日新月异的技术，试图用五花八门的人机交互展项来吸引观众。这样也容易让观众过于关注形式设计，而忽视传播信息，显然得不偿失。

宁静技术提供了一个崭新的视角来审视当今的博物馆技术浪潮，质朴简单却可能对未来的人机交互展项产生巨大影响。宁静技术不是特指某种技术形式，而是一种理念：把技术当作工具，而不是被技术奴役；用技术进行创造，而不是进行消费；技术不是社会前进的障碍，而是与日常生活关联的纽带；技术让人们回归自我，并重新与他人联系在一起。这种理念为博物馆人机交互展项的发展提供了明确的方向：用最短的路径为观众提供服务，让技术无缝接入展览传播目的。

【注释】

[1] Mark Weiser, The Computer for the 21st Century. Scientific American, 1991.

[2] Mark Weiser and John Seely Brown, Designing Calm Technology. PowerGrid Journal, 1996.

[3] Norman Donald and Jakob Nielsen, Gestural interfaces: a step backward in usability. Interactions, 2010.

[4] Mark Weiser and John Seely Brown, The Coming Age of Calm Technology, in Peter J. Denning and Robert M. Metcalfe eds., Beyond calculation: the next fifty years. New York: Springer, 1997.

[5] Mark Weiser, The World is Not a Desktop. Interactions, 1994.

[6] Cisco Annual Internet Report (2018 - 2023) White Paper. Cisco public, 2020.

[7] Daniela Petrelli and Sinead O'Brien, Phone vs. Tangible in Museums: A Comparative Study. Proceedings of the 2018 CHI Conference on Human Factors in Computing Systems, 2018.

[8] Daniel Wigdor and Dennis Wixon, Brave NUI World: Designing Natural User Interfaces for Touch and Gesture. Morgan Kaufmann Publishers Inc., 2011.

[9] Amber Case, Calm Technology: Principles and Patterns for Non-Intrusive Design. O'Reilly Media, 2016.

[10] Maria Roussou and Akrivi Katifori, Flow, Staging, Wayfinding, Personalization: Evaluating User Experience with Mobile Museum Narratives. Multimodal Technologies and Interaction 2, 2018.

[11] Peter Tolmie, Steve Benford, et al. Supporting Group Interactions in Museum Visiting. Proceedings of the 17th ACM Conference on Computer Supported Cooperative Work & Social Computing, 2014.

[12] Lesley Fosh, Steve Benford, et al. See Me, Feel Me, Touch Me, Hear Me: Trajectories and Interpretation in a Sculpture Garden. Proceedings of the SIGCHI Conference on Human Factors in Computing Systems, 2013.

试论博物馆学与法学的关系
——从博物馆实践角度出发

冯 荣（大连市公共文化服务中心）

摘要：随着我国博物馆事业的发展，博物馆在管理运行、文物保护、文物利用等方面越来越多的需要用法律知识来解决科学研究和实际工作中遇到的众多问题。为此，本文尝试从博物馆行业法律法规概述，博物馆经营管理、藏品管理、陈列展览管理、流散境外文物追索等具体工作中涉及的法学知识、如何利用法学知识指导博物馆工作实际三个方面，探讨博物馆学与法学之间的关系，以期更好地用法学知识推动博物馆学及博物馆事业的发展。

关键词：博物馆学；法学；关系；规范运行

一 序言

近年来，随着国家文化建设的增强，我国博物馆事业发展迅速，根据国家文物局统计，截止2020年底，全国登记备案博物馆达5788家，即使在疫情的情况下，2020年全国博物馆仍举办了2.9万多个展览，策划了22.5万余场教育活动，到博物馆看展览、学习、休闲已成为人们业余生活的一种新风尚。在这一趋势下，随着博物馆社会功能不断增强、业务不断增多，博物馆工作需要不断规范，而这就要用到具体的法律知识，博物馆行业与法学的联系就会越来越密切，在这一背景下，探讨博物馆学与法学的关系，研究博物馆法律体系是促进博物馆发展的重要工作。

二 博物馆与法学

（一）博物馆学及研究内容

博物馆学是研究博物馆的性质、特征、社会功能、实现方法、组织管理和博物馆事业发展规律的科学。相对哲学、历史学等社会学科来说，是一个新兴研究领域，但博物馆学不是一个孤立的科学领域，它有很强的跨学科性，与许多门学科有着多方面的密切联系，特别是科学发展综合化趋势的加强，各门学科互相渗透，互相包含，日益开拓了自然科学与人文、社会科学的协作领域，使人文、社会科学的一些学科的研究内容得到极大丰富，从而也使博物馆学与其他学科的联系愈加密切[1]。博物馆学研究内容主要有两个方面：一是研究博物馆藏品、陈列、观众以及各项工作及相互关系，博物馆事业建设各个方面以及各级各类博物馆之间的关系等；二是研究博物馆与社会公众，以及社会经济、政治、文化教育、科学技术发展的关系[2]。可见，博物馆研究的内容既有如：各级各类博物馆之间的关系，博物馆与社会经济、政治的关系等宏观内容，又有如：博物馆藏品、陈列、观众等各项工作的微观内容。为了更加具体地研究博物馆学与法学的关系，本文将研究领域重点放在博物馆的性质以及博物馆收藏、研究、展示、观众服务等具体工作实践上。

（二）法学及特点

法学，是关于法律的科学。是以法律、法律现象以及其规律性为研究内容的科学。法律作为社会的强制性规范，其直接目的在于维持社会秩序，并通过秩序的构建与维护，实现社会公正。作为以法律为研究对象的法学，其核心就在对于秩序与公正的研究，是秩序与公正之学。我国现行的法律文件根据制定机关不同，划分为不同的类别，包括法律、行政法规、部门规章、地方性法规等。按照规范内容不同，颁布了不同的法律，包括《宪法》《民法》《刑法》《刑事诉讼法》《合同法》《物权法》《商标法》《著作权法》《劳动法》《文物保护法》《知识产权法》等等，每一部法律都规定了法律主体的权利和义务，都是调整、规定具体行为的行为规范。

三 博物馆各项工作与法学的关系

（一）博物馆行业法律法规概述

博物馆学与法学的关系，最直观的是从文博领域的立法情况出发。为了了解目前我国对博物馆领域的立法情况，2021 年 8 月，笔者对国家文物局官方网站公布的法律文件进行了整理和分析[3]。

根据数据分析，法律、行政法规、部门规章、规范性文件等法律文件共计 67 项。其中法律、行政法规 9 项，占总数的 13.43%；部门规章 10 项，占总数的 14.93%；规范性文件 48 项，占总数的 71.64%，可见，大部分是国家文物局制定的规范各类文博、考古具体工作的规范性文件。根据本文的研究重点，选取其中 23 个与博物馆管理、收藏、研究、展示、观众服务密切相关的法律文件作为研究对象。这些法律文件中，涉及博物馆管理、藏品管理、陈列展览管理、古建筑保护等多个方面。

1. 博物馆管理方面

有 7 个，分别是：《博物馆条例》《博物馆管理办法》《文物博物馆单位文物安全直接责任人公告公示办法（试行）》《博物馆定级评估办法》（2019 年 12 月）《博物馆馆藏资源著作权、商标权和品牌授权操作指引（试行）》《涉案文物鉴定评估办理办法》《关于民办博物馆设立的指导意见》，占总数的 30.43%。规定了国有博物馆和非国有博物馆的性质、设立、变更和终止，博物馆藏品管理、展示和服务内容，特别是提倡博物馆要积极参与社区文化建设，鼓励博物馆研发相关文化产品等；规定了博物馆资源、馆藏资源品牌、馆藏资源著作权、馆藏资源授权等知识产权内容；规定了国有文物博物馆机构从事涉案文物鉴定评估业务的条件、鉴定评估程序等；对博物馆安全问题、评估定级工作也做了详细规定。

2. 藏品管理方面

有 9 个，分别是：《中华人民共和国文物保护法（2017 年修正本）》《中华人民共和国文物保护法实施条例（2017 年修正本 2）》《文物进出境审核管理办法》《古人类化石和古脊椎动物化石保护管理办法》《文物藏品定级标准》《博物馆藏品管理办法》《国有馆藏文物退出管理暂行办法》《文物复制拓印管理办法》《可移动文物修复管理办法》，占总数的39.13%，超过了三分之一。规定了馆藏文物的来源方式、藏品定级标准、馆藏文物退出藏品序列等；规定了藏品的接收、鉴定、登账、编目和建档，藏品的提用、注销和统计等档案管理内容；规定了藏品库房管理，藏品的保养、修复、复制等；规定了允许出境的文物类别，文物进出境过程中的运送、邮寄、携带，禁止出境的文物类别，古人类化石及古脊椎动物化石出境展览要求等文物出境进境内容。可以说，目前的文博法律法规涵盖了博物馆藏品管理实际操作的各个方面，为文物保护、研究、利用提供了制度上的保障。

3. 陈列展览方面

有2个，都是关于文物出入境展览内容的。分别是：《文物入境展览管理暂行规定》《文物出境展览管理规定》，占总数的8.70%，数量最少。规定了我国博物馆利用外国及香港、澳门特别行政区和台湾地区博物馆提供的文物在我国境内举办公益性展览的要求、程序等；规定了我国博物馆在境外举办各类文物出境展览的要求；同时对禁止出境展览的文物类别、出境展览文物的出境及复进境、出境展览的展品安全等也做了详细的规定。实际上，藏品管理的法律法规有一部分，如：《文物进出境审核管理办法》《古人类化石和古脊椎动物化石保护管理办法》等都与这一内容有关，因前文叙述了，在这里不再赘述。

4. 古建筑保护方面

有5个，分别是《文物保护管理办法》《革命旧址保护利用导则（试行）》《文物建筑开放导则》《古建筑修缮项目施工规程（试行）》《文物建筑消防安全管理十项规定》，占总数的21.74%。规定了革命旧址的管理、保护、展示、教育内容；规定了文物建筑开放的条件及功能利用类型；规定了全国重点文物保护单位和省级文物保护单位的古建筑修缮项目施工的具体要求；规定了文物建筑产权单位或者管理、使用单位消防安全管理责任等。严格来说，古建筑保护应该是文物保护的范畴，但是现实中，随着我国对红色文化的保护和传承，一批近代革命旧址，成为博物馆、纪念馆，例如：中共一大旧址。还有一些古建筑由于独特的文化特质，建筑整体被作为博物馆，例如：故宫博物院、恭王府博物馆等，这些博物馆的馆址保护就涉及古建筑保护的法律法规，因此本文将这部分的内容也纳入了分析范畴。

根据上述分析，可以看出，目前文博、考古领域的法律法规，对博物馆学研究的博物馆性质，博物馆收藏、研究、展示等都做了规定，对在实际过程中的馆藏文物保护、古建筑修缮和利用、文物进出境展览等具体工作行为进行了规范。可以说，法律法规为博物馆事业的发展起到了保驾护航的作用。

（二）博物馆具体工作与法学

如何能体现博物馆学与法学的密切关系，笔者认为，从博物馆实际工作中遇到的法律问题出发，能最深刻地认识博物馆学与法学的关系。

1. 博物馆性质方面

《博物馆条例》[4]规定了博物馆的定义，即：博物馆是指以教育、研究和欣赏为目的，收藏、保护并向公众展示人类活动和自然环境的见证物，经登记管理机关依法登记的非营利组织。既然是非营利性组织，是不是完全不能有经营活动呢？答案是否定的，即便是非营利机构，博物馆仍摆脱不了无处不在的市场的影响。我们常听到“博物馆被推向市场”或“博物馆正逐渐走向市场”的说法。博物馆通过提供社会服务和组织适度经营活动，拓宽服务范围，筹集工作经费，争取社会支持，树立社会形象。这些活动，似乎具有市场经济中的商品经销、交易、资源配置的意味。我们怎样看待“博物馆被推向市场”的结果呢？[5] 笔者认为，博物馆可以在不以营利为目的的前提下，为了提供更好更广泛的社会服务，在文创产品销售、有偿讲解、引入能够融入文化氛围的餐饮（如：沈阳故宫博物院的“莊啡”咖啡店）等方式下，尝试博物馆的经营与管理。如果博物馆能够这样做，那么就会引入一个新的问题——作为非营利机构的博物馆要想维持正常的运转和实现自身发展，也需要消耗大量的工作资源。因此，如何获得这些资源，以及如何高效地管理和利用好这些资源便成为新时期博物馆行业所面临的当务之急[6]。显然，在博物馆文创产品开发、有偿服务、资源品牌授权的过程中，要充分考虑博物馆“非营利性”的性质，要在《博物馆条例》的框架内，寻求博物馆事业的发展。

2. 博物馆藏品管理方面

《博物馆藏品管理办法》第一条规定，博物馆藏品是国家宝贵的科学、文化财富，是博物馆业务活动的物质基础。王宏钧先生认为博物馆藏品是博物馆为了社会教育和科学研究的目的，根据自己的性质，搜集保藏的自然界和人类社会物质文明、精神文明发展的见证物[7]。随着博物馆“云展览”、数字博物馆的建设，博物馆对其收藏的藏品采用摄影、录像等手段进行保护、开发、利用的情形越来越多，然而博物馆对藏品拍照形成的照片，一般属于对藏品的复制，不构成摄影作品。根据中国现行著作权法，如果不构成摄影作品，则不能受到著作权法的保护。因此，如果他人对该照片再次进行复制、发行或者通过信息网络传播，则博物馆无权依据著作权法加以制止[8]。这就涉及博物馆藏品资源的著作权问题，与《知识产权法》密切相关。再者，《中华人民共和国文物保护法（2017 年修正本）》第三十七条第二款规定，文物收藏单位（博物馆是其中的一类）可以通过“接受捐赠”的方式取得文物，但现实中往往有这样的情况，一些人出售文物后反悔，甚至是其亲属以种种理由要求博物馆返还已作为馆藏文物的藏品[9]。这时博物馆就需要运用《博物馆条例》《博物馆藏品管理办法》《物权法》等法律来保护自己的合法权益。

3. 博物馆展览方面

随着博物馆业务的发展，为了扩大博物馆的社会影响力、为社会公众提供更好的公共文化产品和服务，博物馆之间的交流与合作不断加强，进而借展、合作办展就越来越频繁，然而由于一些约定俗成的做法和对法律认识的不够充分，在这一过程中，出现了很多法律问题。其中，文物借展合同就是极易出现问题的一个环节，主要表现在三个方面：首先，借展合同中双方当事人的权利义务关系规定不全面，需要明确的约定双方的权利义务。其次，借展文物保险购买不规范。最后，文物借展过程中的司法免扣押规定缺失，这是主要涉及的是域外借展[10]。此外，在特定类别展览中，例如艺术品借展，发生法律争议的情况也有很多。例如：因借展品毁损、灭失或被盗引起的纠纷；因第三方对借展品主张所有权引发的纠纷；因借展品版权的使用及利益分配引发的纠纷等等[11]。这些是博物馆展览中本应该可以规避的问题，但由于目前法律不够健全以及博物馆人对法律应用的不够熟练有关。

4. 海外流失文物追索方面

从鸦片战争开始到新中国成立这段时期，由于当时特殊的历史条件，我国很多珍贵的文物流失到海外，例如：圆明园的十二生肖兽首、敦煌文书等至今无法找寻，而一些珍贵绘画虽然知道保存的地点，但国人要欣赏还需要到国外买票参观，这种情况让我们不得不深思如何拿起法律武器追索海外流失文物。这就需要我们借助国际公法、国际私法的力量，从国际法视角，来研究如何追索海外流失文物。为了了解海外流失文物追索法律问题，2021 年 8 月，笔者在中国知网上以主题为“博物馆 法律问题”搜索中文文献，共计 60 条结果，剔除 11 篇内容关联性较小的文章，共计 49 篇。其中，研究海外流失文物的多达 17 篇，占总数的 34.69%，可见，海外文物的归还问题也是国内学者研究博物馆法律的重点。

根据上述分析，可以看出，在实际工作中，博物馆机构经营管理、藏品管理、展览管理、海外文物追索等方面都存在这样或那样的问题，如何解决这些问题，除了一些操作层面上的不足，归根结底还需要法律的保障，只有在法律的框架内、规范内，才能找到解决问题的症结所在，才能推动博物馆各项工作的顺利开展，才能实现博物馆各项职能的作用。

四 利用法学知识指导博物馆工作实际的建议

（一）要加强博物馆领域法制建设

苏东海先生认为我国博物馆管理质量不高的原因是两方面，一个就是管理的科学化，另一个就是管理的法制化……法制管理就是依法管理，这就有待于法律法规的建设[12]。从目前博物馆的法律法规来看，确实存在一些问题。一是多数法规文件层级较低。由于法律和行政法规长期缺位，规章和规范性文件成为博物馆领域法律法规地主体，许多重要内容均由规范性文件调整，在实践中法律约束力十分有限[13]。二是个别博物馆领域存在法律空白。实际工作中，借展、合作办展、临时展览等方面都没有详细的法律规定，致使展览中遇到的合同、交通运输、保险、人员管理等事项，只能借助《合同法》《物权法》《保险法》《铁路法》《海上交通安全法》等法律进行操作，而这样做的后果是很难充分考虑文物展览的特殊性，留有风险隐患。

值得高兴的是，我国博物馆法制建设不断迎来好消息。一是《中华人民共和国文物保护法》有望修订。2020 年 11 月 10 日，国家文物局公布了《中华人民共和国文物保护法（修订草案）》（征求意见稿）及起草说明，向社会公开征求意见。主要修改内容包括完善立法目的，丰富文物定义和类型；强化政府责任，鼓励社会参与；加大不可移动文物保护力度；加强馆藏文物保护利用；进一步规范文物流通，加强市场监管，强化文物进出境管理；加强文物保护监督检查等内容。同时在修订的过程中，将坚持广泛借鉴，特别是借鉴资源类立法和文化领域立法经验成果，注意参考近年来文物保护地方立法和境外文化遗产保护法律法规，注意与《民法典》等法律规定进行衔接。二是我国将“文物和文化遗产保护”纳入检察公益诉讼范围。2020 年最高人民检察院工作报告提出，“规范公益诉讼检察工作，拓展办案范围”，将“文物和文化遗产保护”纳入其中。据统计，截至 2020 年 11 月，全国 23 个省级人大常委会作出加强检察公益诉讼工作的专项决定，其中有 17 个明确将文物、文化遗产保护纳入公益诉讼新领域案件范围。在这一背景下，检察公益诉讼制度为文物和文化遗产保护提供了一条新的路径。

（二）博物馆界、博物馆人要不断提高法制意识

党的十八大以来，党中央明确提出全面依

法治国，并将其纳入“四个全面”战略布局予以有力推进。2014 年，党的十八届四中全会作出关于全面推进依法治国若干重大问题的决定，为我国各领域的法治建设提供了根本遵循。据统计：国家文物局公布的 67 个法律文件中，有 41 个是在 2015 年之后颁布实施的，这说明博物馆领域的法律建设在不断增强。而博物馆人的法律意识相较博物馆法制建设快速加强来说，略显滞后。主要原因是：博物馆的工作人员大多都是历史、考古、文物、展览展示等专业领域的专业性人才，专门从事博物馆法律研究的人员很少，这就造成在实际工作中很多法律问题没有被足够重视，从而出现了一系列法律问题。2021 年 5 月，中央宣传部、国家发展和改革委员会、教育部、科技部、民政部、财政部、人力资源和社会保障部、文化和旅游部、国家文物局联合印发《关于推进博物馆改革发展的指导意见》，对我国博物馆改革发展提出了具体的指导意见，这为博物馆人如何增强法律意识、从哪些方面增强法律意识，指出了方向。

五 结语

综上所述，通过梳理博物馆领域法律法规，分析博物馆实际工作中遇到的法律问题，我们发现，博物馆学与法学关系十分密切。今天，博物馆已经进入了新发展阶段，要解决发展中遇到的各种问题、提高发展质量，就必须要加强法制建设，在法律的框架内，借助法学的力量，不断规范各项工作，才能更好地发挥为社会及其发展服务的各项职能。

【注释】

[1] 王宏钧：《中国博物馆学基础》，上海古籍出版社，2001 年，第 26 页。

[2] 王宏钧：《中国博物馆学基础》，上海古籍出版社，2001 年，第 4 页。

[3] 《中华人民共和国文物保护法》《中华人民共和国文物保护法实施条例》《博物馆条例（英文版）》《中华人民共和国考古涉外工作管理办法》《博物馆条例》《中华人民共和国水下文物保护管理条例》《历史文化名城名镇名村保护条例》《中华人民共和国文物保护法（英文版）》《长城保护条例》《大运河遗产保护管理办法》《文物认定管理暂行办法》《文物进出境审核管理办法》《世界文化遗产保护管理办法》《古人类化石和古脊椎动物化石保护管理办法》《博物馆管理办法》《文物行政处罚程序暂行规定》《文物保护工程管理办法》《文物藏品定级标准》《博物馆藏品管理办法》《关于防范和惩治文物统计造假弄虚作假责任规定（试行）》《文物统计管理办法（试行）》《文物博物馆单位文物安全直接责任人公告公示办法（试行）》《“考古中国”重大项目申报管理指南（2020 年 -2035 年）》《全国重点文物保护单位文物保护工程进度监管暂行规定》《文物保护工程安全检查督察办法（试行）》《大遗址利用导则（试行）》《可移动文物修复管理办法》《文物拍卖管理办法》《文物拍卖标的审核办法》《博物馆定级评估办法》（2019 年 12 月）《文物建筑开放导则》《博物馆馆藏资源著作权、商标权和品牌授权操作指引（试行）》《革命旧址保护利用导则（试行）》《国有馆藏文物退出管理暂行办法》《不可移动文物认定导则（试行）》《涉案文物鉴定评估管理办法》《古建筑修缮项目施工规程（试行）》《国家文物局重点科研基地管理办法》《中国世界文化遗产专家咨询管理办法》《国家考古遗址公园创建及运行管理指南（试行）》《全国重点

文物保护单位文物保护工程检查管理办法(试行)》《关于进一步优化文物保护项目审批的通知》《文物建筑保护工程施工组织设计编制要求》《文物拍卖管理办法》《全国重点文物保护单位文物保护工程竣工验收管理暂行办法》《国家文物局文博人才培训基地管理办法(试行)》《长城保护员管理办法》《长城执法巡查办法》《文物建筑消防安全管理十项规定》《关于民办博物馆设立的指导意见》《文物保护工程勘察设计资质管理办法(试行)》《文物保护工程施工资质管理办法(试行)》《文物保护工程监理资质管理办法(试行)》《文物保护工程设计文件编制深度要求(试行)》《文物复制拓印管理办法》《文物入境展览管理暂行规定》《关于贯彻实施〈文物认定管理暂行办法〉的指导意见》《国家考古遗址公园管理办法(试行)》《考古发掘项目检查验收办法(试行)》《文物出境审核标准》《中国世界文化遗产监测巡视管理办法》《文物出境展览管理规定》《文物保护行业标准管理办法(试行)》《全国重点文物保护单位保护规划编制要求》《全国重点文物保护单位保护规划编制审批办法》《考古调查、勘探、发掘经费预算定额管理办法》，载国家文物局网，http://www.ncha.gov.cn/col/col2237/index.html?id=3

[4] 《博物馆条例》经2015年1月14日国务院第78次常务会议通过，自2015年3月20日起施行。

[5] 宋向光：《博物馆“非盈利”机构性质谈》，《中国博物馆》2000年第4期。

[6] 刘芳：《博物馆作为非营利事业单位的经营与发展》，《知识经济》2015年第10期。

[7] 王宏钧：《中国博物馆学基础》。

[8] 兰国红：《博物馆藏品影像化的法律风险及其应对》，《中国博物馆》2018年第1期。

[9] 沈爱玲：《博物馆收购文物行为法律效力分析》，《学术论坛》2011年第10期。

[10]赵炳初：《博物馆文物借展合同中的法律问题及解决》，硕士学位论文，2019年。

[11]吕晓晓：《与艺术品借展相关的法律问题研究》，硕士学位论文，2009年。

[12]苏东海：《博物馆的沉思：苏东海论文选（卷二）》，文物出版社，2006年，第361页。

[13]李晨：《论“〈博物馆条例〉时代”博物馆法规体系的构建与完善》，《中国博物馆》2016年第1期。

关于博物馆建筑学科研究的一些思考

蓬皮杜艺术中心案例浅析

凌静源（巴黎一大先贤祠索邦 法国艺术史研究所）

摘要： 本文旨在探讨博物馆学与建筑的关系。博物馆建筑是政府机构或私人进行博物馆运营的场所同时也是公众进行博物馆参观活动的场所，其特殊性决定了博物馆建筑有别于其他类型的建筑。如何优化博物馆运营如何为公众带来更好的参观体验都与博物馆建筑场所密不可分。那么对博物馆学与建筑的研究就显得尤为重要。蓬皮杜国家艺术文化中心在我国上海设立分馆并于 2019 年向公众开放。中法文化交流的日益密切为我们了解并借鉴其经验提供了便利条件。本文将主要采用文献法对法国蓬皮杜国家艺术文化中心进行案例分析研究，尝试探索城市规划者与建筑设计者在选址部署及博物馆内部空间布局的策略核心。从选址、形式与功能几个大方面进行分析以更好地理解博物馆建筑的特殊性及其规律从而为博物馆建筑实践提供一定的理论借鉴。

关键词： 博物馆；博物馆学；建筑；博物馆建筑；空间；功能；规划；蓬皮杜

从博物馆的起源看，它就与建筑相辅相成。

帕萨尼亚斯（希腊文：Παυσανίας；拉丁字母转写：Pausanias 罗马帝国的希腊史地理学家，旅行家）在«对希腊的描述»中提及古雅典阿哥拉柱廊的“某种露天形式的博物馆”和雅典卫城门廊的画廊[1]。地理学家斯特拉波 Strabon (en grec ancien : Στράβων , en latin Strabo) 和维特鲁威都对公元前 290 年建成的亚历山大港博物院（古希腊语 Μουσεῖον, 法语 : Mouseîon d'Alexandrie）建筑更是有“具体描述”[2]。

从博物馆的发展来看，现代博物馆的胚芽常常萌发于旧日的皇家宫殿、私家园林宅邸等建筑中，经历社会变迁，这些曾经上层社会流连的场所对公众开放成为公共博物馆，巴黎卢浮宫，巴黎历史博物馆，佛罗伦萨的美第奇-里卡迪宫都是如此。

从词源上来看，从“缪斯神庙”到“奇异屋”，“Museum”一词并不像今天我们普遍理解的那样，指用于展览的场所，而更侧重于“物”[3]本身，有学者认为这个单词在十六、十七世纪还更接近“收藏”这个概念。直到十八世纪末，博物馆才被赋予了更加接近今天人们所熟悉的含义。（注：当然，根据 ICOM 国际博物馆协会与时俱进的定义，今天的“博物馆”已拥有更加丰富的内涵）博物馆作为一种“建筑类型”被人们认知并且出现专门的博物馆建筑设计已经是二十世纪初的事情了[4]。

二十世纪以来，法国出现了许多艺术家故居或工作室改造转型而成的博物馆，如布德尔博物馆、扎德金博物馆。同时也出现了不少由其他功能的公共建筑改造而来的博物馆，如车站改造而成的奥赛博物馆，以及逐渐兴起的旧工厂改造案例。二十世纪末到二十一世纪初，越来越多的建筑，专为博物馆而生，例如，法国里昂的汇流博物馆，布朗利博物馆以及本文着重分析的蓬皮杜法国国家艺术中心。

“博物馆建筑是博物馆进行各项工作，开展各项活动，实现自己社会功能的重要物质条件”[5]。传统意义上的博物馆的收藏、展示、研究、教育等工作都是依托博物馆建筑而展开。

首先，建筑作为收纳馆藏的空间，为器物提供栖身之所。

其次，博物馆作为公共建筑的一种形式，存在于城市空间中，为人提供文化活动的场所。特定的历史建筑本身是历史事件的发生场所，作为历史的见证者，提供研究和了解历史的物质条件。特定的新设计项目在结合博物馆主题与功能的基础上，进行创新，提供公众教育和文化传播的物质条件。

同样，博物馆作为公共建筑的一种形式，存在于城市空间中，是城市景观的重要组成部分，那么也就要求博物馆建筑能够与周围的景观相协调，促进社区融合而不造成割裂，这一点在法国这样移民众多的国家常常被提及，诚然存在其特定语境，那放眼我国，依然有研究的必要性，只是需要研究者能够结合我国实际情况进行相关研究。

近年来，我们国家的领导人敦促 “不要搞奇奇怪怪的建筑”。那么什么的建筑才是不“奇怪” 的呢？从博物馆学学科的角度来看，可以理解为：以人为本的、符合科学发展观的、能够向世界展示优秀物质的非物质文化遗产的能够促进文化自信的建筑，能够满足博物馆活动基本需求的而又不劳民伤财的、可持续发展的建筑。

如何实现？首先要做的是将建筑与博物馆学结合，开展研究工作。那么如何进行博物馆学学科下的博物馆建筑研究就成为一个非常值得探讨的问题。

从研究学科分类上讲，可以进行建筑设计的研究，也可以进行建筑史的研究。从研究主题上讲，可以进行博物馆建筑形式功能的研究，对结构、技术和材料进行探讨，也可以进行史学及美学的评析。从研究方法上讲，可以进行单个或多个的案例分析，也可以进行比较研究，当然还可以借助其他学科的理论与研究工具，以地理学为基础的城市规划研究、统计学为依托的空间句法研究、以社会学为依托的空间权力关系研究、以传播学为依托的符号学、现象学研究等等。研究的问题或者方向有多种可能性，比如，博物馆选址需要注意什么？博物馆外观与城市景观建筑如何能够协调？建筑内部空间布局如何影响我们的参观体验？

蓬皮杜法国国家艺术文化中心在我国上海设立分馆并于 2019 年向公众开放。中法文化交流的日益密切为我们了解并借鉴其经验提供了便利条件。本文将主要采用文献法对法国蓬皮杜国家艺术文化中心进行精简的案例分析，尝试探索城市规划者与建筑设计者在选址部署及博物馆内部空间布局的策略核心。从选址、形式与功能几个大方面进行分析以更好地理解博物馆建筑的特殊性及其规律从而为博物馆建筑研究实践提供一定的思路。

案例分析的优势在于可以具体了解博物馆建筑实践中规划者的具体考虑以及实践中存在的问题及其影响，在案例研究中可以尝试避免对西方晦涩词汇或抽象概念的反复引用，而是侧重于具体问题的讨论。当然孤例分析也存在其缺陷，比如案例研究过程耗时耗力而结果不能归纳为普遍结论，不易于理论化等。希望未来有更多跨学科工作者加入相关研究工作，为公众带来更好的博物馆建筑空间体验。

此前，国内已有许多文章对蓬皮杜艺术中心建筑进行介绍，有从建筑美学来进行探讨，比如 2014 年发表于《华中建筑》期刊的《线性元素的造型艺术——当代语境下对蓬皮杜艺术中心视觉形象的重新解读》，有针对建筑技术的介绍，比如 2015 年于《建筑师》期刊发表的《结构工程师—蓬皮杜艺术中心—建筑的文化想象》，但比较少见基于建筑史的全方位解读。这与国内与英文世界较为亲近有关，而各个学科来自法语世界的资料却相对匮乏有关，即便在介绍法国理论或案例时，都非常依赖英语作为中间语言二次翻译的资讯，而这对研究并没有太大好处，本研究的参考资料直接来源于法国建筑研究学术机构以及蓬皮杜艺术中心的文献资料，因此信息损耗相对较少。法国本土对蓬皮杜艺术中心的出版物数量众多、角度众多。比如，弗朗西斯在揭幕之初发表的《写在波布尔落成之际》、让鲍德里埃的《波布尔现象》以及克劳德莫拉的《蓬皮杜的利害》等等。但由于篇幅限制和疫情带来的诸多限制，本文只是综合前任的论述的基础上结合自己的专业和理解对案例进行浅显的评析，介绍案例并不是主要目的，鉴于蓬皮杜艺术中心的知名度已经足够高，并不需要再为其做宣传，本浅析的主要目的在于“见贤思齐”或者存在的问题拿来自省 “有则改之 无则加勉”。行文主要分为三个部分。第一部分主要关注蓬皮杜艺术中心建筑项目的社会语境。第二部分聚焦蓬皮杜艺术中心及所在街区的关系和城市化发展的微观史。第三部分则对蓬皮布艺术中心从建筑学角度进行一定评析。

一 项目之初始构想

俗话说“万丈高楼起于垒土”，而“在起于垒土”也就是正式营造之前，往往存在规划和商议的过程，规划和商议又往往与当时的社会背景息息相关。蓬皮杜建筑项目被法国史学界一些学者描述为“诞生于一场悖论”。什么样的悖论呢？

首先是政治悖论[6]。在六十年代末那样如火如荼的社会风潮大语境，竟然企图来建造一座与社会氛围倡导的理念相悖的艺术中心，这实在显得有些格格不入。那是一个有人想要建博物馆就会被批判为“嗜古癖”的年代，那么蓬皮杜艺术中心为什么是这样的一座艺术中心就变得容易理解了。

艺术中心的命名却很容易让人相信国内百科网页对艺术中心的介绍或者大多数论文引用时候提及的这仅仅是“为纪念总统蓬皮杜”。而一个建筑工程背后，往往存在许多公众不那么容易知晓的故事。根据当时相关负责官员的描述，当时法国文化部的财政预算尚未达标，而该艺术中心的工地则可以“消耗约建造 16 千米公路的资金”，那么预算也就可以达标了。

当然，蓬皮杜项目也诞生于建筑悖论。当年两位年轻的建筑师并没有想到他们的方案会被选中，他们于是放开手脚设计了一座让自己感到愉悦的超前建筑，和“重拾巴黎国际艺术地位”的 “宏伟建筑”的政治考量不同，建筑师想要设计的不是一座“宏伟建筑物”而是一场“盛宴”一个“大型城市玩具”[7]。“简单，功能主义”，这是设计者的理念。

项目的初始构想可以追溯至五十年代的一个公共图书馆项目，到了七十年代由于受委托人的一些影响，这个项目逐渐被调整成“博物馆和创造中心”，随后又几经商议，才成为我们看到的这样一个综合体项目。竞赛消息于1970 年发布，向国际社会征集方案，不限国籍。而评审团由精英建筑师团队构成，评审团主席为蓬皮杜总统钦点的法国著名建筑师让 · 普维。

从项目完成到今日，已经三十多年过去了，人们会牢牢记住蓬皮杜这个名字，这个项目之所以能够实现也确是与蓬皮杜总统进行现代化建设的意愿以及他本人对艺术的喜爱密不可分。在向政治人物致敬的同时，当然同样不可忽视了建筑师们的贡献，伦佐 · 皮亚诺、理查德 · 罗杰斯 这两位建筑师在 1971 年的竞赛中从 681 支参赛团队中胜出，获得了这个项目。他们的方案完美地回答了项目发起者对于“开放性”的要求，首先它满足了建筑对城市的开放，同时满足了建筑对街区的开放，而这种建筑层面的开放性，为社会带来新的风貌。在建筑领域（至少是欧洲范围来说）它是一个里程碑式的存在；在社会层面，它被称为二十世纪“七十年代的一个重要文化现象”[8]。

博物馆，作为公共服务机构，相关的建筑项目必然与政府的政策、决策相关联，无论是乡镇一级还是市级、省级、国家级，博物馆工作者需要认真研读并且深刻理解政府公文，道理看似简单，但在实践中，是不是能做到，可能要打问号。再回到建筑师与设计，以什么样的方式来挑选建筑的实现者，是通过熟人关系直接给人承包？还是通过竞赛来评选？这些都是要权衡利弊得失的问题。

二 博物馆建筑与街区

作为巴黎市中心的“心脏：肌肉、生生不息的泵”[9] 皮杜艺术中心早已融入巴黎人的生活。

蓬皮杜中心前方有一片空地，这片空地以斜坡的形式将取道不同的到访者集中到艺术中心的入口安检处，而斜坡本身的角度恰好形成了一个梯度观众席，这不能不让人联想起古罗马剧院的观众席部署。而公众也很自然地将这个斜坡空地作为休息休闲的场所，在这里休憩的人们或交谈或餐饮也有的在独自观看人潮，其中包括即将或已经参观完毕博物馆的观众，也包括游客或其他原因在此等候约见的市民。斜坡上方常常有许多街头艺人：音乐演奏、造型艺术创作或者是形体艺术呈现生生不息，热闹非凡，艺术家非常乐于与路人互动。在这里人们仿佛可以暂时忘却不同肤色不同年龄不同性别的隔阂。

那么这样一座世界瞩目的艺术中心又是如何被安置到这里的呢？这要从巴黎城市规划谈起。蓬皮杜艺术中心坐落在巴黎四区由雷纳尔路与圣梅丽街构成的近乎直角的大块路岛。这片街区历史悠久，可以追溯至中世纪，到 19 世纪，由于工业化及城市化进程的不断推进，巴黎城市人口激增，到了 19 世纪末，这个位于巴黎核心地带的街区已经到了崩溃边缘，人们挤叠在狭小肮脏的空间，瘟疫流行。

这样的情况下，改变就势在必行。二十世纪初，三十年代，也就是两次世界大战期间的历史时期，同时也是巴黎迅速城市化的历史时期，拆迁、重新部署随处可见，新项目建设进行得如火如荼。蓬皮杜艺术中心所在的街区正是在这段时间遭遇了拆迁，而拆迁以后在原址上似乎并没有新的建筑拔地而起。在相当长一段时间内，这片空地由于其得天独厚的地理位置，被开发成了一个停车场（图 1），它的附近正是大名鼎鼎的巴黎中央市场。从前的“脏乱差”

街区在经历了拆迁后，作为市中心大型停车场，在一定历史时期满足了当时社会生产生活发展的需求，直到蓬皮杜总统的决策为这片街区其带来新的活力。之后再到马黑街区的开发，蓬皮杜艺术中心与之一同构成了城市艺术创新以及多元包容氛围的社区。

在1971年的项目陈述里，建筑师写道：“为了将行人和车辆分流，我们构思了一个地平面以下3.20米的下沉人行空间：它构成了各种步行网络的交汇点。雷尼路将设置在同一层，作为步行空间的延伸。我们建议封掉圣马丁街并拆除它，将地窖和房屋的门直接面向广场上打开，如果可能的话，将房屋改造成附属于中心的工作室或住房。”[10]

很显然，建筑师在构思阶段已经对周围的建筑进行了考察而且对如何设定博物馆建筑和周围建筑的关系进行了思考。项目成功实现了这个构想：建筑北邻朗布托街、艺术中心的正立面朝东临雷纳尔路和波布尔路的接口、南靠圣梅丽街，为了确保建筑平面的完整，圣马丁街被截断，而成为广场上一条附属通道，这样对面的建筑立面就与广场建立了直接的联系，甚至可以说是成为广场的一部分。由于实际操作需要，这部分建筑的层高被进行了大规模调整，以便更好地与广场建立联系。

当然，任何事物都具有两面性，现实世界与设计方案也总有着不小的差异，在看见蓬皮杜中心所在街区各国游客及本城居民流连欢歌的同时，不难发现目前此街区面临的种种问题。比如，如果清晨在蓬皮杜中心对面的咖啡馆露台点上一杯咖啡，用不了多久就会观察到博物馆附近商户送货卸货时所面临的麻烦，由于空间限制，货车以及其他环卫车辆无法顺利会车，十分容易出现拥堵局面。

现在城市规划领域和博物馆学领域常常提及“城市再生”或者“街区再生”，那么蓬皮杜艺术中心可以作为一个很好的例子，为研究者和决策者提供思路，从而实现扬长避短。

三 博物馆建筑之评析

根据法国建筑史学家让菲利普 · 加里克所述，可以用不同的方法对建筑进行划分，以功能来分，建筑可以分为：图书馆、法院、博物馆等公共建筑，教堂（寺庙）等宗教建筑。以形式来分，主要可以分为巴西利卡式和中心式。就法国的情况来看，文艺复兴时期和巴洛克时期的建筑体量偏大，功能趋于复合，而启蒙运动的"理性主义"和近代时期（注：la période contemporaine 指1789年后直到1815年拿破仑时代终结的历史时期，一般可以理解为19世纪后，区别于二十世纪的现代主义运动）则倾向于建筑功能单一化，直到二十世纪后半叶，大型购物商场的发展，以及文化中心的兴盛，综合性建筑似乎又成为一种时尚[11]。

蓬皮杜艺术中心可以算是这种类型建筑的引领者，在艺术中心内，不同的板块功能各不相同：负一层为会议室和多媒体室，在这里常常举行讲座；蓬皮杜中心内部包括公共资讯图书馆（BPI）、法国国立现代艺术美术馆（MNAM）与声学、音乐研究和协作学院（Institut de Recherche et Coordination Acoustique/Musique）。这种博物馆与其他公共文化设施机构共生的形式也许在我们这一代享受着现代化成果成长起来的人来看并没有什么稀奇，但是在20世纪70年代的法国，不少人依然对博物馆充满“净土”的执念，包括大卢浮宫项目，在购物长廊入驻卢浮宫地下入口时，也遭到了强烈的抨击，而这些抨击不无道理，甚至非常有启发意义的，反思国内的博物馆，如何在提高公众参与的同时，避免过度商业化？在建筑层面如何布局？以及商业化的边界在哪里？这些都是我们博物馆从业者需要思考的问题。

从建筑风格风格来讲，蓬皮杜艺术中心一般被归类在“后现代主义”之下。和任何超前艺术或建筑一样，刚刚问世之初也遭遇了大量抨击，巴黎市民一点也不留情面地把它称之为“市中心炼油厂”。这是为何？这就不能不提及它的外部造型处理。远远看去，红色绿色蓝色的巨型管道像爬虫一样吸附在建筑的立面，在豪斯曼建筑主导城市风貌的巴黎市区，穿过一条窄窄的巷道，这个花里胡哨的庞然大物突然映入眼帘，确实会给人以强烈视觉冲击。但如果将它理解为中看不中用的装饰物，那就有失偏颇了，实际上这些颜色主要是具备功能性作用的（图 2)：功能结构要素用不同的醒目的颜色区分开来，蓝色是通风换气管道（空调）、绿色为水管，黄色负责电缆，红色标明的是安全设施以及正立面的自动扶梯，红色的使用充满寓意：红色是血液的颜色，它象征着在建筑内流通的人，为文化带来活力。这样大胆的“中心骨架外露”为建筑内部赢得了广阔的开放式空间，公众在进入门厅后，可以一目了然，在标注清晰的标识系统的指引下可以直奔主题去寻找自己要去的板块。说到标识系统，这也是一个值得深入研究的话题，博物馆建筑内部如何进行标识系统设计，什么样的标识系统简明易懂、老少皆宜、同时照顾到残障人士的行动，非常有必要进行研究然后优化。

从建筑体量来看，蓬皮杜艺术中心在巴黎市中心算得上是一个庞然大物了，建筑占地 7500 平方米，建筑面积共 10 万平方米，共 8 层，其中地上 7 层，地下 1 层，第 7 层为露台。主体建筑南北长 150 米，宽 50 米，高 50 米。设计方案的计划是为每日 5000 的参观者服务，而现在单日入馆人数是这个预估值的 4 倍都不止。这也可以解释为什么这座建筑从问世以来就一直在经历内部空间的重新部署，比如 1985 年的大型施工以及近两年重新开始的施工项目，在这些项目中，主要进行调整的是建筑内部的隔板墙，钢筋结构的骨架给了博物馆内部空间相当大的自由度，模块化的空间布局也适合进行考虑功能的针对性调整。这个现象给我们的启示是，如何在设计博物馆建筑的时候将未来可能需要的改造甚至扩建考虑进来，而不至于在很短的时间因为建筑设计无法满足日常的博物馆活动而需要迁址。

从建筑材料和构造来看，蓬皮杜艺术中心采用了钢桁架梁柱，法语中称“gerberettes”（以 19 世纪一位桥梁工程师命名），这种大胆创新从技术上解决了博物馆内部空间碎片化（视野被大量柱体遮挡，影响布展工作和观展体验）的难题。我们的博物馆未必都要做成同样的结构，但是在博物馆建筑项目初期同样需要考虑未来布展策展和观展的需求，而不是只为追求奇特的外形而忽略了建筑的功能。同样，博物馆内部空间的布局也相当重要，如隔板的设定，隔板与隔板、隔板与作品之间关系的研究都是博物馆工作中不可忽略的问题。当然，在可能的情况下，我们应该积极推动环保类材料，使用对博物馆内人员健康不会产生危害的材料，并且生态友好的材料。

当进行博物馆建筑的构思和评估时，建筑外观固然重要，但也不能顾此失彼忽略了建筑内部空间的考虑。

从地面层入口进入大厅，沿着外挂的自动扶梯向上攀升可以抵达各楼层。根据 2004 年巴黎市政厅的文化服务下属机构的出版的数据：3000 平方米分布在 3 个楼层，楼层中还有夹层。

近期内容占1300平方米；画廊和文献占1900平方米；当代艺术占1230平方米，外部1000平方米。第一层和第二层是图书馆，占15000平方米，同时这两层还安置了博物馆文献中心的3000平方米。第三层和第四层光照更加充足，从其中一个展厅可以进入室外阳台区域活动，共占4000平方米，最上层为咖啡馆、餐厅以及一个电影放映厅，占1900平方米。

由于建筑基本为一个规整的矩形，建筑内墙并不太会对布展，尤其的装卸作品产生太多负面影响，这点如果参照其他某些外部为弧形或者过度三角形空间设计的博物馆建筑，不难发现区别。最著名的负面例子是曾经古根汉姆博物馆引起的巨大争议，当然不是所有建筑师都能够有个性到无视艺术家的批判，坚持认为自己的建筑就是做重要的作品。博物馆建筑方案，无论是博物馆方还是设计方都应该首先考虑其功能，这种类型的建筑，涉及展品的放置、悬挂、铺展，有一个相适应的建筑空间，将会给未来博物馆的工作开展带来极大便利。

四 结论

博物馆建筑是政府机构或私人进行博物馆运营的场所同时也是公众进行博物馆参观活动的场所，其特殊性决定了博物馆建筑有别于其他类型的建筑。如何优化博物馆运营、如何为公众带来更好的参观体验都与博物馆建筑场所密不可分。对博物馆建筑的研究尤为重要。

蓬皮杜中心的选址处于巴黎的心脏地带，建成后的几十年中，在城市文化生活中扮演着重要角色，它同样也成了城市地标，方便巷道间穿梭的行人辨认方向。博物馆外观与城市景观建筑能够协调。这在很多人看来很难理解，但是用更加“当代”的眼光看，某个建筑元素是可以带动城市景观的演进的。

而建筑的类型和风格往往打上一个时代的烙印，成为一部立体的史书，无论成败与否，博物馆建筑将与博物馆内部的馆藏一同成为各自时代的记录。

当然，近年随着互联网的普及，线上展览方兴未艾，尤其是疫情期间，博物馆纷纷暂时闭馆，在线组织展览活动。但这并不影响疫情过后，人们迫不及待地回到线下博物馆。博物馆建筑提供了建立联系的场所，即：空间与空间的联系、空间与物的联系、人与物的联系、人与空间的联系以及人与人的联系。作为社会

图 1. 波布尔街区鸟瞰图（1951 拍摄，版权 © 巴黎历史博物馆）

图 2. 蓬皮杜艺术中心色彩的功能性应用（版权 © 巴黎蓬皮杜艺术中心）

性群居动物的人类是非常需要这样的联系的（人类学家会告诉你为什么人类需要这样的联系）。而博物馆学研究者要做的则是研究并优化联系中各个节点各个元素的组合方式，这是优化博物馆空间的关键。

【注释】

[1] [法] 多米尼克 · 布罗：《博物馆和博物馆学》，发现出版社，2009 年，第 2 页。

[2] [法] 安德烈 · 贝尔兰：《亚历山大大帝》，阿歇特出版社，2004 年，第 118 页。

[3] 拉鲁斯辞典 https://www.larousse.fr/encyclopedie/divers/mus%C3%A9e/72220

[4] [希] 卡莉：《博物馆空间》，劳特里奇出版社，2015 年

[5] 王宏钧主编：《中国博物馆学基础》，上海古籍出版社，2001 年。

[6] [法] 杜芙函 · 伯纳黛特：《建筑还是运动?》媒介期刊，1999/1 (N° 7)，p 183-191.

[7] 《从波布尔平台到蓬皮杜中心 ：伦佐 · 皮亚诺、理查德 · 罗杰斯 安东尼 · 皮康访谈稿》，蓬皮杜中心巴黎蓬皮杜中心之友社团，1987 年。

[8] 尚塔尔 · 贝雷语。

[9] [法] 弗朗西斯 · 彭奇：《L’ Écrit Beaubourg》（暂不可译，保留标题原文），蓬皮杜中心出版，1977 年。

[10] [法] 雷吉 · 拉布勒戴特：《在广场上打造广场》，蓬皮杜艺术中心 教育和公众指导处，2009 年。

[11] 凌静源整理：《与让菲利普 · 加里克的问答》，《法国艺术史研讨会“建筑的形式与功能”》，2020 年 11 月。

缪斯与意境：论文学在博物馆发展升华中的作用

段燕飞（泉州海外交通史博物馆）

摘要： 文学对于博物馆的发展，未必能增加文物的、历史的或科学的知识，但却能从情感、思想的角度使博物馆更加深入人心，以一种深刻的方式拉近与公众的距离。文学早已深度参与到了博物馆的馆藏、展示、科普、宣传与社教活动中，并不断发展升华着博物馆的业务。文博人并没意识到文学与博物馆正在发生的交汇融合。当下公众也不再满足于博物馆传统使命与职责的履行，他们更期望博物馆以一种文学的、诗意的、动人的方式走进心灵。文学是博物馆实现使命革新与完善的重要途径之一，博物馆的发展升华要重视招取和培养相关的人才。

关键词： 博物馆；文学；缪斯；意境

西方博物馆最本源最传统的一个解释是祭奉缪斯的场所[1]。缪斯是希腊神宙斯的九个女儿，她们分别主管口才与史诗、历史、音乐、抒情诗与爱情诗、悲剧、颂歌、舞蹈、喜剧、天文学[2]，其中有五个都与文学有关。博物馆最早的渊源便具有文学的职责使命，即追求美好的感情与精神，启蒙人们关注不可看的、不实用的却对人有益的一个领域，而不仅仅是收集、展示珍贵战利品或个人奢侈品的地方[3]。

中国的博物馆诞生之时虽借鉴于西方，但在其发展过程中必然要与自身所处的历史文化接壤。中国博物馆的一个主要职能是收藏展示过去的知识，同样反映了人们权管知识的野心。但中国还是一个文学的、诗的国度，它有悠久的人文历史与精神追求，有不少的博物馆人便带着中国文学的熏陶从事着相关的工作，从他们所写的标题、文字中便能看出中国的博物馆受文学影响颇深。文学在中国博物馆发展升华中扮演着非常重要的角色，它已经蔓延到了博物馆的展览、社教、数字化、自媒体等方方面面的业务领域，参与到了博物馆服务公众的使命中，以一种无形的方式重新建构着中国的博物馆文化[4]。文学是如何具体影响了博物馆的发展升华呢？

一 在展场中铺开文学

文学在博物馆出现，最明显的一个表现是文学人物纪念馆、文学作品展馆的出现。文学类博物馆最大的趋势是“以文学作品虚拟内容为基础进行展示的主题公园”[5]，这是一种比较亲近大众，又能与他们在阅读文学作品时产生的感情进行交集的博物馆。但在博物馆的大流中，文学博物馆却是一个小的支流，不足以体现文学对绝大多数博物馆产生的作用。

对于大多数历史类、专题型的博物馆，文学与它们产生最直接关系的一个例证是举办文学作品类的原创或引进展览。2016 年，泉州海外交通史博物馆举办了原创展览“泉州常在心中——《无愁河的浪荡汉子 · 八年》插图展”，便以知名画家黄永玉的长篇小说《无愁河的浪荡汉子 八年》系列为蓝本，结合博物馆的主题特色，专门挖掘文学作品中与泉州、闽南有关的内容。通过主人公序子的视角，走进特殊时代下，一个个闽南人的感情世界里，也走进作者的爱恨情愁中。

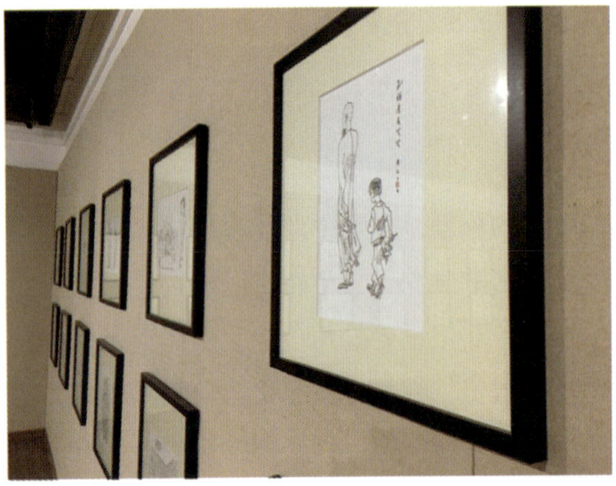

图 1. “泉州常在心中——《无愁河的浪荡汉子 • 八年》插图展”场景

用展览的形式表现小说世界，需要博物馆人花费大量时间截取故事中具有代表性的片断，再结合黄永玉先生所绘制的书中人物等配图，在特定的空间中布置一个个故事片断的画框与解说便成展览。它所展示的并不是传统博物馆展览中线性的历史、严谨的学术语言、精准的器物描述，而是特定时代下“亲热、信任、好客”的闽南人肖像。比如，在泉州洛阳镇做生意的虾姑，她既不出名，也不富贵，只是一个生意场中的平凡女性，却充满着一身让人荡气回肠的魅力。比如，崇拜明代哲学家李贽的私塾老师苏漾景，以及民众教育馆馆长秦秀臣，他们都是既有人文魅力，又有品格的人，当然免不了也有怪脾气。

类似文学展览的目的不再只是历史的、知识的目标，它更追求文学的真善至美。展览的前言曾有这样的话：“《无愁河的游荡汉子 · 八年》的主人公序子是黄永玉先生对自己孩提时在泉州生活的自画。黄先生将他的幽默和快乐融在了其中。在里面，你看不到悲苦、听不到怨恨，却能在风趣之中得到许多回味。”正因为作者没有过于关注个人哀愁，读者在阅读时才更加感动，在那个战乱的时代，序子一个人到处闯荡，那样的孤苦无依令人悲伤同情，但序子又是乐观的，又使人濡染其阳光的一面，带给人光明。

文学带给博物馆的是大慈大悲式的性情感染，相比于传统的文物展示，多了许多人性、关爱的层面。另外，大多的博物馆常常从历史事实、学术架构的方向入手、构思一个展览，容易远离公众。文学类的展览能够促使博物馆思考，倘若从人、人性、情感、文学的角度策划展览，是不是会有完全不一样的展示效果，会不会更易于连通博物馆与绝大多数人的情感世界呢？博物馆的原创展览未必都是史学叙事的线性风格，也可以有人文关怀的直逼心灵的小型原创展览。

二 策展中的人文与诗意发现

除文学类的展览外，博物馆在策划传统的展览时，也可以有人文的、诗意的、文学的乃至哲学的发现与展陈。文物本身携带着许多的历史语言，它们除了讲述历史的故事外，不同文物的语言也可以相互组合。当博物馆的这些语言被巧妙甄选、组合，并被铺展在厅堂的展线与氛围上时，所表达出来的也可以是文学的。

图 2. 一对清青花人物纹盘，由不同的捐赠者捐赠，上面都写有“志在心中”四字。

泉州海外交通史博物馆 2019 年国际博物馆日筹划了“文物情怀：泉州海交馆建馆 60 周年捐赠文物精品展”。策展人在策划时，偶然发现不同捐赠者的两件瓷盘简直是天生一对，它们是两件清青花人物纹盘。它们有着相似的规格大小、构图、色泽，都写着“志在心中”四字，最主要的差别是两件盘子上一个为女性，一件为男性。他们有着不同的发饰，女性卧坐，男性端坐，但脸庞却都望向远方，似乎是两个有志男女在谋划着美好的未来。策展人在大纲撰写与布展时便将两个不同捐赠者的盘子放在同一个柜子里，并假设他们是一对情侣或夫妻。同一个展柜中还摆放有清青花双喜纹罐、清绿釉灯盏、清德化窑青白釉鹤纹笔架、清窑变孩儿枕、清青花山水纹罐，器物材质都是瓷器。策展人的另一层用意则是在讲述一对恋人经历了婚姻，有过挑灯夜读，有过诗书追求，并为人父母，最后寄情山水的故事。这是隐藏在博物馆展览理性叙述、大空间设计背后的用意，也是博物馆人心潮澎湃的一次人文发现、诗意表达和天马行空式的布置。这是博物馆人非常内敛的一种情感叙事，需要用心的观众解读发现。

图 3.“文物情怀：泉州海交馆建馆 60 周年捐赠文物精品展”中的宋青釉储钱罐和宋青釉皈依瓶

同一个展览中，博物馆人还将上有一孔可存钱的宋青釉储钱罐，和亡魂皈依之所的陵墓冥器宋青釉皈依瓶摆放在同一个位置。两件器物，储钱罐是矮胖形状，皈依瓶是高大形状，在外形上便先形成一种差异对比。从功用上看，储钱罐是用来积攒财富的器物，象征着生命的活活生机；皈依瓶则存在于另一个世界，寄托着死亡以及活着的人对亡人的关怀。博物馆人在策划展览时，把它们摆在一起，也是展示人生中的两件常事。文物虽然是过去的存在物，但它们却被博物馆人用来向今天的人传达信息，它们依然可以启发今人关注生死、思考生死，不要因为惧怕而对一些日常的现象视而不见，同时也可以思考穿越生死的这趟人生怎样才有价值。这是博物馆应该带给公众的人文思考，让他们来到博物馆后带着疑惑和思考回去。博物馆在追求文学与历史的融合时，才有更高境界的精神层面的博物馆发展。

三 文学在社教活动中的熏陶作用

文学在博物馆社会教育中的作用更有优势。博物馆人对社教活动的理解都有共识，即它必须是简单的、亲切的、有趣的、易于理解的，有意识或无意识总会运用一些文学手法，从而便于馆藏、历史、知识无声走到受众的理解中。当然，博物馆人做社教活动的首要目标依然是博物馆的历史与知识推广，文学只是辅助手段，但当文学运用到博物馆社教活动后便超越了文博人预期的作用，它会进而对受众产生一些精神的熏陶作用。这一点常常被博物馆人忽略。

2014 年，“跨越海洋——中国‘海上丝绸之路’九城市文化遗产精品联展”泉州站，在泉州海外交通史博物馆开幕。为了更好推广此次联展，泉州海交馆特别为其策划了融汇文物与文学的社教宣传互动小册《海洋之心——小探险家中国沿海九城市丝绸之路寻宝成长记》（简称《寻宝成长记》）。这本小册假设参与活动的每个孩子都是一名探险家，他们要经历每个城市的两个关卡，一个是做人或成语关，一个是文物关，一共是 18 关。文物关属于博物

图 4.《寻宝成长记》封面

图 5.《寻宝成长记》第一关与第二关页面

馆必备职能、传统教育部分，博物馆人在策划这关时希望孩子们不只是“懂得文物的贵贱，而是能够通过文物去‘阅读’古代遗留下来的信息，从而了解海上丝绸之路的历史”。

册子中的成语关依然继续宣传文物。文物在这个关卡也拟人化了，成为一个提问题的角色，比如提问的宝物便有宋陶朱雀、汉金花球

串饰、明漳州窑五彩花卉纹军持等。成语关的文物会向闯关的探险家提出类似的如下问题：“我身上的花纹非常美观漂亮，但你的小伙伴受了重伤，你必须丢掉我才能救他们的性命。你丢掉宝物去救小伙伴，请问这是一种什么样的精神？”参与者要从备选答案中选出“舍己为人”。还比如，“自古以来能够做成大事的人都要吃别人没吃过的苦，经历别人没有经历的勤劳，而且认准一件事后再困难也会坚持到底。这种坚持是一种什么样的特质？”对应的答案是“坚韧不拔”。博物馆人在设计成语关时，并“不是为了猜一个成语，学一个四字的词组，而是希望通过游戏与玩耍，让孩子们领会成语背后的东西，并在他们的小小心灵里种下一颗坚强的种子，长大后为人正直、毅力坚定，不被眼前利益迷惑，这样就能为社会多做益事”[6]。

文学在《寻宝成长记》社教活动中便起到了熏陶青少年的作用，让他们在玩的过程中了解文物，感受做人的道理。这是学校之外的另一种有趣教育。博物馆在策划该活动时也充满了人文关怀，这从宣传册结尾的总结便能看出：“你还明白闯关的答案一点都不重要，重要的是在这个过程中你更明白如何做一个好家伙，一个人见人爱的王者。因此，把这个经历记下便足够了。”主动将文学对人情感、精神具有的熏陶作用，充分运用到博物馆的社教活动中，是一件非常有意义且必要的事。博物馆也将由此实现社教活动的进一步跨越。

四 文学在博物馆公关里的情感传达

王国维在《人间词话》中说，“境非独谓景物也，喜怒哀乐亦人心中之一境界。故能写真景物真感情者，谓之有境界；否则谓之无境界”[7]；“大家之作，其言情也必沁人心脾；其写景也必豁人耳目；其辞脱口而出，无矫揉妆束之态。以其所见者真，所知者深也。诗词皆然”[8]。诗词、文学的意境、境界的说法，也可以运用到博物馆的展览、社教、宣传、科普中。博物馆人若能结合文物和历史，以适当的方式表达出真正的感情，一定能获得公众的理解和支持，相较于其他文体更具有笼络、柔化人心的功能。

2014 年，为向公众解释“泉州湾古船陈列馆”长期闭馆的原因，泉州海外交通史博物馆的宣传人员根据专业人员的工作情况策划了一封信《泉州宋代古船想对公众说的话》。这封信将泉州古船拟人化为信件的作者，以古船的口吻、经历解释闭馆的种种原因，以及大型木质文物保护的艰辛与不易。信中充满了古船沧桑的感情，甚至还表达了船对于博物馆人一直以来对他尽心照顾的感激之情。这封信在微博发出之后，得到了许多人的理解和认可，他们对博物馆有理有据有趣的回应也感到敬意。

这封信的部分内容如下：

“1974 年，我在泉州后渚港被你们唤醒。时隔将近 700 年，我看到了一个完全不同的时代和完全不同的民众。从出土后，我的命运就与海交馆（全称：泉州海外交通史博物馆）联系在一起了，他们是我的家人。在家人的努力下，我住到了开元寺的一栋老建筑里，这就是泉州人民熟悉的古船馆。大概用了四五年的时间，在 1979 年我得以与泉州人民和来自五湖四海的朋友们见面。沉寂了数百年时间，一下子受到大家这样的欢迎，我真有些受宠若惊。要知道一艘被遗弃的船在感受人间温暖时是多么感动。

……

现在，你们可以理解了吧？人与船在世，

隔阂太多。诚恳交流总是件好的事情，这能解除你我之间的误解，甚至能平息乌克兰冲突。我和我的家人都期盼着能早日与你们见面。最后，送大家一句我出生那个时代所能耳闻到的一句话：青山遮不住，毕竟东流去。在海里沉寂了数百年，这是我所不能左右的，然而我并不因此哀叹，还是随遇而安比较好，用老朽残躯为你们了解我、人与历史多做奉献。

古船敬请　春祉[9]

除了理性叙述外，博物馆也要重视情感的表达。文学的情感叙述也应该成为博物馆表达的一种重要手段。将人的情感、共鸣融入文物的叙述之后，受众、读者在接收博物馆的信息时，也会产生更多更强的代入感。受众被打动的时候，也会对博物馆的相关内容产生强烈的印象和记忆。不过，更重要的是博物馆创造或点燃了公众心中的人文意境与关怀。

五 文学尝试下的博物馆科普世界

文学体裁也可以与博物馆有多种融合，博物馆很需要具有文学思维的写作者。这对于博物馆的科普传播和教育推广具有极重要的意义，一份好的科普读物要远远胜过无数次的简单宣传。2017年，泉州海外交通史博物馆开通科普微信公众号“博物馆文学菌”，馆内的几个爱好者专门在该平台进行博物馆的科普写作尝试，同时也宣传泉州海交馆。“博物馆文学菌”所进行的科普尝试有戏剧风格、小说风格、采访问答风格、诗歌风格以及假想人物口述历史随笔等。

假想人物口述历史随笔如《阿拉伯人定居中国滨海的故事》，便进行了十二个月的创作与连载。这是一份介绍阿拉伯—波斯人如何融入中国泉州、阿拉伯文化如何与泉州文化交汇的通俗简史。文中有这样的叙述：

阿里甚至在大街上经常看到德高望重的蕃长，穿着大宋的官服飘摇过市。那种打扮，阿里先是觉得有一点怪异，世上有几个阿拉伯人那样装扮呀；再之后是有趣，一个文化体的人披上了另一个文化体的‘衣服’。最后呢，阿里既羡慕又敬仰，一个人名声显旺已属不易；在依靠自然力航海的时代，又在另一个国度获得殊荣，那已不再仅仅是荣誉了。在大宋，蕃长的职位是不可世袭的，担任此职得看一个人的威望[10]。

该系列文章不是传统的史学文章，而是对历史进行了文学化的叙述尝试。它按照时间脉络进行，大致分为唐及以前、宋、元、明清、民国及以后几个时间节点，介绍阿拉伯—波斯人在中国泉州的生活状况。为增加文章活泼度，作者还在每个时期虚拟了几个人物，用他们的口吻讲述历史，相当于以第三人称的口吻讲故事。比如，唐代用第二人称的“你”来串联历史，宋、元、明清、民国及以后分别用阿里、阿金、小夏、小苏的心理活动让历史更加人性化。这些人物名称从真实历史中提炼而出，具有一定的代表性。当然，这只是虚拟人物，正常人不可能活过整个朝代，但为了叙述方便，他们活过了整个时期，能看清楚朝代生活的方方面面，并且还能对历史上发生的一些事情，产生一些个人情感、心理方面的感受。这是一种虚实结合的叙述方法，有虚幻的一面，叙述者的阅历和情感是附加上去的，但在展开历史叙述时，依然尽可能尊重事实。这样的情感表达能够增进文字的亲近感，并有助于帮助我们在阅读历史的过程中，与那些阿拉伯—波斯人及其后裔产生共鸣，走近他们的内心世界，并感受发生在历史中的文化融合的艰辛。

“博物馆文学菌”的尝试还有许多，也包括不成功的尝试。不成功的原因既有写作者能力不足的因素，也有选题因素，还有文学体裁与博物馆科普是否匹配等问题。比如，“博物馆文学菌”在实践过程中发现以小说的方式串联历史知识点、文物介绍，总是存在一定的难度。因为小说是以人物关系、生动的情节为观众打开一个有趣、精彩的世界。博物馆文物、知识的传播，目的是让公众理解历史上的一些知识。将这两个目的融合在一起，对于小说来讲，博物馆文物、知识所构建的逻辑和线索，成为小说叙述的一条主线，它们比小说本身的情节推进还要强势，基本抢走了小说本身的节奏。小说此时只是扮演了一个附庸的角色。最终，小说既无法实现情节演进的趣味性，博物馆科普又被硬生生绑在了人物的情节上，两者的目的是冲突的，无法完全和谐融合。当然，将两者勉强融合操作也不是不可以，但却无法达到完美。而拟人的叙述、假想人物的口述随笔却是比较容易实现博物馆科普目标的一种文学风格。

六 文学营造下的多种博物馆意境

博物馆对文学的运用其实已经涉及其业务的方方面面，除了两大核心业务展览与社教外，文学已经深入到博物馆的日常宣传，乃至新型的数字化中。博物馆并未明确意识到，文学事实上已经与博物馆有了更深更广的融合，它不仅发生在表面，还到了博物馆的内核。博物馆的日常宣传便充满大量的文学语言。比如，泉州海外交通史博物馆“无观世·三十三 南音雅艺摄影联展”宣传标题为《当南音走进博物馆，她会是什么模样》，“华夏初光 玉露河西——玉门 4000 年历史文物展”宣传标题为《春风怎懂“玉门关”，文物里的玉门印象》，“梯航百货万国商——海上丝绸之路货币与贸易展”宣传标题为《如果我是一个货币，该生活在哪朝哪地》，“我的文学行当——黄永玉作品汇展”宣传标题为《有个老头儿还在等你，聊文学画画的事》。这些宣传标题充分运用了文学的拟人、借用、情感渲染的表达方式。

图 6. 数字互动项目中呈现的元印度教毗湿奴石雕立像效果图和实物

泉州海外交通史博物馆 2020 年策划的数字化项目“泉州印度教造像舞姿互动体验”也充分运用了文学的拟人手法。该互动的目的是为了科普泉州珍藏的国内独一无二的印度文化石刻，精选馆藏具有代表性的印度文化造像进行数字化处理。互动时，公众在轻松的氛围中模仿造像姿势，之后会出现相关造像的介绍，如元印度教毗湿奴石雕立像是这样介绍的，“我头戴高高的圣冠，是我常见的样子。我左上手持法螺，代表生命起源，螺纹象征无限的空间。我右上手持轮盘，象征轮回和永不终止的创造演化。我左下手握杵，象征摧毁、横扫一切的时间力量。我右下手施无畏印，表示善意”。倘若全部模仿成功，还会提示公众，“100 分！

哇！恭喜您成为世界第一等印度舞王”。文学早已成为博物馆业务的一部分，并不断为博物馆创造着人文意境，让原本只是储藏知识、文物的场馆变得越来越亲近且具有启发性。

七 总结

“我想为你建座博物馆 / 让高大的廊柱守护你 / 冷酷的伤害 / 在宁谧崇高的建筑下 / 变成哀伤 / 再安静成沉思”“我想为你建座博物馆 / 让威严的楼宇 / 和远古的器物 / 以及脸上的表情 / 不再是拒人于外的畏陌”“有时候，当我们徜徉于历史 / 不只看到长河里的瓦罐、长矛与弃砖 / 更是阅历人世和洗礼心灵 / 明白某些隐秘之事 / 那些古物只是载体 / 送我们到更遥远的地方 / 归来时，少年的额头上有条蛛丝 / 手心里捧着人见人暖的宝贝”“千年前，那个古人和和泥巴时 / 脑袋里可不只有金钱 / 还装满奇奇怪怪的异想 / 某种思想某种美和某种灵思 / 他要赋予泥土生命 / 今天，那件作品放在博物馆的柜中时 / 游离的人们才恍然大悟 / 每个事业都要贴近人心才好”。

泉州海外交通史博物馆科普号“博物馆文学菌”上，发表过如上的句子，它们表达了策划者希望增加、强化、履行博物馆文学的、人文使命的愿望。展览、社教是博物馆对外进行知识传播、文物普及的重要职能手段，文学的、人文的教育则是博物馆开展教育科普活动所不能离弃的一部分。文博人在日常工作中都有用到文学手法，但却因为对其太过于熟悉而忽视了其存在，对文学在博物馆的运用依然缺乏意识。若博物馆有了相关意识，甚至可以把文学专业列为博物馆招聘的一门重要学科，更应吸引具有文学才能的人才到博物馆工作。文学一定能为博物馆的发展与升华带来不可估量的作用，博物馆也应该是一个践行俗语“文史不分家”的重要场合。“缪斯”的文艺精神要重新进入博物馆，中国的博物馆也要发扬历史传承中的诗词意韵，让博物馆呈现更多的中国人文意境。

纵观当今中国的博物馆发展，文学在纵向、横向方面都对博物馆发展升华有着重大的作用，一是文学修辞成为博物馆向外延伸发展不可或缺的语言；二是博物馆科普的文学化叙述更加贴近受众，科普文学读物甚至能为中小型博物馆所在的城市增强好感、吸引客人；三是文学对馆藏、展示、社教乃至学术的介入使博物馆的公共属性更加明显，场馆硬件完善或业务充分开展已不满足于时代需求，公众更期望博物馆以一种优美深刻的方式深入人心，文学便是博物馆实现这种使命的重要途径之一；四是文学的人文关怀与情感熏陶明显提升了博物馆的教育境界，净化与充实人心的教育境界远远高于单纯的知识传播境界。文学并没有为博物馆增加多少历史的、科学的知识，但它却增长了博物馆悠长的韵味，中国的博物馆更有职责在展场空间中展示我们的文学意蕴。博物馆不应只是收藏展示教育的场馆，也应该是“充实人生”[11]“至性深情的流露”[12]的慰藉之地。

【注释】

[1] 葆拉 · 芬德伦、李慧君：《博物馆：古典词源及文艺复兴时期谱系》，《国际博物馆：中文版》 2016 年第 Z2 期。

[2] Ruth Walker、田野：《缪斯女神之约 -- 博物馆词源物语》，《 英语学习》2016 第 11 期。

[3] 李崇寒：《从缪斯女神的居所到藏品公开化 现代博物馆是如何形成的》，《国家人文历史》 2016 年第 13 期。

[4] 米晓雪：《当代中国博物馆文化建构中的文学事件》，《现代中国文化与文学》2019 年第 3 期。

[5] 刘迪、 苏勇：《文学博物馆刍议》，《博物院》2019 年第 2 期。

[6] 福建省泉州海外交通史博物馆：《孩子们的九城市联展 “寻宝成长记”玩起来》，载泉州海外交通史博物馆官网，http://www.qzhjg.cn/html/zzhdt/20180118/313.html

[7] 王国维：《人间词话》，上海古籍出版社，2014 年，第 8 页。

[8] 王国维：《人间词话》，第 58 页。

[9] 福建省泉州海外交通史博物馆：《泉州宋代古船想对公众说的话》，载泉州海外交通史博物馆官网，http://www.qzhjg.cn/html/zzhdt/20180118/301.html

[10]段友鱼：《阿拉伯人定居中国滨海的故事（第二版）》，载泉州海外交通史博物馆官网，http://www.qzhjg.cn/html/kpzp/20201202/911.html

[11]王宏钧主编《中国博物馆学基础》，上海古籍出版社，2001 年，第 45 页。

[12]朱光潜：《谈美》，浙江文艺出版社，2017 年，第 153 页。

大数据时代下统计学在博物馆建设中的应用

何 倩（安徽博物院）

摘要： 博物馆学从来不是一个孤立的学科，在博物馆的建设实践中，多学科的交叉为博物馆的高质量发展不断提供新的思路。随着数字化进程的不断加快，资源共享、线上体验、多维联动成为博物馆发展的趋势，统计学在博物馆建设中的应用将更加广泛与迫切。统计学是以数学为基础、以数据分析为体现的学科，通过调查、收集、分析、预测，为相关决策提供依据与参考。目前，统计学在全国博物馆建设中的应用主要表现为文物数据库建设、数字文化云平台信息整合、等级馆评估、观众调查等方面，在收集相关信息的基础上，分析观察博物馆运行规律，有利于整合文博资源，提升公共文化服务效能，同时对博物馆发展状况进行科学研究，为博物馆发展谋篇划策。然而，现阶段大多数博物馆主要停留在数据信息报送上，在科学分析方面不仅缺乏具有统计学专业基础的人员，对数据的归纳、分析方面主动意识也不够。如何让统计学在博物馆建设中发挥更大的能动作用，既要树立大数据意识，自上而下重视数据统计工作，对博物馆资源信息建设进行科学规划，又要健全博物馆统计人员的队伍建设，为博物馆顺应时代发展规律，迈向高质量发展提供人才保障。

关键词： 统计学；博物馆学；大数据；高质量发展

一 博物馆发展趋势

回顾“十三五”时期（2016-2020 年），我国博物馆事业经历飞速发展，其体系布局不断优化，社会功能不断拓展，全国备案博物馆数量增长至 5788 家，其中国家一二三级博物馆达 1224 家，占比 21%，非国有博物馆数量增长至 1860 家，占比 32%。2020 年，全国博物馆举办 2.9 万个展览，策划 22.5 万余场教育活动，在疫情限流情况下，仍接待观众 5.4 亿人次，其中免费参观人数 4.7 亿人次[1]。

这些数据表明我国博物馆事业步入了快速发展的阶段，也折射了博物馆事业发展的新趋势：一是多元化。博物馆类型及内容的多样性背后是多元化的需求。为适应变化，传统的学科界限被不断突破，学科之间的渗透、联系越发紧密，为博物馆学的构建提供了多重维度，为博物馆建设给予了新的技术手段；二是信息化的全覆盖。80 年代以来，博物馆信息化进程日益发展，国际博物馆学委员会前主席，荷兰学者冯 · 门施曾在 1994 年提出：“博物馆学属于信息科学。”“博物馆学的最主要之点在于信息……博物馆学要研究如何对待博物馆的信息，收集哪些信息，应该保护哪些信息，保存哪些信息，以及为谁收集这些信息，如何使用信息等等。这些就是博物馆学最根本之点。”[2]在博物馆步入大数据潮流的进程中，运用信息的观点，借助信息的获取、传递、加工，更便捷地实现了博物馆保管、陈列、教育、管理等数据信息的分析与研究。

“十四五”时期（2021-2025 年）博物馆事业将迈向高质量发展阶段。在保持博物馆发展速度、总体规模增长的同时，要不断推动其质量提升、效率变革和机制创新，以更高水平赋能人民美好生活。尤其在后疫情时期（新型冠状病毒疫情之后的时期），稳步迈向世界博物馆强国成为博物馆事业的时代命题，为了适时更新博物馆服务内容、管理方式、社会功能，在博物馆建设过程中一方面要借鉴好博物馆学与多元学科的思路与技术，为博物馆建设打下理论根基，另一方面要紧跟时代发展特征，加强博物馆信息化建设，以指导博物馆事业的具体实践。

二 博物馆学与统计学的关系

博物馆学是一门理论与实践相结合的学科，《中国大百科全书 · 博物馆卷》指出：“博物馆学是研究博物馆的性质、特征、社会功能、实现方法、组织管理和博物馆事业发展规律的科学。”[3]博物馆学既研究微观的博物馆系统，又研究宏观的博物馆事业。研究内容具体包括藏品保管、陈列等各项工作，以及与经济、政治、文化、科技发展的关系、博物馆事业建设等。

作为西方近代社会的产物，20 世纪 30 年代博物馆学才在我国起步。尽管是新兴学科，但博物馆学从来不是孤立的，它具有很强的跨学科性，与其他学科相互联系、相互渗透。运用其他学科的理论、方法分析博物馆学，拓展协作领域，成为博物馆高质量发展的必要途径。

随着大数据时代的到来，统计学被广泛应用到博物馆建设中，与博物馆学的联系日益密切。统计学是研究统计工作原理和方法的一门科学，通过观察和研究，从数量表象中探索本质及规律。统计学可以分为两类：理论统计学（即数理统计学）和应用统计学。相对于理论统计学，应用统计学强调统计方法论的实际应用，一般以实际问题为切入点，对研究对象进行定性分析和定量研究，进而得出结论。

1983 年 12 月 8 日颁布的《中华人民共和国统计法》规定，为了对国民经济和社会发展情况进行调查、分析、监督，各部门“要根据统计人物的需要设立统计机构或者有关机构中设置统计人员并指定统计负责人”。各省、市、自治区文博管理机构应设专职统计人员，博物馆中应有专职或兼职统计员，组织学习统计学原理和方法，探索在博物馆管理工作中的应用。

三 统计学在博物馆建设中的应用现状

传统的统计学方法以小量、结构化数据为主，而大数据时代统计学面临的主要是大量的、非结构化数据（包括数字、影像、声音、文本等）。随着互联网技术的发展，电子科技的进步不仅为数据的实时收集和储存提供了新的途径和保障，也为数据的分析和处理提供了便利。统计学对大数据的分析应用起着重要作用，其在博物馆的应用领域主要表现在综合工作平台、藏品管理系统、数字博物馆等。

综合工作平台的建设包括门户和 OA 办公系统，覆盖了党建、行政审批、人事、财务、科研、通知公告、协同办公、公共服务等事务流程，大大提升了博物馆的管理质量与效率。

在综合工作平台的基础上，建立藏品管理系统。藏品管理系统建设以藏品信息为核心，藏品业务为主线，依据元数据规范和资源分类标准整理藏品数字资源。通过构建库房 RFID[4]，在保障藏品数据安全的前提下，进行藏品的征集、出入库、影像、账目、库房、方位管理。

此外还有推进博物馆信息化发展的重要实践——基于云计算的数字博物馆建设。数字博物馆可以通过移动设备端获取云计算提供的服务，在云计算体系结构的支撑下，对整合好的资源进行超级计算和存储。

博物馆的展陈也是信息化建设的重要阵地。为提升观展体验感，可以应用统计学方法、信息化技术设计各种博物馆互动体验。一是虚拟现实技术。通过虚拟空间与物体的创造，使参观者有身临其境的感觉；二是增强现实技术。利用智能手机等移动设备，将一些内容融入真实场景，或者利用计算机，对获取的信息进行存储、分析，构建完整的三维[5]。

近年来，随着大数据时代的到来，统计学在博物馆建设中应用范围更加广泛，在数字文化云平台、信息报送、等级馆评估、观众调查等领域均有所应用。

（一）文化云综合服务平台的统计

国家公共文化云是国家公共文化服务领域汇聚资源、活动、服务的基础服务平台，通过整合公共文化资源，为用户提供数字公共文化服务，帮助文化单位快速提升公共文化服务效能，实现文化消费供需的精准匹配。“安徽公共文化云”是集成全省公共文化服务资源的一站式数字文化服务平台，于 2019 年 7 月上线，覆盖全省 16 个市图书馆、博物馆、文化馆、美术馆等 360 余家免费开放公共文化场馆，向公众提供公共数字文化服务、向场馆提供绩效评价服务、向管理部门提供监管支撑。截至 2020 年 12 月，安徽文化云平台已发布活动信息 1.8 万余条，汇集数字资源容量 800GB，发布监测报告 70 多份，计划将继续推进安徽文化云横向融合、纵向延伸，完善看直播、享活动、学才艺、订场馆、读好书等服务功能，将更多优质公共数字文化资源输送到基层。

安徽文化云平台主要有热点资讯、精彩活动、直通场馆、数字资源等块面。通过接入相关软件平台及时上传活动信息，接入监测平台，实时上传视频监控画面和客流统计数据，再根据相关信息进行场馆接待情况、场馆活动情况的排名、活动的审核与分析。这些监测不仅面向全省各个场馆，同样面向基层站点，包括乡镇文化站、村级综合性文化服务中心的注册情况、活动上传情况。平台还会监测设备运行状况、视频监控状况，提供设备未报备且连续 3 天以上掉线的场馆信息，以及公共文化场馆整体环境及服务情况、活动室利用情况等。

“文化云”既是对全省公共文化资源的监测平台，也是大数据时代为公众分享公共文化资源、信息的平台。从“文化云”上线至今，通过相关的 APP、网络平台，一方面公众可以了解、享用诸如文化活动、数字展览等多项文化信息；另一方面文旅部门可以实现对全省公共文化场馆、资源进行监测与分析，有利于提升公共文化服务水平，推进全省博物馆、图书馆、美术馆、文化馆的高质量发展。目前“安徽文化云”平台由安徽文化云运营服务中心进行维护，一般由相关单位的信息部门进行技术操作，接入监测平台、软件平台，最终形成服务监测报告。

（二）全国博物馆年度信息报送

为推动建立全国博物馆年度报告制度，提高博物馆数据统计和信息公开水平，根据《博物馆条例》等规定，国家文物局组织研发全国博物馆年度报告信息系统，从2021年起，在线开展上一年度博物馆信息报送工作。报送范围为信息报送上一年度之前在各省、自治区、直辖市文物行政部门备案的博物馆。报送形式为在线填报相关信息，由省级文物行政部门审核。各博物馆指定专人参照《博物馆信息公开指引（试行）》注册账号、填报并提交信息；省级文物行政部门审核账号和提交的信息，并在汇总研究本行政区域博物馆年度报告基础上，撰写年度工作总结，梳理本地博物馆事业发展现状及存在问题，总结成效与下一步工作思路，报送国家文物局。国家文物局门户网站将公开全国博物馆基础信息和年度运行情况，供公众查询和监督。

《博物馆信息公开指引（试行）》中规定了博物馆信息公开的内容，主要包括基础信息、资源信息、服务信息、管理信息四个方面。

博物馆信息公开的形式分为经常性公开、定期公开、不定期公开。信息公开的方法主要是在馆内公众区域设置信息公开栏或电子屏幕，发布有关基础信息；本馆网站设立信息公开和资源公开的相关栏目，发布有关基础信息、资源信息、活动信息、管理信息，以及博物馆年度报告；将年度报告印制成纸质版，向登记机关、业务主管部门、举办者、捐赠人、理事会成员、监事会成员和其他相关机构、人士发放，并通过社交媒体平台公开发布有关活动信息和管理信息或内容摘要，告知信息全文的获取方法，通过报纸、杂志、广播、电视等主流媒体或其他第三方媒体平台，发布有关信息或内容摘要，扩展信息发布渠道和效果，参与博物馆行业组织、行业媒体建立的全国性、地方性博物馆信息公开平台，集中发布信息。

安徽省博物馆（纪念馆）2020年度报告信息报送工作从2021年3月开始启动，由安徽省文物行政部门指导，安徽省博物馆协会秘书处进行信息的初审，4月完成全省237家博物馆年度报告信息审核工作，撰写年度工作总结材料上报省文物局、国家文物局审核。

（三）其他

统计学在博物馆的新应用还表现为各类数据库的设立。比如藏品数据库、展览数据库等。这些数据库的设立实质上是按统计学的方法进行专项信息的收集、整合、存储，其目的都是为了公共文化资源的保护、利用与共享。此外，在观众调查研究中统计学也得到较充分的运用，通过观众数量、观众构成等数据分析，为博物馆提高公共服务效能，打造具有针对性的、高质量服务提供重要参考价值。

四 应用中的症结

（一）统计岗位及统计学专业人才缺位

随着大数据时代的到来，在博物馆管理、服务、科研等方面，统计学的应用价值日益凸显，全面的信息统计、利用、共享势在必行。然而在博物馆建设的具体实践中，统计工作的分工不明确，甚至是缺位的。目前大多数博物馆的信息统计还处在初级阶段，而信息的收集、管理往往涉及各个业务块面，分散在各个部门，面对整体、庞大的数据信息，缺乏专岗专人进行整合、分析、转化，难以形成连贯、稳固且成熟的信息体系，不利于大数据时代博物馆的可持续、高质量发展。除此，缺乏统计学专业人才支撑，难以实时掌握数字化技术的动态，跟进信息处理技术的发展速度。近几年博物馆的数字化意识在逐步提升，但理念、技术、人才队伍建设还相对滞后，信息技术一般依靠第三方支持，通过引进相关软件设施，由馆方工作人员应用系统软件进行数据输入、输出。但是大数据时代对博物馆提出了更高的要求，博物馆不仅是输出展览、教育、服务的阵地，更应培养全员信息的敏锐度，有意识、自主地将资源与服务信息化，从数据中分析并掌握博物馆的发展状况及趋势。

（二）数据统计的形式落后于发展趋势

如今统计学研究更多面向的是非结构化的数据。博物馆的非结构化数据涉及藏品、展览、观众调查、管理等各个方面，数量庞大。尤其近几年数据化建设浪潮袭来，各种数据库的建立、数字化展览的策划，数据统计的需求越来越大。但目前统计的形式大多停留在数据的采集、查询、存储方面，主要表现为数据填报、文字材料说明、音视频等资料的辅助，较少有针对数据的整理、分析与研究，与全面掌握、共享博物馆公共资源信息还有相当一段距离。

（三）数据信息的准确率、完善度参差不齐

博物馆信息统计还没有统一的标准及约束规范，尤其是非结构化数据涉及不少文字材料，难免主观、片面，导致博物馆填报数据的真实性、准确率、完善程度都具有不确定性。加上各地博物馆发展水平参差不齐，一些基层博物馆囿于专业人员、资金、设备等客观因素，在使用数据统计系统提交数据时呈现比较被动的状态，在填报数据过程中缺乏严谨性，填报选填项目的主动性较差，信息质量及完善度有待提高。

（四）统计结果的转化率、利用率较低

提交并上报的博物馆数据、资源信息，经相关部门审核后，应公开信息会在国家文物局等网站上进行公示，但统计结果转化成科研成果或文化产品的概率较低。对于数据、资源等信息的利用，大多数博物馆还未制定专项、长远的规划。比如通过数字化技术，对人员结构、展览资源、藏品资源等进行数据的梳理、分析、对比，根据博物馆建设需要，进一步优化资源设置，补缺补差或强强联手，优化人才队伍、馆藏资源，为公众提供更高质量的文化产品与服务。

五 统计学在博物馆的应用策略

博物馆不仅要积极应用新技术，更要利用现代互联网技术提升博物馆服务质量，保障博物馆数字化发展。在大数据时代背景下，如何将博物馆学与统计学更好地融合在一起，完成更复杂的数据统计，完善博物馆数字化建设？重点是要加强统计学应用研究，突破原有的统计方法和统计模型，培养复合型人才。大数据时代背景下，进行统计分析离不开统计软件的支持，统计研究与计算机技术的结合不仅有效提高统计效率，也为适应新冠病毒疫情常态化，实现足不出户、云享公共文化提供技术支持。

（一）自上而下建立大数据意识，普及统计常识

重视博物馆的信息化、数字化建设，建立自上而下的大数据意识。通过联合相关专业的高校或企业，引进统计学培训课程；在现有博物馆管理制度基础上补充有关信息统计与建设的实施办法，明确将统计学、数字化建设等纳入员工素质教育计划，普及统计常识，使数据统计成为博物馆的“必修课”。

（二）科学规划博物馆信息化建设

针对博物馆信息化建设制定长远规划及短期目标。一方面根据国家文物局有关指导意见，以及博物馆自身发展情况，制定长期的数字化建设规划；另一方面根据国家文物局及上级部门的工作部署，认真完成博物馆数据、资源信息的填报工作；组织博物馆按业务内容统计相关信息，为建立数据库准备基础材料。除此，保持数据的敏锐度，科学拓展统计学在博物馆的应用领域，把握结构化、非结构化资源，除了关注文物藏品等有形的资源信息，也要关注无形的文化资源，尽快组织建立馆内非物质文化遗产数据库，将有形的藏品保护与无形的文化遗产保护并重。

（三）引入或培养统计学专业人才，设立博物馆统计学岗位

在专业结构上，要从博物馆知识覆盖面广的特点出发，聘用多学科专业人员，以长远眼光规划人才储备，吸引统计学专业技术人员跟进博物馆数字化建设。优化博物馆岗位设置，加强应用型统计人员的培养，设立统计学专业岗位，或者在各部门配置统计专员，对接部门的信息统计工作，规避临时、非专业等弊端。

（四）提高数据成果转化率，完善数据利用机制，让“数据”活起来

作为公共文化单位，信息技术是博物馆公共服务的重要载体，其公开的信息资源最终也需要反馈于公众、服务于公众。在国家统计局指导下，设立博物馆系统的统计指标体系、方法、制度，建立数据利用机制，提高数据成果转化效率，是提高公众服务的重要举措。例如利用博物馆年度信息报送，比对发展现状，制定发展方案，加强补差，同时通过博物馆官方网站共享相关信息资源；利用各种资源数据库，建立藏品管理、展览策划、文创开发、教育品牌等项目库，保证博物馆公共服务的预见性、可持续、高质量。例如，结合藏品征集数据库、信息管理数据库和动态信息数据库，可以全方位、多维度挖掘出藏品的属性，通过算法分析，为展陈设计提供决策支持，与围绕藏品的学术研究成果相关联，构建知识图谱，为今后的研究和应用提供参考；根据统计调查搜集博物馆事业发展中的原始资料，整理出系统化的资料，再运用统计分析的方法揭示博物馆事业发展趋势、比例关系、阐明其本质和发展规律。

（五）依托联盟、协会或龙头博物馆平台，帮扶基层博物馆推进信息化建设

各地基层博物馆保存有浓厚的地域性文化资源，但与之配套的信息化技术却相对滞后。为了加快基层博物馆建设，激发博物馆的发展潜能，有必要依托省级博物馆联盟，博物馆协会或龙头博物馆平台，整合、共享技术资源，为基层博物馆提供对应的技术、人员，帮扶基层博物馆完善信息化建设，为全省博物馆资源系统化、数字化打下基础。可以通过省博物馆联盟或省博物馆协会等综合平台，做好基层博物馆信息化建设的组织、资源联动工作；积极发挥龙头博物馆或各等级博物馆的经验优势、资源优势，输送相关的统计人才，适时组织线上、线下信息统计培训，为基层博物馆建立“一对一”帮扶机制，将全省博物馆资源整合、运用起来，形成良性的数据流动。

今天，我们生活在信息快速传输的时代，博物馆作为人类活动的重要组成部分，肩负着弘扬优秀传统文化，保存人类珍贵文化遗存的使命，我们如何在铺天盖地的碎片化信息中获取有效的信息，并将其整合成利于博物馆自身发展，利于公众精神文化发展、民族文化传承的数据网、信息网，在于我们转换思维模式，运用统计学原理和方法，探索博物馆事业的发展规律，制定高质量发展规划。与此同时新冠病毒疫情的常态化也让人们的生活被动地变化着，“云传播”“云展示”“云交流”将成为未来博物馆发展的趋势，而更多现实的困境、不可预见的挑战也促使博物馆要不断推进数字化进程，运用统计学方法推进博物馆信息化管理，建设面向社会公众的数字服务平台，为人类文化遗产的保存、保护、传承、利用找到更高质、高效、可靠的策略方针。

【注释】

[1] 刘彤：《让博物馆高质量发展成果赋能人民美好生活——全国政协“推进新时代博物馆事业高质量发展”双周协商座谈会综述》，《人民政协报》2021年第001版。

[2] 王宏钧：《中国博物馆学基础》，上海古籍出版社，2001年，第9-10页。

[3] 王宏钧、冯承伯：《博物馆学》见《中国大百科全书文物 · 博物馆卷》，中国大百科全书出版社，1993年，第50-51页。

[4] RFID电子标签技术、传感器技术等是物联网的核心关键技术，传感器技术能对信息源进行获取、分析、处理，可应用该技术，在藏品上设置二维码，实现藏品的电子化管理。

[5] 陈霖：《“互联网+”新技术在博物馆信息化建设中的运用》，《电子世界》2021年第12期。

同频于时代，互鉴谋未来
——试论历史行进中的博物馆学和世博学

郭亦露（上海世博会博物馆）

摘要： 世博会博物馆的成立激发了“世博会”和“博物馆”概念的碰撞，继而引发了对世博学和博物馆学之间关系的初步探索。通过对比研究，两个学科在研究任务和方法、功能特征、价值作用等方面表现出相似性和交叉性。回顾历史，博物馆学与世博会作为西方近代文明的产物和社会科学的分支，在与时代同频共振的过程中都经历了核心关注点的转移和价值观的变化，是社会进步的体现和缩影，体现了两者在历史演进中的呼应关系。此外，博物馆和世博会在历史中始终保持交流互动，世博会对其主办城市的博物馆行业具有明显推动作用。立足现在面向未来，博物馆和世博会面临来自“术”与“道”两方面的共性挑战和趋势。借鉴博物馆学组织专业引领方面的优秀经验，启发世博馆不断摸索世博学的未来发展方向，助推世博学成为具有全球影响力的新兴学科。

关键词： 世博会；博物馆；世博学；博物馆学

中国2010年上海世博会的成功举办催生了一座全世界独一无二的全面展示世博专题的博物馆——世博会博物馆(以下简称“世博馆”)。

世博馆由上海市政府和国际展览局（以下简称“国展局”）合作共建。根据2010年11月双方签署的《世博会博物馆合作备忘录》，世博馆作为国展局官方博物馆和官方文献研究中心，以传承世博遗产、保留世博精髓为宗旨。由此，“世博会”和“博物馆”这两个在近现代史上相辅相成、相互照应的事物和概念，第一次如此紧密地彼此审视和结合，引发了“世博学”和“博物馆学”关系的初步研究。

一 博物馆学和世博学研究内容和功能特征的交叉性

（一）学科定义及基本研究对象

博物馆学的研究内容是由它的研究对象决定的。博物馆所特有的运动形式及其内在规律就是博物馆学的基本研究对象[1]。世界各国对博物馆学的定义存在微妙差异。作为博物馆行业最权威的国际组织，国际博物馆协会（以下简称“国际博协”）认为，“博物馆学是一种对博物馆的历史和背景、博物馆在社会中的作用，博物馆的研究、保护、教育和组织，博物馆与自然环境的关系以及对不同博物馆进行分类的研究。”中国国内普遍认同：“博物馆学是研究博物馆的性质、特征、社会功能、实现方法、组织管理和博物馆事业发展规律的科学。”[2]

“博物馆学”顾名思义是研究博物馆的学问，但各方学者对于“博物馆是什么”持有不同意见。国际博协在创立之初的 1946 年首次提出博物馆的定义，基本代表了国际主流意见，而后 70 多年间，定义又经历了 7 次修订。2019 年国际博协京都大会曾试图再度更新博物馆定义，虽因争议未获通过，仍体现了全球博物馆人对新时代背景下博物馆与时俱进的新内涵的不懈追求。目前，国际博协对博物馆定义的描述仍维持 2007 年修订后的版本，即“博物馆是一个为社会及其发展服务的、向公众开放的非营利性常设机构，为教育、研究、欣赏的目的征集、保护、研究、传播并展出人类及人类环境的物质及非物质遗产”。

世博学是以世博会作为研究对象的学科。世博会全称“世界博览会”，是由主办国政府组织或政府委托有关机构举办，有多个国家和国际组织参加的国际性大规模博览活动。成立于 1931 年的国际展览局是专事监督和保障《国际展览公约》的实施、协调，管理举办世博会并保证世博会水平的政府间国际组织。根据现行规范，当前受国展局管辖的世博会有四种类型：综合类世博会（World Expos）、专业类世博会（Specialised Expos）、世界园艺博览会（Horticultural Expos）和米兰三年展（Triennale di Milano）[3]。

现代意义上的首届世博会是 1851 年在英国伦敦举办的万国工业博览会，距今只有 170 年历史，而世博学本身也是一门新兴学科。据了解，法国、日本等国的机构组织近年来有意设立“世博学”专门学科，并曾到访世博馆会谈交流。中国学者曾于 2010 年上海世博会前后提出成立“世博学”的构想并著有《世博学》一书，对该学科的创生背景、基本结构、方法论、主要分支学科和历史研究等进行了较为全面的阐述，体现了对于这门新兴学科研究探索的中国思路和中国智慧，但尚未引发更大范围的讨论和系统化的深入研究。

根据书中定义，世博学是一门研究世博会活动本质和规律的学科。它既是对世博会现象和问题的思考和总结，也是从方法论高度对世博会现象和会展研究成果进行系统分析和有机整合而发展成的知识系统。其主要任务是研究世界博览会的组织、结构、形态、特点、申办、演绎、创新、建筑、设计、运营、管理、历史和文献信息的一般规律[4]。

（二）学科研究的交叉性

博物馆是一个机构（空间），而世博会是一个事件。虽然本质上的不同决定了两者之间必然的差异性，但两门学科在研究中的相似性和交叉性也十分显著。

第一，从学科性质角度出发，博物馆学与世博学都倾向于是具有跨学科性和实践性的社会科学。对于两者的研究，都需要既从研究对象的内部联系，又从研究对象与所处环境的外部联系，结合研究对象的历史演进和未来发展趋向，全面地探讨其发展规律。在世博学的广义研究范围内，涉及史学、运筹学、管理学、社会学、传播学、城市学、建筑学、经济学、哲学、美学、设计学、信息学、文献学等多种学科，其中当然也包括博物馆学。

第二，博物馆和世博会在功能特征及核心价值方面存在相似性。基于国际博协的定义，博物馆具有非营利性，为社会及其发展服务，体现教育、研究和欣赏功能，内容包括人类及人类环境的物质与非物质遗产等。对比世博会，《国际展览公约》第一章第一条明确了举办世博会的目的——“世界博览会是一种展示活动，无论名称如何，其宗旨在于教育大众。它可以展示人类所掌握的满足文明需要的手段，展现人类在某一个或多个领域经过奋斗所取得的进步，或展望发展前景”。第二条进一步限定了公约体系内世博会的实质上的非商业性质。根据国展局对世博会的解读，“世博会是致力于为人类面临的基本挑战寻找解决方案的全球性活动，通过参与性和沉浸式活动，在既定的主题下提供一段旅程”[5]。此描述既体现了现代世博会与人类社会发展之间的正向互动关系，又涵盖了世博会具有与博物馆相似的直观性、广博性、开放性和寓教于乐等特征。

第三，两者在研究任务和内容上的交叉。展馆、论坛和娱乐活动被誉为世博会的三大主体活动，分别代表了世博场域内的展览设计展示、学术研究交流和大众文化娱乐。世博会上的每一个展馆，都可类同于一座博物馆。放大至整个世博园的运行，涉及场馆建设、陈列设计、开放服务、宣传推广、运行管理、信息化和数字化建设、市场开发、活动策划、工程维保、安全保卫、礼宾接待、志愿者服务、资金财务、人力资源、后勤保障等，诸项细分板块都与博物馆管理架构中的业务内容基本对应。

综上所述，将博物馆学和世博学作为交叉学科来进行研究是切实可行且具有一定价值的。

二 博物馆和世博会在历史上的照应关系

（一）博物馆与世博会的呼应关系——与时代发展同频共振

博物馆学和作为世博学基本研究对象的世博会都是西方近代社会的产物。作为社会科学的分支，在研究过程中必然不可忽视社会进程和时代浪潮对两者发展产生的巨大影响。通过回顾博物馆学和世博会本身的历史演进，对比研究两者的发展脉络，可以发现——博物馆学和世博会如同围绕人类近现代文明进程的双子星，始终呼应着历史变革的轨迹，在社会发展的潮流涌动中彼此照应前行。

人们普遍认为，艺术博物馆的起源最早可追溯到公元前 3 世纪埃及亚历山大博学园中专门收藏文化珍品的缪斯（Muses）神庙。这也是西方博物馆“Museum”一词的词源出处。回顾博物馆学历史可知，西方对博物馆的早期研究主要体现在藏品，早在 17 世纪就出版了一批博物馆藏品目录。而直至1885年，英国人杰·格拉瑟才首次提出并使用“博物馆学”这一术语。

在博物馆学大幕于西方徐徐拉开的相似时段，1851 年 5 月至 10 月，英国维多利亚女王的配偶阿尔伯特亲王牵头在“水晶宫”内举办了“万国工业博览会”。首届世博会汇集了来自世界各地最先进的创造，反映了工业革命的硕果，展示了基于技术创新的物质进步。事实证明，教育公众、促进交流、展示新思想和新产品的理念很受欢迎，并在世界各地迅速推广。法国于 1855 至 1937 年间在巴黎举办了六届世博会，见证了从蒸汽时代到电气时代的光辉历程。随着世博会的蓬勃发展，国际展览局于 1931 年成立，意在规范这一盛会。

第二次世界大战及其余波的影响极大地改变了世博会的焦点，对物质进步的迷恋让位于对生活质量和国际对话的促进。从 20 世纪 50 年代起，不断变化的世博会主题就表明了这种转变，具有代表性的包括 1958 年布鲁塞尔世博会的“世界观：一种新人文主义”[6]、1967 年蒙特利尔世博会的“人类与世界”、1970 年大阪世博会的“人类的进步与和谐”等。

1994 年，国际展览局第 115 次大会通过了一项关于“主题引领展示内容”的决议，要求世博会的主题应积极展示人类和社会发展中产生的问题，以及展示自然环境保护的问题与成果[7]。1992 年塞维利亚世博会、1998 年里斯本世博会、2000 年汉诺威世博会以及 2005 年爱知世博会都将环境保护和生态问题作为世博会的中心[8]。到 21 世纪，世博会的参与范围进一步扩大到了民间社会、城市和地区以及国际组织。通过主题论坛以及从 2010 年上海世博会开始的“最佳实践区”，世界各地的想法、技术和解决方案得以展示，鼓励和助推了国际间对于人类发展关键问题的交流合作。

回顾历史，博物馆学和世博会在发展演进中似乎都潜在一个由“物”到“人”的关注转移的过程。文艺复兴的人文觉醒和地理大发现的资本铺垫，助推了西方博物馆从私人收藏馆、公共博物馆、国家博物馆步步发展的过程；借由工业革命在欧洲爆发的东风，世博会在近代西方社会应运而生。在这一阶段的博物馆和世博会，都具有以“物”的展示为核心的特征。具体表现来说，博物馆学的早期研究是围绕藏品目录展开的，而 19 世纪到 20 世纪初的世博会展示精华则重点体现在工业机器、技术发明和艺术品。此外，世博会以展品分类为主导的展示体系直到 1933 年芝加哥世博会才被逐渐打破，开始了分类体系和主题体系并存的时期[9]。

关注重心产生转移的关键节点大约是第二次世界大战前后。大战的爆发和持续的战后影响深刻地改变了人类历史的方方面面，其影响广泛地涉及政治、经济、军事、外交、文化和科技等各个层面。博物馆和世博会作为人类历史发展进程的重要收集者、展示者、承载者和推动者，其核心理念和发展趋势不可避免地顺应人类对战争的反思产生了剧烈共振。

博物馆学维度的共振主要体现在新博物馆学运动的萌芽和发展。20 世纪下半叶形成的新博物馆学是源于人类在面临生态环境破坏和全球化社会道德下降的双重危机下对传统博物馆学的反思[10]。对比传统的博物馆学，新博物馆学将关注核心从技术、方法、管理等转移到博物馆与社会之间的互动，将传统博物馆以“物”为导向转而强调“以人为本”。具体来说，新博物馆学以关注可持续化发展、环保教育、尊重文化多样性、保护原住民文化、强调终生教育和提高观众素质等为使命，打破了传统博物馆学的内向视角，更加主张博物馆的社会角色，是博物馆学历史上一次重要的范式转移。

世博会维度则以 1958 年布鲁塞尔世博会为标志。这场主题为“科学、文明和人性”的世博会，是二战结束后由《国际展览公约》缔约国首次共同确定举办的综合类世博会，代表了世博会主题内核从技术崇拜向人文关怀转变的历史性转身。此后的世博会将促进和平作为国际架构，逐渐将人类及其命运作为中心主题，以保持人类、自然和技术之间的和谐共处为导向，维护民主和多元价值观，主张进步、社会幸福和地球的可持续性发展。

从历史中走来，博物馆学与世博会不断寻求着新的坐标和定位。它们如同时代的一面镜子，反映着人类社会不断变化的优先事项、价值观和世界观，探索和期待着由创新进步、交流合作、多元包容所塑造的更美好的未来。

（二）历史上世博会对于博物馆的催生关系

世博会和博物馆具有天然的相似属性，其催生关系可回溯到世博会的发端。1851 年伦敦世博会直接推动了两座博物馆的建立——1852 年成立的维多利亚与阿尔伯特博物馆和 1853 年成立的坎星顿科学技术博物馆。

法国巴黎作为主办世博会次数最多的城市，

其著名的“大宫”“小宫”和奥赛美术馆等都与20世纪前后在此举办的数届世博会息息相关，也使巴黎成为了之后世博会场馆规划的模板。在美国，1876年费城美国百年独立纪念世博会孕育了费城艺术博物馆和罗德岛设计学院艺术博物馆；菲尔德自然史博物馆、芝加哥科学与工业博物馆和芝加哥艺术学院的建立都得益于1893年芝加哥世界哥伦布世博会；1915年旧金山巴拿马-太平洋世博会的一些重要馆舍，后续改造成为了旧金山科学馆、圣迭戈人类学博物馆、圣迭戈艺术博物馆和圣迭戈自然史博物馆……伴随世博会170年间的蓬勃发展，世博助推文博事业的案例遍布世界、不胜枚举。

中国2010年上海世博会作为世博史上最成功的世博会之一，在对世博园区后续规划利用中也涉及“文化博览区”的考量[11]。在原世博浦西片区内，由城市未来馆改造而成的上海当代艺术博物馆于2012年成立。2017年5月1日正式对外开放的世博会博物馆，则是在世博会原址上重新打造的世界唯一一座全面展示世博会专题的博物馆。

世博会对主办城市的促进作用助推了诸多博物馆的诞生，历届世博会上的重要展品也最终走向了博物馆的馆藏。博物馆成了传承世博会物质和非物质遗产的一种重要载体。

三 博物馆与世博会的未来挑战与发展趋势

在历史行进中交相辉映、携手而行的博物馆学和世博学，在可感知的现在和不可预见的未来挑战如何、趋势如何？笔者认为，两者面临的共性挑战可能体现在“术”与“道”两个方面。“术”是技术，即当代信息技术、虚拟技术等对博物馆和世博会的颠覆性影响和革命性改变；“道”是指博物馆和世博会本身功能价值的再定义和再发现。

（一）机遇与挑战并存——信息化技术的应用

以计算机的发明为序章，伴随着21世纪前后互联网在全球普及和手机等便携式通信设备成为当代人的“生活必需品”，人类似乎迈入了一个前所未有的对信息和知识唾手可得的年代。现如今，数字化、虚拟技术和人工智能等概念和技术日渐广泛地渗透到娱乐、教育、医疗等各个领域，影响力自然也波及博物馆和世博会场景中的展示和传播，极大地改变了它们的原有面貌。面对这“百年未有之大变局”，世博会是否将被时代淘汰？人们是否还需要亲身去实体博物馆和世博会现场参观？博物馆和世博会是否仍有存在的必要？这一灵魂拷问，不论对于博物馆人还是世博人而言，既不陌生，也无从逃避。

当代信息技术对博物馆发展的影响大致可分为三个阶段：一是1990年以美国国会图书馆“美国记忆”项目为开端的“数字博物馆阶段”，此时期是对实体博物馆藏品、展品的数字化；二是2007年以欧洲虚拟博物馆为标志的“虚拟博物馆阶段”，该阶段使脱离实体的虚拟博物馆成为可能；三是2014年中国七家博物馆开展试点为标志的“智慧博物馆阶段”[12]。

突如其来的新冠肺炎疫情无疑加速了这场变革，也加剧了挑战的汹涌程度。根据联合国教科文组织发布的《2021年世界博物馆报告》，全球博物馆在疫情暴发一年后依然十分脆弱。2020年，各博物馆平均闭馆155天。自2021年初以来，许多博物馆不得不再次关闭，迫使参观人数与2019年相比平均下降70%[13]。与此同时，网上博物馆和“云展览”等线上展览和传播方式则因祸得福，忽如一夜春风般迅速发展起来。伴随“互联网+”概念的普及，国内大型博物馆制作与实体展览配套“云展览”的情况已趋于普遍[14]。

从世博会角度观察，日新月异的信息化技术也不可避免地渗透其中。仅以2010年上海世博会和2020年迪拜世博会这两届为例，就可体会短短十年间的飞速变革。

“网上世博会”是2010年上海世界博览会的重要组成部分。它是以三维展示为主的活动类、展示类和互动类网络平台，是实体世博会的再现、延伸和补充，具有导览、推介、展示、教育四大功能。其中，展示模块是网上世博会的精髓所在，主要模拟实体的三维园区、展馆、展项展示，运用园区、片区、展馆三个空间层次和三维导航的虚拟展项，带给参观者身临其境的感受。网上展馆又分“浏览馆”和“体验馆”，后者在前者基础上通过三维虚拟技术使线上观众可在展馆内实现与展项之间的互动。截至2010年10月31日闭幕之日，网上入园人次累计超过8234万[15]。

十一年后，因疫情影响而延期至2021年10月1日开幕的2020年迪拜世博会推出了“虚拟世博会”项目。“虚拟世博会”在迪拜世博会申办和筹备前期并不瞩目，在预期吸引2500万人次参观[16]的宏大目标下，或许更多地被视作某种“噱头”。然而，疫情的到来倒逼主办方和参展方不得不考虑实际可能产生的严重的实地到访受限问题。于是，主办方通过国际参展方大会等官方渠道向参展方和公众积极推广“虚拟世博会”项目，并在开幕前的最后阶段敦促参展方加紧配合展馆内部的实景拍摄。

“虚拟世博会”是一个增强现实版的世博会体验，目前可知的内容包括：智能手机应用“阳伞项目”（Project Parasol）可提供园区和展馆内部360度实景画面；虚拟体验可覆盖整个迪拜世博园区及展馆内的实时更新动态活动；上线包括网络研讨、播客、图片视频预先编辑在内的自定义内容管理系统；针对青少年的互动式游戏体验；数字化表演活动等[17]。总之，“虚拟世博会”项目利用数字化技术，将实体的迪拜世博会和虚拟数字世界联通起来，在拓展现场参观体验的同时，将世博会效应辐射至无数虚拟线上游客。

迪拜世博会的“虚拟世博会”最终呈现效果如何？实地到访游客数量多少，虚拟访客数量几何？我们拭目以待。它是否会成为世博史上的重要转折？是否会开创一个虚拟参观世博会的新时代？我们尚未可知。可以确认的是，从上海的“网上世博会”到迪拜的“虚拟世博会”，信息化技术对世博会的渗透影响已实现质的飞升，且将继续向纵深迈进。

信息化技术带给博物馆和世博会的颠覆性改变已经到来，而机遇与挑战并存。我们承认和期待新技术在展示、保管、教育、传播、管理等方面的积极作用，同时也须警惕技术主义的泛滥。物极必反、返璞归真，我们必须坚信——技术只是手段而非价值本身。博物馆和世博会应以技术为风帆，不忘初心、与时俱进地助推人类航向更美好的未来。

（二）包容、多元、沟通、合作——建设可持续的未来

任何事物的消亡，外力的作用和影响可能是重要因素，只有内核的崩塌才会导致其最终的衰败。因此，当我们讨论博物馆和世博会未来的时候，撇开来自技术的挑战，更值得关注和最应当把握的永远是对它们存在价值、意义和宗旨的不懈探寻。通过观察博物馆和世博会领域近年来的关注热点，我们或许有这样的感受——包容与多元、沟通与合作和可持续化等趋势，正在或已经成为博物馆和世博会在价值维度的关键词。

面向未来，博物馆将扮演何种角色？回顾2019年国际博协大会的修订建议，“博物馆是用来进行关于过去和未来思辨的对话的空间，具有民主性、包容性与多元性；博物馆承认并解决当前的冲突和挑战，为社会保管艺术品和标本，为子孙后代保护多样的记忆；保障所有人享有平等的权利和平等的获取遗产的权利；博物馆并非为了营利，他们具有可参与性和透明度，与各种社区展开合作，通过共同收藏、保管、研究、阐释和展示，增进人们对世界的理解；旨在为人类尊严和社会正义、全球平等和地球福祉做出贡献”。虽然此定义因争议而未获得通过，但建议稿中“对话”“包容”“多元”“冲突”“挑战”“多样”“平等”“合作”“理解”等词汇的闪现，分明透露着博物馆人对于博物馆价值观的期许与想象。

关于博物馆新定义的争论仍在持续，而国际博物馆日近年来的主题则释放出了更加明确的信号。有学者梳理近三十年来国际博物馆日的主题后发现，自1992年首次提出以来，该主题呈现出“功能视角”到“价值视角”，或者说从“方法论导向”向“目标导向”的发展趋势。2020年的主题“致力于平等的博物馆：多元与包容”已经涉及博物馆这一普世形态的深层价值层面，其中“多元”和“包容”是博物馆的基本特质，有利于帮助世界克服各个领域现存的各种不平等现象，体现了全球博物馆的共同宗旨和终极使命，符合全人类的根本利益[18]。2021年的主题“博物馆的未来：恢复与重塑”，不但体现了在疫情影响下博物馆如何恢复生机和重塑运行模式的思索，也启发了一种“外部视角”的审视——博物馆与所处自然与社会环境的关系，重塑博物馆事业在可持续化发展大背景下的社会角色[19]。

有趣的是，世博会的主题也呈现出相似的发展态势。梳理21世纪以来历届综合类世博会的主题可以发现，对可持续发展的探索，对增进人类相互沟通与理解的渴望，对构建一个包容、多元、和谐世界的追求，成了世博会主题命题发展的新方向。2000年德国汉诺威世博会主题“人、自然、科学”，强调可持续发展理念；2005年日本爱知世博会主题“自然的睿智”，聚焦自然与人类的和谐共生，强调重新连接人类和自然；2010年中国上海世博会主题“城市，让生活更美好”，探讨新世纪人类城市生活模式，为生态和谐社会和人类的可持续发展提供例证；2015年意大利米兰世博会主题“滋养地球，生命的能源”，关注全球粮食问题、人口增长挑战和自然资源的高效利用。

2020年阿联酋迪拜世博会主题是“沟通思想，创造未来”，下设“移动性”“可持续性”和“机遇”三个副主题。作为在中东、非洲和南亚(MEASA)地区举办的首届世博会，迪拜世博会在组织架构中还特别设有“包容与共存部”，体现了该届世博会对于多元文化的关注。去年，当迪拜世博会被迫延期举办时，国展局秘书长迪米特里·科肯彻斯先生曾说，世博会以集体参与的呈现方式，本着和平与合作的精神将人类凝聚在一起[20]。而正是那些彼此分离的时刻让人们反思“在一起”的重要性，并提醒我们，即使在数字时代，共享的经验依然是人类的本质[21]。突发疫情和逆全球化趋势无疑给迪拜世博会的主题蒙上了一轮意料之外的光环。

未来世博会也发出了强有力的信号——日本2025年大阪关西世博会主题“构建未来社会，想象明日生活”，美国2027年明尼苏达州世博会申办主题“健康的人类，健康的地球：所有人的健康和福祉”[22]，俄罗斯2030年莫斯科世博会申办主题“人类进步：和谐世界的共同愿景”，韩国2030年釜山世博会申办主题“世界共同转型，驶向美好未来”，意大利2030年罗马世博会申办主题“水平城市：城市再生与公民社会”，乌克兰2030年敖德萨世博会申办主题“复兴 · 科技 · 未来”，沙特阿拉伯2030年利雅得世博会申办主题“变革的时代：引领地球迈向一个有远见的明天”[23]。也许此刻，世界正比以往任何时候都更期待着一个包容、多元、合作和可持续的未来。

四 博物馆学对世博学未来发展的启迪

国际博协自1946年成立至今，通过设立各类专业委员会、举办博物馆相关大会和学术交流活动、设立国际博物馆日和年度主题等方式，对博物馆学的蓬勃发展起到了重要推动作用。对比博物馆学的发展启迪我们，世博学若要成为一门具有全球影响力的学科，亟须一个国际权威的组织机构来牵头学科研究和系统化发展，起到串联全球世博智库的桥梁和平台作用，集结组织、协调孵化、引领促进世界范围内的世博学研究向前迈进。

事实上，2018年12月13至14日在世博馆召开的“创新 · 合作 · 发展——迈向未来的世博会”首届世博发展国际合作论坛不失为一次有益尝试。该论坛吸引了国展局、世博会主办方和利益相关者、国内外世博专家学者等约200位代表共聚上海，围绕世博会与国际合作、城市和设计、经济和创新以及文化等四个方面展开热烈研讨。

作为国展局的官方博物馆和官方文献研究中心，世博馆近年来尝试通过建立学术专业委员会、世博专家智库等方式，助推世博学科的未来发展。通过学习借鉴文博领域的经验，世博馆在世博会“行进的历史”中不断求索，致力于成为全球世博文化与创新方面的知识库，世界博览事业的展示中心、推介中心、教育中心、培训中心和文献研究中心，并为与世博会相关的国际文化交流活动提供平台。随着中国再次申办世博会的呼声在各地响起，我们有理由相信，世博学在中国大有可为，而中国也将为世博会的发展不断贡献中国方案和中国智慧。

【注释】

[1] 王宏均：《中国博物馆学基础》，上海古籍出版社，2001年，第1-2页。

[2] 中国大百科全书总编委会：《中国大百科全书》，中国大百科全书出版社，2009年，第275页。

[3] the official website of Bureau International des Expositions. What is an Expo?[EB/OL]. [2021-08-15]. https://www.bie-paris.org/site/en/what-is-an-expo.

[4] 陈燮君、刘健、沈浩：《世博学》，上海教育出版社，2014年，第7页。

[5] the official website of Bureau International des Expositions. What is an Expo? [EB/OL]. [2021-07-30]. https://www.bie-paris.org/site/en/what-is-an-expo

[6] the official website of Bureau International des Expositions. Expo 1958 Brussels[EB/OL].

[2021-08-10]. https://www.bie-paris.org/site/en/1958-brussels.

[7] 陈燮君：《世博词库》，上海教育出版社，2011 年，第 88 页。

[8] 郑时龄、陈易：《历届世博会与世博会主题》，《中国艺术报》2010 年 4 月 30 日。

[9] 许静：《论世博主题的演绎与文化表达》，《商业时代》2009 年第 27 期。

[10]耿超等：《博物馆学理论与实践》，科学出版社，2018 年，第 25 页。

[11]《上海世博园后续利用规划完成 将打造 5 大区域》，载搜狐网，http://news.sohu.com/20110309/n279730376.shtml.

[12]段勇：《守望与超越——当代博物馆的变与不变》，载中国历史研究院网，http://hrc.cass.cn/xsdt/sxpy/202107/t20210714_5347481.shtml.

[13]联合国教科文组织：《2021 年世界博物馆报告，指出博物馆未来发展选择》，载搜狐网，https://www.sohu.com/a/461632786_426335.

[14]梅海涛、段勇：《质与量——新冠肺炎疫情背景下博物馆“云展览”观察》，《中国博物馆》2020 年第 3 期。

[15]上海世博会志编纂委员会：《上海世博会志（下）》，上海人民出版社，2020 年，第 2438-2443 页。

[16]the official website of Bureau International des Expositions. Expo 2020 Dubai[EB/OL]. [2021-08-10]. https://www.bie-paris.org/site/en/2020-dubai.

[17]2020 年迪拜世博会国际参展方大会文件 Virtual Expo 项目介绍 [Z]. 2020[2021-08-21]

[18]段勇：《再谈博物馆的多元与包容特质》，《中国博物馆》2020 年第 2 期。

[19]刘曙光：《关于 2021 年国际博物馆日“恢复与重塑”主题的外部解读——兼谈博物馆践行可持续发展理念的国际趋势和中国方向》，《故宫博物院院刊》2021 年第 6 期。

[20]the official website of Bureau International des Expositions. NEWS[EB/OL]. (2020-04-21)[2021-08-22]. https://www.bie-paris.org/site/en/news-announcements/expo-dubai-2020-2/bie-executive-committee-proposes-postponement-of-expo-2020-dubai-member-states-to-vote-on-change-of-dates.

[21]the official website of Bureau International des Expositions. NEWS[EB/OL]. (2020-05-29)[2021-08-22]. https://www.bie-paris.org/site/en/news-announcements/expo-dubai-2020-2/bie-general-assembly-officially-approves-expo-2020-dubai-date-change.

[22]the official website of Bureau International des Expositions. NEWS[EB/OL]. (2021-07-29)[2021-08-25]. https://www.bie-paris.org/site/en/news-announcements/expo-2027-28-en/the-united-states-of-america-applies-to-organise-specialised-expo-2027-in-minnesota.

[23]the official website of Bureau International des Expositions. NEWS[EB/OL]. (2021-10-29)[2021-11-10]. https://www.bie-paris.org/site/en/news-announcements/expo-2030-en/list-of-candidates-for-world-expo-2030.

博物馆学与工学
——以武汉革命博物馆藏品综合管理系统为例

余 青（武汉革命博物馆）

摘要： 博物馆学与工学涵盖的内容是相当广泛的，其中，藏品的管理、利用与研究和信息技术分别是二者众多内容中比较重要的一个部分，武汉革命博物馆为加强本单位藏品的管理、利用与研究，利用先进的信息技术，联合第三方开发使用武汉革命博物馆藏品综合管理系统，将藏品信息如照片、基本数据、状态等录入系统，逐步实现藏品的信息化管理，为藏品管理、利用与研究提供相关数据及照片支持。藏品信息化也是适应时代的发展，满足工作及公众的需求，充分利用工学的技术，发展博物馆学的研究。由此可见，博物馆学不是独立发展的，其在发展研究的过程中与其他学科都是有联系的，包括历史学、社会学、考古学、人类学、工学等等。本文旨在以武汉革命博物馆使用的藏品综合管理系统为依据论述博物馆学与工学的重要联系，展现了工学对博物馆学的发展研究起到重要的促进作用。

关键词： 博物馆学；工学；武汉革命博物馆；信息技术；藏品系统

一 博物馆学与工学的概念

博物馆是征集、典藏、陈列和研究代表自然和人类文化遗产的实物的场所，对馆藏物品分类管理，为公众提供知识、教育和欣赏的文化教育的机构、建筑物、地点或者社会公共机构。而博物馆学是研究博物馆的性质、特征、社会功能、实现方法、组织管理和博物馆事业发展规律的科学。一般而言，博物馆学既研究微观的博物馆系统，又研究宏观的博物馆事业。但其中微观的博物馆系统是博物馆学研究的核心。随着社会的发展，为更好地满足公众的需求和为博物馆更好的发展，博物馆学在研究及发展的过程中与考古学、历史学、人类学、自然科学各专门学科、社会学、艺术学、工学等学科都有相应的联系。

博物馆学涉及的方面是非常多的，研究的对象也是十分广泛，其研究对象是保存、研究和利用自然标本与人类文化遗存，以进行社会教育的理论和实践，包括博物馆事业发生、发展的历史及其与社会的关系，也包括博物馆社会功能的演进、内部机制的运营和相互作用的规律。藏品是博物馆的基础，关于藏品的管理、利用与研究也是博物馆学中的重要方面。

工学包括计算机科学与技术、电子信息科学与技术、地矿、材料、机械、仪器仪表、能源动力、电气信息、土建、水利、测绘、环境与安全、化工与制药、交通运输、海洋工程、轻工纺织食品等。其中，信息技术是工学的一个重要方面。

信息技术，是主要用于管理和处理信息所采用的各种技术的总称。它主要是应用计算机科学和通信技术来设计、开发、安装和实施信息系统及应用软件。它也常被称为信息和通信技术。主要包括传感技术、计算机与智能技术、通信技术和控制技术。信息技术的应用包括计算机硬件和软件、网络和通信技术、应用软件开发工具等。计算机和互联网普及以来，人们日益普遍的使用计算机来生产、处理、交换和传播各种形式的信息（如书籍、商业文件、报刊、唱片、电影、电视节目、语音、图形、图像等）。信息技术应用的范围及领域也是十分广泛的。武汉革命博物馆为加强本馆藏品的管理、利用与研究，打破传统，结合当今先进的信息技术，实现藏品的信息化管理，实现藏品管理的多元化，提高工作效率，也加强了博物馆与公众的交流，拓宽了博物馆的业务范围。

二 武汉革命博物馆藏品综合管理系统

在大数据时代下，借助先进信息技术，创新博物馆藏品管理服务模式，以科技赋能馆藏资源管理、挖掘、数字化利用是一个整体发展方向。武汉革命博物馆为适应时代发展，提高藏品利用效率，于2019年建成武汉革命博物馆藏品综合管理系统，并将馆藏数万件/套藏品实现采集文字、图片、表格等各种数据格式的藏品属性字段信息、附件信息、数字资源信息等将全部进入藏品资源数据库，藏品信息采集比率达到了100%，为博物馆的藏品管理、展览办展、推广宣传、资料统计和观众服务提供基础数据支撑。

藏品数字化不仅是适应时代发展的需求，同时更为藏品的合理利用做好铺垫，关于藏品的基本信息包括其高清图片、尺寸、名称、级别、材质、征集方式、具体来源等等都是可以通过数据库查询的，提高了工作效率，也方便藏品的查询和利用。

武汉革命博物馆支持研发藏品系统技术服务目标是以藏品为管理对象，实现藏品的信息化、数字化、智能化管理，提升馆藏管理效率和信息化水平，实现传统与时代的融合，既保留传统的手写账目，保持博物馆的传统文化，又利用先进的信息技术，与时代接轨，使得博物馆不会成为时代发展的阻碍，而是互相进步、互相影响的重要的文化传播领域。武汉革命博物馆藏品综合管理系统，通过权限的设置，在保护藏品信息和安全的前提下，本馆内部网络和外部网络都是可以通过网页进入的，此设置可以高效满足馆内其他业务部门需要，同时也为馆外人员提供方便，是大家喜闻乐见的，同时也体现了武汉革命博物馆对外开放的特点。武汉革命博物馆利用工学，使传统与现代化相结合，适应时代发展，增添博物馆的生机与活力，满足博物馆的发展需求。

其项目工作内容及要求包括：

①信息录入编辑（字段指标可自定义），支持国标库（博物馆信息指标体系规范）模板导入及编辑定义；

②藏品信息表单浏览、详细信息查看、更新；

③藏品多维度检索：可针对藏品关键字（支持单个属性字段、多个属性字段、模糊关键字、多关键字、关键字包含或者仅等于）、库房位置、库房货架号等进行检索；

④藏品展览管理：对目前展览状态的文物

单独进行管理，可查看展览位置和相关状态；

⑤藏品分类统计分析及导出表格；

⑥藏品过程数据（流转信息、损坏信息、修复信息、展陈信息等）编辑更新；

⑦藏品操作信息记录：藏品入库、编辑更新、检索、出入库等信息记录与检索；

⑧权限管理：支持超级管理员、信息录入员、信息审核员、普通管理员等不同角色定义与授权，确保信息使用等安全；

⑨系统设置：操作日志、系统备份、使用帮助等基础功能；

⑩智慧馆藏接口：预留系统升级接口，支持藏品征集管理（增加藏品征集的网络通道，藏友用户可提交藏品到后台审核），支持部分馆藏信息的部分字段可开放给普通用户，基于互联网提供藏品信息的共享浏览及网上展览，预留库房出入库管理接口（系统具备二次开发升级的能力，为藏品出入库管理可提供升级可能）。

藏品管理系统上线意味着武汉革命博物馆迈出了馆藏管理信息化、智能化的第一步。在此基础上，武汉革命博物馆将进一步基于数据库技术、云计算、大数据、可视化等技术的综合运用，进一步构建博物馆藏品资源数字资源平台，打造从素材采集到加工、管理、发布一体化的综合管理系统，构建面向观众服务的应用系统，更大程度地发挥武汉革命博物馆馆藏文物学术研究、社会教育、展览欣赏的综合价值，进一步提升博物馆的管理及服务能力，为博物馆智慧平台建设奠定坚实的基础。

三从藏品系统体现博物馆学与工学的关系

武汉革命博物馆藏品综合管理系统的研发武汉革命博物馆藏品综合管理系统的研发就是为了加强对藏品的管理，在系统中可以查看藏品的状态、图片、基本信息等，在管理的基础上加强对藏品的利用与研究。藏品系统的开发与使用是藏品信息化的需求，也是武汉革命博物馆发展博物馆学的需求。藏品信息化不仅是为了本单位提高工作效率，同时也借助先进的信息技术将藏品信息通过互联网公开化，在权限允许的情况下，本单位工作人员可以通过藏品管理系统了解到馆藏数量、状态、基本信息等，为展览的筹办挑选藏品提供了方便，普通观众是可以进入武汉革命博物馆藏品综合管理系统查看相关藏品的图片及基本信息的。对于非博物馆工作人员进一步了解文物、研究藏品提供了重要信息，同时也加强了观众对博物馆藏品安全的监督，加强博物馆与观众的交流互动，发挥博物馆公共空间的作用。

武汉革命博物馆借助信息技术将藏品逐渐信息化，体现了二者相互独立又相互联系，工学的信息技术促进了博物馆学中藏品的管理、利用与研究的发展。在信息技术的加持下，武汉革命博物馆逐渐突破传统博物馆的束缚，与时代接轨，顺应时代的发展，使博物馆不仅仅是重要历史文物的“储藏室”，更重要的是发挥了博物馆在文化传播过程中的价值和地位，它不再是冰冷的、高高在上的，而是接地气的，真正的发挥了其价值的公共场所。博物馆学在其发展的过程中，其研究范围也是不断深入的，为了发挥博物馆的作用，其研究是无止境的。博物馆学的研究是为了让博物馆更好的发展，服务社会，其在研究发展的过程中与其他学科的研究成果产生碰撞，相互促进，相互利用。武汉革命博物馆在藏品管理、利用与研究方面就采用了工学中的信息技术，通过软件开发的方式专门设计出符合武汉革命博物馆藏品的特点，通过互联网记录藏品，既方便快捷，也让博物馆的工作方式更现代化，为博物馆的发展注入新鲜血液，向现代化博物馆更进一步。

在研究发展领域，各个学科的发展都不是独立形成的，博物馆学的发展同样如此，它不能完全独立于其他学科之外。博物馆学为适应当今社会信息化发展需求利用工学的信息化技术，使博物馆在研究、发展方面不断创新，让博物馆学不断发展，为武汉革命博物馆更好地传播红色文化，传承红色基因提供技术支持。

当然，博物馆学和工学涉及的方面是相当多的，其中藏品的管理、利用及研究和信息技术只是其中的一个方面，在此，本文仅以武汉革命博物馆藏品综合管理系统为依据说明工学研究成果对博物馆学的研究的促进作用，二者是相互联系的。正所谓孤掌难鸣，博物馆学为更好的发展必须与其他学科产生联系。不论是理论上还是技术上都需要与其他学科产生互动，这样，博物馆学的发展才能更深入，其研究成果才能更好地服务社会。

武汉革命博物馆作为武昌的红色名片，致力于将红色文化不断传承下去。在传播红色文化，保管、利用及研究藏品的过程中它不是孤立的，需要与社会、观众等产生互动，要很好地发挥其公共空间的作用，这样就需要博物馆学与其他学科产生交叉、互相影响，博物馆学与其他学科的联系也是不可割裂的。

博物馆学是引领社会其他学科保存、传播、展示研究成果的核心学科

王春慧 李霞（滨海新区博物馆）

摘要： 博物馆行业的发展是社会进步的体现，博物馆学从 16-18 世纪的萌芽，到 19 世纪收藏与教育两种思潮的争辩，再到 20 世纪博物馆学培训项目、课程开发、学科地位、学科认证体系的确立，以及世纪之交，博物馆学伦理标准的建立。这些发展足以说明，博物馆学不断在思辨中发展确立博物馆学的哲学核心思想。在此过程，博物馆不可避免应用考古学、历史学、人类学、自然科学、社会学、艺术学和教育学等其他学科的研究成果，收藏保存各学科的成果，传播展示各学科的研究。其他学科也不可避免的需要博物馆引领传播学科领域的伟大成果，各学科离开博物馆单独传播展示将成为一盘散沙，失去传播活力。回顾博物馆学成长历史，让我们更加清晰认识到博物馆学是引领社会其他学科保存、传播、展示研究成果的核心学科。

关键词： 博物馆学；核心；学科地位

博物馆学与人类保护利用遗产实践密切相关，作为博物馆发展思想摇篮，博物馆学能够引领博物馆规范顺畅地走在行业前列，伴随世界各国对博物馆行业性质的认知，博物馆学价值也越来越凸显。

一 16-18 世纪萌芽时期的博物馆学

博物馆学是从遗产保护和利用实践的记录与描述开始的。早在 1565 年，比利时人昆齐贝在慕尼黑出版的《题铭》被认为是最早的博物馆收藏登录册和最早的博物馆学论文。法国人鲍雷尔在 1649 年出版了藏品目录，该目录因同时包括了当时欧洲各主要城市的重要珍奇收藏室名录而成为 17 世纪最具影响力的目录。1727 年，德国人尼克利乌斯在莱比锡出版了一部名为《博物馆实务》的著作，作者在书中探讨了藏品的分类、展示等问题，已认识到博物馆具有与图书馆一样的知识价值。上述研究成果表明，早期博物馆学局限在“博物馆方法学”层面[1]。

二 19 世纪初期，收藏与教育两种思潮争鸣时期的博物馆学

在 19 世纪初期，博物馆从业人员没有统一的专业背景，名誉馆长或管理委员会的成员通常来自业余爱好者、收藏家和帮助筹建博物

馆的人员。技术人员和工匠主要通过学徒方式进入博物馆，并在组织中逐步晋升。另外一些员工凭借家庭关系或正规教育获得了博物馆的职位。由于进入方式不同，博物馆工作人员对博物馆及其在社会中的地位难以遵循统一的思想形态。一些管理者注重研究能力，尤其在发达国家、大学、区域博物馆，在这些大型机构，学术、藏品征集与附属机构同步扩展，管理者依据博物馆独特收藏、研究和保护功能，提出博物馆存在价值源于藏品的思想观点，

还有一些管理者以公众为根本，这些博物馆工作者信奉一种以公众为导向的思想形态，这些工作者认为，博物馆在本质上是宣传的，在精神上是民主的，博物馆展示目的是为科技发展、观众品味的提升、公共教育的完善。

这两种相互矛盾的思想，给博物馆学专业化带来了反复出现的障碍。因为它们向博物馆以外的人传达了矛盾的信息，它们帮助削弱了公众对博物馆工作的认可，而公众的认可前提条件是博物馆权威专业。

然而，单独来看，两种思想的内涵都不能为博物馆学专业化提供可行的基础。以藏品为基础的思想强化了博物馆工作的独特性，但在某种程度上，它似乎是不民主的，在政治上或财政上是难以获得支持。相比之下，源于公众教育思想，虽然是运营博物馆筹资成功策略，但挑战了博物馆工作人员的排他性，他们的职业地位取决于基于培训或经验所获得的特殊专业知识。最后一点很关键，由于长期未能将一种独特的博物馆学“知识体系”作为一种思想基础明确表达出来，从而阻碍了博物馆职业社会结构的发展。以上现象表明，博物馆行业人员渴望一种理论构架，帮助从业人员专业化运营博物馆[2]。

三 19 世纪中后期，致力于发展博物馆学机构的建立

1889 年，英国博物馆馆长和博物馆评论家依据美国图书馆协会和英国图书馆协会样本，建立了博物馆协会，成为第一个致力于博物馆事务的组织。这个机构目的很明确，就是针对博物馆改革，让业余为专业让路，博物馆协会负责帮助博物馆交换复制品和多余的标本，以及分享有关标签、插图和其他展览设备的制作信息。协会创始人认识到有必要改进分类方案，并为自然历史收藏品的安排制定统一的计划。重要的是，他们希望通过出版杂志来影响完善博物馆的管理规范，并改善职业群体内部的交流。为此，一批优质的博物馆学理论著作大量涌现，如 1902 年英国出版的《博物馆杂志》，1905 年德国出版的《博物馆学》，这些刊物的出版，奠定了博物馆学学科发展基础。此后，在其他国家也纷纷成立了专业博物馆协会，每个协会都支持年度会议和期刊出版。在美国，几位博物馆馆长在华盛顿召开了组织会议，该次会议，促成了 1906 年美国博物馆协会第一次年会的召开。这次年会，吸引了 71 个机构代表参加。与英国相比，美国博物馆协会采取了更加自信的姿态组织该次会议。1909 年，会议又进一步提出，博物馆工作艺术品和其他藏品的管理应该沿着图书馆行业新思想发展。随后，其他国家博物馆协会也加入了美国博物馆协会，包括斯堪的纳维亚博物馆 (1915 年)、德国博物馆 (1917 年) 和法国公共图书收藏协会 (1918 年)。此后，在捷克斯洛伐克、荷兰、奥地利、维茨兰、波兰、日本、新西兰和加拿大都成立了协会。在 20 世纪 20 年代，一些组织设立了常设秘书处，为其成员提供持续的服务，并通过公共关系和研究项目促进博物馆的职业发展。

在劳拉 · 斯佩尔曼 · 洛克菲勒纪念基金会的资助下，美国博物馆协会在华盛顿特区成立了一个办公室。随后，英国博物馆协会，在卡耐基联合王国信托基金资助下也成立了办公室。1927 年，在法国艺术历史学家亨利 · 福颂的建议下，在国际联盟知识合作委员会的支持下，国际博物馆办公室 (international Museums Office) 在巴黎成立。第二次世界大战后，国际博物馆办公室组织被布法罗自然科学博物馆的昌西 · 哈姆林发起的国际博物馆协会取代。

四 20 世纪初期，博物馆学培训项目、课程开发的兴起

致力于博物馆学发展组织的建立，为博物馆行业发展提供了有价值的平台。但从一开始，博物馆学专业影响力就很有限。就像职业团体本身一样，协会成员代表着广泛的利益，这有损于组织的统一 。例如，在英国，博物馆协会的会员资格是模仿图书馆协会的模式，允许参与博物馆的观众和博物馆工作人员同时参加。因此，这种既代表雇主又代表雇员的协会组织，破坏了作为一个纯粹的专业团体的能力。此外，会员资格并不局限于特定的群体，而是向任何对协会目标感兴趣的人开放，包括董事会成员、志愿者和热心的支持者，以及博物馆的工作人员。大型国家博物馆的加入，更加剧了协会成员构成比例的复杂化。对于许多协会来说，无法适应广泛的多样性，在一个组织中，不同机构、不统一工作和不一致的思想，导致了博物馆凝聚力的丧失。具体表现为，引发收藏和教育之间如何平衡的争论。专业主义博物馆评论员谴责在博物馆工作的不同专业化“持续的趋势”，专业主义希望一个单一的组织，将那些可能不这样做的人聚集在一起，从而促进专业团结，但是发现自己孤立无援，因此，在这种环境的压力下，博物馆学成果稀少。

在英国、美国和加拿大的协会以及国际博协内部出现的专业利益集团，有时保持对协会的忠诚，有时又寻求自身的独立。因此，在美国，除了美国博物馆协会及其地区性会议之外，还有几个专业机构，包括美国地方历史协会、大学艺术博物馆馆长协会和科学技术中心协会，但这也只是其中的一小部分，自从协会成为界定职业权限的重要手段，这种成立行业组织的运动对博物馆工作职业化也产生了破坏性的影响。

从协会成立之初，培训提升博物馆工作人员素质就一直是一个核心问题。对博物馆工作人员教育的关注，一方面是由于收藏、展览、技术、传播功能的日益复杂化；另一方面，博物馆工作人员难以满足专业职位的需求。英国的詹姆斯 · 彭腾提出博物馆课程的难点在于课程内容能够填补博物馆各种职位空缺，从大型国家博物馆的专业职位到小型地方收藏馆的馆长。除了课程内容问题、培训方法、学徒制和课堂教学之间的平衡，以及大学和博物馆在控制培训过程中的相对作用，也难以确定。

很明显，协会培训新入职员工，替代了旧时的学徒制度措施，是提高博物馆职业地位的先决条件，也更加强化通过正式的、以学术为基础的教育体系，作为控制进入博物馆工作场所是最为有效手段。与此同时，几所大学和学院独立开发了博物馆课程，其中最早的是爱荷华大学的标本剥制术和展览技术培训。到 1939 年，培训项目在 17 所美国学校和博物馆开展，包括韦尔斯利学院、哈佛大学、纽瓦克博物馆、布法罗科学博物馆和布鲁克林博物馆。1930 年开始试行博物馆文凭认证制度，并于 1932 年正式推行。与此同时，伦敦大学考陶德学院

(1932年)为艺术博物馆馆长开设了文凭课程和学位课程，1934年考古学院也为考古学家开设了学术专业的学位和文凭课程。二战后的几十年里，致力于博物馆研究的大学院系激增，不同种类、不同内容和不同质量培训项目涌现。在与博物馆协会的合作下，莱斯特大学开始提供博物馆研究的研究生证书，随后曼彻斯特大学也创建了一所类似的专业学校，特别强调艺术和装饰艺术。在北美，尤其是班克街教育学院、乔治华盛顿大学、特拉华大学和多伦多大学新的培训项目强烈地表达了对博物馆培训的承诺。大学的博物馆学培训迅速成为一种国际现象。在巴黎大学、加尔各答大学和南斯拉夫萨格勒布大学图书馆中心、文献和信息科学研究中心开设著名博物馆课程。自此，博物馆学学科体系开始建立。

尽管培训机构普遍增加，各协会也在努力提升博物馆工作，但此类培训项目为给有抱负的博物馆工作人员传授专业知识的问题仍然没有解决[3]。

五 20世纪中期，博物馆学科地位的讨论

20世纪中期，亚历山大 · 鲁斯文(Alexander Ruth-Ven)与劳伦斯 · 科尔曼(Laurence Coleman)之间的重要辩论，戏剧性地说明了博物馆培训中存在的潜在问题。博物馆学作为一门独特的学科，其哲学思想覆盖需要更加全面。作为密歇根大学的科学家和馆长鲁斯文认为博物馆的工作无非是由“一组技术组成的，这些技术必须在机构中培养的，最好是几个知识领域确定、指导和使用的技术”。因为这种技术只是公认学科的附带品，按照鲁斯文的调查，博物馆工作没有博物馆学专业化理论基础，不可能有什么博物馆专业。博物馆工作人员最多是“专业的动物学家、植物学家、地质学家、考古学家、商人、教师、编辑、标本剥制师，或其他一些在博物馆工作的专家，这些专家懂得收集、保存、展示和使用应该保存数据的方法”。劳伦斯 · 维尔 · 科尔曼，美国自然历史博物馆前馆长和美国博物馆协会精力充沛的领导人，在1939年对鲁斯文的主张提出了挑战，他把专业主义定义为一种将知识和技能应用于，至少部分应用于有益于社会事宜的追求。对科尔曼来说，博物馆的工作，像工程和建筑；博物馆学地位与医学、法律和神学的地位相近。正如医学所包含的不仅仅是解剖学或病理学的专门方法一样，博物馆的工作也意味着一些比纯技术更多的东西。但是，很少有馆长和策展人能成功地将传统博物馆技术与内部理论体系结合一致，科尔曼承认博物馆工作仍处于部分发展阶段。科尔曼认为，未来博物馆学专业化的关键是将培训与改进标准联系起来。科尔曼预测说：“当博物馆工作人员集体更牢固地掌握他们的培训，并制定一致的标准时，博物馆学将迈出一大步。”如同法律、医学和神学领域一样，让专业学校创造博物馆职业。

尽管还没有定论，但鲁斯文和科尔曼的辩论强调了创建一个强大的理论基础并对其进行批判性改进的重要性。这个理论基础不仅仅影响职业群体的自我形象，还严重影响着博物馆工作的各个方面，包括认证标准、培训方法。

博物馆教育家亨利 · 沃森 · 肯特(Henry Watson Kent)认识到博物馆工作理论定义不明确所带来的问题。1949年，他反思了职业协会在传播“博物馆管理知识”促进博物馆之间的合作以及鼓励人们进入该领域方面的作用。就像科尔曼和肯特一样，博物馆的工作人员从越来越关注专业化的问题，转向教育，并探索

融合方式。

六 20世纪末期，博物馆学学科认证体系的建立

20世纪末期，美国一些批评人士指出，伴随博物馆的不断扩建，训练有素的人员越来越短缺。卡尔·古特指责博物馆工作人员没有明确表达出“可接受的专业能力标准”，结果是董事会和普通公众都无法区分业余和专业行为。

尽管古特专门指的是规模较小的机构，但他认为，太多的博物馆管理不善，对博物馆运行造成了很大的损害。1968年，美国博物馆协会和联邦艺术与人文委员会在贝尔蒙特报告中，再次将注意力转向对合格博物馆工作人员的需求，该报告的结论是：“如果要满足博物馆对工作人员的需求，实质性地扩大培训项目将是至关重要的。”

20世纪60年代末，一些杰出的博物馆工作人员继续挑战与众不同的博物馆专业知识的概念。在美国自然历史博物馆，著名的资深科学家A. E. 帕尔拒绝了古特和其他人将博物馆工作与图书馆学相比较的尝试，因为他相信后者不需要各种各样的技能，而前者则需要更多的专业才能，一个人是无法掌握的。帕尔警告说，它的任务和先决条件过于多样化，他批评了将博物馆工作塑造成一个单一专业协会的做法。帕尔的立场被广泛宣传，但就像他的许多前任一样，帕尔本人受到他最熟悉的博物馆性质的强烈影响。由于越来越多的项目能够坚持共同目标，美国博物馆协会在1970年开始了一项91个培训课程的调查，最终提供了一个模型课程的基础。加拿大博物馆协会在1978年赞助了一项关于博物馆工作和培训项目的十项监测研究，结果形成了一份《课程指南》，强化了博物馆职业目标和个人认证计划。与此同时，国际博协培训和专业发展委员会发布了自己的《博物馆职位课程指南》。日本的博物馆界支持一个严密监控的预备认证系统，该系统规定，博物馆工作人员必须在67所批准的大学中进入四年制的博物馆学专业，并通过国家考试，才能成为专业馆长。英国的预备认证制度，虽然没有那么严格的控制，但也产生了可喜的效果。要想通过博物馆协会的认证课程，学生必须注册莱斯特和曼彻斯特研究生学位，作为会员学习大量的博物馆专业技术和管理课程。

除了博物馆学的理论和实践，莱斯特大学和曼彻斯特大学的课程强调外部学科在博物馆设置中的应用。据估计，到1977年，全国有15%的博物馆专业人士毕业于这两类课程中的一种。因此，不参加博物馆协会推荐的培训课程获得博物馆职位的可能性越来越小。事实上，在美国，获得职业控制权的努力，遵循了完全不同的路线，重点放在机构而不是个人，在20世纪50年代，美国博物馆协会的东南博物馆会议呼吁博物馆认证，并推荐一个公开特许的权威机构作为认证机构。1970年，委员会发布的报告指出，在美国博物馆协会赞助下的认证计划，十年间484家博物馆被认证。

七 世纪之交，博物馆学伦理标准的确立

由于专业协会未能通过培训计划或机构认证来确保博物馆工作人员的能力，再加上公众对新一代博物馆员工的期望值不断提高，一些博物馆工作人员开始尝试建立工会组织，来维护自身权利。例如，在纽约现代艺术博物馆，最新成立了专业和行政人员协会，在1971年，

还组织了罢工事件。该组织代表200名员工，其中包括策展人、文物保护人员、登记员和神职人员，抗议缺乏职位说明、工资标准不稳定以及不利的工作条件。然而，核心问题是职业自主权，罢工的工人们挑战董事会的权威，要求有参与决策的权利。工会等团体出现表明，博物馆工作人员最终需要从政府机构获得就业规范和专业知识的认可。还有一些博物馆工作人员试图创造一种道德规范，统一职业标准。传统上，医学和法律等职业都是通过职业规范来管理行业从业人员，从而保持从业人员能力标准。早在1925年，劳伦斯 · 科尔曼就为博物馆起草了一份道德规范，该规范得到了博物馆协会的认可，并被允许生效50年。但是，到了1970年，随着对公众问责问题的日益关注，人们对文化财产非法交易的新认识也越来越强烈，博物馆必须重新审视其经营的伦理基础，包括购买、员工行为规范，博物馆管理。美国博物馆协会委员会在经过长时间的辩论后得出：没有一种道德准则能够满足所有博物馆的复杂性，它建议一份道德原则声明，而不是单一的管理准则，不久之后，一项决议让人想起了过去阻碍达成职业共识的种种努力的分裂情况，艺术博物馆馆长协会制定了自己的职业规范。赞助新法规的协会没有一个拥有执行机制，确保该《准则》得到实施。1986年，国际博协出版了《国际博物馆道德准则》，成为世界各国遵循的标准，该《准则》在2004年又做了部分调整，内容明确提出博物馆从业人员要符合专业标准，迫切需要博物馆学理论的足够强大[4]。

八 21世纪，博物馆学核心地位的确立

从以上近两个世纪的博物馆学发展历史可以看出，每个时期博物馆出现的问题，实质都是博物馆学理论基础匮乏导致的。19世纪初期，收藏与教育两种思潮探讨表明，博物馆行业人员渴望一种理论构架，帮助从业人员专业化运营博物馆。为此博物馆协会开始涌现。到19世纪中后期，致力于发展博物馆学机构纷纷建立。但由于协会以及其他机构的培训课程标准难以统一，20世纪初期，博物馆学培训项目、课程开发兴起。依靠大学培训课程，成为博物馆培训的首选，也让大学的博物馆学课程培训迅速成为一种流行的国际现象。20世纪中期，博物馆学科地位成为讨论焦点。例如，亚历山大 · 鲁斯文与劳伦斯 · 科尔曼就对此问题展开重要辩论，前者认为，博物馆工作由其他学科技术的组成，后者认为博物馆工作包含比纯技术更多的东西。此次讨论，戏剧性地说明了博物馆培训中存在的潜在问题。因为种种迹象表明，博物馆学作为一门独特的学科，其哲学思想覆盖需要更加全面。20世纪末期，博物馆学学科认证体系开始建立，美国一些批评人士指出，随着博物馆的不断扩建，训练有素的人员越来越短缺。卡尔 · 古特指责博物馆工作人员没有明确表达出“可接受的专业能力标准”，结果导致董事会都无法区分业余行为和专业行为。为此博物馆专业认证体系开始出现，这种认证体系有效规范进入博物馆工作人员资质，不参加博物馆协会推荐的培训课程，将无法获得博物馆职位。新世纪之交，文化财产非法交易现象出现越来越频繁，博物馆必须重新审视其经营的伦理基础，1986年《国际博物馆职业道德准则》的确立，最终推动博物馆学科在博物馆行业领域的核心地位。正如，美国自然历史博物馆前馆长和美国博物馆协会精力充沛的领导人劳伦斯 · 维尔 · 科尔曼，在1939年预测的那用：“当博物馆工作人员集体更牢固地掌握

他们的培训，并制定一致的标准时，博物馆学将迈出一大步。”科尔曼认为博物馆的工作，像工程和建筑，博物馆学地位与医学、法律和神学的地位相近。就像医学中包含的不仅仅是解剖学或病理学一样，博物馆的工作也意味着一些比纯技术更多的东西。但是，很少有馆长和策展人能成功地将传统博物馆技术与内部理论体系结合一致。

直至今日，《国际博物馆职业道德准则》引领着世界各大博物馆向前迈进，促进博物馆行业高速发展，在此过程，博物馆依然不可避免应用考古学、历史学、人类学、自然科学、社会学、艺术学和教育学的等其他学科的研究成果，收藏保存各学科的成果；传播展示各学科的研究。其他学科也不可避免的需要博物馆引领传播学科领域的伟大成果，但是从博物馆从业人员近两个世纪的实践经验可以得出，各学科离开博物馆单独传播展示将成为一盘散沙，失去传播活力。因此，博物馆学是引领社会其他学科保存、传播、展示研究成果的核心学科。

【注释】

[1] 张文立：《无物集——张文立博物馆学文集》，上海古籍出版社，2020年，第3-4页。

[2] Michael Steven Shapiro professionalism and t he museum//The museum a reference guide:professionalism and t he museum. Greenwood press,london.1990:299-319.

[3] Michael Steven Shapiro professionalism and t he museum//The museum a reference guide:professionalism and t he museum. Greenwood press,london.1990:299-319.

[4] Michael Steven Shapiro professionalism and t he museum//The museum a reference guide:professionalism and t he museum. Greenwood press,london.1990:299-319.

中国博物馆协会博物馆学专业委员会 & 浙江省博物馆出版的学术研讨会论文集系列

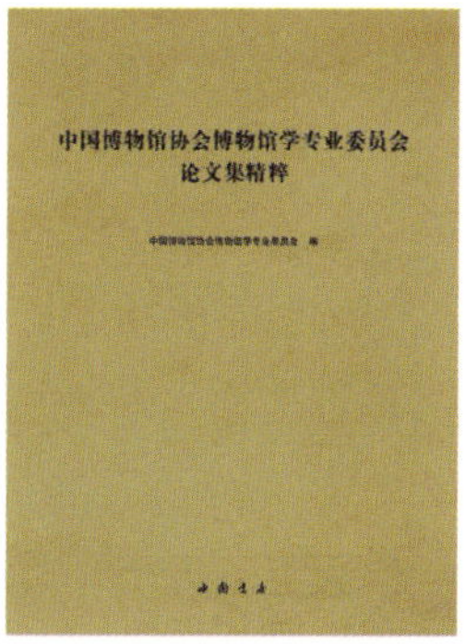

《中国博物馆协会博物馆学专业委员会
论文集精粹》

《中国博物馆协会博物馆学专业委员会
2013年"博物馆建筑与功能"学术研讨会论文集》

《中国博物馆协会博物馆学专业委员会
2013 年"博物馆与教育"学术研讨会论文集》

《中国博物馆协会博物馆学专业委员会
2014年"博物馆个性化研究"学术研讨会论文集》

《中国博物馆协会博物馆学专业委员会
2014 年"未来的博物馆"学术研讨会论文集》

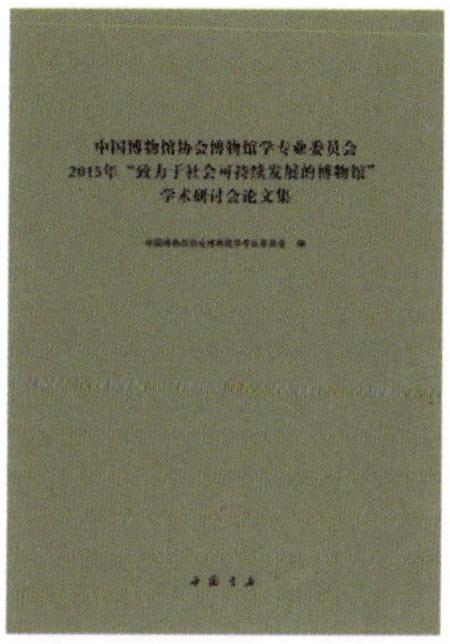

《中国博物馆协会博物馆学专业委员会
2015 年"致力于社会可持续发展的博物馆"
学术研讨会论文集》

《中国博物馆协会博物馆学专业委员会
2016 年“博物馆的社会价值研究”
学术研讨会论文集》

《中国博物馆协会博物馆学专业委员会
2017 年“经济环境变化与博物馆的应对”
学术研讨会论文集》

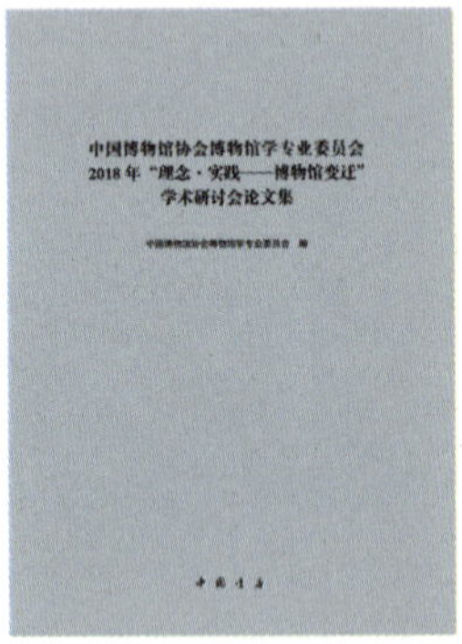

《中国博物馆协会博物馆学专业委员会
2018 年“理念·实践——博物馆变迁”
学术研讨会论文集》

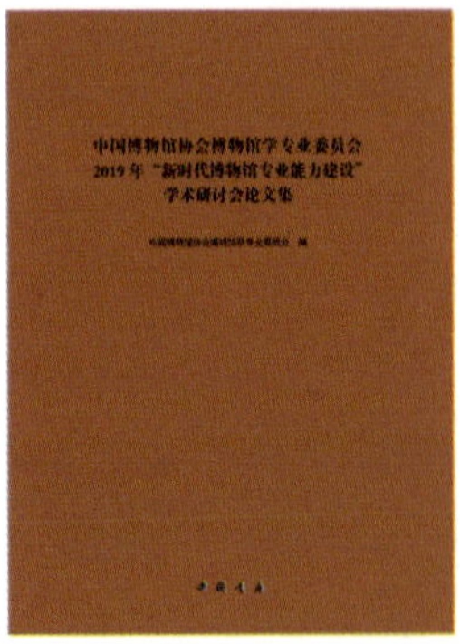

《中国博物馆协会博物馆学专业委员会
2019 年“新时代博物馆专业能力建设”
学术研讨会论文集》

《中国博物馆协会博物馆学专业委员会
2020 年“博物馆与中国特色话语体系构建”
学术研讨会论文集》

《中国博物馆协会博物馆学专业委员会
2021 年“博物馆与多元学科的关系”
学术研讨会论文集》